FUNDAMENTOS EM GESTÃO DE PROJETOS

CONSTRUINDO COMPETÊNCIAS PARA GERENCIAR PROJETOS

O GEN | Grupo Editorial Nacional – maior plataforma editorial brasileira no segmento científico, técnico e profissional – publica conteúdos nas áreas de ciências sociais aplicadas, exatas, humanas, jurídicas e da saúde, além de prover serviços direcionados à educação continuada e à preparação para concursos.

As editoras que integram o GEN, das mais respeitadas no mercado editorial, construíram catálogos inigualáveis, com obras decisivas para a formação acadêmica e o aperfeiçoamento de várias gerações de profissionais e estudantes, tendo se tornado sinônimo de qualidade e seriedade.

A missão do GEN e dos núcleos de conteúdo que o compõem é prover a melhor informação científica e distribuí-la de maneira flexível e conveniente, a preços justos, gerando benefícios e servindo a autores, docentes, livreiros, funcionários, colaboradores e acionistas.

Nosso comportamento ético incondicional e nossa responsabilidade social e ambiental são reforçados pela natureza educacional de nossa atividade e dão sustentabilidade ao crescimento contínuo e à rentabilidade do grupo.

MARLY MONTEIRO DE CARVALHO | ROQUE RABECHINI JR.

FUNDAMENTOS EM GESTÃO DE PROJETOS

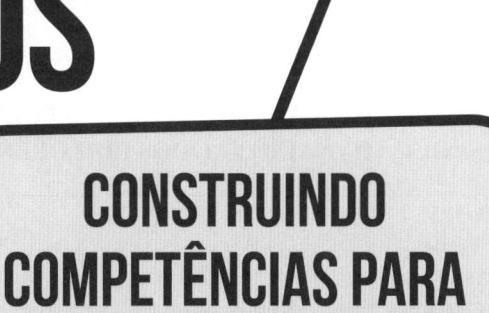

CONSTRUINDO COMPETÊNCIAS PARA GERENCIAR PROJETOS

ATUALIZADO COM A 6ª EDIÇÃO DO PMBOK® E ABORDAGEM ÁGIL

- **Inclui *e-book*:** "Eduardo e Mônica" – *storytelling* na perspectiva dos grupos de processos
- **Vídeo:** Carreira em Gestão de Projetos

5ª EDIÇÃO

gen | atlas

- Os autores deste livro e a editora empenharam seus melhores esforços para assegurar que as informações e os procedimentos apresentados no texto estejam em acordo com os padrões aceitos à época da publicação, *e todos os dados foram atualizados pelos autores até a data de fechamento do livro*. Entretanto, tendo em conta a evolução das ciências, as atualizações legislativas, as mudanças regulamentares governamentais e o constante fluxo de novas informações sobre os temas que constam do livro, recomendamos enfaticamente que os leitores consultem sempre outras fontes fidedignas, de modo a se certificarem de que as informações contidas no texto estão corretas e de que não houve alterações nas recomendações ou na legislação regulamentadora.

- Os autores e a editora se empenharam para citar adequadamente e dar o devido crédito a todos os detentores de direitos autorais de qualquer material utilizado neste livro, dispondo-se a possíveis acertos posteriores caso, inadvertida e involuntariamente, a identificação de algum deles tenha sido omitida.

- **Atendimento ao cliente: (11) 5080-0751 | faleconosco@grupogen.com.br**

- Direitos exclusivos para a língua portuguesa
  Copyright © 2019, 2024 (5ª impressão) by
  Editora Atlas Ltda.
  Uma editora integrante do GEN | Grupo Editorial Nacional
  Travessa do Ouvidor, 11
  Rio de Janeiro – RJ – 20040-040
  www.grupogen.com.br

  Reservados todos os direitos. É proibida a duplicação ou reprodução deste volume, no todo ou em parte, em quaisquer formas ou por quaisquer meios (eletrônico, mecânico, gravação, fotocópia, distribuição pela Internet ou outros), sem permissão, por escrito, da Editora Atlas Ltda.

- Designer de Capa: Caio Cardoso
- Imagem de capa: justinmedia | iStockphoto
- Editoração eletrônica: Formato Editora e Serviços
- Ficha catalográfica

CIP-BRASIL. CATALOGAÇÃO NA PUBLICAÇÃO
SINDICATO NACIONAL DOS EDITORES DE LIVROS, RJ

C325f
5. ed.

Carvalho, Marly Monteiro de
Fundamentos em gestão de projetos : construindo competências para gerenciar projetos / Marly Monteiro de Carvalho, Roque Rabechini Jr. – 5. ed. – [5ª Reimp.] - São Paulo: Atlas, 2024.
: il. ; 28 cm.

Inclui bibliografia
ISBN 978-85-97-01861-5

1. Administração de projetos. I. Rabechini Jr., Roque. II. Título.

18-52416   CDD: 658.404
                                                           CDU: 005.8

Meri Gleice Rodrigues de Souza – Bibliotecária CRB-7/6439

Aos nossos pais, pelo exemplo e pela dedicação.
Ao meu pai, Mauro, e à minha saudosa mãe, Maria do Carmo.
À minha mãe, Philomena Geny, e ao meu saudoso pai, Roque.
Às nossas famílias, fonte de alegria, motivação e inspiração.
Alexandre, Lucas e Diogo Fernando, Marcelo e Cristina.

NOTA SOBRE OS AUTORES

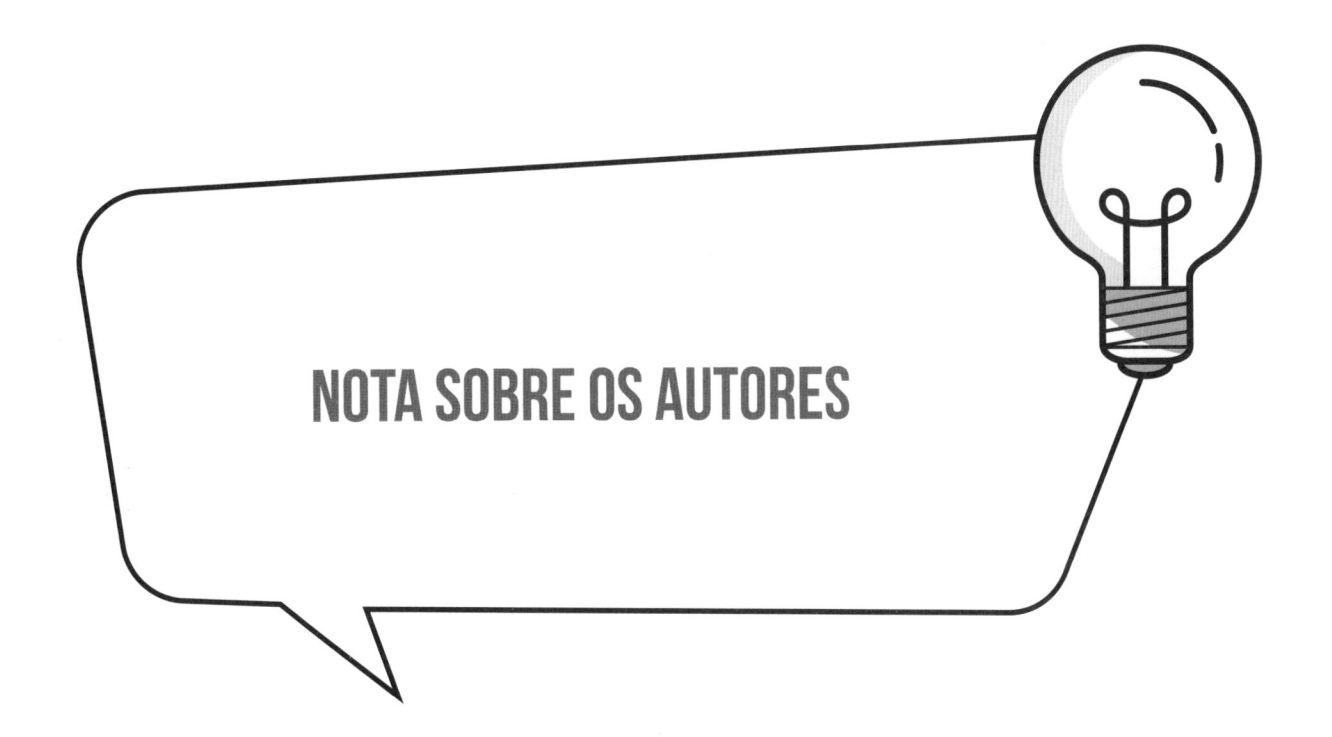

MARLY MONTEIRO DE CARVALHO é professora titular da Escola Politécnica da USP, atuando na graduação e pós-graduação do Departamento de Engenharia de Produção, desde 1992. Coordena o Laboratório de Gestão de Projetos (LGP) (<www.pro.poli.usp.br/lgp>) e o Curso de Especialização em Gestão de Projetos da USP/FCAV. Coordena o grupo de pesquisa Qualidade e Engenharia do Produto (QEP), no qual desenvolve projetos de pesquisa, com apoio de órgãos de fomento, tais como Capes, CNPq, Fapesp, entre outros.

Autora de 12 livros publicados no Brasil (*Inovação: estratégia e comunidades de conhecimento*; *Construindo competências para gerenciar projetos*; *Gestão de projetos na prática I e II*; entre outros) e nos Estados Unidos (*Strategic alignment process and decision support systems: theory and case studies*) e de diversos artigos. É membro do conselho editorial do *Journal of Manufacturing Technology Management*, do *Journal of Modern Project Management*, do *PM World Journal* e *PM World Library*. Participa do conselho da cátedra de gestão de projetos aeroespaciais da Université du Québec, em Trois-Rivière, Canadá. Possui livre-docência pela Escola Politécnica da USP, pós-doutoramento pelo Politécnico de Milão (Itália), doutorado e mestrado em Engenharia de Produção pela Universidade Federal de Santa Catarina e graduação em Engenharia de Produção Mecânica pela Escola de Engenharia de São Carlos da USP.

Foi vice-coordenadora de pesquisa da Escola Politécnica. Foi editora da *Revista Produção*. Foi membro da diretoria da Associação Brasileira de Engenharia de Produção (Abepro), por duas gestões consecutivas, ocupando o cargo de diretora técnica e de segunda vice-presidência. Foi pesquisadora do Instituto de Pesquisas Tecnológicas do Estado de São Paulo.

ROQUE RABECHINI JR. é diretor da C&R Consultoria Empresarial, na qual desenvolve trabalhos de consultoria em implantação de processos gerenciais e treinamento em gestão de projetos nas empresas. Pesquisador em tecnologia, foi chefe de agrupamento de Prospecção e Avaliação Tecnológica do Instituto de Pesquisas Tecnológicas do Estado de São Paulo (IPT).

Tem pós-doutorado e mestrado pela FEA/USP. É doutor em Engenharia de Produção pela Escola Politécnica da Universidade de São Paulo (USP).

Professor do curso de Mestrado Profissional em Administração com ênfase em Gestão de Projetos da Universidade Nove de Julho. Foi professor convidado da FEA/USP. É professor nos cursos de MBA e especialização: Curso MBA em Administração de Projetos da Fundação Instituto de Administração (FIA); Curso MBA em Inovação de Laboratório de Automação de Redes Computacionais (LARC-USP); Curso MBA em Gestão de Projetos da FGV Management (Fundação Getulio Vargas); e Curso de Estratégia da Inovação Tecnológica do Departamento de Política Científica e Tecnologia da Unicamp.

Autor do livro *O gerente de projetos na empresa*, da Editora Atlas, 2005, e de artigos sobre gerenciamento de projetos publicados em congressos de inovação tecnológica, nacionais e internacionais, e nas principais revistas qualificadas de gestão de projetos.

Os autores também escreveram os livros *Gerenciamento de projetos na prática: casos brasileiros* (volumes 1 e 2), envolvendo empreendimentos nacionais, também pela Editora Atlas.

PREFÁCIO À 5ª EDIÇÃO

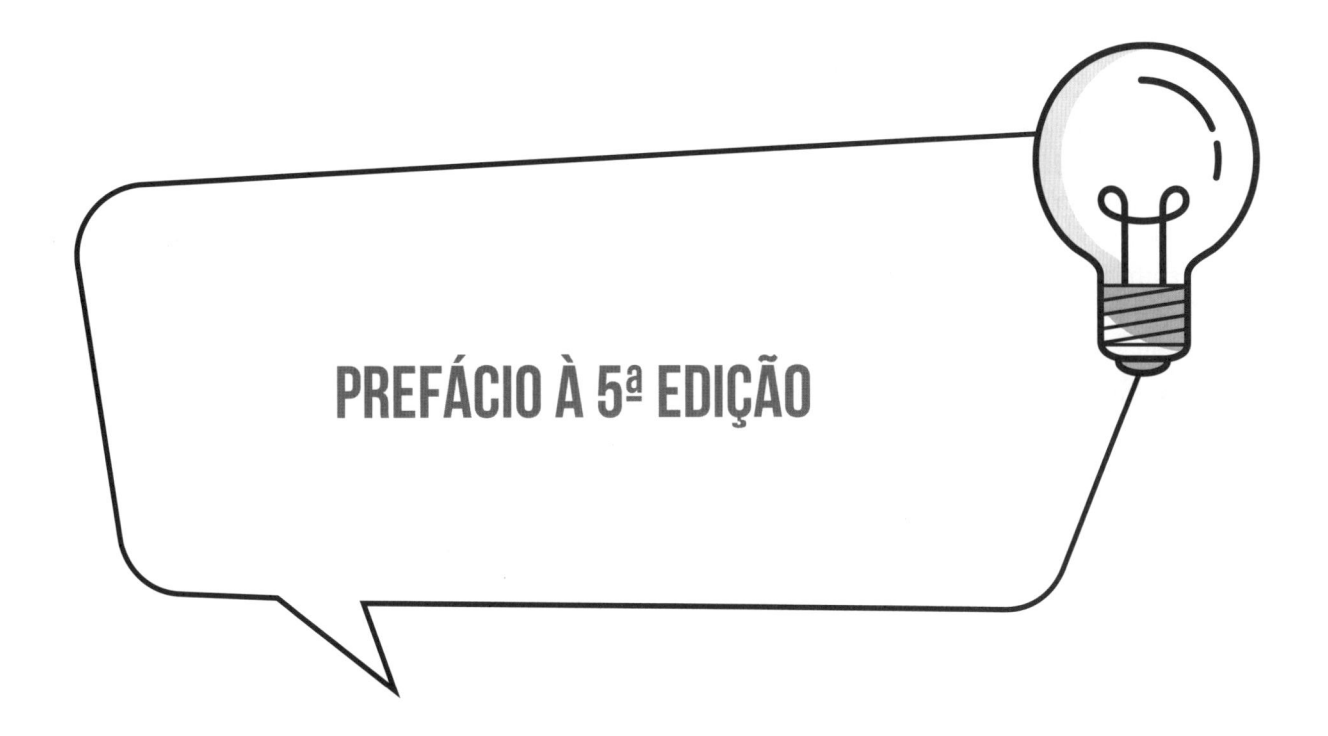

A gestão de projetos evoluiu muito com a consolidação de comunidades de práticas espalhadas pelo mundo todo. Várias são as certificações possíveis que têm dado fôlego à carreira do gerente de projetos. Decorrente disso, várias abordagens gerenciais têm sido propostas, gerando alternativas interessantes de gestão, do ponto de vista das organizações.

Acompanhar essa dinâmica da gestão de projetos é uma tarefa significante para nós, autores deste livro. E desafiante!

Para manter este livro atualizado, optamos em acrescentar mais uma edição na obra. Nosso objetivo foi atualizar os processos existentes, incluir novo processo e expandir o espectro gerencial para o nível mais estratégico. Incluímos, também, um novo capítulo sobre gestão ágil e *lean* em projetos.

Inicialmente, atualizamos as áreas de conhecimento para se adequarem à sexta versão do PMBoK® (PMI, 2017).

A nossa contribuição, nesse novo capítulo, foi tratar dos processos gerenciais para as partes interessadas, em que destacamos o trabalho da identificação destas e o mapeamento de suas necessidades e de seu engajamento. Essencialmente, procuramos responder à seguinte questão: como lidar com os *stakeholders*-chave no âmbito do projeto? Por fim, apresentamos uma série de casos e questões desafiadoras para alunos e praticantes de gestão de projetos sobre a administração das partes interessadas.

Para atender à demanda da dinâmica da gestão de projetos em âmbito mais estratégico, é relevante a leitura dos capítulos que tratam dos assuntos gestão de portfólio e sistema de indicadores de desempenho (SID), temas esses cada vez mais presentes na conjuntura da gestão de projetos.

No Capítulo 17, o leitor poderá acompanhar um vídeo gravado pelo Prof. Roque com dicas para a carreira em gestão de projetos.

Para tratar da gestão do portfólio de projetos, apresentamos seus principais processos e ferramentas no modelo Pró-Valor. Esse modelo liga a gestão de portfólio à cadeia de valor em projetos. Em nosso modelo, sugerimos a formação de comitês que ajudam a institucionalizar a gestão de portfólio na organização. Um dos destaques desse capítulo sobre gestão de portfólios foi a discussão das técnicas de avaliação das propostas de projetos – incluindo a apresentação de escolha de critérios, pesos e medidas.

No capítulo de sistemas de indicadores de desempenho de projetos (SID), são discutidas as questões de governança e mensuração do desempenho nos níveis estratégico, tático e operacional. As perspectivas de sucesso em projetos são discutidas à luz de uma abordagem contingencial de projetos já incorporada ao livro na versão anterior. Examinar o desempenho dos projetos significa abrir uma nova possibilidade de entendimento dos princípios e técnicas gerenciais a serem incluídos no projeto. Na verdade, tais princípios e técnicas colocam a gestão à disposição de compor a cadeia de valor em projetos com vistas a atingir vantagens competitivas para a organização. Esse sempre foi nosso norte como autores!

Com isso, esperamos dar mais instrumentos e conceitos aos estudantes e praticantes de gestão de projetos. Assim, com o entendimento desses novos conceitos e com a aplicação prática das novas técnicas e ferramentas, acreditamos poder levar a cabo projetos com mais otimização de seus resultados e maior valor para organização.

Boa leitura,

Marly Monteiro de Carvalho e
Roque Rabechini Jr.

AGRADECIMENTOS

Aos órgãos de fomento Fapesp, Capes e CNPq, que, no apoio aos projetos de pesquisa, propiciaram os recursos necessários para o desenvolvimento dos trabalhos que culminaram na elaboração deste livro.

Aos nossos alunos dos cursos de graduação, pós-graduação e extensão, que contribuíram e motivaram esta obra.

Ao Departamento de Engenharia de Produção, à Fundação Carlos Alberto Vanzolini, ao Programa de Mestrado (Profissional) e Doutorado da Universidade Nove de Julho, à Fundação Instituto de Administração (FIA), à FGV Management e ao Laboratório de Arquitetura e Redes de Computadores (LARC) da USP, pelo apoio às publicações acadêmicas e aos projetos de pesquisa.

Ao professor João Alberto Arantes do Amaral, que fez e cedeu minha caricatura, usada ao longo do livro. Ao professor Paulo Ferrer, pela coleta e organização de materiais sobre gestão ágil.

Aos colaboradores da C&R Consultoria de Empresas, pelas oportunidades geradas nas consultorias realizadas a essas empresas.

Às nossas famílias, em especial, Alexandre, Lucas e Diogo, pelo apoio e pela compreensão às demandas do trabalho, sempre com amor. Ao Mauro, pai zeloso, que sempre se dedicou incondicionalmente, e à minha querida mãe, Docarmo, que já nos deixou. Ao tio Aloizio Bignardi de Lima, pela revisão cuidadosa, e à tia Zoé, pelo carinho e pela dedicação.

Aos meus queridos Marcelo, Fernando e Cristina e à minha mãe, Philomena Geny, aos quais, além de dedicar o livro, agradeço o imenso apoio.

Material Suplementar

Este livro conta com os seguintes materiais suplementares:

- *Slides* para apresentação (exclusivo para professores).
- *E-book* do Caso "Eduardo e Mônica: uma visão por processos" (disponível para todos).
    - O acesso ao material suplementar é gratuito. Basta que o leitor se cadastre, faça seu *login* em nosso *site* (www.grupogen.com.br) e, após, clique em Ambiente de aprendizagem.
    - *O acesso ao material suplementar online fica disponível até seis meses após a edição do livro ser retirada do mercado.*
    - Caso haja alguma mudança no sistema ou dificuldade de acesso, entre em contato conosco (gendigital@grupogen.com.br).

RECURSOS PEDAGÓGICOS

Para facilitar o aprendizado, este livro conta com os seguintes recursos pedagógicos:

- Ao longo do livro, os autores sugerem ao leitor visitas a determinados *sites*, algumas leituras e videoaulas disponíveis no Veduca (*on-line*). Os conteúdos são de responsabilidade da própria plataforma. O acesso aos conteúdos é feito via QR Code. Para reproduzi-los, basta ter um aplicativo leitor de QR Code baixado no *smartphone* e posicionar a câmera sobre o código. É possível acessar os vídeos também por meio da URL que aparece logo abaixo do código.
- No Capítulo 17, o leitor poderá visualizar, por meio de QR Code, um vídeo gravado pelo professor Roque com dicas para a carreira em Gestão de Projetos.

SUMÁRIO

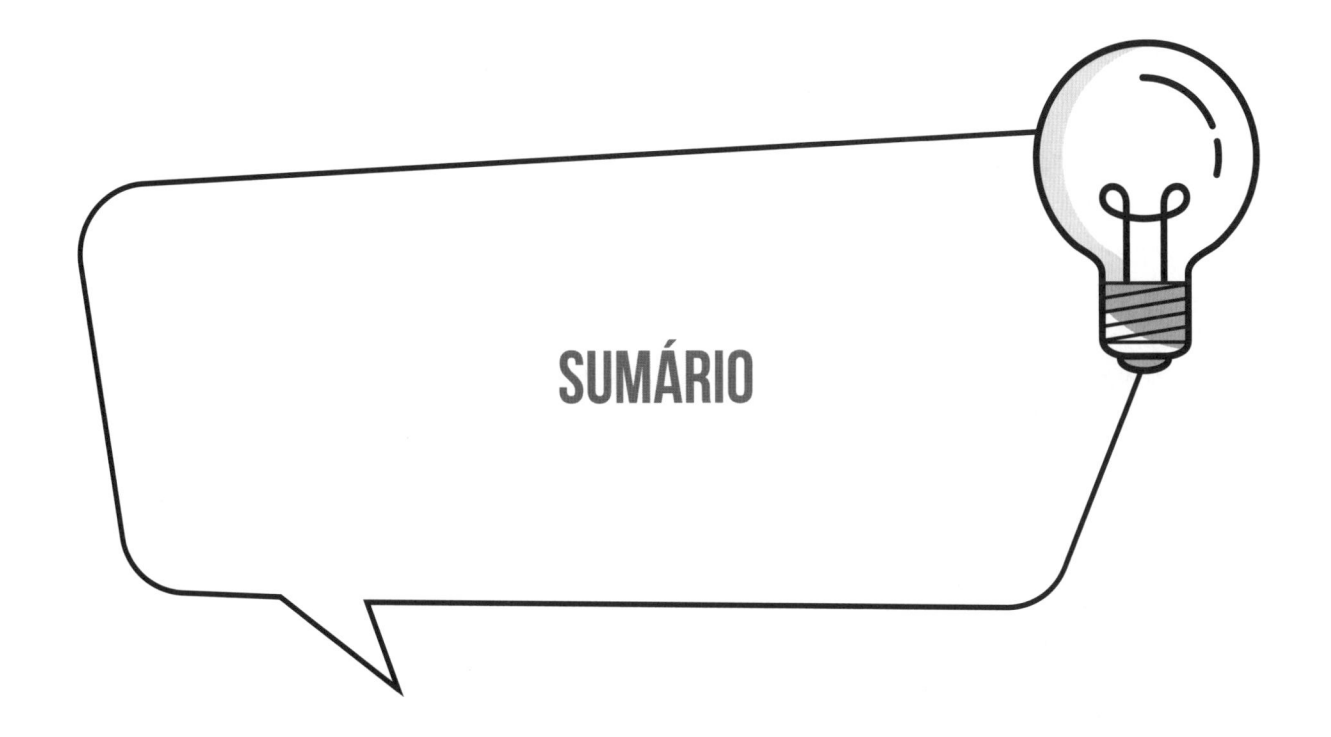

Parte I – A PRIMEIRA ONDA: COMO GERENCIAR BEM PROJETOS, 1

1 GESTÃO DE PROJETOS: PERSPECTIVAS E MODELO DE REFERÊNCIA, 3
  1.1 Gestão de Projetos: evolução e tendências, 4
  1.2 As duas ondas da Gestão de Projetos, 7
  1.3 Modelo de referência para análise, 9
  Questões para reflexão e discussão, 13

2 O QUE É PROJETO?, 15
  2.1 Conceitos: projeto e Gestão de Projetos, 16
  2.2 Características dos projetos, 16
  2.3 Caso: projeto Eurotunnel, 27
  Questões para reflexão e discussão, 30

3 BOAS PRÁTICAS DE GESTÃO DE PROJETOS, 33
  3.1 Fatores críticos de sucesso, 34
  3.2 Pilares dos guias de conhecimento (BoKs), 35
  3.3 Guias de conhecimento: PMBoK, ISO 21500, ICB e Prince, 40
  3.4 Abordagem contingencial em Gestão de Projetos, 44
  3.5 Caso: construção da casa de Eduardo e Mônica, 47
  Questões para reflexão e discussão, 48

4 GESTÃO DA INTEGRAÇÃO, 51
  4.1 Introdução, 52
  4.2 O início: formalização do projeto – termo de abertura, 53
  4.3 O meio: composição e monitoramento do plano do projeto, 57
  4.4 Gestão de conhecimento em projetos, 61
  4.5 O fim: não se esqueça de formalizar o encerramento do projeto, 64
  Questões para reflexão e discussão, 66

5 GESTÃO DO ESCOPO, 69
  5.1 Introdução, 70
  5.2 Coletar requisitos e definir o escopo do projeto, 71
  5.3 Estrutura analítica do projeto, 72
  5.4 Acordando o escopo do projeto com os *stakeholders*, 78
  5.5 Verificação e controle das alterações do escopo, 78
  5.6 Caso: cercando o escopo do projeto, 81
  Questões para reflexão e discussão, 82

6 GESTÃO DO CRONOGRAMA, 85
  6.1 Introdução, 86
  6.2 Desdobrando a WBS em atividades do projeto, 87
  6.3 Desenvolvimento do cronograma, 91

6.4 Exercícios resolvidos, 102
Questões para reflexão e discussão, 105

7 GESTÃO DOS CUSTOS, 107
7.1 Introdução, 108
7.2 Preparando o orçamento do projeto, 109
7.3 Custos do projeto, 114
7.4 Monitoramento e controle dos custos, 120
7.5 Avaliando o desempenho do projeto, 122
Questões para reflexão e discussão, 127

8 GESTÃO DA QUALIDADE, 129
8.1 Introdução, 130
8.2 Conceito de qualidade, 131
8.3 Elaboração do planejamento da qualidade do projeto, 133
8.4 Mecanismos de garantia e controle da qualidade de projetos, 139
8.5 Controle integrado da qualidade de projetos, 147
Questões para reflexão e discussão, 151

9 GESTÃO DOS RECURSOS, 153
9.1 Introdução, 154
9.2 Quem faz o quê, com quê?, 155
9.3 Aspectos da formação de equipe: nivelamento de recursos, 158
9.4 Aspectos comportamentais e amadurecimento da equipe de projeto, 162
9.5 Caso: gestão dos recursos e conflitos nas equipes de projeto, 166
Questões para reflexão e discussão, 166

10 GESTÃO DAS COMUNICAÇÕES, 169
10.1 Introdução, 170
10.2 *Framework* de gestão da comunicação em projetos, 171
10.3 Conceito de emissor e receptor, 173
10.4 Comunicação e redes sociais do projeto, 176
10.5 Necessidades de informação dos interessados, 178
10.6 Distribuição de informações e geração dos relatos de desempenho do projeto, 180
10.7 Caso: ruído no sistema de comunicação do projeto, 182
Questões para reflexão e discussão, 183

11 GESTÃO DOS RISCOS, 187
11.1 Introdução, 188
11.2 Conceito de riscos, 189
11.3 Fases iniciais da gestão do risco, 192
11.4 Análise dos riscos do projeto: aspectos qualitativos e quantitativos, 198
11.5 Estratégias de respostas, monitoramento e controle dos riscos, 208
Questões para reflexão e discussão, 212

12 GESTÃO DAS AQUISIÇÕES, 217
12.1 Introdução, 218
12.2 Tipos de contrato, 218
12.3 O que contratar, quando, como, quanto e sob quais requisitos, 221
12.4 Importância da seleção e administração dos contratos, 225
12.5 Caso: contratação modalidade *Engineering, Procurement and Construction* (EPC) para construção do aeroporto de Quesnel, Canadá, 227
Questões para reflexão e discussão, 229

13 GESTÃO DAS PARTES INTERESSADAS (*STAKEHOLDERS*), 231
13.1 Introdução, 232
13.2 Identificação e gestão dos *stakeholders*, 233
13.3 Plano de gestão das partes interessadas, 241
13.4 Gerenciar os compromissos, 242
13.5 Controlar as partes interessadas, 243
Questões para reflexão e discussão, 243

14 GESTÃO DA SUSTENTABILIDADE, 245
14.1 Introdução, 246
14.2 Conceito de sustentabilidade, 246
14.3 Sustentabilidade e sucesso de projetos, 249
14.4 Gestão da sustentabilidade do projeto, 250
14.5 Área de gestão da sustentabilidade e seu relacionamento com as demais áreas de conhecimento, 252
14.6 Diagnóstico de sustentabilidade de projetos, 257
14.7 Caso Eduardo e Mônica: e a sustentabilidade?, 262
14.8 Caso: ponte estaiada, 262
14.9 Caso: Usina Hidrelétrica de Belo Monte, 262
Questões para reflexão e discussão, 266

Parte II – A SEGUNDA ONDA: PREPARANDO A ORGANIZAÇÃO PARA A EXCELÊNCIA EM GESTÃO DE PROJETOS, 267

15 ESTRATÉGIA, ESTRUTURA E GOVERNANÇA EM PROJETOS, 269
    15.1 Alinhamento entre estratégia e projetos, 269
    15.2 Tipos de estruturas, 272
    15.3 Escritórios de Gestão de Projetos, 278
    15.4 Gestão do conhecimento e estruturas, 283
    15.5 Redes sociais e estruturas, 284
    15.6 Alinhando estratégia, estrutura e projetos, 286
    Questões para reflexão e discussão, 288

16 RUMO À MATURIDADE EM GESTÃO DE PROJETOS, 291
    16.1 Maturidade em Gestão de Projetos: conceitos, 291
    16.2 Modelos de maturidade corporativos, 293
    16.3 Caso: modelos de maturidade avaliados em uma empresa de transporte aéreo, 298
    Questões para reflexão e discussão, 300

17 COMPETÊNCIAS EM GESTÃO DE PROJETOS, 301
    17.1 Introdução, 302
    17.2 Competências do indivíduo, 302
    17.3 Competências individuais em Gestão de Projetos, 307
    17.4 Competências dos times em Gestão de Projetos, 312
    17.5 Modelo integrado de competências em Gestão de Projetos, 316
    17.6 Caso: gestão das competências em GP na Perdigão, 320
    Questões para reflexão e discussão, 325

18 GESTÃO DE PORTFÓLIO, 327
    18.1 Introdução, 328
    18.2 Gestão de portfólio, 328
    18.3 Modelos de gestão de portfólio, 330
    18.4 Ferramentas da gestão de portfólio, 335
    18.5 Gestão de portfólio no modelo Pró-Valor, 336
    Questões para reflexão e discussão, 345

19 SISTEMAS DE INDICADORES DE DESEMPENHO EM PROJETOS, 347
    19.1 Introdução, 347
    19.2 Dimensões e perspectivas do sucesso em projetos, 348
    19.3 Sucesso em projetos, 349
    19.4 Fatores críticos de sucesso, 353
    19.5 Sistemas de Indicadores de Desempenho (SIDs), 354
    19.6 Recomendações para o projeto de SIDs, 358
    19.7 Caso: proposição de um novo SID para uma empresa de engenharia, 360
    Questões para reflexão e discussão, 365

20 GESTÃO ÁGIL E *LEAN* EM PROJETOS, 367
    20.1 Gestão ágil em projetos, 367
    20.2 Métodos ágeis, 374
    20.3 *Framework* Scrum, 375
    20.4 Estratégias de estimação nas abordagens ágeis, 387
    20.5 Abordagem *lean* em GP, 391
    Questões para reflexão e discussão, 394

Referências bibliográficas, 397

Parte I

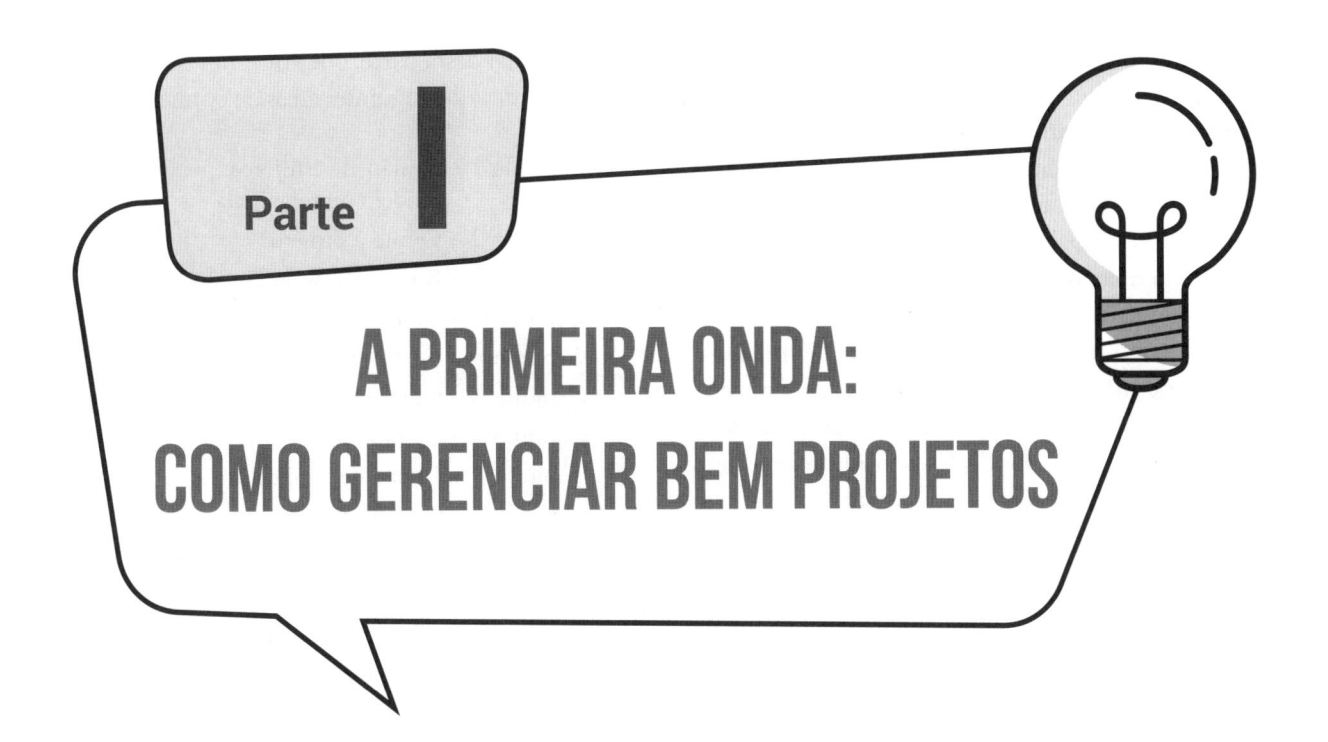

A PRIMEIRA ONDA: COMO GERENCIAR BEM PROJETOS

Na Parte I deste livro são discutidos os aspectos ligados à preparação da empresa, para adotar as práticas e técnicas inovadoras de administração de seus empreendimentos, a partir da metodologia de gerenciamento de projetos. Agora, cabe apresentar quais são essas técnicas gerenciais e aprender como elas podem ajudar as empresas na busca de melhores resultados.

O conjunto de conhecimentos em gerenciamento de projetos pode ser representado, em síntese, por uma série de capacitações e competências que interessa, e tem sido comumente aceita por todos os envolvidos em projetos de diversas naturezas.

O interesse em gerenciamento de projetos pode ser explicado pela observação de que, na era do conhecimento em que vivemos, são as atividades inteligentes (as de projetos, portanto) que mais adicionam valor aos produtos/serviços e não as atividades rotineiras. Ou seja, atividades relacionadas com Pesquisa e Desenvolvimento (P&D), projeto de produtos e de processos, logística, administração da Tecnologia da Informação, desenvolvimento de recursos humanos, entre outras, estão no grupo das atividades mais importantes para empresas que precisam ser mais competitivas em seus mercados. Assim, é claro que as atividades típicas de projetos (atividades inteligentes) precisam, cada vez mais, ser administradas eficazmente.

Foi durante a década de 1990 que se consolidaram os principais guias de conhecimentos em gerenciamento de projetos (*Body of Knowledges* – BoKs), que suportaram bem-sucedidas certificações profissionais.

Naturalmente, na busca de administração por projetos um fator inibidor pode ser detectado: a configuração dos grandes projetos tradicionais. No entanto, a corrida em direção ao gerenciamento de projetos, iniciada pelas empresas de forma mais acentuada no início dos anos 2000, tem levado em conta o contraponto existente entre a forma de gerenciamento de projetos profissional *versus* o tradicional.

Antes, quem adotava administração por projetos eram as grandes empreiteiras, órgãos governamentais responsáveis por empreendimentos cujo prazo médio variava de três a cinco anos. Atualmente, houve um notável crescimento da participação das empresas do setor da Tecnologia da Informação interessadas em Gestão de Projetos. Essas desenvolvem projetos que demoram entre dois e 24 meses, o que impõe uma mudança significativa na unidade de medida de prazo vista até então, de anos para meses.

Mudanças também ocorreram no enfoque adotado pelo gerente de projetos e foram extremamente significativas, saindo de uma abordagem eminentemente técnica (em torno de 70% nos anos 1970 a 1980) para uma de enfoque mais gerencial (cerca de 90% atualmente). Nesse sentido, um novo perfil de gerente de projetos se configura, e sua competência está na capacidade de resolver os conflitos dos diferentes interessados no projeto, de melhorar o desempenho das equipes (muitas vezes, virtuais e multilocalizadas), vencer os desafios da comunicação, garantir a qualidade dos diversos produtos/serviços gerados pelo projeto; enfim, centrar suas ações muito mais nos aspectos gerenciais e comportamentais do que nos aspectos técnicos.

Nesse panorama atual, o gerenciamento de projetos vem sendo utilizado de forma profissional, visando contribuir com as empresas para que estas consigam resultados melhores. A mesma pesquisa que identificou outrora que apenas 16% dos projetos atingiam o sucesso mostra dados mais animadores atualmente, em que o sucesso é alcançado em 28% dos casos. A causa desse aumento: a adoção das práticas de gerenciamento de projetos.

O movimento atual em torno do gerenciamento de projetos, assim, não é mais um alvo a ser alcançado. Hoje, já é realidade em muitas empresas.

No final desta parte, o leitor terá visto os conceitos e práticas das seguintes áreas de conhecimento:

Capítulo 1 – Gestão de Projetos: perspectivas e modelo de referência

Capítulo 2 – O que é projeto?

Capítulo 3 – Boas práticas de Gestão de Projetos

Capítulo 4 – Gestão da integração

Capítulo 5 – Gestão do escopo

Capítulo 6 – Gestão do cronograma

Capítulo 7 – Gestão dos custos

Capítulo 8 – Gestão da qualidade

Capítulo 9 – Gestão dos recursos

Capítulo 10 – Gestão das comunicações

Capítulo 11 – Gestão dos riscos

Capítulo 12 – Gestão das aquisições

Capítulo 13 – Gestão das partes interessadas

Capítulo 14 – Sustentabilidade em projetos

A nova edição do livro está alinhada com a sexta edição do PMBoK®. O Capítulo 14 faz a transição entre a Parte I e a Parte II, pois há no tema sustentabilidade uma dimensão organizacional e uma dimensão relacionada com o projeto.

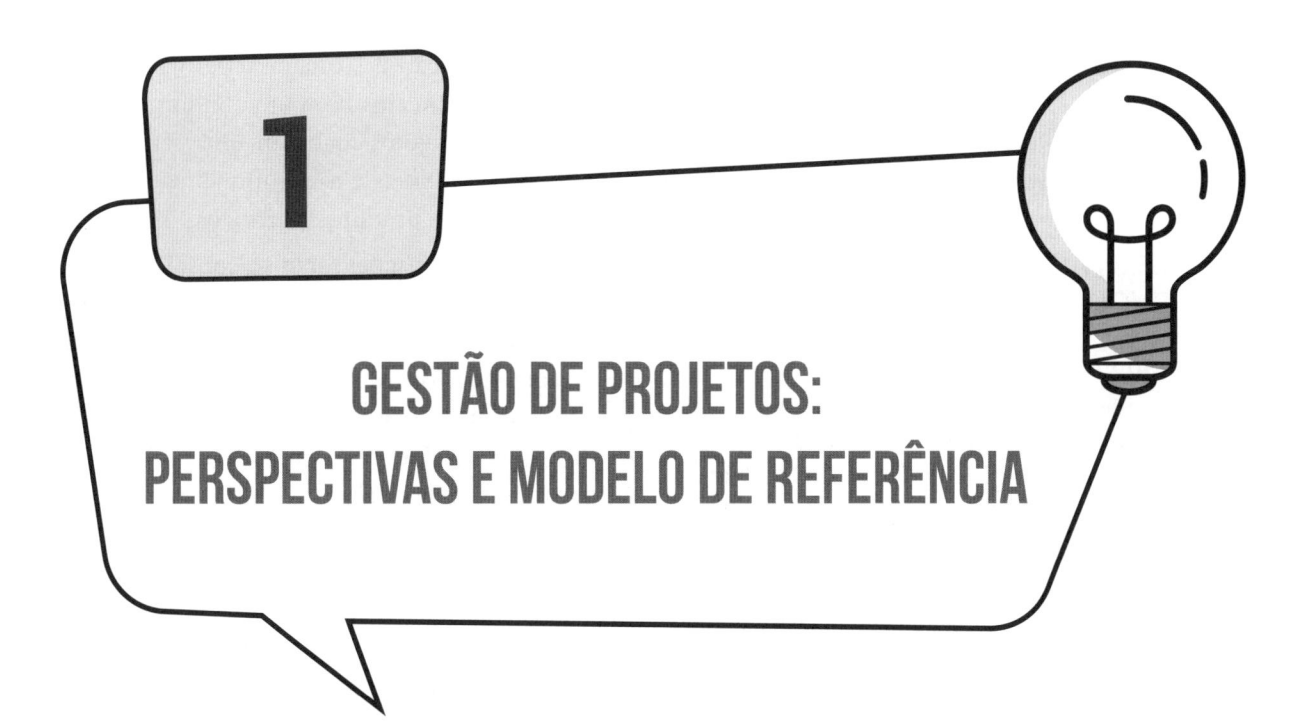

1

GESTÃO DE PROJETOS: PERSPECTIVAS E MODELO DE REFERÊNCIA

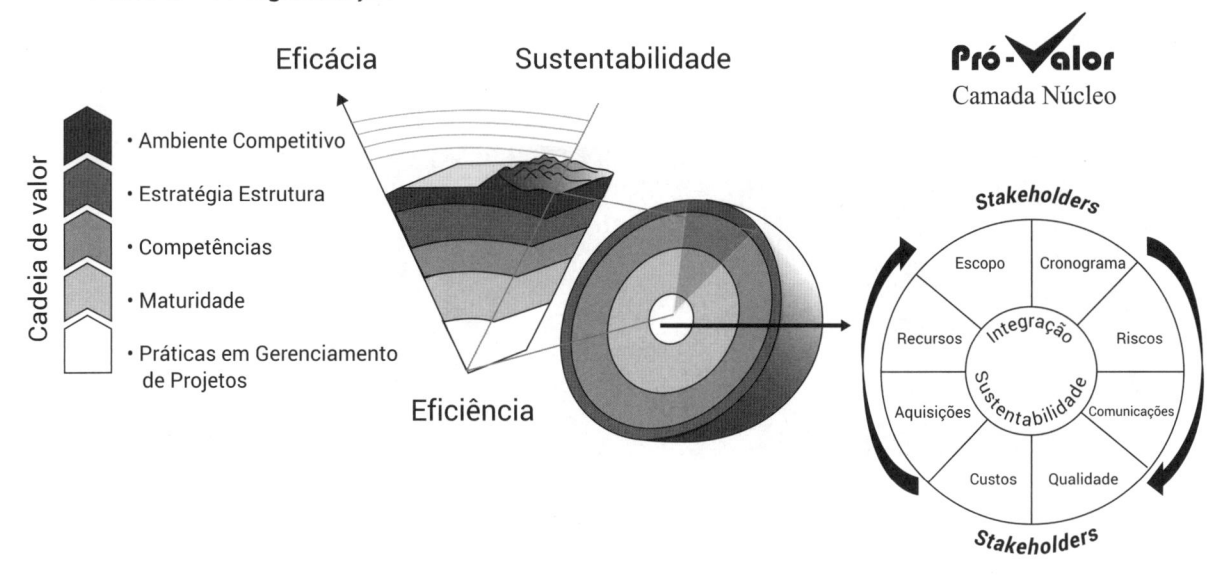

Parte II – A organização

Eficácia Sustentabilidade Pró-Valor
Camada Núcleo

Cadeia de valor
- Ambiente Competitivo
- Estratégia Estrutura
- Competências
- Maturidade
- Práticas em Gerenciamento de Projetos

Eficiência

Stakeholders: Escopo, Cronograma, Recursos, Integração, Riscos, Aquisições, Sustentabilidade, Comunicações, Custos, Qualidade

Parte I – O Projeto

Neste capítulo, apresentamos a evolução da Gestão de Projetos, as perspectivas e tendências da área, bem como um modelo de referência para estudar essa disciplina.

O modelo Pró-Valor integra questões intrínsecas do gerenciamento do projeto a questões organizacionais. Trata-se de uma proposição conceitual importante do ponto de vista da gestão, pois, além de integrar, expõe os elementos que formam um todo coerente e consistente da Gestão de Projetos, transformando-a em governança dos empreendimentos. Após estudar este capítulo, o leitor estará apto a responder às seguintes questões:

a) Quais as fases evolutivas da Gestão de Projetos?
b) Quais as duas ondas da Gestão de Projetos?
c) Quais as perspectivas futuras para a área?
d) Quais os pilares conceituais do modelo Pró-Valor?

e) Como implantar um modelo tão complexo como o Pró-Valor?
f) Como melhorar a visão do executivo de gestão de projeto?

1.1 GESTÃO DE PROJETOS: EVOLUÇÃO E TENDÊNCIAS

As empresas têm passado por um processo de transformação, organizando-se para poder dar respostas eficazes e ágeis aos problemas ambientais, e, em especial, àqueles que se referem à competição e ao posicionamento de mercado. Essas respostas constituem um conjunto de ações ou atividades que refletem a competência da empresa em aproveitar oportunidades, incluindo, portanto, sua capacidade de agir rapidamente, respeitando as limitações de cronograma, custo e especificações. Para tal, investir na adoção de técnicas e ferramentas de gerenciamento de projetos é fundamental e tem sido uma preocupação crescente nas empresas.

A configuração das organizações na era pós-industrial será parecida com um condomínio, em que grupos de projetos coabitam, uma vez que são as atividades inovadoras, e não as rotineiras, que mais agregam valor aos produtos e serviços.

Essas transformações foram se consolidando ao longo das últimas décadas e cada vez mais as empresas que buscam inovação não se encaixam mais no aparato gerencial da rotina, muitas vezes alicerçado nos princípios tayloristas e fordistas do início do século passado. A Figura 1.1 mostra a evolução de um paradigma gerencial, com foco na rotina, para o paradigma gerencial, com foco na inovação.

A transição foi lenta e foram necessárias várias correntes evolutivas de gestão para que as organizações pudessem lidar de forma mais eficiente e eficaz com a inovação. A primeira grande transição foi a busca por flexibilidade, almejando a customização em massa. Foi preciso que os conceitos da produção enxuta (*lean production*) se disseminassem, bem como

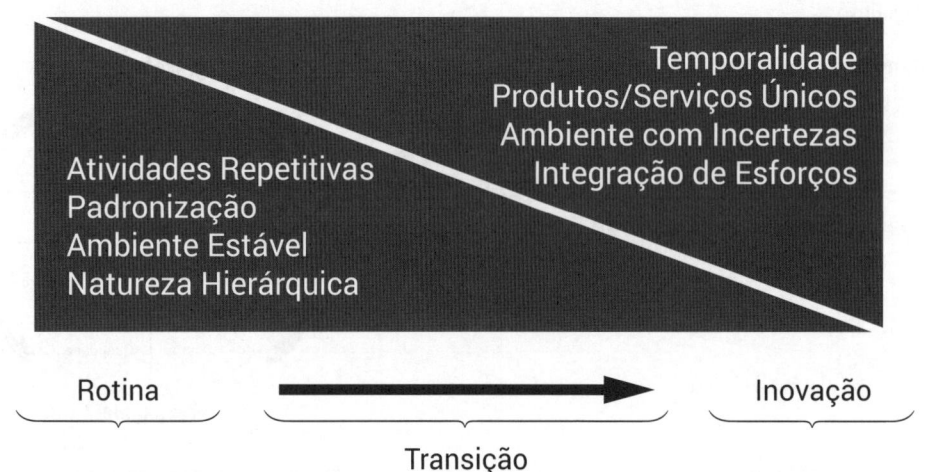

Rotina	Transição	Inovação
Atividades Repetitivas, Padronização, Ambiente Estável, Natureza Hierárquica		Temporalidade, Produtos/Serviços Únicos, Ambiente com Incertezas, Integração de Esforços
Referência inicial foi a produção em massa, racionalização "científica", padronização e controle	– Customização em massa, flexibilização da produção em massa tradicional (variedade do *mix* de produtos e volumes, produção enxuta – *lean*, automação flexível) – Visão sistêmica e percepção dos custos de transação (sistemas de gestão, foco nas relações entre agentes da cadeia produtiva) – Desenvolvimento de produtos (modularização) e inovação fechada	Valorização da Gestão de Projetos: – Valorização do capital intelectual – Organizações inovadoras deixam de vender produtos e passam a vender soluções ("servitização") – Complexidade da inovação, mobilidade do capital intelectual levam ao paradigma de inovação aberta e à gestão de projetos complexos (consórcios, EPCs etc.) – Visão da estratégia baseada em recursos

Fonte: Carvalho (2009).

Figura 1.1 Transição dos modelos de gestão.

uma visão sistêmica que olhasse não só a organização, mas também sua cadeia e suas alianças. No entanto, para lidar com a inovação é preciso valorizar o capital intelectual, construindo as competências e gerindo o conhecimento, sem temer os riscos inerentes à inovação, mas mitigando-os mediante um bom gerenciamento de projetos e da construção de redes e parcerias para inovação que ajudam a ratear os riscos.

Também no âmbito do gerenciamento de projetos a transição foi paulatina. Embora as primeiras associações nessa área datem da década de 1960, foi apenas na década de 1990 que podemos considerar que a área se consolidou e criou identidade própria. As fases evolutivas estão ilustradas na Figura 1.2.

Até a década de 1980, que chamamos de embrionária, a Gestão de Projetos estava pulverizada em diversas áreas, sem ainda atingir uma identidade. Nesse período, que envolve o pós-guerra, temos como principais marcos da Gestão de Projetos a criação do método do caminho crítico – (*Critical Path Method* – CPM) – e sua variante probabilística (*Program Evaluation and Review Technique* – PERT), que veremos em maiores detalhes no Capítulo 6. Na década de 1960, surgem as primeiras associações nos Estados Unidos e na Europa, como o Project Management Institute (PMI) e a International Project Management Association (IPMA). Na década de 1970, há um grande impulso de *softwares* de apoio à Gestão de Projetos como um promissor mercado, que se consolidou nas décadas seguintes.

Nas duas décadas seguintes (1980 e 1990), que chamamos de primeira onda de Gestão de Projetos, as boas práticas de gerenciamento de projeto se consolidaram. No entanto, foi na segunda metade da década de 1990 que o crescimento da área foi vertiginoso, o que pode ser aferido pelo crescimento das associações e instituições de gerenciamento de projetos. Foi nessa década que várias associações publicaram as primeiras edições de seus guias de conhecimento em gerenciamento de projetos, em geral acompanhados de certificação de profissionais (*Bodies of Knowledge* – BoKs), como o *Project Management Body of Knowledge* (PMBoK®) (PMI, 1996) e seu respectivo certificado *Project Management Professional* (PMP).

A área experimentou um crescimento exponencial tanto no número de membros das associações, quanto de profissionais certificados; também a pesquisa e as publicações cresceram na mesma proporção. Para ilustrar esse quadro, peguemos

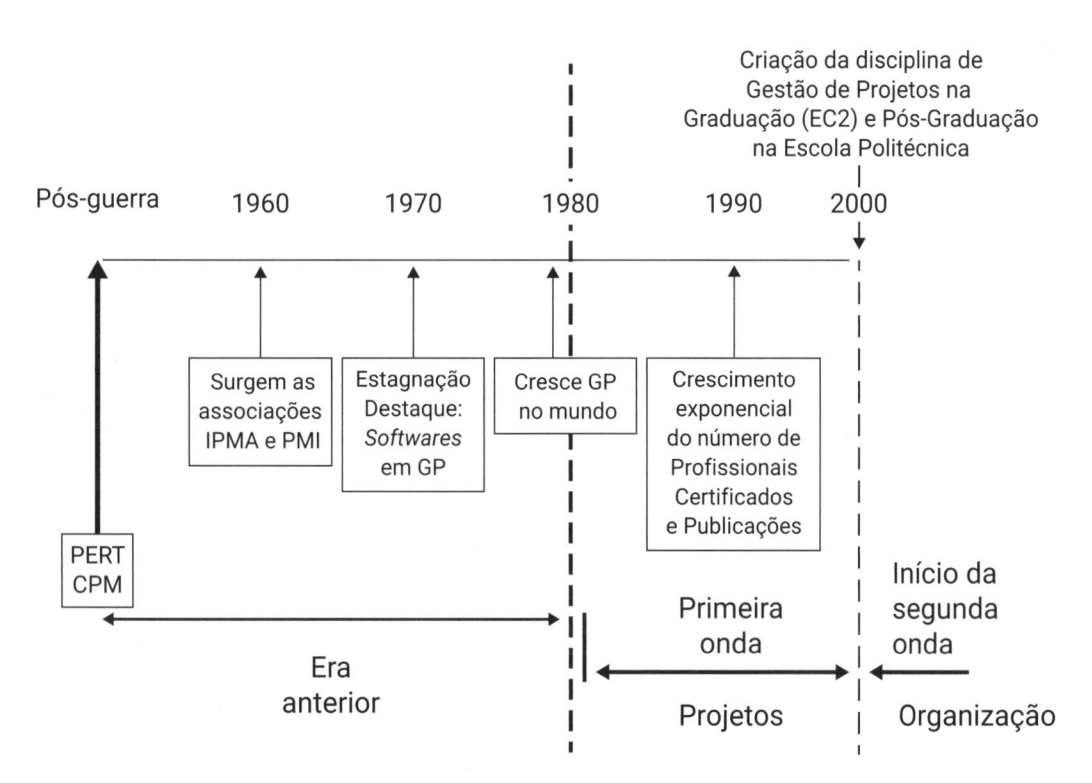

Figura 1.2 Evolução do gerenciamento de projetos.

como parâmetro o número de associados do Project Management Institute (PMI®), que cresce de forma consistente e impressionante nos EUA e em mais de 100 países, inclusive no Brasil, que detém o maior número de profissionais certificados por este instituto na América Latina. No início da década de 1990, o número de sócios individuais do PMI® girava em torno de 15 mil; em meados da mesma década, esse número atingiu a marca de 50 mil e o gerenciamento de projetos se consolidou como metodologia, passando a ser mencionado, por diversos estudiosos da administração, como disciplina obrigatória nas empresas que querem desenvolver e manter vantagens competitivas. Os números associados do PMI®, na casa de centenas de milhares, continuam a crescer anualmente. A Figura 1.3 ilustra a evolução do número de membros do PMI® nas últimas décadas. A curva de crescimento tem reduzido a inclinação, mas ainda mostra bastante vigor. Contudo, já começa a incitar a seguinte pergunta: quando será o ponto de saturação? Por mais que ainda se fale em apagão de mão de obra em Gestão de Projetos, o que deve ainda perdurar por mais uma década, não podemos esquecer a existência de um grande contingente de especialistas e de uma massa crítica na área.

No Brasil, as grandes empresas de tecnologia têm investido na formação de profissionais especializados em Gestão de Projetos, tais como a IBM Brasil, Siemens, Unisys, entre outras. Essas empresas, em geral, têm cursos de treinamento *in company*, além de pagarem a primeira tentativa de aprovação no exame do PMI®.

Contudo, estudos baseados em empresas brasileiras mostraram que poucas têm formalizado e desenvolvido um modelo de gerenciamento do processo de inovação e de projetos e, portanto, a área ainda tem um grande desenvolvimento pela frente no País.

Essa lacuna precisa ser sanada, pois vai de encontro ao cenário positivo de crescimento econômico que desponta no Brasil para os próximos anos, em razão da demanda por desenvolvimento de infraestrutura de modo a suportar o crescimento econômico em diversos setores, como energia, transporte e telecomunicações, que proporcionará desafiadores projetos na área de engenharia. Além disso, organizamos uma Copa do Mundo e uma Olimpíada. Para tanto, nos comprometemos a concluir, em curto prazo, os projetos propostos, sem desperdício de recursos públicos, em um País que

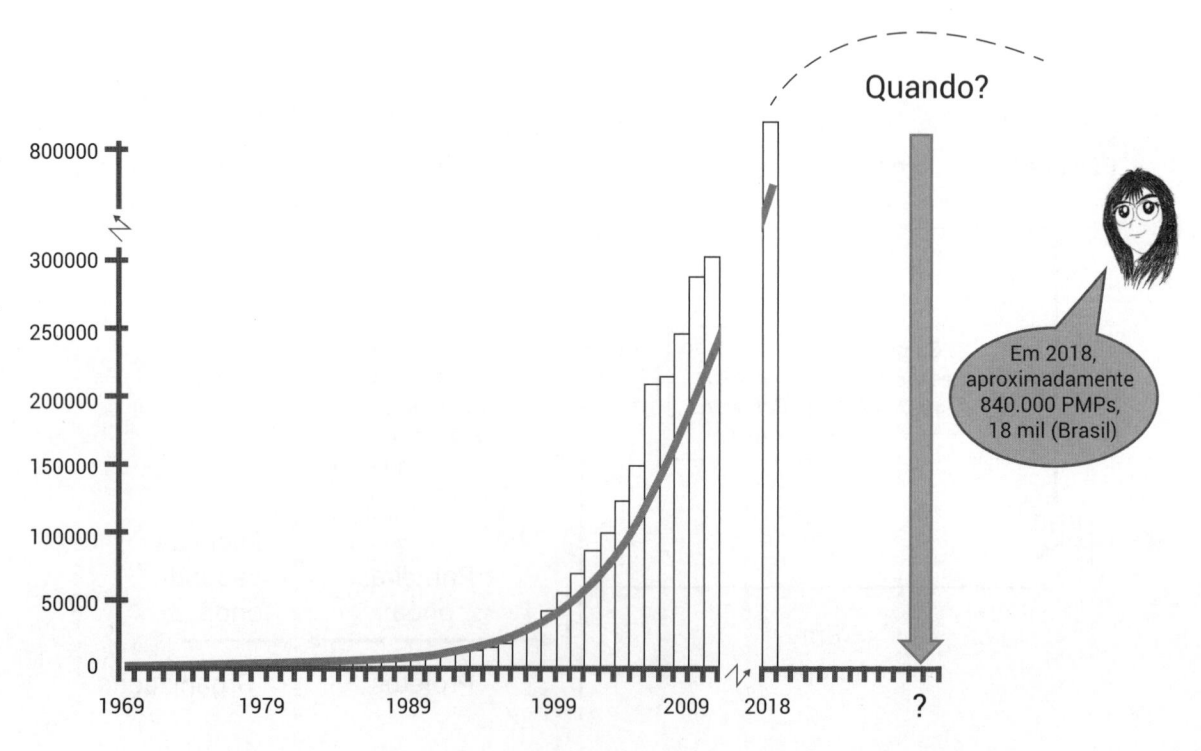

Figura 1.3 Crescimento de membros do Project Management Institute (PMI®).

ainda tem muitas demandas sociais que concorrem por esses recursos.

Nesse contexto, há demanda por grande refinamento das metodologias de gerenciamento de projetos para tratar da complexidade inerente a esse tipo de projeto, caracterizado por equipes multidisciplinares de grande porte, podendo envolver milhares de pessoas de organizações distintas, dispersas geograficamente. Não raro, o orçamento passa da casa dos milhões.

A partir da virada do milênio, as questões organizacionais de Gestão de Projetos passaram a configurar uma nova tendência, que denominamos segunda onda, com foco em modelos organizacionais de Gestão de Projetos. Neste aspecto, vale lembrar que, se na primeira onda os diagnósticos e os treinamentos foram os destaques, na segunda onda as empresas começam a investir na implementação de modelos de maturidade em projetos, como forma de gerir o processo de mudança organizacional e estruturar os planos de ação rumo à excelência em Gestão de Projetos. Nesse sentido, deverão também vislumbrar o crescimento das competências e da maturidade em gerenciamento de projetos.

1.2 AS DUAS ONDAS DA GESTÃO DE PROJETOS

A evolução recente da disciplina de Gestão de Projetos pode ser entendida como ondas: precisamente duas, conforme ilustra a Figura 1.4.

A primeira teve como preocupação central a resolução de questões proeminentes vinculadas às necessidades dos projetos, especificamente aquelas ligadas ao atendimento de seus resultados quanto a escopo, prazos, custos e qualidade. O foco foi na eficiência e no desenvolvimento de um corpo de conhecimentos, com ênfase em áreas de conhecimento, processos, ferramentas e práticas de Gestão de Projetos, ou seja, a era dos BoKs (*Bodies of Knowledge*), com destaque nos aspectos *hard*. Para dar vazão a essa onda, proliferaram os cursos sobre os fundamentos da disciplina de Gestão de Projetos e suas abordagens, avançou-se no entendimento das técnicas e ferramentas de redes de atividades, cronogramas físico/financeiro e estruturação de projetos, entre tantos outros conceitos básicos. Tudo isso alicerçado no uso mais intensivo da Tecnologia da Informação, no intuito de disponibilizar as informações dos projetos a tempo hábil para a tomada de decisão.

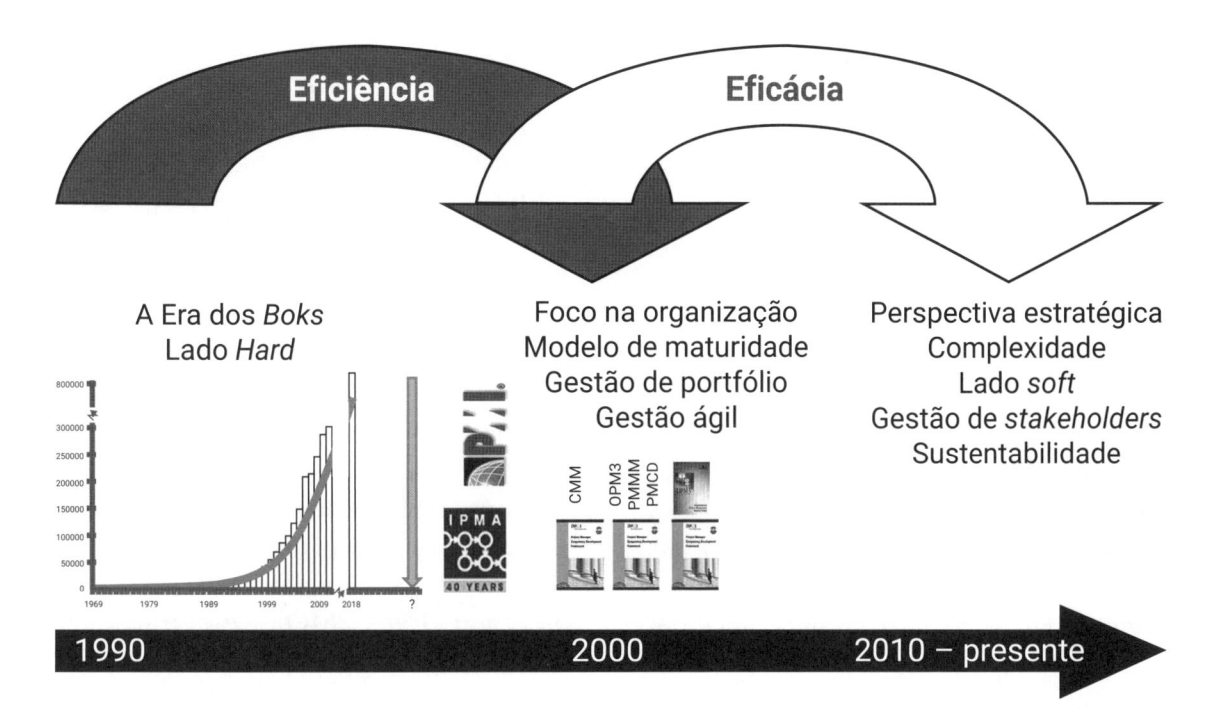

Figura 1.4 As duas ondas de gerenciamento de projetos.

A primeira onda proporcionou, portanto, maior eficiência às empresas no que diz respeito à utilização das práticas de gerenciamento de projetos. O uso de técnicas e ferramentas, sem dúvida, tem ajudado as empresas em sua estruturação por projetos, na organização das equipes e, fundamentalmente, na alocação mais adequada de seus recursos. Foi a onda da eficiência.

Entretanto, uma empresa não sobrevive apenas fazendo as coisas de forma certa, ou seja, sendo eficiente (DRUCKER, 1963). É preciso investir na eficácia, ou seja, agora é a hora de resultados. O momento de ajudá-las a crescer, sustentavelmente. Em decorrência desse estado, surge o gerenciamento profissional de projetos, imbuído de novas abordagens, sobretudo, contextualizado com uma realidade competitiva mais exigente. Desponta, assim, a segunda onda, cujo enfoque é a organização. A palavra-chave é eficácia, ou seja, fazer a coisa certa.

Nessa direção, o gerenciamento de projetos, para poder se apresentar de forma mais profissional, precisa ser desenvolvido com mais criatividade, mais competências gerenciais e com menos intuição. A segunda onda deverá levar o gerenciamento de projetos como uma alternativa de inovação à própria atividade gerencial.

A segunda onda, assim, deve, definitivamente, realizar a integração das áreas de conhecimento consideradas no âmbito do gerenciamento de projetos, que até agora só estava nos papéis.

Enquanto na primeira onda os gerentes de projetos aprenderam a desenvolver seus empreendimentos, administrando isoladamente escopo, prazos, custos e qualidade, na segunda onda é necessário aprimorar algumas áreas de conhecimento, como é o caso do gerenciamento de riscos em projetos, por exemplo.

O uso de técnicas de simulação, também, constitui outro caso que pode ser bastante explorado pelo pessoal de projetos, assim como ocorre com os profissionais que trabalham com riscos financeiros, riscos empresariais etc. Essas técnicas, quando utilizadas de maneira plena, ajudam a configurar a administração em outras áreas do conhecimento. As incertezas nos projetos são muitas e minimizá-las é uma tarefa que ainda poucos gerentes fazem. Nesse aspecto, cabe lembrar que os programas de simulação podem ser utilizados, também, para minimizar as incertezas de prazos e custos em projetos. Essa é uma forma mais criativa de utilização de recursos e ferramentas já existentes, que, em muitos casos, não estão sendo explorados devidamente.

Outra característica dessa segunda onda consiste na formação dos gerentes de projetos. Com a adoção, por muitas empresas, de gerenciamento de projetos nasce esse novo profissional, que, além das competências técnicas, tem de desenvolver competências mais gerenciais, incluindo aí capacidades de negociação, política, articulação, entre outras.

Com o uso mais intensivo do gerenciamento de riscos em projetos, atrelado a um trabalho mais consciente e político do gerente de projetos e sua equipe, provavelmente, se evitariam casos como o que foi visto com o Metrô de São Paulo, com a tragédia de Alcântara, com a plataforma da Petrobras, entre muitos outros casos.

Uma das novas alternativas que a segunda onda proporciona refere-se à profissionalização do gerenciamento de projetos. E, nesse sentido, suas atenções são vistas pelas camadas mais significativas das organizações. Surge, assim, a necessidade de entender o conjunto de projetos existentes na empresa e não só visualizá-los individualmente.

Nesse aspecto, o gerenciamento do portfólio de projetos irá dar uma grande contribuição aos dirigentes das empresas. A partir de um exame bem detalhado das novas ideias que surgem continuamente nas empresas é possível traçar e realimentar continuamente os planos estratégicos, gerando projetos mais especiais que os dos concorrentes. O incentivo à inovação certamente irá gerar projetos mais desafiadores e, com isso, proporcionar mais competitividade à empresa. Além disso, o foco não é mais o projeto, mas a multiplicidade de projetos e programas que concorrem por recursos continuamente.

Estruturalmente, as ações e processos em gerenciamento de projetos dessa segunda onda devem estar consolidados nos escritórios de projetos (*Project Management Office* – PMO), e estes, dadas as considerações aqui traçadas, se apresentam de forma mais estratégica. Uma visão mais expressiva dos escritórios de projetos é que eles podem ser os elementos de integração dos vários esforços (produção, *marketing*, finanças, pessoal etc.) existentes em uma empresa.

A segunda onda deverá também vislumbrar o crescimento das competências e da maturidade em gerenciamento de projetos. Nesse aspecto, vale lembrar que, se na primeira onda os diagnósticos e os treinamentos foram os destaques, na segunda onda as empresas começam a investir na implementação de modelos de maturidade em projetos, como forma de gerir o processo de mudança organizacional e estruturar os planos de ação rumo à excelência em Gestão de Projetos. Nesse sentido, outros modelos de referência com foco na Gestão de Projetos no âmbito organizacional surgiram recentemente, como *The Standard for Portfolio Management*, o *Organizational Project Management Maturity Model* (OPM3™) e o *Project Manager Competency Development Framework* (PMCD), só para citar modelos do próprio PMI, bem como um novo certificado, como o *Program Management Professional* (PgMP®,). Além disso, existem também outras referências importantes, como a associação europeia International Project Management Association (IPMA), com certificado em quatro níveis para profissionais da área de projetos. Dessa forma, é importante estar em sintonia com as novas tendências.

Nesta segunda onda, abordagens leves (*lightweight*) surgiram, com maior ênfase em pessoas e questões comportamentais, ao que se denominou de lado *soft* da Gestão de Projetos (CARVALHO; RABECHINI JR., 2015).

Neste contexto, emergiram com força as abordagens ágil e *lean* de Gestão de Projetos, que serão tratadas no Capítulo 20, deste livro, com interesse crescente dos profissionais da área nas certificações com foco nessas abordagens, como o *PMI Agile Certified Practitioner* (PMI-ACPSM) e o *Certified ScrumMaster* (CSM).

Outros aspecto é a necessidade de modelagem em ambientes complexos, explorando diferentes técnicas, desde análise de redes sociais até dinâmica de sistemas (Franco *et al.*, 2017). Os institutos e associações também começaram a abordar a questão da complexidade, como o texto *Navigating Complexity* (PMI, 2013).

Muitas empresas perderam a primeira onda e estão agora correndo para alcançar suas concorrentes em eficiência. Nesse lógica, não surfar na segunda onda significa ser menos eficaz, o que pode implicar perda de posições de mercado.

Preocupados com essa questão e com os aspectos da competitividade das empresas, os autores propuseram o Modelo Estratégico de Gerenciamento de Projetos, Pró-Valor desenvolvido para atender as demandas da segunda onda. Nesse modelo, são resolvidas questões que visam garantir resultados para quem vive de projetos. A implementação do modelo leva em conta a construção de uma cadeia de valor em projetos nas organizações.

1.3 MODELO DE REFERÊNCIA PARA ANÁLISE

A sobrevivência de uma empresa, nos dias de hoje, requer de seus executivos ações rápidas, consequentes e coerentes. Não é possível desperdiçar nenhum tipo de oportunidade. Ainda mais: é preciso criá-las! Para manter uma empresa viva, é necessário muito conhecimento, esforço e escolha de um conjunto de práticas gerenciais que a conduzam, com eficiência e eficácia, no sentido de atingir resultados relevantes. É sabido o quão complexa é essa tarefa. Segundo uma pesquisa do Sebrae, 56% das empresas fecham antes de completar três anos de vida.

Uma das alternativas gerenciais que nos últimos anos têm se mostrado bastante atraentes como opção para os executivos das empresas é o gerenciamento de projetos. Muitos executivos optam pelo gerenciamento de projetos, talvez, por ser uma metodologia consagrada nas grandes empresas, como NASA, IBM, governo norte-americano, nas empresas de construção civil e, mais recentemente, nas multinacionais de Tecnologia da Informação e Telecomunicações. Outros entendem que estão nas atividades não rotineiras os valores essenciais a serem agregados aos produtos/serviços que desenvolvem. Tanto uns quanto outros buscam, na verdade, algo que os ajude a transformar ideias em algo que dê a eles desenvolvimento de forma sustentável, considerando-se o cenário competitivo atual.

De forma geral, todas as organizações vivem de projetos, mesmo aquelas cujo produto final não seja gerado por projeto. Nessa direção, sabe-se que as ditas atividades inteligentes de projetos são responsáveis por 25% do PIB mundial, o que representa algo em torno de US$ 10 trilhões, segundo informações do Project Management Institute (PMI®), entidade norte-americana com 35 anos de existência, voltada à disseminação das práticas e certificadora em gerenciamento de projetos. Estima-se que ao redor do mundo 16,5 milhões de trabalhadores estejam envolvidos com atividades de projetos.

Para Rabechini Jr. (2003), seguir rumo ao gerenciamento de projetos é dispor de competências individuais, em equipes e na organização, segundo estratégias bem definidas, estabelecimento de processos e efetivação de mudanças.

A institucionalização de gerenciamento de projetos nas empresas é um esforço contínuo que precisa de apoio não só dos executivos, mas também de todos os funcionários envolvidos. Os primeiros passos da estrada que leva as empresas à excelência em gerenciamento de projetos são importantíssimos; qualquer tropeço pode significar a perda de uma oportunidade.

Algumas empresas, quando decidem implementar o gerenciamento de projetos, antes precisam definir um fluxo que represente as atividades de inovação, para então estabelecer um *road map* que oriente todos os envolvidos na condução de projetos. O objetivo de profissionalizar o desenvolvimento das atividades não rotineiras é certamente melhorar os resultados dos projetos: prazos cumpridos, custos controlados e qualidade desejada.

Nesse início do processo de implementação de gerenciamento de projetos, o trabalho de convencimento da alta administração de investir em projetos talvez seja o mais árduo dessa fase. Essa dificuldade ocorre porque todos sabem que as decisões tomadas vão desencadear efetivas mudanças na organização, e os envolvidos precisam sentir que vale a pena seguir por esse caminho. No entanto, mudança, como se sabe, nem sempre é bem-vinda no ambiente corporativo. As regras de poder estão em jogo.

Nessa fase, além disso, é preciso definir os treinamentos para disseminação do conhecimento em gerenciamento de projetos, bem como estabelecer as áreas e os indicadores a serem tratados inicialmente.

Uma vez estabelecidos os processos de gerenciamento, faz-se muito importante que as pessoas aprendam a utilizá-los e comecem a perceber que os resultados vão aparecer.

Para que isso aconteça, muitas organizações têm praticado a política de inspeção em projetos, visando ajudar os gerentes na condução de seus projetos. Na verdade, dois aspectos são relevantes para a decisão das inspeções: o primeiro é tirar as pedras do caminho e tornar mais fáceis as práticas gerenciais; o segundo é mostrar aos envolvidos que não há mais caminho de volta.

A equipe do PMO, nesse sentido, assume um papel relevante, pois passa a realizar reuniões com os gerentes, ajudando-os na definição de estratégias e objetivos de cada um dos empreendimentos. A resposta dos gerentes, em geral, é imediata, pois a percepção do nível de profissionalização aumenta consideravelmente.

Ao se aperfeiçoar nas práticas gerenciais de projetos, as empresas criam mecanismos para estabelecer suas próprias metodologias, via de regra, baseadas no guia do PMI®. O aperfeiçoamento caracteriza-se como uma nova fase de desenvolvimento do gerenciamento de projeto nas organizações.

Genericamente, a leitura de uma empresa em termos de sua capacidade em gerenciar projetos deve considerar suas competências em três dimensões distintas: indivíduos, equipes de projetos e organização.

Do indivíduo que está envolvido em projetos, em linhas gerais, espera-se que ele domine técnicas e ferramentas em gerenciamento de projetos, dentro dos parâmetros amplamente divulgados, como restrições de recursos, prazos e custos, característicos de projetos, levando em conta ainda as exigências de singularidade e empenho. Espera-se que esses indivíduos possuam uma visão bastante abrangente do sentido de governarem ou serem governados, mediante a necessidade de alinhamento de projetos às estratégias organizacionais, bem como do desenvolvimento das habilidades gerenciais e da capacidade em aplicar técnicas e ferramentas de gerenciamento de projetos. Nesse aspecto, buscou-se identificar ações que elevem o grau de competência do indivíduo em relação às suas capacidades gerenciais, de conhecimento do negócio e de gerenciamento de projetos. Em suma, isso significa ter indivíduos competentes em projetos.

As equipes, no âmbito dos projetos, devem ser proativas em buscar resultados por meio de uma orientação voltada para tarefas e atividades. Nesse aspecto, buscou-se planejar ações visando torná-las aptas ao desenvolvimento de comprometimento com a agenda do projeto, bem como com orçamento, gestão dos riscos, com a qualidade etc. Para que isso aconteça, espera-se que haja um espírito de colaboração e comprometimento com os requisitos de gerenciamento do projeto. Isto é, ter equipes competentes em projetos.

A organização, por sua vez, no ímpeto de institucionalizar o gerenciamento de projetos como forma moderna de administração de suas atividades não rotineiras, deverá estar sensibilizada, disponibilizando recursos, adequando estratégias, divulgando resultados de projetos etc., isto é, ser uma organização competente em projetos.

Resumidamente, uma empresa madura na condução eficaz de seus projetos deve ter para as três dimensões mencionadas estratégias definidas de implementação, desenho de processos para desenvolvimento de cada uma delas e controle e acompanhamento, visando garantir uma implementação efetiva.

Desse ponto em diante, existem apenas mais duas barreiras para se chegar à excelência: a comparação com outras empresas e o aprimoramento contínuo.

No Brasil, ainda são poucas as empresas que chegaram à maturidade em gerenciamento de projetos. A implementação de um novo conceito gerencial leva muito tempo e requer investimentos significativos. É preciso muita dedicação e determinação, visto que os resultados não aparecem imediatamente. No entanto, nos últimos quatro anos, tem-se assistido a uma corrida rumo à excelência em gerenciamento de projetos por alguns setores da economia, destacando-se Tecnologia da Informação, Telecomunicações e serviços bancários. Além destes, o setor que trata de Pesquisa e Desenvolvimento começa a dar sinais de interesse em gerenciamento de projetos, em virtude, em primeiro lugar, do hiato existente entre geração de inovação tecnológica *versus* esforço (custo, sobretudo) necessário e, em segundo lugar, da necessidade de gerenciar os diversos elementos em toda a fase de seu processo de inovação.

1.3.1 Modelo Pró-Valor em Gerenciamento de Projetos

O modelo estratégico de gerenciamento de projetos, modelo Pró-Valor, foi concebido para suprir as necessidades das empresas, no que tange ao atendimento dos quesitos da segunda onda. Criado para adicionar valor aos projetos, o modelo discute uma série de elementos que, na medida em que forem implementados adequadamente, trarão benefícios à organização em termos de resultados.

Diferentemente de adicionar valor ao gerenciamento, o modelo é centrado, essencialmente, nos resultados que os projetos poderão dar à organização. Adicionar valor, nesse contexto, inclui, além da valorização do gerenciamento, também a maturidade dos envolvidos com o projeto; as competências relacionadas; a estrutura organizacional adequada. Isso tudo alinhado externamente com o ambiente competitivo e, internamente, com as estratégias organizacionais.

O modelo serve, assim, para ampliar a visão não só dos gerentes de projetos, mas também dos estrategistas das organizações, na medida em que seus elementos se integram.

A construção desse modelo vem no sentido de apoiar as empresas que optaram por adotar o gerenciamento de projetos como forma de administrar seus empreendimentos, entendendo que a adoção de gerenciamento de projetos em âmbito organizacional é decorrente de mudanças culturais profundas em vários níveis de competências, no uso das diversas técnicas e ferramentas gerenciais, considerando seus mais distintos aspectos.

A implementação de gerenciamento de projetos nas organizações, assim, deve enfatizar não só questões de ordem tática, mas, essencialmente, estratégicas. Ou seja, as mudanças organizacionais implicam, certamente, alterar o fluxo de informação e de tomada de decisões, o modelo gerencial e as regras de poder interno. Decorrente disso tudo, sabe-se que as resistências são muitas e, portanto, precisam ser trabalhadas.

Além disso, os gerentes de projetos e os estrategistas ligados à implementação devem estar atentos não só a questões internas, mas também às questões externas, pois é preciso monitorar o ambiente considerando os diversos interessados na mudança gerencial, sobretudo os clientes, os concorrentes e os fornecedores e parceiros.

As mudanças no enfoque estratégico, com maior ênfase no gerenciamento de projetos, devem ser acompanhadas por uma adequada estrutura organizacional que atenda a flexibilidade necessária à atividade de projetos, mas também reflita seu poder de tomada de decisão ao longo da estrutura. Questões relacionadas com a carreira do gerente de projetos também apresentam críticas neste contexto.

Além disso, o modelo se preocupa, também, em elucidar as questões das competências necessárias, configurando uma trajetória de crescimento e aprendizado que resulte na maturidade da organização.

As competências devem, portanto, ter um crescimento consistente e também coerente, levando-se em conta os aspectos das equipes de projetos e áreas organizacionais envolvidas. Esses aspectos constituem as preocupações, em relação ao preparo da organização, para adoção da opção gerenciamento de projetos, como alternativa de administração de empreendimentos, promovendo a mudança cultural necessária.

Nesse aspecto, vale a pena ressaltar que, em geral, quando as organizações precisam dominar as competências organizacionais, tendem a querer abrangê-las todas, ao mesmo tempo. As pautas que orientam o modelo, entretanto, deixam claro que o processo de maturação é lento, requer aprofundamento no domínio de cada área, sendo, portanto, gradual.

Para melhor compreender o conceito de cadeia de valor em projetos, a analogia com o sistema terrestre, em princípio, pode servir de base para se traçar um paralelo com o modelo Pró-Valor, que orienta a estrutura deste livro, conforme ilustra a Figura 1.5.

Ambos os sistemas são compostos por camadas. A Terra possui, em linhas gerais, um núcleo, manto e crosta. A parte central do modelo Pró-Valor é a camada núcleo. As atividades-meio da cadeia de valor encontram-se no núcleo, sintetizadas pelas boas práticas de gerenciamento de projetos, que transferem energia para as demais camadas, aqui descritas nas áreas de conhecimento do PMBoK acrescidas de sustentabilidade, mas, de fato, as possibilidades são diversas, como iremos abordar no Capítulo 3. Conforme discutiu-se na primeira onda, a eficiência no gerenciamento dos projetos é obtida com o uso sistemático das boas práticas de gerenciamento, que envolvem as áreas de conhecimentos, os grupos de processo e o disciplinado monitoramento do ciclo de vida. As empresas, recentemente, têm adotado essas práticas, que são propagadas pelos guias de gerenciamento de projetos, dentre os quais se destaca, pela sua difusão, o PMBoK® do Project Management Institute (PMI, 2017).

O manto, a camada intermediária, no modelo Pró-Valor, conforme discutido, é o processo de mudança em âmbito organizacional, que envolve estrutura, competência e maturidade em gerenciamento de projetos. É preciso estabelecer um plano de excelência em Gestão de Projetos, gerir a mudança em busca de maturidade e, ainda, construir competências no âmbito das equipes, gerentes e da organização, suportadas por um bom plano de carreira para retenção dos talentos nessa área.

A crosta, última camada, representa a estratégia organizacional, que, assim como na Terra, sofre as pressões externas da atmosfera, no modelo representado pelo ambiente competitivo. É a camada da eficácia, em que se entrega o pacote de valor para o mercado. É aqui, também, que temos a dimensão estratégica da sustentabilidade e seu impacto no meio externo, nas perspectivas social, ambiental e econômica.

Nos próximos capítulos serão detalhadas as bases conceituais do modelo ora descrito, no que concerne às camadas organizacionais, ou seja, o manto e a crosta – visão da segunda onda.

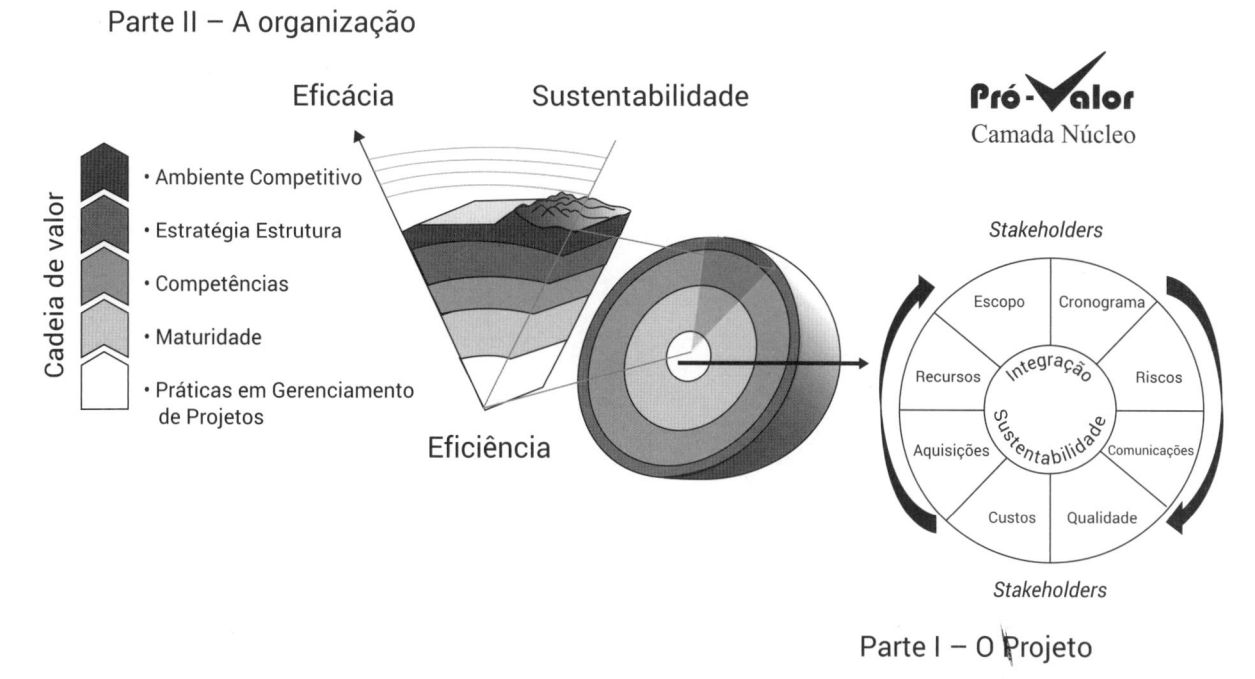

Figura 1.5 Modelo Pró-Valor.

QUESTÕES PARA REFLEXÃO E DISCUSSÃO

1. Quais são os principais marcos evolutivos da área de Gerenciamento de Projetos?
2. O que caracteriza a primeira onda de Gestão de Projetos?
3. O que caracteriza a segunda onda de Gestão de Projetos?
4. Explique as camadas do modelo Pró-Valor.
5. Qual é a relação entre o PMBoK® e o modelo Pró-Valor? A que camada ele se refere?

2 O QUE É PROJETO?

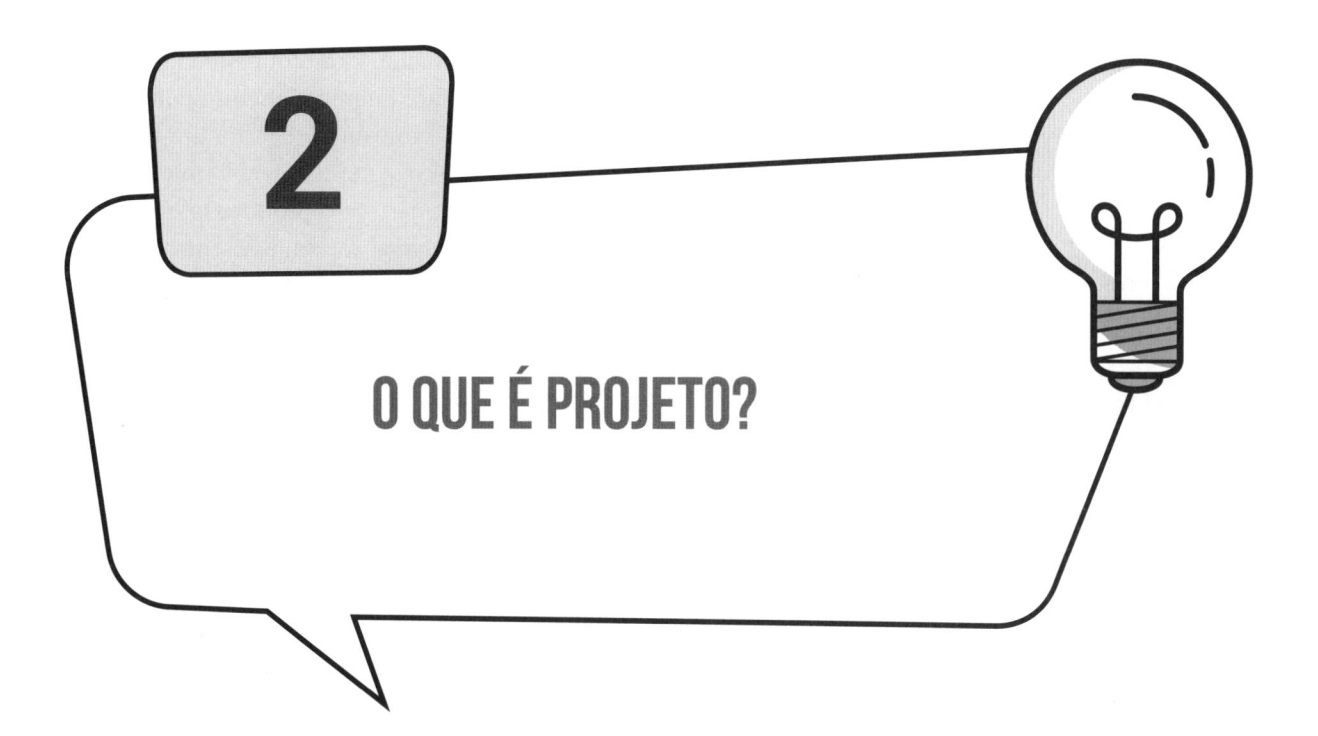

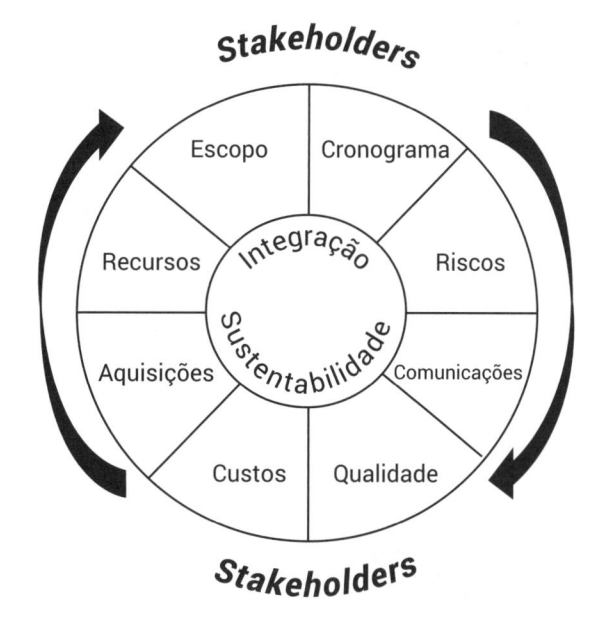

Pró-Valor
Camada Núcleo

Parte I – O Projeto

Neste capítulo, apresentamos o conceito de projeto, suas características, bem como as peculiaridades de seu gerenciamento. Após estudar este capítulo, o leitor estará apto a responder às seguintes questões:

a) O que é projeto?
b) O que é Gestão de Projetos?
c) Quais são as principais características de projetos?
d) Como definir sucesso em gerenciamento de projetos?

2.1 CONCEITOS: PROJETO E GESTÃO DE PROJETOS

O conceito de projeto tem sido aprimorado nos últimos anos, visando estabelecer um entendimento comum nas organizações que trabalham com esse tipo de empreendimento (RABECHINI JR.; CARVALHO, 1999).

Existem várias definições de projeto disponíveis na literatura. Dentre elas, as mais utilizadas estão no Quadro 2.1.

Quadro 2.1 Definições de projeto

"Um projeto é uma organização de pessoas dedicadas que visam atingir um propósito e objetivo específico. Projetos geralmente envolvem gastos, ações ou empreendimentos únicos de altos riscos e devem ser completados numa certa data por um montante de dinheiro, dentro de alguma expectativa de desempenho. No mínimo, todos os projetos necessitam ter seus objetivos bem definidos e recursos suficientes para poderem desenvolver as tarefas requeridas" (TUMAN, 1983).
"Um projeto é um **conjunto único de processos** que consiste em atividades coordenadas e controladas com **datas de início e fim**, empreendidas para atingir os objetivos do projeto. O alcance dos objetivos do projeto requer provisão de entregas, conforme requisitos específicos" (ISO 21500, 2012).
"Um esforço **temporário** empreendido para criar um produto, serviço ou resultado **único**" (PMI, 2017).
"Um projeto é definido como um esforço único, temporário, multidisciplinar e organizado para realizar entregas acordadas dentro de requisitos e restrições predefinidos" (IPMA ICB, 2015).

Podemos perceber dois conceitos intrínsecos nessas definições: um referente à temporalidade, ou seja, todo projeto tem um começo e um fim bem determinados, e outro que se refere à unicidade ou singularidade, ou seja, que o produto e/ou serviço do projeto é, de algum modo, diferente de todos os similares feitos anteriormente.

Lembramos, porém, que temporalidade não significa curta duração, pois projetos podem durar de semanas a anos. Destacamos ainda que, embora o projeto acabe, seu produto e resultados podem perdurar por um longo período de tempo. Por exemplo, o projeto de construção da usina de Itaipu foi realizado na década de 1980, mas a usina continua a gerar eletricidade até hoje.

Agora que sabemos o que é projeto, o que é Gestão de Projetos?

O gerenciamento de projetos inclui planejamento, organização, supervisão e controle de todos os aspectos do projeto, em um processo contínuo, para alcançar seus objetivos, conforme definição da norma ISO 10006:1997. O PMI® (2017), por outro lado, enfatiza a aplicação integrada de conhecimento, habilidades, ferramentas e técnicas como aspectos fundamentais para a Gestão de Projetos, tendo como objetivo atender ou superar as necessidades e expectativas dos interessados (*stakeholders*).

Quando um grupo de projetos relacionados é gerenciado de forma coordenada, o denominamos programa. Os programas também envolvem uma série de atribuições repetitivas ou cíclicas (PMI, 2013).

Os conceitos, ferramentas e técnicas da Gestão de Projetos visam garantir o seu sucesso, mediante boas práticas de gestão, como veremos no Capítulo 3.

2.2 CARACTERÍSTICAS DOS PROJETOS

Embora as definições de projetos sempre envolvam a questão da temporalidade e da singularidade, as intensidades com que essas características aparecem são bastante díspares de projeto para projeto. Uma festa de casamento e a construção de uma usina podem ser caracterizadas como projetos, mas será que demandam o mesmo aparato gerencial?

Veremos, neste capítulo, que diferentes tipos de projetos demandam *road maps* gerenciais também diversos. Mas como classificar os projetos em tipos mais homogêneos?

Para tal, existem várias tipologias para classificar os projetos, como veremos ao longo deste capítulo. Elas devem servir como inspiração para a organização construir sua própria classificação de projetos, optando pelas dimensões mais significativas em seu ambiente de negócios.

2.2.1 Incerteza e complexidade

Ampliando nosso entendimento de projetos, vamos trabalhar o conceito de singularidade em projetos, uma das suas características mais marcantes. Todo projeto é, de alguma forma, único, ou seja, nunca foi feito, é uma inovação. No entanto, o grau de novidade no projeto pode variar muito, levando a equipe de encontro à maior ou menor incerteza.

Em linhas gerais, os projetos podem trazer inovações radicais e incrementais. As inovações radicais são aquelas que provocam grandes mudanças, enquanto as inovações incrementais promovem o processo de mudança continuamente, incorporando pequenas alterações (SCHUMPETER, 1934).

Existem diversos parâmetros que permitem avaliar a complexidade e a incerteza em projetos. Para Crawford *et al.* (2004), por exemplo, os atributos utilizados para caracterizar a complexidade são: escopo do projeto; número de *sites*, localidades ou países; número de funções ou habilidades; envolvimento organizacional; clareza de metas e objetivos; nível de ambiguidade ou incerteza; fontes de risco; complexidade técnica; projeto individual ou componente de um projeto maior; familiaridade; e impacto organizacional. Já outros autores focam na complexidade do produto do projeto, observando o número de componentes, a dificuldade tecnológica, número de interfaces e interdependências (CLARK; FUJIMOTO, 1991; RAZ *et al.*, 2002; BLOMQUIST, 2004; SHENHAR; DVIR, 1996, 2004, 2007).

Por sua vez, Lewis (2000) propõe a classificação dos projetos em quatro tipos, baseados na complexidade do ambiente técnico e de negócio. A Figura 2.1 mostra os quatro tipos de Lewis (2000).

Segundo Lewis (2000), a área da Figura 2.1 na qual os ambientes de projetos e de negócios são simples é denominada Tipo IV. Nesse tipo, estão os projetos de baixo valor para os negócios da empresa e que usam tecnologia bem estabelecida.

Os projetos do Tipo II são aqueles que usam novas ou complexas tecnologias, mesmo estando em um ambiente de negócios de pouco ou moderado valor para a empresa.

Já os projetos do Tipo III são aqueles que possuem complexidade técnica baixa ou moderada,

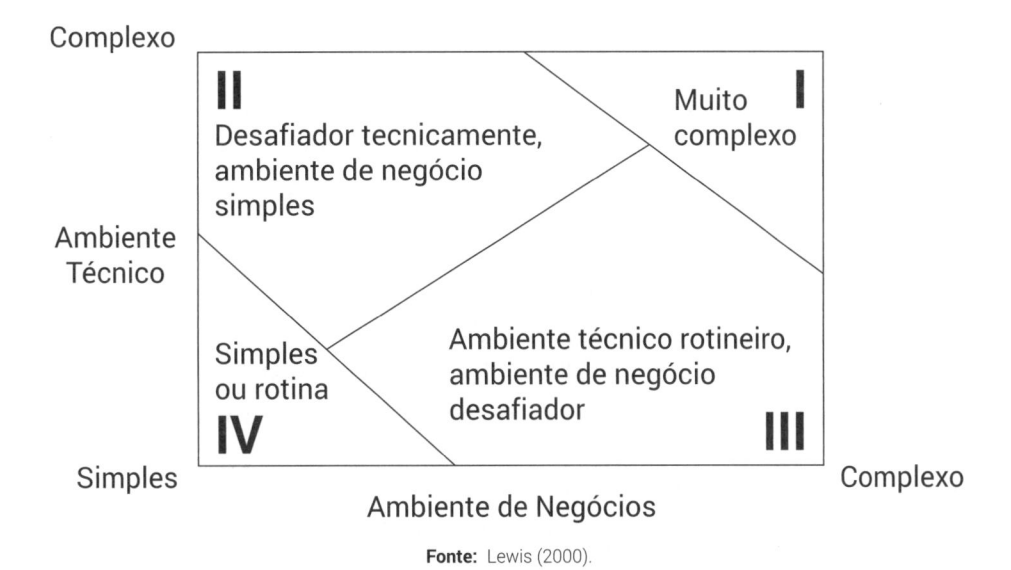

Fonte: Lewis (2000).

Figura 2.1 Matriz de avaliação da complexidade do projeto.

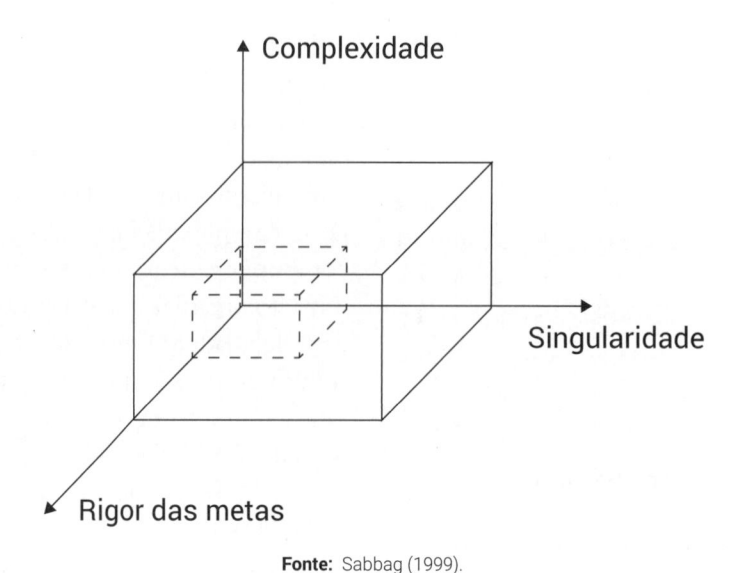

Figura 2.2 Cubo da incerteza.
Fonte: Sabbag (1999).

mas estão inseridos em um ambiente de negócio de alto valor para a empresa.

Finalmente, os projetos do Tipo I são os que usam tecnologia complexa e têm um alto valor de negócio, ou seja, normalmente são missões críticas para a empresa.

Para diferentes tipos de projetos, existem diferentes tipos de gerentes de projetos capazes de lidar com diferentes níveis de complexidade. Essa capacidade está ligada diretamente às competências do gerente de projetos, ou seja, essas competências influenciam a probabilidade de sucesso ou de fracasso dos projetos na medida em que a designação de um gerente de projetos com capacidade para lidar com complexidade menor do que a do projeto que foi designado diminui, consideravelmente, as chances de sucesso do projeto.

A *incerteza* e a *complexidade* são dimensões frequentemente utilizadas em tipologias de projetos para caracterizar os projetos (CLELAND; KING, 1967; CLARK; FUJIMOTO, 1991; MAXIMIANO, 1997; SABBAG, 1999; RAZ *et al.*, 2002; BLOMQUIST, 2004; SHENHAR; DVIR, 1996, 2004, 2007; VIDAL; MARLE, 2008).

No cubo da incerteza proposto por Sabbag (1999), essas questões são tratadas em um composto por três variáveis, quais sejam: *complexidade, singularidade* e *rigor das metas* (ver Figura 2.2). Esse modelo avalia e propõe estratégias de gerenciamentos distintas, dependendo da área do cubo. Segundo Sabbag (1999):

> [...] projetos diferentes resultam em cubos diferentes. Por exemplo, um projeto de construção de uma estrada ou uma construção típica, normalmente, apresenta alta estreiteza em relação aos objetivos, mas baixa complexidade e unicidade. Por outro lado, um típico projeto de Pesquisa e Desenvolvimento (P&D) ou de desenvolvimento de um novo *software*, ao contrário, podem se mostrar com alta unicidade e complexidade, mas envolvendo baixa estreiteza de objetivos.

Como projetos se caracterizam pela *elaboração progressiva*, geralmente o escopo descrito no início do projeto vai se tornando mais explícito e detalhado, conforme o projeto se desenvolve, gerando uma maior compreensão de seus objetivos. Quanto maior a complexidade e incerteza do projeto, maior a dificuldade de gerar uma boa compreensão dos objetivos logo no processo de inicialização, deixando evidente o caráter de *elaboração progressiva* dos projetos.

Para Maximiano (1997), os projetos podem ser classificados em quatro grandes categorias, segundo a incerteza e a complexidade, conforme ilustra a Figura 2.3. Quanto maior o grau de desconhecimento, maior a incerteza e maior o risco associado. Já a complexidade pode ser avaliada pela multidisciplinaridade necessária para a execução do projeto,

	Categoria 2 Projetos de Pesquisa e Desenvolvimento	Categoria 4 Grandes projetos de Pesquisa e Desenvolvimento
Incerteza	Categoria 1 Pequenos projetos de engenharia Organização de um evento	Categoria 3 Organização de eventos especiais: Visita do Papa, Jogos Olímpicos

Complexidade

Fonte: Adaptada de Maximiano (1997).

Figura 2.3 Categorias de projeto.

da diversidade e do volume de informações a serem processadas, do número de organizações envolvidas, entre outros aspectos.

Uma versão multidimensional dos modelos anteriores pode ser encontrada no modelo de "diamante" (*Practical NCTP "Diamond" Model*), proposto por Shenhar e Dvir (2004, 2007). Os autores também iniciaram com uma versão bidimensional – incerteza tecnológica e complexidade do sistema (SHENHAR; DVIR, 1996) –, à semelhança de Maximiano (1997), e evoluíram para uma tipologia de quatro dimensões: novidade, complexidade, tecnologia e passo. A Figura 2.4 e o Quadro 2.2 apresentam o modelo e suas dimensões.

Para cada dimensão existe um conjunto de elementos analisados, conforme mostra o Quadro 2.2.

Fonte: Shenhar e Dvir (2004, 2007).

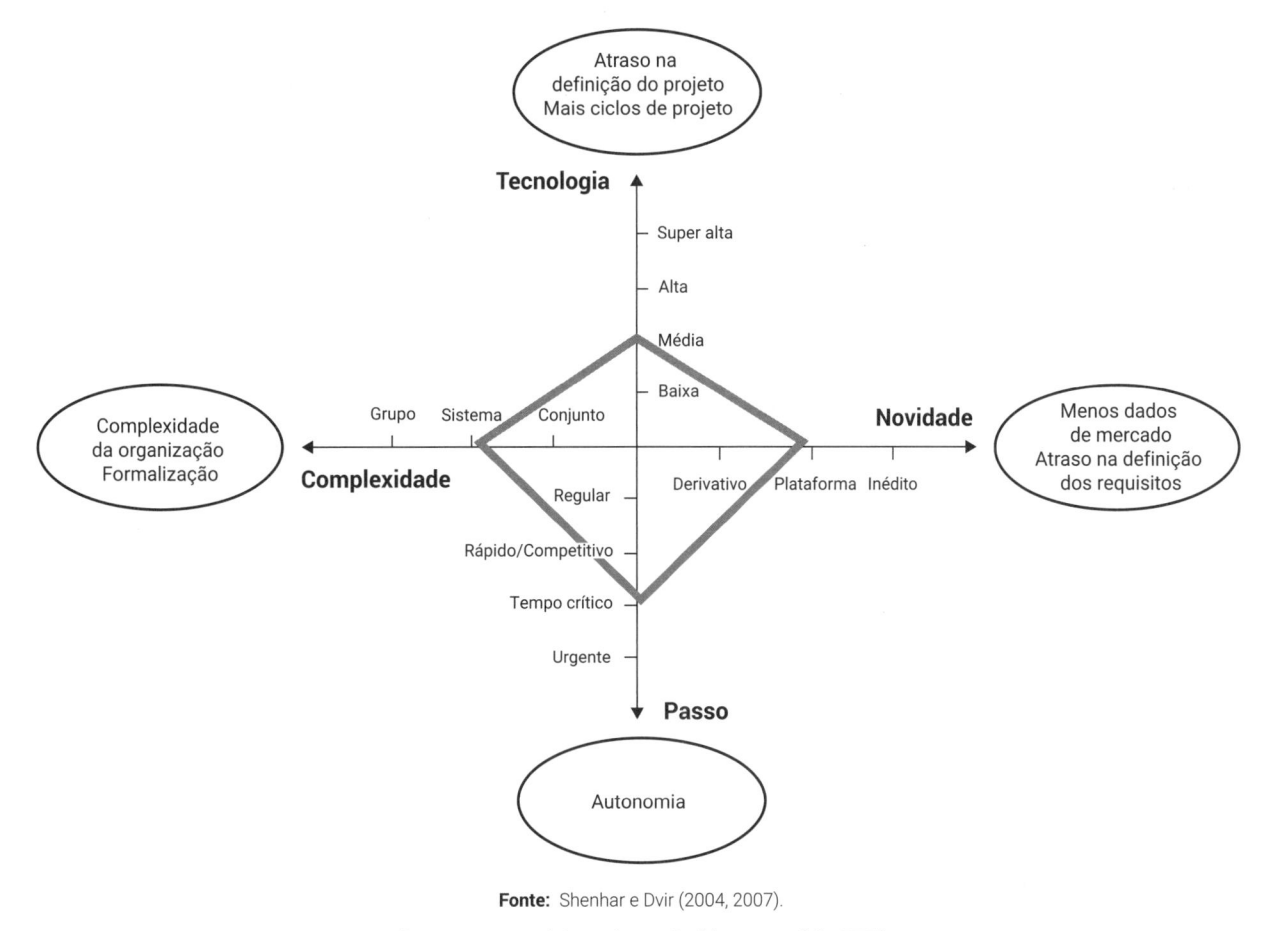

Figura 2.4 Modelo prático do "diamante" (NCTP).

Quadro 2.2 Dimensões do Modelo prático do "diamante" (NCTP)

Novidade: quão novo é o produto para o mercado: • Derivativo: melhoria de um produto existente. • Plataforma: uma nova geração de uma linha existente do produto. • Inédito: um produto totalmente novo.	Complexidade: quão complexo é o produto: • Conjunto: subsistema, desempenha uma função única. • Sistema: coleção de subsistemas, múltiplas funções. • Grupo: grande coleção de sistemas diversos com uma única missão.
Tecnologia: extensão de nova tecnologia para a empresa utilizada pelo projeto: • Baixa: nenhuma nova tecnologia é utilizada. • Média: alguma nova tecnologia. • Alta: toda ou a maioria nova, mas tecnologias existentes. • Superalta: tecnologias não existentes na iniciação do projeto.	Passo: urgência do projeto e disponibilidade de planejamento do tempo: • Regular: atrasos não críticos. • Rápido/competitivo: prazo para o mercado é importante para os negócios. • Tempo crítico: prazo de conclusão é crucial para as janelas de oportunidade de sucesso. • Urgente: projeto em risco – solução imediata é necessária.

Fonte: Shenhar et al. (2005).

Observa-se no Quadro 2.2 que cada dimensão impacta o projeto de uma forma específica, por exemplo, a dimensão Novidade na confiabilidade das previsões de mercado, pois, quanto menos dados de mercado disponíveis, maior pode ser o atraso na definição dos requisitos do consumidor; por outro lado, a dimensão Passo afeta a autonomia e a velocidade do planejamento (SHENHAR; DVIR, 2007).

2.2.2 Projetos e outros tipos de produção

Slack (1993) contextualiza o projeto em face dos diferentes tipos de produção. Nas organizações, é possível identificar um contínuo que vai de um extremo (projetos) ao outro extremo (processos contínuos), conforme ilustra a Figura 2.5.

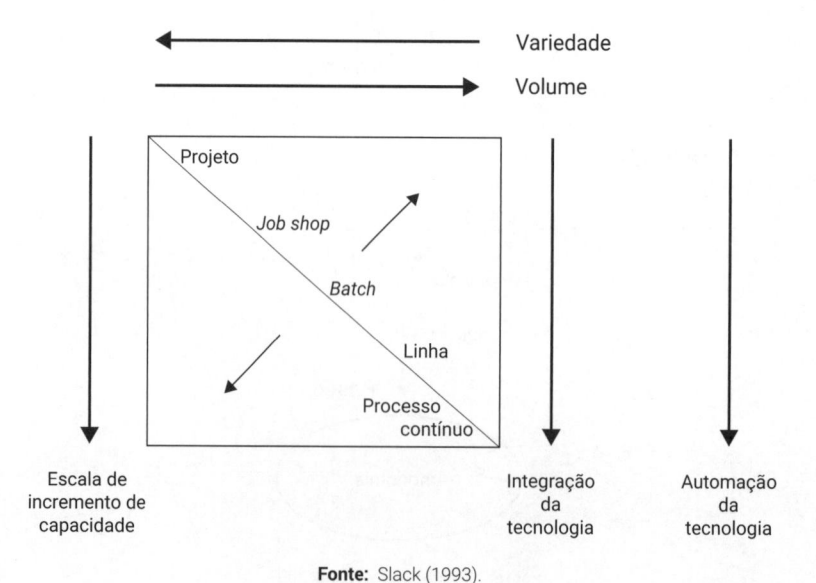

Fonte: Slack (1993).

Figura 2.5 Tipologias de produção.

Na Figura 2.5, o projeto está no limite superior quando o volume é mínimo (único), a variedade é máxima (singular) e os incrementos de capacidade, integração e automação da tecnologia estão no limite inferior. Portanto, projetos e outros tipos de operações diferem primariamente pelo fato de que os outros tipos apresentam repetitividade, embora em diferentes níveis, enquanto projetos são temporários e únicos, conforme já comentamos.

2.2.3 Projetos e localização

Os projetos podem também ser analisados segundo sua localização, uma vez que projetos dispersos geograficamente apresentam características gerenciais distintas, tais como dificuldades de comunicação e de compartilhamento de recursos entre diferentes frentes e localidades.

Evaristo e Van Fenema (1999) discutem essa questão em uma tipologia de projetos que relaciona a composição dos projetos em face do número de localidades envolvidas, conforme ilustra a Figura 2.6.

Nas colunas, está a composição dos projetos, que podem ser simples ou múltiplos, com características de programa, como vimos anteriormente. Nas linhas, apresenta-se o número de locais em que o projeto está sendo desenvolvido, podendo ser localização única ou localizações múltiplas. A combinação dessas dimensões gera sete tipos de projetos: projeto tradicional, projeto distribuído, programa colocalizado, múltiplos projetos tradicionais, programas colocalizados múltiplos, projetos múltiplos distribuídos com localizações discretas e projetos múltiplos distribuídos com localizações compartilhadas (ver Figura 2.6).

2.2.4 Projetos *hard* e *soft* e ágil

Outro contínuo que ajuda a entender as diferenças entre projetos está relacionado com as características *hard* e *soft* de um projeto. Em um extremo do contínuo estão os projetos *hard*, que representam projetos de grande porte, autônomos e com objetivos e produtos finais bem definidos,

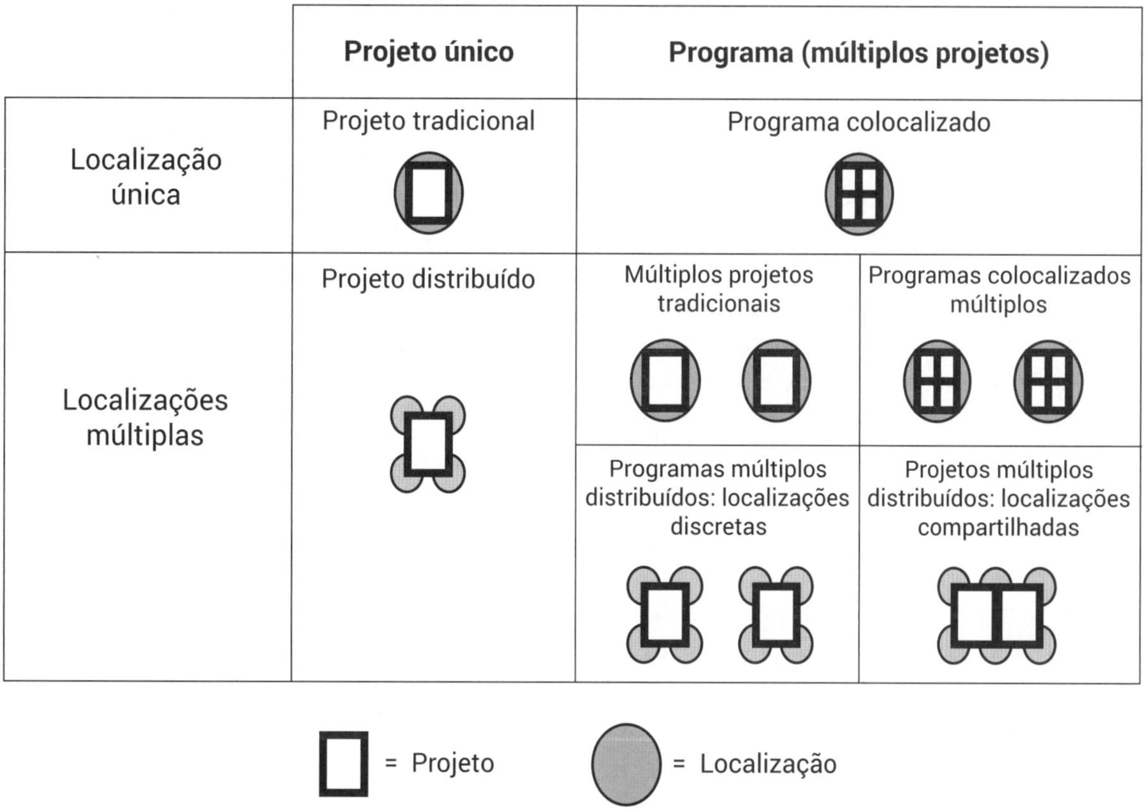

	Projeto único	**Programa (múltiplos projetos)**	
Localização única	Projeto tradicional	Programa colocalizado	
Localizações múltiplas	Projeto distribuído	Múltiplos projetos tradicionais	Programas colocalizados múltiplos
		Programas múltiplos distribuídos: localizações discretas	Projetos múltiplos distribuídos: localizações compartilhadas

☐ = Projeto   ◯ = Localização

Fonte: Adaptada de Evaristo e Van Fenema (1999).

Figura 2.6 Tipologia de projetos.

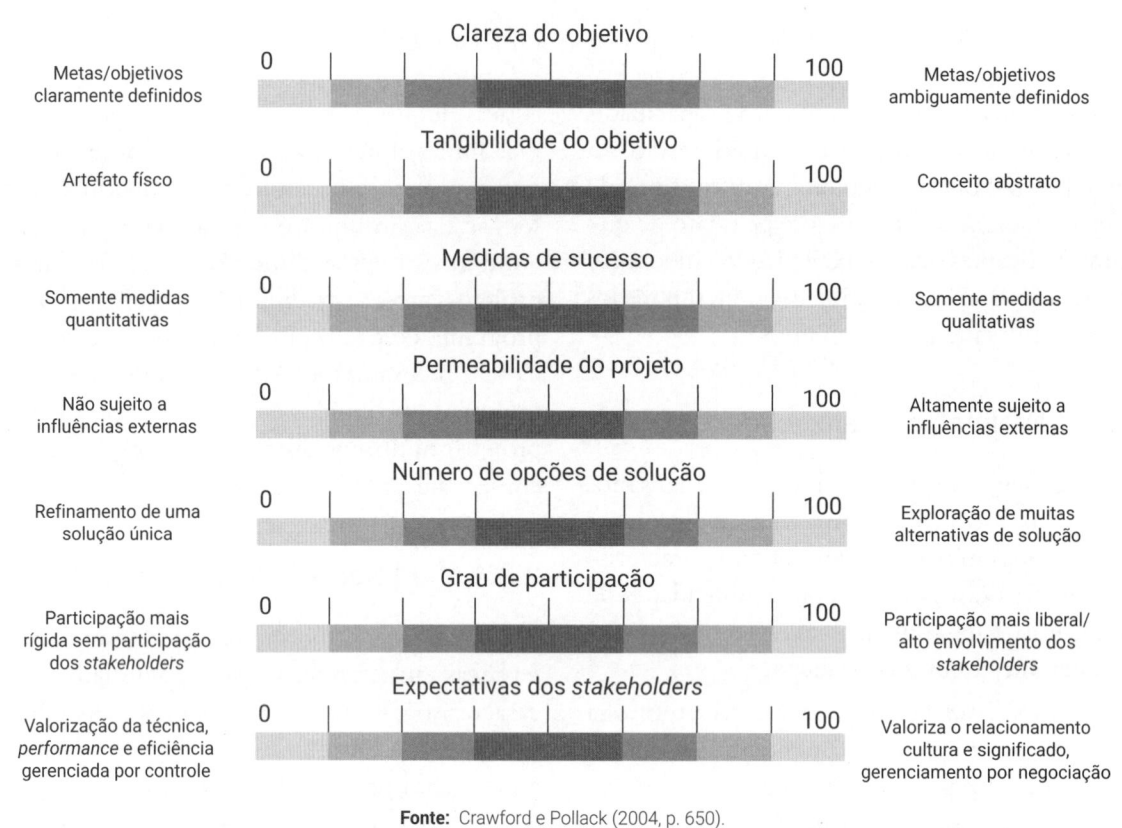

Clareza do objetivo
Metas/objetivos claramente definidos — 0 ... 100 — Metas/objetivos ambiguamente definidos

Tangibilidade do objetivo
Artefato físco — 0 ... 100 — Conceito abstrato

Medidas de sucesso
Somente medidas quantitativas — 0 ... 100 — Somente medidas qualitativas

Permeabilidade do projeto
Não sujeito a influências externas — 0 ... 100 — Altamente sujeito a influências externas

Número de opções de solução
Refinamento de uma solução única — 0 ... 100 — Exploração de muitas alternativas de solução

Grau de participação
Participação mais rígida sem participação dos *stakeholders* — 0 ... 100 — Participação mais liberal/ alto envolvimento dos *stakeholders*

Expectativas dos *stakeholders*
Valorização da técnica, *performance* e eficiência gerenciada por controle — 0 ... 100 — Valoriza o relacionamento cultura e significado, gerenciamento por negociação

Fonte: Crawford e Pollack (2004, p. 650).

Figura 2.7 Contínuo entre projetos *hard* e *soft*.

enquanto no outro estão os projetos *soft*, que não são predefinidos, mas abertos à negociação durante o seu ciclo de vida (CRAWFORD; POLLACK, 2004; ATKINSON; CRAWFORD; WARD, 2006; POLLACK, 2007). Para classificar os projetos nesse contínuo entre *hard* e *soft*, os autores identificam sete dimensões: **clareza de meta/objetivo, tangibilidade de meta/objetivo, medidas de sucesso, permeabilidade do projeto, número de opções de solução, grau de participação** e **expectativas dos *stakeholders*** (ver Figura 2.7). Para classificar os projetos, os autores sugerem uma escala de 0 até 100 para cada uma das sete dimensões, sendo que o valor 0 indica característica *hard* e o valor 100, característica *soft*.

As implicações gerenciais dessa tipologia podem ser vistas na Figura 2.8, que distingue as inter-relações dos atributos para projetos *hard* e *soft* (CRAWFORD; POLLACK, 2004).

Uma abordagem proposta no contexto de projetos de Tecnologia da Informação (TI), conhecida como gestão ágil de projetos "Manifesto ágil" (BECK *et al.*, 2001), traz semelhanças com a análise *hard* e *soft* apresentada. O "Manifesto ágil", um dos marcos dessa abordagem, criticava a burocracia exagerada na condução dos projetos de *software*, tanto no que concerne à documentação como no planejamento e controle (BECK *et al.*, 2001).

Williams (2005) destaca que os métodos de gerenciamento de projetos caracterizados como ágil (*agile*) ou enxutos (*lean*) têm se mostrado mais aderentes aos projetos que apresentam três características: estruturalmente complexos, incertos e com limitações rígidas de cronograma. Além disso, observa-se, nesse contexto, a presença ativa do cliente ao longo do ciclo de vida do projeto (BOEHM; TURNER, 2005).

Shenhar e Dvir (2007) traçam um paralelo entre a gestão ágil e tradicional de projetos (ver Quadro 2.3), que traz grande similaridade com os parâmetros para classificar projetos *hard* e *soft*.

Nesse contexto, os métodos tradicionais de gerenciamento tornam-se inapropriados e podem, eventualmente, conduzir o projeto ao fracasso. Portanto, projetos com características *soft* e ágil demandam roteiros gerenciais distintos dos guias de

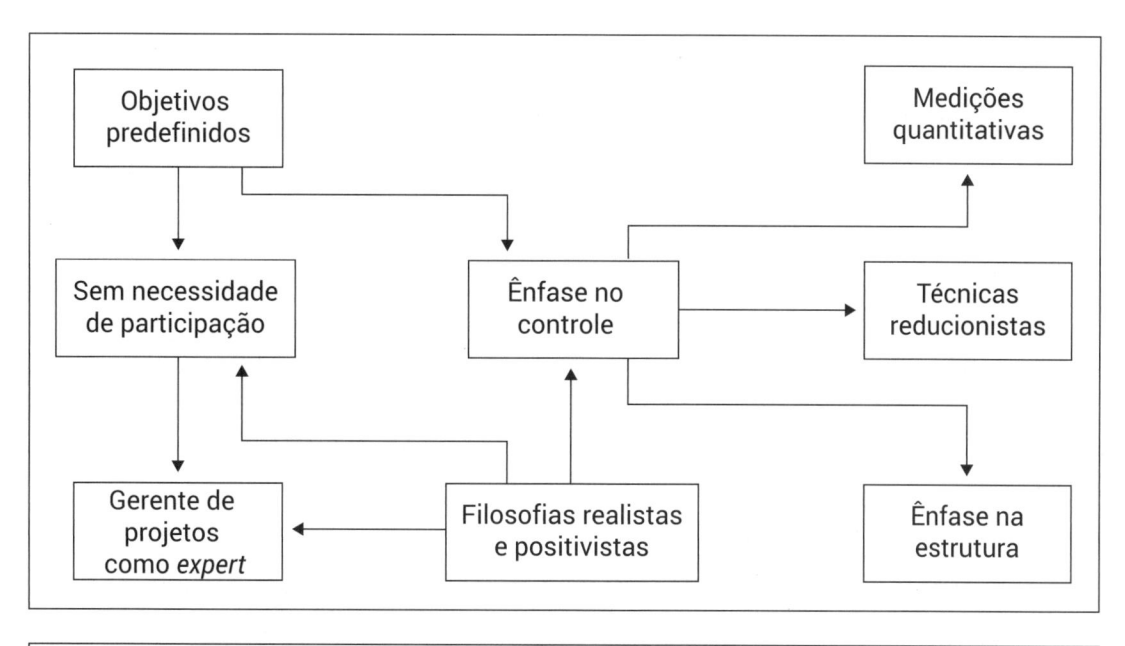

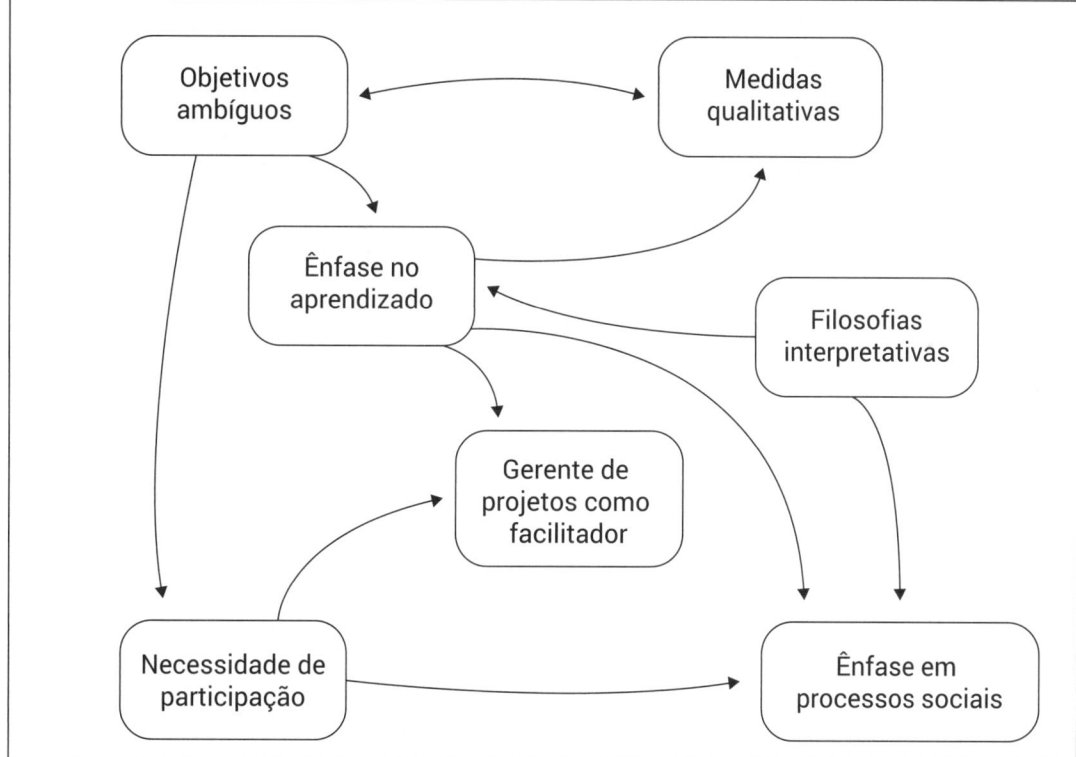

Fonte: Pollack (2007, p. 267).

Figura 2.8 Inter-relação entre os atributos dos paradigmas *hard* e *soft*.

conhecimento (BoKs), com abordagem iterativa e flexível, como veremos no Capítulo 20.

2.2.5 Tipologia I[4]

Cada tipo de projeto demanda tratamento diferenciado no que concerne ao seu gerenciamento, suas habilidades, técnicas e ferramentas específicas. Em geral, a construção de tipologias visa entender as peculiaridades de cada categoria de projeto, que implicam demandas de ferramentas, técnicas e processos gerenciais distintos. Carvalho e Rabechini Jr. (2010) e Rabechini Jr. e Carvalho (2009 e 2010b) apresentam um modelo contingencial de Gestão

Quadro 2.3 Abordagem tradicional × ágil

Abordagem	Tradicional	Ágil
Metas do projeto	Foco no cronograma, custo e requisitos de qualidade.	Foco no negócio, atingir múltiplos critérios de sucesso.
Plano do projeto	Conjunto de atividades a serem executadas conforme o planejamento com o objetivo de atender custo, prazo e qualidade.	Ciclo/processo com o objetivo de atender a meta esperada e resultado para o negócio.
Planejamento	Realizado uma vez no início do projeto.	Realizado no início e reavaliado sempre que necessário.
Abordagem gerencial	Rígida, com foco no plano inicial.	Flexível, adaptável.
Execução	Previsível, mensurável.	Imprevisível, não mensurável.
Influência da organização	Mínima, a partir do *kick-off* do projeto.	Impacto no projeto ao longo da execução.
Controle de projeto	Identificar os desvios a partir do plano inicial e corrigi-los para seguir conforme o planejado.	Identificar as mudanças e ajustar o plano.
Aplicação de metodologia	Aplicação genérica de forma similar a todos os projetos.	Adaptação do processo dependendo do projeto.
Estilo de gestão	Um modelo atende a todos os tipos de projetos.	Abordagem adaptativa, um único modelo não atende a todos os projetos.

Fonte: Shenhar e Dvir (2007, p. 11).

de Projetos, a ser explicado no Capítulo 3, que se baseia em uma tipologia de projetos denominada Modelo I[4].

Com base no conceito de avaliações por grupos de variáveis ou *clusters*, quatro eixos orientadores e essenciais de projetos, no formato de I's, foram definidos: integração, impacto, inovação e imediato (Figura 2.9).

O eixo da integração está relacionado com as necessidades de agregar áreas de uma organização, equipes multidisciplinares, elementos de diversas naturezas. Ocorre, tipicamente, em projetos cujas equipes estão dispersas ou multilocalizadas, em que o número de participantes é alto, sendo necessário conectá-los constantemente. Os projetos de desenvolvimento de produtos, por exemplo, se enquadram nesse eixo, em que áreas de naturezas distintas precisam conviver em torno de um projeto.

O eixo dos impactos se refere aos efeitos que os projetos geram no meio ambiente, nos interessados, no comportamento humano e na ética dos envolvidos. Os projetos de impacto são aqueles de implantação de gasodutos, construção de hidrelétricas, rodovias, por exemplo.

O eixo da inovação se refere a projetos em que predominam as inexatidões tecnológicas, de mercado e de informações, ausência de convicções, dificuldades tecnológicas e instabilidade. Significa ser diferente, exclusivo, novo e criativo em termos de abordagem. Os projetos de inovação constituem-se, por exemplo, na elaboração de um novo programa/sistema de Tecnologia da Informação, lançamento de novos produtos, entre outros.

As restrições/limitações do projeto referem-se ao eixo do imediato que envolve atenção às metas de prazos, custos e qualidade. Em geral, os projetos de entregas imediatas referem-se, por exemplo, aos eventos, como Olimpíadas e eventos esportivos em geral, aqueles cujo prazo requer um extremo cuidado. Enquadram-se nesse eixo, também, os projetos de lançamento de produtos sazonais, como a fabricação de carros em determinado período do ano.

A partir desses quatro *clusters*, os projetos são classificados de acordo com a intensidade que esses I's se manifestam no projeto. Caso o projeto apresente fraca intensidade em todas as variáveis que definem sua tipologia, ele será classificado como Pró-Valor/Simples. Por outro lado, é possível que um projeto apresente fraca intensidade em apenas um dos I's; nesse caso, o chamaremos de Pró-Valor/Único, e assim subsequentemente, dois I's intensos classificam-no como Pró-Valor/Duplo, três I's intensos como Pró-Valor/Triplo e, por fim, quando os quatro I's incidem de forma intensa no projeto,

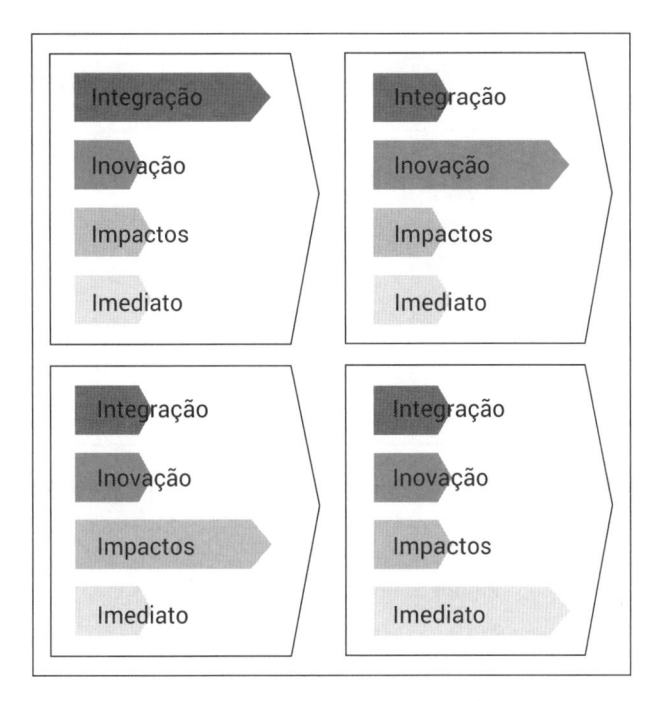

Figura 2.9a Modelo I⁴ Pró-Valor/Único.

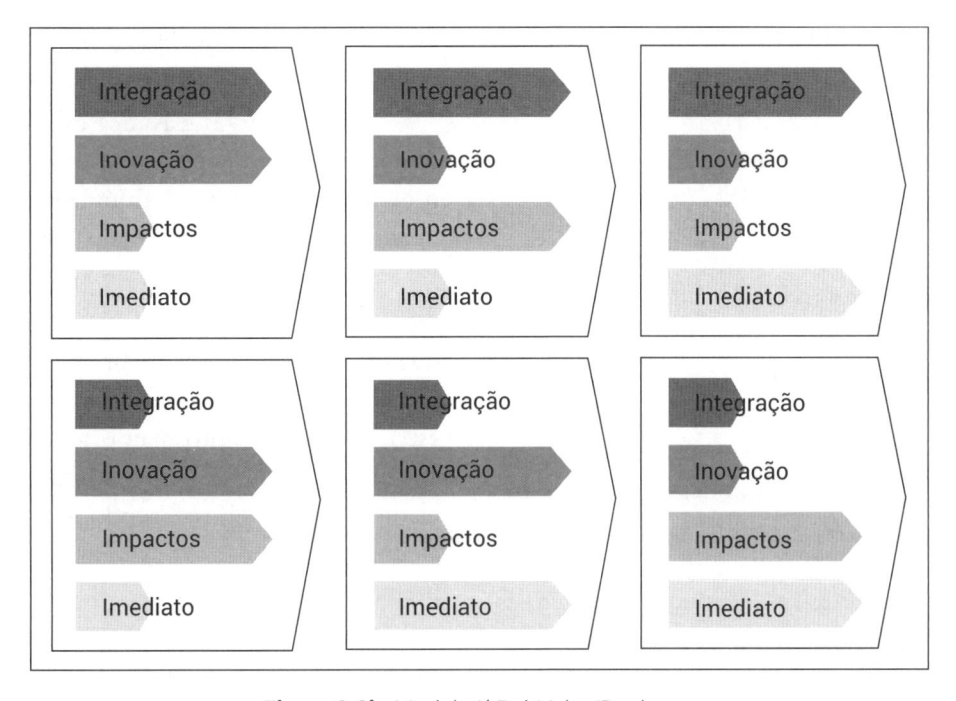

Figura 2.9b Modelo I⁴ Pró-Valor/Duplo.

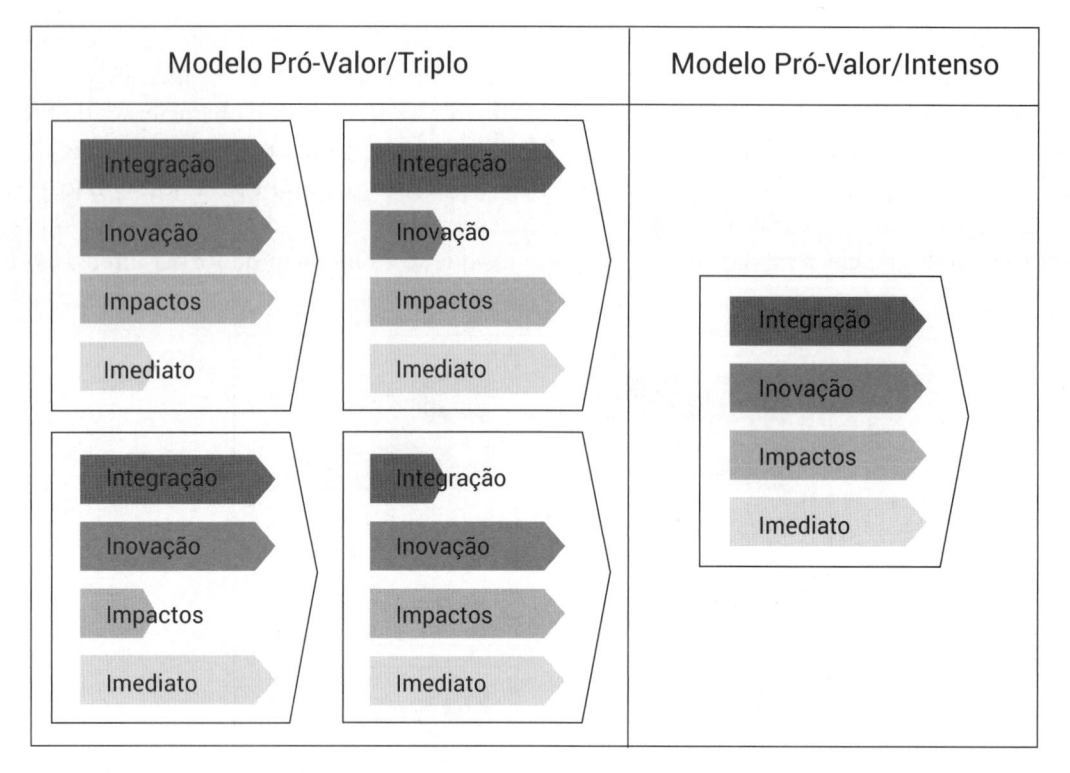

Figura 2.9c Modelo I⁴ Pró-Valor/Triplo e Pró-Valor/Intenso.

Fonte: Adaptada de Rabechini e Carvalho (2009 e 2010).

Figura 2.9 Tipologia I⁴ Pró-Valor.

ele será classificado como Pró-Valor/Intenso, conforme ilustram as Figuras 2.9a, b e c. O modelo completo pode ser encontrado em Carvalho e Rabechini Jr. (2010) e no artigo de Rabechini Jr. e Carvalho (2009).

2.2.6 Impacto estratégico do projeto

Os projetos também podem ser classificados segundo seu impacto estratégico, conforme sugerem diversos autores (KERZNER, 1992; PATAH; CARVALHO, 2009).

Patah e Carvalho (2009) sugerem a classificação em dois grupos: operacionais e estratégicos. Os projetos categorizados como operacionais impactam a eficiência, enquanto os estratégicos impactam a eficácia da organização. Também a Office of Government Commerce (OGC, 2002) sugere uma classificação em três níveis, segundo o impacto estratégico: visionário, emergente e obrigatório. Tanto o visionário como o obrigatório têm prioridade. Enquanto no visionário existe uma orientação *top-down* e foca em uma oportunidade estratégica, no obrigatório a organização tem um imperativo de conduzir o projeto, quer por forças do mercado, quer pelo potencial negativo de não fazê-lo.

Kerzner (1992) classifica os projetos em duas dimensões – qualidade dos recursos e benefício do projeto –, que resultam em uma matriz, com nove quadrantes, ilustrada na Figura 2.10.

Observa-se na Figura 2.10 que existem três regiões, com prioridades distintas. Quanto maior a qualidade necessária de recursos e maior o benefício do projeto para o negócio, maior seu impacto estratégico e, portanto, maior sua prioridade. Nesse caso, Kerzner (1992) sugere um primoroso gerenciamento de projetos, fazendo uso de profissionais altamente treinados em ferramentas e técnicas, de preferência, certificadas.

Outra matriz utilizada, em geral, na classificação de projetos de Tecnologia da Informação

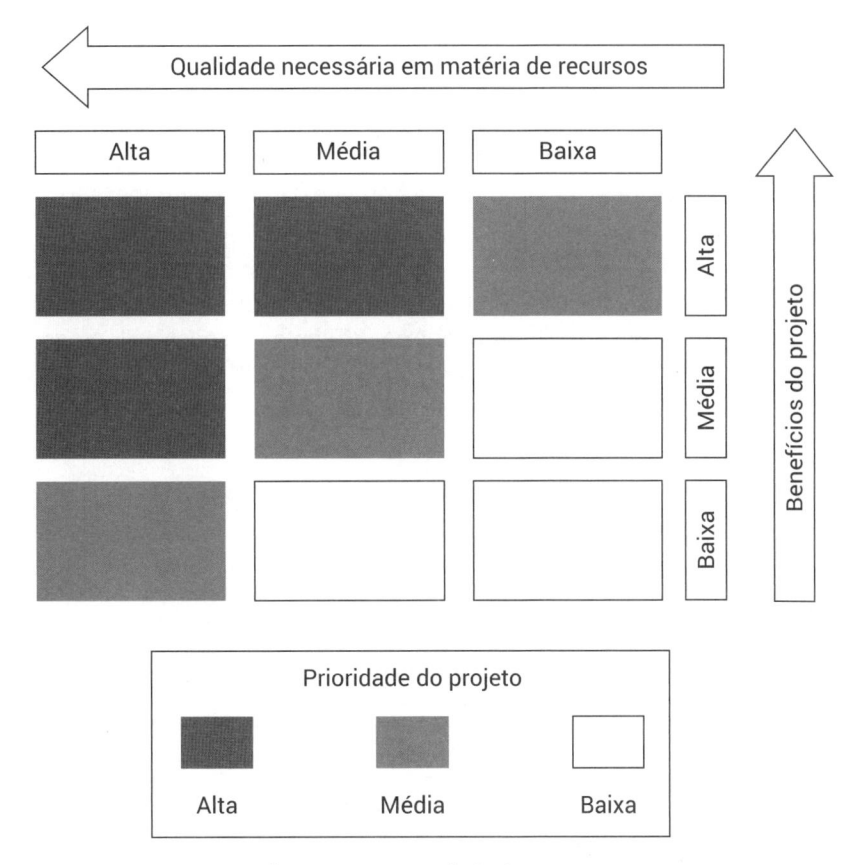

Figura 2.10 Prioridade de projetos.

(TI) é a *Cranfield Grid* (WARD; GRIFFITHS, 1996). Essa classificação é inspirada no *Grid* Estratégico de McFarlan (1984), que relaciona a TI à estratégia e à operação do negócio, em quatro quadrantes: suporte, fábrica, transição e estratégico. Já na *Cranfield Grid*, as categorias de projetos de investimentos em TI são: suporte, operacional, alto potencial e estratégico.

2.3 CASO: PROJETO EUROTUNNEL

Para entender os aspectos conceituais de projetos, cabe ilustrar com um caso muito conhecido por profissionais que se interessam por projetos: o projeto Eurotunnel. O caso mostra alguns problemas, típicos dos grandes projetos, e com eles pretendem-se extrair lições para melhorar a gerência de projetos.

Introdução ao caso

Quando finalmente o projeto Eurotunnel entrou em construção, muitos comemoraram, pois, após décadas de concepção técnica e política, tudo o que era ficção começou a virar realidade. Mas poucos sabiam que durante as comemorações do lançamento de sua construção o projeto estava mais de um ano atrasado, com orçamento batendo a casa dos US$ 15 bilhões, o que significava ser quase o dobro do previsto inicialmente.

O Eurotunnel hoje liga a França com a Grã-Bretanha, tendo sido considerado o projeto do século passado, tamanho seus desafios, marco da engenharia e audácia do homem.

A ideia de ligar a França com a Grã-Bretanha é antiga. Em 1751, a Academia Amiens, na França, lançou uma competição para descobrir quais a melhores maneiras de atravessar o canal até a Inglaterra. Várias propostas surgiram, desde as mais bizarras até algumas factíveis. Em 1974, ingleses e franceses dão início a uma discussão, formal, sobre a construção de um túnel. Em 1983, cinco banqueiros e fornecedores franceses e cinco banqueiros e fornecedores ingleses propuseram um esquema para o túnel.

Em 1986, foi assinado um tratado entre os dois países, e contratada uma empresa para gerenciar e entregar o projeto, chamada Transmanche Link (TML), também proprietária por 50 anos dessa concessão. Em 1990, o serviço no túnel, para ambos os lados da via, estabeleceu-se. Em 1991, o túnel norte estava completo e, em junho, o túnel sul. Em 1993, o primeiro trem atravessa a via. Em dezembro de 1993, a TML entrega a construção e começa a operar a concessão.

O projeto Eurotunnel, desde o seu início, foi marcado por inúmeros problemas, que, se estudados sem paixões, representam um excelente meio de conhecimento para os gerentes de projetos de privatizações, projetos internacionais, identificação e avaliação de *claims* (reclamações com direito a recebimento), análise de interessados, entre outros. A Tabela 2.1 mostra algumas características deste projeto.

Tabela 2.1 Características do Eurotunnel

Característica	Comentário
Diâmetro de acesso	Os dois acessos do trilho têm 7,6 m de diâmetro interno.
Área de serviços	A área para serviços no túnel tem 4,8 m de diâmetro interno.
Passagens de equipamentos	Os túneis estão a 38 km de distância, ligados por 150 passagens de 3,3 m de diâmetro para cruzamento de equipamentos.
Máquinas perfuradoras	O projeto necessitou de 11 máquinas de brocar túneis.
Anéis	A estrutura do túnel é feita por anéis de concreto, fundidos no lugar, em ambos os lados da via.
Engenharia utilizada	As curvaturas das passagens são de 164 m de distância, 21 m de extensão e 15 m de altura. Os franceses usaram o método *mini-mount baker* para seu lado do túnel; os britânicos usaram um novo método de construção austríaco.
Número de funcionários	Aproximadamente 15.000 trabalhadores foram empregados no projeto.
Escopo	O projeto também incluiu terminais em cada lado da via e a instalação do parque Shakespeare Cliff no lado britânico.
Custo	A viagem dura três horas de Paris para Londres e, atualmente, o valor é de € 56.

Principais problemas do projeto: lições aprendidas

Em um projeto dessa natureza, como o Eurotunnel, muitos fatos não previstos acontecem e, quando analisados, podem-se extrair lições em termos de gerenciamento de projetos.

Os problemas ocorridos e sua forma de solução trazem para o pesquisador e estudante da área de gerenciamento de projetos questões bastante interessantes que contribuem, definitivamente, para seu aprendizado.

Nesse aspecto, vale a pena examinar os problemas enfrentados pelo gerente de projeto e, com eles, aprimorar os conceitos, aprender sobre as técnicas, entender as questões políticas e, efetivamente, fazer uso do aprendizado nos empreendimentos reais.

Vários foram os problemas enfrentados pelo gerente de projeto do Eurotunnel. Tecnicamente, talvez o maior problema identificado tenha sido o de escavação. Segundo relatos da época, a máquina utilizada para escavar o túnel, com um sofisticado controle computadorizado, foi projetada para trabalhar em solos macios, bem como o sistema de alinhamento do túnel. Em determinado momento do trajeto, o solo encontrado, mais duro, gerou infiltração de água no sistema eletrônico. Dois problemas surgiram, um no manuseio da máquina e outro no encaixe dos segmentos de concreto pré-moldados.

Para resolver isso, foi necessário injetar uma massa especial solidificadora, não prevista no escopo do projeto.

Outro problema verificado foi a formação hierárquica do projeto, que, no final, significaria definir o gerente de projeto – um francês ou um inglês? Desenhar a organização do projeto, bem como identificar os interessados, foi fundamental para evitar atritos e problemas de responsabilidades. Saber sobre os envolvidos e interessados não foi uma tarefa simples, pois significava entender as necessidades dos banqueiros franceses e ingleses, das empresas fornecedoras de máquinas e equipamentos, das empresas de engenharia, dos governos francês e inglês, entre tantas outras.

Das dificuldades de estabelecimento de responsabilidades e poder decorrem, por exemplo, as implicações técnicas que, no caso, foram distintas, ou seja, enquanto na parte inglesa foram utilizados métodos de engenharia austríaca, na parte francesa foram adotadas as técnicas denominadas *mini-mount baker*, norte-americanas.

As implicações dos problemas técnicos em projetos, por outro lado, certamente geram problemas financeiros. No caso do Eurotunnel, o fato mais conhecido foi o da alocação das máquinas perfuradoras, que gerou o maior *claim* do século, segundo ironia de alguns analistas. O que ocorreu em relação aos *claims* foi que, segundo um consenso geral, o equipamento fixo do projeto deveria ter sido contratado por preço global, e não o foi. Assim, conforme os prazos foram sendo vencidos, foi necessário solicitar pagamentos adicionais. O acréscimo do custo foi provocado pela grande interferência e desaceleração do ritmo do projeto causado pelo Eurotunnel. Tecnicamente, o contrato deveria ser feito no modelo *turn key*, ou seja, por preço fechado. O contrato, por fim, resultou no *claim* de US$ 2,25 bilhões contra o Eurotunnel pela organização contratante.

Os aspectos políticos foram os problemas, talvez, mais difíceis de serem tratados. Em um projeto desta envergadura, formam-se comitês visando minimizar as interferências de várias entidades ambientais, de segurança, saúde, normas técnicas, entre outras. Nesse aspecto, cabe lembrar a necessidade de se adequar as medidas, que nos dois países são diferentes. As normas técnicas foram necessárias para todas as engenharias envolvidas. Uma comissão (*Intergovernmental Commission* – IGC), formada por servidores civis da França e Inglaterra, foi criada para tratar dos assuntos sobre normas técnicas. Ela definiu que, onde houvesse diferenças entre as normas dos dois países, a comissão decidiria o que iria prevalecer. Na teoria, isso poderia ser uma grande ideia, mas os subcontratados não conseguiam interpretar facilmente as diferenças relacionadas com inúmeros itens, como, por exemplo, concentração de grãos em concretos, bitolas de ferros, usinagem do material de trilho e tubos, entre outros.

Concluindo

Considerando o porte deste projeto, conflitos e interferências externas seriam inevitáveis. A capacidade de resolver conflitos, portanto, constitui um dos aspectos mais interessantes a serem explorados pelo gerente de projetos que quer aprender com as lições deste caso.

No entanto, cabe lembrar que, além das técnicas de resolução de conflitos, as técnicas e ferramentas de gerenciamento de projetos foram elaboradas justamente para serem desenvolvidas e, assim, minimizarem os impactos adversos sobre o projeto.

Os interessados em estudar gerenciamento de projetos, nesse sentido, devem explorar as metodologias de administração de empreendimentos e integrar as técnicas e ferramentas visando o sucesso.

Com este caso pretendemos dar início a uma série de dicas e recomendações para que os leitores possam extrair lições e aprender de forma ampla e profunda sobre gerenciamento de projetos.

Como mensagem final podemos dizer que, em projetos, alinhada com as técnicas, a audácia do homem vem para permitir a melhora na condição do bem-estar das pessoas, facilitando a vida do homem moderno, a partir de um projeto como o do Eurotunnel.

QUESTÕES PARA REFLEXÃO E DISCUSSÃO

1. Defina projeto e Gestão de Projetos.
2. Quais são os objetivos primários da Gestão de Projetos?
3. O que tem impulsionado o crescimento da área de Gestão de Projetos no atual cenário competitivo?
4. O que é sucesso em projeto?
5. Analise os projetos a seguir e classifique-os quanto à incerteza e complexidade:
   * preparação de uma festa de formatura;
   * preparação de uma viagem de pesquisa ambiental na Antártida;
   * desenvolvimento de um novo *software* para telefonia celular; e
   * desenvolvimento de um novo modelo de automóvel.
6. Classifique esses mesmos projetos segundo suas características *hard* e *soft*.
7. Explique as dimensões do Modelo prático do "diamante" de Shenhar e Dvir (2007).
8. Utilizando a matriz volume e variedade, classifique os seguintes exemplos:
   * fabricação de automóveis;
   * fabricação de navios;
   * fabricação de utensílios domésticos em plástico;
   * desenvolvimento de *software*;
   * prestação de serviço de consultoria; e
   * produção de aço.
9. Em ritmo de Copa do Mundo.
   * Busque na Internet dados sobre o projeto do estádio Lujniki, em Moscou, que foi palco da abertura da Copa do Mundo de 2018.
   * Identifique os principais interessados (*stakeholders*).
   * Mostre a situação atual do projeto, respondendo à seguinte questão: ele pode ser considerado um sucesso?
10. A usina hidrelétrica de Itaipu foi construída na década de 1970 sob forte oposição da população, que a batizou de elefante branco. Além disso, o impacto ambiental causado pela hidrelétrica foi alto, pois, quando as comportas foram fechadas e formou-se o reservatório da usina, o Lago de Itaipu inundou uma área de 1350 km² em apenas 14 dias.
    * Utilizando as diferentes classificações de projeto, como você enquadraria o projeto da usina de Itaipu?
    * Como satisfazer a todos os *stakeholders* de um projeto dessa magnitude?
11. Escolha algum projeto importante desenvolvido em sua localidade, tais como uma rodovia, uma linha de metrô, um túnel etc. Pesquise na Internet seu desempenho e discuta o seu sucesso ou fracasso, segundo as várias dimensões estudadas.

ESTUDO COMPLEMENTAR

A) Assista na plataforma Veduca, disciplina de Gestão de Projetos (acesso gratuito), à videoaula 1, que trata de temas discutidos neste capítulo.

uqr.to/cpc0

Fonte: <htttps://veduca.org/p/gestao-de-projetos>. Acesso em: 30 ago. 2018.

3
BOAS PRÁTICAS DE GESTÃO DE PROJETOS

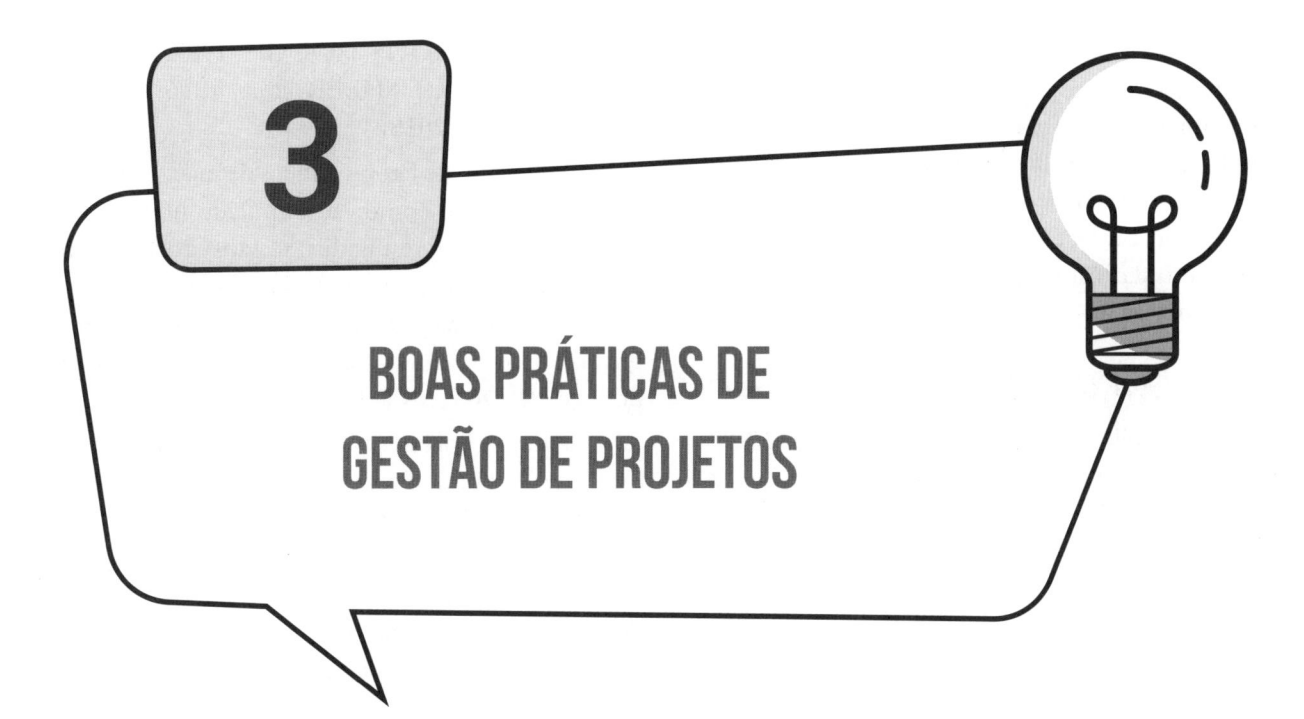

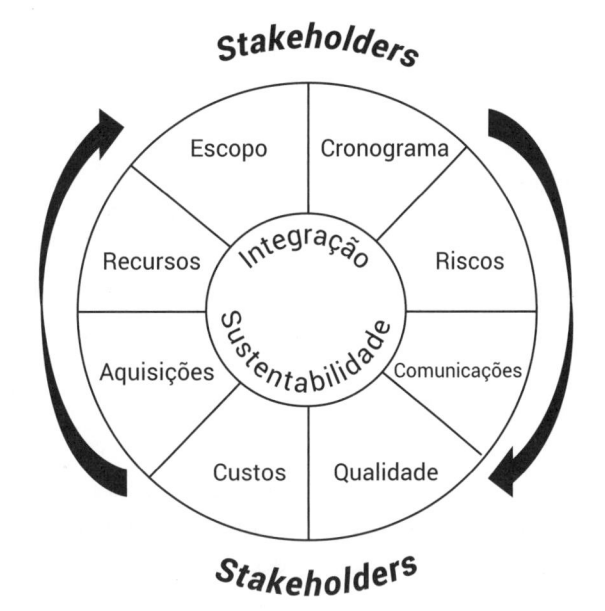

Pró-Valor
Camada Núcleo

Stakeholders

- Escopo
- Cronograma
- Recursos
- Riscos
- Aquisições
- Comunicações
- Custos
- Qualidade
- Integração
- Sustentabilidade

Stakeholders

Parte I – O Projeto

Neste capítulo, apresentamos os fatores críticos de sucesso em projetos e os principais guias de conhecimento (*Body of Knowledge* – BoK) em Gestão de Projetos. Além disso, será detalhada a estrutura do guia *Project Management Body of Knowledge* (PMBoK®) do Project Management Institute (PMI®). Após estudar este capítulo, o leitor estará apto a responder às seguintes questões:

a) Quais são os fatores críticos de sucesso?
b) Quais são os principais pilares dos BoKs?
c) O que é área de conhecimento em GP?
d) O que são os grupos de processos?
e) O que é ciclo de vida em projetos?
f) Como está estruturado o PMBoK®?
g) O que é gestão contingencial de projetos?

Gerenciar projetos é algo que fazemos cotidianamente em nossas vidas, embora nem sempre estejamos conscientes disso. É difícil encontrar alguém que nunca tenha estabelecido os projetos prioritários de sua vida, tais como concluir um curso superior, casar, construir ou comprar um imóvel etc.

Contudo, sabemos que nem todos conseguem levar a cabo seus projetos de vida. Todos esses projetos concorrem por seu tempo, dinheiro e energia para serem concluídos. Em consequência, às vezes temos de priorizar alguns e abandonar ou postergar outros.

Também já tivemos de conviver com o fracasso em projetos que priorizamos. Abandonamos o projeto de cursar uma universidade no terceiro ano por falta de recursos ou de tempo para conciliá-la com o trabalho, ou ainda, desistimos de um casamento por dificuldades de negociação e conflitos com o(a) parceiro(a).

Nas organizações, não é diferente, apenas tornamos esse processo menos intuitivo e mais estruturado.

3.1 FATORES CRÍTICOS DE SUCESSO

O uso abrangente de projetos nas organizações estimula a busca por fatores que influenciam o sucesso de um projeto. Esse tema assume especial importância na medida em que vários estudos apontam que as taxas de sucesso em projetos não são satisfatórias (MORRIS; HOUGH, 1987; PINTO; MANTEL, 1990; TISHLER *et al.*, 1996; STANDISH GROUP, 2018).

O conceito de fatores críticos de sucesso (FCSs) pode ser definido como: "um limitado número de áreas nas quais os resultados, se satisfatórios, irão assegurar um desempenho competitivo de sucesso para a organização. São as poucas áreas-chave em que as coisas devem dar certo para que o negócio floresça" (ROCKART, 1979, p. 85).

Segundo Fortune e White (2006), a busca por FCS em Gestão de Projetos começou por volta da década de 1960 e, desde então, vários autores têm publicado as suas listas de fatores críticos. Algumas delas destinam-se à utilização em domínios específicos, enquanto outras têm buscado o estabelecimento da derradeira lista, aplicável a todos os tipos de projetos.

A primeira questão que chama a atenção consiste na discussão sobre o quê, realmente, corresponde ao sucesso de um projeto, conforme vimos no Capítulo 2, dificultando ainda mais a descoberta dos fatores gerenciais que influenciam significativamente o sucesso.

Existe, também, a busca por modelos, na tentativa de se obter uma prescrição de qual caminho seguir para se alcançar o sucesso, embora se reconheça que cada projeto é único e, portanto, depende de suas contingências.

Vários estudos apontam para a relação entre o uso de metodologias de gestão de projetos e seu impacto no sucesso de projeto (CARVALHO *et al.*, 2015; BERSSANETI; CARVALHO, 2015).

Alguns desses estudos apontam áreas-chave da gestão de projetos, enquanto outros procuram entender, também, questões contextuais e organizacionais para o sucesso em projetos.

Hyväri (2006), por exemplo, associou os fatores críticos de sucesso na Gestão de Projetos com o contexto, como tamanho da organização, tamanho do projeto, tipo de organização e experiência de trabalho do gerente de projetos. Além disso, o estudo buscou compreender como clientes de projetos e outros interessados (*stakeholders*) apresentam suas necessidades e expectativas para assegurar o sucesso em projetos.

A importância dos aspectos relacionados com os do lado *soft* da gestão de projetos também tem ganhado interesse crescente (CARVALHO; RABECHINI JR., 2015), salientando-se fatores como a adequação da personalidade do gerente e seu estilo de liderança ao tipo de projeto (ver Capítulo 17). Dvir *et al.* (2006) partiram da teoria da adequação organização-indivíduo e levantaram a hipótese de que um projeto com um perfil particular precisa de um gerente com traços de personalidade que se enquadrem de modo a alcançar o sucesso. Os resultados obtidos nas análises estatísticas demonstraram correlações entre tipos de projetos, personalidade dos gerentes e sucesso do projeto. Nessa mesma linha, outros trabalhos também enfatizam o estilo de liderança dos gerentes de projetos e fatores relacionados com a equipe como tendo papel primordial no sucesso de projetos (TURNER; MÜLLER, 2005; PRABHAKAR, 2005). Conclui-se que uma análise "ecológica" deve ser desenvolvida para explorar as interdependências entre projetos e organizações, bem como relacionamentos pessoais, localidades e rede corporativa de trabalho em que o projeto é criado e em seu contorno (GRABHER, 2002).

Outros estudos apresentam a importância de aspectos mais *hard* da gestão de projetos, mais associados com ferramentas e técnicas vinculadas com áreas de conhecimento. A área de risco é uma das mais fundamentais, como destacam Carvalho e Rabechini Jr. (2015), conforme vamos debater no Capítulo 11. Outros autores salientam a importância das comunicações no sucesso dos projetos para alcançar êxito (CARVALHO, 2014; HYVÄRI, 2006) (ver Capítulo 10). Existe forte convergência de quais são os fatores críticos de sucesso em projetos, boa parte desses está consolidada no que chamamos de guias de conhecimento, como veremos a seguir.

3.2 PILARES DOS GUIAS DE CONHECIMENTO (BOKS)

Conforme vimos no Capítulo 1, a evolução da Gestão de Projetos pode ser entendida como duas ondas. Enquanto a primeira onda focou na Gestão de Projetos em si, a segunda onda enfatizou questões de cunho mais organizacional.

Dessa forma, foi durante a primeira onda, na década de 1990, que se buscou estruturar o gerenciamento de projetos, com foco nas boas práticas de gestão. Nesse período, proliferaram os guias de conhecimento (*Body of Knowledge* – BoKs), em geral propostos por institutos ou associações de profissionais ligados à área de Gestão de Projetos.

Os guias/normas de referência em Gestão de Projetos tendem a se estruturar em três pilares: áreas de conhecimento, grupos de processos e ciclo de vida, conforme ilustra a Figura 3.1.

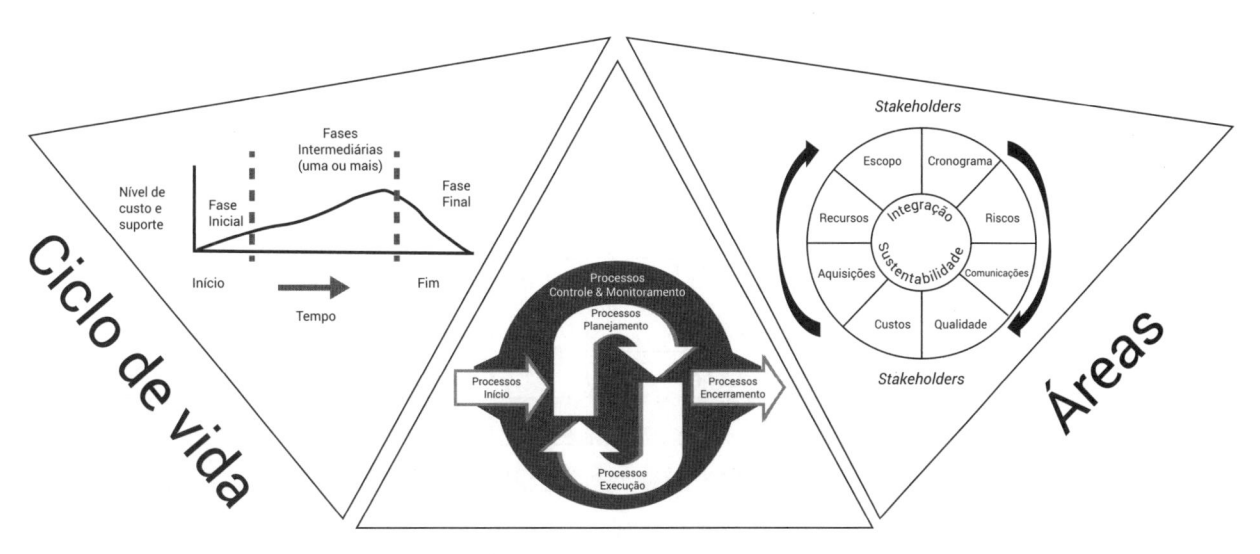

Figura 3.1 Pilares da Gestão de Projetos.

3.2.1 Áreas de conhecimento

Os guias de referência em Gestão de Projetos vinculados a institutos e associações profissionais convergem no que diz respeito às principais áreas de conhecimento em Gestão de Projetos, quais sejam: integração, escopo, cronograma, custos, qualidade, recursos, comunicações, riscos, aquisições e partes interessadas (*stakeholders*). O Quadro 3.1 compara as áreas de conhecimento do *Project Management Body of Knowledge* – PMBoK (PMI, 2017), os assuntos da norma ISO 21500 e as práticas do *Individual Competence Baseline ICB* (IPMA, 2015). No entanto, os guias em Gestão de Projetos (BoKs) devem ser vistos como referência, e podem ou não se encaixar em um tipo específico de projeto, o que vai demandar customização do roteiro de gestão de projetos, como iremos discutir mais adiante neste capítulo.

3.2.2 Grupos de processos

Outro aspecto que tem forte convergência entre os modelos de gestão de projetos são os cinco grupos de processo: inicialização, planejamento, execução (implementação), monitoramento e controle (controle), e encerramento (fechamento) (PMI, 2017; ISO 21500, 2012).

Os BoKs foram inspirados nos modelos de qualidade e no conceito do ciclo de melhoria PDCA (*plan-do-check-act cycle*), que vamos abordar melhor no Capítulo 8. No entanto, como a natureza dos processos de Gerenciamento de Projetos é mais complexa, por não ser rotineira e ter restrições de temporalidade, foi necessário criar grupos de processos, considerando-se o início e o fim, conforme ilustra a Figura 3.2.

Esses grupos de processo ocorrem ao longo de todo o projeto, relacionando-se com as áreas de conhecimento e com o ciclo de vida do projeto, como veremos mais à frente. A Figura 3.3 mostra como os grupos de processo se distribuem ao longo da duração do projeto.

Dessa forma, observa-se que esses processos não são em um momento específico, mas se distribuem ao longo da duração. Em particular, os processos de planejamento, de execução e de monitoramento e controle se distribuem ao longo do projeto.

Quadro 3.1 Comparação dos Guias/Normas de referência em Gestão de Projetos

PMBoK/PMI Área de conhecimento	ISO 21500 Assuntos	ICB/IPMA Práticas
		Design
1 Integração	Integração	Requisitos, objetivos e benefícios
2 Escopo	Escopo	Escopo
3 Cronograma	Tempo	Tempo
4 Custo	Custo	Finanças
5 Qualidade	Qualidade	Qualidade
6 Recursos	Recursos	Recursos
7 Comunicações	Comunicações	Organização e informação
8 Riscos	Riscos	Riscos e oportunidades
9 Aquisições	Aquisições	Aquisições e parcerias
10 Partes interessadas	Partes interessadas	Partes interessadas
		Planejamento e controle
		Mudança e transformação

CAP. 3 • BOAS PRÁTICAS DE GESTÃO DE PROJETOS | 37

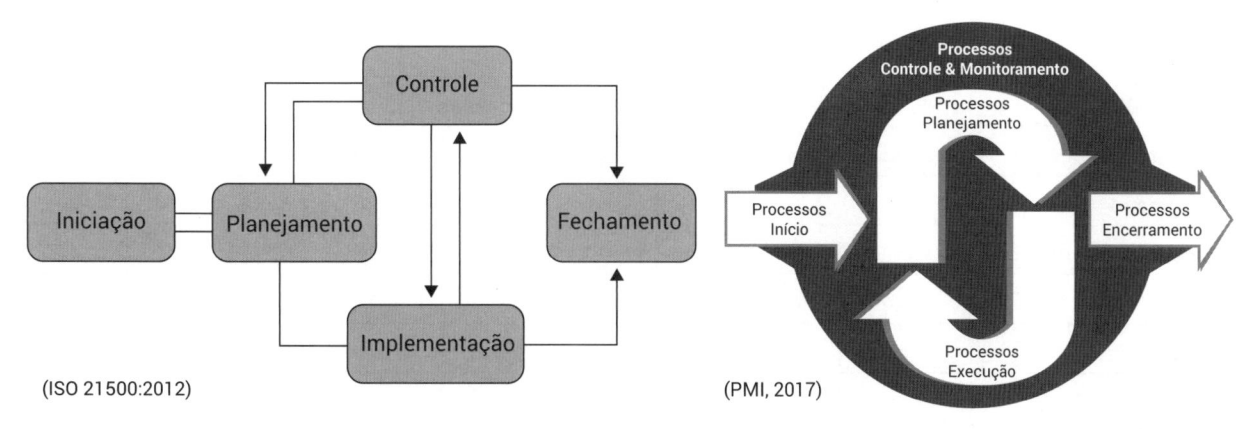

Figura 3.2 Grupo de processos.

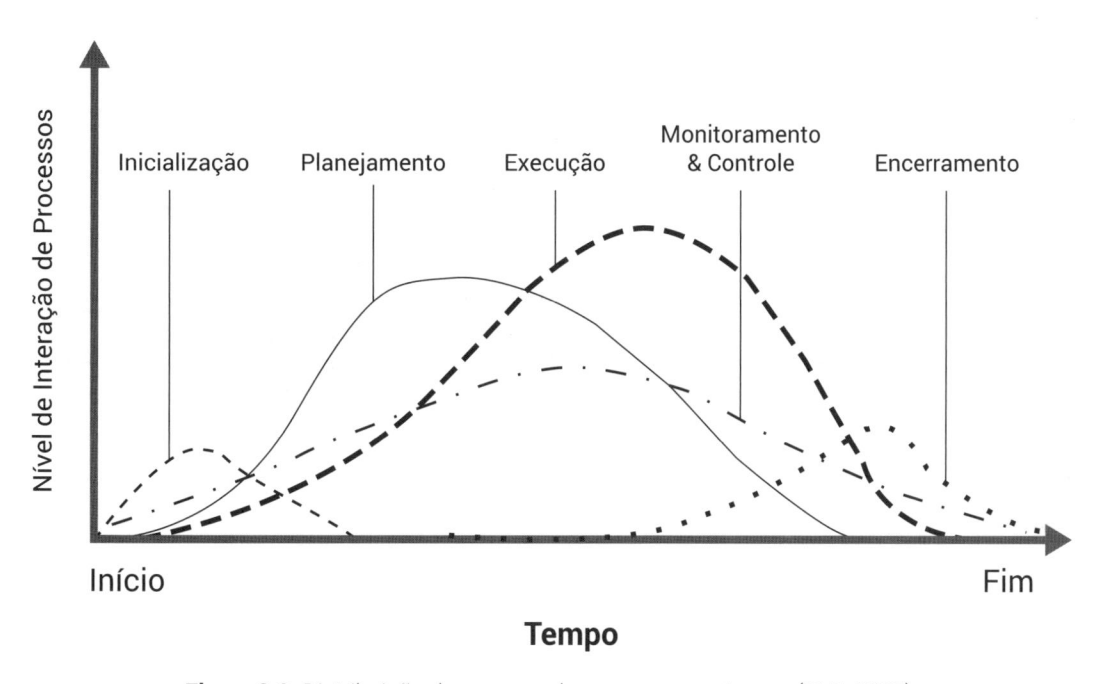

Figura 3.3 Distribuição dos grupos de processos no tempo (PMI, 2017).

De maneira geral, o gerenciamento de projeto se concentra nos processos de planejamento e controle, sendo que algumas áreas de conhecimento têm apenas esses grupos de processo como escopo, cronograma e custos. O Quadro 3.2 apresenta o número de processos por área de conhecimento para a ISO 21500 e o PMBoK. Já o ICB (IPMA, 2015) não faz uma relação direta entre práticas e processos.

Quadro 3.2 Comparação do número de processos por área de conhecimento

ISO 21500	Grupos de Processos					
Assuntos	Iniciação	Planejamento	Implementação	Controle	Fechamento	Total
Integração	1	1	1	2	2	7
Escopo		3		1		4
Tempo		3		1		4
Custo		2		1		3
Qualidade		1	1	1		3
Recursos	1	2	1	2		6
Comunicações		1	1	1		3
Riscos		2	1	1		4
Aquisições		1	1	1		3
Partes interessadas	1		1			2
Total	3	16	7	11	2	39

PMBoK 2017	Grupos de Processos					
Área	Iniciação	Planejamento	Execução	Monitoramento e Controle	Encerramento	Total
Integração	1	1	2	2	1	7
Escopo		4		2		6
Cronograma		5		1		6
Custo		3		1		4
Qualidade		1	1	1		3
Recursos		2	3	1		6
Comunicações		1	1	1		3
Riscos		5	1	1		7
Aquisições		1	1	1		3
Partes interessadas	1	1	1	1		4
Total	2	24	10	12	1	49

Os processos de iniciação de projetos caracterizam-se, fundamentalmente, pela aprovação do projeto e pela nomeação de seu gerente, equipe e mapeamento de *stakeholders*. Para o PMBoK, apenas as áreas de integração e de partes interessadas (*stakeholders*) têm processos de iniciação. Já na ISO 21500, a área de recursos também tem processo de iniciação associado à formação da equipe.

Cabe ao gerente de projetos e sua equipe preocuparem-se com os processos de planejamento e replanejamento quando os desvios são observados nos processos de controle do projeto. Esse grupo de processos é fundamental na gestão de projetos e requer atenção em todas as áreas de conhecimento (ver Quadro 3.2). Se o planejamento for efetivo e o replanejamento for eficaz para tratar as variações observadas no controle, provavelmente o projeto atingirá o sucesso. Planejar significa pensar no futuro, se antecipar.

Após os processos de execução, é possível realizar o processo de controle de projetos. Fundamentalmente, nesses processos os relatórios de desempenho devem ser elaborados e analisados. É a partir deles que os interessados podem saber:

- se o que foi planejado até a data foi feito;
- o que não foi feito;
- o que resta ser feito; e
- quais os desvios existentes.

Os processos de controle alimentam processos de replanejamento e controle integrado de mudanças ao longo do projeto. O projeto, ao encerrar suas atividades, deve proceder aos passos para o seu correto fechamento, que inclui receber a avaliação e aceite do cliente, armazenar as informações dos relatórios de desempenho e realizar a avaliação interna/externa final do projeto.

3.2.3 Ciclo de vida

O conceito de ciclo de vida tem ajudado os gerentes a administrar seus projetos, por meio de suas fases, marcos de controle (também chamados *gates* de avaliação) e, principalmente, das entregas (*deliverables*), que são as saídas esperadas das fases e do projeto. Os participantes, por sua vez, passam a obedecer aos requisitos de cada fase. O controle passa a ser encarado de forma mais profissional.

Há certa confusão entre a fase do ciclo de vida e o processo, que devem ser encarados com muito cuidado.

Veja, por exemplo, o ciclo de vida da Figura 3.4; a fase de início não é o processo de iniciação. Enquanto a fase deve ser vista como o conjunto de atividades que leva a uma ou mais entregas do projeto, os grupos de processos são atividades sistemáticas relacionadas com a gestão.

Ciclo de vida define as fases que conectam o início do projeto ao seu fim, geralmente enfatizando os seguintes pontos:

- Qual trabalho fazer em cada fase?
- Quando as entregas (*deliverables*) devem ser geradas em cada fase e como elas serão revisadas, verificadas e validadas?
- Quem está envolvido em cada fase?
- Como controlar e aprovar cada fase?

Para alguns tipos de projetos já há modelos de ciclo de vida bastante consolidados, articulando as principais fases e entregas em estruturas que podem ser linear, como em projetos de construção, mas também em espiral, como o ciclo de vida de projetos de *software*, como mostra a Figura 3.5.

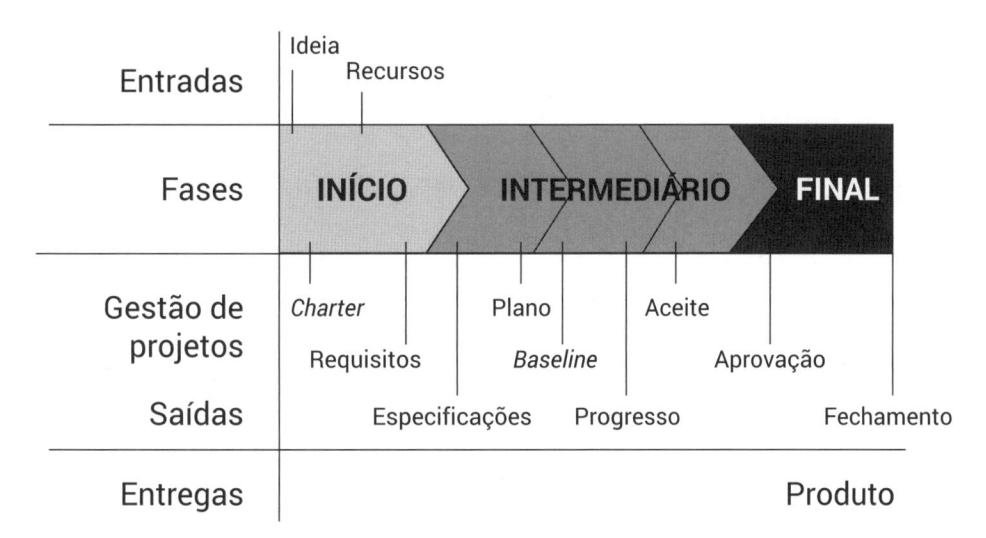

	Início	Intermediário	Final
Entradas	Ideia / Recursos		
Fases	INÍCIO	INTERMEDIÁRIO	FINAL
Gestão de projetos	Charter / Requisitos	Plano / *Baseline*	Aceite / Aprovação
Saídas	Especificações	Progresso	Fechamento
Entregas			Produto

Fonte: Adaptada de PMI (2004).

Figura 3.4 Ciclo de vida genérico.

Ciclo de vida – Projeto de *Software*, Muench

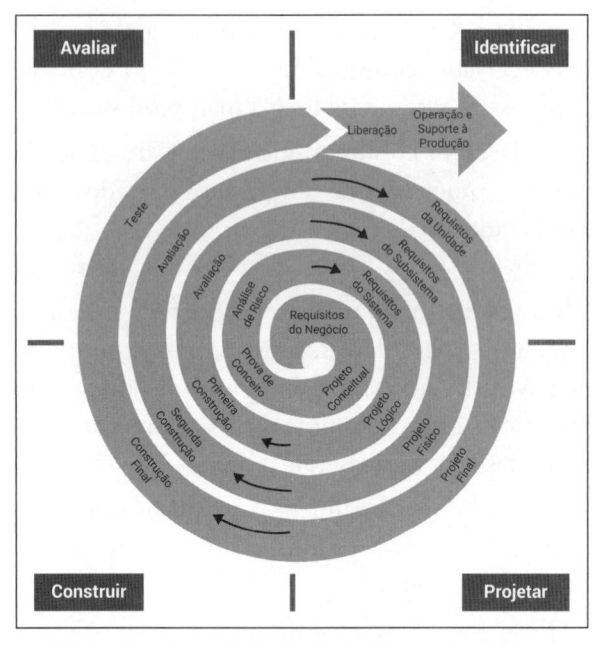

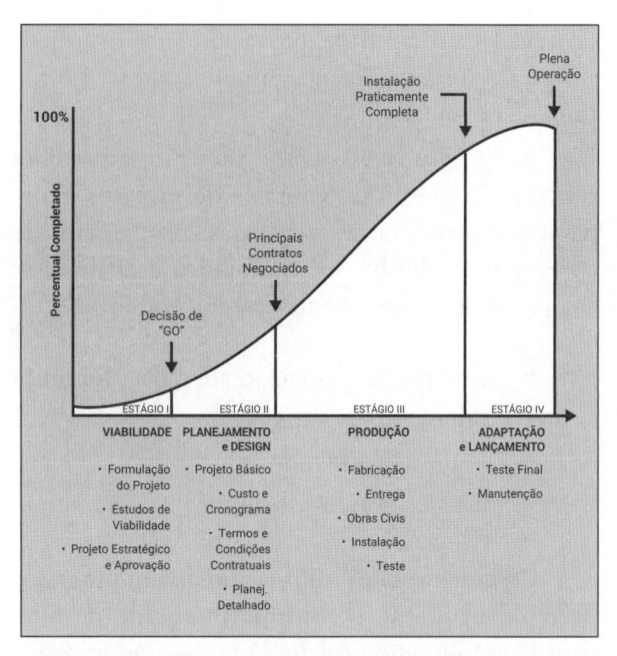

Ciclo de vida – Projeto de Construção, Morris

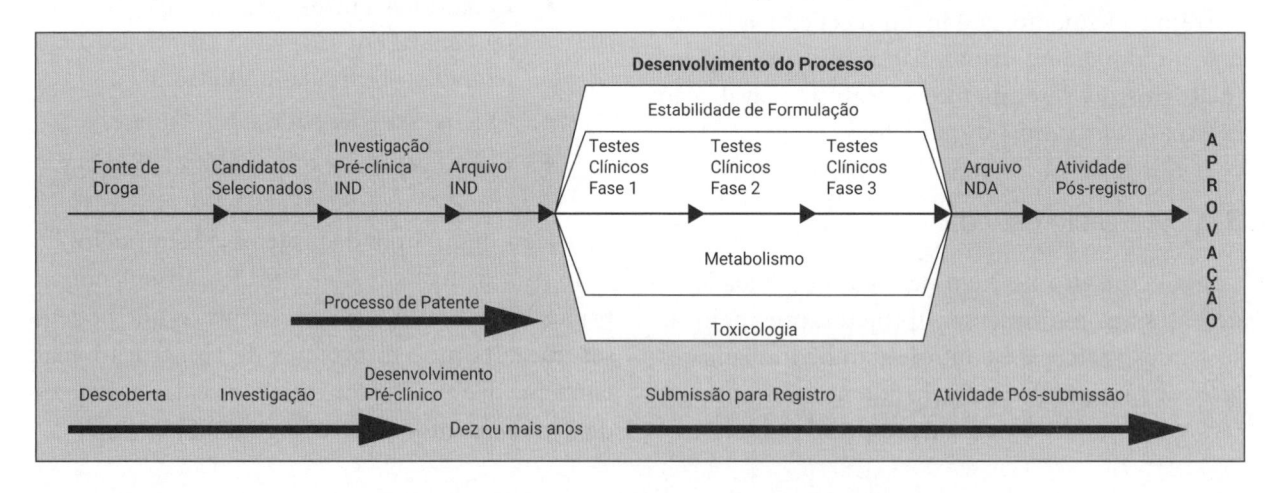

Ciclo de vida – Projeto Farmacêutico, Murphy

Figura 3.5 Exemplos de ciclo de vida para diferentes tipos de projeto.

3.3 GUIAS DE CONHECIMENTO: PMBOK, ISO 21500, ICB E PRINCE

Existem vários guias de conhecimento, como já mencionado, no entanto, alguns são mais difundidos, para os quais iremos devotar maior atenção nesta seção.

3.3.1 PMBoK

O guia mais difundido é o *Project Management Body of Knowledge* (PMBoK®), proposto pelo Project Management Institute (PMI, 2017). Esse guia é conhecido como a abordagem norte-americana, mas tem comunidades de prática em mais de 100 países, além de ser o mais difundido no Brasil. Associada a esse guia há uma certificação profissional de sucesso conhecida como *Project Management Professional* (PMP), em que uma das avaliações é uma prova de conhecimentos, cujo conteúdo é, basicamente, o PMBoK®.

No entanto, há vários outros guias que trazem visões interessantes e, por vezes, complementares da área. Para dar uma perspectiva mais abrangente, neste capítulo vamos apresentar brevemente também o ICB (IPMA, 2015), a ISO 21500:2012 e o Prince 2 2017.

Além do PMBoK®, cujo foco é a Gestão de Projetos, o PMI® tem também modelos de referência para gestão de competências do gerente de projetos (ver Capítulo 17), gestão da maturidade organizacional (ver Capítulo 16) e gestão de programas e portfólio (ver Capítulo 18). O PMBoK®, que já está em sua sexta edição (PMI, 2017), é estruturado em áreas de conhecimento e grupos de processos gerenciais, como já discutido nas seções anteriores. É importante observar que matriz de relacionamento de áreas e grupos de processos apresenta algumas interseções vazias, dado que apenas a gestão da integração tem todos os grupos de processos, conforme ilustra o Quadro 3.3. Além disso, cada área de conhecimento pode ter mais de um processo por grupo de processos. Ao todo, são 49 processos gerenciais, sendo 49% deles processos de planejamento e 24% de monitoramento e controle. Para cada processo são detalhadas as entradas, ferramentas e saídas.

Quadro 3.3 Grupos de processos e áreas de conhecimento no PMBoK®

	Grupos de Processos				
	Iniciação	Planejamento	Execução	Monitoramento & Controle	Encerramento
Integração	1. Desenvolver o termo de abertura	2. Desenvolver planos de gestão do projeto	3. Orientar e gerenciar o trabalho do projeto 4. Gerenciar o conhecimento do projeto	5. Monitorar e controlar o trabalho do projeto 6. Realizar o controle integrado de mudanças	7. Encerrar o projeto ou fase
Escopo		1. Planejar a gestão do escopo 2. Coletar os requisitos 3. Definir o escopo 4. Criar EAP		5. Validar o escopo 6. Controlar o escopo	
Cronograma		1. Planejar a gestão do cronograma 2. Definir as atividades 3. Sequenciar as atividades 4. Estimar as durações das atividades 5. Desenvolver o cronograma		4. Controlar o cronograma	
Custos		1. Planejar a gestão dos custos 2. Estimar os custos 3. Desenvolver o orçamento		4. Controlar os custos	
Qualidade		1. Planejar a gestão da qualidade	2. Gerenciar a qualidade	3. Controlar a qualidade	
Recursos		1. Planejar a gestão dos recursos 2. Estimar os recursos das atividades	3. Adquirir recursos 4. Desenvolver a equipe do projeto 5. Gerenciar a equipe do projeto	6. Controlar os recursos	
Comunicações		1. Planejar a gestão das comunicações	2. Gerenciar as comunicações	3. Monitorar as comunicações	
Riscos		1. Planejar a gestão dos riscos 2. Identificar os riscos 3. Realizar análise qualitativa dos riscos 4. Realizar análise quantitativa dos riscos 5. Planejar as respostas aos riscos	6. Implementar respostas aos riscos	7. Monitorar os riscos	
Aquisições		1. Planejar a gestão das aquisições	2. Conduzir as aquisições	3. Controlar as aquisições	
Partes interessadas	1. Identificar as partes interessadas	2. Planejar o engajamento das partes interessantes	3. Gerenciar o engajamento das partes interessadas	4. Monitorar o engajamento das partes interessadas	

Fonte: Elaborado com base em PMI® (2017).

3.3.2 ISO 21500

Da mesma forma, a ISO 21500, Orientações para o Gerenciamento de Projetos (ISO, 2012), articula grupos de processos a assuntos (não usa o termo áreas de conhecimento do PMBoK). No entanto, o modelo da ISO 21500 é mais enxuto, com 39 processos, como detalha o Quadro 3.4. Desses processos, 41% são de planejamento e 28% de controle.

3.3.3 ICB

O *IPMA Competence Baseline* (ICB), elaborado pela International Project Management Association (IPMA), também é bastante difundido e já está em sua quarta edição (IPMA, 2015). O ICB traz uma visão com foco nas competências, como o próprio nome sugere. A estrutura do guia difere do PMBoK, associando as práticas para projeto, programa e portfólio, além de inserir as competências pessoais no mesmo guia. É também conhecido como a abordagem europeia de Gestão de Projetos, dado que funde as visões do Reino Unido, Suíça, Alemanha e França, embora tenha também uma comunidade de práticas em diversos países, inclusive no Brasil.

Em termos de definições o ICB está alinhado e adota a mesma terminologia da ISO 21500:2012.

O modelo *IPMA Delta Competence* oferece uma perspectiva de 360° em três níveis de análise: o indivíduo, o projeto e a organização, quais sejam: *IPMA Competence Baseline*, *IPMA Project Excellence Model* e o *IPMA Organisational Competence Baseline* (IPMA, 2015).

Como as unidades de análise são distintas, neste capítulo vamos discutir o ICB por ser o mais

Quadro 3.4 Grupos de processos e assuntos na ISO 21500

	Grupos de Processos				
	Iniciação	Planejamento	Implementação	Controle	Fechamento
Integração	1. Desenvolver o termo de abertura	2. Desenvolver planos de projeto	3. Dirigir o trabalho do projeto	4. Controlar o trabalho do projeto 5. Controlar mudanças	6. Fechar fase do projeto ou o projeto 7. Coletar lições aprendidas
Escopo		1. Definir o escopo 2. Criar EAP 3. Definir atividades		4. Controlar o escopo	
Tempo		1. Sequenciar as atividades 2. Estimar a duração das atividades 3. Desenvolver o cronograma		4. Controlar o cronograma	
Custos		1. Estimar os custos 2. Desenvolver o orçamento		3. Controlar os custos	
Qualidade		1. Planejar a qualidade	2. Executar a garantia da qualidade	3. Executar o controle da qualidade	
Recursos	1. Estabelecer a equipe do projeto	2. Estimar os recursos 3. Definir a organização do projeto	4. Desenvolver a equipe do projeto	5. Controlar os recursos 6. Gerenciar equipe do projeto	
Comunicações		1. Planejar as comunicações	2. Distribuir as informações	3. Gerenciar as comunicações	
Riscos		1. Identificar os riscos 2. Avaliar os riscos	3. Tratar os riscos	4. Controlar os riscos	
Aquisições		1. Planejar as aquisições	2. Selecionar fornecedores	3. Administrar as aquisições	
Partes interessadas	1. Identificar as partes interessadas		2. Gerenciar as partes interessadas		

próximo dos demais analisados. O *IPMA Project Excellence Model* será discutido no Capítulo 15 e o *IPMA Organisational Competence Baseline*, no Capítulo 16.

O ICB apresenta o olho de competência dividido em três pilares (IPMA, 2015): perspectiva, pessoais e práticas. Nestes três pilares estão distribuídos 29 elementos de competência, sendo 48% práticas, 34% pessoas e o restante perspectiva.

As competências de pessoas serão tratadas no Capítulo 17. Já perspectivas e práticas trazem analogias aos guias PMBoK e à ISO 21500. Em particular, as práticas são uma combinação de áreas e grupos de processo (ver Quadro 3.1). Ao todo, são 14 práticas, 13 delas se aplicam a projeto, programa e portfólio, quais sejam: *design*, requisitos, objetivos e benefícios, escopo, tempo, finanças, qualidade, recursos, organização e informação, risco e oportunidades, aquisições e parcerias, partes interessadas, planejamento e controle, e mudança e transformação. A 14ª prática, seleção e balanceamento, aplica-se apenas a programa e portfólio.

Observa-se que, embora exista similaridades e até em alguns pontos seja mais detalhado, a estruturação deste guia é um pouco distinta da dos anteriores.

O pilar de perspectivas, por exemplo, apresenta os métodos, ferramentas e técnicas relacionadas com o ambiente do projeto e questões estratégicas que levam pessoas, organizações e sociedades a iniciar e apoiar projeto, programa ou portfólio. Esse pilar consiste em cinco elementos de competência, alguns negligenciados nos outros guias: estratégia, governança, regulamentações, poder e interesse, e cultura e valores.

3.3.4 Prince 2

Outro guia de referência que traz uma estrutura diferente e mais enxuta é o Prince 2 – *Projects in Controlled Environments*, da Office of Government Commerce (OGC). Trata-se de um BoK, inicialmente, projetado para a área de Tecnologia da Informação (TI), mas que pode ser útil também em outros contextos.

O Prince 2 deriva de um modelo corporativo criado em 1975 pela Simpact Systems, conhecido como Prompt, que foi adotado pela Agência de Computação e Telecomunicações do Reino Unido (Central Computer and Telecommunications Agency – CCTA) como padrão de gestão para projetos governamentais. Posteriormente, em 1989, a Office of Government Commerce (OGC) publicou o Prince e tornou a metodologia de domínio público. A versão Prince 2 foi publicada em 1996, com atualizações em 2009 e em 2017. O Prince 2 é dividido em temas, princípios e processos. Os princípios são: funções e responsabilidades definidas, gerenciar por etapas, gerenciar por exceção, aprender com a experiência, sob medida (*tailoring*), justificar o negócio continuadamente, concentrar nos produtos. Os temas também são sete: *business case* (*why*), organização (*who*), planejamento (*where, how, when and how much*), avaliação do progresso, gestão de risco (*what if*), qualidade e gestão de mudanças.

É nítida a orientação por processos do Prince 2. Embora haja similaridade em alguns grupos de processos descritos no PMBoK®, aqui existe distinção entre o planejamento focando no produto do projeto e, também, nos controles a partir da direção do projeto. O cuidado com as fronteiras gerenciais também é explícito.

O que o Prince 2 chama de processos é a articulação ciclo de vida (Pré-projeto, estágio de iniciação, estágio(s) subsequente(s), estágio final e pós-projeto) com o ambiente de projeto (direção, gerenciamento e entrega), conforme ilustra a Figura 3.6.

Essa introdução aos guias, embora sintética, pois existem vários outros BoKs, tem como objetivo demonstrar a diversidade de metodologias, ferramentas e técnicas disponíveis para o bom gerenciamento do projeto e despertar a curiosidade do leitor para pesquisá-las.

Há, recentemente, um crescimento por metodologias ágeis e mais flexíveis de projeto, que serão discutidas no Capítulo 20.

Para finalizar esse capítulo, vale discutir que esses modelos devem servir como referência e não como padrão, pois a gestão de projetos deve ser contingenciada de acordo com as características específicas do projeto e do contexto em que está inserido, como iremos discutir na próxima seção.

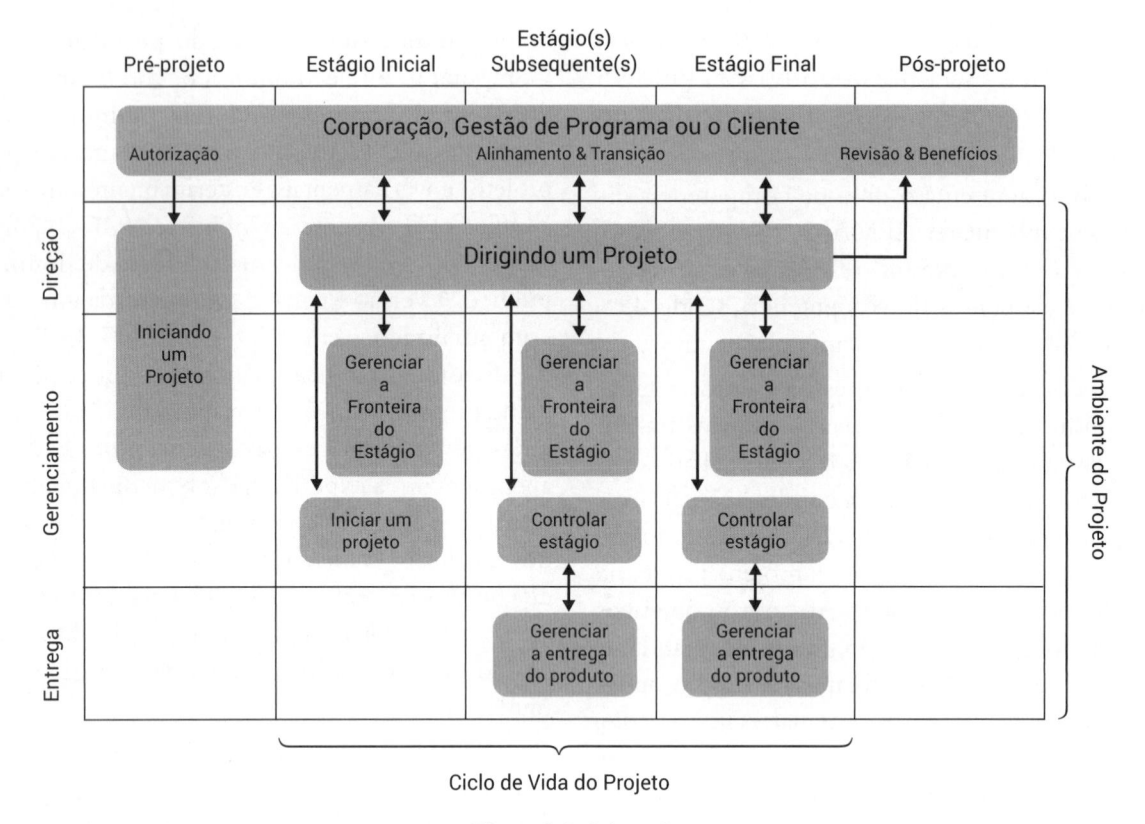

Figura 3.6 Prince 2.

3.4 ABORDAGEM CONTINGENCIAL EM GESTÃO DE PROJETOS

Vale a pena comentar que existem muitos projetos com necessidades que extrapolam as áreas de conhecimento apresentadas aqui, e outros, evidentemente, que não requerem tanta sofisticação. Nesse sentido, propomos uma abordagem contingencial da gestão de projetos como alternativa para a tendência crescente de prescrição e padronização da metodologia de gestão de projetos nas organizações.

Cada vez mais é importante conhecer as abordagens tradicionais, vistas neste capítulo, mas, também, as abordagens mais flexíveis como a ágil e a *lean* (ver Capítulo 20), e, então, saber o momento correto para adotar cada abordagem ou quando devemos combiná-las em abordagens híbridas. Não se trata de torcida de futebol em que se escolhe um time, mas, sim, de uma análise detalhada das características do projeto e das condições de contexto, para escolher o melhor roteiro gerencial.

Essa abordagem tem origens na teoria da contingência, que diz que a eficácia de uma organização está relacionada com seu alinhamento com o ambiente.

No Capítulo 2, apresentamos várias tipologias de projeto. Observa-se que cada tipo de projeto demanda tratamento diferenciado no que concerne ao seu gerenciamento, habilidades, técnicas, ferramentas e processos gerenciais distintos. É evidente, então, que para tipos distintos de projetos não podemos aplicar um pacote padronizado de gestão, e, também, não podemos avaliar seu sucesso a partir dos mesmos parâmetros, como veremos no Capítulo 19.

Neste sentido, a abordagem contingencial se refere não só ao tipo de gestão, como a forma de avaliar o sucesso do projeto (Capítulo 19).

3.4.1 Gestão contingencial de projetos – Modelo I[4]

Vários autores propõem fatores ou contingências que podem caracterizar o projeto, levando a diferentes formas de gerenciá-lo. Partimos, então, da premissa de que tipos diferentes de projetos terão variáveis gerenciais distintas a serem controladas (fatores críticos de sucesso), as quais terão impacto significativo no resultado final do projeto, sucesso ou

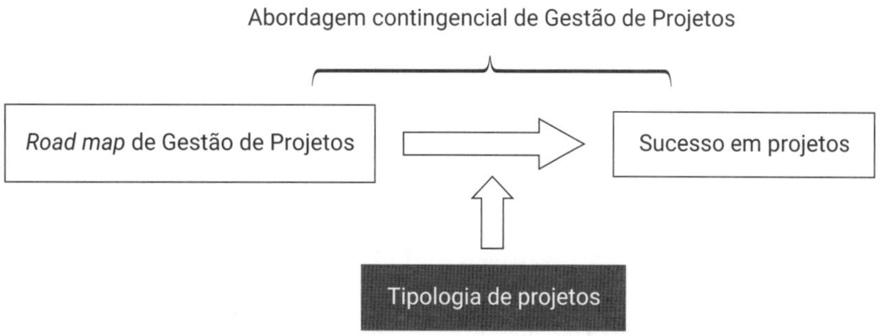

Abordagem contingencial de Gestão de Projetos

Fonte: Adaptada de Rabechini e Carvalho (2009).

Figura 3.7 Modelo I^4 de gestão contigencial de projetos.

fracasso. Para entender melhor esse relacionamento, a Figura 3.7 apresenta o modelo contingencial de gestão de projetos, denominado I^4 (ver Capítulo 2). A proposição do modelo é que um único *road map* gerencial não se encaixa em todos os contextos, portanto, faz-se necessário construir *road maps* customizados às contingências dos projetos.

Baseado no conceito de avaliações por grupos de variáveis ou *clusters*, foram definidos quatro eixos orientadores e essenciais de projetos, no formato de Is: integração, impactos, inovação e imediatas entregas (ver Capítulo 2).

Para proposição de um sistema de gerenciamento de projetos contingencial, além da proposição de uma nova tipologia, foi preciso ampliar a base de conhecimento em gerenciamento de projetos comumente aceita no BoKs, embora a lista do Quadro 3.5 seja apenas sugestiva, podendo incorporar novas áreas de acordo com o tipo e as necessidades específicas do projeto a ser gerenciado.

Quadro 3.5 Relacionamento das áreas gerenciais e o Modelo I^4

	Área de gerenciamento	Cluster			
		Inovação	Integração	Imediato	Impactos
1	Escopo	Alta	Alta	Alta	Alta
2	Recursos humanos	Alta	Alta	Média	Alta
3	Prazos	Média	Alta	Alta	Média
4	Custos	Média	Alta	Alta	Alta
5	Aquisições	Baixa	Alta	Alta	Baixa
6	Riscos	Baixa	Alta	Média	Alta
7	Comunicação	Baixa	Alta	Média	Alta
8	Qualidade	Alta	Alta	Alta	Alta
9	Jurídica	Alta	Alta	Baixa	Alta
10	Ética	Alta	Alta	Baixa	Alta
11	Marketing	Alta	Baixa	Baixa	Média
12	Responsabilidade social	Alta	Média	Baixa	Alta
13	Meio ambiente	Baixa	Média	Baixa	Alta
14	Saúde	Baixa	Média	Baixa	Alta
15	Segurança	Baixa	Média	Média	Alta
16	Criatividade	Alta	Baixa	Média	Baixa
17	Conectividade e redes	Alta	Alta	Baixa	Alta
18	Gestão do conhecimento	Alta	Alta	Baixa	Alta

Legenda:

Baixa intensidade   Média intensidade   Alta intensidade

Fonte: Adaptado de Rabechini e Carvalho (2010).

Cabe lembrar que os autores, além de professores, dedicam e dedicaram grande parte de suas carreiras no gerenciamento de projetos tecnológicos e de inovação, que, por natureza, não devem ser orientados por regras rígidas e prescritivas, permitindo uma abordagem contingencial. Sabe-se, também, que muitas publicações desta natureza têm pecado, justamente, por apresentarem de forma quase idêntica o que orienta o guia do PMI® (2017). O desenvolvimento dos próximos capítulos pode ser considerado um paradoxo, pois, se, de um lado, estaremos abordando cada área do conhecimento segundo o recorte feito pelos guias (ver Quadro 3.1), de outro, decidimos ficar à vontade e apresentar as essencialidades de cada área em nossa visão, além de incorporarmos as discussões de sustentabilidade, como uma área ainda negligenciada pelas metodologias de projetos.

3.4.2 Modelo I⁴: exemplos

A percepção das necessidades dos projetos pode ser representada a partir da intensidade dos indicadores (Is), que, quando combinados, certamente são mais desafiadoras do ponto de vista gerencial.

Um exemplo de projeto que precisa utilizar essa alternativa gerencial combinando inovação e integração é o da aeronave silenciosa: investigação em aeroacústica, desenvolvida pela Embraer com financiamento da Fapesp (VASCONCELOS, 2009). Esse projeto – com duração de três anos e investimentos de R$ 11 milhões – tem como objetivo identificar fontes de ruídos aerodinâmicos provocados pelas aeronaves e quantificá-los. Para isso, o projeto irá instalar 256 microfones em uma área de 2500 m² na cabeceira da pista de testes da Embraer – Gavião Peixoto (SP) – com a função de captar o barulho gerado pelos aviões que pousarão e decolarão inúmeras vezes. Segundo Vasconcelos (2009), a necessidade da instalação de tantos microfones se justifica, uma vez que os ruídos propagados pelas aeronaves são muito complexos.

O aspecto da atenção à inovação neste projeto foi evidenciado pela constatação do avanço teórico esperado sobre o assunto específico e da criação do ferramental para entender os fenômenos envolvidos na questão do ruído aeronáutico. Como consequência, terá como ganho a formação de recursos humanos especializados na área, uma vez que existem poucos profissionais com conhecimentos relevantes no País sobre o assunto.

O projeto da aeronave silenciosa também se enquadra na tipologia da integração, caracterizada pela interdisciplinaridade de conhecimentos envolvidos e pela agregação de várias entidades. Assim, o projeto será integrado com seis entidades de ensino e pesquisa nacionais e quatro internacionais. São elas:

- Escola Politécnica da USP;
- Escola de Engenharia São Carlos (USP);
- Universidade Federal de Santa Catarina (UFSC);
- Universidade de Brasília (UnB);
- Instituto Tecnológico de Aeronáutica (ITA);
- Universidade Federal de Uberlândia (UFU);
- Universidade de Twente, da Holanda;
- Imperial College, da Inglaterra;
- University of Southampton, da Inglaterra; e
- Centro Aeroespacial Germânico da Alemanha.

Nesses casos, exige-se atenção às seguintes gerências:

- Escopo: visando maximizar o entendimento daquilo que é para ser feito no projeto e todos os seus elementos, pelos diversos interessados no projeto, o gerenciamento de escopo é uma das áreas mais importantes para esse tipo de projeto.
- Comunicação: uma vez que há vários interessados, é preciso estar sempre atento ao tratamento adequado para toda informação do projeto.
- Recursos humanos: por motivos semelhantes à gestão anterior, as pessoas envolvidas nos projetos dessa natureza precisam estar bem informadas e adequadamente contribuindo com as suas necessidades.
- Integração: os projetos complexos são suscetíveis à falta de alinhamento entre as partes. A gestão da integração, nesse sentido,

vem não só para dar homogeneidade às áreas de gestão, como também aos distintos setores nos quais está envolvido o projeto.

- Aquisições: essa gerência é de extrema importância, principalmente nos projetos de montagem de sistemas em que os vários bens e serviços precisam estar adequadamente integrados nas áreas de desenvolvimento do projeto.
- SMS: nos projetos complexos executados fora do âmbito interno da empresa, essa área se faz cada vez mais importante. Nas montagens de sistemas de plataforma de petróleo, por exemplo, o cuidado com saúde dos envolvidos serve para evitar exposição a gases e líquidos que comprometem o bem-estar das equipes de projetos. Nesse sentido, os cuidados com o meio ambiente têm sido também bastante rigorosos, em razão da existência de casos de fracassos ocorridos anteriormente.

Para poder entender melhor como são configurados e integrados todos os elementos da Gestão de Projetos, vamos adotar um caso que será desenvolvido ao longo dos próximos capítulos.

3.5 CASO: CONSTRUÇÃO DA CASA DE EDUARDO E MÔNICA

Quem um dia irá dizer
Que existe razão
Nas coisas feitas pelo coração? E quem irá dizer
Que não existe razão?

Eduardo e Mônica
Renato Russo

Um dos usuários mais intensos em gerenciamento de projetos é, sem dúvida, o setor da construção civil. Por ser um setor cujo produto final é concreto, ou seja, de fácil entendimento, visualização inclusive, decidimos propor um caso que será referenciado em toda a segunda parte do livro. Trata-se da construção da casa de um interessante casal, conhecido em todo o Brasil: o Eduardo e a Mônica.

Eduardo e Mônica fizeram natação, fotografia, teatro e artesanato e foram viajar.
A Mônica explicava pro Eduardo
Coisas sobre o céu, a terra, a água e o ar:
Ele aprendeu a beber, deixou o cabelo crescer
E decidiu trabalhar;
E ela se formou no mesmo mês em que ele passou no vestibular. E os dois comemoraram juntos
E também brigaram juntos, muitas vezes depois.
E todo mundo diz que ele completa ela e vice--versa, que nem feijão com arroz.
Construíram uma casa uns dois anos atrás, mais ou menos quando os gêmeos vieram – Batalharam grana e seguraram legal
A barra mais pesada que tiveram [...]

Eduardo e Mônica
Renato Russo

Eduardo e Mônica moravam em um apartamento alugado de dois quartos, apertado, com uma vaga na garagem. Mônica tinha moto, mas não tinha onde guardar. Um dos quartos funcionava como oficina onde os quadros, fotografias e esculturas de artesanato ocupavam todo o lugar.

Eduardo e Mônica, após procurarem por muito tempo um apartamento, mudaram de opinião e decidiram, então, construir uma casa, principalmente quando souberam da chegada dos gêmeos. Batalharam grana e seguraram legal as economias e, recentemente, adquiriram um terreno de 200 m² em um bairro residencial.

Para entrar no espírito deste caso que nos acompanhará ao longo de todo o livro, reserve uns minutos para ouvir essa canção de Renato Russo e conheça melhor seus personagens, por exemplo, no vídeo do QR Code ao lado.

Fonte: <https://www.youtube.com/watch?v=6ktq7rKRji4>. Acesso em: 3 set. 2018.

uqr.to/cpc1

Agora vão se dedicar à construção da casa de seus sonhos.

Começaram discutindo tudo aquilo que gostariam em uma casa, em função de suas atividades. Essas características estão descritas a seguir:

- Mônica, embora trabalhe fora, gosta de preparar pratos diferentes quando está em casa. Sua especialidade é uma rica e gostosa comida baiana.
- Mônica, apaixonada por jardinagem, tem sempre em seus vasinhos pequenas plantações de hortelã, manjericão, cravo, entre outras especiarias. Seu sonho é ter espaço para uma horta de verdade.
- Eduardo estuda violão e, se possível, ficaria horas em seu quarto estudando, mas Mônica, cá entre nós, não aprecia muito o estilo de suas músicas.
- Eduardo e Mônica se parecem no quesito guardar bugigangas. Não jogam fora nada. Seus espaços vivem entulhados.
- Eduardo acha que os filhos, mesmo gêmeos, devem ter quartos separados – não sabemos ainda se são do mesmo sexo.
- Mônica aprecia pintura e Eduardo gosta de fazer consertos e recuperar móveis antigos.
- Mônica, desde suas aulas de alemão, tinha viajado e sentido a preocupação desse povo com as questões ambientais e a legislação mais rígida daquele país. Agora que iria construir, queria uma casa sustentável!

Estas características servirão de base para que o casal possa dar o pontapé inicial no gerenciamento do projeto: Casa de Eduardo e Mônica.

Eduardo, recentemente, ingressou em um MBA em administração de projetos e convenceu Mônica a organizar todas as decisões e ações do projeto. Para isso, querem fazer tudo como mandam as boas práticas da disciplina Gerenciamento de Projetos.

Durante toda a Parte II e nos próximos capítulos do livro eles irão aplicar as técnicas e ferramentas possíveis de gerenciamento de projetos. Desejamos a eles boa sorte!

QUESTÕES PARA REFLEXÃO E DISCUSSÃO

1. Descreva as competências do ICB.
2. Descreva os processos do Prince 2.
3. O que é gestão contingencial de projetos?
4. Quais são as áreas de conhecimento, segundo o PMBoK®?
5. Por que é importante usar uma abordagem contingencial em gerenciamento de projetos?
6. Quais são as principais entregas que você, como gerente de projetos, faz durante a fase de início de projeto?
7. O que ocorre quando o planejamento de projetos não é feito? Quais as implicações no projeto?
8. Durante o planejamento de projetos é necessário chegar à elaboração de um plano coerente e consistente com as entregas esperadas do projeto. Quais são os elementos fundamentais desse plano?
9. Onde ocorrem mais conflitos em projetos? Em que fase?
10. O conjunto de processos que se dedicam a configurar o encerramento de projetos enfatiza a possibilidade de aprender com as lições proporcionadas pelo projeto. Comente e mostre como isso tem ocorrido em sua empresa e mesmo em suas experiências pessoais.
11. Você se lembra de sua última viagem? Considerando-a como um projeto, intuitivamente, quais os passos que você seguiu em termos gerenciais? E quais poderia ter seguido?
12. Você já pensou em planejar sua carreira? Quais os marcos relevantes e até onde acredita que você poderá chegar?
13. Quanto você gasta de tempo no trânsito? Com planejamento é possível otimizar mais seu tempo. Faça um planejamento e veja como isso é possível!

ESTUDO COMPLEMENTAR

A) Assista na plataforma Veduca, disciplina de Gestão de Projetos (acesso gratuito), à videoaula 1, que trata de temas discutidos neste capítulo.

Fonte: <https://veduca.org/p/gestao-de-projetos>. Acesso em: 30 ago. 2018.

B) Leia o artigo sobre o Modelo I^4 em:

CARVALHO, M. M; RABECHINI JR; R. Modelo I^4 de Gestão Contingencial de Projetos. *MundoPM*, v. 6, n. 32, p. 67-73, 2010.

Fonte: <http://projectdesignmanagement.com.br/produto/modelo-i4-de-gestao-contingencial-de-projetos/>. Acesso em: 02 set. 2018.

C) Faça um estudo dirigido nos principais institutos e associações da área de gestão de projetos:

- Australian Institute of Project Management (AIPM).

    Fonte: <https://www.aipm.com.au/home>. Acesso em 30 ago. 2018.

- Association for Project Management (APM).

    Fonte: <www.apm.org.uk>. Acesso em: 30 ago. 2018.

- International Project Management Association (IPMA). No Brasil, veja PMA Brasil – Associação IPMA Brasil de Gerenciamento de Projetos.

    Fonte: <https://www.ipma.world/>. Acesso em: 30 ago. 2018.

Fonte: <http://ipmabrasil.org/>. Acesso em: 30 ago. 2018.

- Japan Project Management Forum (JPMF).

    Fonte: <www.enaa.or.jp>. Acesso em: 30 ago. 2018.

- Office of Government Commerce (OGC) – Projects in Controlled Environments (Prince 2).

    Fonte: <www.prince2.com>. Acesso em: 30 ago. 2018.

- Project Management Institute (PMI®).

    Fonte: <www.pmi.org>. Acesso em: 30 ago. 2018.

Caso queira aprofundar sua consulta ao *site* do PMI, procure pelos *sites* brasileiros da instituição (São Paulo, Rio de Janeiro e Minas Gerais).

4

GESTÃO DA INTEGRAÇÃO

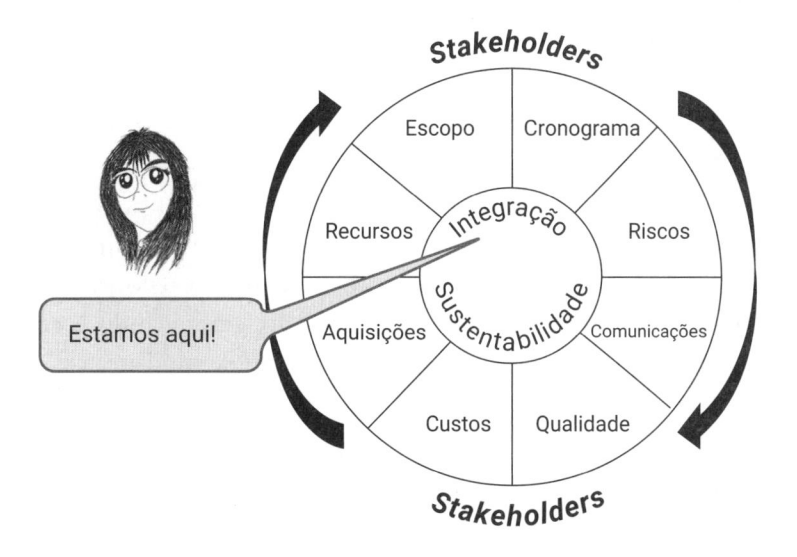

Pró-Valor
Camada Núcleo

Estamos aqui!

Neste capítulo, será tratada a questão do gerenciamento das integrações dos projetos. Após estudar este capítulo, o leitor estará apto a responder às seguintes questões:

a) Quais os processos que suportam o gerenciamento da integração do projeto?

b) Quais as técnicas utilizadas para realização da integração?

c) Como fazer a gestão do conhecimento em projetos?

d) Como o gerente de projetos poderá fazer uso do gerenciamento da integração para melhorar o desempenho dos projetos?

e) Qual o nível de integração adequado em um projeto?
f) Quais as integrações relevantes de um projeto?
g) Como realizar o encerramento de um projeto?

Imagine uma orquestra tocando o *Bolero* de Ravel. A obra, embora composta de uma melodia simples, é contagiante. Para um leigo, à primeira vista, pode parecer fácil de tocar. Individualmente, talvez. Mas uma apresentação do *Bolero* de Ravel com orquestra tem de ser muito bem-preparada, ensaiada, para que todos os integrantes deem sua participação com contribuição coletiva. Só assim, com integração dos músicos e entradas devidas de seus instrumentos e de forma coordenada, é que aparecem os resultados.

Certa vez, o maestro Zubhin Mehta disse que seu grande desafio, em uma obra como o *Bolero* de Ravel, era a integração, ou seja, levar os músicos a atingir o ápice da peça no momento exato. Qualquer deslize, antes ou depois, certamente acarretaria no fracasso do projeto.

Sem integração, esta obra, como todas as outras, não atinge sucesso! Em projetos ocorre o mesmo, ou seja, os vários elementos devem estar uniformemente integrados para que possam ser coordenados. O gerenciamento de integração compõe-se de processos requeridos para que seja possível essa coordenação.

4.1 INTRODUÇÃO

Cada vez mais os gerentes de projetos têm dado importância à área de conhecimento de integração. Essa área se relaciona com as demais e as sintetiza no plano de projeto, tendo como função manter o plano sempre atualizado, coordenando o controle integrado de mudanças.

O gerenciamento da integração do projeto é composto por sete processos, segundo o PMI® (2017).

O primeiro processo chama-se *desenvolver o termo de abertura do projeto* (*project charter*), que consiste na elaboração desse documento, que autoriza formalmente a existência de um projeto. Este documento "autoriza" o gerente de projetos a aplicar os recursos da organização no desenvolvimento do projeto.

O segundo processo, localizado no grupo de planejamento, é denominado *desenvolver o plano de gerenciamento do projeto*, que tem o papel de definir, preparar e coordenar todos os planos das demais áreas de conhecimento, integrando-os a um plano único de gestão do projeto.

No grupo de execução vem o terceiro processo – *orientar e gerenciar o trabalho do projeto* –, em que o gerente lidera a realização do trabalho definido no plano do projeto, zelando pela implementação das mudanças aprovadas. O quarto processo diz respeito a *gerenciar o conhecimento do projeto*. Trata-se de utilizar os conhecimentos existentes e produzir novos conhecimentos para alcançar os objetivos do projeto e contribuir para a aprendizagem organizacional.

No grupo de monitoramento e controle há mais dois processos de Gestão da Integração: o quinto processo *monitorar e controlar o trabalho do projeto* e realizar o sexto processo *controle integrado de mudanças*. Enquanto o quinto processo – *monitorar e controlar o trabalho* –, visa acompanhar o progresso do projeto e seu alinhamento com o plano do projeto, o sexto zela pelo *controle integrado de mudanças*, revisando, gerenciando e comunicando todas as solicitações de mudança.

No grupo de encerramento vem o sétimo e último processo: *encerrar o projeto ou fase*, de modo a dar um ponto final em todas as atividades previstas.

A área de integração é a única que possui, como o próprio nome sugere, processos relacionados com todos os cinco grupos de processos. Além disso, na sexta edição do PMBoK (PMI, 2017) essa área ganhou um novo processo, *gerenciar o conhecimento do projeto*, tema negligenciado nas versões anteriores. A ISO 21500:2012 já explicitava um processo de encerramento relacionado com a Gestão de Conhecimento, denominado coletar lições aprendidas.

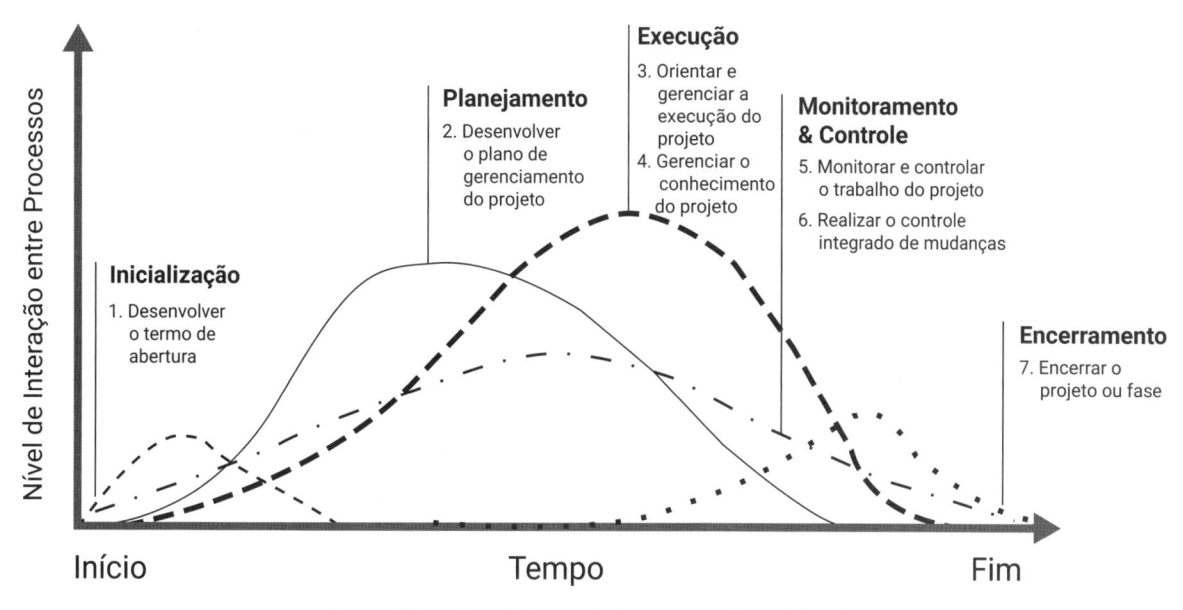

Fonte: Elaboração própria a partir dos processos do PMI® (2017).

Figura 4.1 Fluxo dos processos de Gestão da Integração.

4.2 O INÍCIO: FORMALIZAÇÃO DO PROJETO – TERMO DE ABERTURA

O início do projeto ocorre de diversas formas nas organizações e é percebido diferentemente pelos envolvidos e interessados (*stakeholders*). Em projetos para clientes externos, em geral há vários documentos gerados no início do projeto, começando com a proposta, que, quando aceita, é formalizada por meio de contrato. Contudo, em projetos internos, poucas são as empresas que têm processos definindo o início de um projeto e, por isso, é necessário que as pessoas ligadas ao gerenciamento de projetos estabeleçam formalmente seu início.

O termo de abertura contém elementos para reconhecer formalmente as necessidades de utilização de recursos, bem como as premissas e restrições para realização de um projeto.

Nesse aspecto, o documento termo de abertura deve ser desenhado para conter: título, objetivo, premissas, restrições, resultados esperados, escopo macro, organização dos interessados, principais riscos etc.

O projeto da casa de Eduardo e Mônica pode ser um bom exemplo para o preenchimento de um termo de abertura.

Caso Eduardo e Mônica

Mãos à obra!

O primeiro passo para preenchimento do *project charter* foi analisar as características das necessidades expressas pelo casal (ver Seção 3.5). Uma vez discutidos esses requisitos, Eduardo pegou seu *notebook*, buscou um modelo de *project charter* apresentado em seu MBA e começou a preenchê-lo. Assim, quando a Mônica retornasse do plantão poderiam discutir. Imediatamente veio a primeira dúvida: quem deve ser o gerente de projetos? Os professores de seu MBA dizem que cada projeto só pode ter um gerente! Em seguida, pensou: e o patrocinador?

Bem, em geral, essas são questões que surgem no início dos projetos e que devem ser resolvidas o mais rápido possível. Os papéis dos envolvidos diretamente com o projeto têm de ser definidos para que não haja interferências negativas. Sabe-se que os patrocinadores são os investidores, diretores, supervisores da alta gerência, muitas vezes clientes internos, entre outros. Eles têm um interesse direto na resolução e busca dos resultados do projeto. Seu papel, muitas vezes, consiste em conseguir recursos e dar soluçõo aos problemas que os gerentes de projetos precisam e não conseguem resolver. Já o gerente de projetos, tipicamente, deverá ser o executivo do projeto: ele faz acontecer o empreendimento!

Eduardo não sabia, portanto, o que preencher no campo gerente de projeto e no campo patrocinador.

Mesmo sem esperar a Mônica para discutir suas dúvidas, resolveu ir em frente e preencher o título do projeto: Casa Eduardo e Mônica.

Em seguida, começou a escrever o objetivo do projeto. Tentou digitar vários, mas não ficou satisfeito com nenhum! Eis alguns:

- deixar de pagar aluguel;
- ter mais espaço, integrando ambientes;
- construir uma casa sustentável;
- constituir uma nova família em um espaço novo; e
- organizar as decisões durante a construção e tomar ações adequadas etc.

Foi, então, que Eduardo começou a perceber a importância de ter um bom *project charter*, e mais: que esse documento precisa ser bem elaborado para que tenha uma função gerencial. Agora, Eduardo começou a perceber que ter um *charter* de projeto é mais do que saber sobre sua importância, seus benefícios, ou mesmo conhecer visualmente seus diversos modelos – sua visão de *charter* era, na realidade, muito acadêmica. Com a necessidade de preencher para poder utilizá-lo gerencialmente, a coisa mudou.

Para se ter um bom *project charter*, pensou Eduardo, é preciso, muitas vezes, dispor de várias informações estratégicas que nem sempre estão à sua disposição imediatamente. No caso das empresas, pensou em quais informações seriam úteis – planejamento estratégico, análise do setor, tecnologia envolvida etc.

Essa reflexão fez com que ele pensasse em informações sobre construção civil, prefeitura, escritórios de engenharia, entre outras, que poderiam servir como subsídios para a formação de seu *charter*.

Quando Mônica voltou do plantão, Eduardo resolveu compartilhar com ela suas frustrações e dificuldades no preenchimento correto do documento. Após discutirem os requisitos de informação e fazerem algumas suposições, começaram a trabalhar no preenchimento do *charter* novamente.

Ficou decidido que Eduardo seria o gerente do projeto e Mônica a patrocinadora – decisão talvez pouco convencional, como tudo neste casal. O título permaneceu o mesmo e o objetivo teve a seguinte declaração: construir uma casa (sobrado) de dois quartos em 15 meses com orçamento de R$ 300 mil.

Decidiram também que, além dos cômodos tradicionais de uma casa com dois quartos, iriam construir uma pequena área de lazer com churrasqueira e forno, fora da casa, e um pequeno espaço para plantações das especiarias de Mônica.

Lembraram que iriam precisar de alguém para cuidar da documentação da casa, bem como dos registros das plantas.

Em seguida, começaram a pensar nas premissas, nas restrições e nos riscos envolvidos. Confusão geral! Entendiam que o documento prescindia de tais informações, mas preenchê-lo não era tarefa fácil. Não eram questões de escrita, e sim de conceitos desses termos.

Após muitas horas de reflexão e pesquisas nos livros de Eduardo, chegou-se a um consenso de que: (a) premissa seria algo incerto que iriam tomar como certo, a qualquer custo; (b) restrição seria tudo que limitaria o projeto; e (c) risco seria algo relacionado com as incertezas. Ele lembrou também que sua professora falou que as restrições do projeto estão relacionadas com seu escopo, pois limitam as opções da equipe, enquanto as premissas são condições *a priori* ou, como se diz em latim, *sine qua non* (sem a qual não pode ser), ou seja, se não forem de fato "verdades" representarão risco à execução do projeto, pois não foram consideradas em seu escopo.

Eduardo e Mônica não chegaram a brigar, mas saíram exaustos e levaram horas preenchendo o *project charter* (ver Figura 4.2). Eles sabem que existem várias formas de se fazer o *project charter*, mas preferiram o tradicional da Figura 4.2, pois, no seu caso, querem que se aproxime do contrato que firmarão com a construtora. Saíram munidos do *project charter*, pois sabiam que, agora, precisariam aprová-lo com os executores. Também acharam que as fronteiras não ficaram bem definidas e resolveram acrescentar um item como não escopo e deixar mais claras as questões ambientais.

Você poderia refazer o *project charter* e ajudá-los a incorporar esses itens, que tal?

Project charter

Nome Projeto Casa Eduardo & Mônica	Gerente Eduardo	Patrocinador Mônica	10/01/15

Objetivo
Construir uma casa (sobrado) de dois quartos em 15 meses com orçamento de R$ 300 mil

Benefícios
✓ deixar de pagar aluguel;
✓ ter mais espaço, integrando ambientes;
✓ ter patrimônio próprio;
✓ melhorar a qualidade de vida.

Prazo: 15 meses	**Custo:** R$ 300 mil

Premissas ✓ Ter terreno	**Restrições** ✓ Tamanho do terreno; ✓ Prazos e custos.

Escopo Macro
✓ serviços preliminares;
✓ documentação (planta, Habite-se, registro na prefeitura etc.);
✓ construção civil;
✓ acabamento;
✓ serviços complementares;
✓ gerenciamento do projeto.

Estrutura Básica da Equipe
✓ patrocinador: Mônica;
✓ gerente de projeto: Eduardo;
✓ executores: Modelo Engenharia, Arquitetura e Construção S/C Ltda.

Identificação Riscos
✓ plano econômico;
✓ aumentos abusivos no setor de construção civil.

Aprovações

Patrocinador Mônica	Gerente Eduardo	Modelo Engenharia, Arquitetura e Construção S/C Ltda.

Figura 4.2 Termo de abertura do projeto Casa Eduardo e Mônica.

Existem várias formas para um termo de abertura. A formalização do início de um projeto pode ser feita por meio de um documento chamado termo de abertura (*project charter*), nos moldes apresentados

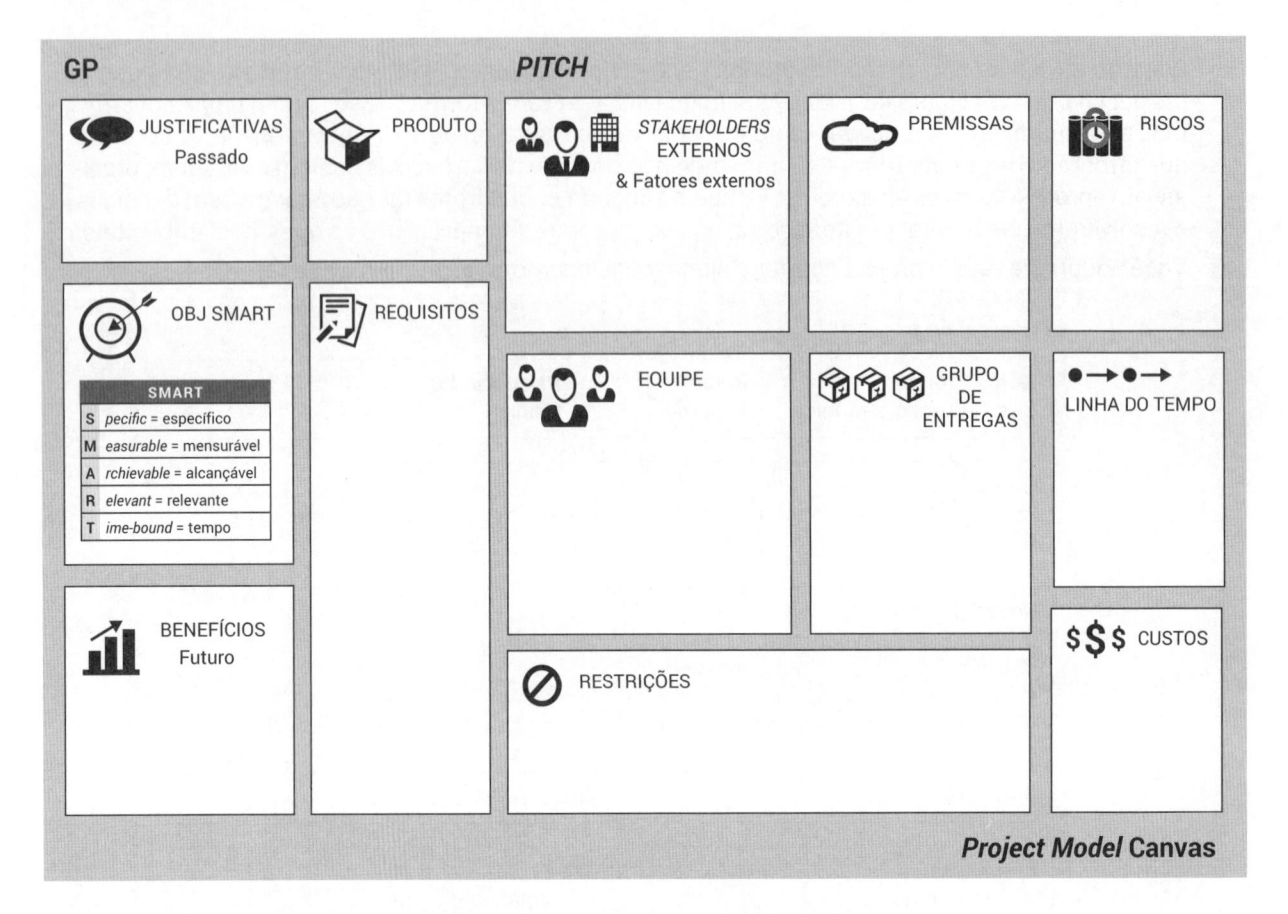

Fonte: Adaptado de Finocchio Júnior (2013).

Figura 4.3 Termo de abertura no formato Canvas.

no caso anteriormente. No entanto, outros formatos podem fazer o papel do *charter*, tais como: ata de criação do projeto, termo de referência de projeto, contrato do projeto, solicitação de projeto autorizada, até mesmo o formato Canvas para o termo de abertura. No entanto, se usar o formato Canvas, não confunda com modelo de negócio Canvas (BM Canvas), pois são coisas diferentes e níveis de abstração diferentes. O BM escala a fronteira de projetos (ver Capítulo 15).

Uma vez aprovado o projeto, faz-se necessário esboçar seu escopo, registrando as várias possibilidades de suas entregas, dadas as estratégias de resultados.

O gerente de projetos e sua equipe restrita devem ter elementos suficientes (*charter* e escopo preliminar) para, então, dar partida no projeto.

Para a realização da partida do projeto, algumas precauções devem ser tomadas pelo gerente de projetos. A comunicação da existência de um projeto em uma organização deve ser formalizada em uma reunião e em distribuição e armazenamento de documentação necessária.

A organização da reunião de partida de projeto deve mostrar o quão cuidadosa será a administração do empreendimento. Uma reunião de partida de projeto deverá levar em conta uma agenda, uma lista de participantes, uma preparação de material e, essencialmente, uma preocupação em buscar comprometimento dos participantes.

Quanto à agenda, a literatura tem apontado para preocupações bastante convergentes, como:

- recepção dos interessados (*stakeholders*): faz-se importante "quebrar o gelo" entre os participantes, bem como fazer uma introdução, por si mesmos;
- apresentação dos objetivos: formalizar o início do projeto, promovendo integração entre os participantes e discutir as metas,

expectativas da alta administração e resultados;

- apresentação da estratégia de gerenciamento do projeto: propor e incorporar estratégias para gerenciamento do projeto;
- apresentação do *charter* e escopo preliminar: mostrar que a preocupação em planejar e controlar o projeto está definitivamente iniciada;
- consolidar comprometimento: revelar a opinião de pessoas importantes, a partir de declarações explícitas delas próprias, visando buscar o comprometimento dos demais participantes; e
- próximos passos: apresentar as próximas tarefas a serem executadas, bem como o cronograma das próximas reuniões.

A condução da reunião de partida de projetos deve ser feita pelo gerente, mas algumas pessoas envolvidas diretamente devem ajudá-lo na facilitação. Deve-se ter o registro de cada momento da reunião e, portanto, uma ata deve ser elaborada ao longo do encontro e distribuída em seguida. Caso o gerente de projetos seja de personalidade analítica, introspectivo, é possível nomear um facilitador no sentido de conduzir o grupo visando a sua integração.

Uma vez encerrada a sessão que marcou o início do projeto, é preciso ter claros os próximos passos que serão dados para que o comprometimento mantenha-se em alta. Nesse aspecto, a informação passa a ser a principal aliada do gerente de projetos, que deverá dela fazer uso para se comunicar com os diversos *stakeholders* no projeto.

4.3 O MEIO: COMPOSIÇÃO E MONITORAMENTO DO PLANO DO PROJETO

O plano de gerenciamento de um projeto é o resultado de um processo de planejamento, expresso em um único documento, integrado, que agrega informações de outros planos de forma coerente e consistente.

Uma vez iniciado o projeto, o gerente deve incentivar sua equipe a produzir os planos subsequentes, a partir do *charter* e de um escopo preliminar.

As equipes passam a se preocupar com o detalhamento do trabalho do projeto, bem como dos prazos, custos, qualidade, risco, recursos, comunicação etc. Essas preocupações devem estar expressas por meio de planos, que, por sua vez, deverão ser integrados.

Um dos principais desafios do gerenciamento de projetos é acertar um plano de projeto em que estejam representadas todas as preocupações a serem administradas.

Em geral, um bom plano de gerenciamento de projetos é aquele que integra os planos das áreas de conhecimento descritas no PMI® com as demais preocupações envolvidas no âmbito de um projeto.

A composição do plano de gerenciamento do projeto deve considerar, inicialmente, os elementos organizacionais onde o projeto está inserido. Assim, na introdução do plano do projeto pode ser necessário saber sobre a missão de uma organização, seus objetivos, metas e estratégias e como o projeto está alinhado a tudo isso. Nesse contexto, os envolvidos com o projeto deverão saber: (a) a quais metas o projeto irá atender; (b) quais objetivos o projeto deve alcançar; e (c) quais estratégias devem ser utilizadas para buscar seus objetivos.

Também é importante considerar, na composição do plano de projeto, o desenvolvimento integrado das áreas de conhecimento. O elemento-chave dessa consideração é, sem dúvida, a *Work Breakdown Structure* (WBS), conhecida como Estrutura Analítica do Projeto (EAP), que consiste na representação hierárquica de todo o trabalho do projeto mediante a decomposição de seus resultados principais. Falaremos mais sobre essa ferramenta no Capítulo 5. Através da WBS o gerente de projetos poderá consolidar a integração do gerenciamento de um projeto. É dela que saem os insumos para a programação do cronograma, é com ela que as responsabilidades são inicialmente associadas, que a gestão dos riscos encontra os indícios de fontes geradoras, que, enfim o gerenciamento do projeto se consolida.

Com a WBS em mãos o gerente de projetos, no intuito de fazer a integração, terá condições de responder a uma série de questões. O Quadro 4.1 mostra alguns tipos de integração e questões associadas a serem desenvolvidas pelo gerente de projetos e sua equipe.

As integrações podem ser vistas nas curvas dos projetos. A Figura 4.4 mostra uma série de relações entre as variáveis de um projeto.

À medida que os planos de gerenciamento do projeto estão prontos, é possível fazer novas integrações complementando as áreas de conhecimento. O Quadro 4.2 mostra os novos tipos de integração e as questões associadas.

Com as integrações realizadas, o gerente de projetos deverá comunicar à equipe seu conteúdo, discutindo seus possíveis ajustes. Em seguida, será necessário aprová-lo junto ao(s) patrocinador(es).

Os planos de projeto mais conhecidos normalmente contêm apenas os cronogramas físicos, que revelam como será controlada a agenda do projeto. No entanto, uma abordagem gerencial mais profissional requer controle e acompanhamento de vários outros elementos, além do monitoramento da qualidade, da troca prevista de informações, da recepção de tecnologia etc.

Quadro 4.1 Tipo de integração e as áreas de conhecimento

Integração	Questões
Escopo × Prazo	Todos os pacotes de trabalho estão cobertos na programação do cronograma?
Escopo × Recursos Humanos	Todos os pacotes de trabalho apresentam-se com os devidos responsáveis? É possível associar quem faz o quê?
Prazo × Recursos Humanos	Dada uma programação necessária, é possível associá-la às disponibilidades de recursos?
Escopo × Custos	Todos os pacotes de trabalho apresentam custos de mão de obra e aquisições?
Recursos Humanos × Custos	É possível identificar os desembolsos de recursos humanos e aquisições?
Recursos Humanos × Comunicação	Os interessados estão recebendo informações adequadas?
Prazo × Suprimentos	Quando e onde devem chegar as aquisições?
Qualidade × Prazo	Quando e como fazer as inspeções no projeto? Quais variáveis devem ser medidas ao longo do projeto?
Prazo × Risco	Quando fazer as avaliações de risco?
Custo × Risco	Quais os custos dos eventos incertos?
Escopo × Prazo × Custo	Os indicadores de resultado do projeto poderão ser gerenciados? Existe um sistema de indicadores (EVMS) previsto para ser utilizado no gerenciamento do projeto?
Custo × Escopo	Qual o custo das mudanças?
Comunicação × Prazos	Há uma programação de reuniões do projeto segundo o planejamento de avanços?

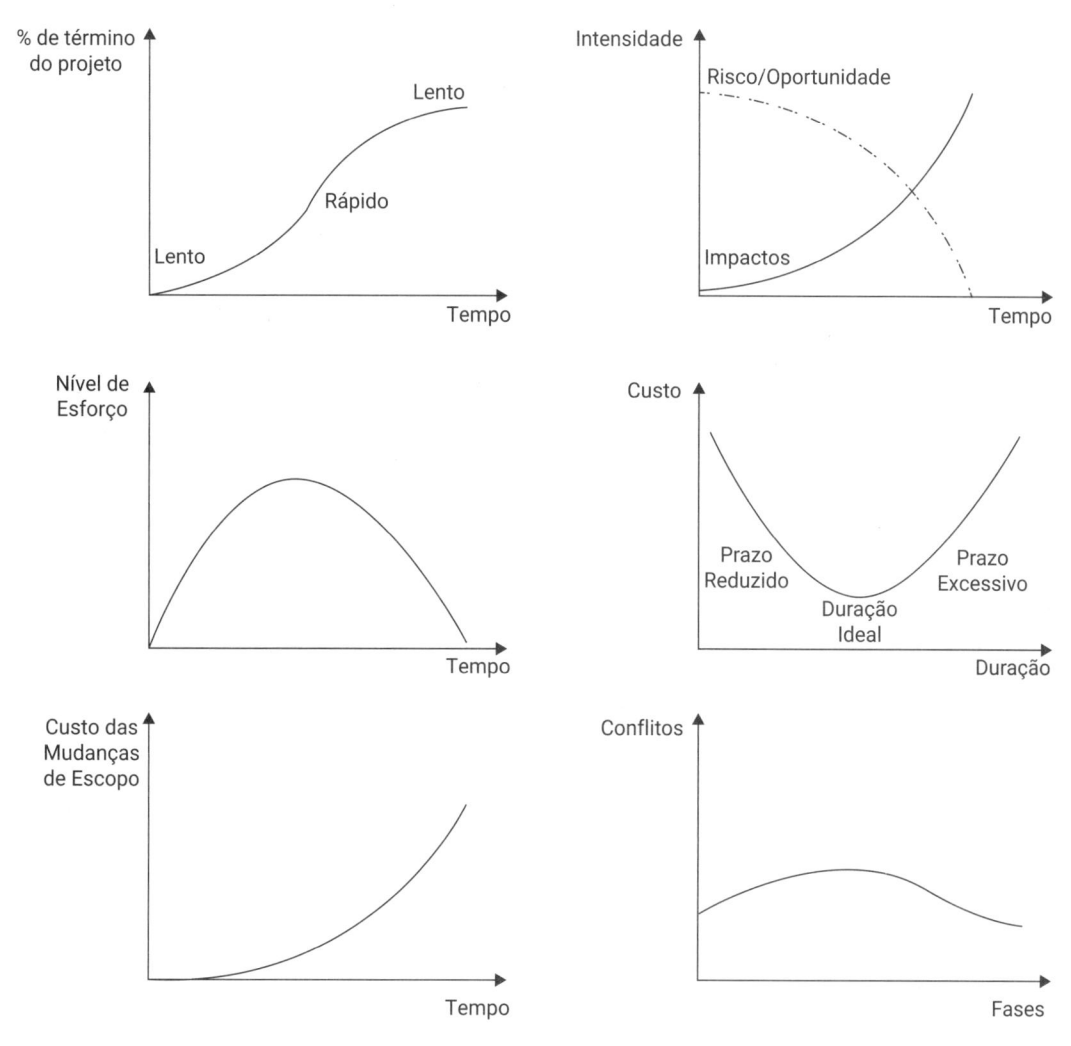

Figura 4.4 As curvas típicas de projetos.

Quadro 4.2 Tipo de integração e diversos elementos

Integração	Questões
Escopo × Tecnologia	Todos os pacotes de trabalho estão cobertos com tecnologias adequadas?
Tecnologia × Recursos Humanos	Todos os envolvidos dominam a tecnologia adquirida?
Tecnologia × Prazo × Recursos Humanos	Será necessário programar treinamentos para as novas tecnologias?
Escopo × Marketing	Os eventos do projeto precisam ou carecem de atividades de marketing?
Recursos Humanos × Meio Ambiente	Os envolvidos no projeto estão aptos a desenvolver produtos, considerando-se o meio ambiente?
Recursos Humanos × Tecnologia × Meio Ambiente	O desenvolvimento do projeto tem considerado tecnologias adequadas dados os requisitos ambientais?
Prazo × Jurídico	Estão previstas ações jurídicas ao longo do projeto?
Jurídico × Recursos Humanos	Os especialistas nas questões jurídicas estão por dentro do escopo e programação do projeto?
Risco × Meio ambiente	Os riscos ambientais foram avaliados?

Plano do Projeto

Nome Projeto	Gerente	Patrocinador	_/_/_

Objetivo
✓ declaração do objetivo do projeto;
✓ metas associadas.

Sumário Executivo
✓ *project charter*;
✓ escopo preliminar.

Prazo:	Custo:

Produtos Esperados	Qualidade
✓ a serem elaborados pelo projeto;	✓ padrões de desempenho;
✓ a serem adquiridos.	✓ revisões;
	✓ avaliações.

Gerenciamento do Projeto	Gerenciamento do Projeto
✓ WBS;	✓ alocação de recursos;
✓ cronograma físico;	✓ plano de treinamento;
✓ cronograma financeiro;	✓ acompanhamento dos riscos;
✓ plano de comunicação;	✓ administração de contratos.
✓ cronograma de reuniões.	

Estrutura Básica da Equipe
✓ patrocinador;
✓ gerente de projeto;
✓ equipe.

Anexos
✓ tabelas auxiliares;
✓ relatórios ambientais;
✓ manuais;
✓ memórias de cálculo etc.

Aprovações

Patrocinador	Gerente	Cliente

Figura 4.5 Plano do projeto – elementos essenciais.

Assim, faz-se necessário produzir um documento (plano) contendo todos os produtos que irão possibilitar o acompanhamento e controle do projeto. Para ter uma ideia das informações existentes em um plano de projeto, a Figura 4.5 mostra resumidamente os elementos fundamentais.

A reunião para aprovação do plano do projeto deve ser planejada cuidadosamente, evitando problemas que possam interferir no sucesso do projeto. Como na reunião de partida do projeto (veja a Seção 4.2), os cuidados devem ser tomados visando ao comprometimento dos *stakeholders*, agora em maior número.

É necessário registrar que muitos projetos chegam a esse estágio um pouco desgastados, sendo que muitos não têm fôlego para continuar. Sabe-se que, no momento dessa reunião, existe um marco implícito do ciclo de vida de um projeto que poderá revelar sua continuidade. Sabe-se, também, que os custos daqui para frente serão cada vez maiores, necessitando de controles rígidos.

A dinâmica do projeto toma outra frequência. O ambiente passa a ser de execução e não mais de planejamento. Isso faz uma grande diferença, a que o gestor deve estar atento, pois os impactos nos resultados são agora evidentes e reais. Em uma linguagem mais popular, pode-se dizer que o projeto, a partir da aprovação de seu plano, passa a ficar mais "nervoso".

A execução de um projeto deverá ser acompanhada do plano, e o gerente e sua equipe devem estar atentos logo nos primeiros movimentos.

Durante a execução do projeto é imprescindível gerenciar o conhecimento do mesmo. Neste aspecto, os conhecimentos organizacionais anteriores são úteis para melhorar os possíveis resultados do projeto em vigor. Ao longo do projeto a gestão do conhecimento deve ser feita de forma dinâmica.

Com esta abordagem de se fazer o gerenciamento do conhecimento do projeto ao longo de seu desenvolvimento é possível, cada vez mais, tornar explícito o conhecimento tático dos empreendimentos. Em termos gerenciais trata-se de um empenho útil que o gerente de projetos e sua equipe devem fazer. Este esforço, além do trabalho com as informações do projeto, envolve buscar a opinião de especialistas sobre as informações da gestão.

Existe uma diferença sutil entre acompanhamento e controle de projeto que, se esclarecida, pode ajudar o gerente de projetos a encarar profissionalmente a sua gestão. Controlar é interferir, e acompanhar, não. Nesse aspecto, a informação é um elemento vital para o controle. Portanto, para um efetivo controle de todo trabalho desenvolvido em projetos, é requerido um sistema de geração, registro e disseminação de informação, a respeito do andamento do projeto.

A partir da análise das informações geradas pelo sistema do projeto, o gerente e sua equipe devem tomar decisões (interferências) que mantenham o projeto nos trilhos.

Duas abordagens, em termos de gerência profissional, devem ser adotadas pelos gerentes de projetos. Uma baseada do trabalho desenvolvido e no registro do andamento desses trabalhos. Nessa abordagem, os gerentes, munidos de informações de custo, prazo e escopo, fundamentalmente, comunicam as decisões do projeto aos envolvidos. Para isso, são requeridas informações tanto de caráter quantitativo, quanto qualitativo.

A outra abordagem se refere aos aspectos baseados nas relações humanas. Muitos gerentes de projetos depositam suas energias nas boas relações com os *stakeholders*, fazendo com que os resultados do projeto sejam, gradualmente, alcançados.

Na verdade, um gerente de projetos profissional faz uso equilibrado dessas duas abordagens. Para as duas, existem técnicas bastante desenvolvidas para controle de projetos que serão apresentadas nesta parte do livro, abordadas segundo as áreas do conhecimento.

4.4 GESTÃO DE CONHECIMENTO EM PROJETOS

Como a própria definição sugere, projetos envolvem singularidade e inovação (ver Capítulo 2), logo a habilidade de criação de conhecimento e aprendizagem são inerentes. Contudo, por ser temporário, a capacidade de memória desse conhecimento gerado pode ser perdida quando o projeto é concluído, se não houver mecanismos sistemáticos de coleta, codificação, organização e compartilhamento desse conhecimento gerado. Portanto, a gestão do conhecimento (GC) assume uma importância-chave no contexto de projetos.

GC pode ser definida como o processo de tornar explícito o conhecimento contido nas práticas da organização, coletivas e individuais (NONAKA; TAKEUCHI, 1997). No contexto de projetos, a GC permite reter a memória do conhecimento produzido e refletir sobre as lições da experiência para utilizar em projetos futuros.

Os escritórios de gerenciamento de projetos (PMO) (ver Capítulo 15) têm o papel fundamental de armazenar e disseminar o conhecimento, fomentando os mecanismos de aprendizagem entre projetos, mitigando a eventual perda de memória dos envolvidos no projeto ao longo do tempo. Os PMOs ajudam na organização das comunidades de prática, facilitando a centralização do conhecimento e das lições aprendidas e convertendo o conhecimento acumulado em novas rotinas, práticas e processos, ou seja, conhecimento organizacional explícito. É claro que para assumir a GC uma cultura de compartilhamento do conhecimento deve ser difundida e plataformas tecnológicas devem viabilizar esse processo em ambientes amigáveis, motivando a utilização. Logo, há necessidade de investimentos em Tecnologia da Informação (TI), sob a forma de *software* e *hardware*, para memória organizacional ao mesmo tempo em que se viabilizam novas formas de interação e colaboração.

4.4.1 Criação do conhecimento: conhecimentos tácito e explícito

O conhecimento pode ser visto a partir de dois componentes distintos e complementares: o conhecimento explícito e o conhecimento tácito. O conhecimento explícito pode ser compartilhado de modo sistemático na forma de dados, fórmulas científicas, recursos visuais, especificações de produtos ou manuais, pois já está codificado. Já o conhecimento tácito é de difícil formalização e compartilhamento, pois possui duas dimensões, a técnica e a cognitiva. A dimensão técnica está associada ao *know-how* pessoal, enquanto a cognitiva inclui credos, ideais, valores e modelos (NONAKA; TAKEUCHI, 1997, NONAKA; KONNO, 1998).

Para a produção do conhecimento, os conhecimentos tácito e explícito devem interagir de forma contínua e dinâmica, assumindo uma forma em espiral, que parte do indivíduo, ampliando para os grupos e, por fim, para a organização, como ilustra a Figura 4.6. Existem, basicamente, quatro modos de conversão do conhecimento explícito para tácito e vice-versa, conhecido como modelo SECI: Socialização, Externalização, Combinação e Internalização.

Como pode ser observado na Figura 4.6, no modo de *socialização* os indivíduos compartilham

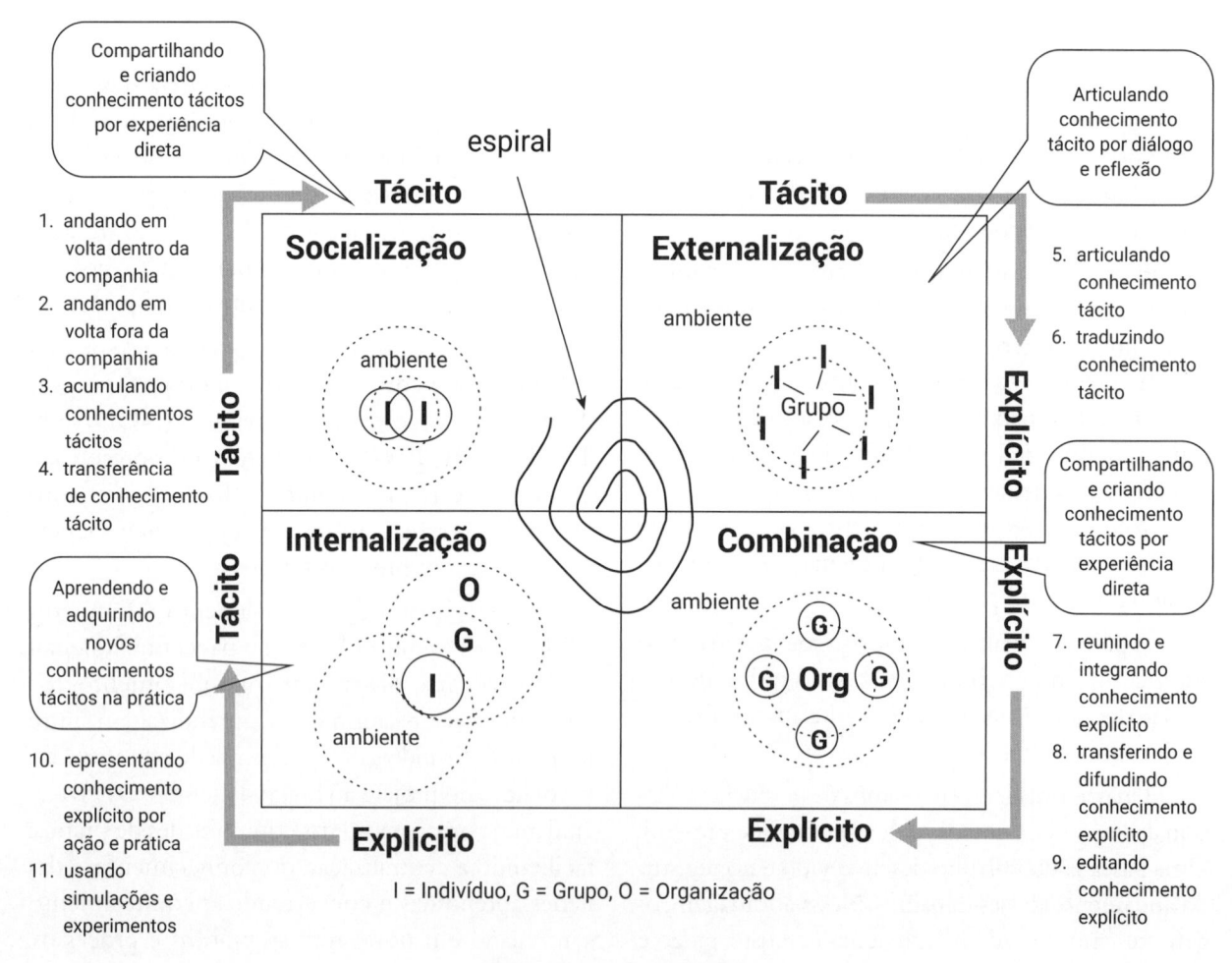

Fonte: Nonaka e Toyama (2003).

Figura 4.6 Modelo SECI.

conhecimento tácito, em atividades realizadas em conjunto, trocando experiências. No modo de *externalização* o conhecimento tácito é convertido em explícito de forma que possa ser entendido por outras pessoas, traduzindo o conhecimento tácito por meio de raciocínio dedutivo e indutivo, inferência criativa, e, também, utilizando metáforas e analogias, em geral intragrupo. O modo de *combinação* permite desenvolver o conhecimento explícito em conjuntos mais complexos, em geral intergrupos por processos de captura e integração de novos conhecimentos explícitos, seguidos de processos de comunicação e difusão, e, por fim, processamento e sistematização do conhecimento. O modo de *internalização* permite a conversão pelo conhecimento explícito em conhecimento tácito, pelo aprendizado na prática, treinamentos e exercícios que permitam ao indivíduo ter acesso aos conhecimentos explícitos (NONAKA; KONNO, 1998).

Para transformar o conhecimento tácito de projetos em explícito, o PMO deve gerenciar vários processos, tais como relatórios de projetos, lições aprendidas, revisões de projetos, revisão pós-projeto e percepções de partes interessadas (NADAE; CARVALHO, 2017). Em particular, o processo de lições aprendidas é crítico para reutilização futura do conhecimento, mas, para tal, são necessários processos de captura e categorização eficazes antes da dispersão do time de projeto, pois muito do conhecimento gerado no projeto ainda está na forma tácita.

Infelizmente, várias barreiras acabam dificultando este processo, como a falta de tempo disponível, falta de suporte gerencial (incentivo, recursos humanos e diretrizes), falta de comunicação entre projetos, ausência de repositório de lições aprendidas, além do compartilhamento de eventuais notícias ruins não ser incentivado (LOVE *et al.*, 2016).

4.4.2 Estilos de Gestão do Conhecimento

As organizações podem ter uma inclinação maior ao conhecimento explícito ou maior orientação ao conhecimento tácito, o que pode conduzir a quatro estilos de gestão do conhecimento: orientado a sistemas, orientado a pessoas, passivo e dinâmico (CHOI; LEE, 2003) (ver Quadro 4.3). Cada um desses estilos envolve investimentos distintos em termos de TI e de gestão dos recursos humanos.

Uma maior orientação ao conhecimento explícito demanda maior formalização, maior grau de codificação, armazenamento e reutilização do conhecimento organizacional, permitindo a obtenção de economias de escala e maior eficácia organizacional. Como se pode observar no Quadro 4.3, os estilos orientado a sistemas e dinâmico têm essas características, ambos apresentam, portanto, elevado custo de tecnologia da informação. A TI é utilizada para aumentar a capacidade de codificação e facilitar o acesso e uso do conhecimento, resultando em custo por transação de conhecimento mais baixo.

Quadro 4.3 Caracterização dos estilos de gestão do conhecimento

	Estilos de Gestão do Conhecimento			
	Passivo	Orientado a sistemas	Orientado a pessoas	Dinâmico
Orientação ao conhecimento explícito	Baixo	Alto	Baixo	Alto
Orientação ao conhecimento tácito	Baixo	Baixo	Alto	Alto
Custos de Tecnologia da Informação	Baixo	Alto	Baixo	Alto
Custos de Gestão de Recursos Humanos	Baixo	Baixo	Alto	Alto

Fonte: Adaptado de Choi e Lee (2003).

Já uma maior orientação ao conhecimento tácito demanda aquisição e transmissão de conhecimento por meio da interação pessoal. Como se pode observar no Quadro 4.3, os estilos orientado a pessoas e dinâmico têm essas características, ambos apresentam, portanto, alto custo de gestão dos recursos humanos. Nestes estilos de GC, as decisões humanas são críticas, pois o compartilhamento é informal, focado em comunicação e confiança.

Por fim, as organizações de estilo passivo, com ambas orientações tácita e explícita baixas, demonstram pouco interesse na GC, com baixa predisposição a investir tanto em TI quanto em RH (CHOI; LEE, 2003).

A infraestrutura de TI pode atuar como um cérebro no ambiente do projeto, em particular com o avanço crescente dos sistemas de programação cognitiva. A TI, além de estar relacionada com os estilos de GC, também se relaciona com os modos de conversão do modelo SECI, como ilustra a Figura 4.7. Várias são as ferramentas disponíveis, dentre elas, destacam-se para a socialização os *softwares* de mapeamento de conhecimento, que possibilitam a identificação de pessoas. Para a externalização, o elenco de ferramentas é abrangente, envolvendo *groupwares*, que facilitam a comunicação de equipes distribuídas, o *workflow*, para a codificação do fluxo do processo e acompanhamento, e os sistemas cognitivos, que manipulam grande quantidade de informações contidas em um banco de dados, de modo a buscar informações essenciais para o negócio. Finalmente, no modo de combinação, destaca-se a rede interna da empresa, intranet e o Gerenciamento Eletrônico de Documentos (GED), repositórios de documentos, para uma recuperação mais eficiente, maior segurança e controle (CRUZ JR. *et al.*, 2005).

4.5 O FIM: NÃO SE ESQUEÇA DE FORMALIZAR O ENCERRAMENTO DO PROJETO

O encerramento de um projeto precisa ser organizado e formalizado. Temos visto em trabalhos de consultoria, congressos, palestras, quando solicitamos às pessoas que relatem suas experiências sobre encerramento de projetos, as mais variadas manifestações bem-humoradas. Talvez seja a fase de um projeto que menos se leva a sério. No entanto, muitas das empresas que conseguem porções significativas de mercado o fazem por terem, justamente, realizado de forma adequada o encerramento de seus projetos. Estas saem na frente, pois têm informações estratégicas em mãos, antes dos concorrentes.

O encerramento do projeto deve ser marcado por um evento que formalize o fechamento de todas as suas ações. Deve ser designado um gerente, no início do projeto, para se responsabilizar por essa etapa do projeto.

Fonte: Cruz Júnior *et al.* (2005).

Figura 4.7 Ferramentas de TI e Modelo SECI.

O encerramento, sob essa visão, tem de ser planejado, sobretudo no que diz respeito às informações a serem armazenadas.

O PMI® (2017) considera que o encerramento de projeto deve ser realizado sob dois grupos de procedimentos. O primeiro se refere ao fechamento de cada fase do projeto. Cabe aqui armazenar os dados referentes às análises de sucesso/fracasso de cada fase do projeto, arquivar as informações sobre as diversas gerências do projeto (programação e realização nos prazos previstos, realizados e valor agregado dos diversos momentos do projeto, entre outras), registrar as lições aprendidas e divulgar os procedimentos para acesso ao banco de dados do projeto.

O segundo diz respeito ao fechamento dos contratos realizados durante o desenvolvimento do projeto. Cabe aqui o encerramento formal dos contratos, a verificação dos itens de notas pendentes e a programação de pagamentos posteriores ao projeto.

Um fluxo que descreva o processo de encerramento de projetos (Figura 4.8), mostrando todas as suas ações, poderá ser útil ao gerente quando do fechamento administrativo.

Alguns projetos preveem a distribuição de lucros entre os integrantes, caso o projeto tenha sido bem-sucedido. O encerramento formal do projeto deverá, assim, deixar claro os valores a serem compartilhados entre os envolvidos. Nesse caso, faz sentido organizar junto à equipe de projetos um evento que marque o encerramento vitorioso do projeto. Evidentemente que, nos casos em que o projeto deu prejuízo, faz-se necessário organizar uma reunião para que sejam discutidas as lições tiradas do desenvolvimento do projeto.

Naturalmente, cuidados devem ser tomados no sentido de que os interessados não se sintam desconfortáveis. Para tanto, o gerente de projeto deverá conduzir a reunião dando ênfase aos seguintes aspectos:

- Recepção dos convidados: embora alguns membros tenham se destacado mais que outros, durante a recepção dos participantes o gerente de projetos não deve fazer distinções.
- Apresentação da pauta: a pauta, distribuída anteriormente, deverá ser anunciada inicialmente.
- Apresentação dos resultados finais: as informações relevantes constantes na apresentação final do projeto devem ser discutidas.

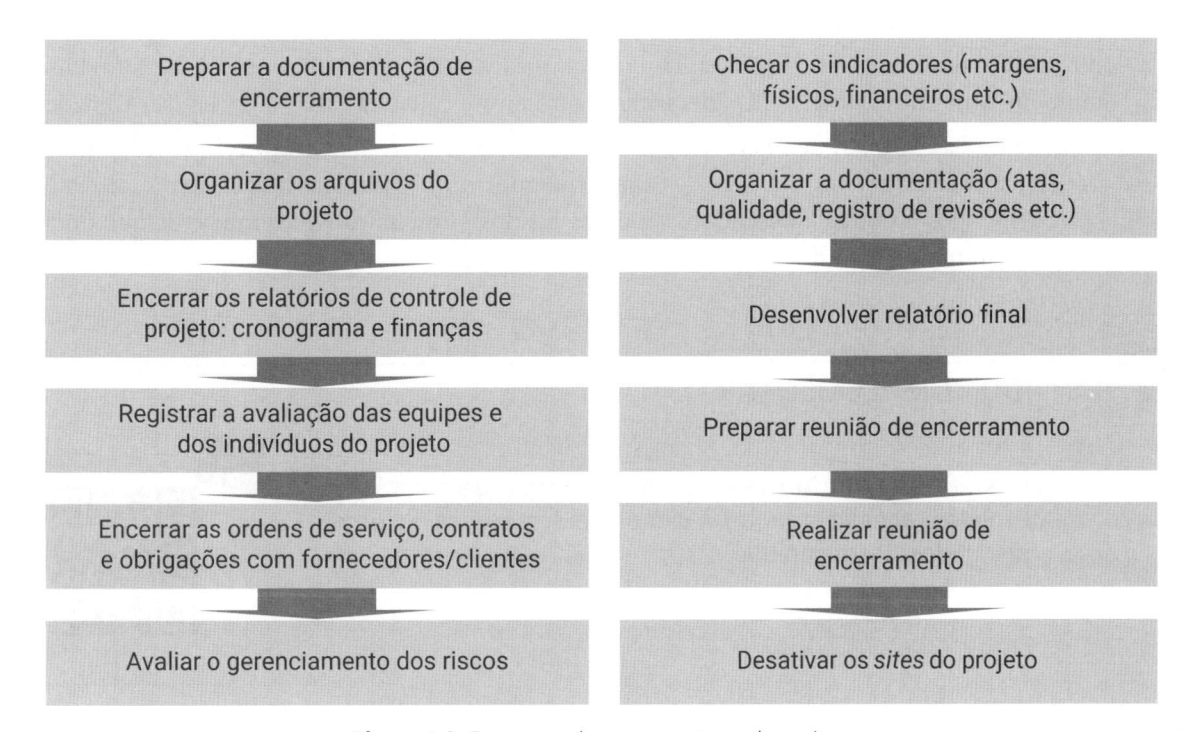

```
Preparar a documentação de encerramento
        ↓
Organizar os arquivos do projeto
        ↓
Encerrar os relatórios de controle de projeto: cronograma e finanças
        ↓
Registrar a avaliação das equipes e dos indivíduos do projeto
        ↓
Encerrar as ordens de serviço, contratos e obrigações com fornecedores/clientes
        ↓
Avaliar o gerenciamento dos riscos

Checar os indicadores (margens, físicos, financeiros etc.)
        ↓
Organizar a documentação (atas, qualidade, registro de revisões etc.)
        ↓
Desenvolver relatório final
        ↓
Preparar reunião de encerramento
        ↓
Realizar reunião de encerramento
        ↓
Desativar os sites do projeto
```

Figura 4.8 Processo de encerramento de projeto.

- Evidenciar as boas contribuições: cabe destacar os membros que conseguiram bom rendimento ao projeto.
- Problemas: com os casos de fracasso é que se pode aprender em projetos, portanto, estes têm de ser trabalhados racionalmente durante a reunião.
- Novas propostas: antes de encerrar a reunião, vale a pena mostrar as possibilidades de trabalhos futuros.
- Próximos passos: fechar definitivamente a reunião. Em alguns casos, uma comemoração discreta faz bem aos participantes.

QUESTÕES PARA REFLEXÃO E DISCUSSÃO

1. Quais informações você acrescentaria no *project charter* do projeto da Casa Eduardo e Mônica?
2. Complete um *charter* que represente as intenções de um projeto de construção de um novo restaurante na faculdade que você estuda.
3. Mostre o *project charter* do último projeto que participou.
4. Dos elementos de seu plano de projeto, quais as semelhanças e quais as diferenças entre os apresentados neste capítulo?
5. O que se pode aprender com um projeto? Faça uma relação contendo os possíveis itens de aprendizagem.
6. Identifique um projeto em que foram feitos os procedimentos de encerramento. Liste as lições aprendidas.
7. Considere um projeto de instalação de gasodutos e reflita sobre as cinco principais integrações necessárias.
8. Considere a implementação de um sistema de *Enterprise Resource Planning* (ERP) e liste os principais problemas de integração que podem aparecer nesse tipo de projeto.
9. Paulo Mário foi nomeado gerente de projetos de implementação de um sistema de automação industrial. Imediatamente fez um *project charter*, convocou uma equipe e se propôs a apresentar o projeto para a diretoria da empresa. Antes de terminar sua apresentação, foi bombardeado pelo diretor de marketing e de finanças. Discuta os possíveis desmembramentos desse fato. Discuta também como fazer uma venda adequada de projetos e os cuidados que devem ser tomados.
10. Sabe-se que as turbinas de energia de um importante projeto de desenvolvimento de uma hidrelétrica chegaram com um mês de atraso, mas, por outro lado, sua instalação só foi realizada seis meses após a entrega. Discuta os aspectos ligados à integração e os impactos que poderão ocorrer em um projeto desse tipo.

ESTUDO COMPLEMENTAR

A) Assista na plataforma Veduca, disciplina de Gestão de Projetos (acesso gratuito), à videoaula 3, que trata de temas discutidos neste capítulo.

uqr.to/cpc0

Fonte: <https://veduca.org/p/gestao-de-projetos>. Acesso em: 30 ago. 2018.

B) Leia este artigo sobre gestão de conhecimento e plataformas de TI:

CRUZ JÚNIOR, A. T.; CARVALHO, M. M.; LAURINDO, F. J. B.; PESSOA, M. S. P. Criação, disseminação e gestão do conhecimento nas comunidades estratégicas. *Produto & Produção*, v. 8, n. 3, p. 21-34, 2005.

Fonte: <http://seer.ufrgs.br/index.php/ProdutoProducao/article/view/3232/1782>. Acesso em: 02 set. 2018.

C) Leia o artigo sobre gestão de conhecimento e escritórios de gestão de projetos:

NADAE, J.; CARVALHO, M. M. A knowledge management perspective of the Project Management Office. *Brazilian Journal of Operations & Production Management*, v. 14, p. 350-361, 2017.

Fonte: <https://bjopm.emnuvens.com.br/bjopm/article/view/339/308>. Acesso em: 30 ago. 2018.

5

GESTÃO DO ESCOPO

Pró-Valor
Camada Núcleo

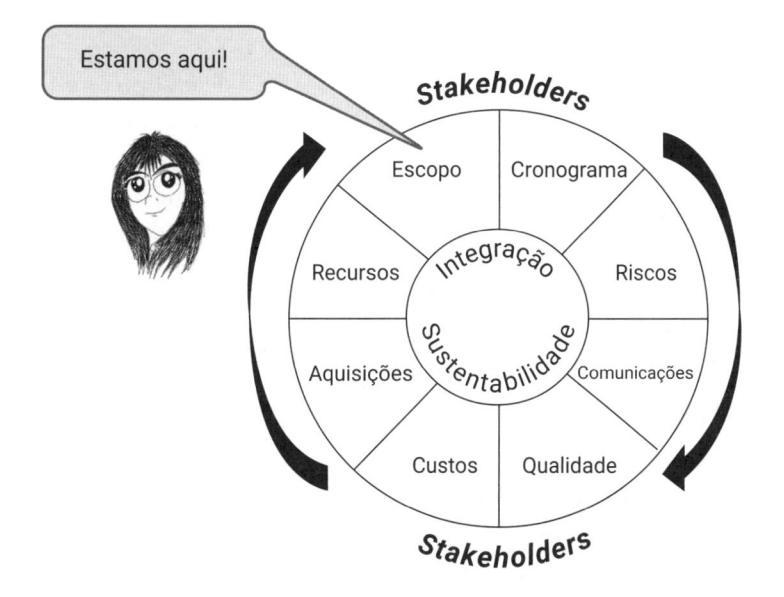

Estamos aqui!

Stakeholders · Escopo · Cronograma · Riscos · Comunicações · Qualidade · Custos · Aquisições · Recursos · Integração · Sustentabilidade · Stakeholders

Neste capítulo, será tratada a questão do gerenciamento do escopo dos projetos. Após estudar este capítulo, o leitor estará apto a responder às seguintes questões:

a) Quais os processos que suportam o gerenciamento do escopo do projeto?
b) Como estruturar um projeto – síntese e análise do trabalho?
c) Quais as técnicas utilizadas para a realização do gerenciamento do escopo?
d) Como o gerente de projetos pode se beneficiar do gerenciamento do escopo do projeto?

A famosa história de Lewis Carroll, *Alice no país das maravilhas*, revela uma preocupação bastante singular de um coelho, sempre apressado. Essa preocupação pode ser resumida em um diálogo entre Alice e o tal coelho.

> Alice – Onde fica a saída?
>
> Coelho – Mas para onde a senhora quer ir?
>
> Alice – Para qualquer lugar.
>
> Coelho – Para qualquer lugar, qualquer saída serve.

As preocupações com as intenções e a abrangência do projeto, com a busca efetiva de seus objetivos, são empreendidas pela área de conhecimento que considera o gerenciamento de escopo. Elas não podem ser genéricas, como no diálogo apresentado.

O gerenciamento do escopo do projeto inclui os processos requeridos para garantir que sejam executadas as atividades necessárias, e apenas as atividades necessárias, para que o projeto seja encerrado com sucesso (PMI, 2004).

5.1 INTRODUÇÃO

O conceito de escopo de projetos talvez seja um dos mais variados de todas as áreas de conhecimento do gerenciamento de projetos. Fala-se em alcance, esboço, intenções, objetivos, limites, entre outros. Escopo, na verdade, refere-se ao trabalho a ser realizado no âmbito do projeto. Neste aspecto, o escopo pode estar ligado ao produto ou ao projeto.

A disciplina gerenciamento de projetos tem se preocupado com o gerenciamento do *escopo do projeto*, uma vez que os processos de gerenciamento de *escopo do produto* variam conforme as áreas de aplicação.

Os seis processos da área de Gestão de Escopo estão concentrados nos grupos de planejamento (quatro processos) e monitoramento e controle (dois processos), conforme ilustra a Figura 5.1. Os processos, segundo o PMBoK® (PMI, 2013), são:

- Processo de *planejar o gerenciamento do escopo*: tem por objetivo elaborar o plano que documenta como será definido, validado e controlado o escopo do projeto.
- Processo de *coletar os requisitos*: envolve desde a determinação dos requisitos e necessidades do *stakeholders*, documentando-os e gerenciando-os.
- Definir o escopo: o processo de desenvolvimento de uma descrição detalhada do projeto e do produto.
- Criar a Estrutura Analítica do Projeto (EAP) ou *Work Breakdown Structure* (WBS): o processo de subdivisão das entregas e do trabalho do projeto em componentes menores e mais facilmente gerenciáveis.
- Validar o escopo: o processo de formalização da aceitação das entregas concluídas do projeto.
- Controlar o escopo: o processo de monitoramento do andamento do escopo do projeto e do produto e gerenciamento das mudanças realizadas na linha de base do escopo.

A área de escopo tem forte ligação com a área de integração, conforme ilustra a Figura 5.1. Além disso, a área de comunicações deve identificar e gerenciar os requisitos dos *stakeholders*, informar em seus Relatórios de Desempenho, ou seja, tem insumos importantes para a gestão do escopo do projeto e de suas mudanças.

Além disso, nesta quinta edição do guia PMBoK®, foi criado um novo processo – *planejar o gerenciamento do escopo*. De fato, esse processo está intimamente ligado com o processo da gestão de integração de desenvolvimento do plano de gerenciamento do projeto. Todas as áreas têm um processo de elaboração de plano que subsidiará o plano geral do projeto.

A área de gestão de escopo se refere ao escopo do produto/serviço/resultado e ao escopo do projeto. O escopo do produto relaciona-se com os requisitos, características, funções que devem estar presentes no produto/serviço/resultado do projeto. Já o escopo do projeto é o trabalho que deve ser feito para fornecer o produto/serviço/resultado conforme acordado.

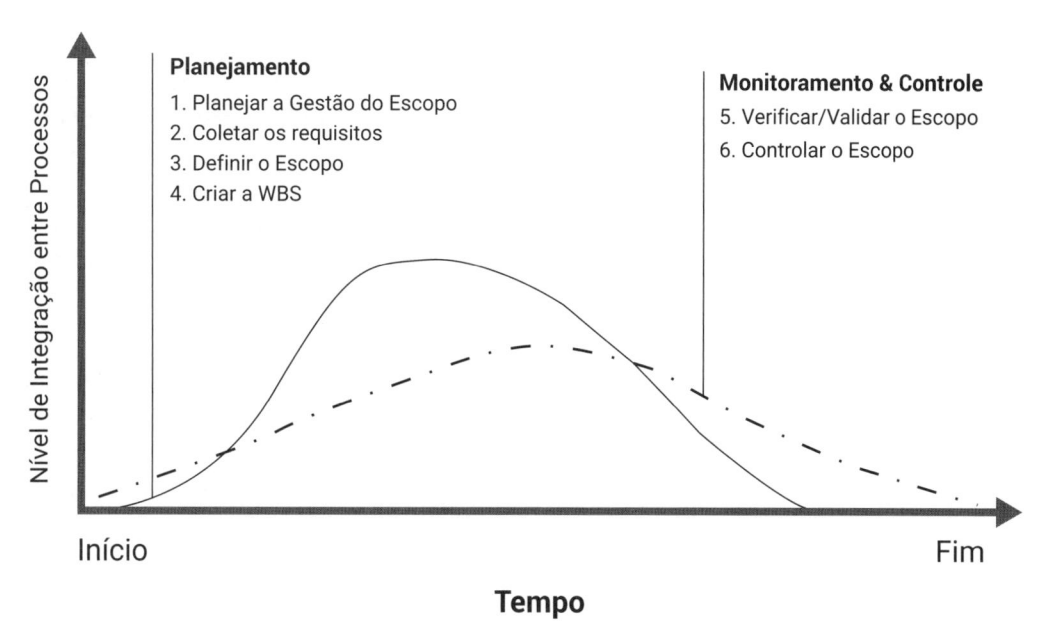

Planejamento
1. Planejar a Gestão do Escopo
2. Coletar os requisitos
3. Definir o Escopo
4. Criar a WBS

Monitoramento & Controle
5. Verificar/Validar o Escopo
6. Controlar o Escopo

Eixo Y: Nível de Integração entre Processos
Eixo X: Tempo (Início — Fim)

Fonte: Elaboração própria a partir dos processos de PMI (2017).

Figura 5.1 Fluxo dos processos de gestão do escopo.

5.2 COLETAR REQUISITOS E DEFINIR O ESCOPO DO PROJETO

Após a aprovação do *project charter* (ver Capítulo 4), faz-se necessário coletar os requisitos dos principais *stakeholders* e estruturar seu escopo para que ele possa ser gerenciado adequadamente.

O processo de coletar os requisitos do projeto é altamente dependente de processos das áreas de comunicações e relacionado com os processos da área de Gestão da Qualidade, assim como para construir a matriz de requisitos é necessário identificar os principais *stakeholders*, etapa da área de comunicações (ver Capítulo 10), e desdobrá-las em critérios de aceitação, etapa desenvolvida na área de qualidade (ver Capítulo 8). A matriz de rastreabilidade dos requisitos ajuda a monitorar os requisitos de produto, ao longo do ciclo de vida, gerenciando as mudanças no escopo do produto (PMI, 2017). Além disso, essa matriz ajuda no alinhamento dos requisitos aos objetivos do projeto e do negócio, conforme ilustra a Tabela 5.1.

Tabela 5.1 *Template* de matriz de rastreabilidade

Nome do Projeto						
Unidade de Negócio						
ID – Requisito	ID – Associados	Objetivo do Negócio	Objetivo do Projeto	Código na EAP	Item do produto	Mudanças autorizadas

O processo de coletar os requisitos está ligado à área de Gestão da Qualidade, que veremos no Capítulo 8, quando faremos a tradução dos requisitos em parâmetros de controle do projeto. Portanto, vamos detalhar de forma integrada a coleta, o desdobramento e o controle dos requisitos no Capítulo 8.

Neste capítulo, iremos nos dedicar às atividades de definição do escopo e construção da estrutura analítica do projeto. Para isso, devem ser consideradas duas questões: a declaração do escopo e sua definição.

Fazendo-se uso de uma linguagem mais corriqueira, pode-se dizer que é agora que o gerente de projetos e sua equipe devem se preocupar em "armar o projeto" para seu efetivo gerenciamento. Isso significa gerar uma base de conhecimento, comum, dos resultados e trabalho a ser desenvolvidos no âmbito do projeto. Obviamente, esse conhecimento do escopo servirá para ser compartilhado com todos os envolvidos.

A declaração de escopo é um processo que visa elaborar e documentar, progressivamente, todo o escopo do projeto para atingir seus objetivos.

A declaração de escopo de um projeto deve incluir, essencialmente, as seguintes informações:

- Justificativa de sua criação: essa informação servirá para que o gerente de projetos e sua equipe possam apresentar as necessidades de negócio que motivaram a criação do projeto. No âmbito de uma empresa, ajuda o gerente de projetos a negociar recursos para o projeto.
- Objetivos do projeto: uma vez estabelecidas as justificativas, é preciso deixar claro as intenções do projeto, ou seja, quais suas metas quantitativas, quais os resultados esperados. Normalmente, projetos com objetivos bem declarados são aqueles que mostram explicitamente os alvos de prazo, custo e qualidade esperados. Quanto aos objetivos mais qualitativos, estes carregam um grau maior de risco em relação ao seu atendimento.
- Produto do projeto: aquilo que se espera entregar no final para que o projeto tenha sucesso. Essa informação deverá conter uma descrição sucinta do produto do projeto. Em muitos casos, essa informação poderá envolver desenhos, fluxogramas, esboços, detalhes de construção etc. Ela pode ser complementada com a adição de uma lista de subprodutos, que, quando integrados, devem compor o produto final do projeto. Devem ser incluídos, também, os critérios de aceitação do produto.

No entanto, é bom que a declaração também explore adequadamente as fronteiras do projeto, o que é escopo e o que não é escopo do projeto. Além disso, é interessante estabelecer as premissas e restrições do projeto, conforme já discutimos no Capítulo 4, quando da confecção do termo de abertura (*project charter*).

Uma vez registrada a declaração do escopo, tem início o processo de detalhamento do escopo. Esse processo envolve a decomposição das entregas do projeto de tal forma que os componentes menores gerados possam ser administrados mais facilmente.

A decomposição é um processo que pode ser expresso em uma ferramenta conhecida como Estrutura Analítica do Projeto (EAP), que, por sua vez, vem do original *Work Breakdown Structure* (WBS). A WBS consiste na representação hierárquica de todo o trabalho do projeto mediante a decomposição de seus resultados principais.

5.3 ESTRUTURA ANALÍTICA DO PROJETO

A WBS é a representação do processo de desagregação (para baixo) e integração (para cima) do trabalho do projeto que vai ajudar o gerente de projetos na execução e no controle das atividades do projeto.

Os elementos finais obtidos neste processo são denominados pacote de trabalho (mais baixo nível). Para que os pacotes de trabalho possam ser gerenciados, associados a eles devem estar os seguintes elementos:

a) objetivo: identificação do que deve ser atingível com o pacote;

b) entregas (*deliverables*): produto/serviço associado ao trabalho;

c) programação: atividades associadas com o respectivo planejamento de execução;

d) orçamento: cronograma financeiro de desembolso e valores acumulados; e

e) responsabilidades: mão de obra (homem/hora) associada, além de responsáveis diretos pelo trabalho.

A construção de uma WBS faz parte de um processo que visa obter a subdivisão dos resultados parciais que se esperam alcançar com o projeto em componentes menores mais facilmente gerenciados.

Para fazer a WBS, parte-se de uma estrutura hierárquica *top-down* (do todo para a parte), decompondo todo o trabalho do projeto até chegar no pacote de trabalho, nível mais baixo da estrutura analítica do projeto, mas que ainda está associado a uma entrega tangível, o que o diferencia da atividade, que é a decomposição que fazemos para a elaboração do cronograma, que veremos no Capítulo 6.

Nesse processo de decomposição, é importante atentar para algumas regrinhas. As caixinhas da WBS devem ser mutuamente excludentes, ou seja, um mesmo trabalho não se encontra em duas caixinhas da WBS. Lembre-se de que isso não quer dizer que as caixinhas não tenham relação entre si, afinal, são partes de um mesmo projeto e, assim, têm dependência. Queremos dizer apenas que não há redundância entre elas. Além disso, a soma do trabalho de todas as caixinhas de determinado nível deve representar 100% do escopo do nível superior (não pode faltar trabalho); é o que chamamos de integração (para cima). É recomendável, também, utilizar substantivos para nomear as caixinhas da WBS.

Além disso, você pode utilizar vários critérios de decomposição para fazer a WBS, orientada aos subsistemas, à geografia, às funções, às fases do ciclo de vida, às competências/aos recursos ou outro critério que pareça pertinente no seu contexto gerencial.

A arte de fazer uma boa estrutura analítica é dominar a decomposição. Enquanto o gerente estiver inseguro quanto às estimativas, deve-se continuar decompondo em níveis menores de trabalho. Também procure manter um mesmo tipo de competências em um pacote de trabalho; é mais fácil gerenciar, embora nem sempre seja possível. Finalmente, lembre-se de que você deve evitar os extremos, ou seja, pouca decomposição pode significar que as estimativas dos pacotes de trabalho estão muito grosseiras, enquanto WBSs muito decompostas perdem a finalidade gerencial (aproximam-se do cronograma); não adianta fazer um mapa do tamanho do mundo!

Podemos descrever quatro passos para a decomposição do projeto ao longo da estrutura analítica, conforme se segue:

(1) Identificar os principais entregas (*deliverables*) do projeto

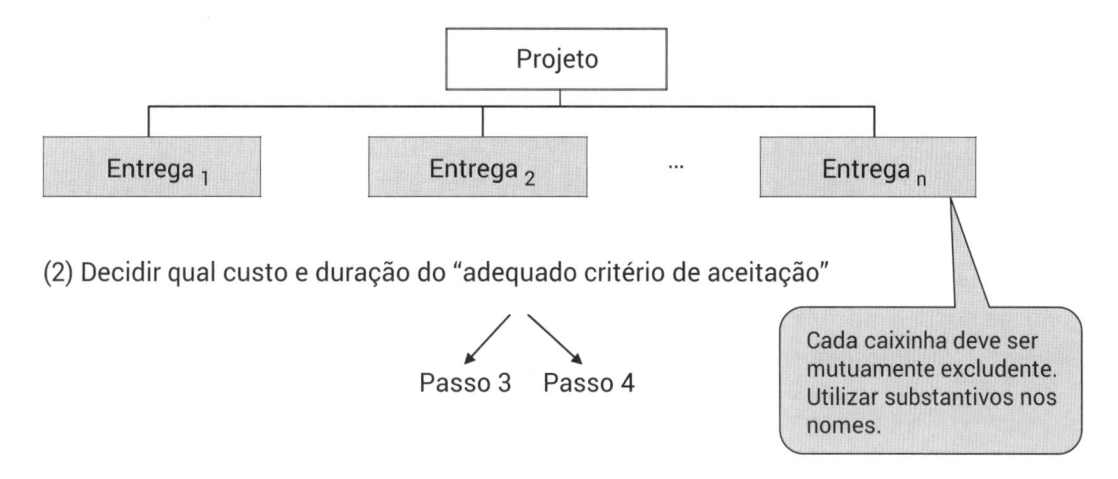

```
                    Projeto
                       |
       ┌───────────────┼───────────────┐
   Entrega₁        Entrega₂    ...   Entregaₙ
```

(2) Decidir qual custo e duração do "adequado critério de aceitação"

Passo 3   Passo 4

> Cada caixinha deve ser mutuamente excludente. Utilizar substantivos nos nomes.

(3) Identificar os componentes das entregas de pacotes de trabalho

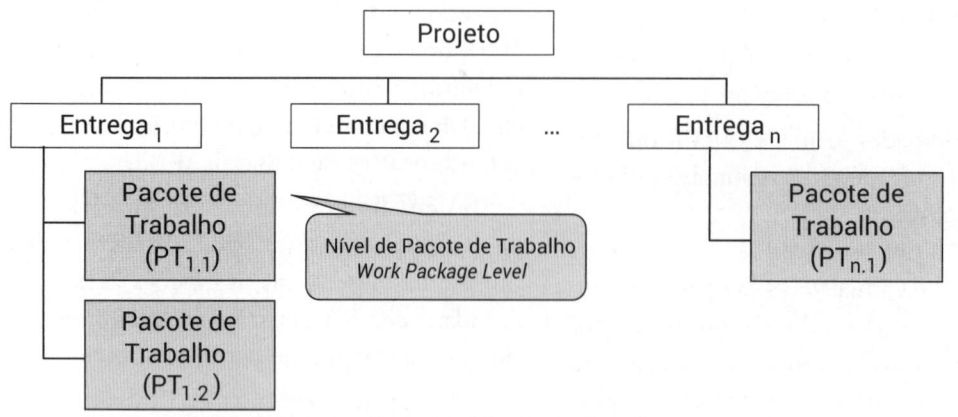

```
                          Projeto
        ┌────────────────────┼────────────────────┐
    Entrega₁              Entrega₂    ...      Entregaₙ
        │                                          │
   Pacote de                                  Pacote de
   Trabalho     ⟵ Nível de Pacote de Trabalho  Trabalho
    (PT₁.₁)         Work Package Level         (PTₙ.₁)
        │
   Pacote de
   Trabalho
    (PT₁.₂)
```

Custo?/Duração?/Critério de aceitação?

(4) Verificar se a decomposição está correta. Passo seguinte: decompor os pacotes em atividades; isso já faz parte da gestão de tempo, para a elaboração do cronograma

> Fazer a integração da base para o topo. A soma dos pacotes de trabalho deve conter todo o trabalho da entrega de nível imediatamente superior.
> Ex.: $PT_{1.1} + PT_{1.2} = 100\%$ da $Entrega_1$

Alguns autores consideram a WBS a espinha dorsal do projeto, pois permite a integração da tríade: escopo, custo e cronograma, constituindo um fator crítico de sucesso para o projeto (GLOBERSON, 2002; BACHY; HAMERI, 1997; LAMERS, 2002).

Utilizando a WBS, podem ser estabelecidas relações mais claras não só entre a tríade mencionada, mas também com qualidade e riscos, como veremos mais à frente neste livro.

Para entender a construção de uma WBS, vamos ver como foi o processo de elaboração da WBS da casa de Eduardo e Mônica.

Caso Eduardo e Mônica

Como estruturar o projeto em entregas e pacotes de trabalho?

A construção da WBS de um projeto se dá no momento em que já existe um *charter* aprovado e se faz necessário detalhar todo o trabalho requerido para a realização de um projeto.

Eduardo e Mônica, antes de abrir o computador e desenhar a estrutura analítica, dessa vez resolveram tomar as seguintes decisões:

- agrupar os serviços preliminares em um só grupo;
- tratar as documentações anteriores e posteriores ao projeto em um só grupo;
- separar a construção do acabamento; e
- ter um grupo que representasse a gerência do projeto.

Feitas tais considerações, a WBS do casal ficou conforme ilustrado na Figura 5.2.

Muitos gerentes de projetos costumam representar a WBS por meio de tabelas, uma vez que os programas de planilhas são de fácil manuseio. A Tabela 5.2 mostra o mesmo exemplo em forma tabular.

CAP. 5 · GESTÃO DO ESCOPO

Casa Eduardo & Mônica

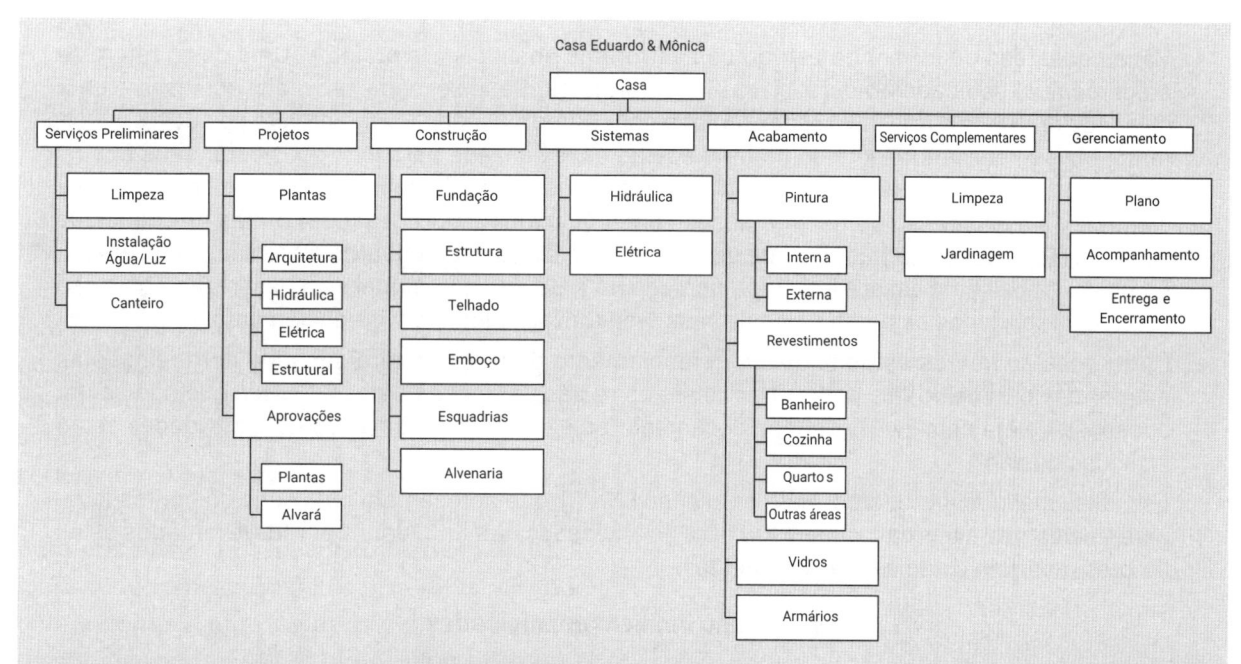

- **Casa**
  - **Serviços Preliminares**
    - Limpeza
    - Instalação Água/Luz
    - Canteiro
  - **Projetos**
    - Plantas
      - Arquitetura
      - Hidráulica
      - Elétrica
      - Estrutural
    - Aprovações
      - Plantas
      - Alvará
  - **Construção**
    - Fundação
    - Estrutura
    - Telhado
    - Emboço
    - Esquadrias
    - Alvenaria
  - **Sistemas**
    - Hidráulica
    - Elétrica
  - **Acabamento**
    - Pintura
      - Interna
      - Externa
    - Revestimentos
      - Banheiro
      - Cozinha
      - Quartos
      - Outras áreas
    - Vidros
    - Armários
  - **Serviços Complementares**
    - Limpeza
    - Jardinagem
  - **Gerenciamento**
    - Plano
    - Acompanhamento
    - Entrega e Encerramento

Figura 5.2 WBS Casa Eduardo e Mônica.

Tabela 5.2 WBS Casa, representada por tabela

CASA	01. Serviços Preliminares (2%)	01.01 Limpeza 01.02 Água/Luz 01.03 Canteiro	
	02. Projeto (8%)	02.01 Planta	02.01.01 Arquitetura 02.01.02 Elétrica 02.01.03 Hidráulica 02.01.04 Estrutural
		02.02 Aprovações	02.02.01 Plantas 02.02.02 Alvará
	03. Construção (35%)	03.01 Fundação (4%) 03.02 Estrutura (16%) 03.03 Telhado (5%) 03.04 Esquadrias (7%) 03.05 Alvenaria (3%)	
	04. Sistemas (16%)	04.01 Hidráulica (8%) 04.02 Elétrica (6%)	
	05. Acabamento (38%)	05.01 Pintura (5%) 05.02 Revestimentos/Acabamentos (25%) 05.03 Vidros (2%) 05.04 Armários (5%)	05.01.01 Interna 05.01.02 Externa 05.02.01 Banheiros 05.02.02 Cozinha 05.02.03 Quartos 05.02.04 Outros
	06. Serviços Complementares (1%)	06.01 Limpeza 06.02 Jardinagem	
	07. Gerência (0%)	07.01 Plano 07.02 Acompanhamento 07.03 Entrega/encerramento	

Várias questões decorrem do estudo das estruturas analíticas de projetos. Uma delas refere-se ao percentual dedicado ao gerenciamento de projetos. Sabe-se, cada vez mais, que essa é uma atividade relevante e que deve ser executada com primor, visando levar o projeto ao sucesso. Portanto, faz-se necessário, quando há uma equipe especializada para isto, considerar seus custos e recursos envolvidos. Há casos em que não há necessidade de constituir uma equipe de gerenciamento, e a dedicação do gerente acaba sendo direcionada também para outras atividades de sua especialidade no projeto. É o que está ocorrendo no caso de Eduardo e Mônica, por exemplo. Embora o trabalho do casal esteja representado na WBS, seu percentual será desprezível, pois não serão contabilizadas as horas gastas e seus respectivos valores em gerenciamento.

Outra questão que os estudiosos em gerenciamento de projetos têm debatido com relação às estruturas do trabalho dos projetos se refere às regras da decomposição. Parece que não há um consenso de até que nível devem-se desagregar os elementos de uma WBS. As atividades estão incluídas ou não?

Essa discussão foi tratada por Berg e Colenso (2000), que apresentam uma série de pontos favoráveis e desfavoráveis da inclusão (ou não) de atividades na WBS. Alguns pontos levantados pelos autores mostram os dois lados da questão.

WBSs não incluem as atividades

- A WBS, em geral, é uma ferramenta orientada aos *deliverables*, que, por sua vez, são expressos por meio de substantivos, ao passo que as atividades são expressas em verbos.
- A WBS não chega ao detalhe de alocação de pessoas nem de estabelecimento de dependências. Os membros da equipe devem ter a liberdade de exercitar a criatividade, escolhendo os métodos e sequência de atividades adequados para poder produzir os *deliverables*. Esses métodos e atividades não precisam estar expressos na WBS.
- O processo de criação da WBS é uma atividade de planejamento separada do processo de criação de redes de atividades e suas dependências. Portanto, não há correlação direta entre esses dois processos.

WBSs incluem as atividades

- As relações de dependência pressupõem que as atividades predecessoras entreguem algo (*deliverable*) para que se possa iniciar uma sucessora. Portanto, atividades criam *deliverables*.
- *Deliverables* resultam de atividades e são gerados de uma estrutura hierárquica (de *deliverables*), ou seja, são decompostos de *deliverables* de mais alto nível, vindos, em tese, da WBS. Portanto, há uma correlação direta entre atividades e WBS.
- O processo de criação de uma WBS é *top-down*, que, por fim, gera uma rede de atividades/eventos. Mesmo sendo processos separados, um recebe influência do outro e têm atividades como elemento comum.

Alguns aspectos, entretanto, devem ser levados em conta como resultado desta reflexão inicial. Assim:

- O gerente de projetos deve ter, realmente, o direito de decompor a WBS visando atingir níveis gerenciáveis. Uma WBS é uma ferramenta que pode ser utilizada de diferentes formas, dependendo das necessidades dos gerentes de projetos.
- Conforme definida no Guia de Conhecimentos em Gerenciamento de projetos do PMI® (PMI, 2004), a WBS é uma ferramenta que desmembra o trabalho de um projeto de forma hierárquica e orientada a *deliverables*.
- O mais baixo nível da WBS não contém rede de atividades e mesmo *schedule*.
- Entretanto, o mais baixo nível pode ser conectado formando ligações com os diagramas de rede de atividades. Portanto, o mais baixo nível pode ser uma atividade.

- Há um consenso de que as entradas na WBS devem ser formadas por substantivos, especialmente as de mais alto nível. O gerente de projetos deve ter a liberdade para escolher se usa substantivo ou verbo para dar uma entrada na WBS, principalmente nos itens de mais baixo nível.
- A WBS pode ser elaborada como um *deliverable* hierárquico e ser estruturada obedecendo às fases de ciclo de vida; entretanto, pode ser formada a partir de substantivos que serão detalhados.

Discussão à parte, é comum os gerentes de projetos se adaptarem facilmente com o uso da WBS. No entanto, para empregar adequadamente essa ferramenta, sua constituição deve ser elaborada a partir de pequenos pedaços de papel, autocolantes, em que as decomposições do trabalho são representadas e explícitas aos envolvidos no planejamento.

Percebe-se, durante a construção da WBS, a integração dos membros e o início do comprometimento com todo o trabalho do projeto. Assim, é possível pontuar as vantagens do uso da WBS:

- visão de todo o escopo do projeto e suas entregas programadas;
- associação de responsabilidades explícitas;
- estabelecimento de estimativas de custos *bottom-up*;
- facilidade de apresentação do trabalho do projeto;
- constituição das principais fontes de risco e identificação de incertezas;
- apresentação das estimativas do total de homens/hora do projeto; e
- identificação dos envolvidos que necessitam de informação do projeto.

Um comentário importante a respeito da WBS de um projeto refere-se ao trabalho dedicado ao gerenciamento do projeto propriamente dito. Os gerentes de projetos devem deixar claro que existem trabalhos inerentes ao gerenciamento e, portanto, cabe representá-los na WBS com os demais.

A Constituição de uma WBS, por fim, deve levar em conta tanto o trabalho quanto os recursos das áreas funcionais da empresa.

Nesse sentido, vale a pena relacionar a origem dos recursos com os trabalhos envolvidos em cada entrega planejada na WBS. A Figura 5.3 mostra essa relação.

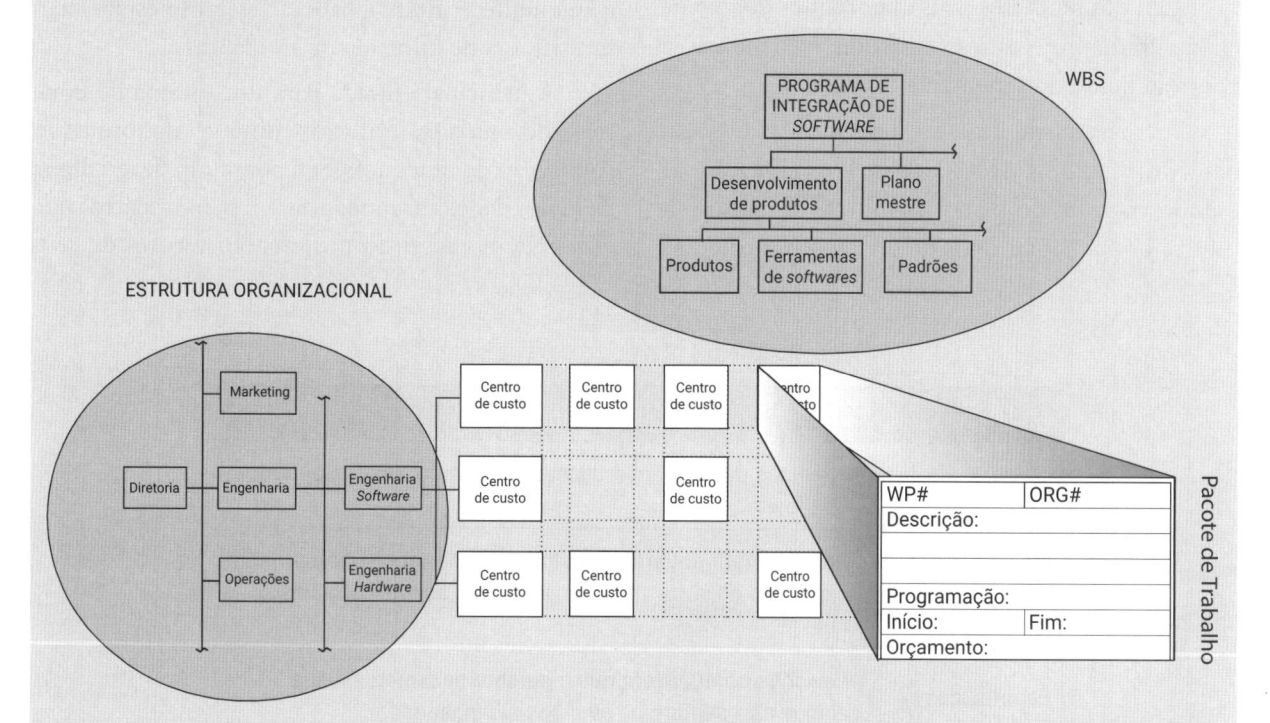

Figura 5.3 Integração estrutura organizacional e WBS.

5.4 ACORDANDO O ESCOPO DO PROJETO COM OS STAKEHOLDERS

Uma vez constituída a WBS, ficam explícitas as responsabilidades dos interessados nos resultados do projeto. Esse é um ponto bastante importante do projeto e cabe ao gerente explorar esse momento. Para que a WBS possa ser um instrumento eficaz no gerenciamento, faz-se necessário garantir que seu conteúdo seja devidamente aprovado, com comprometimento dos interessados.

O PMI® (PMI, 2004) explora um processo de acordo com o escopo do projeto que visa formalizar o aceite do projeto pelas partes envolvidas.

Uma das práticas mais comuns para efetivar os acordos com os *stakeholders* é a reunião de projetos. Nela, o gerente de projetos deverá, para cada pacote de trabalho, garantir a entrega e associá-la a um responsável.

5.5 VERIFICAÇÃO E CONTROLE DAS ALTERAÇÕES DO ESCOPO

Um dos processos mais importantes do gerenciamento de projetos é, sem dúvida, a verificação e controle de escopo mediante revisões.

As revisões de projetos devem ser planejadas de acordo com as necessidades de verificação de escopo traçadas no planejamento. O Quadro 5.1 mostra os principais tipos de revisão em projetos.

As revisões de escopo de projetos devem apresentar resultados para que o gerente de projetos possa tomar suas decisões com base nelas. Após as revisões, os gerentes terão condições de saber sobre os destinos de projeto. Caso o trabalho esteja atingindo o escopo, segundo o planejamento, a decisão do gerente deve ser manter o desenvolvimento. Caso haja necessidade de aumentar ou diminuir o escopo, o gerente deve optar por elaborar um novo planejamento. Nesse caso, a WBS terá de ser revista e a avaliação das implicações em prazos e custo tem de ser refeita.

Por fim, caso o escopo do projeto tenha sido realizado, cabe ao gerente proceder ao encerramento do mesmo. Para tal, é necessária a aceitação formal do pacote de trabalho, com base nos critérios estabelecidos. Em geral, a aceitação formal implica liberação de pagamentos, portanto, é necessário que de fato tenha havido um controle e verificação da entrega feita, conforme veremos em maior detalhe nos Capítulos de Gestão de custos (7) e Gestão de qualidade (8).

Durante o desenvolvimento de um projeto, em alguns casos, ocorrem alterações de escopo. Em projetos grandes, em que a incidência de mudanças é frequente e intensa, cabe ao gerente estabelecer um sistema de controle de mudanças.

A principal entrada para um sistema de controle de mudança é um documento denominado solicitação de mudanças. Seu conteúdo deve refletir, além dos dados das mudanças em si, os impactos que elas podem causar ao projeto, em termos de seus

Quadro 5.1 Tipologia de revisão

Revisão	Objetivo
Periódica	Previstas para serem realizadas em determinados períodos do projeto.
Fase	Após cumprir determinadas fases, as revisões ocorrem com o objetivo de aprovar a fase anterior e, assim, iniciar nova fase.
Esporádicas	Revisões pontuais em que o gerente de projetos e sua equipe apresentam os avanços alcançados.

resultados esperados (normalmente, prazo, custo e qualidade).

As solicitações de mudanças em projetos devem ser sistematicamente analisadas pelo gerente de projetos e sua equipe. Um sistema de controle e acompanhamento de solicitações de mudanças em projetos deverá conter elementos que ajudem na análise de cada uma delas, possibilitando, assim, a realização de uma espécie de triagem, em que seja possível selecionar as mudanças mais importantes.

As mudanças são mais frequentes nos projetos em que o escopo não foi bem planejado, ou em que a análise dos interessados não foi exaustiva, ou ainda em que a avaliação dos riscos inerentes ao projeto não tenha sido desenhada adequadamente. No entanto, existem outras situações em que as mudanças são inevitáveis: são os casos de projetos inerentes a setores turbulentos. Por exemplo, no Brasil, no final da década de 1990, o setor de telecomunicações passou por transformações profundas, fazendo com que os projetos desenvolvidos na época se tornassem muito sensíveis às mudanças, seja por prazo, custo, especificações, tecnologia, fornecedores etc.

Na verdade, quanto mais diferente e único for um projeto, mais suscetível à mudança ele estará. A diversidade e a temporalidade fazem com que seja requerido um planejamento forte em diversas áreas do conhecimento em gerenciamento de projetos. E, quando isso não ocorre, há mudanças, inevitavelmente.

As mudanças ocorridas durante a execução de um projeto podem e devem ser administradas. Inicialmente, o gerente e sua equipe devem, ao fazer o controle do escopo do projeto, procurar possíveis focos de mudanças. Recomenda-se que a mudança reconhecida seja traduzida para um documento. Em geral, esse procedimento vem ao encontro de ser um exercício para melhor se obter informações do futuro enquadramento das mudanças.

Um exemplo de preenchimento da solicitação de mudança pode ser visto do projeto da Casa Eduardo e Mônica.

Caso Eduardo e Mônica

Como organizar as mudanças ao longo do projeto?

Eduardo e Mônica, ao longo do desdobramento dos pacotes pela equipe de engenharia, delegaram algumas questões técnicas e depois perceberam que o sonho da casa sustentável estava ameaçado.

Mônica tinha sonhado que sua casa teria energia solar, cisterna para guardar água da chuva, telhado branco, sistemas hidráulicos que priorizassem o consumo eficiente da água, entre outros itens que tinha pesquisado. No entanto, depois da reunião inicial com os projetistas, não fez o acompanhamento dos projetos técnicos e descobriu que vários itens não haviam sido incorporados.

Já durante a construção da casa, Eduardo e Mônica decidiram que fariam as alterações de escopo necessárias para alcançar o sonho da casa ecológica, que havia se perdido na fase de projeto. Embora soubessem que, por vezes, essas alterações trariam impactos nos custos e no cronograma do projeto, estavam certos dos retornos futuros.

Eduardo rapidamente acessou um formulário de solicitação de mudanças dado em seu MBA e começou a preencher.

Embora de fácil preenchimento, Eduardo teve que pesquisar bastante sobre as informações requeridas, bem como fazer uma série de simulações sobre impactos possíveis.

O documento final pode ser visualizado na Figura 5.4.

Solicitação de Mudanças			
Nome Projeto Casa Eduardo & Mônica	**Gerente** Eduardo	**Patrocinador** Mônica	10/06/15

Número da Mudança: 01/15	**Área:** Hidráulica/Elétrica

Solicitante: Eduardo & Mônica

Objetivo da Mudança Instalar um sistema de aquecimento solar contendo três placas e *boiler* de 300 litros.

Justificativa e Benefícios da Mudança ✓ economia de energia elétrica; ✓ uso "inteligente" de energia.

Descrição: ✓ planejamento da Aquisição do Sistema; ✓ seleção do fornecedor e sistema; ✓ planejamento da instalação; ✓ instalação (considerar o plano do projeto).

Impactos Positivos ✓ Economia a longo prazo.	**Impactos Negativos** ✓ Maior desembolso atual.
Custo ✓ R$ 5 mil	**Recursos** ✓ Especialista Hidráulica
Prazo ✓ 1 semana	**Riscos** ✓ Equipamento ✓ Instalação
Premissas ✓ Ser aderente ao sistema	**Restrições** ✓ Modelos
Importância ✓ Razoável	**Urgência** ✓ Muita, dada a etapa da obra

Impacto no escopo/objetivos do projeto ✓ A mudança altera o sistema hidráulico/elétrico ✓ Serão necessárias adaptações e portanto planejamento para instalação

Documentação de Suporte ✓ Manual do equipamento e documentos de garantia do sistema

Aprovações		
Patrocinador Mônica	**Gerente** Eduardo	Modelo Engenharia, Arquitetura e Construção S/C Ltda.

Figura 5.4 Solicitação de mudança de escopo.

Com as solicitações das mudanças em mãos, o gerente de projetos e sua equipe devem fazer uso de um sistema de controle de mudanças, analisando caso a caso no intuito de fazer a triagem das mudanças mais importantes.

Um sistema de controle de mudanças deverá ajudar o gerente a responder às seguintes questões, entre outras:

a) Quais as principais mudanças?
b) Quais posso fazer?
c) Quais não posso fazer?
d) De quantos recursos preciso?
e) Qual o prazo ideal?

Um sistema de controle de mudanças deverá, portanto, ser capaz de avaliar cada solicitação de mudanças e fornecer informações que darão suporte aos decisores quanto à aceitação ou rejeição da mudança.

As mudanças aprovadas devem passar pelo processo de planejamento do projeto e seus elementos ser incorporados ao plano geral de gerenciamento de projetos.

Nesse ponto, o gerenciamento de mudanças faz uso das práticas de gerenciamento do projeto e "volta" a buscar novos focos de possíveis alterações em projetos, dando continuidade a todo o processo.

5.6 CASO: CERCANDO O ESCOPO DO PROJETO

Para contribuir com o entendimento dos conceitos de escopo em projetos será retratado um caso bastante interessante publicado na revista *PM Network*, em abril de 1998. As autoras (MARTIN; TATE, 1998) valorizam a área de conhecimento de escopo e, no texto *Fencing in project scope*, traçam um panorama que ajuda os gerentes de projetos no delineamento das fronteiras dos projetos.

A seguir, uma tradução livre do texto de Martin e Tate (1998).

Qual é o componente mais importante de um projeto? Você disse escopo? Acertou. O escopo de um projeto define o que será feito – quais produtos ou serviços serão entregues. Tudo o que vem depois disto – quem participará do time do projeto, quanto tempo levará, quanto esforço será necessário e quanto custará – depende do escopo do projeto.

Então, antes que você e seu time escrevam uma descrição do escopo, decida sobre as fronteiras desse escopo: o que está dentro e o que está fora do projeto.

A primeira fronteira ou cerca a ser considerada são as cercas dos estágios do ciclo de vida. O que é um estágio do ciclo de vida? Bem, todo produto, serviço ou processo, os quais nós podemos genericamente nos referir como uma "coisa", passam por um ciclo de vida, do nascimento até a morte. No início, é somente uma ideia. Então, é dada alguma definição sobre como, no final, essa coisa ficará parecida. Depois vêm os estágios de desenho ou redesenho, em que o produto, serviço ou processo é desenhado. Após completar esse estágio, o desenho será construído, testado e instalado. O próximo estágio é a produção. E, quando a coisa não é mais necessária, ela é aposentada, completando o ciclo de nascimento e morte.

Um projeto pode abranger todos estes estágios: definir, desenhar, instalar, manter e, então, aposentar, ou pode abranger somente um ou mais estágios. É importante para o seu time conhecer quais estágios do ciclo de vida de seu produto, serviço ou processo estão incluídos no seu projeto. Por exemplo, digamos que você esteja envolvido com um projeto para desenhar um novo serviço. É esperado que você faça uma pesquisa de mercado ou isso já foi feito anteriormente? É esperado que você simplesmente desenhe o serviço ou você deve treinar os empregados também? Saber onde começar e acabar estabelece uma cerca em volta do escopo do seu projeto que lhe ajuda a fazer o que é necessário – nem mais nem menos.

A próxima cerca que você precisa levantar ao redor do seu escopo é a cerca do processo. Quais processos estão incluídos como parte do seu escopo e quais estão de fora? Os processos incluídos são aqueles que produzirão os produtos ou serviços a serem entregues pelo projeto. Identifique esses processos. Os representantes desses processos devem ter representantes no time. Existem também processos que impactarão o projeto, mas que não estão inclusos no escopo. São os processos de suprimentos. Identifique os processos-chave de suprimentos que afetarão o seu projeto. Onde for necessária, solicite a participação de um representante no time ou a designação de um representante para fazer a coordenação. Então, existem os processos que serão afetados pelo projeto. São os processos do cliente. Identifique estes processos também. Eles não são parte do seu projeto, mas impactam a entrega dos produtos/serviços do projeto. Eles podem precisar de um representante no time também.

Agora que você tem as cercas ao redor de todo o escopo – definindo o que está dentro e o que está fora –, você precisará considerar as superposições no escopo. A Karen trabalhou em um projeto uma vez, que havia sido montado para redesenhar uma parte importante de um produto, visando reduzir os custos de manufatura. O time trabalhou 18 meses e, finalmente, atingiu seu objetivo. Era desconhecido do time que outro time de projeto, que estava trabalhando para reduzir o custo total do produto, havia decidido eliminar essa parte no desenho do produto! O primeiro time atingiu seu objetivo: reduzir o custo daquela parte do produto, mas aquilo não interessava mais. Aquela parte do produto virou história. Não deixe que isso aconteça a você. Descubra como outros projetos, planejados ou em execução, podem impactar o seu projeto. Designe alguém como representante do seu projeto nesses outros projetos para que você possa coordenar seus esforços.

Uma vez que você tenha estabelecido toda a sua cerca, você estará pronto para escrever a descrição de seu escopo. Descreva, em detalhes, as características e funções do produto/serviço final a ser entregue. Descreva os critérios de aceitação por parte do cliente desse produto/serviço final. E descreva as fronteiras desse escopo. Consiga o "de acordo" de todos os interessados, em especial do cliente e do patrocinador, ou seja, o que você está responsável para produzir. Então, será a hora de seguir adiante e planejar suas necessidades de recursos.

QUESTÕES PARA REFLEXÃO E DISCUSSÃO

1. Você concorda que na WBS não devem estar mencionadas as atividades do projeto?
2. Você foi convocado para administrar as próximas olimpíadas da escola. Monte uma WBS que represente todo o trabalho necessário para realizá-la.
3. Faça uma WBS de uma festa de casamento até o terceiro nível.
4. Veja os exemplos de WBS de um restaurante, propostos por Globerson (2002), e classifique o critério de decomposição como orientado a: subsistemas, funções ou fases do ciclo de vida e geografia/localidade.

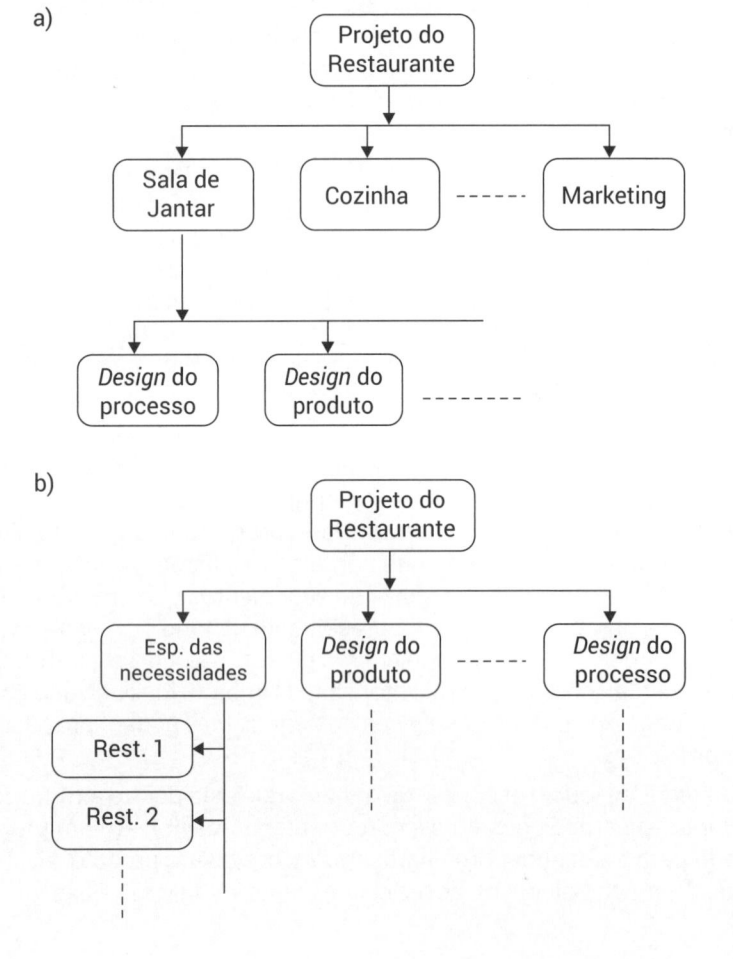

a)

```
                 Projeto do
                 Restaurante
                      |
        ┌─────────────┼─────────────┐
     Sala de       Cozinha        Marketing
     Jantar
        |
    ┌───┴────┐
 Design do  Design do
 processo   produto
```

b)

```
                       Projeto do
                       Restaurante
                            |
         ┌──────────────────┼──────────────────┐
      Esp. das           Design do          Design do
    necessidades          produto            processo
         |
      Rest. 1
         |
      Rest. 2
```

c)

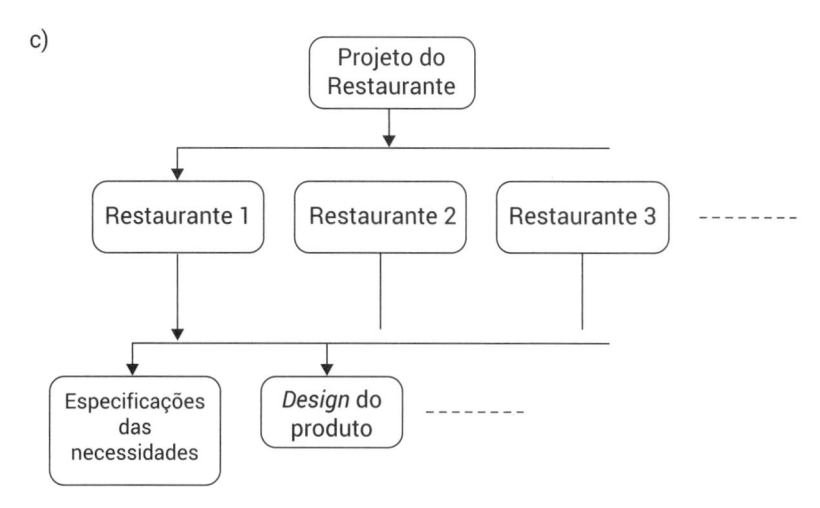

```
         Projeto do
         Restaurante
              │
   ┌──────────┼──────────┐
   ▼          ▼          ▼
Restaurante 1  Restaurante 2  Restaurante 3  --------
   │          │
   ▼          ▼
Especificações  Design do
    das         produto     --------
necessidades
```

5. Quais requisitos deve possuir um sistema de controle de mudanças de projetos? Considere projetos suscetíveis a várias mudanças.
6. Para a WBS solicitada na Questão 2, você consegue extrair o custo do projeto?
7. Quais informações são possíveis de extrair de um pacote de trabalho?
8. Faça uma WBS representando os esforços que você terá de despender para conseguir mais um título (graduação, pós-graduação etc.).
9. A declaração de escopo de um projeto requer o conhecimento da organização em que ele está inserido. Pense na empresa em que você trabalha e no projeto atual em que você está envolvido. Como seria uma boa declaração de escopo?
10. Liste as principais ações que você tomaria (e que não foram tomadas) ao saber das mudanças no escopo de seu último projeto.

ESTUDO COMPLEMENTAR

A) Leia o artigo sobre o modelo I^4 em:

BORGES, J. G.; CARVALHO, M. M. Critérios de sucesso em projetos: um estudo exploratório considerando a interferência das variáveis tipologia de projetos e *stakeholders*. Production, v. 25, n. 1, p. 232-253, jan./mar. 2015.

Fonte: <http://dx.doi.org/10.1590/S0103-65132014005000019>. Acesso em: 30 ago. 2018.

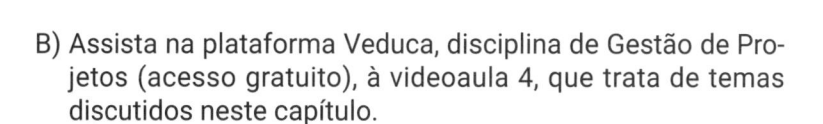

uqr.to/cpcg

B) Assista na plataforma Veduca, disciplina de Gestão de Projetos (acesso gratuito), à videoaula 4, que trata de temas discutidos neste capítulo.

Fonte: <https://veduca.org/p/gestao-de-projetos>. Acesso em: 30 ago. 2018.

uqr.to/cpc0

C) Leia este artigo sobre gestão de conhecimento e plataformas de TI:

CRUZ JÚNIOR, A. T.; CARVALHO, M. M.; LAURINDO, F. J. B.; PESSOA, M. S. P. Criação, disseminação e gestão do conhecimento nas comunidades estratégicas. *Produto & Produção*, v. 8, n. 3, p. 21-34, out. 2005.

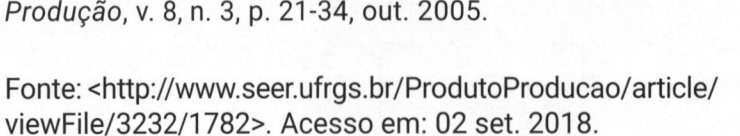

Fonte: <http://www.seer.ufrgs.br/ProdutoProducao/article/viewFile/3232/1782>. Acesso em: 02 set. 2018.

uqr.to/cpch

6

GESTÃO DO CRONOGRAMA

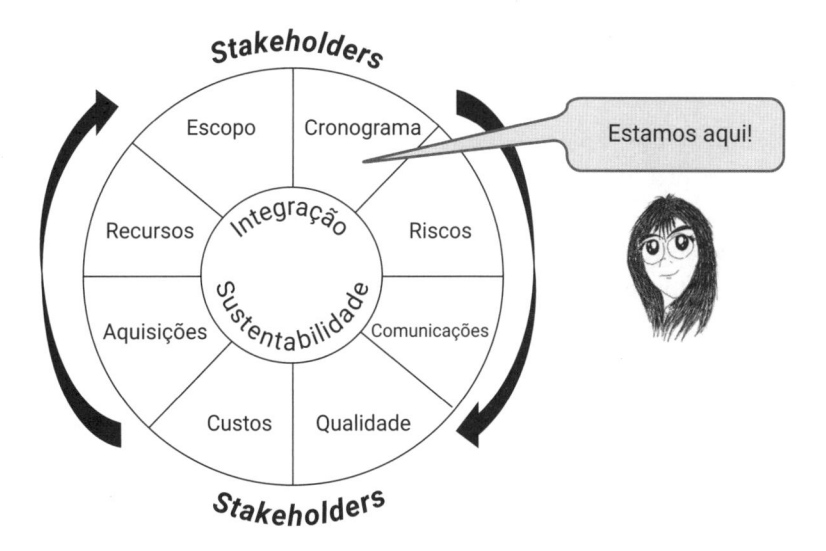

Pró-Valor
Camada Núcleo

Estamos aqui!

Neste capítulo, será tratada a questão do gerenciamento do cronograma dos projetos. Após estudar este capítulo, o leitor estará apto a responder às seguintes questões:

a) Quais os processos que suportam o gerenciamento do cronograma do projeto?
b) Como elaborar uma lista de atividades e estabelecer sua sequência?

c) Como elaborar boas estimativas de prazo e recursos?

d) Quais os principais aspectos para definir a duração do projeto e os marcos temporais associados às entregas (*deliverables*)?

e) Como controlar o cronograma do projeto?

Uma das características mais enfatizadas quando discutimos o conceito de projetos, no Capítulo 2, foi sua temporalidade. Dessa forma, gerenciar o cronograma em projetos é crucial.

Mas você, leitor, também deve se perguntar se um projeto é também por característica singular, como prever adequadamente seu prazo, se de alguma forma ele é único e demandará criatividade para que seja concluído com sucesso.

No livro *O ócio criativo*, Domenico de Masi (2000, p. 220) revela uma preocupação com essa questão, que pode ser resumida no seguinte parágrafo, que se refere às condições ótimas para o desenvolvimento do trabalho criativo:

> As condições ideais, na minha opinião, são aquelas descritas por Platão em *O Banquete*: comodidade, um grupo de amigos criativos, paixão pela beleza e pela verdade, liderança carismática, tempo e disposição, sem a angústia de prazos ou vencimentos improrrogáveis.

É claro que no cotidiano dos projetos e contratos as condições ideais raramente estão presentes. Portanto, resta aos gerentes de projetos jogar com maestria, respeitando os vínculos, sem, contudo, fugir dos desafios de buscar o melhor resultado possível.

6.1 INTRODUÇÃO

O Project Management Institute (2017) dedica um capítulo para discutir os processos necessários para uma boa gestão do cronograma do projeto, visando garantir sua conclusão no prazo contratado.

Contudo, uma boa gestão do cronograma deve ser feita em consonância com as áreas de custos e de escopo, que, juntas, formam o triângulo de ferro (ver Capítulo 19), ou seja, os objetivos primários – escopo, prazo e custo – em que qualquer alteração em um desses elementos afeta os demais, comprometendo os resultados do projeto.

De modo similar à gestão do escopo, a área de gestão de cronogramas também só apresenta processos nos grupos de planejamento (cinco processos) e monitoramento e controle (um processo), conforme ilustra a Figura 6.1.

No processo *planejar o gerenciamento do cronograma* são estabelecidos as políticas, os procedimentos e a documentação necessários para o gerenciamento do cronograma do projeto.

O processo *definir as atividades* específicas que devem ser elaboradas para se produzirem os produtos/serviços do projeto, bem como de suas várias entregas (*deliverables*) identificadas na WBS.

O processo *sequenciar as atividades* identifica e documenta as relações de dependência entre as atividades do projeto.

O processo *estimar as durações* das atividades que serão necessárias para concluir cada atividade, observando os recursos dimensionados no processo anterior.

O processo *desenvolver o cronograma* faz a análise da sequência lógica das atividades, observando durações e recursos dimensionados nos processos anteriores, bem como verifica as restrições, visando elaborar o modelo do cronograma do projeto. A versão aprovada do cronograma é usada como linha de base (*schedule baseline*) para a comparação com os resultados reais.

Por fim, o processo de *controlar o cronograma*, que permite monitorar o progresso no andamento das atividades do projeto e gerenciar as mudanças feitas na linha de base (*baseline*) estabelecida para o cronograma do projeto.

A partir da quinta edição do guia PMBoK® foi concebido um novo processo: *planejar o gerenciamento do cronograma*. Como em todas as áreas, esse processo alimenta o processo da gestão de integração de desenvolvimento do plano de gerenciamento do projeto, subsidiando as informações específicas do plano de gestão de cronogramas do projeto.

Na sexta edição do PMBoK® (PMI, 2017), o processo *estimativa dos recursos das atividades* foi movido para a área de gestão de recursos (ver Capítulo 9). Curiosamente, esse processo havia sido movido da gestão de custos para a gestão de tempo na terceira edição do PMBoK® (PMI,

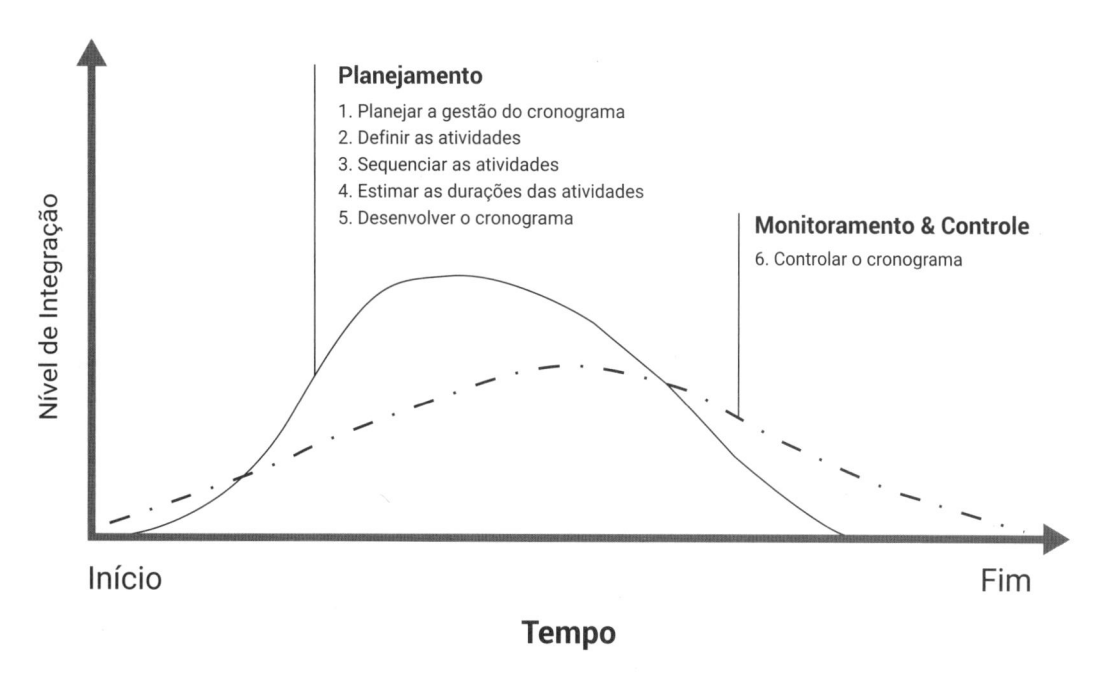

Planejamento
1. Planejar a gestão do cronograma
2. Definir as atividades
3. Sequenciar as atividades
4. Estimar as durações das atividades
5. Desenvolver o cronograma

Monitoramento & Controle
6. Controlar o cronograma

Fonte: Elaboração própria com base nos processos do PMI (2017).

Figura 6.1 Fluxo do processo de gestão do escopo.

2004). Essas transições demonstram a ligação forte entre as áreas de cronograma, custos e recursos, pois a determinação dos prazos de uma atividade está intimamente ligada aos recursos disponíveis, que são limitados por restrições de custos, ao que chamamos de relações de compromisso (*trade-off*) entre prazo e custo (ver Capítulo 7). Em rigor, o dimensionamento dos recursos afeta tanto a área de custos como a de cronograma, mas, didaticamente, optou-se agora pela inserção desse processo na área de gestão de recursos.

É sempre bom lembrar que esses processos interagem entre si e com as demais áreas de gerenciamento de projetos, em especial, escopo, cronograma, recursos e custo.

processos de outras áreas do PMBoK®, incluindo comunicações, risco, custo, recursos humanos e a própria integração.

> **Importante!**
> Não existe uma única lista de atividades correta. O gerente deve fazer a decomposição até que consiga definir adequadamente os recursos, durações, métodos e requisitos de controle.

6.2 DESDOBRANDO A WBS EM ATIVIDADES DO PROJETO

Vamos buscar nas áreas de escopo e de integração as informações necessárias para definirmos as atividades do projeto. A Figura 6.1 apresenta o fluxograma das entradas e saídas dos processos das áreas de gestão do cronograma ou prazo. Depois da área de integração, a área de gestão do cronograma ou do prazo é a que mais interage com os

Como vimos no Capítulo 5, a WBS é a representação do processo de desagregação e integração do trabalho do projeto; nela, encontramos as entregas (*deliverables*) e os pacotes de trabalho, que precisamos agora detalhar até o nível de atividade.

Portanto, o processo de definição das atividades do projeto é o último nível do processo de decomposição do projeto, ou de partição, como preferem alguns autores. Dessa forma, atividade pode ser definida como uma unidade de trabalho indivisível no contexto do projeto, em que recursos, métodos de execução e controle, bem como cronograma, são conhecidos.

É claro que a palavra *indivisível* se refere a um dado projeto, ou seja, para aquele projeto não haverá mais partições. Destaca-se, no entanto, que se dermos a mesma WBS para dois gerentes diferentes, eles chegarão a listas de atividade diferentes.

Verifica-se, na prática, que gerentes novos tendem a decompor o projeto em mais atividades que o gerente sênior. Isso ocorre porque esses gerentes ainda estão desenvolvendo um repertório de experiências, e precisam chegar ao nível de detalhe de mais fácil mensuração, para poder estimar recursos e durações adequadamente, ou seja, utilizam com maior frequência estimativas *bottom-up*, conforme veremos mais adiante neste capítulo.

Por isso, os gerentes de projetos podem utilizar especialistas para auxiliá-los na decomposição do projeto em atividades. Além disso, as informações históricas, tais como quais atividades foram requeridas em projetos anteriores similares, podem ser de grande valia. Algumas organizações elaboram modelos (*templates*) com uma lista de atividades, ou parte dela, baseada em projetos anteriores e/ou recomendação de especialistas, que podem ainda incluir tipos de recursos, com o objetivo de facilitar e de alguma forma padronizar o trabalho dos gerentes de projeto. O Quadro 6.1 apresenta um *template* para definição de atividades.

Quadro 6.1 Modelo (*template*) para definição de atividade

Pacote de trabalho – Nível de atividade
Cliente:
Projetos:
Atividade:
Responsável:
Descrição:
Entradas:
•
•
•
•
Recursos:
Saídas:
•
•

Além das informações relativas ao escopo, necessitamos das informações disponíveis no plano do projeto e no *project chart*, conforme discutido no gerenciamento da integração, no Capítulo 4. Embora, neste momento, estejamos buscando o detalhe, não significa que podemos perder de vista os objetivos do projeto, suas restrições e premissas.

Ao final da etapa de definição das atividades, o gerente de projeto terá desenvolvido a lista das atividades, de seus atributos e de seus marcos (*milestones*).

Devem constar da lista das atividades todas aquelas necessárias para a conclusão do projeto, descritas de forma clara para garantir que os membros da equipe entendam como o trabalho deverá ser feito. É importante lembrar que esta lista é uma extensão da WBS, mantendo a mesma codificação.

Complementando esta lista tem-se a lista de atributos das atividades, que fornece uma descrição detalhada de cada atividade. O nível de detalhe na descrição dos atributos varia bastante, dependendo da complexidade do projeto. Geralmente, essas listas incluem os seguintes atributos: premissas; restrições; pessoal responsável; local físico onde será desenvolvida a atividade; bem como a respectiva codificação na WBS (PMI, 2008).

Finalmente, a lista de marcos (*milestones*) identifica todos os marcos temporais associados às atividades do projeto e indica se eles são demandas contratuais mandatórias ou se são opcionais.

Essas três listas fazem parte do plano do projeto, discutido no Capítulo 4 – Gestão da integração.

6.2.1 Sequenciando as atividades

O processo de sequenciamento das atividades "permite identificar e documentar as relações de dependência entre as atividades" (PMI, 2017).

Destaca-se, no entanto, que, assim como no caso da decomposição, a definição de relações de dependência entre as atividades pode gerar bastante discussão entre os membros da equipe. Para ilustrar que tipo de debate pode surgir, pode-se comparar um currículo de engenharia de uma década atrás com os atuais. No passado, era comum nos currículos que as disciplinas de um semestre fossem consideradas pré-requisitos para as dos semestres seguintes. Consequentemente, um aluno que ficasse em recuperação em uma disciplina teria muita dificuldade para se formar no período regular. Ao longo das reformas curriculares, vários dos pré-requisitos foram questionados, e depois de exaustivos debates entre os professores, muitos foram retirados. Atualmente, os currículos apresentam poucas relações de dependência mandatórias, o que permitiu que vários cursos fossem feitos em paralelo.

É importante observar que existem diferentes tipos de dependência entre as atividades. O PMBoK® estabelece três tipos de dependência, quais sejam: *mandatória* (*mandatory*), *arbitradas* (*discretionary*) e *externas* (PMI, 2017). As dependências *mandatórias* seguem uma lógica rígida, representando limitações inerentes ao trabalho a ser realizado, como no caso de uma construção, em que é mandatório que a fundação seja feita antes de levantar a estrutura. Já no caso das dependências arbitradas, segue-se uma lógica *soft* ou preferencial, definida pela equipe de projeto, com base nas melhores práticas ou na experiência de projetos anteriores ou particularidades do projeto. Finalmente, as dependências externas envolvem relacionamento entre atividades que fazem parte do escopo do projeto e aquelas atividades que não fazem parte dele, geralmente envolvendo uma terceira parte, tal como no caso de uma atividade que depende da entrega de um material comprado.

O fundamental para o gerente é ponderar quanto à real necessidade do estabelecimento de vínculo de dependência entre as atividades, pois elas devem ser sequenciadas de modo a elaborar um cronograma realista e viável, sem amarrações desnecessárias, que aumentarão a duração do projeto como um todo.

6.2.2 Representação do projeto

Existem várias formas de representação do projeto, dentre elas, destacam-se: o diagrama de precedência (*Precedence Diagramming Method* – PDM); o diagrama de flecha ou arcos (*Arrow Diagramming Method* – ADM) e o diagrama condicional (*Conditional Diagramming Method* – CDM); o diagrama de Gantt; o diagrama de marcos (*milestones*) e o diagrama de barras ou histograma de recursos.

a) Método do diagrama de precedência (PDM)

O método mais utilizado na maioria dos *softwares* disponíveis para gestão de projetos é o *diagrama*

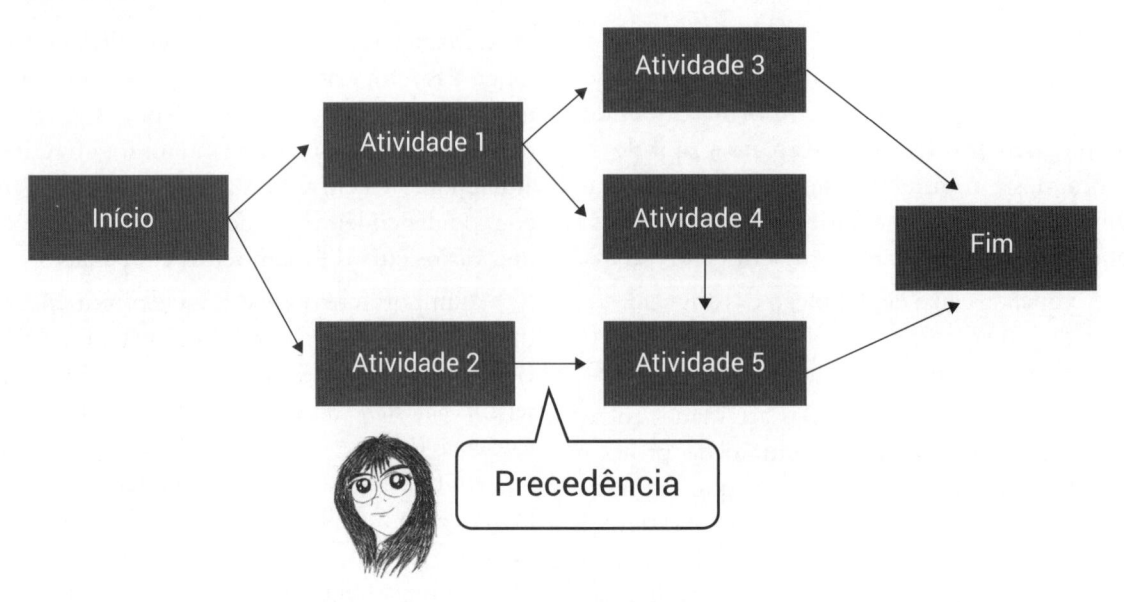

Figura 6.2 Exemplo do diagrama de precedência.

de precedência (PDM), que representa as atividades nos nós (*activity-on-node* – AON) por retângulos, e as relações de precedência são estabelecidas nas setas. Essa forma de representação também é conhecida como método francês. A Figura 6.2 ilustra um diagrama de precedência, utilizando o *software* MsProject.

As precedências, que neste modelo são representadas nas setas, podem ser de vários tipos:

- término/início (*finish-to-start*): o início do trabalho da sucessora depende do término da predecessora;
- término/término (*finish-to-finish*): o término do trabalho da sucessora depende do término da predecessora;
- início/início (*start-to-start*): o início do trabalho da sucessora depende do início da predecessora;
- início/término (*start-to-finish*): o término do trabalho da sucessora depende do início da predecessora.

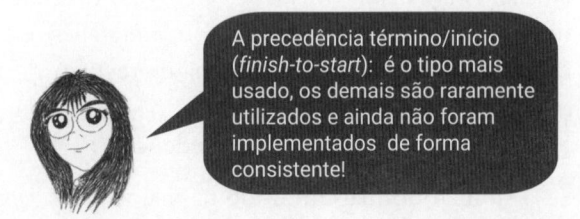

> A precedência término/início (*finish-to-start*): é o tipo mais usado, os demais são raramente utilizados e ainda não foram implementados de forma consistente!

b) Método do diagrama de flecha/arco (ADM)

Embora a maioria dos *softwares* não utilize esse tipo de representação, ela é de grande importância quando soluções customizadas forem desenvolvidas, pois auxilia na programação, uma vez que utiliza as regras de programação em grafo. O método do diagrama de flecha ou arco representa, como o próprio nome sugere, as atividades nas flechas/arcos (*activity-on-arrow* – AOA) e as relações de precedência são definidas nos eventos. Destaca-se que entre dois eventos só existe uma atividade, ou seja, o que descreve uma atividade são seu evento de origem e seu evento de destino. Essa forma de representação também é conhecida como método americano. A Figura 6.3 ilustra um diagrama de flecha/arco.

Veja o exemplo da Figura 6.4, em que se compara para o mesmo grupo de atividades e precedências, como ficariam as representações.

Para a elaboração da rede de eventos, algumas regras devem ser seguidas, conforme descrito na Figura 6.5.

c) Método do diagrama condicional (CDM)

Esse método de representação assemelha-se ao diagrama de precedência (PDM), conforme ilustrado na Figura 6.2. No entanto, nessa forma de representação são permitidos *loops* e desvios condicionados, que tanto no PDM como no ADM não são admitidos.

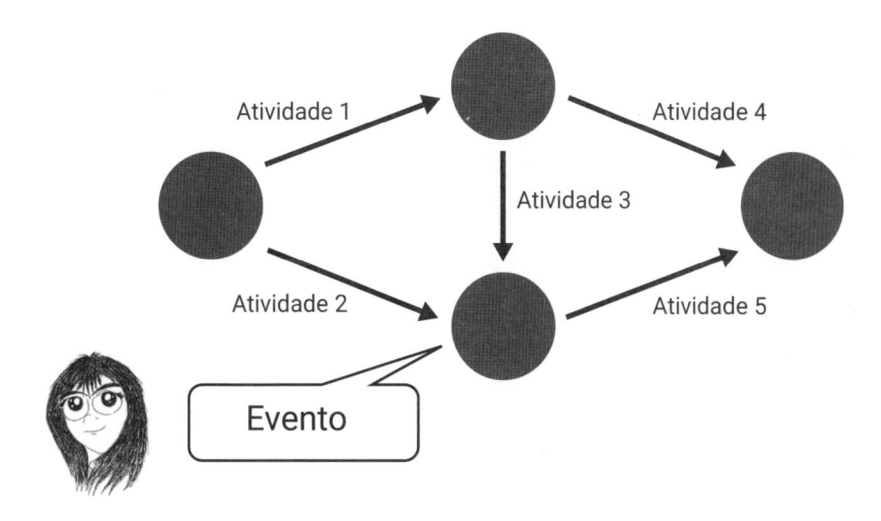

Figura 6.3 Exemplo de diagrama de flecha/arco.

Rede de Atividades

Rede de Eventos

Figura 6.4 Representações: rede de atividades e rede de eventos.

Essa forma de representação está geralmente associada ao uso de modelos de sistemas dinâmicos ou do *Graphical Evaluation and Review Technique* (GERT), que serão discutidos juntos no tópico relativo às técnicas de programação.

6.3 DESENVOLVIMENTO DO CRONOGRAMA

Esta é uma das etapas cruciais da gestão do projeto: *chegar a um cronograma factível, respeitando os marcos temporais previstos em contrato e sujeitos às limitações de recursos.*

Para elaborar um bom cronograma é preciso constante interação com as áreas de aquisições (terceiros), recursos humanos, custos e risco, conforme ilustra a Figura 6.7.

Aliando boa interação com as demais áreas e processos do projeto, o gerente deve dominar as ferramentas de programação e os *softwares* disponíveis para a elaboração de um cronograma exequível para o projeto.

Existem várias técnicas que auxiliam a equipe do projeto na elaboração de sua programação do projeto e geração do cronograma, dentre elas, as mais difundidas são:

- Gráfico de Gantt.
- Método do caminho crítico (*Critical Path Method* – CPM).
- *Program Evaluation and Review Technique* (PERT).
- Corrente crítica (*Critical Chain*).

O gráfico ou diagrama de Gantt é uma das técnicas mais antigas e mais utilizadas para elaboração de cronogramas de projeto. Em meados de 1917, Henry Gantt desenvolveu um diagrama que mostrava as atividades em uma escala de tempo, marcando a duração planejada em face do andamento da

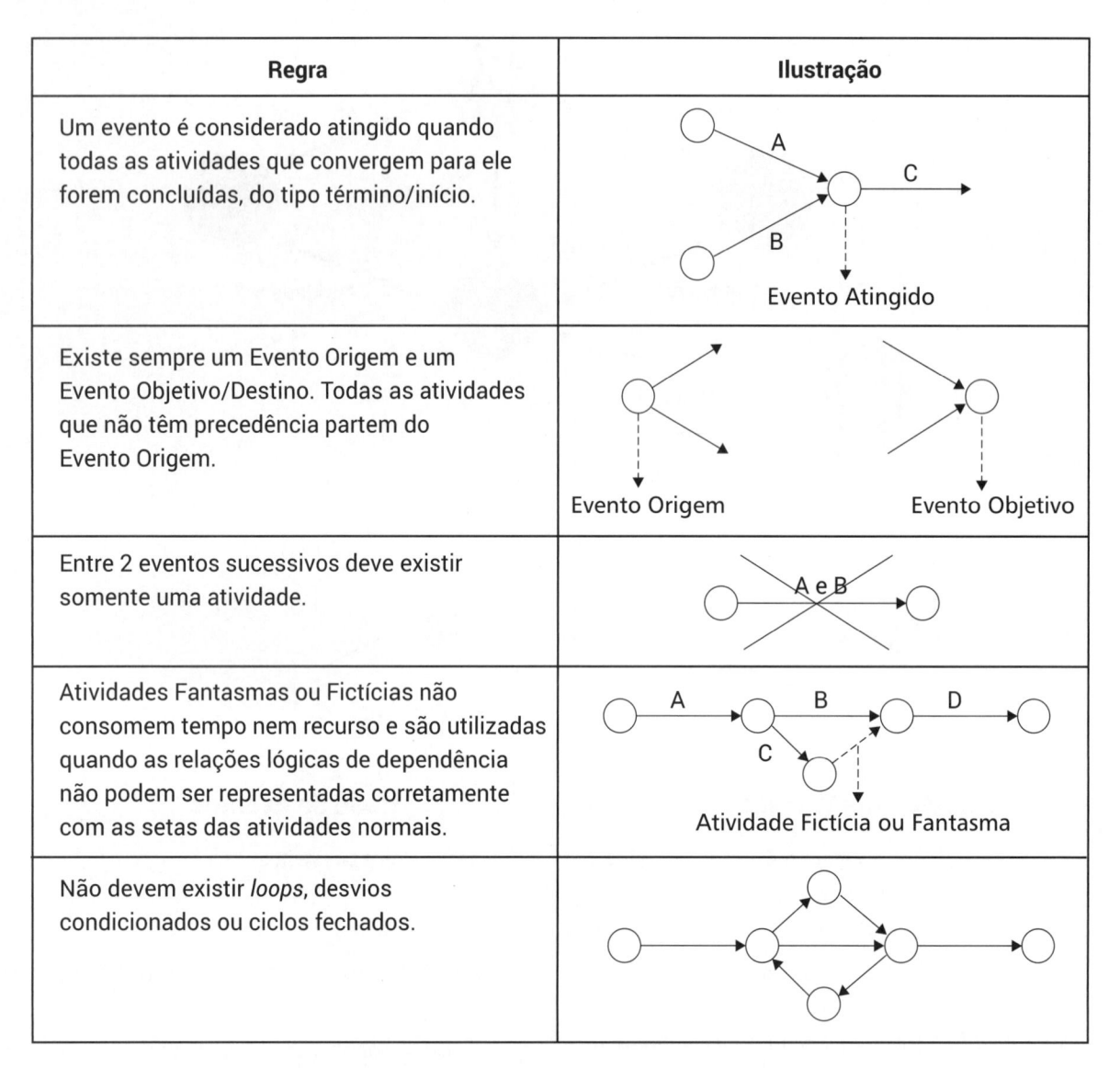

Regra	Ilustração
Um evento é considerado atingido quando todas as atividades que convergem para ele forem concluídas, do tipo término/início.	Evento Atingido (setas A, B convergindo, C saindo)
Existe sempre um Evento Origem e um Evento Objetivo/Destino. Todas as atividades que não têm precedência partem do Evento Origem.	Evento Origem / Evento Objetivo
Entre 2 eventos sucessivos deve existir somente uma atividade.	A e B (com X indicando proibição)
Atividades Fantasmas ou Fictícias não consomem tempo nem recurso e são utilizadas quando as relações lógicas de dependência não podem ser representadas corretamente com as setas das atividades normais.	Atividade Fictícia ou Fantasma (A, B, C, D)
Não devem existir *loops*, desvios condicionados ou ciclos fechados.	(diagrama com ciclo fechado)

Figura 6.5 Regras para elaboração do ADM.

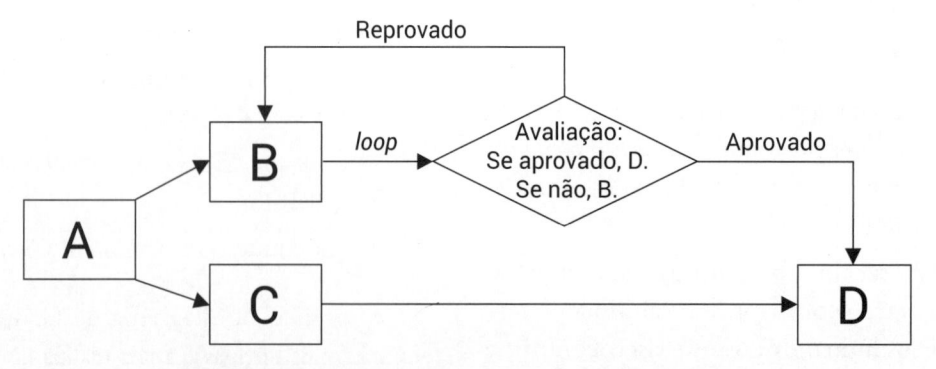

Figura 6.6 Exemplo de *loop* em um diagrama condicional.

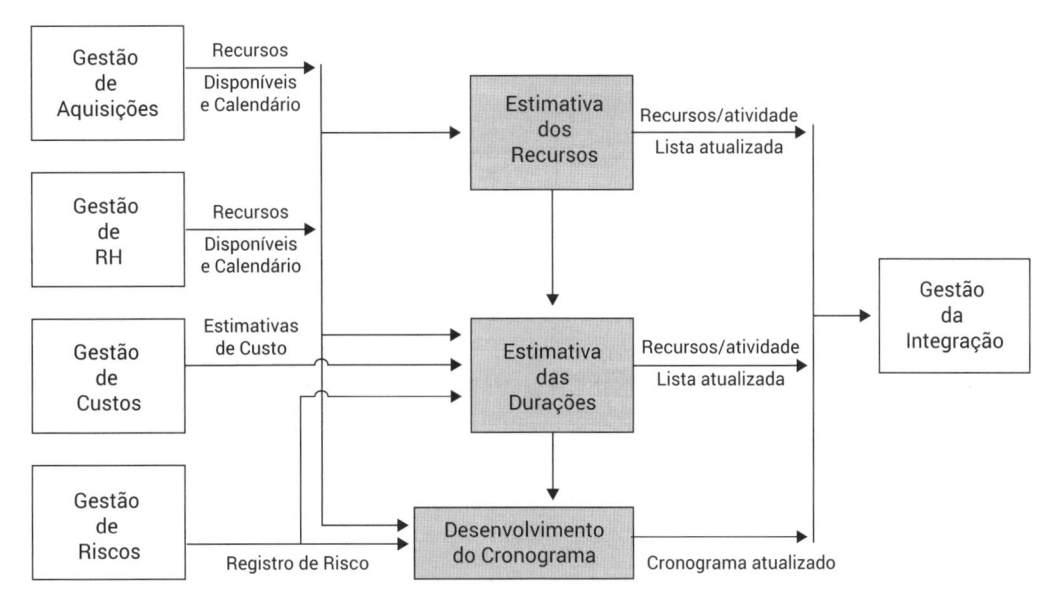

Figura 6.7 Processo de estimativas e desenvolvimento do cronograma.

atividade, conforme ilustra a Figura 6.8. A principal vantagem dessa técnica é a facilidade de compreensão; contudo, não é adequada para projetos muito complexos.

De modo semelhante ao diagrama de Gantt, o diagrama de marcos apresenta as atividades em uma escala de tempo, mas a ênfase é dada aos marcos (*milestones*) do projeto, sendo uma boa ferramenta para o relatório gerencial a ser apresentado aos *stakeholders* do projeto, conforme ilustra a Figura 6.9. Vale ressaltar que existem muitas formas de se representar esses diagramas.

As técnicas de programação em rede, PERT e CPM, surgiram de diferentes maneiras no final da

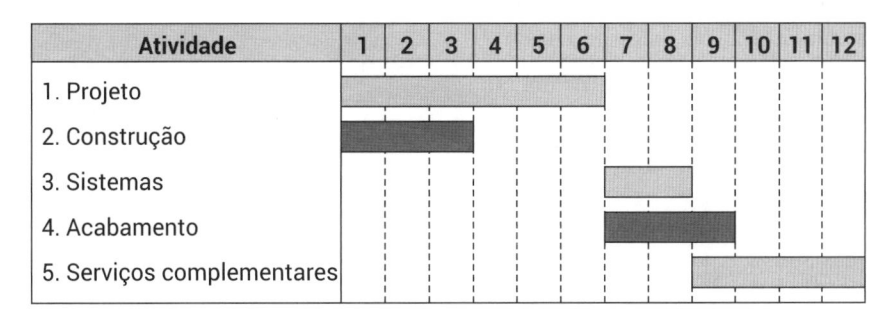

Figura 6.8 Exemplo de diagrama de Gantt: casa Eduardo e Mônica.

Figura 6.9 Exemplo de diagrama de marcos: casa Eduardo e Mônica.

década de 1950. O *Program Evaluation and Review Technique* (PERT) foi desenvolvido por Lockheed Corporation e pela empresa de consultoria Booz, Allen & Hamilton para o escritório de projetos especiais (*Special Projects Office*) da Marinha norte-americana (US Navy), em meados de 1958. O projeto submarino/míssil Polaris foi a primeira aplicação do PERT. Esse método rapidamente se difundiu no ambiente de projetos de P&D. O *Critical Path Method* (COM) foi desenvolvido praticamente na mesma época por Morgan Walker e James Kelly para a Du Pont, difundindo-se, principalmente, nos setores de construção e de processos industriais (STHUB et al., 1994; MEREDITH; MANTEL JR., 1995; FORSBERG et al., 2000; KERZNER, 2000).

Estes dois métodos – PERT e CPM – possuem várias similaridades. Os passos comuns ao PERT e CPM são:

1. definir todas as atividades significativas ou tarefas;
2. desenvolver os relacionamentos entre as atividades (decidir precedências);
3. fazer a representação em rede conectando todas as atividades, a partir das técnicas de representação do projeto discutidas na Seção 6.2.2;
4. atribuir estimativas de duração e recursos para cada atividade; e
5. calcular o caminho mais longo da rede – caminho crítico.

A principal diferença está na forma como as duas técnicas tratam as estimativas de duração. O CPM adota apenas uma estimativa de duração por atividade para fazer a programação, enquanto o PERT usa um sistema estocástico mais complexo baseado em três estimativas, que serão utilizadas para determinar a data mais provável para o término do projeto.

6.3.1 Programação utilizando o CPM

Conforme comentado, o CPM utiliza uma única estimativa de duração para cada atividade do projeto. Essa estimativa pode ser obtida de várias maneiras pela equipe do projeto. A forma mais utilizada é o julgamento por especialistas, que têm experiência no planejamento e estimativa de recursos. Em geral, são pessoas que já executaram vários projetos similares e possuem bom domínio técnico do tipo de projeto em questão.

Segundo o PMI (2017), há fatores que influenciam nas estimativas de duração. Destacam-se, entre eles, os avanços tecnológicos e motivação da equipe, que podem reduzir a duração das atividades. Mas há que se alertar para casos como o do uso excessivo de recursos que nem sempre reduzem a duração de uma atividade.

O CPM utiliza a lógica de programação para frente e para trás ao longo da rede do projeto, para a determinação do caminho crítico. Dessa forma, são obtidas as datas mais cedo de início e as datas mais tarde de término de todas as atividades do projeto.

Na *programação para frente*, que obtém a data mais cedo de início de cada atividade, parte-se do evento origem e determina-se a primeira data de início de cada evento da rede do projeto. Essa data representa o caminho de maior duração entre a origem do projeto e determinado evento da rede. Para obter essas datas do cronograma do projeto, deve-se adotar a seguinte equação (STHUB et al., 1994):

Equação 6.1

$$t_j = \max_i (t_i + d_{ij}), \text{ para todas as atividades } (i,j) \text{ definidas}$$

em que t_i é a data mais cedo dos eventos i predecessores imediatos; e d_{ij} é a duração das atividades (i,j) predecessoras imediatas.

É importante ressaltar que todas as atividades que não têm precedências partem da origem, portanto $t_1 = 0$, ou seja, a data mais cedo do evento origem, evento 1, é zero e será utilizada para todas as atividades sem precedência.

Além disso, para calcular a data mais cedo do evento $j(t_j)$, as datas mais cedo de todas as atividades que chegam ao evento j devem ser computadas e somadas as suas durações, assumindo dentre todos os caminhos o de máxima duração. Lembremos da regra de formação do diagrama ADM, que diz que um evento só é considerado atingido quando todas as atividades que convergem para ele forem concluídas, portanto, se não considerarmos o caminho de maior duração, algumas atividades ainda estarão em desenvolvimento.

Na *programação para trás*, percorre-se o caminho inverso, que obtém a data mais tarde de término de cada atividade, parte-se do evento término/objetivo do projeto e percorre-se a rede até a origem. O início da programação para trás é geralmente feito atribuindo-se, no evento término do projeto (evento *n*), a data mais cedo igual à data mais tarde $-t_n = T_n$. Contudo, se a data estipulada em contrato for maior que t_n, pode-se adotá-la como T_n. Já no caso oposto, não existe programação possível, pois se t_n é inferior à data contratual, não será possível completar o projeto a tempo. Para obter essas datas do cronograma do projeto, devem-se adotar as seguintes equações:

> **Equação 6.2**
>
> $T_i = \min j\, (T_j + d_{ij})$, para todas as atividades (i, j) definidas
>
> em que T_i é a data tarde dos eventos i; e d_{ij} é a duração das atividades (i, j).

Uma vez calculadas as datas cedo e tarde de cada evento, é possível determinar a primeira e a última chance de programação de cada atividade, bem como calcular as suas folgas (*slack* ou *float*).

Quatro datas são importantes para elaboração de um bom cronograma e devem ser calculadas para cada atividade:

- PDI_{ij} = primeira data de início, que representa a primeira data em que a atividade (i, j) pode iniciar sem violar nenhuma relação de precedência.
- $PDI_{ij} = t_i$.
- PDT_{ij} = primeira data de término, que representa a primeira data em que a atividade (i, j) pode terminar sem violar nenhuma relação de precedência.
- $PDT_{ij} = PDI_{ij} + d_{ij} = t_i + d_{ij}$.
- UDI_{ij} = última data de início, que representa a última data em que a atividade (i, j) pode iniciar sem atrasar o projeto.
- $UDI_{ij} = UDT_j - d_{ij} = T_j - d_{ij}$.
- UDT_{ij} = última data de término, que representa a última data em que a atividade (i, j) pode acabar sem atrasar o projeto.
- $UDT_{ij} = T_j$.

A representação das datas na programação é distinta na rede de atividades e na rede de eventos, como ilustra a Figura 6.10.

Com base nessas datas, é possível calcular as folgas do projeto. A gestão das atividades que possuem folga é de vital importância para o bom andamento do cronograma do projeto, pois é nessas que podemos alterar sem atrasar o término do projeto. Geralmente, calculam-se dois tipos de folga, a folga total e livre de cada atividade do projeto, conforme ilustra a Figura 6.11.

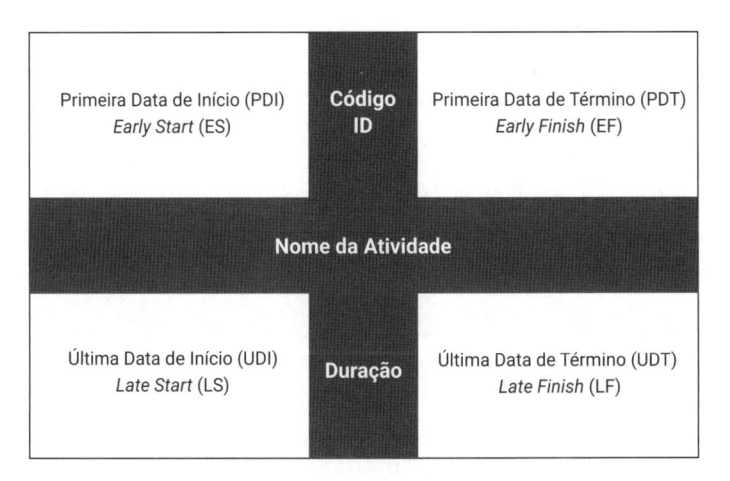

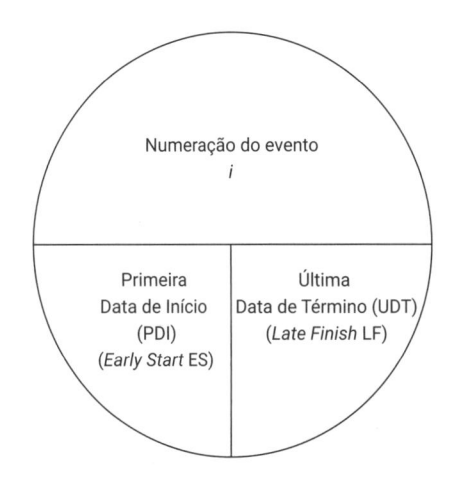

Figura 6.10 Representação das datas na rede de atividades × rede de eventos.

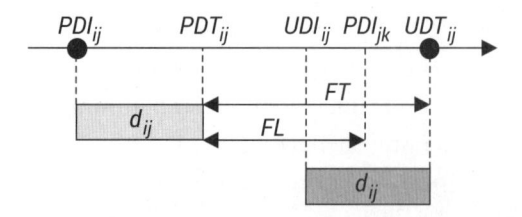

Figura 6.11 Cálculo das folgas livre e total.

Para obter essas datas do cronograma do projeto, deve-se adotar a seguinte equação:

Equação 6.3

$FT_{ij} = UDI_{ij} - PDI_{ij} = UDT_{ij} - PDT_{ij} = (T_j - t_i) - d_{ij}$

em que FT_{ij} é a folga total da atividade (i, j).

Equação 6.4

$FL = t_j - (t_i + d_{ij})$

em que FL é a folga livre da atividade (i, j) $FL_{ij} = PDI_jk - (PDI_{ij} + d_{ij})$.

Equação 6.5

$FT \geq FL_{ij}$

A *folga total* equivale à quantidade de tempo em que a programação da atividade pode ser atrasada em relação a sua primeira data de início sem atrasar o término do projeto (PMI, 2008). O conceito de folga total considera todo o tempo disponível para realizar a atividade $(T_j - t_i)$ e desconta-se a sua duração (d_{ij}).

A *folga livre* equivale à quantidade de tempo em que a programação da atividade pode ser atrasada sem comprometer o início na data mais cedo das atividades sucessoras imediatas (PMI, 2008). Portanto, no cálculo da folga livre, assume-se que todas as atividades iniciam-se o mais cedo possível.

A Figura 6.12 apresenta um exemplo de cálculo das folgas livre e total de uma atividade.

Uma vez calculadas as folgas, é possível determinar o caminho crítico do projeto. Pertencem ao caminho crítico as atividades que possuem a data cedo igual à data tarde $(PDI = UDT)$ e não possuem folgas. Nessas atividades não existe nenhuma flexibilidade na programação e qualquer atraso na realização dessas atividades resultará em atraso do projeto como um todo.

Os outros métodos de programação, como a corrente crítica e o GERT, não serão apresentados em detalhes aqui, mas os exploramos em outros livros como *Gestão de projetos na prática 1 e 2*.

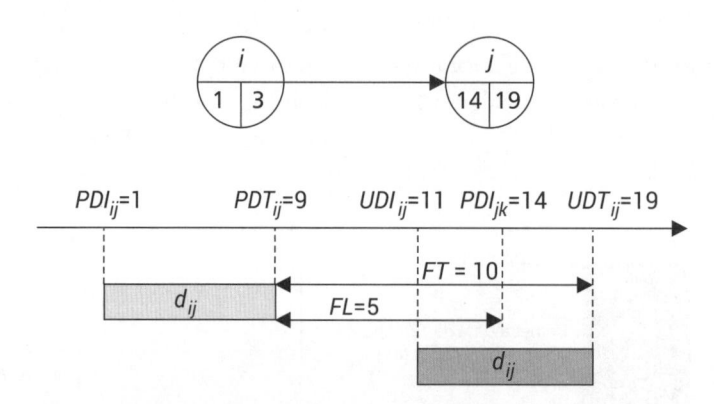

Figura 6.12 Exemplo de cálculo das folgas livre e total.

Caso 6.1: quando a casa ficará pronta?

Eduardo resolveu utilizar as técnicas de programação que aprendeu e fazer uma rede simplificada do projeto para testar seus conhecimentos. Para a programação, ele utilizou estimativas de duração fornecidas pelo engenheiro contratado para conduzir a obra.

Ele sabia que o primeiro passo para construir uma representação gráfica era definir as atividades e estabelecer o tipo de dependência entre elas. Como sentiu que ainda não dominava completamente as técnicas de representação, resolveu fazer primeiro um exercício utilizando o primeiro nível de sua WBS, pois, assim, teria uma rede mais simplificada que, depois, mais experiente, ele aprimoraria.

Eduardo listou todos os elementos do primeiro nível da WBS e, também, as precedências que julgou mandatórias, conforme ilustra a Tabela 6.1.

Tabela 6.1 Precedências e durações do projeto de Eduardo e Mônica

WBS – 1º Nível	Precedência	Duração (dias)
WBS01. Serviços preliminares	—	20
WBS02. Projeto	—	40
WBS03. Construção	WBS01;WBS02	214
WBS04. Sistemas	WBS03	70
WBS05. Acabamento	WBS04	142
WBS06. Serviços complementares	WBS05	20

Com base nesses dados, a primeira representação feita por Eduardo foi um ADM, conforme Figura 6.13.

Em seguida, com base nos mesmos dados, Eduardo fez um PDM, conforme Figura 6.14.

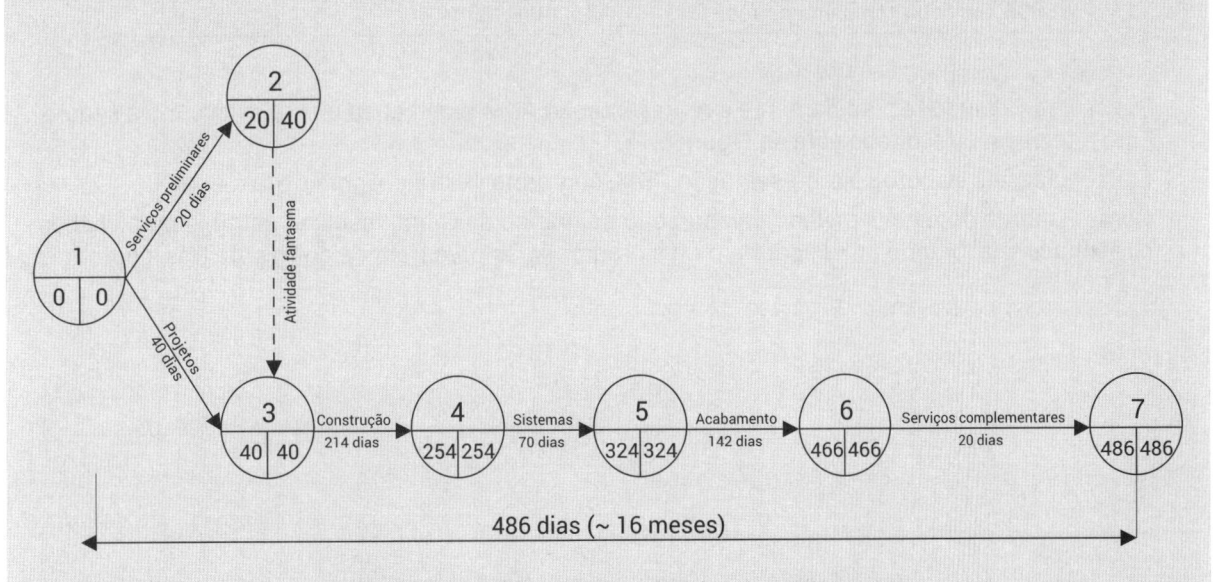

Figura 6.13 ADM do projeto de Eduardo e Mônica.

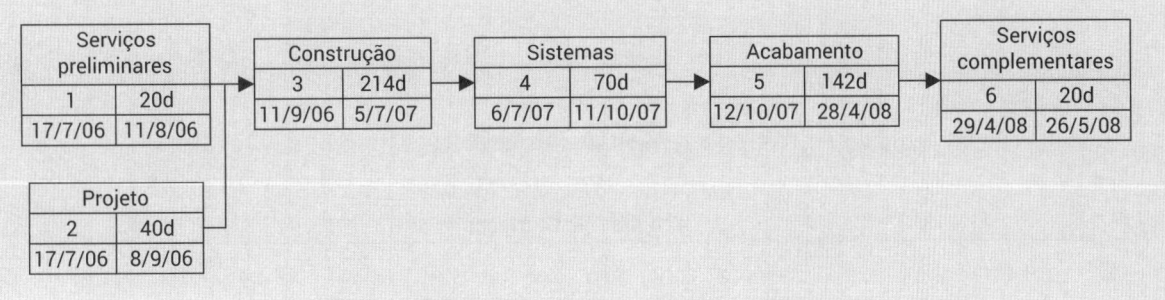

Figura 6.14 PDM do projeto de Eduardo e Mônica.

Mônica estudou bem as representações do projeto feitas por Eduardo e, como sempre, identificou os pontos críticos:

– Eduardo, você percebeu que praticamente todas as sequências são críticas?
– Será que todas estas precedências de fato são mandatórias?
– Você percebeu que desta forma dificilmente atingiremos nossa meta de 15 meses?

Essas perguntas desestruturaram nosso gerente de projeto!

Eduardo e Mônica resolveram discutir novamente as precedências, chegando a uma nova configuração, apresentada na Tabela 6.2.

Tabela 6.2 Precedências revisadas

WBS – 1º Nível	Precedência	Duração (dias)
WBS01. Serviços preliminares	—	20
WBS02. Projeto	—	40
WBS03. Construção	WBS01;WBS02	214
WBS04. Sistemas	WBS01;WBS02	70
WBS05. Acabamento	WBS03;WBS04	142
WBS06. Serviços complementares	WBS05	20

Dessa vez, Eduardo fez rapidamente a representação ADM e percebeu que já estava mais seguro com a técnica. O resultado está na Figura 6.15.

Em seguida, ele elaborou a representação PDM, conforme ilustra a Figura 6.16.

Como Eduardo dominava melhor a elaboração do gráfico de Gantt, resolveu utilizá-lo para checar o resultado, elaborando um diagrama para a programação para frente e outro para trás, conforme

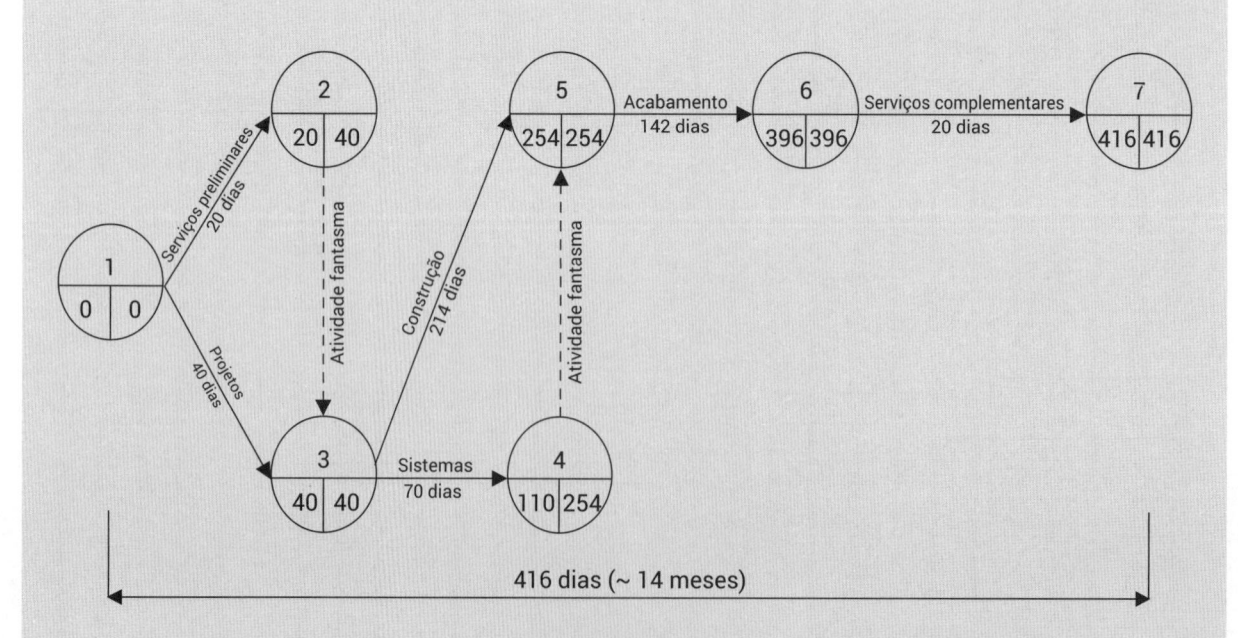

Figura 6.15 ADM do projeto de Eduardo e Mônica – versão revisada.

ilustram as Figuras 6.17 e 6.18. Além disso, julgou que essa representação facilitaria a compreensão de Mônica, que não tinha muita familiaridade com as técnicas de Gestão de Projetos, embora ela geralmente não tivesse dificuldade alguma para aprender.

Eduardo explicou a Mônica que nessa nova representação duas atividades não eram críticas – serviços preliminares e sistemas. Nessas atividades, havia folga total de 20 dias para serviços preliminares e de 144 dias para sistemas.

Mônica ficou encantada com o resultado; apenas por rever as precedências, eles tinham economizado quase dois meses de obra.

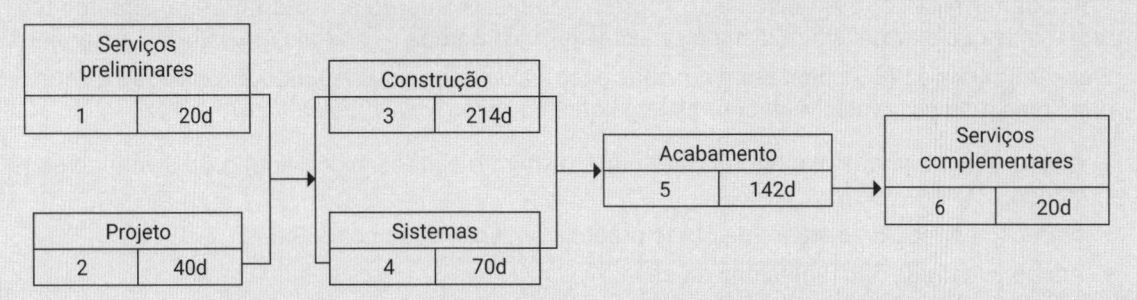

Figura 6.16 PDM do projeto de Eduardo e Mônica – versão revisada.

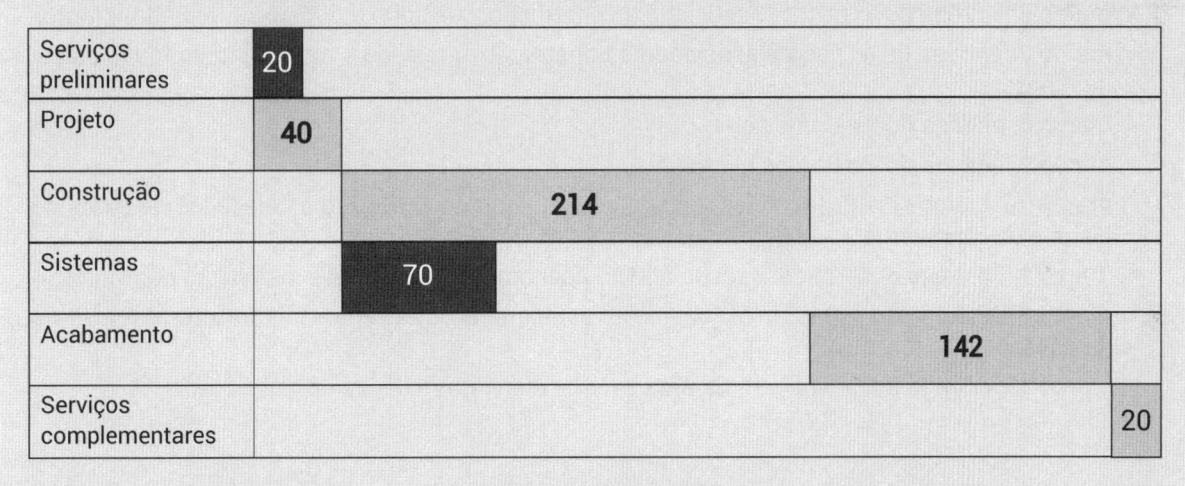

Figura 6.17 Diagrama de Gantt do projeto de Eduardo e Mônica – data cedo.

Figura 6.18 Diagrama de Gantt do projeto de Eduardo e Mônica – data tarde.

Contudo, desta vez, foi Eduardo que alertou:

– Acho melhor marcarmos uma reunião com o pessoal da Modelo Engenharia, Arquitetura e Construção S.C. Ltda., pois como são especialistas em construção civil podem arbitrar melhor quanto às precedências e duração.

– Além disso, agora sinto que domino melhor as técnicas de representação e que, portanto, podemos utilizar um nível maior de detalhamento, chegando até atividade.

Mônica concordou e delegou a Eduardo essa tarefa.

Antes de terminarem essa discussão sobre o gerenciamento do prazo do projeto, Eduardo lembrou-se de que eles deveriam discutir quais seriam os marcos temporais (*milestones*) do projeto. Eles retornaram à WBS e pensaram em seus pacotes de trabalho, chegando à conclusão de que os principais marcos coincidiriam com as seguintes entregas (*deliverables*):

- marco 1: entrega das plantas (arquitetura, estrutura e elétrica/hidráulica) e do alvará de construção;
- marco 2: entrega do canteiro de obras pronto, com luz e água conectadas;
- marco 3: entrega das fundações da casa;
- marco 4: entrega do 1º pacote associado à construção, que seria a concretagem da primeira laje;
- marco 5: entrega do 2º pacote associado à construção, que seria a concretagem da segunda laje;
- marco 6: entrega do 3º pacote associado à construção, que seria a cobertura (telhado) pronto;
- marco 7: entrega do 4º pacote associado à construção, que seria a colocação de todas as esquadrias;
- marco 8: entrega dos sistemas elétricos;
- marco 9: entrega dos sistemas hidráulicos;
- marco 10: entrega do 1º pacote associado ao acabamento, que seria a colocação de todos os pisos e revestimentos;
- marco 11: entrega do 2º pacote associado ao acabamento, que seria a instalação dos vidros;
- marco 12: entrega do 3º pacote associado ao acabamento, que seria a pintura interna e externa da casa; e
- marco 13: entrega da jardinagem da área externa e do jardim de inverno prontos.

6.3.2 Programação utilizando o PERT

Conforme comentado, o PERT utiliza um sistema estocástico de estimativa de durações para cada atividade do projeto. Nesse método, são feitas três estimativas de duração, admitindo-se que a execução de uma atividade não interfere na execução de outras, ou seja, são independentes. As três estimativas são as seguintes:

- *Mais provável*: duração baseada no cenário mais provável em que os recursos alocados estão disponíveis e demais premissas do projeto também são observadas.
- *Otimista*: duração baseada no cenário mais positivo.
- *Pessimista*: duração baseada no cenário mais negativo.

Com base nessas três estimativas, é possível calcular a duração esperada da atividade, utilizando a distribuição beta de probabilidades, conforme ilustra a Figura 6.19.

Para obter a duração esperada das atividades do projeto, devem-se adotar as seguintes equações:

Equação 6.6

$$d_{ij} = (a + 4m + b)/6$$

em que a é a duração otimista; b é a duração pessimista; m é a duração mais provável; e d_{ij} é a duração esperada da atividade.

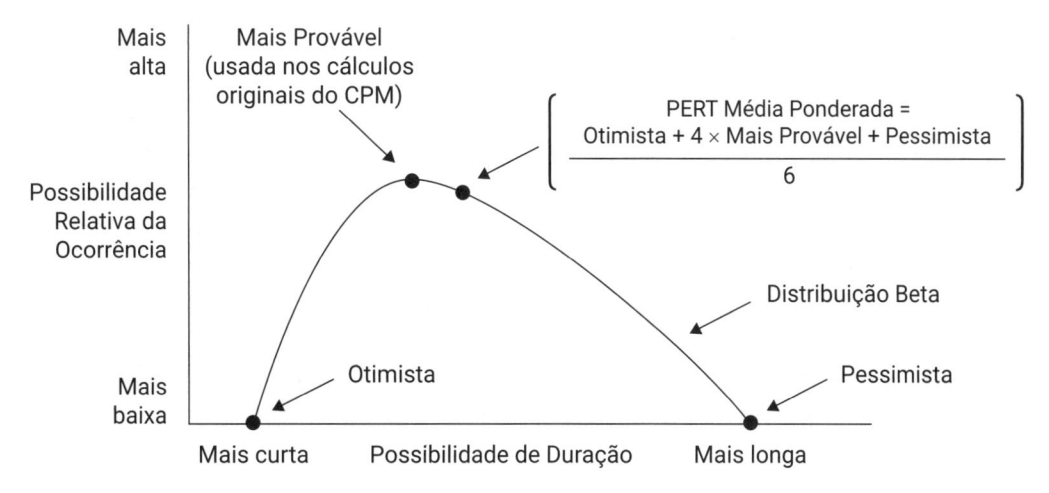

Figura 6.19 Distribuição de probabilidade beta.

Equação 6.7

$$s^2 = [(b - a)/6]^2$$

em que s^2 é a variância da duração da atividade.

Como as datas cedo e tarde resultam da soma de variáveis aleatórias (d_{ij}), admite-se que elas têm distribuição normal, pelo Teorema do Limite Central.

Dessa forma, a estimativa de duração do projeto é obtida pela soma das durações de todas as atividades do caminho crítico. A variância do projeto resulta da soma das variâncias das atividades do caminho crítico. Para facilitar o cálculo das probabilidades, utiliza-se a conversão para a normal padrão (Z) e as tabelas de probabilidade disponíveis, como detalham as Figuras 6.20 e 6.21.

Calculando as probabilidades

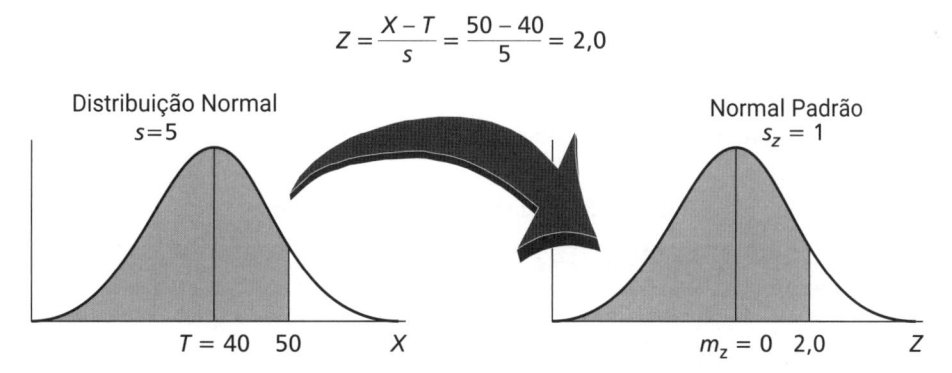

$$Z = \frac{X - T}{s} = \frac{50 - 40}{5} = 2,0$$

Fonte: Adaptada de Heizer e Render (1999).

Figura 6.20 Cálculo do valor de Z para a duração do projeto.

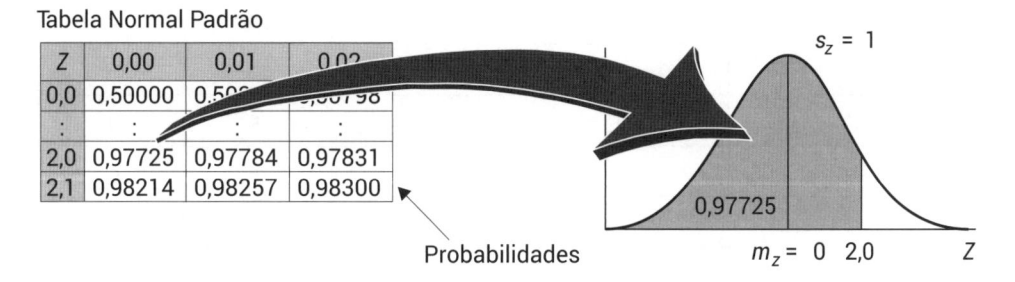

Tabela Normal Padrão

Z	0,00	0,01	0,02
0,0	0,50000	0,50399	0,50798
:	:	:	:
2,0	0,97725	0,97784	0,97831
2,1	0,98214	0,98257	0,98300

Probabilidades

Fonte: Adaptada de Heizer e Render (1999).

Figura 6.21 Cálculo da probabilidade de conclusão do projeto.

Existem outras formas de programação menos difundidas, mas que em casos específicos e geralmente mais complexos podem ser de grande utilidade. Entre esses métodos, podemos citar o *Graphical Evaluation and Review Technique* (GERT), o da corrente crítica e o método de cenários *what-if*.

O GERT foi criado para o desenvolvimento de redes mais complexas que não poderiam ser elaboradas utilizando-se o PERT ou o CPM. Segundo Meredith e Mantel Jr. (1995), esse método combina fluxogramas (ver *Conditional Diagramming Method* – CDM) e redes probabilísticas, PERT/CPM e árvores de decisão em um único método. Nessa forma de representação, são permitidos *loops* e desvios condicionados, que tanto no PDM como no ADM não são admitidos.

O método da corrente crítica (*critical chain*) foi idealizado por Goldratt, o autor da teoria das restrições e do livro *A meta*, que estende o conceito de gargalo para o ambiente de projetos. A corrente crítica parte do pressuposto de que os recursos limitados (gargalos) é que devem reger a programação, mesclando os enfoques determinístico e probabilístico. A rede do projeto é elaborada considerando as dependências e definindo as restrições logo no início. Calcula-se, então, o caminho crítico, alocando-se os recursos disponíveis nas atividades críticas. Essa análise, à semelhança do que ocorre no nivelamento de recursos, geralmente afeta o cronograma inicial programado. Além disso, este método considera que o caminho crítico é um alvo móvel, que deve ser muito bem gerenciado. Como na teoria das restrições, o método da corrente crítica adota pulmões (*buffers*), que não são atividades, o que permite manter o foco na duração planejada das atividades. O autor argumenta que, em geral, as estimativas de duração apresentam uma margem de segurança, ou seja, são superestimadas, e essa folga não é detectada na programação do PERT/CPM. O método enfatiza a gestão dos pulmões (*buffer*) e não a gestão das folgas, utilizando apenas estimativas otimistas das durações e a programação na data mais tarde (*backward*).

A análise *what-if* faz uso do conceito de cenários aliado a redes lógicas (PMI, 2008). Provoca-se a discussão de questões do tipo "E se a situação representada pelo cenário X ocorrer?", permitindo que a viabilidade de execução do cronograma seja avaliada, bem como planos de contingências e de resposta, podendo fazer usos das técnicas de simulação. Essa técnica é feita em grande integração com a área de gestão de risco.

6.4 EXERCÍCIOS RESOLVIDOS

Um projeto é constituído de dez atividades, conforme a Tabela 6.3.

Tabela 6.3 Dados do projeto (semanas)

Atividade	Precedência	O	M	P
A	--	1	2,5	7
B	--	1	3	11
C	A	5	7	15
D	B	2	4	12
E	C, D	3	4,5	9
F	A	9	14	25
G	E, F	1	1	1
H	C, D	4	11	12
I	B	1	2	9
J	G, H, I	1,5	2,5	12,5

Pede-se:
- construir a rede de eventos do projeto;
- calcular as datas mais cedo e tarde dos eventos; e
- calcular a probabilidade de se executar o projeto até três semanas antes da duração esperada.

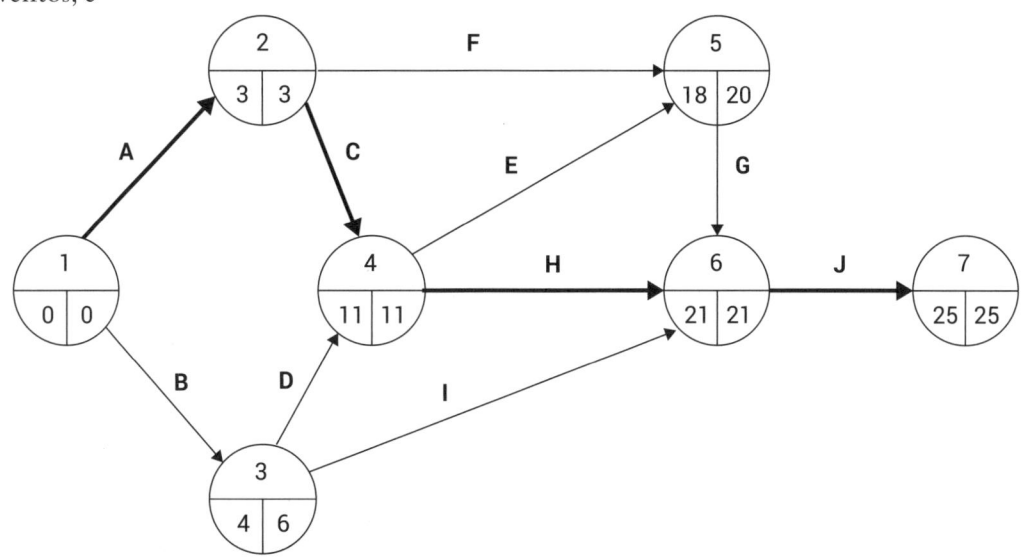

Tabela 6.4 Dados do projeto (semanas)

Atividade	Precedência	O	M	P	d_{ij}	σ^2	FT	FL
A	--	1	2,5	7	3	1	0	0
B	--	1	3	11	4	2,8	2	0
C	A	5	7	15	8	2,8	0	0
D	B	2	4	12	5	2,8	2	2
E	C, D	3	4,5	9	5	1	4	2
F	A	9	14	25	15	7,1	2	0
G	E, F	1	1	1	1	0	2	2
H	C, D	4	11	12	10	1,8	0	0
I	B	1	2	9	3	1,8	14	14
J	G, H, I	1,5	2,5	12,5	4	3,36	0	0

$$Z = \frac{X - T}{s} = \frac{22 - 25}{2,99} = -1,0$$

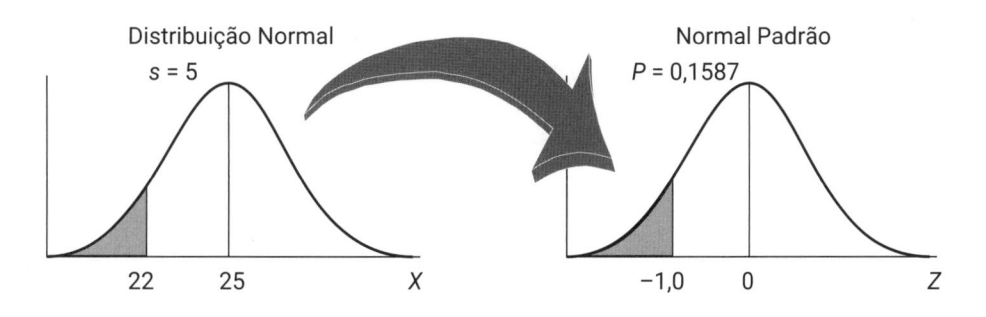

Distribuição Normal
$s = 5$

Normal Padrão
$P = 0{,}1587$

Um projeto é constituído de 14 atividades, conforme a Tabela 6.5. Construa a rede de eventos e calcule as folgas total e livre para todas as atividades.

Tabela 6.5 Dados do projeto (semanas)

Atividade	Precedência	d_{ij}	FT	FL
A	--	2	0	0
B	A	4	0	0
C	B	6	0	0
D	C	5	8	0
E	C	4	0	0
F	D	7	8	0
G	C	5	5	5
H	E	6	0	0
I	E, F	8	8	0
J	G, H	9	0	0
K	J	5	0	0
L	J	4	1	0
M	K, L	6	0	0
N	I	2	8	8

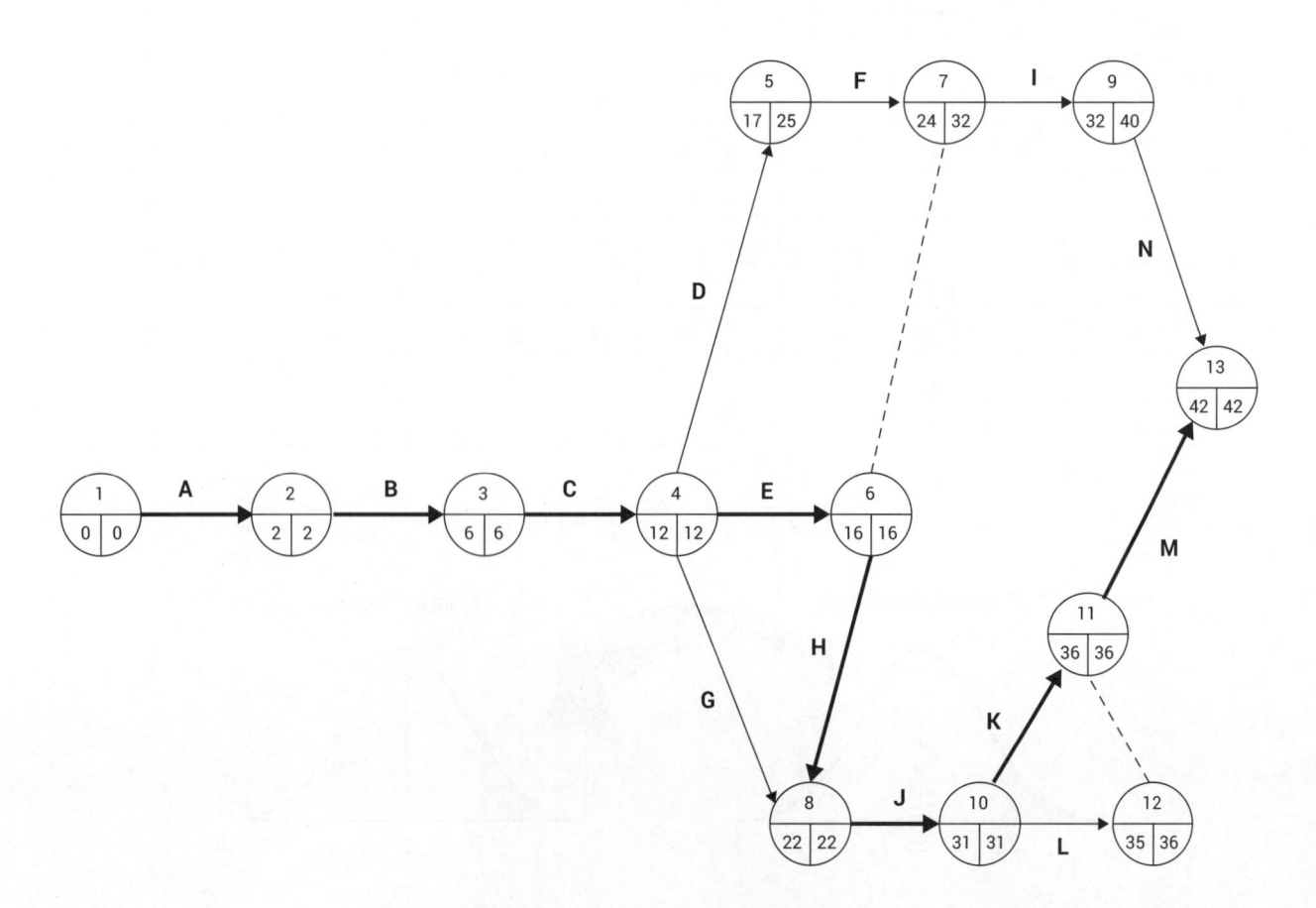

QUESTÕES PARA REFLEXÃO E DISCUSSÃO

1. Quais são os principais métodos de programação?
2. Quais são as formas mais utilizadas para representação dos projetos?
3. Quais são as vantagens e desvantagens do diagrama de Gantt?
4. O que difere o diagrama de Gantt do diagrama de Marcos?
5. Quais são as semelhanças e diferenças do PERT e do CPM?
6. Quais cuidados devem ser tomados para gerar boas estimativas?
7. Defina estimativa *bottom-up* e *top-down*. Descreva as vantagens e desvantagens de cada método.
8. A loja de departamento decidiu reformar suas instalações. No entanto, precisa ficar fechada durante a reforma. O conselho de diretores estima que a empresa não pode suportar mais de 15 dias paralisada. Todas as atividades envolvidas nesse projeto, suas precedências, suas durações estimadas e variâncias estão descritas na tabela a seguir. Utilizando a técnica PERT, pede-se:
    * Qual é a rede de eventos desse projeto? Quais são as datas mais cedo e tarde de cada evento do projeto e o caminho crítico?
    * Qual a probabilidade de o projeto ser entregue no prazo limite de 16 dias, ou antes?
    * No final do projeto houve um problema no *acabamento* (atividade F), o que levou a um atraso de três semanas. Qual o impacto desse atraso na duração do projeto?

		Duração (semanas)		
Atividade	Precedência	Otimista	Provável	Pessimista
A	---	1	2	3
B	---	2	3	4
C	A	1	2	3
D	B	2	4	6
E	C	1	4	7
F	C	1	2	9
G	D, E	3	4	11
H	F, G	1	2	3

9. Uma empresa de *software* foi contratada para desenvolver um sistema contábil para uma clínica médica. Os contratantes estabeleceram uma multa contratual por atraso. O contrato previa a entrega em três meses. Os dados do projeto estão na tabela a seguir. Será possível concluir o projeto sem pagar a multa?

Atividade	Precedência	Duração (semanas)
A	---	5
B	---	5
C	---	11
D	C	7
E	A	5
F	B e D	9
G	C	20

10. Digamos que no projeto da Questão 9 fosse possível alterar a precedência da atividade F; a equipe julgou que a precedência B era muito conservadora e que essas duas atividades poderiam ser feitas em paralelo. O que essa decisão implicaria para o projeto como um todo?

ESTUDO COMPLEMENTAR

A) Assista na plataforma Veduca, disciplina de Gestão de Projetos (acesso gratuito), às videoaulas 7 e 8, que tratam de temas discutidos neste capítulo.

Fonte: <https://veduca.org/p/gestao-de-projetos>. Acesso em: 30 ago. 2018.

7

GESTÃO DOS CUSTOS

Pró-Valor
Camada Núcleo

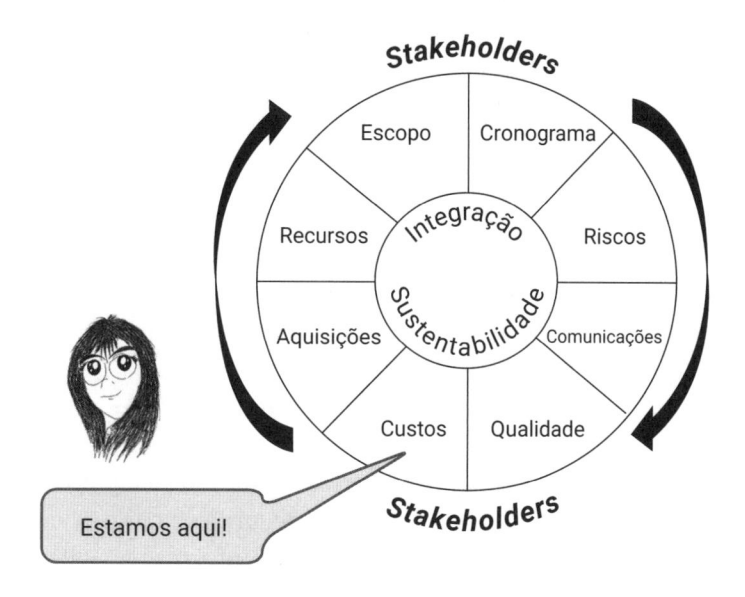

Estamos aqui!

Neste capítulo, será tratada a questão do gerenciamento do custo dos projetos. Após estudar este capítulo, o leitor estará apto a responder às seguintes questões:

a) Quais os processos que suportam o gerenciamento dos custos do projeto?
b) Como elaborar um bom orçamento?
c) O que é a curva S do projeto? Como construir a linha base (*baseline*) de custos do projeto?
d) Como fazer a análise de valor agregado?
e) Como gerar indicadores de custo e prazo e monitorá-los?

Quantas vezes você já se surpreendeu gastando bem mais do que havia previsto, quer seja em uma viagem de turismo, na reforma da casa ou mesmo na festa de casamento? Isso sem contar com as manchetes de estouro no orçamento de obras públicas e nos relatórios de desempenho dos projetos da empresa em que trabalha.

Por que é tão difícil fazer boas estimativas de custo em projetos? O que mais dificulta é o fato de os projetos serem únicos (singulares). Por mais que tenhamos dados históricos de atividades e de projetos similares, estamos sempre trabalhando com analogias e, portanto, sujeitos a imprecisões. Por isso é tão importante não só ter cuidado nas estimativas, mas também controlar o projeto bem de perto, verificando os desvios de rota, recalculando as estimativas e fazendo as alterações necessárias sempre de forma preventiva.

Vale destacar que, para controlar os recursos monetários do projeto, não basta fazer somente uma boa gestão de custos, é preciso também uma boa gestão financeira. Neste livro, abordamos apenas a questão da gestão de custos, mas em outros livros dos autores, como *Gerenciamento de projetos na prática v. 1 e v. 2*, a gestão financeira é abordada.

7.1 INTRODUÇÃO

O PMBoK® (PMI, 2013) dedica um capítulo para discutir os processos necessários para uma boa gestão de custos, visando garantir sua conclusão dentro do custo estimado, permitindo gerar um fluxo de caixa positivo para o projeto e minimizando a utilização das reservas financeiras do projeto.

De modo similar à gestão do escopo e cronograma, a área de gestão de custos também só apresenta processos nos grupos de planejamento (seis processos) e monitoramento e controle (um processo), conforme ilustra a Figura 7.1. Essa área ganhou um novo processo na quinta edição do PMBoK® (PMI, 2017), o processo de *planejar a gestão de custos do projeto*, que foi padronizado para todas as dez áreas de conhecimento. Os quatro processos dessa área são:

- Planejar a gestão de custos: processo em que se estabelecem as políticas, os procedimentos e a documentação necessários para o gerenciamento dos custos do projeto.
- Estimar os custos: processo em que se elaboram as estimativas de montante de dinheiro necessário para concluir as atividades do projeto.
- Determinar o orçamento: processo em que as estimativas de custos das atividades ou pacotes de trabalho são agregadas, de acordo com o cronograma, para estabelecer a linha base de custo. A versão aprovada da linha de base de custos é utilizada para a comparação com os resultados reais.
- Controlar os custos: processo em que se permite monitorar o andamento das atividades do projeto e gerenciar as mudanças feitas na linha de base (*baseline*) estabelecida para o cronograma do projeto.

Conforme mencionamos no Capítulo 6, desde a terceira edição do PMBoK® (PMI, 2004) o processo de estimativa dos recursos das atividades, antes da gestão de custos, foi movido para a gestão do cronograma. Esta mudança permitiu que as estimativas de recursos e durações das atividades fossem feitas de forma mais sinérgica nos processos de gestão do cronograma.

Portanto, na gestão de custos do projeto estamos preocupados com a elaboração e o controle do orçamento do projeto, de forma agregada e não atividade por atividade, gerindo os fatores que podem influenciá-lo e desviá-lo dos desejados.

Contudo, para uma boa gestão de custos, é necessária boa integração com as demais áreas de Gestão do Projeto, em especial com aquelas que fazem parte do triângulo dos objetivos primários – escopo, prazo e custo. Além dessas, a área de risco fornece informações vitais para a boa gestão de custos, bem como a área de integração, que deve estar ciente de qualquer alteração nos planos do projeto. A Figura 7.1 ilustra os principais relacionamentos da gestão de custos com as demais áreas do PMBoK®.

A área de custo tem forte integração com as áreas de integração, escopo, prazo e risco do projeto. Além disso, a área de comunicações deve, por meio de seus relatórios de desempenho, trazer insumos

Planejamento
1. Planejar a Gestão dos Custos
2. Estimar os Custos
3. Determinar o Orçamento

Monitoramento & Controle
4. Controlar os Custos

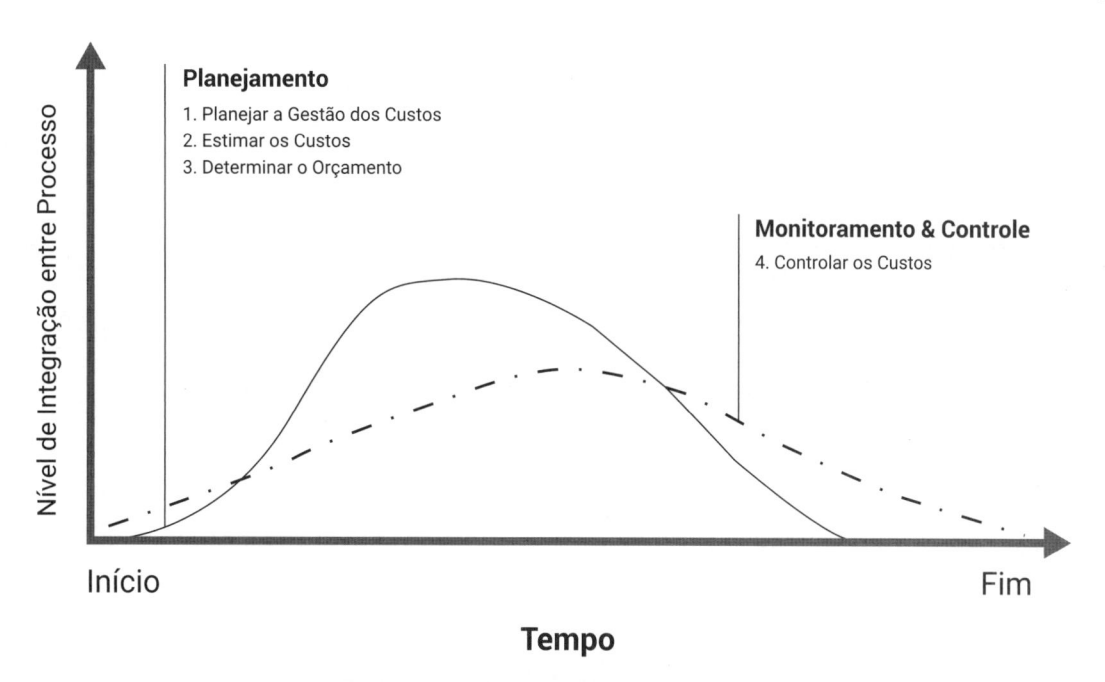

Fonte: Elaborada com base nos processos do PMI (2017).
Figura 7.1 Fluxo dos processos de gestão de custos.

importantes para a análise dos riscos do projeto. A Figura 7.1 ilustra os principais relacionamentos da gestão de custos com as demais áreas.

7.2 PREPARANDO O ORÇAMENTO DO PROJETO

Para iniciarmos a orçamentação, precisamos resgatar informações de outras áreas do PMBoK®, que serão necessárias para o desenvolvimento da estrutura de custo do projeto, em especial escopo, prazo e risco.

O primeiro passo do gerenciamento de custos consiste em obter boas estimativas. Esse processo envolve o levantamento dos recursos necessários para completar as atividades do projeto, que, agregados, permitirão o desenvolvimento da estimativa dos custos do projeto. Essa informação depende também do plano de contas ou códigos de contas que foram montados para o projeto em curso. Nesse plano, a estrutura de codificação utilizada pela organização é detalhadamente descrita, permitindo que os gastos e demais informações financeiras do projeto sejam adequadamente reportados para seu sistema contábil. Se o gestor do projeto não tiver esse cuidado na apuração dos custos do projeto, as informações financeiras ficarão misturadas com as de outras atividades rotineiras da organização, o que prejudicará sobremaneira a estrutura de apuração dos custos.

Em geral, no início do ciclo de vida do projeto, as estimativas por analogia (*top-down*) são mais utilizadas e, com o desenvolvimento do projeto e o detalhamento das atividades, as estimativas *bottom-up* podem substituir com maior precisão as estimativas preliminares realizadas (rever estimativas no Capítulo 6).

Concluído o processo de estimativas de custo, pode-se iniciar a orçamentação do projeto. O objetivo do processo de orçamentação é gerar a linha base (*baseline*) de custo do projeto.

Caso 7.1: qual será o fluxo de caixa mínimo necessário para suportar a obra?

Eduardo e Mônica estavam adiando a reunião sobre o planejamento dos custos do projeto, pois sabiam que este seria um momento crítico e repleto de discussões.

O primeiro passo foi buscar referencial de custo para a obra. Como ainda não tinham informações detalhadas das atividades do projeto, resolveram procurar em revistas especializadas informações sobre custos na construção.

Eduardo lembrou-se de que nas aulas de Gestão de Projetos aprendera a utilizar modelagem paramétrica para prospectar os custos totais do projeto. O importante para utilizar essa técnica de modelagem matemática era identificar o(s) parâmetro(s) crítico(s) do projeto, que, no seu caso, era a metragem da casa. Seu professor havia advertido sobre os problemas de precisão das informações que eram introduzidas no modelo.

Mônica encontrou na Internet o índice A&C, que lhe pareceu bastante interessante, pois fornecia dados de custo por metro quadrado (R$/m^2), segmentado por região e por tipo de acabamento, conforme ilustra a Tabela 7.1.

Tabela 7.1 Custo médio/m^2

Região	Padrão		
	Luxo	Médio	Simples
Norte	R$ 1.152,83	R$ 795,80	R$ 704,42
Nordeste	R$ 1.123,40	R$ 773,72	R$ 684,25
Centro-Oeste	R$ 1.181,30	R$ 814,15	R$ 720,40
Sudeste	R$ 1.350,64	R$ 926,23	R$ 817,44
Sul	R$ 1.282,17	R$ 795,80	R$ 773,13

Fonte: Adaptada de <http://arquitetura.abril.com.br/livre/indice/gastos.shtml>. Acesso em: 22 fev. 2005.

Assim, o modelo paramétrico que eles construíram era bastante simples e útil nessa fase de inicialização do projeto:

$$\text{Custo} = 814,15 * \text{Metragem da Casa}$$

Dessa forma, como sua obra deveria custar R$ 300.000,00, eles chegaram à conclusão de que a planta arquitetônica que eles iriam solicitar deveria ter em torno de 368 m^2 (300.000,00/814,15), caso contrário eles estourariam o valor de custo almejado para o projeto.

Eduardo e Mônica também precisavam discutir a disponibilidade de caixa que teriam ao longo dos 15 meses da obra. Foi nesse momento que Eduardo lembrou-se do conceito de linha base (*baseline*) de custo do projeto. Ele sugeriu distribuir os gastos de forma linear ao longo dos 15 meses do projeto, o que gerou o gráfico da Figura 7.2.

Observando a Figura 7.2, Mônica logo percebeu que eles deveriam ter condições de arcar com desembolsos mensais de R$ 20.000,00. Ambos discutiram a viabilidade de fluxo de caixa e chegaram à conclusão de que poderiam dar continuidade ao projeto, pois já dispunham de 50% do valor da obra em caixa e o restante eles teriam condições de economizar no desenrolar da obra.

Curva S

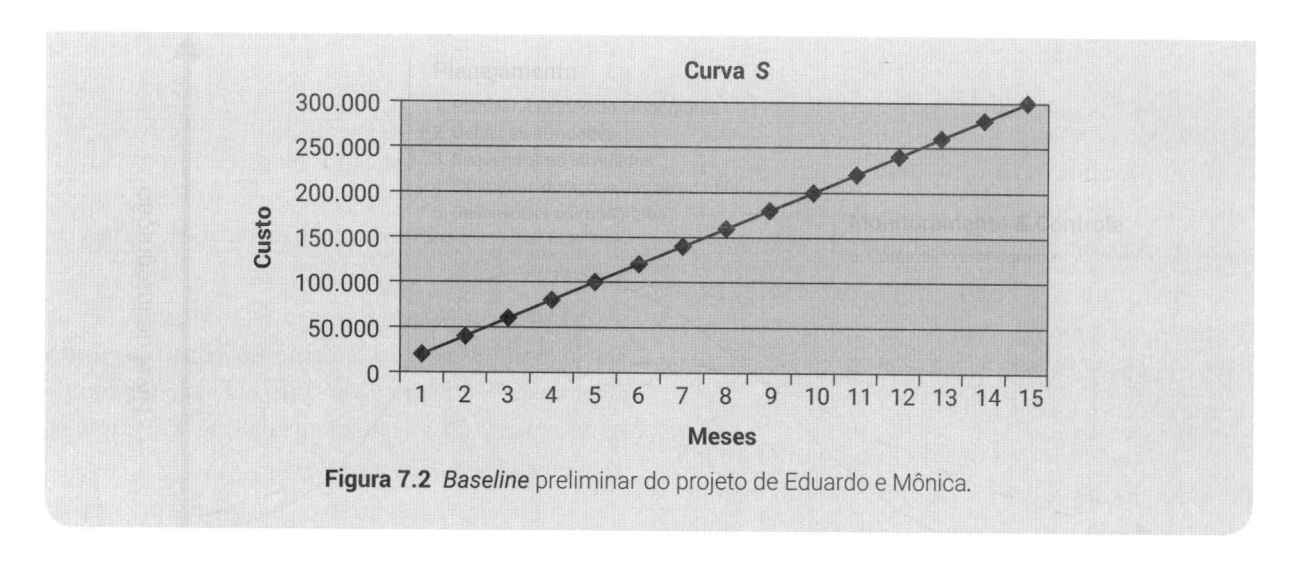

Figura 7.2 Baseline preliminar do projeto de Eduardo e Mônica.

7.2.1 *Baseline* do projeto e requisitos de fluxo de caixa

A *baseline* é fundamental para a gestão dos custos, pois por meio dela medimos o desempenho do projeto e podemos estabelecer eventuais ações contingenciais caso o realizado esteja se desviando do planejado.

A *baseline* pode ser estabelecida tanto com base na programação da data mais cedo, como da data mais tarde. Contudo, é importante optar por uma dessas configurações. A informação contida na curva de *baseline* do projeto, também conhecida como curva S, fornece o orçamento em uma base temporal.

Só podemos construir a curva S a partir dos momentos em que a programação do projeto já foi concluída (ver Capítulo 6) e que a WBS e os *deliverables* foram definidos (ver Capítulo 5). Tendo em mãos essas informações, pode-se construir a curva, somando, período a período, os custos estimados de forma acumulada. A Figura 7.3 ilustra as principais informações necessárias para definir a *baseline* do projeto, a curva de custos no formato em S, bem como o fluxo de caixa esperado período a período.

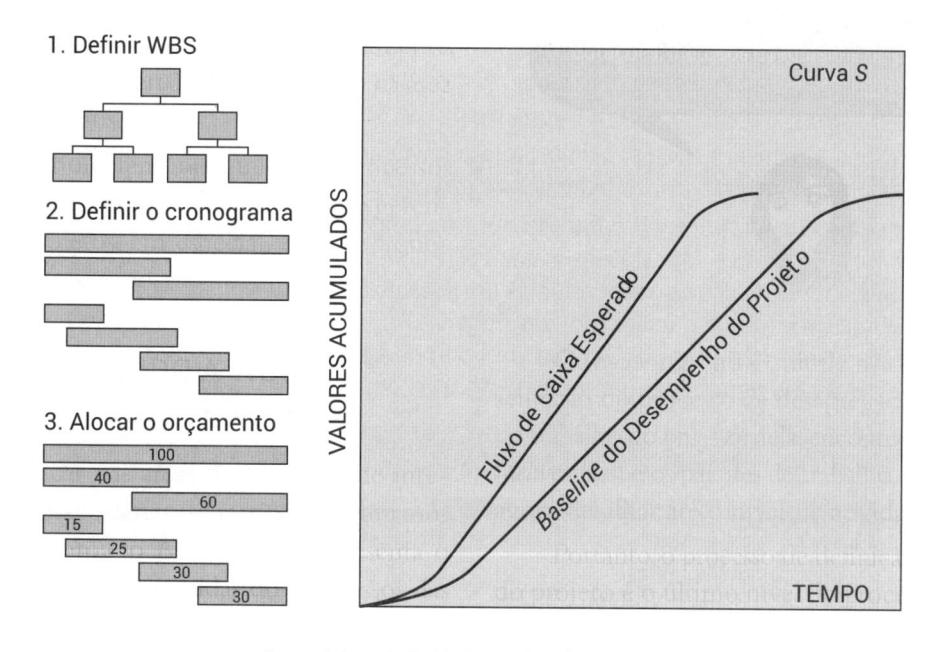

Fonte: Adaptada de Sthub *et al.* (1994) e PMI (2008).

Figura 7.3 Curva S.

Pode-se estabelecer também a *baseline* tanto para o projeto, como para um componente da WBS, pacote de trabalho ou atividade (PMI, 2013). Além disso, em grandes projetos, podem-se monitorar também custos por categoria de recursos, tais como mão de obra ou custo com empresas contratadas.

Finalizada a construção da curva S, toda a orçamentação e o fluxo de caixa estimados estarão representados de forma que o gerente terá condições de monitorá-los adequadamente.

Os requisitos de caixa do projeto total ou por período são derivados da *baseline* e devem exceder a linha base de custo. Embora na Figura 7.3 a linha de fluxo de caixa esperado seja contínua, em geral o comportamento das receitas do projeto ocorre de forma incremental (de escada), uma vez que os recebimentos, sobretudo em projetos contratados, estão associados a marcos temporais, nos quais alguns *deliverables* são entregues ao cliente em contrapartida a um pagamento.

O gerente de projetos deve assegurar os requisitos mínimos de fundos do projeto, ou seja, os custos da *baseline* mais o valor da reserva estimada para o projeto. Essa reserva tem por objetivo mitigar riscos do projeto, conforme vamos discutir no Capítulo 11. Contudo, essas reservas precisam de autorização especial para serem utilizadas e não devem ser consideradas parte da curva de custos do projeto. Lembre-se: é melhor não utilizá-las!

É importante ressaltar que as informações da *baseline* de custo e do orçamento como um todo fazem parte do plano do projeto e devem ser comunicadas para a área de gestão da integração (Capítulo 4), a *guardiã* do plano do projeto.

Além de representar os custos do projeto na curva S, é possível também representá-los utilizando a WBS. Partindo-se dos níveis mais baixos da estrutura analítica do projeto (WBS), que são os pacotes de trabalho, percorre-se a WBS seguindo a hierarquia e as ligações entre os pacotes e seus níveis superiores, agregando-os. Essa forma de representação tem grande utilidade para a apuração dos custos do projeto, pois os diversos níveis da estrutura são codificados, o que permite uma rápida identificação dos custos quando apurados.

Caso 7.2: como gerenciar os custos da obra?

Eduardo e Mônica se reuniram para rever a duração e o custo orçado do projeto, agora que dispunham de maiores informações sobre o projeto e sobre a estrutura de custo.

O projeto final submetido à prefeitura para obtenção de alvará de funcionamento da obra tinha 331 m^2, o que corresponderia a um custo estimado da obra de R$ 276.811,00, que eles obtiveram multiplicando a metragem final da casa pelo valor médio da construção por metro quadrado, na Região Centro-Oeste, para um padrão de construção médio de R$ 814,15 (Índice A&C, fevereiro de 2005).

Eduardo e Mônica estavam felizes, pois o projeto havia agradado a ambos e tinha um orçamento preliminar estimado inferior ao estabelecido no *project charter* (ver Capítulo 4).

Depois disso, eles desdobraram o custo da obra ao longo da WBS do projeto. Com vistas a esse desdobramento, Eduardo e Mônica pesquisaram muito na Internet e em revistas especializadas, buscando indicadores de custos proporcionais por estágio da obra. Depois de consultar várias fontes e solicitar ajuda de especialistas da Modelo Engenharia, Arquitetura e Construção S.C. Ltda., eles chegaram aos valores da Tabela 7.2. Eduardo ficou de desdobrar a estrutura de custo até o nível de pacote de trabalho para poder gerenciar melhor as entregas (*deliverables*).

Tabela 7.2 Estrutura de custo para o 1º nível da WBS

WBS – 1º Nível	%	Valor
1. Serviços preliminares	2	R$ 5.536,22
2. Projeto	8	R$ 22.144,88
3. Construção	35	R$ 96.883,85

(continua)

(continuação)

WBS – 1º Nível	%	Valor
4. Sistemas	16	R$ 44.289,76
5. Acabamento	38	R$ 105.188,18
6. Serviços complementares	1	R$ 2.768,11
Total	100	R$ 276.811,00

Após desdobrar a estrutura de custo ao longo da WBS, Eduardo percebeu o quão poderosa era essa ferramenta para a gestão de gastos da obra.

Depois, eles atualizaram a duração do projeto utilizando as técnicas de programação (ver Capítulo 6). Posteriormente, resolveram atualizar a *baseline* do projeto com base no gráfico de Gantt para as datas mais cedo, de modo a verificar se o fluxo de caixa esperado para o projeto era viável. O resultado desse estudo está apresentado na Figura 7.4.

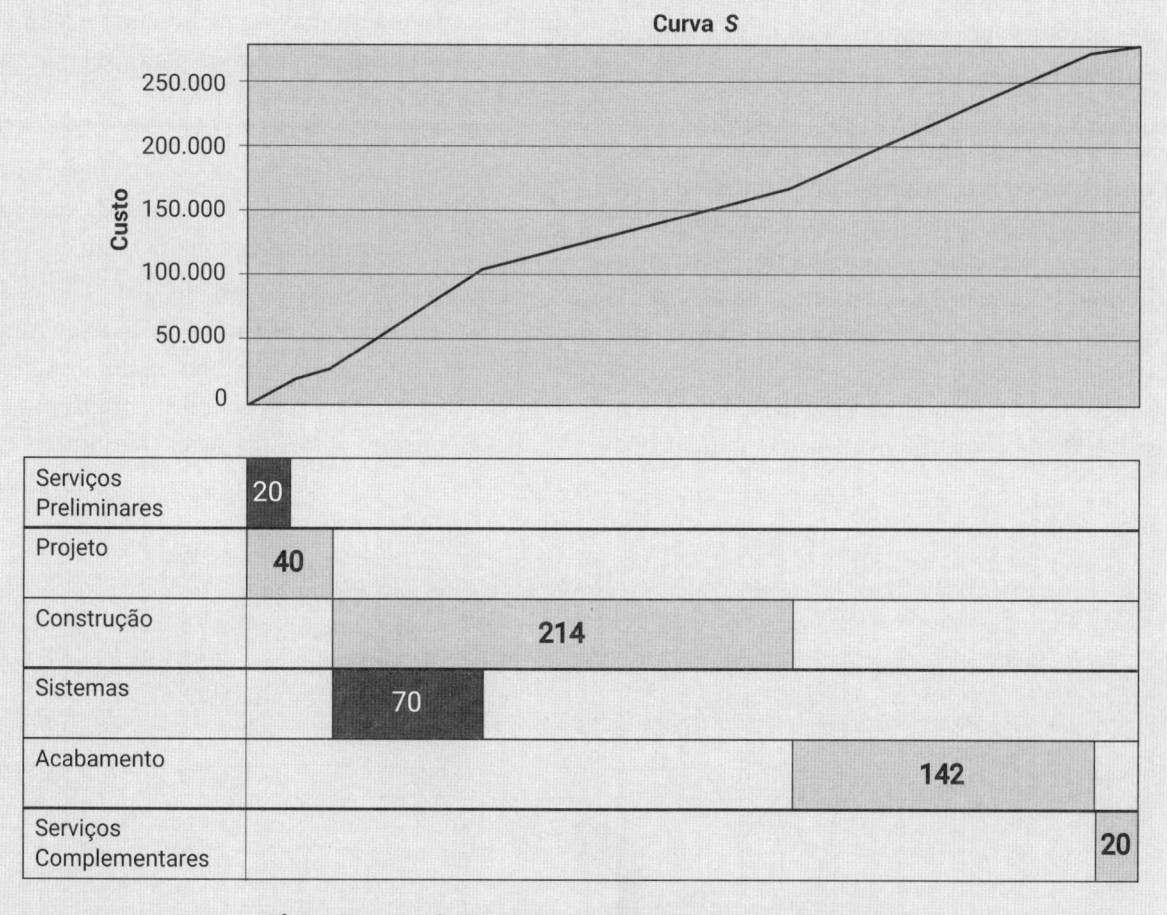

Figura 7.4 *Baseline* revisada do projeto de Eduardo e Mônica.

Observando a Figura 7.4, verificaram que havia uma taxa de desembolso um pouco mais acentuada nos meses iniciais do projeto, em relação à primeira curva traçada, que era linear. Embora eles tivessem que rever a liquidez do capital de que já dispunham no banco, e rever o prazo de algumas aplicações, a nova configuração dos gastos foi considerada viável pelo casal.

7.3 CUSTOS DO PROJETO

Os custos dos projetos podem ser classificados como diretos, indiretos ou causais. Os custos diretos são aqueles que variam segundo suas utilizações efetivas, tais como mão de obra, materiais e gastos diretos. Os custos indiretos são aqueles que não variam segundo suas utilizações efetivas e são rateados utilizando-se o sistema de contas da WBS (ver Capítulo 5), tais como materiais indiretos, mão de obra indireta (pessoal de auditorias da qualidade, *overhead* das equipes de apoio ao projeto, entre outros), além dos gastos indiretos (aluguel, seguros e depreciação dos equipamentos, entre outros); esses custos geralmente são apurados período a período. Finalmente, os custos causais são esporádicos, tais como as multas por atraso na execução e entrega dos *deliverables* do projeto.

Os custos diretos são de especial interesse para o gerente do projeto, pois estão diretamente relacionados com o progresso do plano do projeto e suas estimativas dependem muito da *expertise* da equipe que executou a orçamentação. Esses custos são alocados diretamente ao produto ou serviço do projeto. Além disso, eles podem ser alterados significativamente caso a forma de execução da tarefa seja modificada. Ademais, para reduzir a duração das atividades e do projeto é necessário entender bem o conceito de custo direto, o qual iremos detalhar na próxima seção.

7.3.1 Custo direto

Os custos diretos são aqueles que variam segundo suas utilizações efetivas, tais como mão de obra e materiais. Sthub *et al.* (1994) diferenciam três tipos de custo direto, quais sejam: custo da mão de obra direta, custo dos materiais diretos e os gastos com subcontratados envolvidos na execução do projeto. A Figura 7.5 ilustra a curva de custo direto do projeto.

Para entendermos melhor o gráfico da Figura 7.5, imaginem a concretagem da laje de 125 m² do primeiro pavimento da casa de Eduardo e Mônica, em que havia duas alternativas para executar essa atividade, quais sejam:

- alternativa 1: acelerada – concretagem realizada por empresa especializada, que utilizaria caminhão-betoneira a um custo de R$ 2.625,00 e duração de quatro horas; ou
- alternativa 2: normal – utilizar a equipe da obra para concretar manualmente a laje, com os três pedreiros preparando o concreto e dois auxiliares transportando e

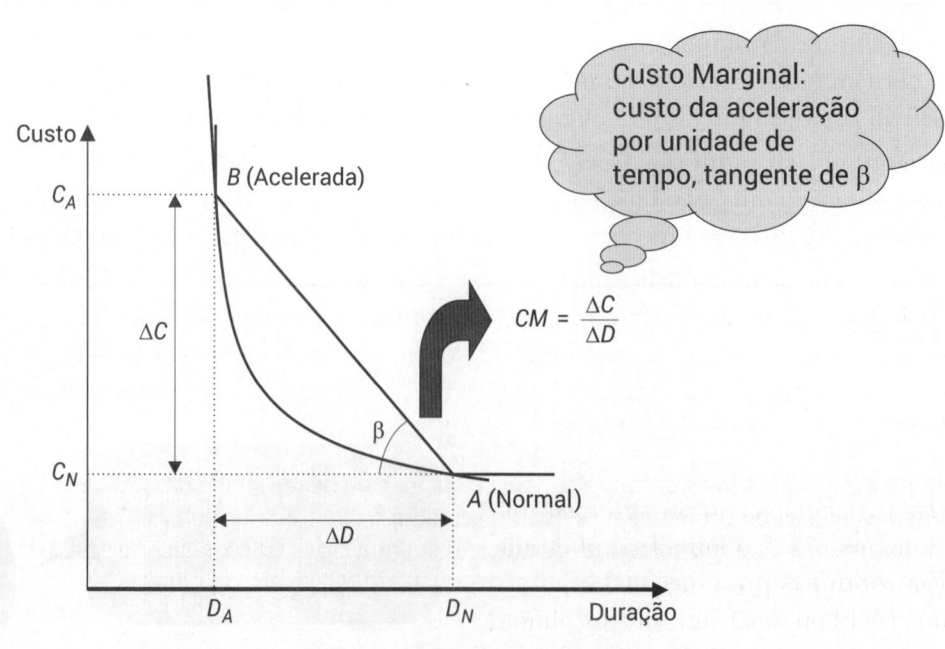

Figura 7.5 Curva de custo direto nas durações normal e acelerada.

espalhando, a um custo de R$ 1.750,00 e duração de dez horas.

Conceitualmente, admitimos que a duração normal do projeto representa seu menor custo direto e a duração acelerada o maior custo direto. É importante notar que a duração acelerada representa o menor tempo possível para executar determinada atividade, ou seja, não adiantaria alocar mais recursos, pois seria inviável tecnicamente acelerar ainda mais a duração da atividade (ver aprofundamento dessa discussão no Capítulo 9).

Dessa forma, podemos deduzir o conceito de custo marginal, que representa o custo necessário para acelerar uma atividade por uma unidade de tempo. Se admitirmos uma função linear, o custo marginal é a tangente do ângulo β (ver Figura 7.5), que é a razão entre a variação do custo e a variação na duração. As Equações 7.1, 7.2 e 7.3 definem variação de custo, variação de duração e custo marginal, respectivamente.

Equação 7.1

$$\Delta CD = CD_A - CD_N$$

em que ΔCD é a variação de custo direto da atividade; CD_A, o custo direto acelerado; e CD_N é o custo direto normal.

Equação 7.2

$$\Delta D = D_N - D_A$$

em que ΔD é a variação de duração da atividade; D_A é a duração acelerada; e D_N, a duração normal.

Equação 7.3

$$CM = \Delta CD / \Delta D$$

em que CM é o custo marginal.

7.3.2 Custo total

Agora que já dominamos o conceito de custo direto do projeto, podemos calcular o custo total do projeto. No modelo que vamos apresentar a seguir, apenas os custos diretos e indiretos são equacionados, uma vez que os custos causais são esporádicos e devem ser tratados separadamente, utilizando-se as ferramentas de risco discutidas no Capítulo 11. A Figura 7.6 apresenta a curva de custo total do projeto.

O custo total é, portanto, a soma dos custos diretos e indiretos do projeto. O custo direto do projeto corresponde ao somatório dos custos diretos de todas as atividades. Já o custo indireto do projeto, conforme já comentado, é rateado período

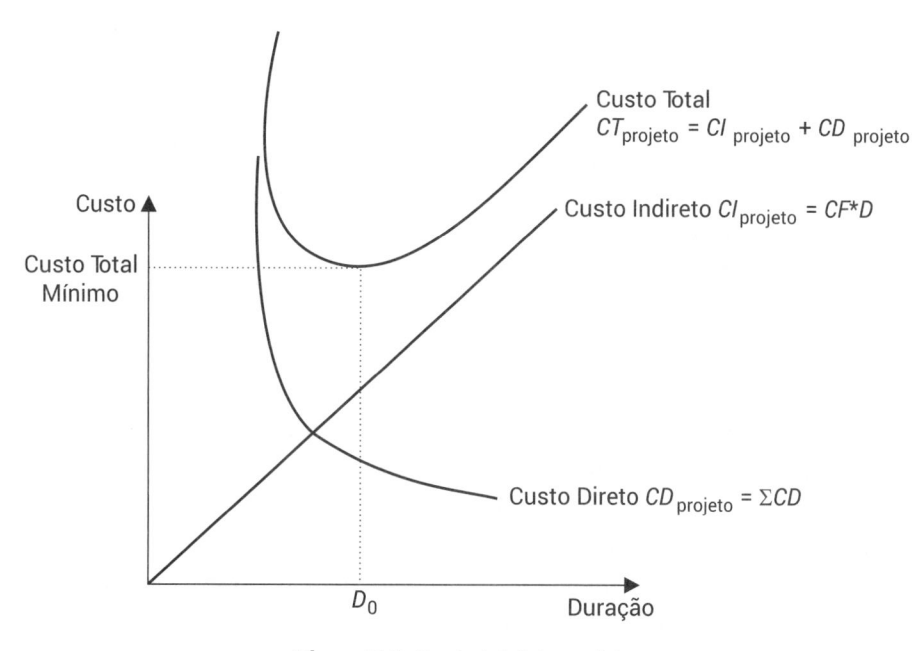

Figura 7.6 Custo total do projeto.

a período, configurando-se como custo fixo (*CF*), portanto, ele varia conforme a duração total do projeto. As Equações 7.4, 7.5 e 7.6 definem os custos total, direto e indireto do projeto, respectivamente.

> **Equação 7.4**
>
> $$CT_{Projeto} = CI_{Projeto} - CD_{Projeto}$$
>
> em que $CT_{Projeto}$ é o custo total do projeto; $CI_{Projeto}$ é o custo indireto do projeto; e $CD_{Projeto}$, o custo direto do projeto.

> **Equação 7.5**
>
> $$CD_{Projeto} = \sum_{i=0}^{n} CD_{Atividade}$$
>
> em que $CD_{Projeto}$ é o custo direto do projeto; $CD_{Atividade}$ é o custo direto da atividade; e n é o número de atividades do projeto.

> **Equação 7.6**
>
> $$CI_{Projeto} = CF * D$$
>
> em que $CI_{Projeto}$ é o custo indireto do projeto; *CF*, o custo fixo do projeto por unidade de tempo; e *D* é a duração do projeto.

É importante ressaltar que esse modelo admite uma duração ótima do projeto (D_O), que é o ponto mínimo da curva de custo total do projeto.

7.3.3 · Trade-offs de custo e prazo

Quando ocorrem modificações na *baseline* de custo do projeto ou necessidades de reprogramação dos prazos, o gerente defronta-se com a necessidade de escolher a alternativa de replanejamento que cause menor impacto negativo nos objetivos do projeto. Em geral, quando precisamos alterar prazo ou custo no projeto, essas duas variáveis apresentam *trade-offs* muitas vezes negativos para o projeto.

Os ajustes da programação do projeto podem ser realizados de várias formas, das quais se destacam o nivelamento de recursos (ver Capítulo 9), a compressão da duração, também conhecida como *crashing*, e o paralelismo, também conhecido como *fast tracking*.

Desses ajustes de programação, o que tem menor impacto nos custos é o paralelismo (*fast tracking*), em que se alteram algumas sequências conservadoras de precedência, fazendo as atividades em paralelo.

Contudo, existem situações em que é necessário analisar passo a passo o comportamento de prazo e custo. Imagine que o projeto tem uma multa contratual pelo atraso na entrega final. Agora, imagine que o projeto está atrasado e você necessita acelerá-lo (*crashing*). Como decidir que recursos alocar e em quais atividades? Como analisar o impacto da aceleração das atividades nos custos do projeto?

Para responder a essas perguntas, é preciso entender um pouco dos custos do projeto e da dinâmica da compressão da duração ou *crashing*. Nessa situação, são alocados recursos adicionais para acelerar as atividades, tais como a contratação de equipe adicional terceirizada, com impacto no custo, ou submeter o pessoal já alocado a trabalhar em horas extras com risco de fadiga e de diminuição da qualidade, além do impacto no custo (lembre-se de que a hora extra custa mais caro).

Para fazer a compressão da duração (*crashing*) do projeto, pode-se utilizar o algoritmo de Contador (Contador, 1998). Esse algoritmo tem início no ponto mínimo da curva de custo direto, ou seja, em todas as atividades em duração normal (rever Figura 7.5). Com base nas durações normais das atividades é realizada a programação do projeto (rever Capítulo 6).

A primeira pergunta a responder é: como acelerar esse projeto? Da resposta a essa pergunta vem o primeiro passo do algoritmo, que é:

> *Passo 1*: Identificar o(s) caminho(s) crítico(s).

Exercício resolvido 7.1: *crashing* **passo 1**

Para ilustrar este algoritmo, vamos utilizar um exemplo didático adaptado de Contador (1998). Imagine o projeto descrito pela Tabela 7.3, na qual encontramos as informações das durações das atividades, normal e acelerada, assim como os custos diretos das atividades, normal e acelerada. Sabe-se, ainda, que o custo fixo desse projeto por período é de R$ 8,00 por semana (*CF* = R$ 8,00/semana).

Tabela 7.3 Projeto a ser acelerado

Atividade	Prec.	Duração		Custo direto		CM
		A	N	A	N	
A		6	11	40	30	2
B		5	12	63	42	3
C		11	19	31	23	1
D	A	7	12	71	51	4
E	B, C	5	11	159	105	9
F	C	9	13	210	170	10
G	D, E	13	22	135	90	5
H	B, C	7	12	135	100	7
I	F	9	14	135	130	1
TOTAL				979	741	

A Figura 7.7 ilustra a rede de eventos desse projeto para as durações normais.

Nessa configuração, o projeto tem duração (D) de 52 semanas. O custo indireto do projeto é, portanto, R$ 416,00 ($CF \star D$). Com base nas informações da Tabela 7.3, sabemos que o custo direto desse projeto é de R$ 741,00 ($\Sigma CD_{Atividade}$).

Dessa forma, o custo total do projeto, com todas as atividades em sua duração normal, é aquele descrito na Equação 7.7:

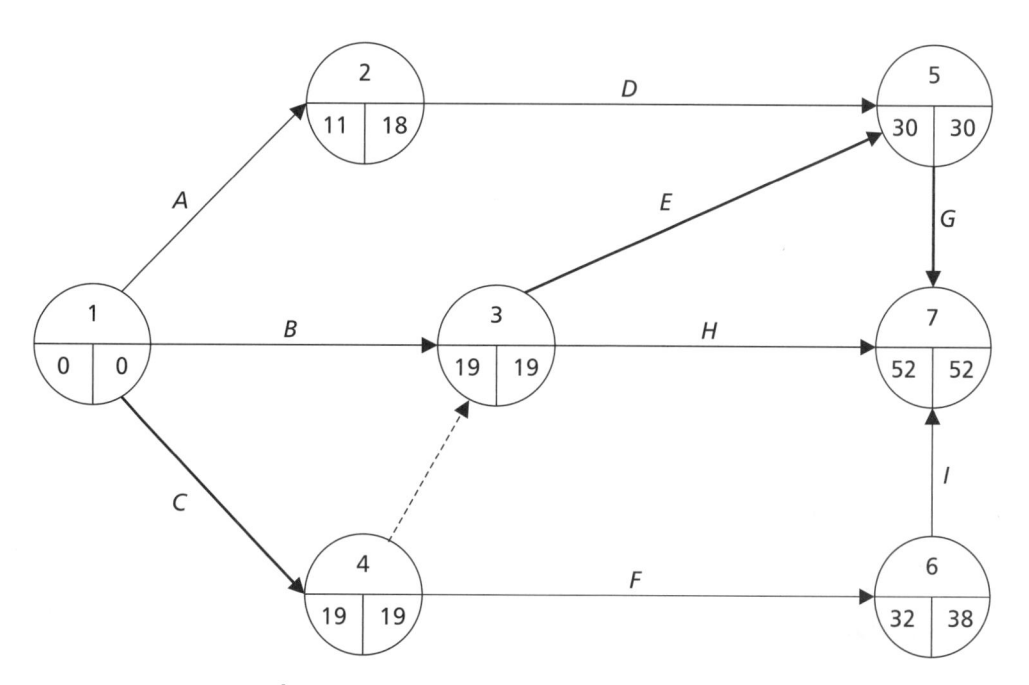

Figura 7.7 ADM do projeto – durações normais.

Equação 7.7

$$CT_{Projeto} = 8*52 + 741 = R\$ 1.157,00$$

sendo:

$CI_{Projeto} = CF*D = 8*52 = R\$ 416,00$; e

$CD_{Projeto} = \Sigma CD_{Normal} = R\$ 741,00$.

Dada essa configuração inicial do projeto e a necessidade de reduzir sua duração, qual atividade ou conjunto de atividades o gerente deve acelerar? Assim, chegamos aos passos 2 e 3 desse algoritmo.

Passo 2: Identificar os conjuntos de atividades candidatas à aceleração, da seguinte forma:

Caso 1 – apenas um caminho crítico: cada uma das atividades é candidata à aceleração (desde que a atividade ainda seja passível de aceleração).

Caso 2 – mais de um caminho crítico: conjuntos formados com uma atividade de cada caminho crítico.

Passo 3: Calcular custo marginal (*CM*) dos conjuntos candidatos e decidir pelo de mínimo custo.

Vimos, no Capítulo 6, que as atividades do caminho crítico não têm folgas e são elas que determinam a duração do projeto; dessa forma, se quisermos acelerar o projeto, devemos primeiro investigar as atividades do caminho crítico. É claro que se existe mais do que um caminho crítico, não basta acelerar apenas um desses caminhos, é necessário acelerá-los simultaneamente. Para o nosso exemplo didático, o caminho crítico é formado pelas atividades *C*, *E* e *G*; assim, os passos 2 e 3 do algoritmo são os seguintes:

Exercício resolvido 7.1: *crashing* **passos 2 e 3**

Passo 2: Conjuntos candidatos {*C*}; {*E*} e {*G*}.

Passo 3: *CM* dos conjuntos são 1, 9 e 5, para {*C*}, {*E*} e {*G*}, respectivamente.

⬇ Acelerar *C*!

Agora que sabemos quais atividades acelerar, devemos nos perguntar quantas unidades de tempo é possível acelerar. A primeira informação que nos vem à cabeça é se é possível acelerar a atividade, ou seja, se a duração da atividade é ainda maior que sua duração acelerada (D_A). Caso ainda seja possível acelerar a atividade, outra questão nos deve preocupar: será que, ao reduzir a atividade, não estaremos gerando outros caminhos críticos? Assim, chegamos aos passos 4, 5 e 6 deste algoritmo – Quanto acelerar? Qual o impacto da aceleração na duração e nos custos do projeto?

Passo 4: Calcular o passo de aceleração, conforme a Equação 7.8.

Equação 7.8

$$\xi = \min(\xi_1, \xi_2)$$

em que $\xi_1 = \min(D_N - D_A)$, para todas as atividades do conjunto a ser acelerado; e $\xi_2 = \min FL(P_j)$, ou seja, a menor folga livre (*FL*) dos caminhos (P_j) que não contêm a(s) atividade(s) acelerada(s).

Uma vez decidido o passo de aceleração (passo 4), devemos atualizar os dados de duração do projeto (passo 5), programando novamente a rede para a nova duração da(s) atividade(s) acelerada(s). Recalcular os custos total, direto e indireto do projeto (passo 6).

Passo 5: Acelerar a atividade em ξ e calcular a nova duração do projeto.

Passo 6: Calcular o novo *CT* do projeto, custo direto e custo indireto.

Exercício resolvido 7.1: *crashing* **passos 4, 5 e 6**

Em nosso exemplo, no passo 3, decidimos acelerar *C*. Sabemos que a atividade *C* está na sua duração normal de 19 semanas e pode ser acelerada até, no máximo, 11 semanas; dessa forma, o máximo que posso acelerar *C* é em oito semanas. Além disso, devemos verificar se não estamos gerando outros caminhos críticos, portanto, calculamos todas as folgas livres dos caminhos que não contêm a atividade *C*, que será acelerada, ou seja, os caminhos *ADG*, *BEG* e *BH* (vale a pena relembrar o conceito de folga no Capítulo 6). A Equação 7.9 apresenta os resultados do passo 4:

Aceleração de C em sete unidades de tempo

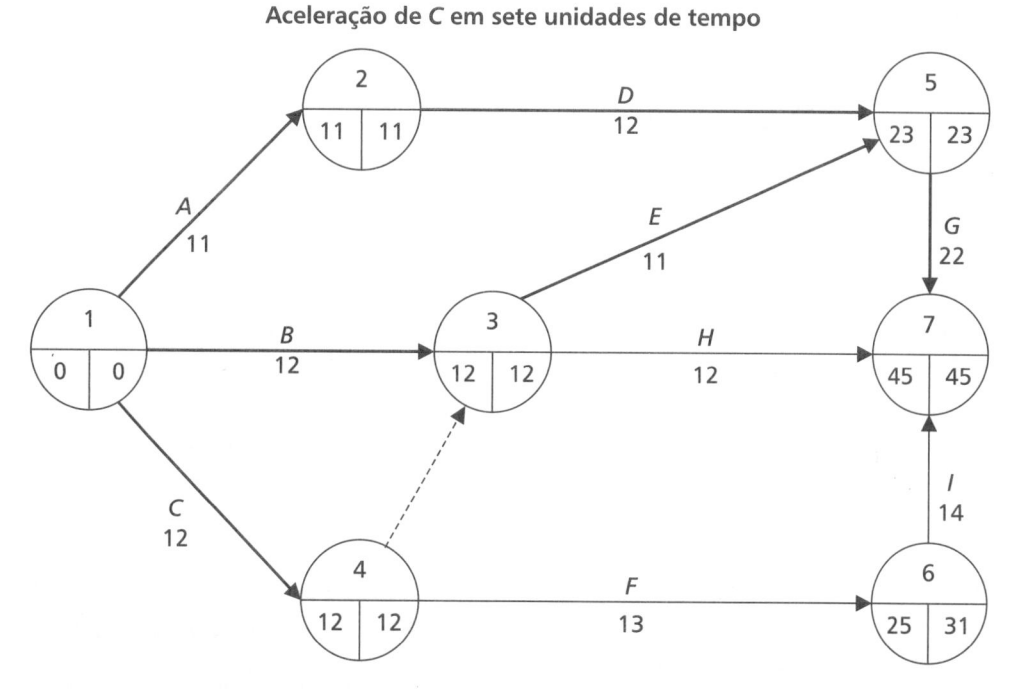

Figura 7.8 ADM do projeto – acelerando C em sete semanas.

Equação 7.9

$$\xi = \min(8; 7) = 7$$

em que $\xi_1 = DN - DA = 19 - 11 = 8$; e $\xi_2 = \min(FL_{ADG}\ FL_{BEG}\ FL_{BH}) = \min(7, 7, 28) = 7$

Concluímos que devemos acelerar a atividade C em sete semanas. A Figura 7.8 apresenta a rede para a atividade C acelerada, o que resultou na redução da duração do projeto como um todo para 45 semanas.

Contudo, agora temos três caminhos críticos no projeto – ADG, BEG e CEG –, o que dificulta muito seu gerenciamento, pois existe pequena margem de manobra na alocação dos recursos.

Atualizando os dados de custo do projeto, temos o resultado descrito na Equação 7.10.

Equação 7.10

$$CT_{Projeto} = (8*45) + (741 + 7*1) = 1.108$$

em que $CI_{Projeto} = CF*D_{Atualizada}$; e $CD_{Projeto} = CD_{Normal} + \xi_C * CM_C$.

Agora, como em todo algoritmo, devemos ter uma regra de parada – quando parar?

Existem vários critérios de parada possíveis, alguns deles de ordem lógica, como no caso de todas as atividades de um caminho crítico estarem em sua duração acelerada. Nesse contexto, é impossível continuar a reduzir a duração do projeto.

Não obstante, existem também alguns outros critérios de parada que podem interessar ao gerente de projeto, tais como:

- *critério 1*: conduzir o projeto ao custo total mínimo; isso ocorre quando o custo marginal do conjunto candidato à aceleração for maior que o custo fixo ($CM > CF$);
- *critério 2*: conduzir o projeto à data de término desejada, contraindo a duração do projeto até a data estipulada em contrato.

Exercício resolvido 7.1: *crashing* regra de parada

Digamos que, no nosso exemplo, queremos encontrar o ponto de custo total mínimo. Para testar a regra de parada, precisamos encontrar o conjunto candidato à aceleração e calcular o custo marginal (CM). Portanto, iniciamos a segunda iteração desse algoritmo e voltamos ao passo 1.

Passo 1: Identificar o(s) caminho(s) crítico(s) – ADG; BEG; CEG.

Passo 2: Identificar os conjuntos de atividades candidatas à aceleração, com uma atividade de cada caminho crítico – {ABC}; {AE}; {DBC}; {DE}; {G}.

Passo 3: Calcular CM dos conjuntos candidatos e decidir pelo de mínimo.

$CM_{ABC} = 2 + 3 + 1 = 6$

$CM_{AE} = 2 + 9 = 11$

$CM_{DBC} = 4 + 3 + 1 = 8$ ⇨ Acelerar G!

$CM_{DE} = 4 + 9 = 13$

$CM_G = 5 = 5$

Agora já podemos responder se devemos parar a compressão das atividades. Para isso, precisamos comparar o custo marginal de G com o custo fixo do projeto (CMG > CF); caso seja maior, devemos parar o algoritmo. Como o custo marginal da atividade G é 5 e o custo fixo do projeto é 8, ainda não chegamos no ponto de mínimo da curva de custo total e devemos, portanto, continuar o algoritmo caminhando para o passo 4.

Passo 4: Calcular o passo de aceleração da atividade G, conforme a Equação 7.11.

Equação 7.11

$$\xi = \min(9; 6) = 6$$

em que $\xi_1 = D_N - D_A = 22 - 13 = 9$; e $\xi_2 = \min(FL_{BH}, FL_{CH}, FL_{CFI}) = \min(21, 21, 6) = 6$.

Passo 5: Acelerar a atividade G em seis semanas (ξ) e calcular a nova duração do projeto, conforme ilustra a Figura 7.9.

Passo 6: Atualizar as informações de custo do projeto, calculando o novo custo total, conforme a Equação 7.12.

Equação 7.12

$$CT_{Projeto} = (8*39) + (741 + 7*1 + 6*5) = R\$ 1.090,00$$

em que $CI_{Projeto} = CF*D_{Atualizada} = R\$ 312,00$; e $CD_{Projeto} = CD_{Normal} + \xi_C*CM_C + \xi_G*CM_G = R\$ 778,00$.

Faça como exercício a continuação do algoritmo até chegar ao ponto de mínimo da curva de custo total.

7.4 MONITORAMENTO E CONTROLE DOS CUSTOS

Ao longo do projeto, acontecem variações na *baseline*. Existe uma variabilidade natural dos custos do projeto que não geram alterações significativas

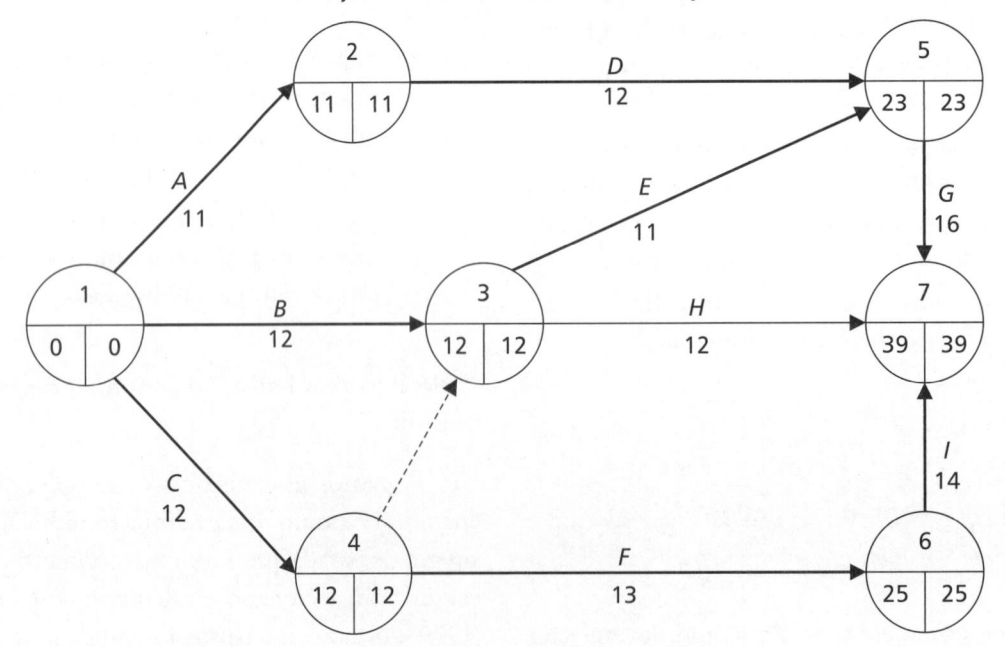

Figura 7.9 ADM do projeto – acelerando G em seis semanas.

no orçamento do projeto e são facilmente tratados pelo gerente de projetos.

Contudo, quando as variações são acentuadas, em geral fruto de estimativas mal-elaboradas ou da ocorrência de riscos, previamente identificados ou não, é preciso agir rapidamente, verificando as reservas do projeto e os impactos da quebra do orçamento em outras áreas do projeto, em especial alterações de escopo e prazo. Esse tipo de variabilidade de custo, acima do normal esperado, demanda renegociações dos objetivos do projeto e, geralmente, conduz a um desempenho insatisfatório.

Portanto, é importante que o gerente controle os custos. Segundo o PMI (2013), o processo de controle de custos mostra o progresso do projeto, analisa distorções e identifica alternativas de contingenciamento que conduzem a um novo planejamento, fazendo esse ciclo sempre que as variações alterarem significativamente os objetivos do projeto.

A postura do gerente na condução desse processo deve ser proativa, influenciando os fatores que afetam a *baseline* de custo, para garantir que eventuais mudanças sejam benéficas, identificando as razões das variações, sejam elas positivas ou negativas. A postura reativa de esperar que as mudanças aconteçam e "saná-las", utilizando a reserva do projeto, conduz a um desempenho insatisfatório.

Existem alguns documentos fundamentais nesse processo, dentre eles, destaca-se o *template* de solicitação de alterações de projeto, que está exemplificado no Quadro 7.1.

Quadro 7.1 *Template* de alteração nos custos do projeto

Pacote de trabalho		Código WBS		
Revisão de custo #		Data		
Descrição da mudança				
Razão da mudança:				
	Orçamento solicitado	Orçamento autorizado	Período	
Hh			De:	
Material $			A:	
Equipamento $				
Indireto $				
Solicitado por:				
Aprovado:				
Gerente				
Sponsor				
Cliente				

7.5 AVALIANDO O DESEMPENHO DO PROJETO

Em outros tipos de produção, como uma linha de montagem, costumamos ter padrões de desempenho bem conhecidos, tais como taxas médias de refugo e retrabalho, tempo de ciclo e tempo de preparação (*set-up*), entre tantos outros indicadores de desempenho disponíveis.

E para projeto? Como fazer avaliação de desempenho de algo único?

É claro que podemos estabelecer bases de dados de projetos concluídos e classificá-los segundo suas semelhanças, utilizando essas informações como padrão de referência para análise de desempenho. Contudo, é no confronto entre o que foi planejado e o que está sendo executado que encontramos uma fonte poderosa de mensuração de desempenho, bem como de monitoramento e controle.

Uma das técnicas mais utilizadas para mensuração e monitoramento do desempenho do projeto é o gerenciamento do valor agregado, ou o termo em inglês já popularizado nos escritórios de projeto, *earned value management* (EVM). Essa técnica compara o valor do trabalho completado ao montante originalmente alocado no orçamento, integrando as áreas de escopo, custo e cronograma (PMI, 2017).

Esse monitoramento deve ser feito em períodos regulares, para acompanhar a evolução do projeto, de modo que sejam tomadas ações corretivas tão logo os valores gastos em face do trabalho realizado desviem do valor-alvo.

Como já discutimos anteriormente neste capítulo, a gestão de custos do projeto tem na linha base (*baseline*) seu referencial de análise; quaisquer modificações no projeto afetam a *baseline*, quer sejam intencionais ou não.

Para começarmos a entender a técnica de análise do valor agregado, primeiro é preciso estar familiarizado com uma série de siglas que você encontrará no dia a dia das empresas. O Quadro 7.2 apresenta as principais expressões utilizadas na EVA.

Como acreditamos que a atividade de projeto tenha forte intercâmbio com o exterior, achamos que os profissionais de projetos devem estar familiarizados com as expressões em inglês, sobretudo as siglas, pois são largamente utilizadas no ambiente corporativo. Portanto, iremos adotar as siglas em inglês, conforme a versão em inglês do PMBoK® (PMI, 2013). Observando o Quadro 7.2, verifica-se que existem termos diferentes para o mesmo conceito, como é o caso de *budgeted cost of work scheduled* – BCWS (custo orçado do trabalho

Quadro 7.2 Nomenclatura

Expressões em português	Sigla	Expressões em inglês	Sigla
Custo Orçado do Trabalho Planejado Valor Orçado	COTP VO	*Budgeted Cost of Work Scheduled* *Planed Value*	BCWS PV
Custo Orçado do Trabalho Executado Valor Agregado	COTE VA	*Budgeted Cost of Work Performed* *Earned Value*	BCWP EV
Custo Real do Trabalho Executado Custo Real	CRTE CR	*Actual Cost of Work Performed* *Actual Cost*	ACWP AC
Variância do Prazo	VP	*Schedule Variance*	SV
Variância do Custo	VC	*Cost Variance*	CV
Índice de Desempenho do Custo	IDC	*Cost Performance Index*	CI
Índice de Desempenho do Prazo	IDP	*Schedule Performance Index*	SI
Estimativa para a Conclusão	EPC	*Estimate at Completion*	EAC
Custo Adicional para a Conclusão	CAC	*Estimate to Complete*	ETC

planejado – COTP), que foi simplificado para *planed value – PV* (valor orçado –VO).

O *planed value – PV* (valor orçado –VO) – é o valor total orçado a ser gasto em determinada atividade, pacote ou projeto, em determinado ponto de verificação do projeto, ou seja, o valor planejado para determinado período de tempo, expresso em unidades monetárias (PMI, 2017). Para exemplificar esse conceito, imagine que no projeto de Eduardo e Mônica uma das atividades era a construção do muro da casa de 90 m². Essa atividade tinha um valor orçado de R$ 4.500,00, ou seja, o valor que foi estimado como necessário para execução do muro, considerando-se todos os recursos. Como a duração estimada para a construção do muro era de três semanas (30 m² por semana), eles consideraram uma função linear de *baseline* de custo para essa atividade.

O *actual cost – AC* (custo real – CR) – é o custo total incorrido em determinado período de tempo (PMI, 2017). O *AC* é o custo real, aquele desembolsado pela empresa no período. Para uma boa aferição desse custo, é necessário ter instrumentos de registro dos gastos do projeto; para tanto, cabe fazer uma análise da WBS e da estrutura organizacional do projeto, para decidir a melhor forma de apurar os custos e usar um bom sistema de codificação para poder, posteriormente, rastrear os gastos apurados. No exemplo anterior, imagine que Eduardo e Mônica, efetivamente, tenham gasto R$ 1.000,00 nessa atividade na primeira semana, o que os deixou bastante contentes, pois haviam economizado R$ 500,00, uma vez que o previsto (PV) era gastarem R$ 1.500,00.

O *earned value – EV* (valor agregado – VA) é o montante orçado para o trabalho, efetivamente, realizado no período. Para determinar esse valor, é preciso conhecer a porcentagem do trabalho planejado para o período que foi de fato executada (PMI, 2013). Voltando ao exemplo anterior, após fazer a apuração semanal dos custos do projeto, Eduardo resolveu fazer uma visita à obra e, para sua surpresa, apenas 15 m² de muro tinham sido erguidos, ou seja, 50% do planejado, cujo valor é de R$ 750,00 (*EV*). Dessa forma, à primeira vista, parecia ser um bom resultado, pois se esperava gastar R$ 1.500,00 (*PV*) na primeira semana, mas gastaram-se apenas R$ 1.000,00 (*AC*). Contudo, de fato era um resultado insatisfatório, pois se gastaram R$ 1.000,00 por um trabalho que vale R$ 750,00 (*EV*), o que equivalente a 50% do trabalho planejado para o período, ou seja, apenas 15 m² de muro feitos dos 30 m² planejados. A Figura 7.10 apresenta os valores de *PV*, *AC* e *EV* para o exemplo do muro.

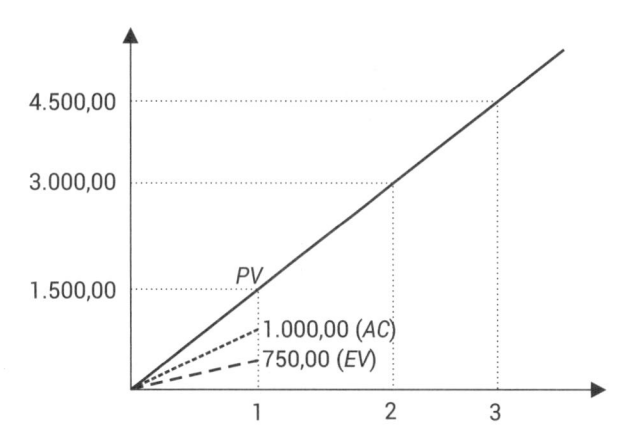

Figura 7.10 PV, AC e EV da atividade muro – Eduardo e Mônica.

A seguir, serão detalhados os principais elementos da análise de valor agregado (EVA) e a forma de cálculo das principais métricas e indicadores de desempenho do projeto.

7.5.1 Indicadores de desempenho do projeto

Com base nos conceitos apresentados, podemos calcular indicadores de prazo e custo do projeto. Existem quatro métricas comumente utilizadas para monitorar o progresso do projeto, confrontando com o que era esperado no plano do projeto, quais sejam: variância de prazo, variância de custo, índice de desempenho de prazo e índice de desempenho de custo (PMI, 2013). As Equações 7.13, 7.14, 7.15 e 7.16 descrevem as fórmulas de cálculo dessas métricas.

Equação 7.13

$$CV = EV - AC$$

em que *CV* é a variância de custo (*cost variance*); *EV* é o valor agregado (*earned value*); e *AC*, o custo real (*actual cost*).

Equação 7.14

$$CPI = EV/AC$$

sendo CPI o índice de desempenho de custo (*cost performance index*).

Equação 7.15

$$SV = EV - PV$$

em que SV e a variância de prazo (*schedule variance*); e PV é o valor orçado (*planed value*).

Equação 7.16

$$SPI = EV/PV$$

em que SPI é o índice de desempenho de prazo (*schedule performance index*).

A razão crítica (*critical ratio* – CR) é a fusão desses dois índices, CPI e do SPI, com o intuito de sintetizar o desempenho do projeto, calculado segundo a Equação 7.17 (AMBARI, 2003).

Equação 7.17

$$CR = CPI \times SPI$$

É possível entender graficamente as Equações 7.13 e 7.15, conforme ilustra a Figura 7.11. Nessa figura, que sintetiza a análise do valor agregado (EVA), podemos ver em destaque a variância de prazo e custo.

Observando as Equações 7.14 e 7.16, verificamos que, se o valor desses índices foi igual ou superior a um, significa que o custo e o prazo do projeto correram conforme o planejado ou superaram positivamente as estimativas. Com base nessa análise, propomos quatro categorias de projetos: *Mal Gerenciado, Rápido e Gastão, Lento e Econômico* e *Bem Gerenciado*, conforme ilustra a Figura 7.12. O projeto *Mal Gerenciado* é aquele que teve desempenho negativo tanto em prazo (SV negativa) como em custo (CV negativa) e, portanto, obteve índices inferiores a um, para CPI e, também, para SPI. O projeto *Rápido e Gastão* é aquele que teve um bom desempenho em prazo (SV positiva), mas para isso comprometeu seu desempenho em custo (CV negativa) e, portanto, obteve índices inferiores a um para CPI, mas superiores a um para SPI. O projeto *Lento e Econômico* é aquele que, ao contrário da categoria anterior, teve um bom desempenho em custo (CV positiva e CPI maior que um), mas para isso comprometeu seu desempenho em prazo (SV negativa e SPI menor que um). Finalmente, o projeto *Bem Gerenciado* é aquele em que o desempenho, tanto em prazo como em custo, superou positivamente o planejado. A Figura 7.12 ilustra os quadrantes que representam esse modelo de análise de desempenho do projeto.

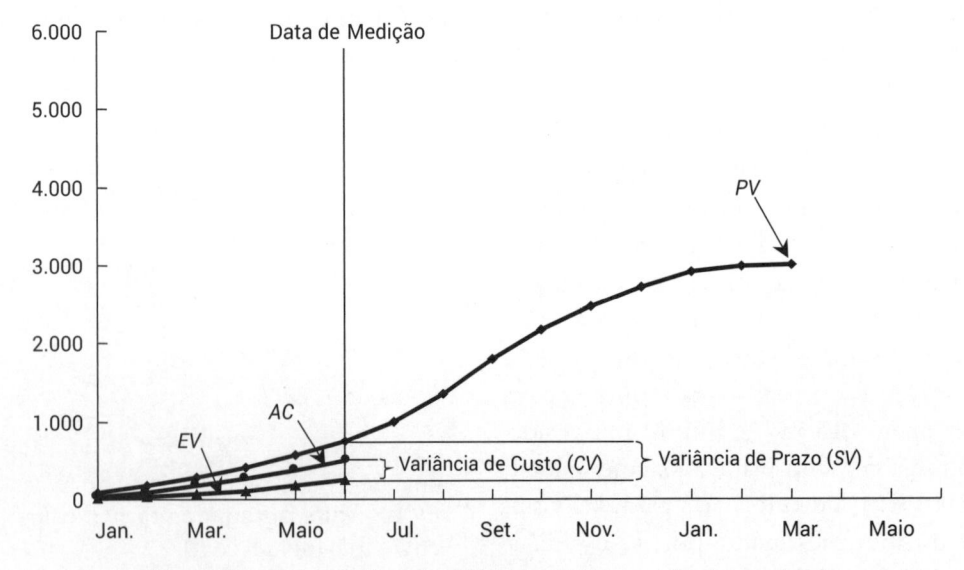

Figura 7.11 EVA – análise do valor agregado (*earned value analysis*).

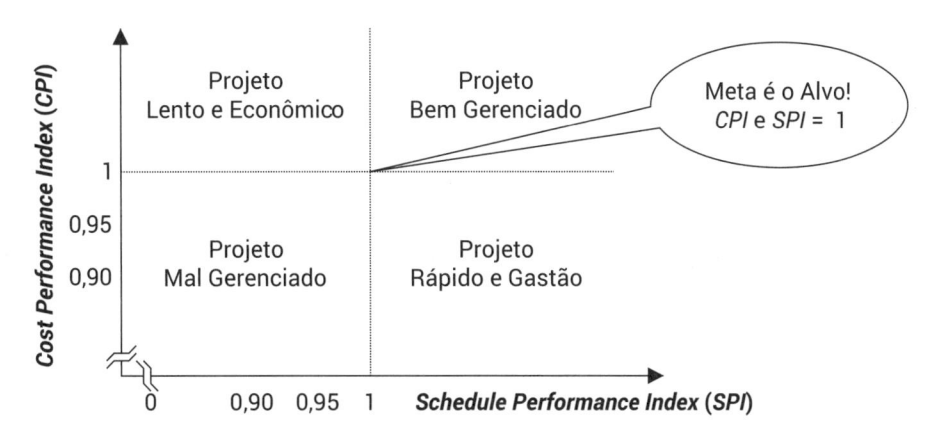

Figura 7.12 Categorias de projeto segundo o desempenho.

No entanto, um projeto entregue significativamente antes do prazo acordado ou muito abaixo do orçamento previsto pode, por um lado, indicar que houve uma gestão de projeto eficiente, mas, por outro, pode se tratar de um planejamento com muita "gordura", ou seja, com estimativas muito pessimistas, que acabam por onerar o orçamento e o cronograma do projeto como um todo. Em casos extremos, essa postura pode conduzir à perda de oportunidades de venda do projeto ou menor competitividade em licitações, além de comprometimento dos recursos alocados ao projeto, que poderiam ser disponibilizados para outros fins, ou seja, custo de oportunidade. Por isso, nesse caso, a meta é o alvo, ou seja, trabalhar com estimativas confiáveis e cumpri-las de acordo com a *baseline* do projeto. Caso o cenário se configure muito positivo, com índices de prazo e custo muito acima de um (mais de 20% do estimado, embora esse dado varie de acordo com o tipo de projeto, ver Capítulo 2), a *baseline* do projeto deve ser revista, para que o recurso estimado em excesso possa ser realocado pela organização.

Um ponto importante é a definição do período de apuração e distribuição dos resultados dos índices nos relatórios de desempenho do projeto, que devem ser distribuídos aos *stakeholders*-chave do projeto (ver Capítulo 10).

Vale ainda destacar que, em uma parcela expressiva das empresas, os sistemas de custeio e de informações não fornecem transparência dos dados e da apuração de custos dos projetos, que ficam diluídas em várias caixinhas da estrutura organizacional.

Uma vez obtidos os indicadores de desempenho do projeto em uma data específica de controle do projeto, é possível obter o custo adicional para a conclusão do projeto (ETC), ou seja, qual o custo estimado que ainda falta para a conclusão do projeto, tomando-se como base a data atual (PMI, 2013). As Equações 7.18 e 7.19 apresentam as fórmulas para o cálculo do ETC.

Equação 7.18

$$ETC = (PV - EV_{Data})$$

em que ETC é o Custo adicional para a conclusão (*estimate to complete*); PV é o valor orçado do projeto (*planed value*); e EV_{Data}, o valor agregado na data de controle do projeto (*earned value*).

Equação 7.19

$$ETC = (PV_{Remanescente} \div CPI)$$

em que $PV_{Remanescente}$ é o valor orçado para o restante do projeto a partir da data de controle (*planed value remaining*); e CPI é o índice de desempenho de custo (*cost performance index*).

Pode-se, ainda, calcular a estimativa de custo para conclusão do projeto (*estimate at completion – EAC*). O EAC é o custo total esperado para a conclusão do projeto, tomando-se como base o desempenho do projeto ao longo do tempo (PMI, 2017).

Para fazer essa estimativa, é necessário refletir a respeito das causas de variação dos custos do projeto até o momento da análise. Se o gerente julgar que a variância dos custos e seus índices de desempenho tendem a continuar da mesma forma no restante do projeto, pode-se obter o EAC somando-se o custo real da data de controle (*AC*) ao custo adicional para a conclusão do projeto, ou seja, *EAC* = *AC* + *ETC*.

Contudo, caso o gerente julgue que essas variâncias são atípicas e que da data de controle para frente o projeto apresentará outro comportamento em termos de desempenho, o *EAC* deverá ser recalculado utilizando-se novas estimativas.

Caso 7.3: Avaliando o desempenho do projeto

Finalmente, Eduardo e Mônica concluíram o projeto da casa, mas como tinham procurado seguir as boas práticas de gestão de projetos ao longo de toda a obra, resolveram fazer também um bom encerramento do projeto.

Para a reunião, Eduardo preparou todos os dados da análise de valor agregado do projeto (*EVA*), que estão na Tabela 7.4.

Observando a Tabela 7.4, verificou-se que os componentes da WBS que mais comprometeram o desempenho do projeto foram os serviços preliminares em custo e o acabamento em prazo e custo.

Com base nesses dados, eles concluíram que seu projeto ficou na categoria *Rápido e Gastão*. O que significa que eles têm de aprimorar suas técnicas de gestão de projetos, principalmente no que concerne à gestão de escopo, pois fizeram muitas alterações de projeto.

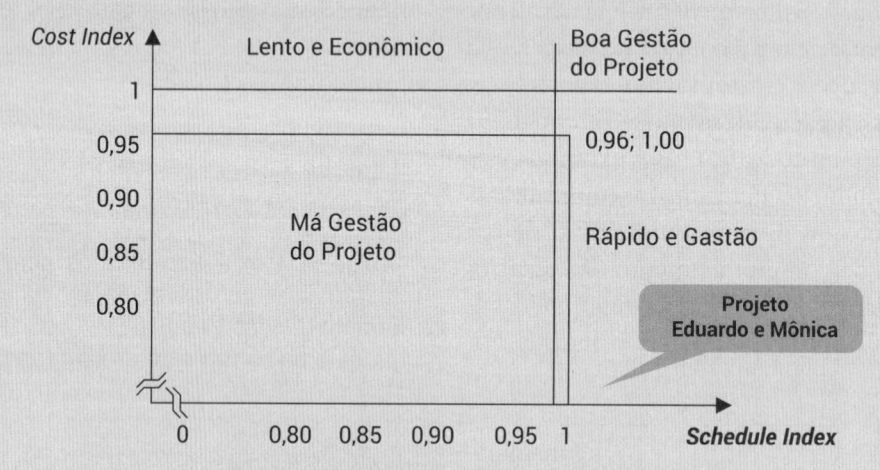

Figura 7.13 Projeto Eduardo e Mônica.

Tabela 7.4 EVA do projeto

Elemento da WBS	Planejado PV	Agregado EV	Real AC	CV EV – AC	[%] CV/EV	SV EV – PV	[%] SV/EV	CI EV/CR	SI EV/PV
1. Serviços preliminares	R$ 5.536,22	R$ 5.536,22	R$ 6.089,84	–R$ 553,62	–10,0	0	0,0	0,91	1,00
2. Projeto	R$ 22.144,88	R$ 22.587,78	R$ 22.587,78	R$ 0,00	0,0	443	2,0	1,00	1,02
3. Construção	R$ 96.883,85	R$ 96.883,85	R$ 96.883,85	R$ 0,00	0,0	0	0,0	1,00	1,00
4. Sistemas	R$ 44.289,76	R$ 48.718,74	R$ 48.718,74	R$ 0,00	0,0	4.429	10,0	1,00	1,10
5. Acabamento	R$ 105.188,18	R$ 99.928,77	R$ 110.447,59	–R$ 10.518,82	–10,5	–5.259	–5,0	0,90	0,95
6. Serviços complementares	R$ 2.768,11	R$ 2.768,11	R$ 2.629,70	R$ 138,41	5,0	0	0,0	1,05	1,00
Totais	R$ 276.811,00	R$ 276.423,46	R$ 287.357,50	–R$ 10.934,03	–4,0	–388	–0,1	0,96	1,00

QUESTÕES PARA REFLEXÃO E DISCUSSÃO

1. Faça a curva S de um projeto de construção de uma casa na Região Sudeste, de alto padrão, com área construída de 421 m² e cujo prazo previsto para a conclusão é de 12 meses. Utilize os dados da Tabela 7.1 para fazer a estimativa *bottom-up* e assuma que a *baseline* seja linear.

2. Para o projeto cujos dados estão na Tabela 7.5, pede-se:
   a) Calcule *SV, CV, CI* e *SI*.
   b) Com base nos indicadores de desempenho calculados no item *a*, diga em que categoria de projetos ele se encaixa.
   c) Quais foram as atividades que mais prejudicaram o desempenho do projeto?

Tabela 7.5 Dados de custo do projeto

Atividade	Orçado (PV)	Agregado (EV)	Real (AC)
A	24.000	20.000	20.000
B	14.000	12.400	12.000
C	40.000	27.000	36.200
D	126.000	116.000	125.000
E	128.000	96.000	93.600
F	46.000	40.000	47.000
G	136.000	136.000	145.000
Totais	514.000	447.400	478.800

3. Quais são os processos, segundo o PMBoK® (PMI, 2013), de gestão de custos?
4. Quais são os elementos de custo do projeto?
5. Dê exemplos dos seguintes tipos de custo:
   - custo causal;
   - custo fixo; e
   - custo variável.
6. A Foundry S.A., uma empresa metalúrgica, decidiu fazer um grande investimento em um novo equipamento contra a poluição do ar. Todas as atividades envolvidas neste projeto, suas precedências, suas durações e custos, em situação normal e acelerada, estão descritos na Tabela 7.6. Pede-se:
   - Qual a duração normal desse projeto?
   - Faça a curva de custo direto do projeto e determine a duração do projeto a um mínimo custo total, sabendo que o custo fixo é de R$ 10/semana. Demonstre passo a passo.

Tabela 7.6 Dados do projeto

Atividade	Precedência	Duração (semana) A	Duração (semana) N	Custo (R$) A	Custo (R$) N
A	--	5	10	40	30
B	--	5	12	63	42
C	--	11	19	31	23

(continua)

(continuação)

Atividade	Precedência	Duração (semana)		Custo (R$)	
		A	N	A	N
D	C	7	12	71	51
E	A	5	11	159	105
F	B e D	9	13	210	170
G	C	20	22	100	90

7. Para os dados da Questão 6, qual seria o valor do custo fixo que inviabilizaria economicamente qualquer aceleração do projeto? Demonstre.

8. As atividades B e G do projeto foram feitas por empresas contratadas e, fatalmente, as causas dos atrasos do projeto e problemas no orçamento foram atribuídos a esses serviços contratados. Com base nos dados da Tabela 7.7, seria adequado responsabilizar terceiros por atrasos ou estouro no orçamento? Quais foram as atividades que mais prejudicaram o projeto em termos de prazo e/ou custo?

Tabela 7.7 Dados do projeto

	Orçado (VO)	Agregado (VA)	Real (CR)
A	12.000	10.000	10.000
B	7.000	6.200	6.000
C	20.000	13.500	18.100
D	63.000	58.000	62.500
E	64.000	48.000	46.800
F	23.000	23.500	23.500
G	68.000	68.000	72.500
Totais	257.000	227.200	239.400

9. Para os dados da Questão 7, faça a representação gráfica dos desvios do projeto.
10. Para os dados da Questão 7, classifique o projeto em um dos quadrantes da Figura 7.12.

ESTUDO COMPLEMENTAR

A) Assista na plataforma Veduca, disciplina de Gestão de Projetos (acesso gratuito), à videoaula 10, que trata de temas discutidos neste capítulo.

uqr.to/cpc0

Fonte: <https://veduca.org/p/gestao-de-projetos>. Acesso em: 30 ago. 2018.

8

GESTÃO DA QUALIDADE

Pró-Valor
Camada Núcleo

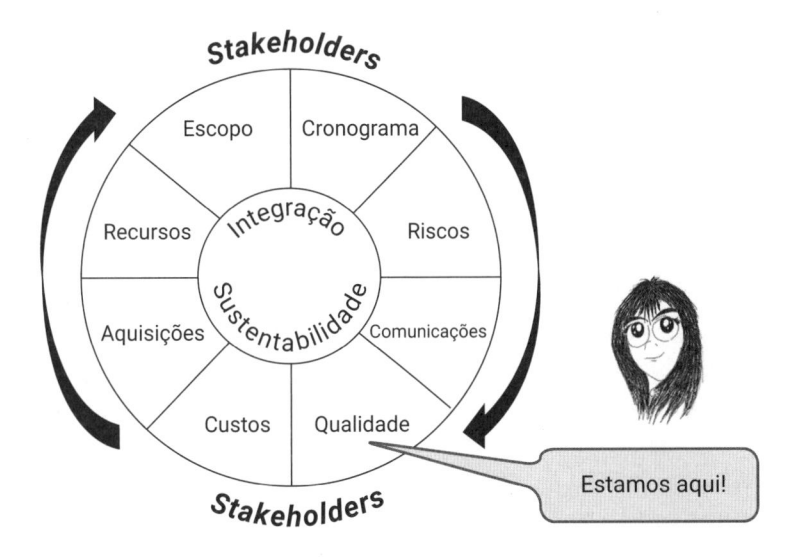

Estamos aqui!

Neste capítulo, será tratada a questão do gerenciamento da qualidade do projeto. Após estudar este capítulo, o leitor estará apto a responder às seguintes questões:

a) O que é qualidade?
b) Quais os processos que suportam o gerenciamento da qualidade do projeto?
c) Quais as principais ferramentas de controle da qualidade aplicadas a projetos?
d) Como garantir a qualidade do produto/serviço e das entregas (*deliverables*)?
e) Como promover uma abordagem de melhoria contínua na gestão da qualidade do projeto?

Como pensar qualidade em ambientes de projetos? Vamos começar este capítulo com uma breve história do gênio Michelangelo.

Conhecido como um artista perfeccionista, era capaz de abortar uma escultura inacabada se o resultado não lhe agradasse e começar tudo de novo. É o caso das diversas esculturas da Pietà que elaborou, deixando várias inacabadas – estudos para chegar à perfeição.

É lendária a frase desse mestre quando atingiu a perfeição na elaboração de uma de suas obras-primas, David. Impressionado, exclamou: Fala!

Contudo, em projetos, como já citamos no Capítulo 6, nem sempre as condições para a busca da perfeição estão presentes, pois as restrições de prazo e orçamento delimitam a atuação da equipe.

Domenico de Masi (2000, p. 20) argumenta que é preciso saber jogar com os vínculos estabelecidos com o contratante e com os desafios para a elaboração do trabalho criativo:

O jogo se dá entre uma pessoa (quem encomenda), que tem todo o interesse em obter o produto o mais rápido possível, e uma outra pessoa (o criativo), que tem todo o interesse em produzir a coisa mais genial possível.

Esse jogo está sempre presente em projetos, aqui representado por Michelangelo, que, mesmo sendo reconhecido como um artista único em sua época, era pressionado por seus contratantes para melhorar seu desempenho em termos de prazo.

Se Michelangelo, que era único, sofreu com pressões dessa natureza, imagine no atual ambiente de projeto, em que as equipes enfrentam grande concorrência em suas propostas, estando mais vulneráveis a essas pressões!

A gestão da qualidade é o equilíbrio desse jogo, buscando *produzir a coisa mais genial*, mas dentro do *possível*, ou seja, respeitando as restrições de recursos e prazo do projeto.

8.1 INTRODUÇÃO

Diversos autores enfatizam a importância da gestão da qualidade em projetos, sendo que alguns deles a têm como um dos principais objetivos do projeto, juntamente com escopo, prazo e custo (DINSMORE; NETO, 2004; KERZNER, 2001; CARVALHO, 2001).

Contudo, no guia PMBoK®, essa área não recebe a mesma ênfase. Na segunda versão do guia PMBoK® (PMI, 2001), que classificava os processos da gerência de projetos em essenciais e facilitadores, não havia um único processo da área de qualidade entre os essenciais.

Dessa forma, também o número de processos desta área é pequeno, apenas três que, juntamente com a área de Comunicações, têm o menor número de processos por área de conhecimento.

A área de gestão da qualidade apresenta os mesmos processos em três grupos: de planejamento, execução e monitoramento e controle, conforme ilustra a Figura 8.1. Os três processos dessa área, segundo o PMI (2013), são:

a) *Planejar a qualidade*: identificar quais são os requisitos e padrões de qualidade relevantes para o projeto, determinar como satisfazê-los e como documentá-los para garantir a conformidade das entregas.

b) *Realizar a garantia da qualidade*: auditar, sistematicamente, se os requisitos de qualidade e as medidas de controle estão cumprindo os padrões estabelecidos e assegurar que o projeto atenda as expectativas de todos os *stakeholders*.

c) *Realizar o controle da qualidade*: monitorar os resultados do projeto para determinar se os padrões de qualidade estão sendo atendidos e identificar maneiras para eliminar causas do desempenho insatisfatório e avaliar necessidades de mudanças.

A área de qualidade tem forte ligação com as áreas de integração e de escopo do projeto. Além disso, a área de comunicações deve, por meio de seus Relatórios de Desempenho, trazer insumos importantes para os processos de garantia e controle da qualidade do projeto. A Figura 8.1 ilustra os principais relacionamentos da gestão da qualidade com os processos.

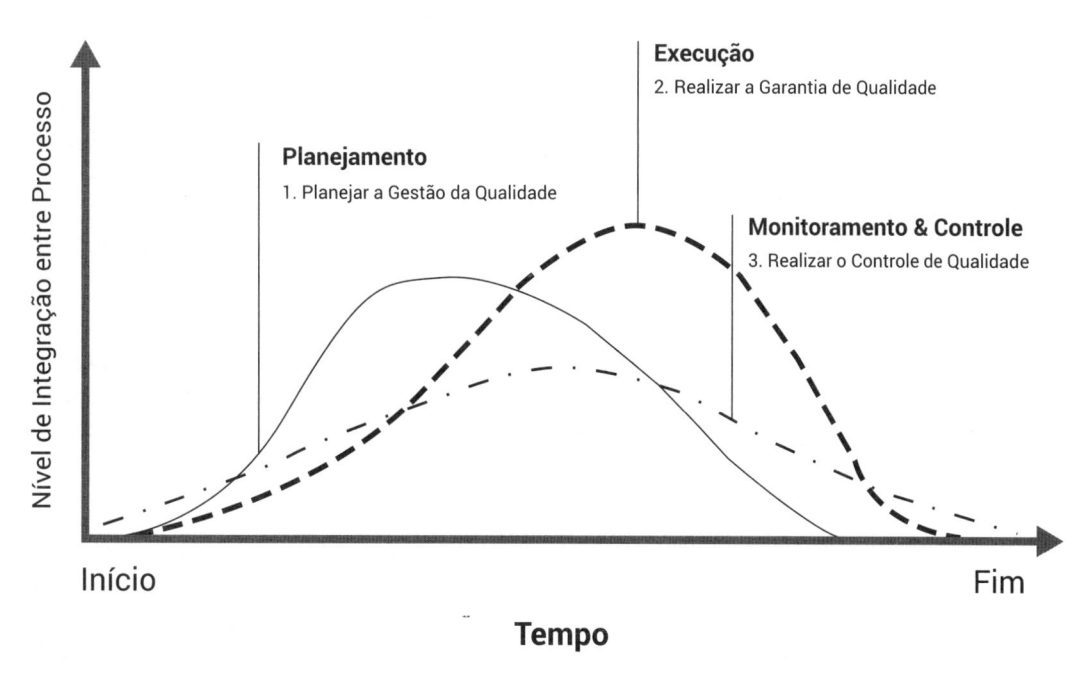

Fonte: Elaboração própria com base nos processos do PMI (2017).

Figura 8.1 Fluxo dos processos de gestão da qualidade.

8.2 CONCEITO DE QUALIDADE

Qualidade é um termo que utilizamos cotidianamente, mas se perguntarmos para diversas pessoas o significado dele dificilmente chegaremos a um consenso.

Garvin (1988), após pesquisar várias definições de qualidade coletadas no ambiente corporativo e na literatura, classificou cinco abordagens distintas da qualidade, quais sejam: transcendental; baseada no produto; baseada no usuário; baseada na produção; e baseada no valor. Cada uma delas apresenta aspectos diferentes desse complexo conceito – qualidade. O Quadro 8.1 sintetiza a definição da qualidade sob o prisma de cada uma dessas abordagens.

O guia PMBoK® propõe uma combinação da conformidade às exigências (abordagem baseada na produção) e da adequação para o uso (abordagem baseada no usuário). O foco no cliente aparece em destaque, enfatizando a importância de compreender, controlar e influenciar as necessidades dos *stakeholders*, de modo a atender a suas expectativas (PMI, 2017).

Na gerência da qualidade do projeto, o PMBoK® apresenta a mesma distinção feita na gestão do escopo (ver Capítulo 5), ou seja, distingue a gerência do projeto e a do produto do projeto.

A gestão da qualidade do *projeto* se refere à gestão do trabalho que deve ser feito para entregar o produto conforme acordado com os *stakeholders*. Essa parte da gerência da qualidade apresenta características comuns, independentemente do tipo de projeto.

A gestão da qualidade do *produto/serviço* do projeto se refere a características e funções do produto ou serviço. Portanto, o tipo de abordagem de gestão da qualidade do *produto*, bem como as ferramentas e técnicas, irão depender do tipo de produto produzido pelo projeto.

Quadro 8.1 Abordagens da qualidade

Abordagem	Definição	Frase
Transcendental	Qualidade é sinônimo de excelência inata. É absoluta e universalmente reconhecível. Dificuldade: pouca orientação prática.	"A qualidade não é nem pensamento nem matéria, mas uma terceira entidade independente das duas [...] Ainda que qualidade não possa ser definida, sabe-se que ela existe" (PIRSIG, 1974).
Baseada no produto	Qualidade é uma variável precisa e mensurável, oriunda dos atributos do produto. Corolários: melhor qualidade só com maior custo. Dificuldade: nem sempre existe uma correspondência nítida entre atributos do produto e a qualidade.	"Diferença na qualidade equivale a diferenças na quantidade de alguns elementos ou atributos desejados" (ABBOTT, 1955).
Baseada no usuário	Qualidade é uma variável subjetiva. Produtos de melhor qualidade atendem melhor aos desejos do consumidor. Dificuldade: agregar preferências e distinguir atributos que maximizam a satisfação.	"A qualidade consiste na capacidade de satisfazer desejos [...]" (EDWARDS, 1968). "Qualidade é a satisfação das necessidades do consumidor [...] Qualidade é adequação ao uso" (JURAN, 1974).
Baseada na produção	Qualidade é uma variável precisa e mensurável, oriunda do grau de conformidade do planejado com o executado. Esta abordagem dá ênfase em ferramentas estatísticas (controle do processo). Ponto fraco: foco na eficiência, não na eficácia.	"Qualidade é a conformidade às especificações." "[...] prevenir não conformidades é mais barato que corrigir ou refazer o trabalho" (CROSBY, 1979).
Baseada no valor	Abordagem de difícil aplicação, pois mistura dois conceitos distintos: excelência e valor, destacando os *trade-offs* qualidade × preço. Esta abordagem dá ênfase na Engenharia/Análise de Valor (EAV).	"Qualidade é o grau de excelência a um preço aceitável" (BROH, 1974).

Fonte: Elaborado a partir do texto de Garvin (1988).

No contexto do guia PMBoK®, a abordagem proposta pelo PMI (2013) para a gestão da qualidade é compatível com a das normas ISO 9000:2000, atualizadas em 2015.

As abordagens dos gurus norte-americanos da qualidade, destacando Deming, Juran e Crosby, são bastante valorizadas no modelo americano.

Outros aspectos são também enfatizados pelo PMBoK®, tais como o foco na prevenção e na melhoria contínua, bem como a necessidade de comprometimento da alta gerência.

É importante ressaltar que todos esses programas elencados anteriormente fazem parte da gestão da qualidade em âmbito organizacional e não de projeto, especificamente. Contudo, a atividade de projetos deve ser influenciada pelos princípios desses programas, bem como utilizar a estrutura permanente da qualidade para realizar as atividades de gestão da qualidade do projeto.

8.3 ELABORAÇÃO DO PLANEJAMENTO DA QUALIDADE DO PROJETO

Para a elaboração de um bom planejamento da qualidade do projeto, é importante conhecer bem o escopo e as normas e diretrizes a que o projeto está sujeito.

A equipe deve buscar informações nos documentos relacionados ao escopo do projeto, como o *project charter* (ver Capítulo 4), a matriz de requisitos e a declaração de escopo do projeto (ver Capítulo 5), pois esses documentos detalham os objetivos do projeto, definem os requisitos e exigências dos *stakeholders*, que devem ser convertidos em parâmetros, e os critérios de aceitação dos *deliverables* do projeto, mediante um processo de desdobramento com foco em gestão da qualidade, como faremos aqui neste capítulo. Informações adicionais podem ser obtidas na descrição do produto e em normas e regulamentações específicas relacionadas com o projeto.

Além dessas informações, a equipe do projeto deve considerar todas as políticas, procedimentos e diretrizes organizacionais para a qualidade que podem afetar o projeto, bem como garantir que todos os *stakeholders* estejam cientes dessas políticas (PMI, 2013).

Tendo como alicerce essas informações, o plano da qualidade do projeto descreve como a equipe planeja atender as necessidades dos *stakeholders*, seguindo a política da qualidade da organização. O plano pode ser um documento formal ou informal, bem como seu nível de detalhamento pode variar de acordo com as características do projeto (PMI, 2013).

Existem várias ferramentas e técnicas que suportam a equipe do projeto na identificação das necessidades dos *stakeholders*, as quais iremos detalhar nas próximas seções.

8.3.1 Ouvindo a voz do consumidor – Matriz de requisitos do projeto

O primeiro passo para desdobrar a qualidade ao longo do desenvolvimento do projeto é ouvir a voz do consumidor (*voice of customer* – VoC). Surge aí a primeira questão: quem é o consumidor? Nesse ponto, precisamos pular alguns capítulos e ler o processo de gestão da comunicação no que concerne à identificação dos *stakeholders* (ver Capítulo 10). É importante perceber que a divisão por áreas tem fins didáticos e que, na prática, as áreas estão relacionadas, conforme ilustra a Figura 8.1.

Captar a voz do consumidor é uma tarefa de monitoramento contínuo, não só pela dinâmica natural de evolução dessa percepção ao longo do tempo, mas também pela melhoria dos padrões de desempenho da concorrência (CARVALHO, 2002).

Existem várias formas de identificar os atributos, explícitos e implícitos, que influenciam a percepção do consumidor para a qualidade do produto/serviço, ou seja, obter a voz do consumidor. As técnicas mais utilizadas são as seguintes: entrevistas, grupos focais, simulação da situação de consumo e pesquisa de mercado.

Segundo Kano *et al.* (1984), a voz do consumidor pode ser dividida em itens *básicos da qualidade*; itens de *desempenho*; ou itens de *encantamento* do consumidor.

Os itens *básicos* são considerados qualificadores para o cliente e causam insatisfação se não estiverem presentes no produto, mas não são capazes de gerar satisfação. Nesse caso, diz-se que é a qualidade esperada ou "preço de admissão" ao mercado. É preciso observar que esses itens geralmente não são declarados pelo consumidor em uma pesquisa e estão, geralmente, ligados à confiabilidade do produto. Portanto, para obtê-los é necessário analisar as reclamações dos consumidores e utilizar ferramentas como a Análise do Modo e Efeito da Falha (FMEA – *Failure Mode and Effect Analysis*) (CARVALHO, 2002).

Os itens de *desempenho* têm impacto na satisfação dos clientes e são requisitos declarados, considerados de qualidade unidimensional. Esses itens podem ser obtidos por entrevistas ou outro tipo de pesquisa direta com o consumidor (CARVALHO, 2002).

Finalmente, os itens de *encantamento* têm importância exponencial na satisfação dos consumidores. Entretanto, tais itens não podem ser obtidos do consumidor que ainda não está buscando essas características no produto. Para obter esses itens, devem-se acompanhar as inovações tecnológicas e observar o comportamento dos consumidores (CARVALHO, 2002). A Figura 8.2 exemplifica o modelo de satisfação advogado por Kano.

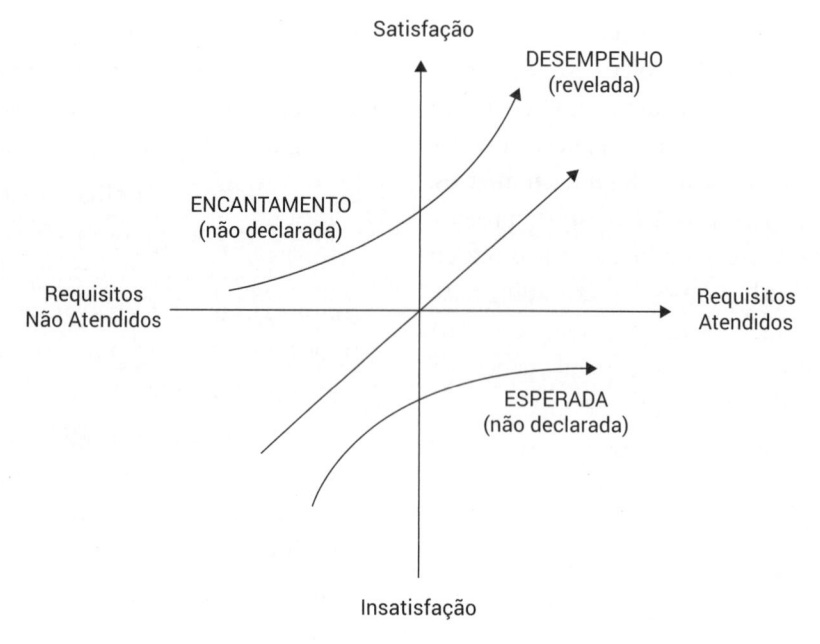

Fonte: Adaptada de Kano *et al.* (1984).

Figura 8.2 Diagrama de Kano.

A identificação dos requisitos e necessidades dos *stakeholders* deve permitir sua rastreabilidade ao longo do processo de desdobramento. É bom lembrar que os *stakeholders* podem ter interesses conflitantes. Em um projeto, o que é a solução ótima para um grupo de *stakeholders* (ótimo local) pode não ser para outro grupo; dessa forma, o gerente de projetos deve negociar com os vários *stakeholders* de modo a obter um ótimo global para o projeto, acordado com os diferentes grupos de *stakeholders*, o que exigirá concessões e consenso das partes envolvidas. Além disso, faz-se necessário proceder à rastreabilidade quanto ao relacionamento dos requisitos com os objetivos, com as entregas, com o produto ao longo de todo o ciclo de vida.

Uma forma simples de fazer a rastreabilidade dos requisitos com as entregas do projeto é construir a estrutura analítica de qualidade (*quality breakdown structure* – QBS), que espelha a estrutura analítica do projeto (WBS) (ver Capítulo 5), conforme ilustra a Figura 8.3.

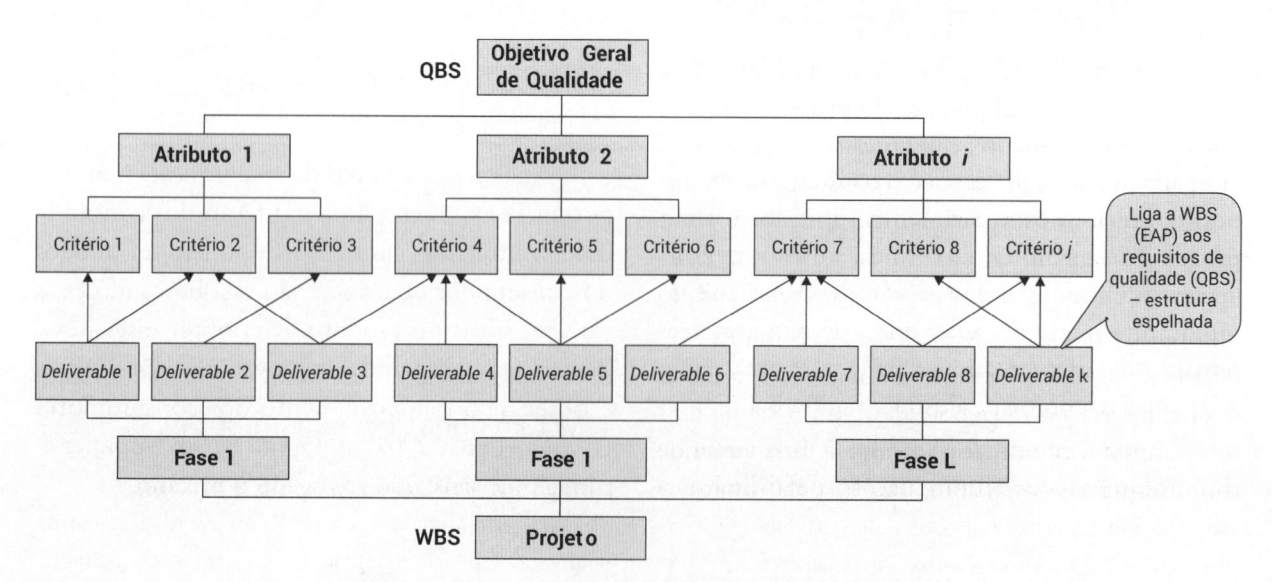

Figura 8.3 Estrutura analítica da qualidade (QBS) genérica.

Outro aspecto importante para a rastreabilidade dos requisitos ao produto do projeto é a construção da WBS seguindo princípios de engenharia de sistemas e articulando-os com os requisitos levantados utilizando o Desdobramento da Função Qualidade (QFD) adaptado, conforme veremos na próxima seção.

8.3.2 Desdobrando os requisitos ao longo do projeto

Uma vez obtidas a voz do consumidor e outras informações de mercado, é necessário converter esse conhecimento em características críticas do projeto (*critical to quality* – CtQ), estabelecendo métricas a serem atingidas.

A utilização do método Desdobramento da Função Qualidade (*quality function deployment* – QFD) pela equipe do projeto permite estruturar e sistematizar a coleta e o tratamento das informações vindos dos *stakeholders* do projeto (CARVALHO, 2002). O QFD permite, assim, propagar a voz do consumidor pelas diversas fases do ciclo de vida do projeto. A Figura 8.4 exemplifica o processo de identificação das características críticas.

Existem várias versões desse método, entretanto, as mais difundidas são as advogadas por Akao (1990); por Clausing e Pugh (1991); pelas organizações norte-americanas GOAL/QPC – American Supplier Institute (ASI) – King (1989); e pelo ASI (1993). O modelo difundido pelo ASI descreve quatro matrizes para o desdobramento da qualidade,

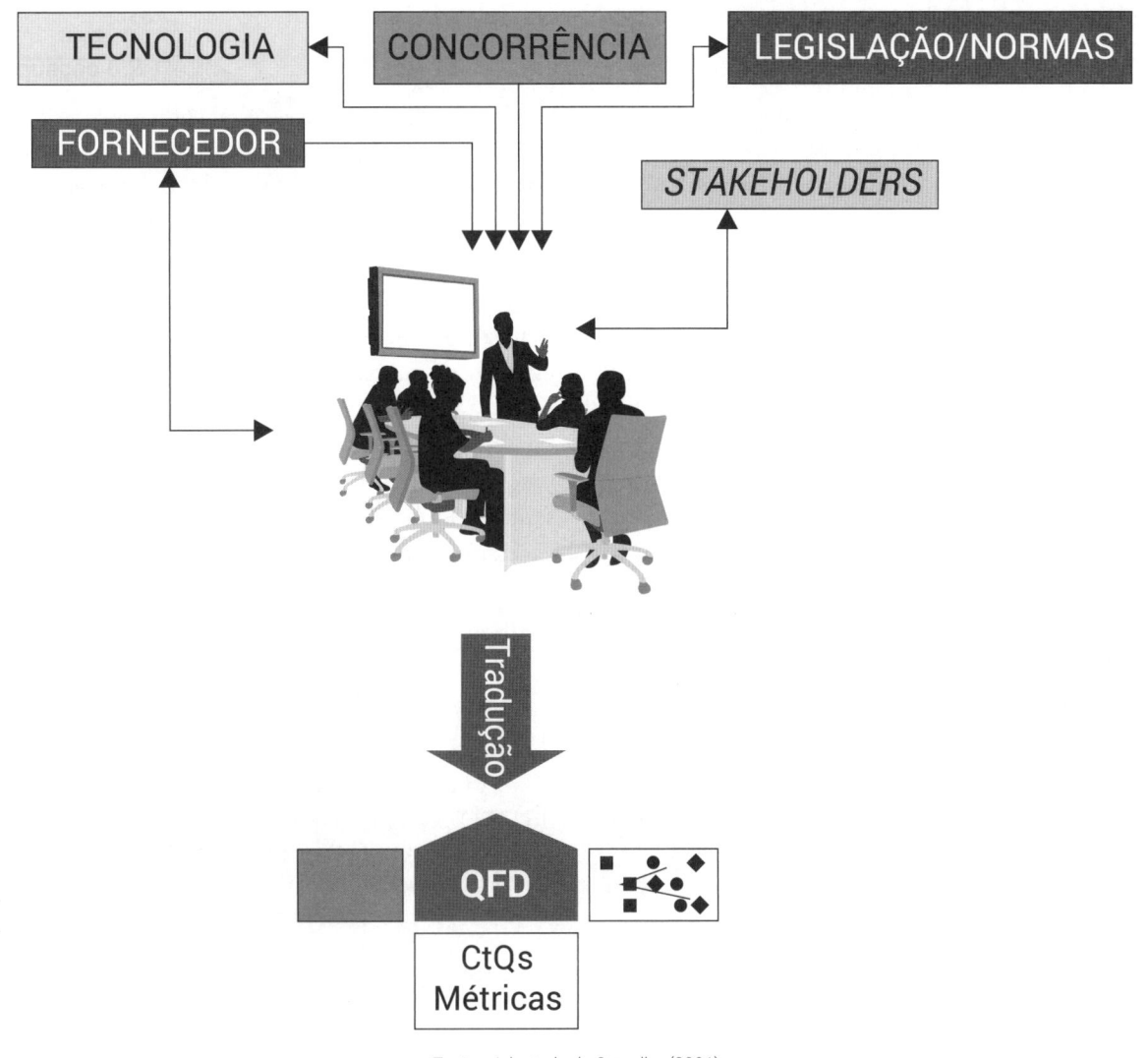

Fonte: Adaptada de Carvalho (2001).

Figura 8.4 Identificação das características críticas.

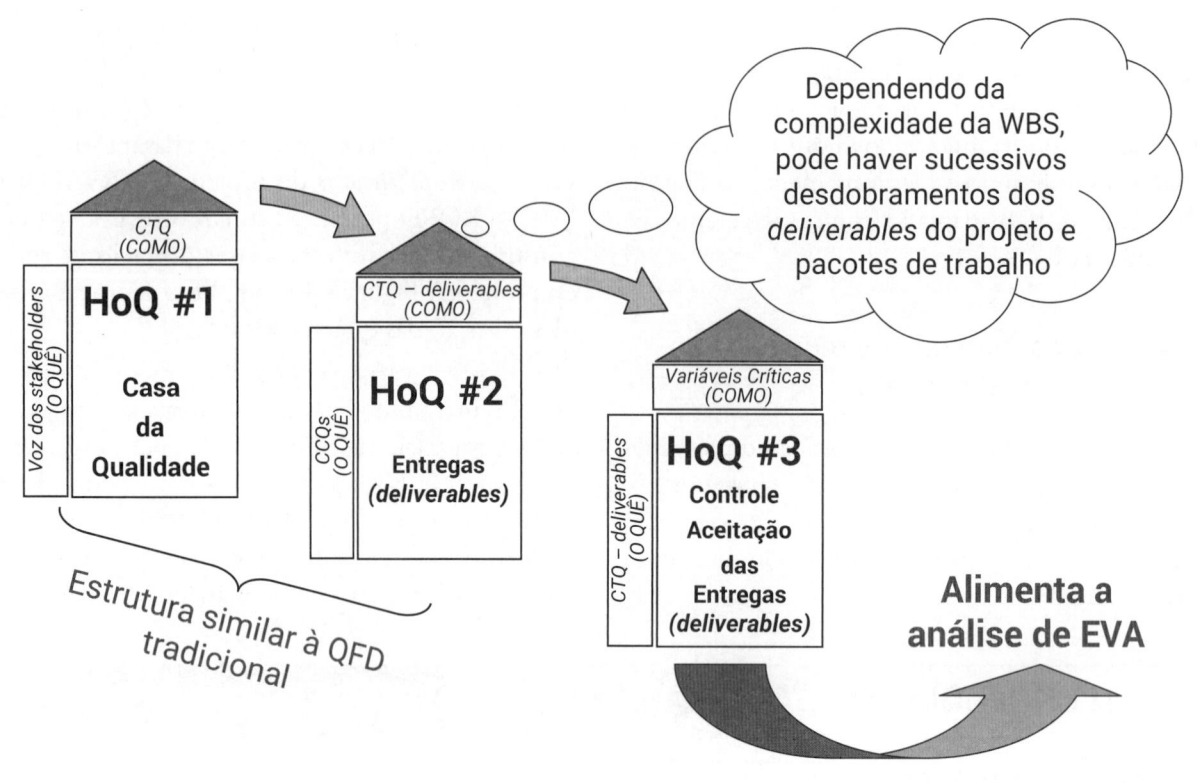

Fonte: Adaptada de Carvalho (2004).

Figura 8.5 QFD adaptado para projetos.

partindo-se do planejamento do produto (Casa da Qualidade), desdobrando-a para as partes e subconjuntos, desdobrando-a em processos críticos, para, finalmente, chegar às métricas de controle da produção (ASI, 1993; HAUSER; CLAUSING, 1988).

No entanto, para adoção do QFD dentro da realidade de projetos faz-se necessário adaptar as etapas de desdobramentos, conforme sugere Carvalho (2004). O desdobramento é feito a partir de casas sucessivas que acompanham a complexidade da estrutura analítica do projeto, conforme ilustra a Figura 8.5. Na primeira casa, os requisitos dos *stakeholders*, além de outros aspectos, como normativos e legais, são desdobrados em características críticas para a qualidade. Na sequência, as CtQs são desdobradas em critérios de aceitação da qualidade das entregas (*deliverables*) do projeto, e, posteriormente, em nível mais detalhado de pacotes de trabalho. Para cada critério de aceitação é preciso estabelecer a forma de controle e os responsáveis pela auditoria de aceitação do pacote. A avaliação da auditoria, parcial (em termos de porcentagem) ou total, é a entrada para a análise de valor agregado que estudamos no Capítulo 7.

O alinhamento entre as matrizes é garantido pela permanência do vetor de peso de saída da matriz precedente que se transforma na coluna de entrada da matriz subsequente. Por exemplo, da primeira matriz permanecem as características de qualidade (CtQs) priorizadas (peso mais significativo para atendimento dos requisitos do projeto), que serão desdobradas na matriz subsequente, e assim sucessivamente.

A primeira matriz, *Planejamento do Produto*, também conhecida como a Casa da Qualidade (*House of Quality* – HoQ) pela similaridade na forma, cuja estrutura se replica nas demais, está ilustrada na Figura 8.6.

A HoQ é considerada a matriz mais importante do QFD, pois é nela que se equacionam as seguintes questões (CARVALHO, 2002):

- Como traduzir as necessidades dos *stakeholders* em características críticas para a qualidade (CtQs – *critical to quality*) do produto?
- Como selecionar aquelas que maximizam a satisfação dos *stakeholders*?

Figura 8.6 Estrutura da HoQ.

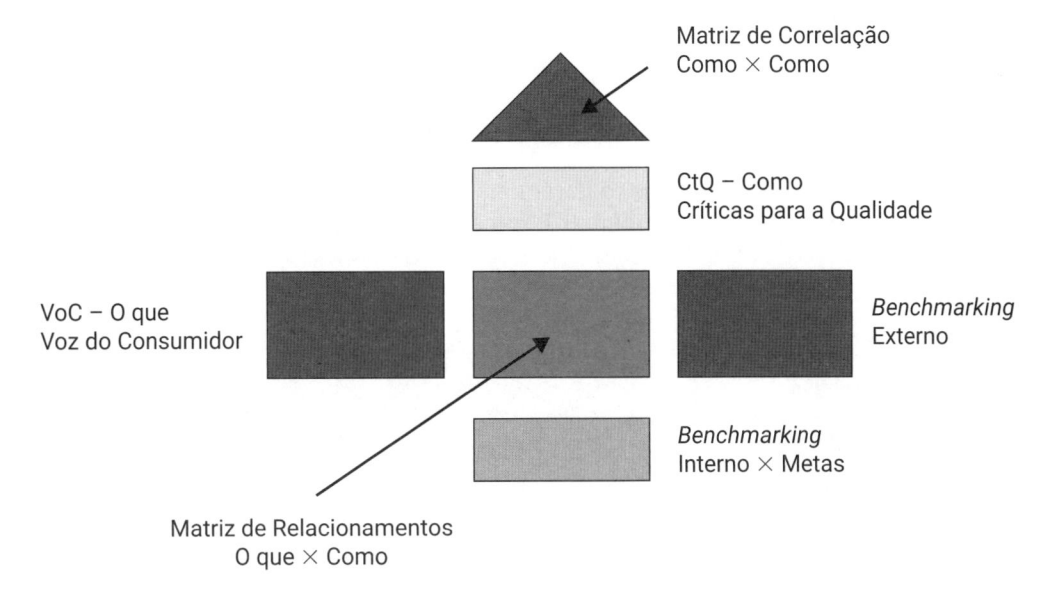

Diagrama com os seguintes elementos:
- Matriz de Correlação: Como × Como (telhado)
- CtQ – Como: Críticas para a Qualidade
- VoC – O que: Voz do Consumidor
- Benchmarking Externo
- Benchmarking Interno × Metas
- Matriz de Relacionamentos: O que × Como

Fonte: Adaptada de Carvalho (1997).

- Em quais características da qualidade devem ser concentrados os esforços e os recursos disponíveis para o desenvolvimento do projeto?
- Segundo a visão dos *stakeholders*, estamos melhor ou pior que os concorrentes?
- Como estabelecer metas para as CtQs?

Em síntese, o objetivo dessa matriz é priorizar as características críticas da qualidade, estabelecendo métricas de desempenho que nortearão os demais passos do projeto.

Um método eficaz para o monitoramento da concorrência e para o estabelecimento de padrões de desempenho é o *benchmarking*. Pode-se entender o *benchmarking* como o processo de aprendizagem junto aos melhores do mundo – Classe Mundial, quanto a suas estratégias, operações e processos. Pode-se classificá-lo em três tipos: interno, externo e genérico. O interno estuda os melhores desempenhos dentro da organização; o externo compara o desempenho com os dos melhores concorrentes; e o genérico estuda as melhores práticas de negócios no mundo. Contudo, observa-se que existe dificuldade no acesso às informações de concorrentes quando a rivalidade na indústria é intensa. Nesse caso, é mais fácil utilizar o *benchmarking* genérico (CARVALHO, 2001).

As informações sobre os concorrentes podem ser obtidas por fontes secundárias ou por pesquisa de campo. As fontes secundárias, tais como dados publicados em catálogos de produtos, jornais e revistas e registros de patentes, fornecem um panorama amplo do desempenho dos concorrentes, mas os dados são de caráter genérico e, eventualmente, essas fontes podem não ser confiáveis. A pesquisa de campo permite maior precisão nas informações, contudo, representa custos mais elevados. Esse tipo de coleta abrange a experimentação de produtos concorrentes, aplicação de questionário a clientes, entrevistas com associações comerciais e canais de distribuição, além da contratação de analistas de mercado (CARVALHO, 2001).

No contexto de projetos, o *benchmarking* consiste em comparar as práticas em curso ou planejamento para o projeto àquelas de outros projetos bem-sucedidos, gerando ideias para a melhoria e fornecendo um padrão para medição do desempenho (PMI, 2017).

Vale destacar que a Casa da Qualidade deve ser feita de forma alinhada à estrutura analítica do projeto (WBS). Uma forma de promover esse alinhamento consiste em construir a estrutura analítica da qualidade (QBS) vista anteriormente neste capítulo.

Estudo de Caso 8.1

HoQ do projeto de Eduardo e Mônica

Eduardo aprendeu em seu curso de MBA a ferramenta QFD e resolveu aplicar a primeira matriz HoQ no projeto de construção da casa. A Figura 8.7 apresenta o resultado desse exercício.

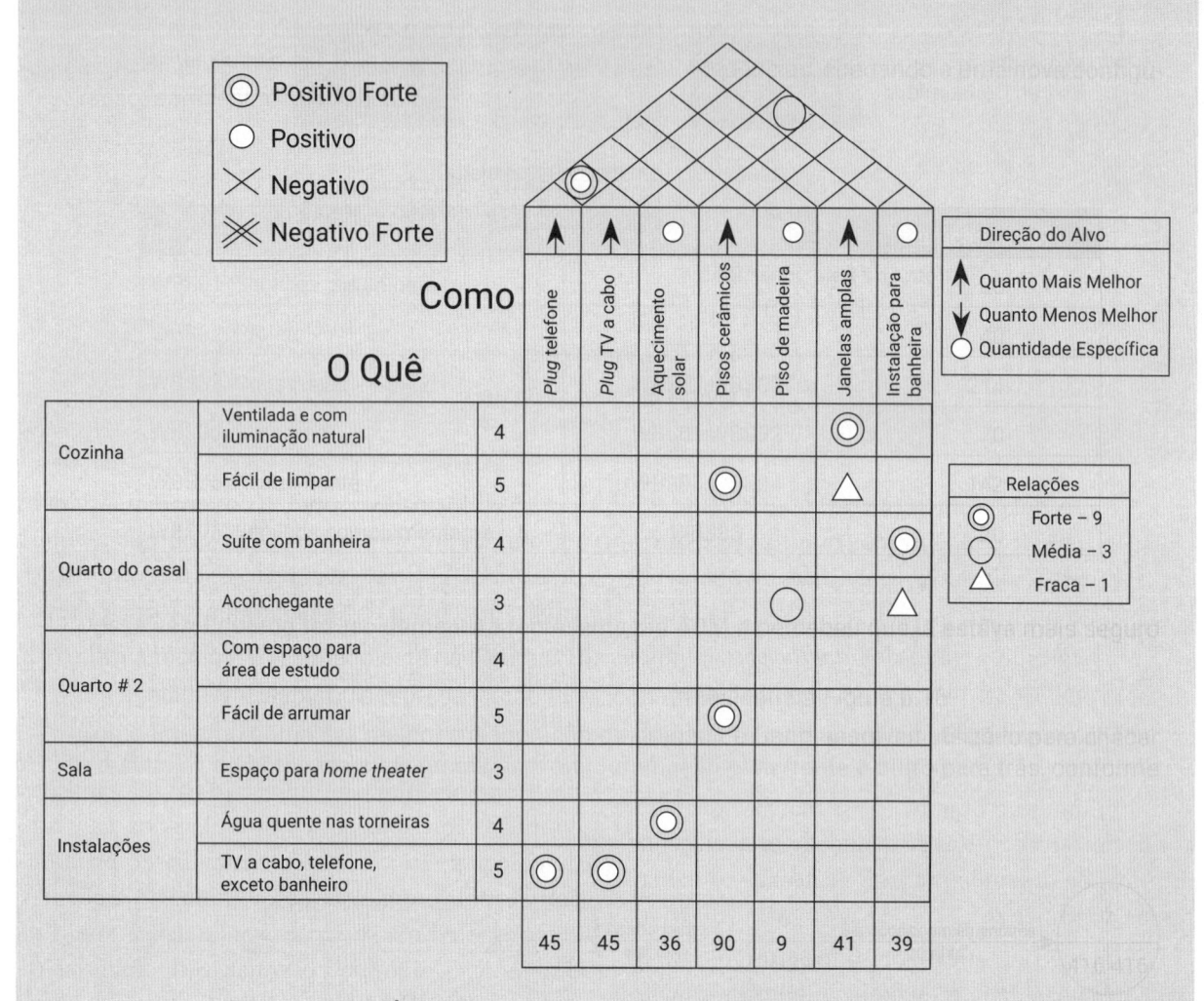

Legenda:
- ◉ Positivo Forte
- ○ Positivo
- × Negativo
- ⊗ Negativo Forte

Direção do Alvo:
- ↑ Quanto Mais Melhor
- ↓ Quanto Menos Melhor
- ○ Quantidade Específica

Relações:
- ◉ Forte – 9
- ○ Média – 3
- △ Fraca – 1

O Quê			Plug telefone	Plug TV a cabo	Aquecimento solar	Pisos cerâmicos	Piso de madeira	Janelas amplas	Instalação para banheira
Cozinha	Ventilada e com iluminação natural	4						◉	
	Fácil de limpar	5				◉		△	
Quarto do casal	Suíte com banheira	4							◉
	Aconchegante	3					○		△
Quarto # 2	Com espaço para área de estudo	4							
	Fácil de arrumar	5					◉		
Sala	Espaço para home theater	3							
Instalações	Água quente nas torneiras	4			◉				
	TV a cabo, telefone, exceto banheiro	5	◉	◉					
			45	45	36	90	9	41	39

Figura 8.7 HoQ – Projeto Eduardo e Mônica.

Eduardo logo percebeu que não podia fazer a matriz sozinho, pois precisava de Mônica para definir os "o quê" da equipe de arquitetos da Modelo Engenharia, Arquitetura e Construção S.C. Ltda., para detalhar os "como". Convocaram uma nova reunião com todos e começaram a discutir a matriz de Eduardo.

Os arquitetos perceberam que as necessidades "com espaço para a área de estudos" nos quartos e espaço para *home theater* na sala não tinham sido traduzidas. Mônica também se lembrou que faltavam aspectos importantes no "como". Além disso, as questões ambientais novamente tinham sido negligenciadas.

Ajude Eduardo, Mônica e os arquitetos a completar a HoQ desse projeto.

8.4 MECANISMOS DE GARANTIA E CONTROLE DA QUALIDADE DE PROJETOS

Uma vez estabelecidas as diretrizes do plano de qualidade do projeto, é necessário garantir, monitorar e controlar sua execução.

O processo de garantia da qualidade busca assegurar que o projeto esteja empregando todos os processos necessários para atender as expectativas dos *stakeholders*, fornecendo um produto confiável que atenderá às exigências de qualidade (PMI, 2013).

Em geral, esse processo é executado pelos responsáveis pela qualidade na organização, mas, eventualmente, pode ser necessário que a equipe de projeto, o cliente ou o patrocinador, bem como outros *stakeholders*, se envolvam nessas atividades, participando, por exemplo, de auditorias em marcos específicos do projeto.

Os resultados do processo de garantia alimentam o ciclo de melhoria contínua, conhecido como *plan-do-check-action* (PDCA).

É importante ressaltar que no processo de garantia procura-se identificar a conformidade com políticas, processos e procedimentos estabelecidos para a qualidade. A conformidade quanto aos padrões de desempenho técnico é atribuição do processo de controle da qualidade.

8.4.1 Auditoria da qualidade do projeto

A auditoria da qualidade (*quality audit*) é uma das principais ferramentas do processo de garantia da qualidade, pois permite o exame sistemático e independente para determinar se as atividades e resultados relativos à gestão da qualidade satisfazem os dispositivos preestabelecidos (ABNT, 2000).

O objetivo da auditoria é identificar as lições aprendidas que possam trazer melhorias tanto no desempenho do projeto em curso, como para outros projetos da organização (PMI, 2000). Além desse objetivo, a norma NBR ISO 19011 (ABNT, 2002) aponta ainda que a auditoria busca não só determinar a conformidade dos elementos do Sistema de Gestão da Qualidade (SGQ) com os requisitos especificados, mas também determinar o quão eficaz é o SGQ em satisfazer tais requisitos.

Existem diversos tipos de auditoria, podendo ser do Sistema da Qualidade ou do produto, programada ou aleatória, conduzida por auditores internos ou por terceiras partes (certificadoras) (PMI, 2000).

Geralmente, quando existe um relacionamento contratual em curso, a auditoria é uma ferramenta eficaz para a avaliação do fornecedor, verificando se as exigências estão sendo observadas.

É importante ressaltar que para uma boa auditoria da qualidade não basta que os auditores conheçam bem o SGQ. É necessário que os auditores conheçam bem também a natureza do seu negócio. Portanto, é um processo de auditoria que deve ser planejado previamente antes da auditoria em si. As atividades preliminares são (ISO/TC 176, 2005):

- identificação dos riscos-chave do negócio, aspectos regulamentadores e estatutários relacionados e conformidade;
- avaliação dos processos definidos pela organização; e
- condução de uma análise crítica da documentação.

O processo de auditoria envolve quatro etapas, quais sejam: *reunião de abertura*; *examinar*; *coletar evidências e observações*; e *reunião de encerramento*.

A aplicação sistemática de auditorias da qualidade colabora para girar o ciclo de melhoria contínua na organização, conhecido como PDCA, buscando aumentar a eficácia e eficiência do projeto. O ciclo PDCA (*plan-do-check-act*), inicialmente proposto por Shewhart, mas largamente difundido por Deming, significa seguir continuamente o ciclo de: planejamento, execução, verificação e ação. O ciclo PDCA pode ser utilizado em todos os processos da organização. A Figura 8.8 apresenta o processo de melhoria contínua utilizando o PDCA.

8.4.2 Identificando a causa raiz

O diagrama de causa e efeito (*cause-and-effect diagram*) é uma ferramenta utilizada para identificar causas raiz de problemas de qualidade. Esse diagrama também é conhecido como diagrama de Ishikawa ou, ainda, diagrama espinha de peixe (*fishbone diagram*), pela semelhança na forma, conforme ilustra a Figura 8.9.

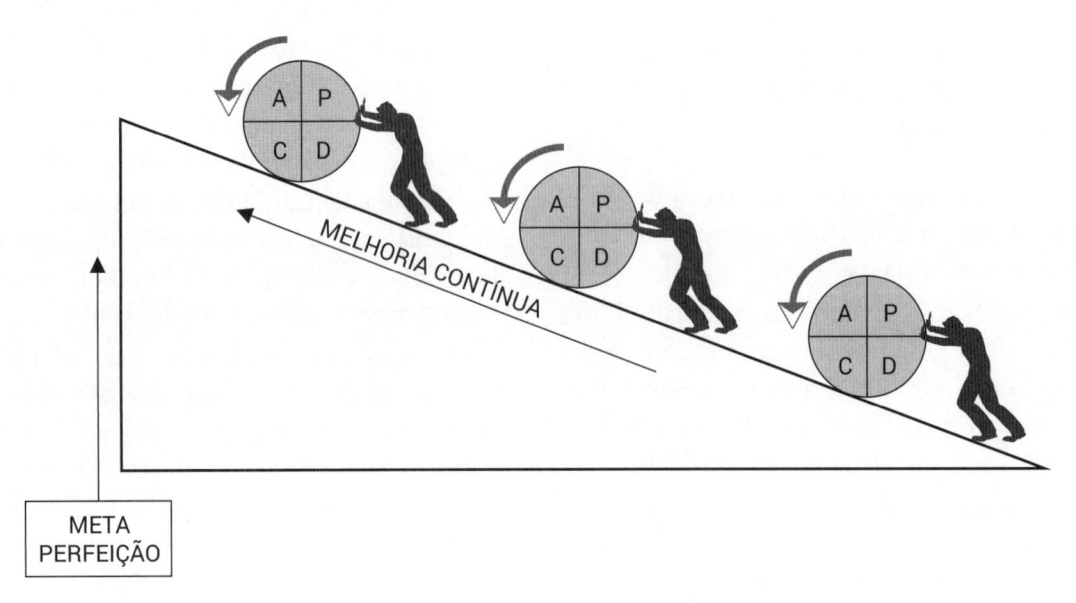

Figura 8.8 Processo de melhoria contínua.

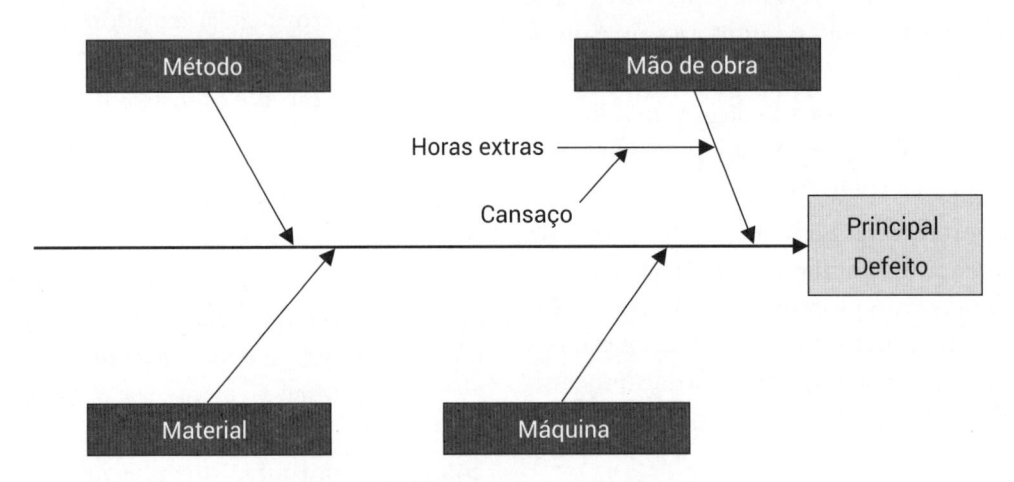

Figura 8.9 Diagrama de espinha de peixe.

O primeiro passo para a construção desse diagrama é identificar problemas (efeito) a serem analisados e perguntar o que poderia ter causado o problema. Durante esse processo, a equipe deve utilizar técnicas de dinâmica de grupo, como o *brainstorming*. As principais causas de problemas extraídas nesse processo são inseridas como *espinhas* no diagrama. Para facilitar o processo de identificação das causas, a equipe pode utilizar os 6Ms, ou seja: **M**ateriais; **M**étodos; **M**áquinas; **M**ão de obra; **M**eios de medição, **M**eio ambiente. O PMBoK® sugere a inclusão de *tempo* e *energia* aos 6Ms (PMI, 2000). Uma vez concluída a etapa de identificação das causas principais, repete-se o processo para a identificação das subcausas.

Além do diagrama de causa e efeito, o projeto de experimentos (*design of experiment* – DoE) é uma técnica analítica que também auxilia na identificação das variáveis que têm influência no resultado geral (PMI, 2001).

Segundo Montgomery (2001), o DoE pode ser utilizado para projetar produtos/processo robustos, ou seja, insensíveis a fontes de variabilidade externas, bem como na análise de problemas e na melhoria de desempenho.

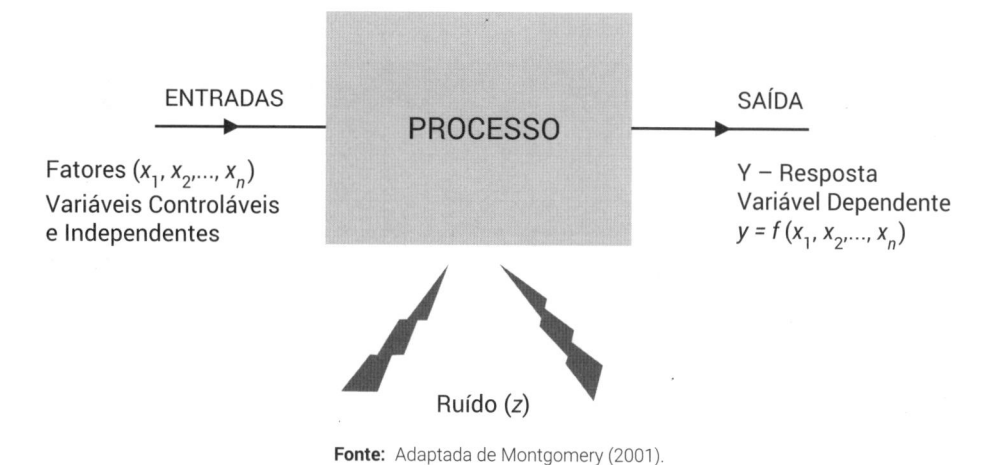

Fonte: Adaptada de Montgomery (2001).
Figura 8.10 Modelo de DoE.

Este autor define DoE como testes conduzidos de forma planejada, em que os *fatores* (entradas) são alterados de forma a observar e identificar o impacto sobre a *resposta* (saída), conforme ilustra a Figura 8.10. Os *fatores* são as variáveis independentes no experimento, cujos efeitos sob a resposta se quer testar. Os *níveis* são os valores que os fatores podem assumir durante o experimento. Finalmente, *resposta* é a variável dependente no experimento que se deseja melhorar.

Existem diversas técnicas de DoE disponíveis na literatura, no entanto, a estrutura geral para a condução dos experimentos é a seguinte: formular o problema, escolher os fatores e níveis, selecionar a variável resposta, escolher o tipo de DoE apropriado, conduzir o experimento, analisar os dados e tecer conclusões e recomendações.

Os principais objetivos do DoE são:

- determinar que variáveis têm maior influência sobre a resposta (y);
- determinar o ajuste ideal das variáveis controláveis (x), tal que a resposta (y) atinja o valor nominal requerido;
- determinar o ajuste ideal das variáveis controláveis (x), tal que a resposta (y) tenha variabilidade mínima; e
- determinar o ajuste ideal das variáveis controláveis (x), tal que os efeitos do ruído (variáveis incontroláveis, z) sobre a resposta (y) sejam minimizados.

Exercício resolvido 8.1 – Reclamação na montagem

A montagem de subestações de transmissão de sinal pode ser executada por duas empresas terceirizadas (Montador A ou Montador B), atendendo a dois clientes no mercado nacional (Telecom A ou Telecom B). Aparentemente, existe discrepância entre o número de reclamações recebidas. Deseja-se verificar se existem diferenças significativas quanto à empresa terceirizada ou cliente, com relação ao número de reclamações.

Os números médios das reclamações obtidas estão no Quadro 8.2.

Quadro 8.2 Modelagem do experimento

		Fator B	
		Telecom A (Nível −)	Telecom B (Nível +)
Fator A	Montador A (Nível −)	4	5
	Montador B (Nível +)	10	12

Para verificar o efeito dos fatores A e B, que, nesse caso, são as terceirizadas e os clientes, respectivamente, na variável resposta reclamação foi construída a tabela de contraste do Quadro 8.3.

Quadro 8.3 Contraste do DoE

Exp.	A	B	AB	Resposta
1	−	−	+	4
2	+	−	−	10
3	−	+	−	5
4	+	+	+	12
Σ "−"/2	4,5	7	7,5	
Σ "+"/2	11	8,5	8	
Efeito	+6,5	+1,5	+0,5	

Pode-se observar, portanto, que, se alterarmos o terceirizado (fator A) de Montador A (nível −) para o montador B (nível +), o número de reclamações aumenta 6,5. Por outro lado, se alterarmos o cliente (fator B) de Telecom A (nível −) para Telecom B (nível +), as reclamações crescem 1,5.

O passo seguinte compreende verificar se esses efeitos são significativos estatisticamente ou se são apenas devidos ao acaso.

Para um aprofundamento nessa ferramenta, recomenda-se a leitura de Montgomery (2001).

8.4.3 Priorizando os problemas com o diagrama de Pareto

Derivado dos estudos do economista italiano Vilfredo Pareto para explicar a geração de renda na Itália, o diagrama que carrega seu nome tornou-se uma ferramenta popular de priorização na área de gestão de operações. São variantes desse diagrama a curva ABC de gestão de estoques ou a regra 80-20 divulgada por Juran e Gryna (1992) em seu *handbook* de qualidade.

A leitura de Juran e Gryna (1992) desse diagrama para a área de qualidade diz que 80% dos defeitos relacionam-se a 20% das causas potenciais, as quais devem ser priorizadas no plano de ação de melhorias.

A popularização do método se dá pela sua simplicidade, pois é um histograma ordenado pela frequência de ocorrência, em ordem decrescente. Conforme ilustra a Figura 8.11, os resultados são apresentados por tipo ou categoria de causa identificada, mostrando a frequência da causa e a curva de frequência acumulada. A posição relativa das ocorrências é usada para guiar as ações corretivas, sendo que a equipe do projeto deve tomar ações para corrigir, prioritariamente, os problemas que estão causando a maior quantidade de defeitos.

Esse método também pode ser utilizado de forma estratificada, ou seja, a frequência dos defeitos pode ser analisada segundo suas potenciais causas raízes, conforme ilustra a Figura 8.12.

Estudo de Caso 8.2

Desvendando os atrasos da obra de Eduardo e Mônica

Eduardo e Mônica estavam preocupados com o atraso da obra e resolveram estudar as principais causas de atrasos relatados pela equipe de execução e pelo engenheiro responsável da Modelo Engenharia, Arquitetura e Construção S.C. Ltda.

Com base nos apontamentos, Eduardo elaborou o diagrama de Pareto, para encontrar as principais causas de atraso na obra. O resultado da análise está na Figura 8.11.

A partir desse diagrama, Eduardo decidiu investigar a principal causa de atrasos: a *falta de material*, que sozinha representava 44% dos atrasos.

Eduardo resolveu utilizar novamente o diagrama de Pareto, mas desta vez em seu formato estratificado por categoria. Para isso, ele resolveu analisar se a falta de material no prazo determinado

Motivos de atraso na obra de Eduardo e Mônica

Defeito	Falta de material	Mão de obra	Erro de projeto	outros
Contagem	431	293	132	120
Porcentagem	44,2	30,0	13,5	12,3
% Acumulada	44,2	74,2	87,7	100,0

Categorias de defeitos

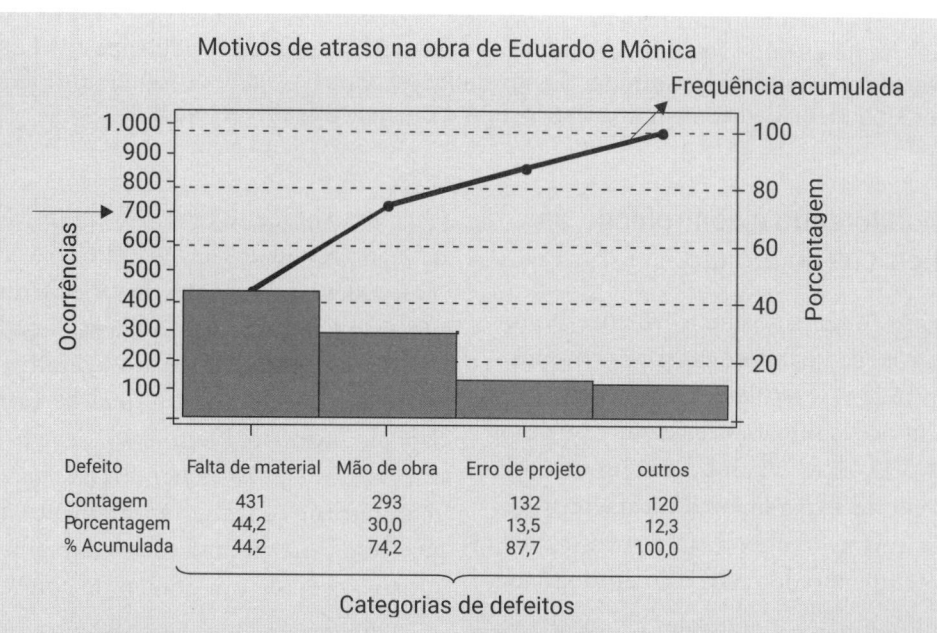

Nota: Elaborada com o *software* Minitab.

Figura 8.11 Causas de atraso na obra.

Número de entregas atrasadas por fornecedor

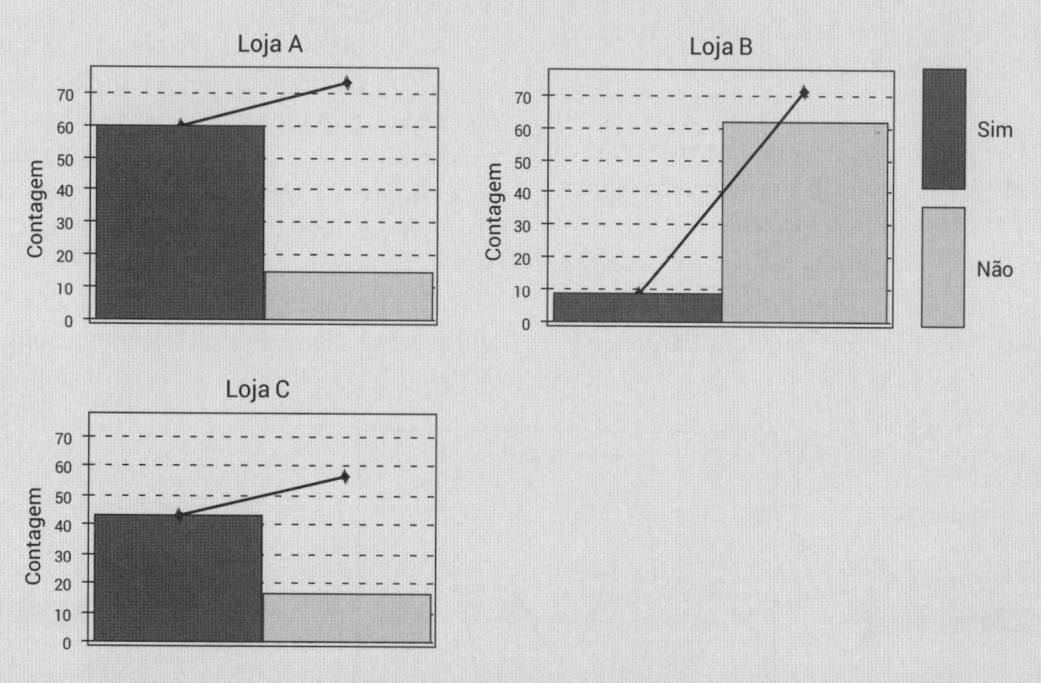

Nota: Elaborada com o *software* Minitab.

Figura 8.12 Atrasos na entrega de material por fornecedor.

dependia do fornecedor escolhido, ou seja, se os fornecedores tinham confiabilidade de entrega diferente. Para isso, foram tabulados os atrasos na entrega classificados por tipo de fornecedor. Os resultados obtidos estão na Figura 8.11.

Na Figura 8.12, pode-se verificar que apenas a loja A tem uma confiabilidade de entrega aceitável, da ordem de 80%. A loja B deve ser descadastrada imediatamente, pois entrega o material atrasado sistematicamente, em cerca de 80% das vezes. Finalmente, a loja C, que atrasa em mais de 50%

> das vezes, também pode ser descadastrada, ou devem ser tomadas providências imediatas para a melhoria da confiabilidade de entrega. O engenheiro responsável ficou de tomar providências para melhorar a confiabilidade de entrega das lojas A e C e descadastrar a loja B.

8.4.4 Monitorando e controlando as métricas do projeto

Conforme comentado anteriormente, o processo de controle da qualidade envolve o monitoramento contínuo dos resultados do projeto, buscando identificar e eliminar as causas de resultados insatisfatórios. Esses resultados incluem tanto as métricas do produto, parâmetros e características da qualidade, quanto da gerência dos resultados, tais como desempenho do custo e do cronograma.

O monitoramento e controle dos resultados do projeto podem ser feitos utilizando-se uma abordagem mais reativa, com foco na inspeção, ou, como também são chamadas, revisões do produto. Quando se adota essa abordagem, é possível segregar o que não está conforme as especificações, mas não é possível prevenir sua ocorrência.

Já a abordagem de controle estatístico do processo (CEP) permite intervir no projeto e em suas várias saídas em tempo real. A principal ferramenta para o CEP é o gráfico de controle.

Os gráficos de controle monitoram os resultados de um processo ao longo do tempo, observando se este está "sob controle" ou "fora de controle". Quando o processo está "sob controle", a variabilidade nos resultados deve-se apenas a causas *comuns*, ou seja, dentro dos limites de variação típicos daquele processo. Caso o processo esteja "fora de controle", sua variabilidade é atípica e oriunda de causas *especiais*, ou seja, fora dos limites de variação típicos daquele processo. Nesse caso, devem-se investigar essas causas *especiais* e eliminá-las, para que o processo retorne ao seu comportamento normal e não gere resultados insatisfatórios. A Figura 8.13 ilustra a forma geral de um gráfico de controle.

As ferramentas para a identificação da causa raiz, vista anteriormente neste capítulo, devem ser utilizadas para eliminar as causas *especiais* de variação, e ações corretivas devem ser tomadas para que elas não voltem a ocorrer.

Contudo, é importante observar que um processo "sob controle" pode ser melhorado, mas é preciso que haja uma intervenção em seus métodos e recursos, ou seja, uma reengenharia (*breakthrough*). Para tal, deve-se seguir a trilogia da qualidade: *planejamento, controle e melhoria* (JURAN; GRYNA, 1992). O *planejamento da qualidade* estabelece os objetivos de desempenho e o plano de ações para atingi-los. O *controle da qualidade* consiste em avaliar o

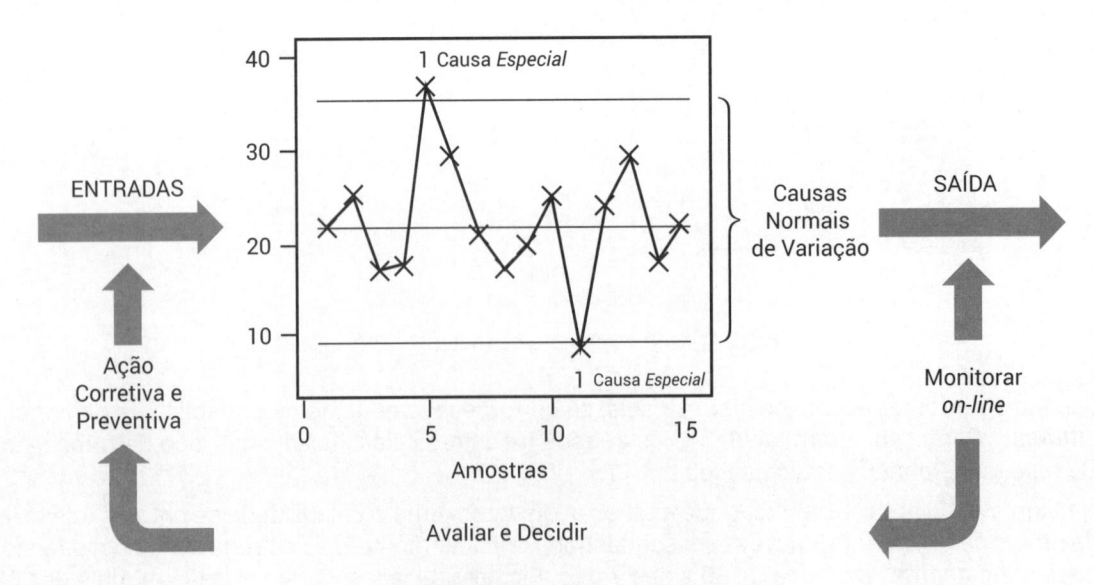

Figura 8.13 Gráfico de controle.

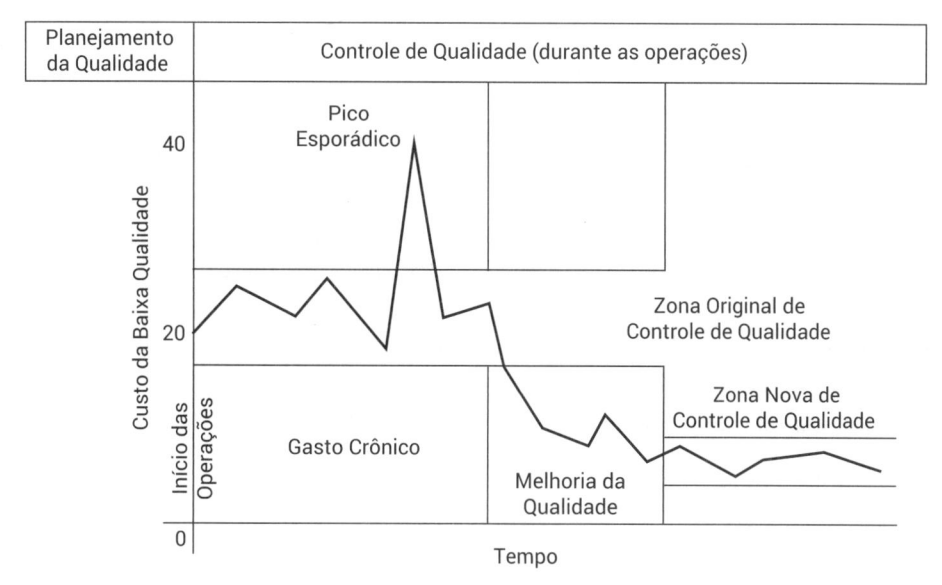

Fonte: Adaptada de Juran e Gryna (1992).

Figura 8.14 Trilogia da qualidade.

desempenho operacional, comparar com os objetivos e atuar no processo quando os resultados desviarem do desejado. Finalmente, a *melhoria da qualidade* busca aperfeiçoar o patamar de desempenho atual para novos níveis, tornando a empresa mais competitiva. A Figura 8.14 ilustra essa trilogia.

8.4.5 Ouvindo a voz do processo

Para atingir um bom nível de desempenho da qualidade no projeto, além de conhecer bem as necessidades dos *stakeholders*, é necessário ter uma boa definição dos processos-chave e contar com um plano de melhoria desses processos.

A primeira etapa para conhecer a voz do processo é mapeá-lo, utilizando um dos diversos mapas de processos disponíveis na literatura, conforme ilustra a Figura 8.15.

Os mapas de processo ou fluxograma de processo (*flowcharting*) são a ilustração gráfica do processo, que mostra a sequência dos eventos no processo, a lista de todas as etapas e o relacionamento entre elas. As principais vantagens na utilização dos mapas de processo são as seguintes:

- identificar os pontos para coleta de dados, para a cronometragem do tempo de execução ou aferição de outros parâmetros para estabelecimento de métricas;
- identificar oportunidades de melhoria;
- identificar atividades que não adicionam valor;

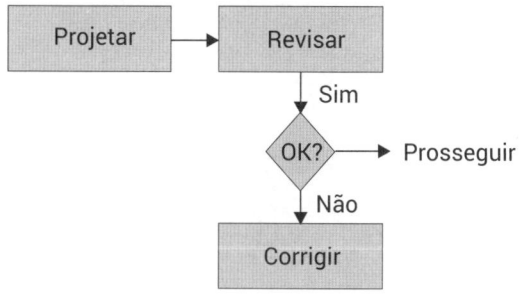

Fonte: Adaptada de Heizer e Render (1999) e de PMI® (2001).

Figura 8.15 Modelos de fluxograma.

- identificar gargalos e outras ineficiências, assim como possíveis fontes de problemas;
- redesenhar o processo, eliminando uma etapa ou combinando etapas; e
- mudando a sequência das etapas; ou alterando a forma de execução.

A elaboração dos mapas de processo deve ser conduzida em equipe, utilizando dinâmicas de grupo como o *brainstorming* (ver Capítulo 11). As informações necessárias para a elaboração dos mapas devem ser coletadas em manuais de operação, especificações de engenharia e junto à experiência do operador.

O processo de construção dos mapas engloba a determinação das fronteiras do processo, sua configuração, suas métricas e a metas de desempenho estabelecidas (PMI, 2008).

Para um bom mapeamento, é preciso ter claro quem são os clientes do processo, tanto internos como externos, bem como os fornecedores mais importantes.

8.4.6 Consideração sobre custo e benefício

O planejamento da qualidade do projeto deve considerar os *trade-offs* de custo e benefício. Embora o emprego sistemático da gestão da qualidade permita reduzir desperdícios, tais com retrabalhos e refugos, melhorando a produtividade, existem custos associados à qualidade que devem ser considerados (PMI, 2008).

O enfoque tradicional de custo da qualidade, advogado pelo PMI (2008), considera três tipos de custos: *custos da prevenção*, *custos do avaliação* e *custos da falha* (interna e externa). O custo total da qualidade é a soma dessas três categorias de custo, conforme ilustra a Figura 8.16.

O principal problema da teoria convencional de custos da qualidade, apresentado por Rotondaro (2002), é que se assume um ponto ótimo de investimento em qualidade a partir do qual haverá prejuízo. Os teóricos da melhoria contínua criticam essa abordagem, pois ela pode gerar estagnação, e propõem a abordagem ilustrada na Figura 8.17, na qual não existem um ponto ótimo e os investimentos em qualidade.

Além desse aspecto conceitual, existem dificuldades de ordem prática para a apuração dos custos da qualidade, pois os custos não incrementam na mesma medida em que a qualidade melhora; além disso, muitos custos relacionados com a qualidade não podem ser capturados pela maioria dos sistemas de contabilidade.

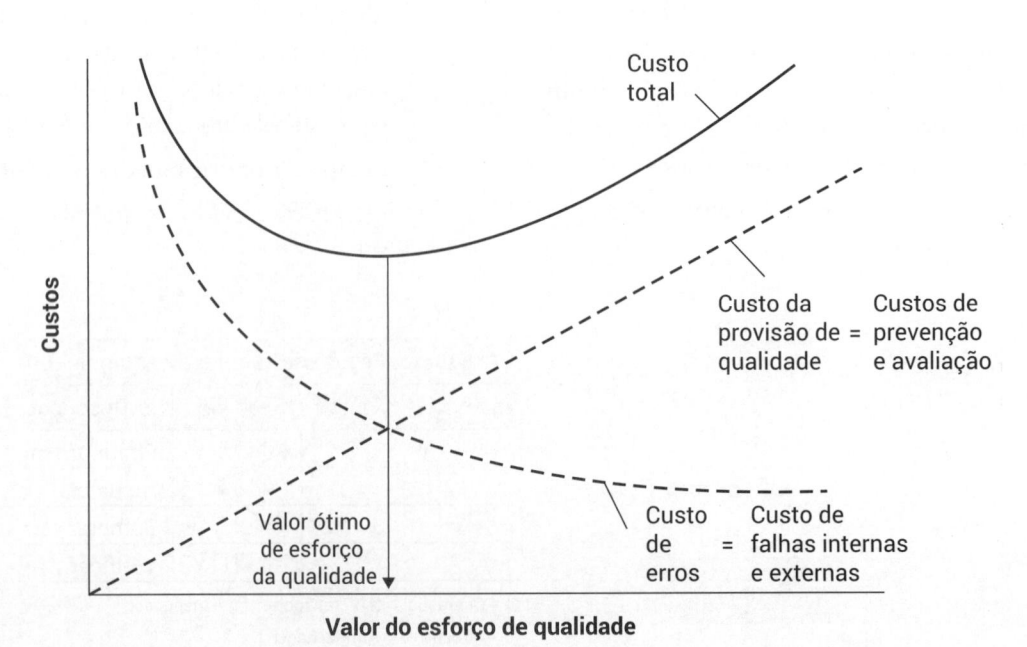

Fonte: Adaptada de Rotondaro (2002).

Figura 8.16 Curva de custo total da qualidade.

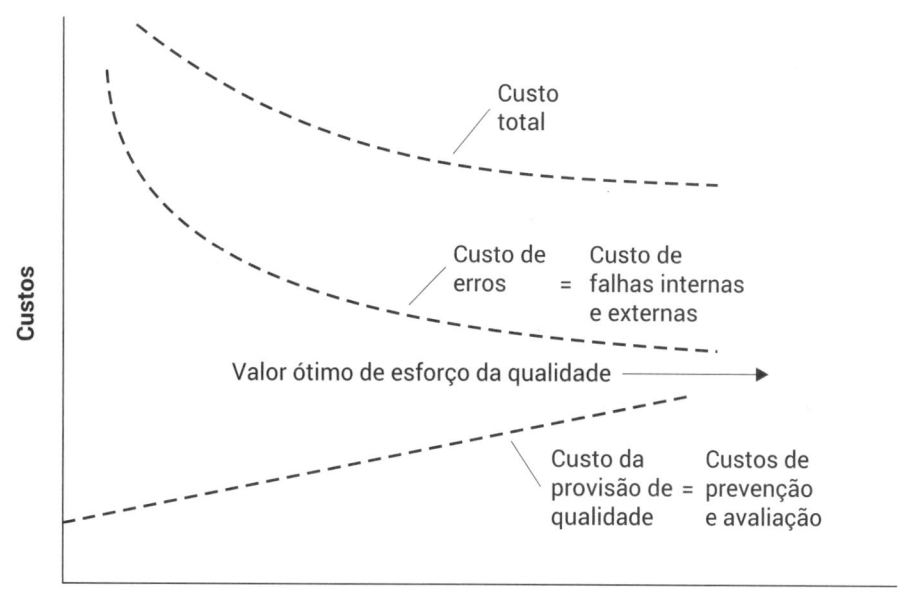

Fonte: Adaptada de Rotondaro (2002).

Figura 8.17 Curva de custo total da qualidade – abordagem de melhoria contínua.

8.5 CONTROLE INTEGRADO DA QUALIDADE DE PROJETOS

Embora as ferramentas básicas para o controle de qualidade sejam fundamentais para o monitoramento da qualidade dos parâmetros do projeto, o gerente necessita de uma visão integrada de controle de seu projeto. Assim como no gerenciamento de valor agregado (EVM), que estudamos no Capítulo 7, que controla escopo, prazo e custo de forma integrada, é possível também integrar a dimensão qualidade a partir do modelo Multidimensional de Desempenho de Projetos (*Multidimensional Project Performance Model* – MPPM) (CAMPOS, 2009; CAMPOS; CARVALHO, 2009).

O princípio do modelo é a integração da dimensão qualidade no modelo multidimensional já existente: o EVM. Para tal, o modelo integrará ao EVM conceitos relacionados com a engenharia dos requisitos e o desdobramento da qualidade, em especial, o método *quality function deployment* (QFD) em sua versão adaptada para projetos apresentada no início deste capítulo, conforme ilustra a Figura 8.18. A aplicação do método requer a realização das seguintes etapas (ver Figura 4.1).

A construção do planejamento e a realização do acompanhamento do projeto ocorrem nos moldes

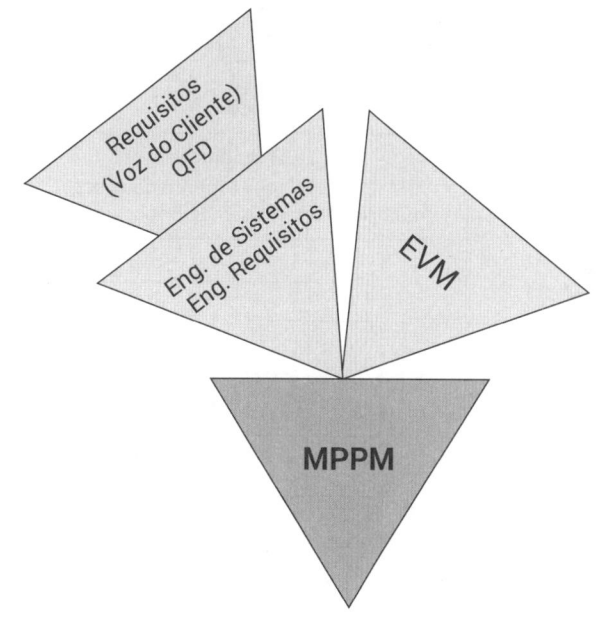

Fonte: Adaptada de Campos (2008) e Carvalho (2009).

Figura 8.18 Construção do MPPM.

semelhantes ao EVM, porém, agregando os dados de desempenho dos requisitos do produto final do projeto ao plano e ao acompanhamento (MPPM).

Vários autores têm procurado estender o modelo de EVM para melhor incorporar outras dimensões, como é o caso dos modelos que incorporam a dimensão qualidade: método da qualidade agregada (*Earned Quality Method* – EQM) (PAQUIN;

COUILLARD; FERRAND, 2000; CAMPOS; CARVALHO, 2008) e valor agregado baseado em desempenho (*performance-based earned value* – PBEV) (SOLOMON;YOUNG, 2007). A dimensão risco é incorporada ao EVM por Aramvareekul e Seider (2006), que propõem o diagrama *cost-time risk diagram* (CTRD), cuja base para custo e prazo é o EVM.

Um aspecto importante nos modelos que incorporam a dimensão Qualidade é a distinção entre o desempenho do produto do projeto e o desempenho do gerenciamento do projeto. Embora ambos estejam interligados, eles apresentam características distintas, e é importante não confundi-los (BRYDE; BROWN, 2004). Dessa forma, um projeto pode ser visto como um "sucesso" apesar do gerenciamento de projeto falho e vice-versa (DE WIT, 1988).

Destaca-se que, entre a identificação do requisito e sua implementação no produto final do projeto, o requisito passa por uma evolução semelhante à do ciclo de vida do próprio projeto. Por isso, a tradução correta de um requisito para o escopo do projeto no início do projeto não garante que esse requisito chegará ao fim do projeto "ileso". Para garantir que esse requisito seja totalmente atendido pelo produto final do projeto, é importante que a avaliação de desempenho do projeto considere a dimensão qualidade sistematicamente durante todo o ciclo de vida do projeto, funcionando como um alerta antecipado para possíveis problemas (CAMPOS, 2009; CAMPOS; CARVALHO, 2009).

O processo de aplicação do MPPM é relativamente complexo, em particular no que diz respeito à alocação dos requisitos na WBS, que exige uma série de manipulações dos pesos do QFD, nas várias etapas de desdobramento. O fluxograma da Figura 8.19 apresenta os passos necessários para

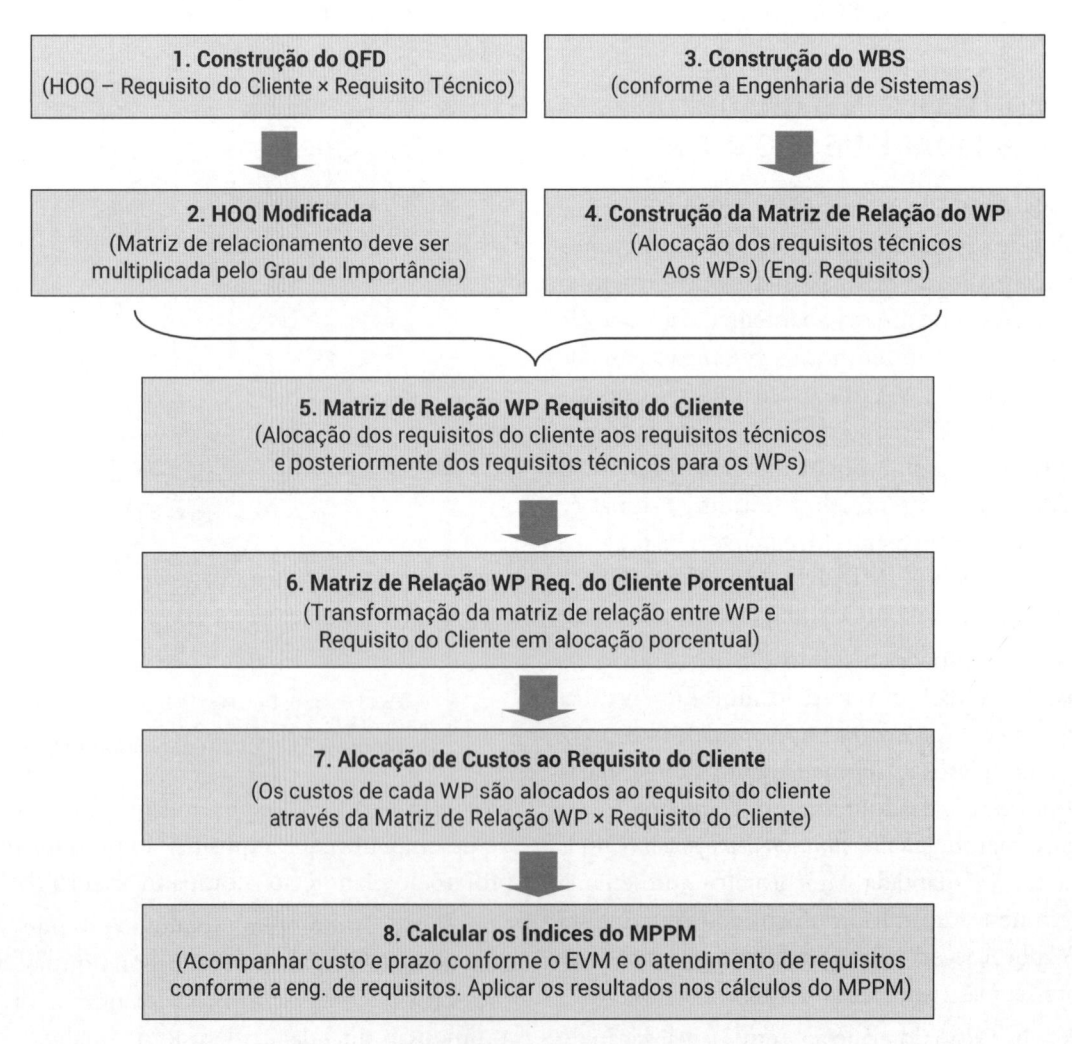

1. Construção do QFD
(HOQ – Requisito do Cliente × Requisito Técnico)

2. HOQ Modificada
(Matriz de relacionamento deve ser multiplicada pelo Grau de Importância)

3. Construção do WBS
(conforme a Engenharia de Sistemas)

4. Construção da Matriz de Relação do WP
(Alocação dos requisitos técnicos Aos WPs) (Eng. Requisitos)

5. Matriz de Relação WP Requisito do Cliente
(Alocação dos requisitos do cliente aos requisitos técnicos e posteriormente dos requisitos técnicos para os WPs)

6. Matriz de Relação WP Req. do Cliente Porcentual
(Transformação da matriz de relação entre WP e Requisito do Cliente em alocação porcentual)

7. Alocação de Custos ao Requisito do Cliente
(Os custos de cada WP são alocados ao requisito do cliente através da Matriz de Relação WP × Requisito do Cliente)

8. Calcular os Índices do MPPM
(Acompanhar custo e prazo conforme o EVM e o atendimento de requisitos conforme a eng. de requisitos. Aplicar os resultados nos cálculos do MPPM)

Fonte: Adaptada de Campos (2009) e Campos e Carvalho (2009).

Figura 8.19 Fluxograma "passo a passo" para a aplicação do MPPM.

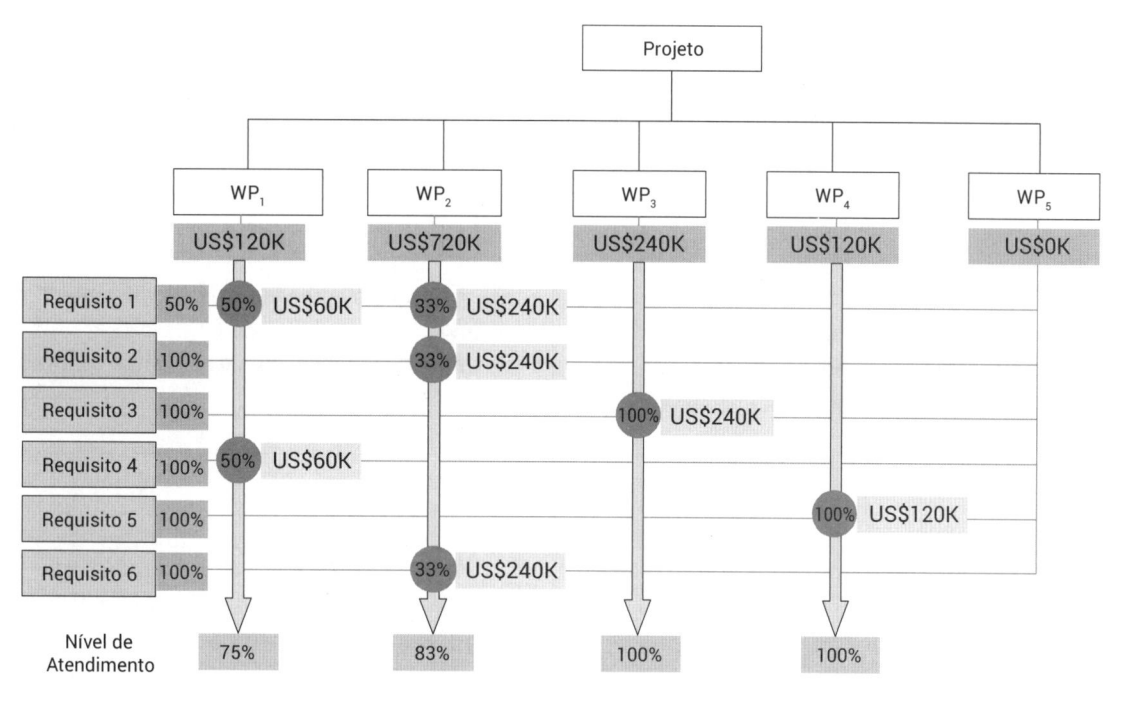

Fonte: Adaptada de Campos e Carvalho (2008).
Figura 8.20 Alocação de custos e requisitos na WBS.

a aplicação do MPPM. Em Campos e Carvalho (2009), é possível acompanhar a implementação do MPPM passo a passo.

Para visualizar as saídas de controle do MPPM, é importante observar os processos de desdobramento da matriz de relacionamento entre os requisitos e a WBS do projeto até o nível de pacote de trabalho (*work package* – WP). A alocação dos requisitos nos WPs é realizada em dois passos. Primeiro aloca-se cada requisito do cliente aos WPs a partir da soma do produto da alocação dos requisitos técnicos aos WPs com o produto da alocação dos requisitos do cliente aos requisitos técnicos. Em seguida, faz-se a transformação da alocação absoluta em uma distribuição percentual por WP usando como base o peso da alocação. A matriz resultante pode ser apresentada por porcentagem, ou por valor (Figura 8.20). Essa matriz é a matéria-prima para a alocação dos requisitos dos clientes aos WPs.

Observa-se, na Figura 8.20, que também é necessário alocar os requisitos aos subsistemas e partes, que podem receber pesos diferentes que reflitam a importância de cada requisito para a qualidade do subsistema, e a somatória de todos os requisitos deve ser 100% para cada caixinha da WBS.

Assim como no EVM, o EQM usa como base um valor orçado (PV) e o custo real (AC) para fazer as análises de variância e calcular os índices. O que difere é o cálculo do valor agregado (EV).

No lugar do EV, o MPPM utiliza uma métrica chamada de qualidade agregada (*earned quality* – EQ) para comparação com o PV. Em ambas as métricas, comparam-se o valor estimado com o valor do que de fato foi realizado, em um dado ponto de controle do projeto. No entanto, o EQ agrega ao cálculo do EV o desempenho do projeto em relação aos requisitos de qualidade do produto/serviço do projeto, conforme apresentado nas equações do Quadro 8.4.

Quadro 8.4 Métricas para o cálculo do *EV* e do *EQ*

EV	EQ
$$EV_t = \sum_{a=1}^{n} C_a P_a$$ em que: • EV_t = valor agregado em certo instante "t" do projeto. • C_a = custo estimado para certa atividade. • P_a = porcentagem completada da atividade. • a = atividade ou menor nível de detalhamento disponível na WBS.	$$EQ_t = \sum_{a=1}^{n} C_a P_a R_a$$ em que: • EQ_t = qualidade agregada em certo instante "t" do projeto. • R_a = nível de atendimento de requisitos da atividade.

Fonte: Paquin, Couillard e Ferrand (2000).

O nível de atendimento de requisitos da atividade (*Ra*) é calculado pelo produto do atendimento de cada requisito alocado a cada subsistema pelo seu peso relativo.

A Figura 8.21 mostra o resultado do EQM para um exemplo em que não há variação do valor agregado, mas há variação da qualidade agregada. Nesse exemplo, supõe-se que, em determinado ponto de controle do projeto, 100% do escopo do projeto detalhado na WBS foi concluído. Porém, o projeto apresenta apenas 50% de nível de atendimento às especificações do requisito 1. Nesse caso, o *EV* do projeto seria exatamente igual ao *PV*, ou seja, tanto o *SV* quanto o *CV* seriam iguais a zero.

Pode-se observar, nesse exemplo, que há variação de qualidade (*quality variance* – *QV*), definida pela diferença entre o *EQ* e o *EV*.

De fato, avaliar o desempenho de projetos é mais complexo do que meramente controlar o orçamento, cronograma, qualidade e outras dimensões (BRYDE; BROWN, 2004; CARVALHO *et al.*, 2003; CARVALHO; RABECHINI JR., 2005; 2007a; 2007b). Para avaliar projetos é preciso ir além das questões de eficiência levantadas nesta seção, avançando nas questões de eficácia, como vamos discutir na próxima parte.

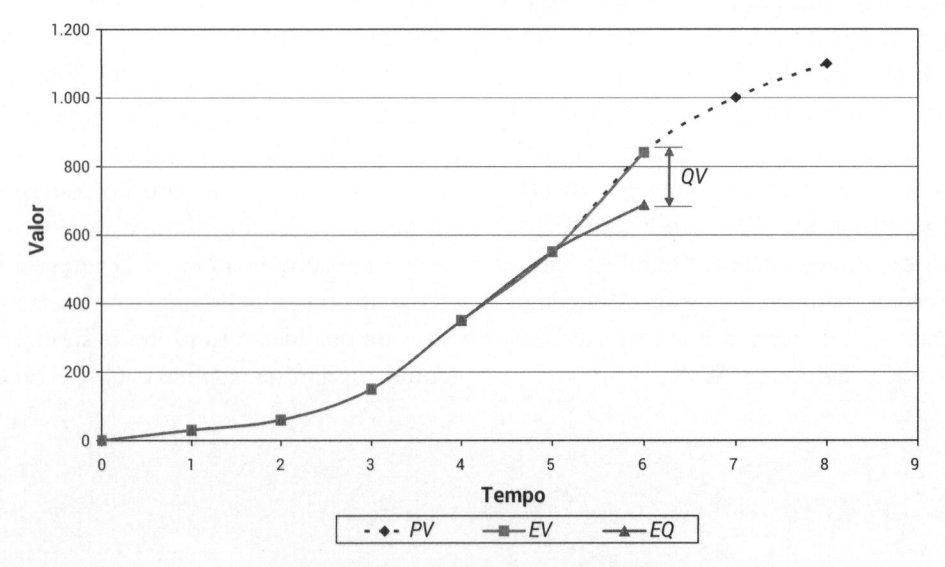

Fonte: Adaptada de Campos e Carvalho (2008).

Figura 8.21 Variação entre *EV* e *EQ*.

QUESTÕES PARA REFLEXÃO E DISCUSSÃO

1. Defina qualidade.
2. Quais são os processos da gestão da qualidade em projetos?
3. Discuta esses processos segundo a trilogia da qualidade.
4. O que é estrutura analítica da qualidade (QBS)? Qual sua relação com a WBS?
5. Como é o QFD adaptado para a realidade de projetos? Qual sua relação com a matriz de rastreabilidade de requisitos e com a QBS do projeto?
6. Que técnicas podem ser utilizadas para obter a voz do consumidor (VoC)?
7. Na Casa da Qualidade (HoQ) do projeto Eduardo e Mônica, Estudo de caso 8.1, quais são as CtQs?
8. Quais são os custos da qualidade?
9. Faça uma análise comparativa das curvas de custo da qualidade segundo a abordagem tradicional e a da melhoria contínua.
10. Quais são as principais ferramentas e técnicas para análise e solução de problemas em projetos?
11. Observe o primeiro gráfico de Pareto do Estudo de caso 8.2. Quais seriam suas prioridades depois de sanado o problema de atraso na entrega dos materiais?
12. Quais são as principais ferramentas e técnicas para monitorar e controlar a qualidade em projetos?
13. O que são causas *comuns* e causas *especiais* de variação no processo?
14. Como fazer um controle integrado de projeto incorporando a dimensão qualidade?

9 GESTÃO DOS RECURSOS

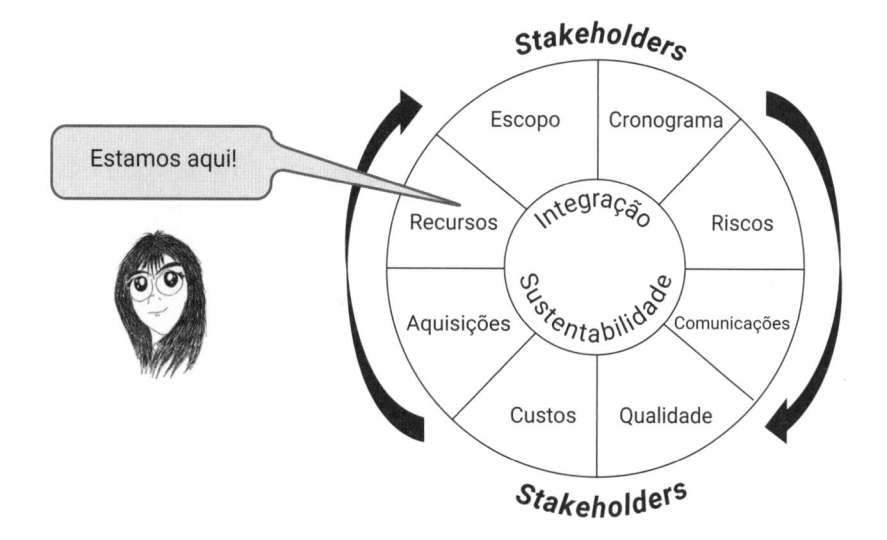

Pró-Valor
Camada Núcleo

Estamos aqui!

Após a leitura deste capítulo, o leitor estará apto a responder às seguintes questões:

a) Como identificar as funções e responsabilidades do projeto?
b) Como estimar os recursos do projeto?
c) Como alocar os recursos humanos nos projetos?
d) Como desenvolver as aptidões necessárias para melhorar o desempenho do projeto?
e) Como gerenciar o desempenho das equipes de projetos?

> Waldemar foi nomeado gerente do projeto de desenvolvimento de um sistema de alarme baseado em um circuito que detecta presença de gases, fumaças etc. O equipamento foi concebido por Antonio Rosa, vice-presidente de pesquisa.
>
> Não era usual na empresa que jovens como Waldemar assumissem o posto de gerência de projetos. No entanto, parece que ele tinha conhecimentos técnicos suficientes para compreender a natureza das propostas de Antonio Rosa para a concepção do novo equipamento.
>
> Passadas quatro semanas, Waldemar estava preocupado com o andamento do projeto, pois não conseguia marcar reunião com Arnaldo, gerente do departamento de marketing. Alegando falta de tempo, Arnaldo indicou Sidney para tal reunião. Este, por sua vez, faltou não só na primeira, mas também na reunião seguinte – alegando crise no departamento de marketing.
>
> Waldemar, então, resolve avançar com o projeto no que se refere ao desenvolvimento do novo equipamento. Ao se reunir com Antonio Rosa percebe que ele está mais interessado em desenvolver produtos para outro projeto da empresa de maior visibilidade. Antonio Rosa alega que faltam, no projeto de Waldemar, previsões de horas de laboratório e, por isso, está difícil executar novos testes.

Este caso reflete um problema típico de gerenciamento de recursos em projetos: o desenvolvimento de equipes, ou seja, estimular as aptidões individuais para dar contribuições coletivas em prol dos resultados do projeto. Além disso, mostra que a falta de equipamentos e outros recursos podem afetar os resultados do projeto.

O gerenciamento dos recursos do projeto é a área que inclui os processos requeridos para identificar, estimar, adquirir, gerenciar e controlar os recursos necessários para a conclusão bem-sucedida do projeto.

9.1 INTRODUÇÃO

A gestão de recursos apresenta processos nos grupos de planejamento (dois processos), execução (três processos) e monitoramento e controle (um processo), conforme ilustra a Figura 9.1. Os processos considerados pelo PMBoK® (PMI, 2017) no gerenciamento dos recursos do projeto são:

- *Planejar a gestão dos recursos do projeto*: trata-se de um processo que visa organizar os recursos físicos do projeto, bem como estruturar sua equipe.
- *Estimar os recursos das atividades*: processo de estimar recursos da equipe, o tipo e as quantidades de materiais, equipamentos e suprimentos necessários para realizar o trabalho do projeto.
- *Adquirir os recursos do projeto*: o processo de obter membros da equipe, instalações, equipamentos, materiais, suprimentos e outros recursos necessários para concluir o trabalho do projeto.
- *Desenvolver a equipe do projeto*: processo em que se desenvolvem as competências e se promove a interação da equipe e com o ambiente de forma a garantir o sucesso do projeto.
- *Gerenciar a equipe do projeto*: processo em que se acompanha o desempenho de membros da equipe do projeto, fornece *feedback*, resolve conflitos e gerencia mudanças para otimizar o desempenho das equipes de projetos.
- *Controlar os recursos do projeto*: refere-se ao processo de garantir que os recursos físicos atribuídos e alocados ao projeto estejam disponíveis conforme planejado, bem como monitorar o uso planejado *versus* o uso real de recursos, e executar ações corretivas, conforme necessário.

A área de Recursos sofreu significativas alterações na sexta edição do PMBoK, a começar pelo nome, que deixou de ser Recursos Humanos e passou a ser Recursos de maneira ampla. Em consequência, o processo de planejamento "Estimar os Recursos das Atividades" foi movido da área de gestão de tempos (atualmente, gestão do cronograma) para a área de Recursos. No grupo de planejamento,

Planejamento
1. Planejar a gestão dos recursos
2. Estimar os recursos das atividades

Execução
3. Adquirir recursos
4. Desenvolver a equipe do projeto
5. Gerenciar a equipe do projeto

Monitoramento & Controle
6. Controlar os recursos

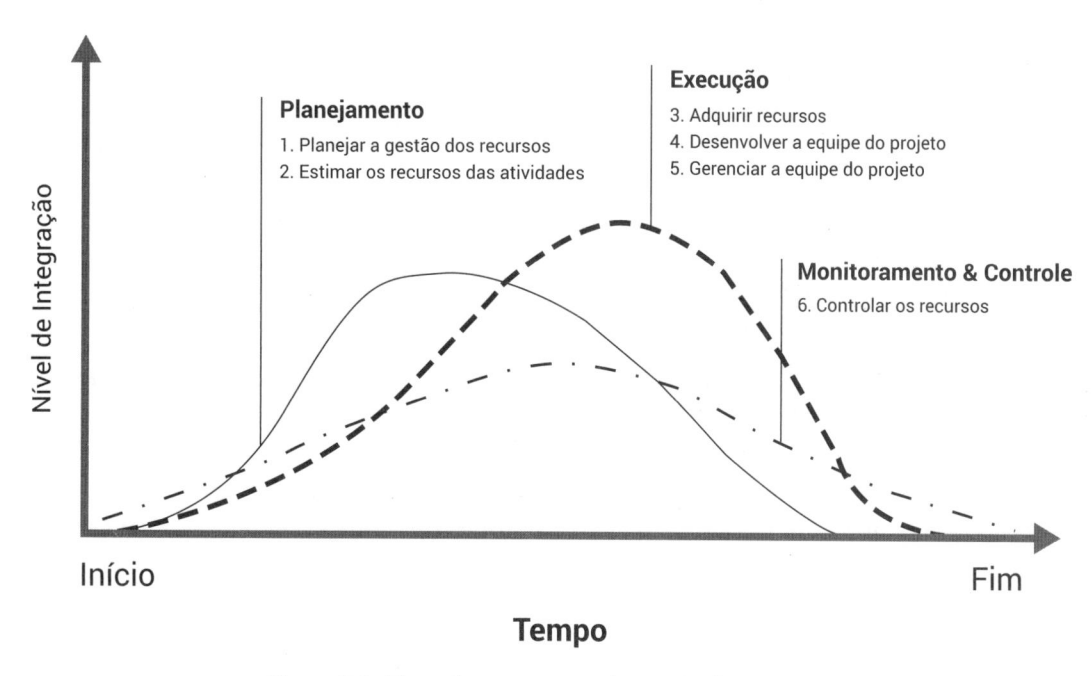

Figura 9.1 Fluxo dos processos de gestão de recursos.

o processo Recrutar a equipe sofreu mudanças para ficar mais abrangente "Adquirir recursos", ressaltando outros recursos além da equipe. Finalmente, foi também incluído um novo processo do grupo de monitoramento e controle: controlar os recursos.

9.2 QUEM FAZ O QUÊ, COM QUÊ?

Embora este título possa parecer estranho, é exatamente a partir dessas questões que o gerente de projetos deverá iniciar o planejamento dos recursos do projeto.

Vamos simplificar: imagine que seu projeto se resuma a uma tarefa de pintar uma parede. Você vai precisar saber quem vai fazer (recursos humanos) as atividades de lixar, pintar e limpar e, também, quais materiais (recursos) serão necessários.

Para iniciar o gerenciamento de equipes de projetos, o gerente deverá identificar as funções e trabalhos a serem executados durante a realização do projeto. Para isso, faz-se necessária a estruturação das equipes de projetos segundo a definição de papéis e suas respectivas responsabilidades. Durante a elaboração da WBS (Capítulo 5), foi possível identificar os pacotes de trabalho e, para cada pacote, estava associado um responsável. Com essa informação em mãos, o gerente de projetos deverá iniciar um trabalho de identificação das competências necessárias a serem disponibilizadas ao projeto.

O processo que visa identificar, documentar e atribuir funções e responsabilidades aos envolvidos no projeto é apoiado por uma ferramenta, matriz de responsabilidades, que relaciona as pessoas (quem) com o trabalho (faz o quê).

Essa ferramenta, além de relacionar o escopo com os recursos, mediante o estabelecimento de responsabilidades, também poderá informar quais interessados aprovam, quais são informados e quais são consultados.

A matriz de responsabilidades mostra um panorama bastante sintético das relações do projeto.

Para ilustrar como se constrói essa ferramenta, vamos acompanhar seu desenvolvimento no caso de Eduardo e Mônica.

A necessidade de desenvolver uma ferramenta que deixasse claro a Eduardo e Mônica as responsabilidades do projeto ficou evidente quando estavam discutindo o sistema hidráulico. Embora o projeto estivesse sendo elaborado por um amigo de Eduardo, o engenheiro Rodrigo, Mônica temia que seria sempre solicitada para dar opiniões e isso poderia atrasar a obra. Inicialmente, foi discutido que Eduardo seria o responsável por tudo, mas depois de várias conversas ficou decidido que Mônica aprovaria a proposta e a integração do sistema final, Eduardo aprovaria os sistemas intermediários e Rodrigo seria o responsável por esses sistemas. Com essa decisão, pôde-se construir uma matriz de responsabilidade envolvendo o sistema hidráulico, conforme mostra a Tabela 9.1.

Uma vez sintetizada a informação de relacionamentos escopo × recursos humanos, expressa na matriz de responsabilidades, faz-se necessário, para cada recurso, descrever suas atribuições no projeto. Tais atribuições podem ser relatadas em uma simples tabela, relacionando, para cada profissional (papel), suas principais responsabilidades. A descrição de cada papel deve ser sucinta, mas conter suas principais atribuições específicas. Essa ferramenta servirá para que os envolvidos no projeto entendam exatamente quem será o responsável por:

a) desenvolver e controlar a programação;
b) acompanhar o orçamento e desembolso;
c) marcar as reuniões;
d) apresentar os resultados do projeto aos interessados;
e) buscar o comprometimento das equipes;
f) avaliar tecnicamente os produtos do projeto;
g) verificar as necessidades de mudanças;
h) acompanhar os riscos do projeto;
i) buscar novos recursos;
j) treinar conforme as necessidades do projeto; e
k) acompanhar as licitações e administrar os contratos, entre outras.

Obviamente que, em muitos projetos, em razão das necessidades apresentadas de recursos humanos, a disponibilidade nem sempre existe. Nesses casos, deve ser desencadeado, o mais cedo possível, um processo de seleção de recursos.

Para a realização de uma seleção adequada, dois fatores devem ser considerados: a natureza do cargo e as competências do profissional. Com relação à natureza do cargo, os principais elementos a serem considerados são: responsabilidades esperadas, propósitos, limites e extensão de autoridade, contribuição esperada, dificuldades a enfrentar, treinamento e apoio possível. Quanto às competências, além das específicas do cargo, é possível delinear as competências genéricas esperadas, como: língua estrangeira, atitudes e comportamentos, estilos de liderança, comunicação interpessoal, atributos pessoais, entre outras.

As considerações sobre as competências das equipes de projetos foram estudadas por Rabechini Jr. e Carvalho (2003), que enfatizaram dois grupos essenciais: um ligado às questões pessoais e outro, às questões de ordem prática (resultados esperados das tarefas).

O trabalho mostrou o resultado de uma pesquisa realizada com 106 gerentes e técnicos de projeto de empresas de diversos setores. As primeiras conclusões mostram um cenário bastante curioso e inquietante para os gerentes de projetos refletirem.

Tabela 9.1 Matriz de responsabilidades

Atividade	Mônica	Eduardo	Rodrigo (Modelo)	Ana	Rosa	Mário	Paula
Proposta hidráulica	A	R	C	C	C	C/I	C/I
Desenvolvimento Fria	I	A	R	C	C	I	C
Desenvolvimento Quente	I	A	R	C	C	C	C
Integração	A	C	I	C	R	I	C
Testes	A	I	R	I	I	C	I

Legenda: A – Aprova; R – Responsável; C – Consultado; I – Informado.

Os indicadores mais fortemente percebidos, do lado pessoal, foram aqueles que se referem à motivação da equipe em buscar resultados e interface externa com a corporação e os *stakeholders* do projeto. Não obstante, os indicadores menos relevantes, do lado das tarefas, referem-se ao objetivo e ao resultado claro que o projeto deve atingir.

A constatação, que se fez muito evidente, quando se confrontam os indicadores de tarefa com os de caráter pessoal, é que, embora as equipes sintam-se motivadas em buscar resultados, elas não têm visibilidade dos objetivos e, portanto, a busca dos resultados torna-se ineficaz. Esse descompasso pode levar as equipes a perderem a motivação, bem como comprometer a eficácia dos projetos.

Como visto, a montagem das equipes de projeto não se configura como uma tarefa fácil e sua administração envolve fatores tanto de ordem organizacional como comportamental.

Além da montagem das equipes do projeto, faz-se necessário estimar os recursos como equipamentos, máquinas etc.

A estimativa de recursos na programação de um projeto envolve um processo de tomada de decisão, pois há impactos na duração da atividade dependendo da disponibilidade dos recursos.

Para a elaboração de estimativas, a equipe pode ainda pesquisar fontes de dados históricos e dados secundários fornecidos por empresas especializadas. Existem diversas publicações que fornecem dados estatísticos periodicamente, contendo informações sobre consumo de recursos por unidade produzida e custos unitários atualizados de diversos recursos, tais como materiais, equipamento e hora-homem por categoria, estratificados por região geográfica. No Brasil, por exemplo, podem ser obtidos dados do setor têxtil nos anuários do Instituto de Estudos e Marketing Industrial (IEMI), e o setor de construção pode contar com diversas revistas especializadas que fornecem indicadores.

O PMBoK® destaca que, para recursos e durações, podem-se utilizar estimativas *bottom-up* ou *top-down* por atividade (PMI, 2017). Quando uma atividade é muito complexa e não pode ser estimada com grau razoável de precisão, pode-se decompor a atividade em um nível maior de detalhe. Parte-se das estimativas de necessidade de recursos no nível mais detalhado, e essas estimativas são agregadas então para cada um dos recursos da atividade. Em geral, essas estimativas são mais trabalhosas, mas também mais precisas.

Caso Eduardo e Mônica

Acelerar o projeto ou economizar?

Vamos voltar o caso da casa de Eduardo e Mônica levando-se em conta a decisão sobre a forma de concretagem de uma atividade. Há duas alternativas para essa atividade:

- alternativa 1: concretagem com uma empresa especializada, que utilizaria caminhão-betoneira a um custo de R$ 2.240,00 e duração de três horas; ou
- alternativa 2: utilizar a equipe da obra para concretar manualmente a laje, com os quatro pedreiros preparando o concreto e dois auxiliares transportando e espalhando a um custo de R$ 1.476,00 e duração de oito horas.

A Modelo Engenharia, Arquitetura e Construção S.C. Ltda. disse ao Eduardo que com as chuvas o projeto apresentou um atraso no cronograma de uma semana. Como estavam previstas várias etapas de concretagem, a adoção do caminhão-betoneira poderia ajudar a retornar ao cronograma inicial, mas ocasionaria um impacto no orçamento do projeto, já que a alternativa 1 era a que estava na estimativa de recursos dessa atividade.

Eduardo foi para casa discutir com Mônica a respeito dessa questão. Rapidamente, ambos optaram pela manutenção do planejamento original, mas essa decisão alertou sobre a importância de se estimar os recursos das atividades, sempre entendendo que a gestão de recursos, cronograma e custos estão fortemente relacionadas.

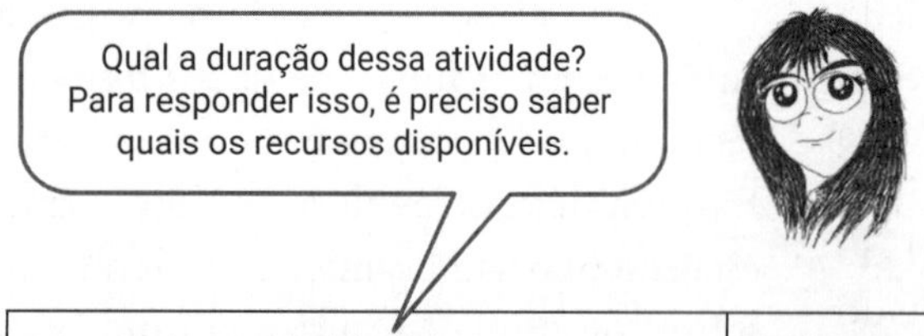

> Qual a duração dessa atividade? Para responder isso, é preciso saber quais os recursos disponíveis.

Atividade			Unidade	Quantidade	Custo Total
Alvenaria de tijolo maciço			m²	100	1.417,60
Recursos	Unidade	Produção	Total	Preço Unit.	Custo Total
Pedreiro	h	2h/m²	200 h	4,00	800,00
Ajudante	h	3h/m²	300 h	2,00	600,00
Cimento	kg	0,025 kg/m²	2,5 kg	0,40	1,00
Areia	m³	0,0083 m²/m³	0,83 m²	20,00	16,60

Figura 9.2 Exemplo de estimativa *bottom-up*.

As estimativas *top-down* partem de uma atividade análoga como base para a estimativa da duração da atividade futura. Esse tipo de estimativa é utilizado quando as informações sobre o projeto são limitadas e pouco detalhadas, em geral nas primeiras fases do ciclo de vida do projeto.

A saída do processo de estimativas é uma descrição dos tipos e das quantidades dos recursos requeridos para cada atividade em um pacote do trabalho, bem como sua duração. Esses recursos requeridos podem, então, ser agregados para determinar os recursos e as durações estimados para cada pacote do trabalho, bem como para os demais níveis da WBS do projeto.

Uma vez configuradas as equipes de projetos e as estimativas dos recursos, passa-se, então, à análise do confronto das disponibilidades *versus* as necessidades, cujo resultado deverá consolidar as equipes de projetos.

9.3 ASPECTOS DA FORMAÇÃO DE EQUIPE: NIVELAMENTO DE RECURSOS

O exame das necessidades de recursos em projetos é baseado na programação das atividades; é uma das tarefas mais ingratas de um gerente. Normalmente, as atividades são programadas pelos tempos mais cedo, o que, invariavelmente, gera um acúmulo de recursos em alguns períodos do projeto. Assim, há períodos cuja necessidade de recursos é alta, mas, em contrapartida, em outros a quantidade de recursos é, muitas vezes, desprezível.

O desafio do gerente de projetos está em, justamente, montar a alocação melhor balanceada dos recursos humanos do projeto.

De maneira simplificada, o processo de alocação de recursos humanos em projetos deve obedecer os seguintes passos: (a) aloque os recursos segundo a programação pelos tempos mais cedo; (b) faça a alocação novamente, agora pelos tempos mais tarde; (c) estabeleça as melhores alocações por balanceamento; e (d) avalie os riscos da alocação final.

Para representar as alocações de recursos humanos em projetos, os gráficos de histograma podem ser utilizados. O Gráfico 9.1 mostra um exemplo de alocação de recursos.

A alocação de recursos em projetos pode ser vista utilizando o caso de nosso casal Eduardo e Mônica, no qual será possível entender o balanceamento.

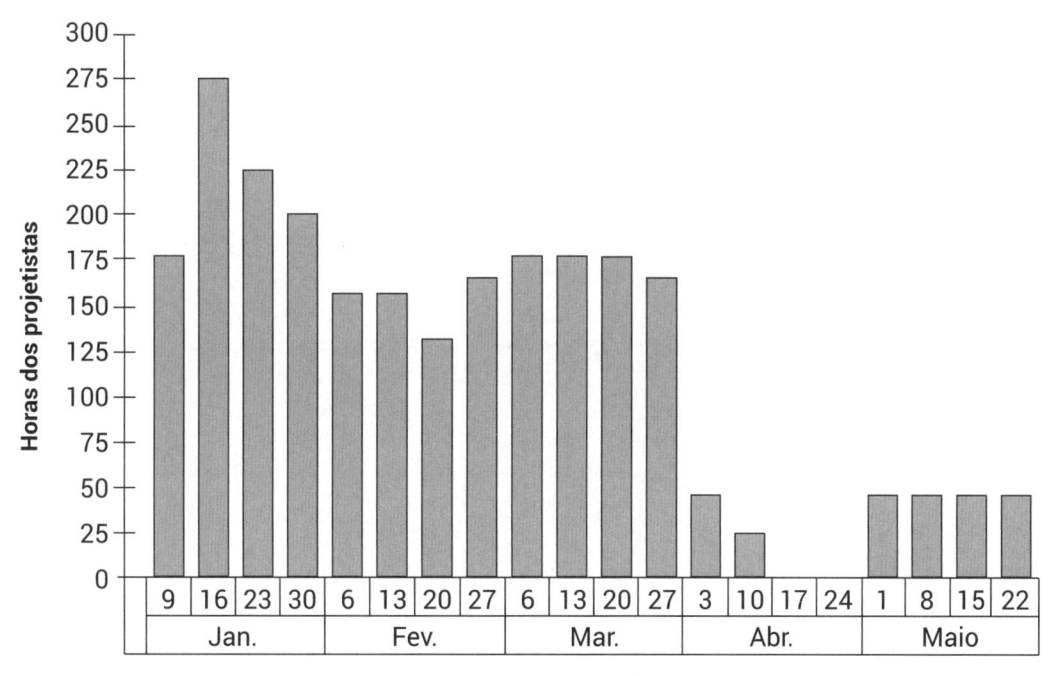

Gráfico 9.1 Histograma de recursos.
Fonte: Project Management Institute (2004).

Caso Eduardo e Mônica

Picos e vales no uso de recursos

Considere uma pequena parte do projeto da Casa de Eduardo e Mônica, que se refere à instalação hidráulica (pacote de trabalho 04.01). Considerando a utilização de apenas um tipo de recurso, é possível representar as atividades da instalação hidráulica como na lista da Tabela 9.2.

Tabela 9.2 Projeto com necessidade de um tipo de recurso

Código da Atividade	Atividade	Duração	Precedência	Recursos
A	Tubulação cobre	4	–	2
B	Tubulação PVC	5	–	2
C	Ligação elétrica	3	–	3
D	Conexão caixa	2	B	1
E	Conexão *boiler*	3	A, B	1
F	Ligação quente	2	C, E	1
G	Ligação sistema	2	D, F	1

A partir dos dados da programação de atividades, Eduardo e Mônica começaram a pensar na disponibilidade de recursos para organizar a obra hidráulica. Com o material comprado, imaginaram terminar a instalação em 12 dias, nem mais nem menos. Eduardo passou, então, a distribuir os recursos pelos tempos mais cedo, começando pelo caminho crítico. Quando mostrou o gráfico à Mônica, ela comentou que estava assustada com a quantidade de um mesmo recurso ser utilizado no início da obra.

A distribuição de recursos pelos tempos mais cedo mostra que, nos três primeiros períodos do projeto, há necessidade de sete recursos. Mas, em contrapartida, a partir do sexto período, é preciso apenas um recurso.

A distribuição de recursos pelos tempos mais cedo ficaria assim:

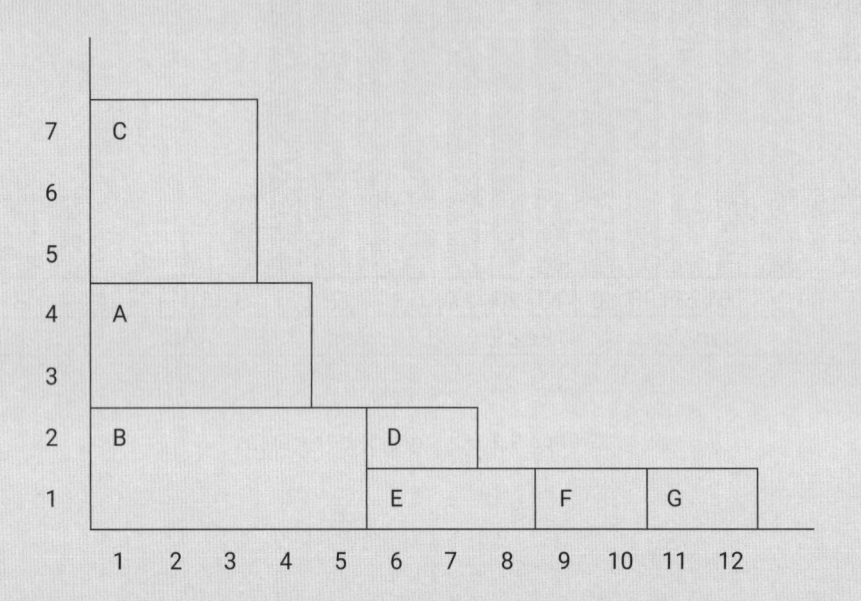

Gráfico 9.2 Distribuição de recursos – tempos mais cedo.

Eduardo decidiu fazer a distribuição pelos tempos mais tarde e realmente obteve uma distribuição melhor. O cálculo pelos tempos mais tarde poderá melhorar essa distribuição.

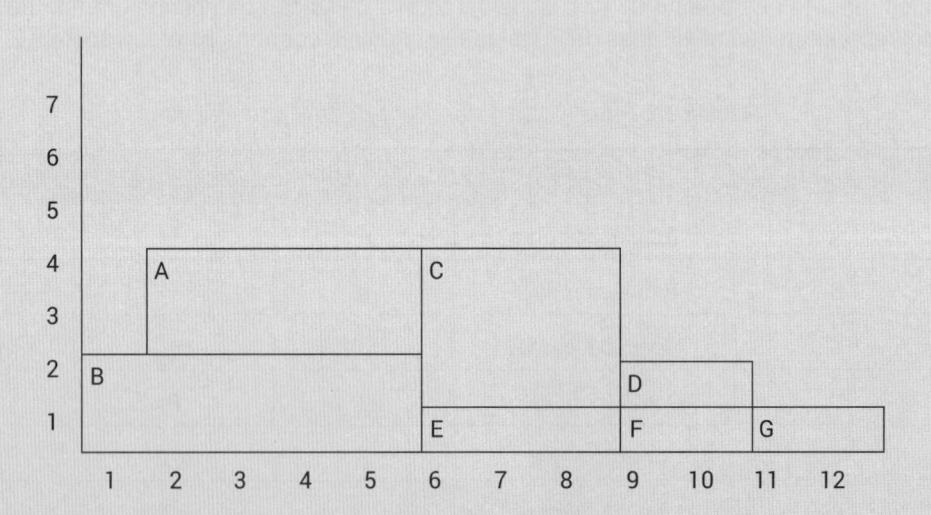

Gráfico 9.3 Distribuição de recursos – tempos mais tarde.

De fato, quando alocados os recursos pelos tempos mais tarde, foi possível perceber uma distribuição mais balanceada. Na verdade, a partir destes dois gráficos foi possível Eduardo e Mônica perceberem a necessidade de se analisar a melhor distribuição dos recursos e, entre os tempos mais cedo e mais tarde, fazendo uso das folgas, estabelecer definitivamente o balanceamento.

Essa técnica de nivelamento, evidentemente, ajuda o gerente de projetos a solicitar recursos humanos ao seu projeto. No confronto necessidades × disponibilidades (de recursos humanos), sua solicitação fica mais bem argumentada.

Tecnicamente, o nivelamento de recursos tem como objetivo eliminar picos de utilização de recursos e suavizar sua flutuação no tempo. Para tal, as folgas associadas às tarefas não críticas são utilizadas.

Uma forma sistemática de fazer o nivelamento consiste em construir uma tabela dinâmica em que se possa considerar também as folgas das atividades que não são do caminho crítico (lembre-se de que no caminho crítico não há folgas, ver Capítulo 6). Essa tabela dinâmica está ilustrada na Tabela 9.3.

Dessa forma, é possível saber quantos recursos são necessários, período a período, como ilustrado no Gráfico 9.4.

Observamos, no Gráfico 9.4, três linhas que representam o tamanho ótimo da equipe por período (Q^*), o mínimo volume de recurso por período ($Q_{Mín}$) e o máximo volume de recurso por período ($Q_{Máx}$). O tamanho ótimo da equipe é calculado conforme a Equação 9.1.

Tabela 9.3 Tabela dinâmica para distribuição de recursos

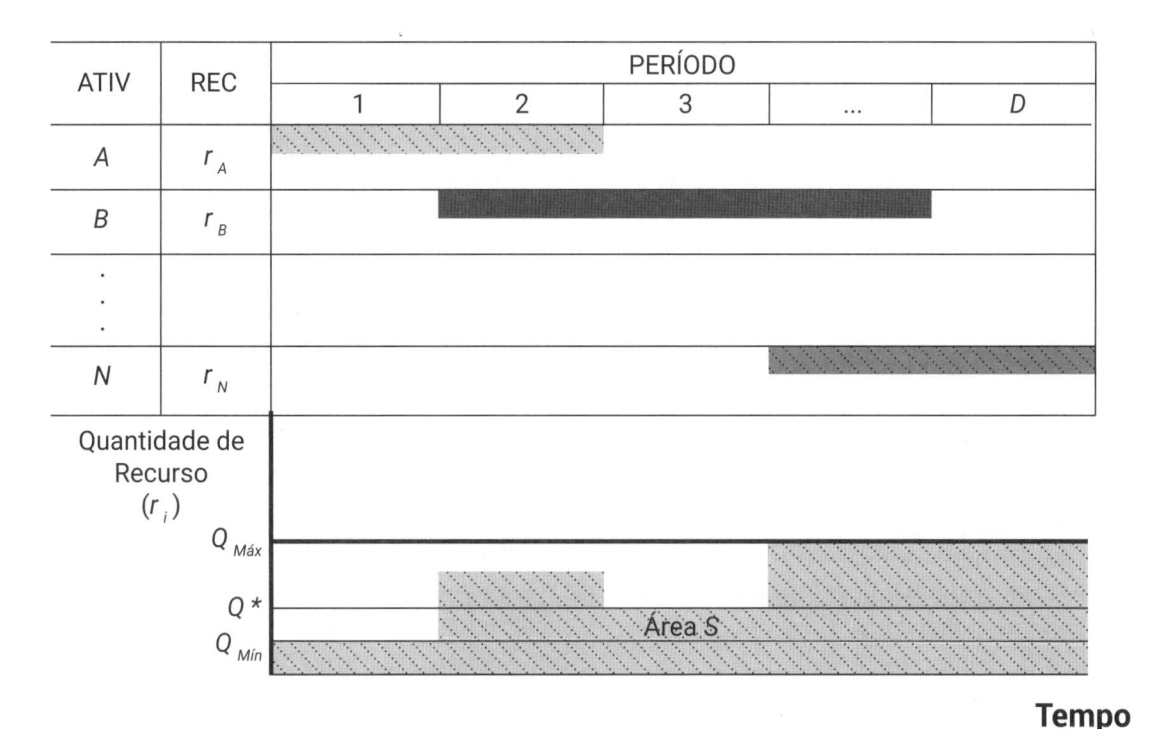

Atividade	FT	Período				
		1	2	3	...	D
B	FT_B		r_B	r_B	r_B	
A	FT_A	r_A	r_A			
.						
.						
.						
N	FT_N				r_N	r_N
$Q^*/Q_{Máx}$		$\sum r \cdot t$	$\sum r \cdot t$	$\sum r \cdot t$		$\sum r \cdot t$

ATIV	REC	PERÍODO				
		1	2	3	...	D
A	r_A					
B	r_B					
.						
.						
.						
N	r_N					

Gráfico 9.4 Nivelamento de recursos.

> **Equação 9.1**
>
> $$Q^* = S/D$$
>
> em que $Q^* = S/D$; Q^* é o tamanho ótimo da equipe por período; S é a área; e D, a duração do projeto.

Para nivelar os recursos utilizando as folgas: (a) aloque as atividades que pertencem ao caminho crítico, que não tem folga; (b) aloque as demais atividades em ordem crescente da FT; e (c) nivele os recursos por período, segundo o valor de Q^*.

Os aspectos de formação de equipe mostram uma das facetas do gerenciamento de recursos humanos em projetos. Esse é seu lado mais *hard*, ou seja, onde o exercício da engenharia de colocar peça por peça logicamente, da melhor maneira, tem de ser exercido.

9.4 ASPECTOS COMPORTAMENTAIS E AMADURECIMENTO DA EQUIPE DE PROJETO

O gerenciamento de recursos humanos em projetos também está pautado por um lado mais *soft*, ou seja, aquele ligado aos aspectos comportamentais. Certamente, um lado mais difícil de ser gerenciado.

Para entender os aspectos comportamentais e humanos em projetos, os gerentes têm se espelhado nas teorias motivacionais.

Um dos precursores das teorias comportamentais foi McGregor (*apud* MOTTA, 1986), quando formulou a teoria "Y", que se contrapunha à teoria "X", predominante na época, a qual representava a administração científica, que classifica o ser humano como um indivíduo avesso ao trabalho, evitando-o sempre. As linhas gerais da teoria "Y" enfatizavam o ser humano e a administração que organiza os elementos produtivos da empresa; as pessoas que não são passivas e suas necessidades perante as organizações; os fatores de motivação e desenvolvimento pessoal, presentes nas pessoas; e os objetivos organizacionais, responsáveis por dar direção para que as pessoas possam produzir melhor.

A teoria "Y" aglutinava, de certa forma, os elementos que representavam os preceitos dos estudos da motivação humana. Do ponto de vista do gerenciamento de recursos humanos em projetos, vale a pena explorar os conceitos de duas abordagens desses estudos, uma sobre as hierarquias das necessidades e outra sobre os fatores que regem o comportamento humano.

Idealizador da hierarquia das necessidades, Maslow (*apud* HERSEY; BLANCHARD, 1986) apresentou uma teoria na qual as necessidades humanas estão organizadas e dispostas em níveis hierárquicos segundo sua importância.

Vistas em uma pirâmide, as necessidades primárias, de mais baixo nível, estão em sua base, enquanto as necessidades secundárias aparecem no topo.

A Figura 9.3 representa a pirâmide.

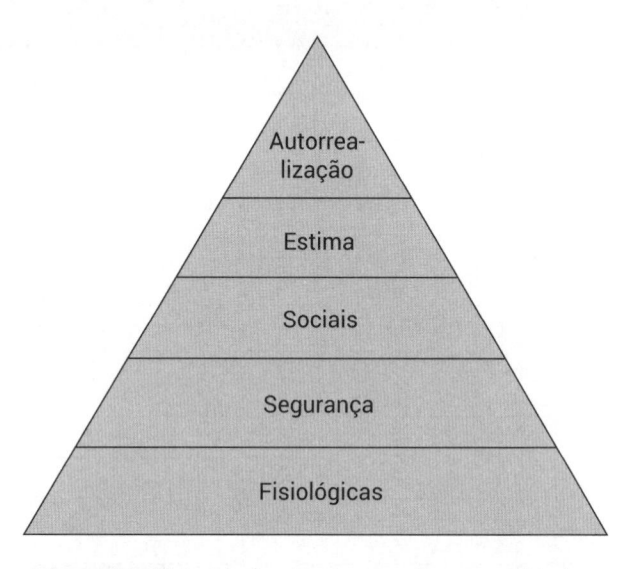

Figura 9.3 Pirâmide das hierarquias das necessidades.

Necessidades fisiológicas referem-se à sobrevivência de um indivíduo e à sua preservação; são necessidades instintivas que nascem com ele.

As necessidades de segurança aparecem em seguida, na medida em que foram satisfeitas as necessidades do nível mais baixo. Elas dizem respeito à estabilidade e busca de proteção contra a ameaça ou privação. Este grupo de necessidades está presente nos indivíduos quando, de alguma forma, são expostos a situações de injustiças, demissão, repreensão na(s) empresa(s).

As necessidades denominadas secundárias iniciam-se com as sociais. Elas surgem em seguida às necessidades de segurança. As necessidades sociais estão relacionadas com as aprovações da participação do indivíduo nos grupos e equipes de projetos. Quando essas necessidades não estão satisfeitas, o indivíduo torna-se hostil, indiferente ao meio e às pessoas que o cercam.

Uma vez satisfeitas as necessidades sociais, têm-se as necessidades de estima, que envolvem as avaliações dos grupos ou equipes sobre seu comportamento. Nesse sentido, dão ao indivíduo satisfação, prestígio, poder etc.

O último nível de necessidade refere-se à autorrealização. São as necessidades mais pessoais intimamente ligadas ao contínuo desenvolvimento.

A segunda proposição da motivação humana, tão relevante quanto à teoria das necessidades, foi formulada por Herzberg (*apud* HERSEY; BLANCHARD, 1986), que identificou dois grupos de fatores: os higiênicos (ligados ao ambiente em que as pessoas trabalham) e os motivacionais (relacionados com o trabalho em si).

Os fatores higiênicos correspondem às condições de trabalho, à administração da empresa, ao salário, às relações com os supervisores e aos benefícios e serviços sociais. Os fatores motivacionais referem-se ao trabalho em si, à realização pessoal por executar um trabalho, ao reconhecimento, ao progresso profissional e às responsabilidades assumidas.

Para Herzberg, os fatores higiênicos, quando não atendidos, causam insatisfação nos indivíduos; no entanto, quando presentes, não necessariamente geram satisfação. Já os fatores motivacionais, quando ausentes, não chegam a gerar insatisfação, mas, quando presentes, geram satisfação (HERSEY; BLANCHARD, 1986).

As teorias advindas da administração têm ajudado os gerentes de projetos na condução correta do gerenciamento dos recursos humanos em projetos. Os autores apresentados aqui fazem parte de um grupo seleto de estudiosos, clássicos, que devem ser estudados pelos gerentes no intuito de melhorar seu entendimento dos recursos humanos sob sua administração. Vale a pena, é claro, também, expandir as consultas, uma vez que esse campo de estudo é muito extenso, não cabendo tratá-lo aqui, neste capítulo, de forma detalhada.

Entretanto, existem mais oportunidades de ordem prática, pesquisas, relatos de experiências que, de certa forma, ajudam a complementar as visões de um gerente.

A percepção da importância das habilidades dos gerentes de projetos, por exemplo, tem sido alvo do interesse constante de pesquisadores. Uma pesquisa (RABECHINI JR.; CARVALHO, 1999) envolveu uma amostra aleatória de 97 empresas, nacionais e multinacionais, com diferentes estágios de desenvolvimento da metodologia de gerência de projetos. Os setores envolvidos foram: financeiro, serviços, informática e processamento de dados, cosméticos, banco de desenvolvimento e metalurgia.

A liderança (a capacidade em estabelecer metas e fazer cumpri-las), com a expressiva participação de 95,51%, foi considerada a habilidade mais intensiva.

A pesquisa discutiu a liderança sob vários aspectos, mas foi o entendimento da capacidade do líder em entender seus subordinados o centro das questões.

Entender o comportamento exato do líder e saber posicionar-se para uma liderança adequada foi o foco dos estudos de Hersey e Blanchard (1986) quando formularam as bases da Teoria da Liderança Situacional. Sumariamente, três variáveis são consideradas nesse modelo: tarefas (quantidade de orientação e direção), relacionamentos (quantidade de apoio socioemocional) e maturidade (nível de prontidão) dos liderados. Mediante inter-relações dessas variáveis, há quatro formas básicas de exercer a liderança:

- *determinar*: caracteriza-se por uma situação de baixa necessidade de apoio emocional e, essencialmente, alta necessidade de orientação a um grupo extremamente imaturo;
- *persuadir*: dirige-se aos liderados cuja maturidade já é composta por algum grau de experiência, mas que necessitam de alta intensidade de apoios diretivo e emocional;
- *compartilhar*: forma de liderança em que a ênfase está na alta quantidade de relacionamentos entre chefes e subordinados; e

- *delegar*: refere-se à situação em que o gerente está envolvido com equipes maduras sob os pontos de vista diretivo e emocional.

Outra abordagem sobre a liderança enfatiza seus aspectos de transformação, tendo em vista a necessidade de as empresas empreenderem mudanças significativas em face da competição econômica ditada por ambientes de insegurança e incerteza, cada vez mais evidentes. Gary Yukl (*apud* BERGAMINI; CODA, 1997) faz um apanhado de algumas teorias e pesquisas sobre o tema liderança transformacional. Em seu levantamento, identificou a teoria de Burns, que descreve a liderança transformacional como um processo em que "líderes e seguidores elevam um ao outro a níveis mais altos de moralidade e motivação" (YUKL, *apud* BERGAMINI; CODA, 1997). Segundo essa teoria, o processo é "uma corrente de relacionamentos interpessoais em evolução na qual os líderes estão continuamente evocando respostas emocionais dos seguidores e transformando o comportamento deles quando encontram falta de reação e resistência, dentro de um processo sem fim de fluxo e refluxo" (YUKL, *apud* BERGAMINI; CODA, 1997).

Yukl (*apud* BERGAMINI; CODA, 1997) afirma que, por meio da liderança transformacional, os líderes podem transformar os seguidores, tornando-os mais conscientes a respeito da importância e do valor dos resultados dos trabalhos, levando-os a ultrapassar seus próprios interesses em benefício da organização ou do grupo, e ativando as necessidades de mais alto nível que os seguidores possuem.

Morgan (1989) identifica três programas de atividades associadas à liderança transformacional:

- *criação de visão*: o líder deverá prover a organização de uma visão de futuro para que os seguidores o acompanhem;
- *mobilizar grupos*: visando obter uma massa crítica de pessoas envolvidas com a missão e a visão estabelecidas pelo líder; e
- *institucionalizar a mudança*: estabelecer um novo padrão de comportamento na empresa.

A questão central do estudo da liderança é que o líder não motiva os liderados, e sim atende a suas necessidades. Nesse sentido, o conceito de liderança carismática merece destaque, pois, segundo Yukl (*apud* BERGAMINI, 1994), "acredita-se que o carisma seja o resultado das percepções que os seguidores têm sobre as qualidades comportamentais dos líderes".

Alguns estudos sobre liderança (ZIMMERER; YASIN, 1998) mostram sua importância para a competitividade das empresas. O perfil de alguns gerentes seniores de projetos norte-americanos foi estudado em uma pesquisa conduzida por Zimmerer e Yasin (1998). Foram levantadas, com o auxílio de questionários, as principais características de um gerente de projetos, e a habilidade liderança foi qualificada como a mais importante. Nessa pesquisa, os autores buscaram quantificar o impacto da liderança no sucesso e no fracasso de projetos. O resultado mostrou que, se a liderança for exercida positivamente (em torno de 76% das opiniões), ela impacta no sucesso dos projetos e, se exercida negativamente (aproximadamente 67%), reflete em fracasso.

A habilidade relacionamento humano (com participação de 91,85%) foi considerada segundo o enfoque da capacidade de um indivíduo de gerenciar relações entre as pessoas, estimulando-as e resolvendo os conflitos. Os estudos sobre as relações humanas nas empresas têm sua gênese no trabalho de Maslow (*apud* HERSEY; BLANCHARD, 1986), o qual formulou o modelo da Hierarquia das Necessidades. Esse modelo supõe que existe uma hierarquia de necessidades humanas que obedecem à seguinte ordem: fisiológicas, segurança, sociais, estima e autorrealização.

Os estudos das necessidades de Maslow (*apud* HERSEY; BLANCHARD, 1986) foram os precursores do estudo sobre relacionamento no campo da Administração de Empresas. Baseado nesses estudos, McGregor (*apud* HERSEY; BLANCHARD, 1986) formulou a teoria X e a teoria Y. A teoria X supõe que a maioria das pessoas prefere ser dirigida, não está interessada em assumir responsabilidades e deseja segurança. Questionando essas afirmações e refletindo se as pessoas que vivem em uma sociedade mais democrática não seriam capazes de relacionamentos mais maduros, McGregor (*apud* HERSEY; BLANCHARD, 1986) propôs a teoria Y.

Essa teoria supõe que as pessoas não são preguiçosas e irresponsáveis por natureza. Se forem adequadamente motivadas, elas podem se autodirigir e serem criativas no trabalho.

Ao desenvolver a teoria X e a teoria Y, McGregor (*apud* HERSEY; BLANCHARD, 1986) supôs que as pessoas, em sua maioria, têm potencial para ser maduras e automotivadas, sendo inadequado considerar a teoria X como ruim e a teoria Y como boa.

Os estudos decorrentes dessas teorias que abordaram a questão da competência interpessoal estão representados pelo *continuum* maduro-imaturo (ARGYRIS, *apud* Hersey; Blanchard, 1986). Tão divulgada quanto as demais, há a Teoria dos Dois Fatores de Herzberg (*apud* HERSEY; BLANCHARD, 1986), que identificou fatores motivadores (capazes de gerar efeitos positivos sobre a satisfação no trabalho) e de higiene ou manutenção (não são parte intrínseca do trabalho).

A habilidade de relacionamento humano foi proposta por Katz (*apud* BERGAMINI, 1994) como

> a habilidade realmente importante ao se trabalhar com outras pessoas e que deve se tornar uma atividade natural e contínua, uma vez que envolve sensibilidade não somente no momento da tomada de decisão, mas também no comportamento do dia a dia do indivíduo [...] Porque tudo aquilo que o líder diz ou faz tem um efeito sobre aqueles que se associam a ele e o seu verdadeiro eu irá em alguma oportunidade aparecer. Assim, para ser eficaz, essa habilidade deve ser naturalmente desenvolvida de forma não premeditada, mas consistentemente demonstrada através de todas suas ações.

A evolução das teorias mencionadas, tanto no âmbito da liderança quanto no do relacionamento humano, tem agregado muito conhecimento ao campo dos sistemas organizacionais. A Organização por Projetos, em particular, passa a ter relevância no cenário empresarial como uma opção gerencial. Nesse sentido, a disciplina gerência de projetos deve absorver e fazer uso da técnica de relacionamento pessoal proveniente desses estudos.

A terceira habilidade mais mencionada na pesquisa – negociação (com 90,96% de participação) – refere-se à capacidade que o gerente de projetos tem de negociar com várias entidades que participam do projeto. Existem pelo menos duas perspectivas dessa habilidade envolvendo o gerente de projetos: a negociação intrínseca, aquela restrita à equipe, utilizada como instrumento para resolver os conflitos, e a negociação mais ampla, cuja utilidade está na busca de consenso quanto aos *deliverables* (item que precisa ser feito para completar um projeto ou uma fase) do projeto.

A contribuição mais difundida sobre estudos da negociação está no método proposto por Fischer e Ury (1985). Por meio de quatro conceitos os autores mostram as raízes das questões envolvidas no campo da negociação: separe as pessoas dos problemas, concentre-se nos interesses e não nas posições, invente opções de ganhos múltiplos e insista em critérios objetivos.

O primeiro conceito – separe as pessoas dos problemas – enfatiza que todo negociador é, na realidade, uma pessoa e tem dois tipos de interesses: na substância e na relação. A separação desses dois interesses é o centro do conceito referido.

O segundo conceito – concentre-se nos interesses e não nas posições – é, na verdade, uma crítica ao tipo de negociação mais difundido, no qual as partes ficam irracionalmente presas a uma posição quanto ao que está sendo negociado: o valor de um bem ou uma data determinada de pagamento ou, ainda, a quantidade de um produto etc. Nesse sentido, dá-se valor ao conceito de interesses e ao esforço em conciliá-los.

Invente opções de ganhos múltiplos é o terceiro conceito apresentado no método. Como o próprio conceito explicita, busca-se aqui o desenvolvimento da criatividade do negociador. Para inventar opções criativas, sugere-se que o negociador separe o ato de inventar do ato de julgar, amplie as opções iniciais, busque benefícios múltiplos e encontre meios para facilitar a decisão do outro.

Para dar plenitude ao método proposto, chega-se ao quarto conceito – insista em critérios objetivos. Nesse ponto, os autores dissertam sobre a vantagem de buscar parâmetros que possam apoiar as decisões em uma negociação.

O fenômeno da negociação tem sido muito aprimorado, pois é uma técnica gerencial amplamente utilizada na solução de conflitos. Estes existem no âmbito da gerência de projetos e devem ser resolvidos. Os gerentes devem lembrar que os efeitos dos conflitos podem ser negativos ou positivos. Segundo Dinsmore (1989), "o conflito é benéfico quando aumenta a produtividade ou quando funciona como catalisador para atingir metas; é prejudicial quando tem o efeito oposto, fazendo com que o trabalho perca o seu impulso ou criando situações que resultem em desperdícios".

Vale a pena lembrar que conflitos são situações de ruptura e que devem ser evitados em projetos. Enquanto os problemas se apresentam no campo das divergências, os resultados de projetos podem ser até positivos, no entanto, quando se passa ao conflito, tudo fica mais difícil de resolver.

A discussão das competências necessárias será feita no Capítulo 16.

9.5 CASO: GESTÃO DOS RECURSOS E CONFLITOS NAS EQUIPES DE PROJETO

Os conflitos em projetos ocorrem não só entre o gerente e suas equipes, mas também entre os vários interessados, e a responsabilidade em administrá-los, sem dúvida, é do gerente.

As questões de conflitos em projetos podem ser vistas a partir de um simples caso sobre contratante e contratado de um projeto de ampliação de construção civil em um hotel.

Após a leitura, é recomendável refletir sobre as diversas situações similares já ocorridas em seu campo de atuação e suas implicações nos resultados.

Projeto Hotel

Adriana Junqueira é a superintendente do Hotel Central de Taubaté. Atualmente, o hotel tem registrado uma lotação constante, sendo praticamente impossível atender a demanda, obedecendo aos critérios mínimos de qualidade. Para Adriana, com o desenvolvimento de seu novo projeto, esse problema logo irá acabar. Seu projeto de construção de uma ala nova irá abrigar mais 20 quartos. O contrato entre a construtora e o hotel foi assinado há dois meses. Hoje a obra se encontra em fase final de fundação.

Enquanto o projeto segue sem atrasos, Adriana participa de um congresso sobre turismo e negócios promovido pela prefeitura local. Nesse encontro são apresentados dados muito interessantes sobre o estágio atual do programa de desenvolvimento municipal elaborado pela secretaria de turismo e esporte. Segundo os dados da secretaria, com a crescente implantação de empresas na região, a prefeitura resolveu facilitar a entrada de novos empreendimentos hoteleiros na cidade, além de construir alojamentos para mão de obra mais simples. Adriana ficou pasma com o que viu e ouviu; são dados que, certamente, causarão impactos em seu projeto.

Ao chegar ao hotel, Adriana convoca uma reunião em caráter de urgência, com a equipe que está cuidando do desenvolvimento do projeto de ampliação do hotel. Expõe o problema e, por unanimidade, fica resolvido que o escopo do projeto deve ser reduzido. Após muita reflexão, Adriana chama Daniel Marattini, dono da empresa construtora responsável pelas obras do Hotel Central. Adriana passou a negociar a redução para dez quartos dos 20 quartos originais.

Dois dias se passaram até que Daniel comunica à Adriana que a redução pedida implicaria reduzir apenas 15% dos custos totais inicialmente planejados, pois a obra já se encontrava iniciada.

QUESTÕES PARA REFLEXÃO E DISCUSSÃO

1. Explore as diferenças entre divergência e conflitos segundo as atividades do projeto.
2. Considerando a lista de atividades a seguir, construa os gráficos de alocação de recursos, considerando-se:
    a) os tempos mais cedo e mais tarde; e
    b) os recursos 1 e 2.

Atividades	Prazo	Precedência	Recurso R1	Recurso R2
A	5	–	4	2
B	3		12	10
C	8	A	2	5
D	7	A, B	4	5
E	7		3	5
F	4	C, D, E	6	9
G	5	F	3	1

3. Pense no último projeto que você liderou e comente se os estilos de liderança adotados estavam adequados.
4. Cite as três ações mais relevantes que você tomou na última negociação em projetos que realizou.
5. Você foi convocado para administrar as próximas olimpíadas da escola. Monte uma matriz de responsabilidades do projeto.
6. Utilizando os quatro estilos de liderança – determinar, persuadir, compartilhar e delegar –, em quais situações no projeto da casa de Eduardo e Mônica eles devem ser utilizados? Explique o estilo para cada caso.
7. Para o exemplo a seguir pede-se:
   * Calcule o tamanho ótimo da equipe para esse projeto.
   * Faça o nivelamento período a período, buscando evitar picos e vales de utilização de recursos. Justifique a alocação realizada.

Atividade	Precedência	d_{ij}	Recurso Hh/semana
A	–	3	40
B	–	4	60
C	A	8	30
D	B	5	30
E	C, D	5	30
F	A	15	20
G	E, F	1	70
H	C, D	10	50
I	B	3	20
J	G, H, I	4	30

ESTUDO COMPLEMENTAR

A. Assista na plataforma Veduca, disciplina de Gestão de Projetos (acesso gratuito), às videoaulas 5 e 6, que tratam de temas discutidos neste capítulo.

Fonte: <https://veduca.org/p/gestao-de-projetos>. Acesso em: 30 ago. 2018.

10
GESTÃO DAS COMUNICAÇÕES

Pró-Valor
Camada Núcleo

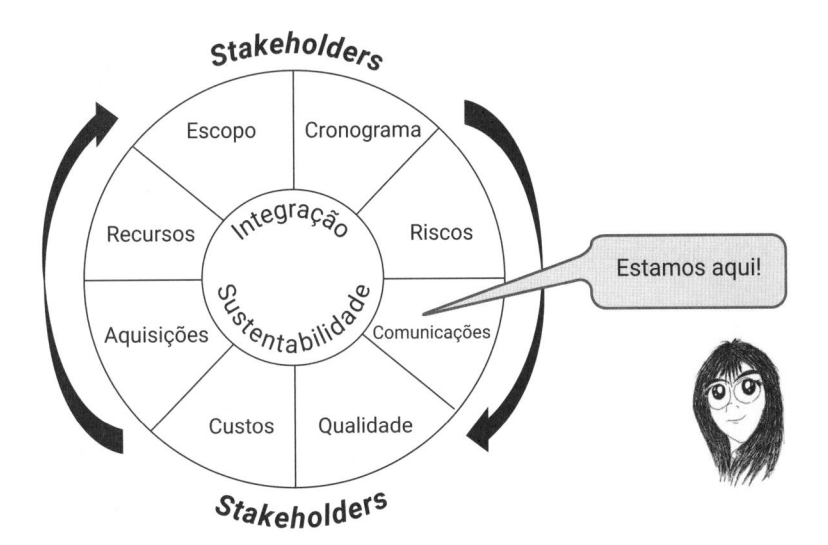

Estamos aqui!

Depois de estudar este capítulo, o leitor estará apto a responder às seguintes questões:

a) Como gerir comunicações em projetos?
b) Como preparar um plano de comunicações do projeto?
c) Como identificar e orientar informações necessárias aos *stakeholders* do projeto?
d) Quais as informações relevantes para a realização de reuniões de projetos?
e) Como elaborar um relatório de desempenho de projetos adequados para diferentes públicos?
f) Quais os elementos fundamentais para a análise de informação de projeto?

Certamente, um dos jogos ou brincadeiras mais conhecidos entre as crianças e adolescentes é o telefone sem fio. É difícil encontrar alguém que nunca, pelo menos em suas férias, tenha brincado com a comunicação. Uma pequena frase, sussurrada no ouvido do primeiro membro de um grupo de colegas, ao chegar ao último, certamente, estará toda distorcida.

Como nessa brincadeira, as empresas têm visto suas comunicações sendo distorcidas constantemente, muitas vezes de forma voraz, prejudicando sua eficiência e, em casos extremos, sua eficácia. Não é raro, por isso, escutar dos executivos: meu maior problema é a comunicação!

10.1 INTRODUÇÃO

A área de comunicação sempre ocupou um lugar de destaque na literatura sobre gerenciamento de projetos. Vários autores argumentam que a área de comunicação está fortemente associada ao sucesso ou fracasso de projetos.

Nesse sentido, vários BoKs dedicam capítulos à área de comunicações (ver Capítulo 3). O PMBoK® (PMI, 2017) destina um capítulo para discutir os processos necessários para uma boa gestão das comunicações do projeto, mas o conteúdo das edições anteriores desta área foi dividido para a inclusão de uma nova área de conhecimento, a gestão dos *stakeholders* (partes interessadas). Por exemplo, os processos *identificar as partes interessadas* e *gerenciar as expectativas das partes interessadas*, da quarta edição do PMBoK® (PMI, 2008), migraram para a área de gestão dos *stakeholders*.

Portanto, nesta sexta edição, a área de gestão das comunicações é composta por três processos, conforme ilustra a Figura 10.1.

Os processos de gerenciamento das comunicações do projeto, segundo PMBoK® (PMI, 2017), são:

- *Planejar a gestão das comunicações*: processo que estabelece o plano de gerenciamento das comunicações (políticas, procedimentos e documentação) em busca de uma abordagem apropriada, com base nas necessidades de informação e requisitos das partes interessadas ao longo do ciclo de vida do projeto.

- *Gerenciar as comunicações*: processo de criar, coletar, distribuir, armazenar, recuperar e disponibilizar ou distribuir informações do projeto.

- *Monitorar as comunicações*: processo de monitorar e controlar as comunicações ao longo do ciclo de vida do projeto para assegurar que as necessidades de informação dos *stakeholders* do projeto sejam atendidas, coletando e disseminando as informações do desempenho de projeto.

A área de comunicações tem forte ligação com a área de integração e de gestão dos *stakeholders*, que iremos ver no Capítulo 13.

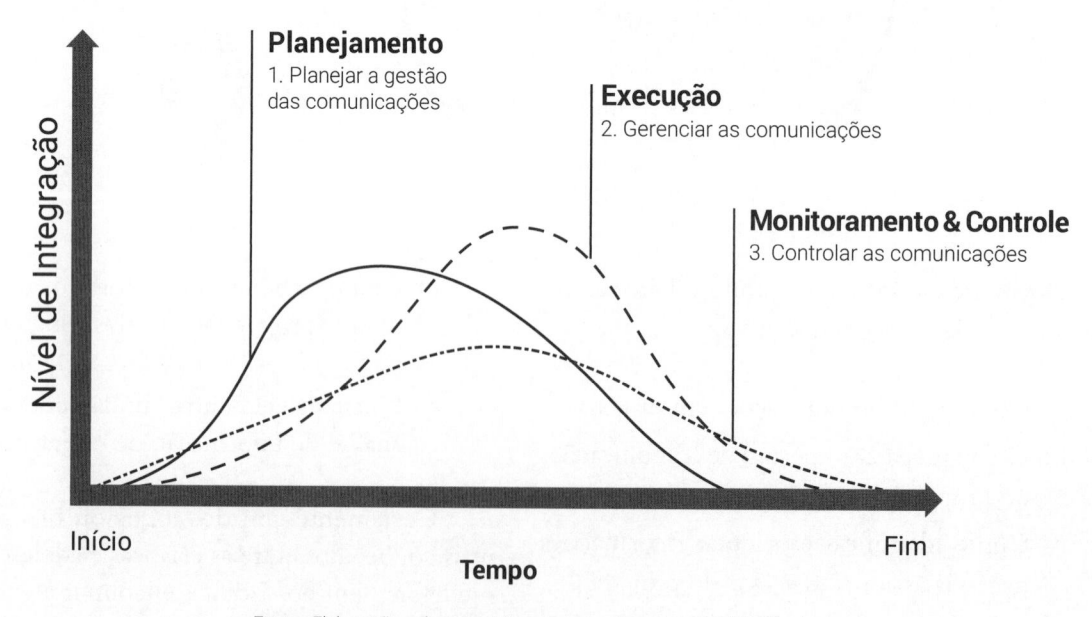

Fonte: Elaboração própria com base nos processos do PMI (2017).

Figura 10.1 Fluxo dos processos de gestão da comunicação.

10.2 *FRAMEWORK* DE GESTÃO DA COMUNICAÇÃO EM PROJETOS

Embora vários guias dediquem-se a estruturar a área de gestão da comunicação, há evidências empíricas de que a comunicação tenha sido gerida de maneira informal em projeto (MCCHESNEYA; GALLAGHER, 2004). Aparentemente, a lacuna entre o que sugerem os guias e as práticas atuais em gestão de projetos se dá em razão das barreiras de comunicação, que não estão apenas no nível organizacional, mas também no individual (CARVALHO, 2010; GILLARD, 2005; MCCHESNEYA; GALLAGHER, 2004).

A natureza complexa da comunicação decorre de vários fatores, como a semântica, o poder político, no âmbito do indivíduo, ou questões tecnológicas e metodológicas de cunho organizacional.

Lidar com as expectativas dos *stakeholders* é fundamental para o sucesso dos projetos, até porque sucesso pode significar coisas diferentes para diferentes *stakeholders*. Portanto, essa área está intrinsecamente ligada à gestão dos *stakeholders*, pois eles são o alvo das comunicações do projeto, mas têm necessidades diferentes, são como um caleidoscópio em que cada um vê o projeto sob uma perspectiva diferente. Identificar e explicitamente envolver as partes interessadas na gestão da comunicação do projeto pode ajudar a lidar com diferentes expectativas e mitigá-las. No entanto, por vezes, o gerente pode se defrontar com incompatibilidades entre os *stakeholders*, que podem ser de várias naturezas, desde objetivos conflitantes e luta de poder por grupos divergentes até a falta de confiança, o que pode levar ao fracasso do projeto.

Alguns estudos afirmam que um ambiente de confiança é essencial para a comunicação. Quando não há confiança, as pessoas se concentram mais em suas suposições e temores, o que gera um ruído nas comunicações. Em contraste, quando há confiança, as pessoas pedem ajuda, falam abertamente e honestamente, assumem riscos, aceitam novos desafios e realizam suas atividades com menos ansiedade e estresse (FOX, 2001; LARKEY, 1996).

Para criar um ambiente de confiança, Fox (2001) salienta a importância das cinco atividades para um entendimento comum de ideias, ações e resultados, quais sejam: os pensamentos e sentimentos de partilha; assunção de compromissos que se podem cumprir; admitir erros; requerer e aceitar *feedback*; e reconhecer e testar suposições. O uso sistemático dessas técnicas na organização encoraja sua difusão entre os colaboradores.

No entanto, gerir as expectativas das partes interessadas, não só requisitos tangíveis, mas também em nível mais abstrato, não é tarefa fácil, conforme veremos mais adiante neste capítulo.

Além disso, a eficácia das comunicações em projetos depende de um conjunto de processos sociais, que se desenvolvem ao longo do ciclo de vida do projeto e transcendem seu legado de lições aprendidas. Por exemplo, em projetos de Tecnologia da Informação (TI), é muito comum que as diferenças semânticas se manifestem, pois os *stakeholders* argumentam que o pessoal de TI fala um jargão próprio, o que dificulta o diálogo; por sua vez, o pessoal de TI argumenta que as dificuldades técnicas não são compreendidas pelos *stakeholders*.

Uma análise crítica das partes interessadas pode ajudar não só a selecionar os principais canais de comunicação, bem como definir formas mais adequadas de comunicação por grupos de *stakeholders*.

A qualidade da informação é um elo importante na comunicação entre os membros da equipe, que são as principais fontes de informações do andamento do projeto. A forma como a informação é distribuída também merece reflexão, pois as diferenças no padrão tecnológico, nos valores sociais, nas normas organizacionais podem interferir nos canais de comunicação selecionados, conforme veremos a seguir. As barreiras físicas podem estar associadas a problemas de tecnologia, à escolha dos meios de comunicação e sua influência nos padrões de comunicação (GILLARD, 2005; YATES; ORLIKOWSKI, 1992).

É importante destacar que muitas empresas desembolsam montante significativo de recursos financeiros em ferramentas tecnológicas, em vez de desenvolver competências em comunicação de seus gestores.

Em consequência, as barreiras à comunicação podem ser facilmente detectadas nos ambientes organizacionais, em que os problemas de centralização das informações e questões que envolvem interpretações dúbias, e até mesmo a nossa velha conhecida "fofoca", podem afetar a comunicação no ambiente de projetos.

Para uma comunicação eficaz, o gerente de projetos deve ser capaz de chegar à "mente coletiva", em que a equipe fala a mesma língua e para isso adotam quadros conceptuais semelhantes (WEICK; ROBERTS, 1993). Caso o gerente não consiga, acabará gastando muito tempo lidando com conflitos e construindo equivalência semântica entre as partes interessadas.

Outras linhas de pesquisa focam diferentes tipos de barreiras à comunicação, que incluem fatores ambientais e pessoais. Por exemplo, Fox (2001) classifica as barreiras à comunicação em quatro categorias, que são: reações do ambiente, verbal, interpessoal e emocional.

Durante a revisão de literatura, diferentes campos epistemológicos e diferentes aspectos da comunicação em projetos de TI têm de ser levados para uma comunicação integrada *framework* (CIF). Nesse contexto, ambas as partes formais e invisíveis de comunicação têm um papel significativo. CIF constitui a base para a avaliação da abrangência da gestão da comunicação nos projetos.

Dessa forma, as comunicações em projetos vão além da capacidade de codificar, transmitir e decodificar informações e estruturar os processos de gestão da comunicação (PMI, 2008). Isso é condição necessária, mas não suficiente, para a eficácia da comunicação em projetos. Para integrar aspectos individuais e organizacionais de gestão da comunicação em projetos, Carvalho (2014) desenvolveu um modelo integrado de comunicações (*communication integrated framework* – CIF) em projetos, apresentado na Figura 10.2. Nele, embora o alicerce sejam os processos organizacionais, na superfície estão as barreiras à comunicação que transcendem a dimensão organizacional e devem ser tratadas no âmbito do indivíduo.

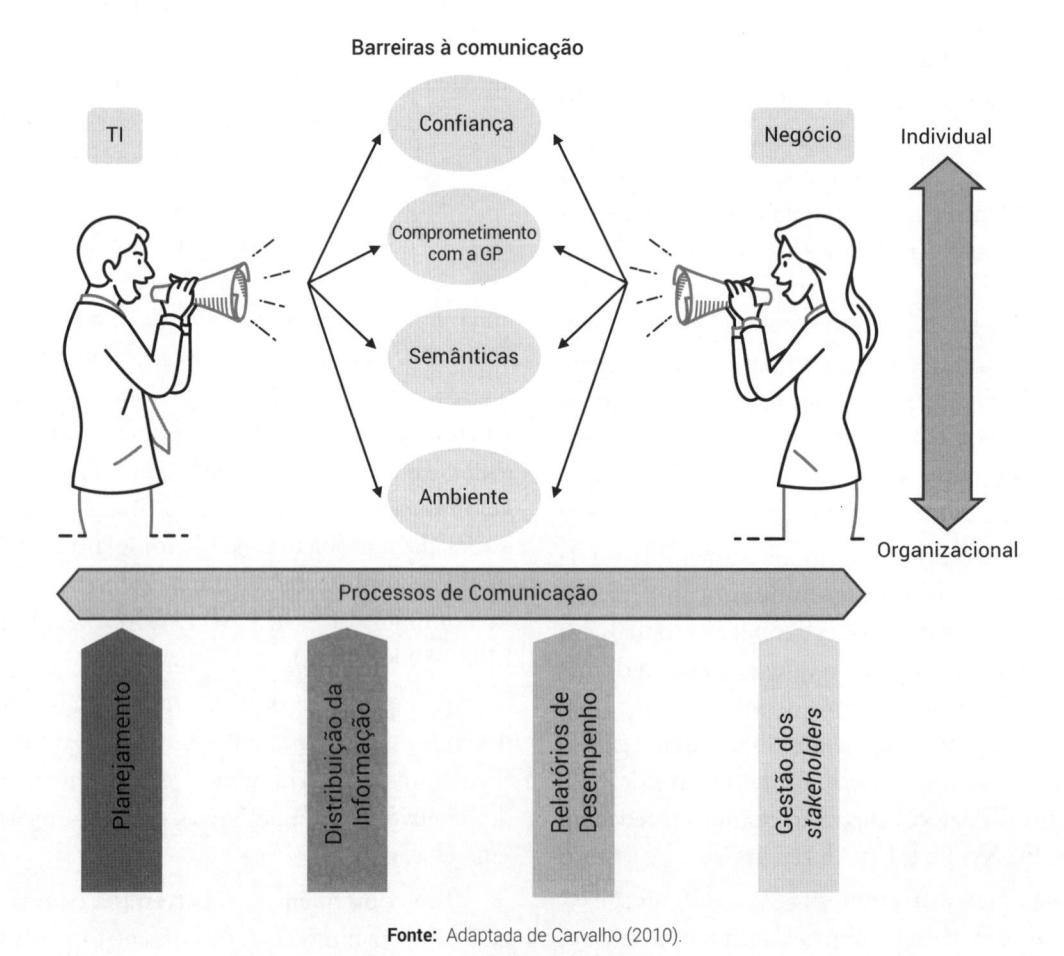

Fonte: Adaptada de Carvalho (2010).

Figura 10.2 *Framework* integrado de comunicações (CIF).

10.3 CONCEITO DE EMISSOR E RECEPTOR

Comunicação, segundo Aurélio (FERREIRA, 1988), pode ser entendida como "ato ou efeito de emitir, transmitir e receber mensagens por meio de métodos e/ou processos convencionais, quer através da linguagem falada ou escrita, quer de outros sinais, signos ou símbolos, quer aparelhamento técnico especializado, sonoro e/ou visual". Nessa definição, para que haja comunicação é preciso que um emissor envie uma mensagem, por meio de um canal apropriado, para um receptor. Além disso, é preciso que o emissor esteja certificado de que o receptor de fato a recebeu.

A Figura 10.3 mostra o conceito de comunicação de forma esquemática.

Observando a Figura 10.3, é possível entender que:

- *Emissor*: é o elemento que origina e codifica a mensagem.
- *Mensagem*: pensamentos, fatos, ideias, entre outros, que possam ser reduzidos em códigos compreensíveis por algum receptor.
- *Canal*: veículo ou método que transmite a mensagem.
- *Receptor*: é o elemento que recebe a mensagem.
- Feedback: é o ato de enviar um sinal ao emissor, garantindo a recepção de mensagem.
- *Ruídos*: são atritos que ocorrem durante o processo de envio/recebimento de mensagens.

Uma vez que as barreiras à comunicação podem ser associadas aos canais de comunicação selecionados, alguns fatores devem ser levados em conta, tais como: velocidade necessária para distribuir a informação; o tipo de tecnologia disponível; a capacidade para dar suporte à personalização e variedade linguística; níveis de segurança exigidos (senhas, as cláusulas de privacidade etc.); características de projeto (tamanho de grupo/duração do projeto); e minimização de custos (PMI, 2017; FOX, 2001; YATES; ORLIKOWSKI, 1992).

Johnson e Lederer (2007) comparam as opiniões dos CEOs e CIOs sobre a riqueza relativa de quatro meios de comunicação: face a face, *e-mails*, memorandos de negócios e contato telefônico. Os autores concluem que as organizações nas quais houve maior visão compartilhada sobre o futuro também relataram utilização mais frequente de comunicações face a face e *e-mail*, ou seja, os canais de comunicação percebidos como mais ricos. Para Pearson e Ball (1993), a importância da comunicação informal aumenta em ambientes com alto grau de incerteza.

Nesse processo, é preciso que esses elementos sejam devidamente entendidos, visando à comunicação eficaz. Assim, faz-se necessário elaborar um sistema de gerenciamento das comunicações no âmbito do projeto que garanta o envio e recebimento de informações relevantes. Cabe, então, delinear um sistema na empresa que mostre aos interessados a importância das ações referentes à comunicação em projetos. Considerando-se o ciclo de vida e os processos de gerenciamento mais aceitos na literatura especializada sobre gerenciamento de projetos, é possível mencionar que os empreendimentos iniciam e, em seguida, passam por um processo de planejamento que orienta suas ações, que podem ser controladas até seu encerramento. A Figura 10.4 mostra o processo de gerenciamento de comunicações genéricas ao longo dos processos envolvendo o ciclo de vida dos projetos.

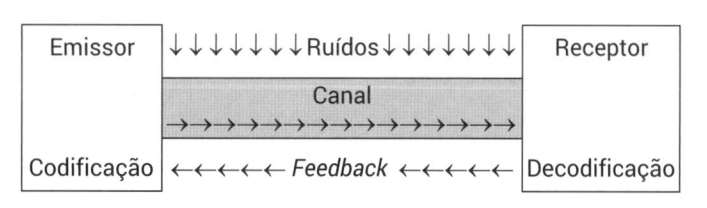

Figura 10.3 Processo de comunicação.

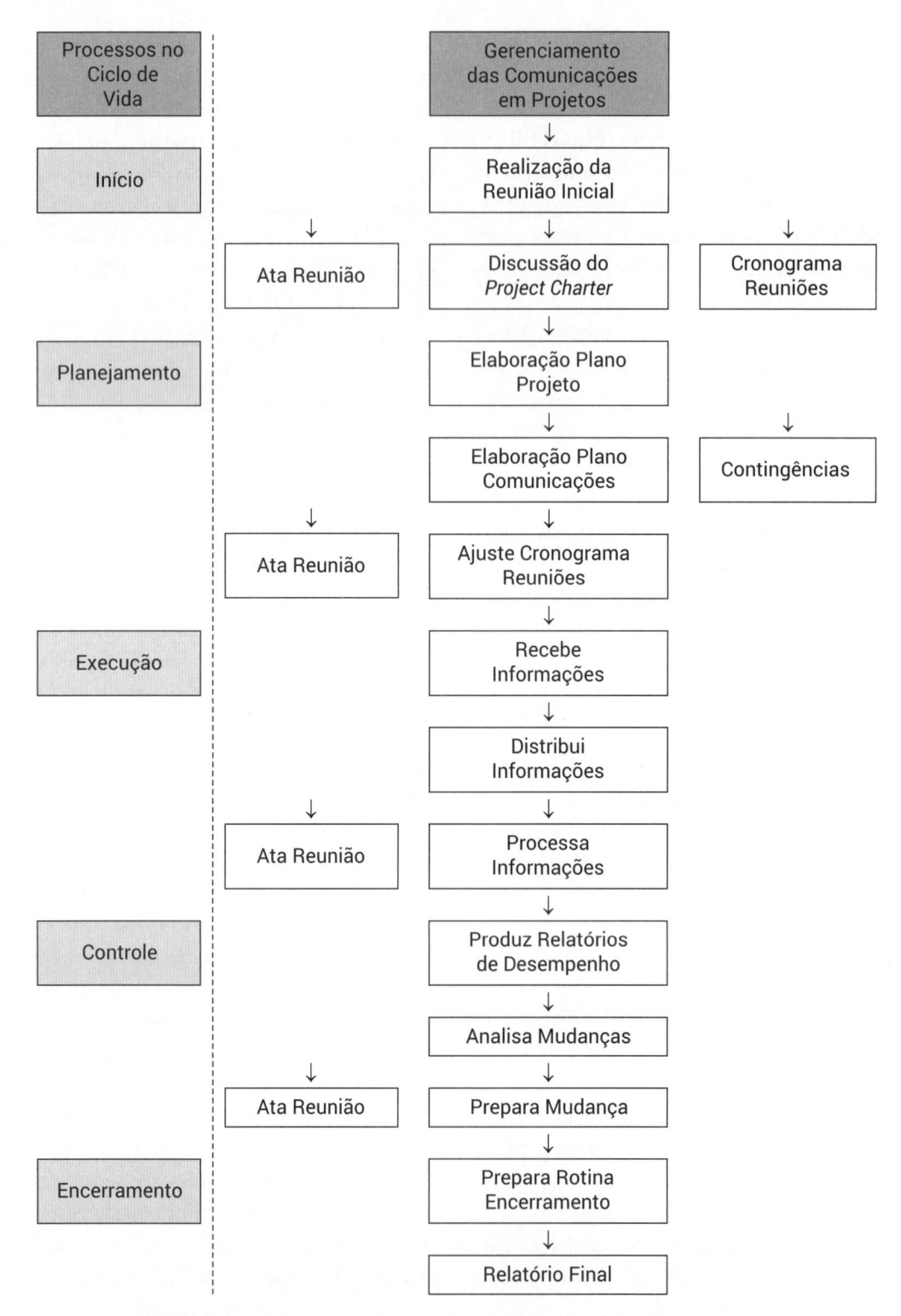

Figura 10.4 Processos de gerenciamento das comunicações em projetos.

O gerenciamento das comunicações em projetos deverá enfatizar, durante o ciclo de vida de um empreendimento, as reuniões no final de cada fase. A elaboração das atas de reuniões se faz, portanto, necessária às documentações inerentes ao gerenciamento do projeto como um todo. Do ponto de vista do gerenciamento do projeto, espera-se que em suas fases típicas seja possível produzir documentos que auxiliem o gerente e os envolvidos. Nesse aspecto, cumpre destacar, no fluxo do gerenciamento das comunicações em projetos, a existência de ações visando à distribuição de informações, à elaboração dos relatos de desempenho de projetos, ao acompanhamento de processo de mudanças, entre outras.

O conceito de gerenciamento das comunicações pode ser confundido com o próprio gerenciamento do projeto e, talvez por isso, o gerente de projetos deve se dedicar a essa tão requerida habilidade.

Na verdade, tanto o conceito de comunicação quanto seu gerenciamento visto até aqui requerem da figura do gerente de projetos habilidades específicas. Por ser uma das principais habilidades necessárias do gerenciamento de projetos, a comunicação deve ser entendida como uma das atividades mais intensas do gerente. Em linhas gerais, pode-se dizer que os gerentes de projetos passam a maior parte de seu tempo fazendo comunicação, como, por exemplo: negociando recursos dos projetos, distribuindo informações aos interessados, construindo relatos de desempenho de projetos, fazendo reuniões de controle e revisão, ouvindo a equipe, resolvendo conflitos etc.

Dessa forma, entre as habilidades de comunicação do gerente de projetos, espera-se que ele:

a) conheça as formas de comunicação (planos, relatórios, políticas, procedimentos, reuniões, cartas etc.);
b) entenda e exerça as diversas formas de expressão da comunicação (não verbal, expressões faciais, movimentos corporais etc.);
c) tenha senso de justiça (em sua atuação como mediador de conflitos, por exemplo);
d) saiba sintetizar ou expandir informações (considerando os interessados);
e) elabore planejamento da comunicação (cronogramas de reuniões, plano de distribuição de informação, relato de desempenho etc.);
f) conheça as expectativas dos emissores/receptores; e
g) conheça os canais disponíveis, entre outras.

Para uma comunicação efetiva, é preciso que o gerente de projetos conheça muito bem, como já mencionado, os canais de comunicação e suas respectivas potencialidades.

O número de canais de comunicação depende da quantidade de emissores e receptores pertencentes a um sistema de comunicação. A equação utilizada para calcular o número de canais de comunicação pode ser expressa assim:

Equação 10.1

$$\text{Canais} = n(n-1)/2$$

em que n é o número de emissores/receptores.

Assim, se o número de emissores/receptores for dois, há um canal. Para três emissores/receptores, há três canais. Para quatro emissores/receptores, há seis canais. A Figura 10.5 mostra o número de canais com alguns exemplos.

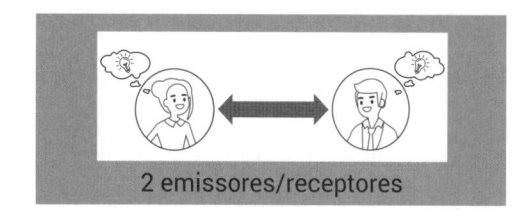

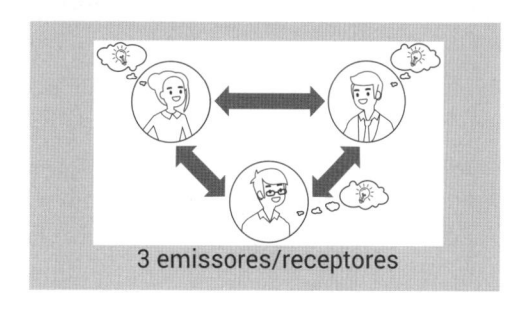

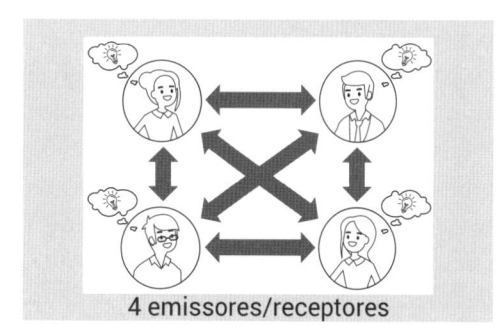

Figura 10.5 Canais de comunicação.

Para que uma mensagem possa ser transmitida e entendida, é preciso estar atento e eliminar muitas barreiras ou fatores que tornam a comunicação inadequada. As barreiras da comunicação podem ocorrer, entre outras, em razão de:

a) falta de clareza na mensagem;
b) mensagem mal formulada;
c) conflitos existentes entre o emissor e o receptor;
d) premissas equivocadas ou distintas entre emissor e receptor;
e) canais inadequados;
f) excesso de informação;
g) presença excessiva de ruídos;
h) ambiente cultural distinto entre emissor e receptor;
i) falta de tempo adequado;
j) ausência de *feedback*;
k) censura na informação transmitida; e
l) relevância na informação.

O gerente de projetos deverá sempre estar atento às comunicações no âmbito dos projetos. Seu objetivo é realizar a comunicação efetiva. Seu esforço em eliminar as barreiras da comunicação tem que ser, invariavelmente, direcionado para o sucesso do projeto.

Um dos casos bastante peculiares que podem ser vistos como exemplo de eliminação de barreiras da comunicação ocorreu nos anos 1970 com o compositor brasileiro Chico Buarque. Como se sabe, muitas de suas canções eram censuradas constantemente na época, pois se acreditava que continham mensagens políticas subversivas. Os órgãos de censura não o perdoavam; bastava aparecer seu nome na autoria para proibirem obras de inegável qualidade. Os ouvintes, nesse caso, ficavam prejudicados. Para evitar tais situações, visando favorecer seus fãs, o compositor, com certa ousadia e muita criatividade, submeteu aos órgãos de censura uma música cujo autor era fictício e se chamava, simplesmente, Julinho de Adelaide. A música "Apesar de você" passou pela censura e foi gravada em um disco no qual o compositor somente cantava músicas de outros compositores. Sucesso garantido: a eliminação de barreiras tornou a comunicação possível.

Muitas vezes, não só na autoria das mensagens podem existir barreiras, mas também na própria mensagem. Os artistas são, sem dúvida, fontes inesgotáveis no processo de eliminação das barreiras.

Veja, por exemplo, o caso do poema de autor desconhecido no Quadro 10.1.

Quadro 10.1 Barreiras na comunicação: premissa de significado da mensagem

Não te amo mais.
Estarei mentindo dizendo que
Ainda te quero como sempre quis.
Tenho certeza que
Nada foi em vão.
Sinto dentro de mim que
Você não significa nada.
Não poderia dizer jamais que
Alimento um grande amor.
Sinto cada vez mais que
Já te esqueci!
E jamais usarei a frase
EU TE AMO!
Sinto, mas tenho que dizer a verdade
É tarde demais...

Fonte: Desconhecido.

O poema pode ter dois significados. Se uma premissa não for esclarecida entre o emissor e o receptor, seu entendimento poderá ficar extremamente alterado. Visando eliminar as barreiras existentes no significado da informação, os gerentes de projetos devem deixar claras as premissas da comunicação. No caso da leitura do poema, uma das premissas poderia ser a ordem da leitura: de baixo para cima.

10.4 COMUNICAÇÃO E REDES SOCIAIS DO PROJETO

A visão dos canais de comunicação do projeto é uma análise inicial, mas podemos ir além com a análise da(s) rede(s) do projeto.

Existem muito mais aspectos do que os canais de comunicação do projeto, que nada mais são do que o número potencial de ligações na equipe do projeto.

Hoje, com o uso crescente de plataformas de TI e das redes sociais em projetos, é possível parametrizar uma série de aspectos da comunicação da equipe e também com os *stakeholders* do projeto (ver Capítulo 13).

Pela modelagem de redes sociais, podemos parametrizar vários aspectos relacionados com a interação direta, indireta e experiência comum dos membros do projeto, permitindo responder perguntas do tipo:

- Como a informação circula no projeto?
- Como a estrutura da rede afeta o fluxo de recursos entre membros do projeto?
- Qual o papel desempenhado pelos membros do projeto, facilitando ou dificultando o fluxo de comunicação no projeto?

Uma rede é formada pelos seguintes componentes: nós (atores), laços e configuração (HAYTHORNTHWAITE, 2009). Os atores nas redes podem ser pessoas, grupos ou times, organizações, países, páginas na web etc., que interagem e mantêm relações que se pretendem compreender pela modelagem de redes e são representados por nós (ver quadrados na Figura 10.6). Esses atores possuem tipos específicos de interação, por exemplo, conteúdo físico, emocional ou informacional que flui de um ator para outro na forma de troca, compartilhamento, cocriação etc., os quais podem variar em intensidade e frequência. Finalmente, a configuração da rede é o resultado da interação dos atores e seus laços em determinado instante.

Com base na configuração da rede, é possível estabelecer uma série de parâmetros, tais como:

- densidade: representa o quão coesa é a rede, ou seja, qual proporção dos laços possíveis estão de fato presentes em determinado instante da configuração da rede; e
- tamanho do caminho (*path*): que número de atores é necessário ativar para fazer a informação circular na rede.

Outra vantagem da modelagem de redes sociais é a possibilidade de mapear alguns arquétipos que ajudam a caracterizar o comportamento dos membros da equipe do projeto e saber como usar suas características para o sucesso do projeto. Por exemplo, as redes podem possuir atores *estrela*, aqueles de maior influência e com mais conexões diretas na rede, o que pode ser mensurado pelo grau de centralidade. Também há os *isolados*, ou seja, com menos ou nenhuma conexão com os outros. Já os *brokers* são aqueles que conectam duas ou mais partes da rede, que, sem eles, estariam desconectadas. Para exemplificar esses conceitos, veja a Figura 10.6.

A Figura 10.6 ilustra a evolução das comunicações no projeto da fase 1 para a fase 2. Apesar de haver potencialmente 28 canais de comunicação, na fase 1 há apenas dez conexões ativas entre atores, o que representa uma densidade de 36%. Já na fase 2, o ator A5 se conecta com o subgrupo de isolados do projeto, aumentando as conexões e a densidade para 43%. Nesse ponto, nota-se a importância do ator A5 como estrela do projeto, com o maior

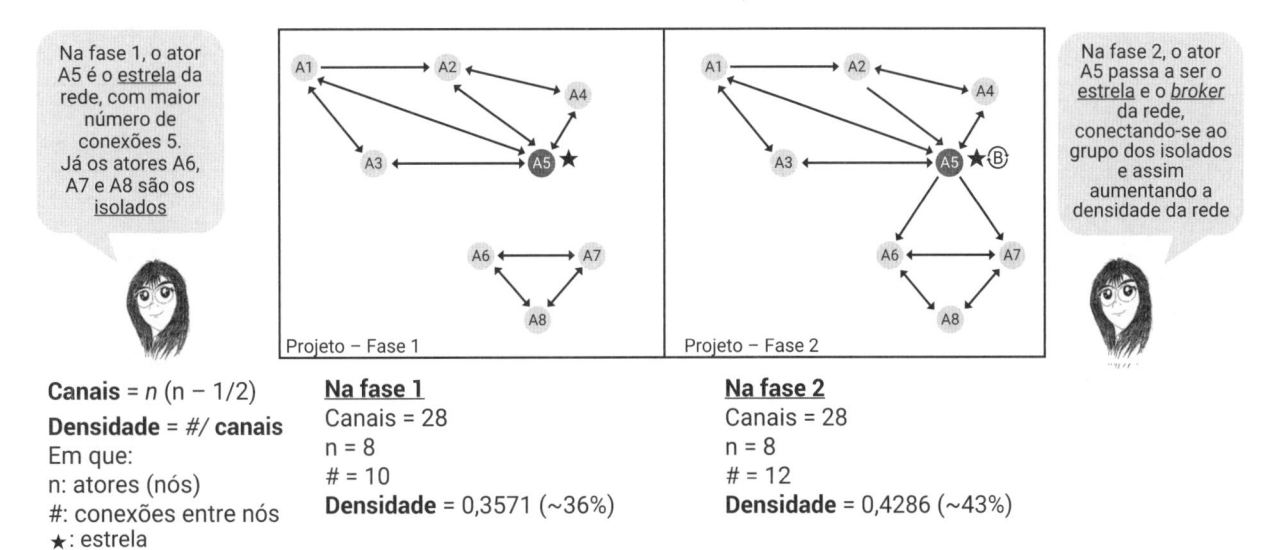

> Na fase 1, o ator A5 é o <u>estrela</u> da rede, com maior número de conexões 5. Já os atores A6, A7 e A8 são os <u>isolados</u>

> Na fase 2, o ator A5 passa a ser o <u>estrela</u> e o <u>broker</u> da rede, conectando-se ao grupo dos isolados e assim aumentando a densidade da rede

Canais = n (n − 1/2)
Densidade = #/ canais
Em que:
n: atores (nós)
#: conexões entre nós
★: estrela
Ⓑ: broker

Na fase 1
Canais = 28
n = 8
# = 10
Densidade = 0,3571 (~36%)

Na fase 2
Canais = 28
n = 8
# = 12
Densidade = 0,4286 (~43%)

Figura 10.6 Rede de interação entre as organizações participantes de um projeto.

número de conexões e, também, como *broker*, por ser o único intermediário aceito no grupo dos isolados do projeto. Vamos voltar à discussão de redes em Projetos no Capítulo 15, em estruturas organizacionais.

10.5 NECESSIDADES DE INFORMAÇÃO DOS INTERESSADOS

O processo de identificação das necessidades em informação no projeto se confunde com os elementos do próprio gerenciamento de projetos. Em termos de planejamento, as informações necessárias aos interessados podem ser produzidas por meio de:

a) cronogramas físicos;
b) dados sobre os caminhos críticos;
c) cronogramas financeiros;
d) qualificação, quantificação dos riscos e suas possíveis respostas;
e) estrutura analítica do projeto; e
f) outras formas.

A elaboração de um plano de comunicação irá, assim, encerrar o processo de planejamento das comunicações em projetos. O plano da comunicação poderá ter formato e conteúdo variáveis, segundo as necessidades de distintos projetos. Um modelo desse plano está sugerido na Tabela 10.1. Em geral, o plano de comunicação deve prever formas de comunicação distintas, dependendo do tipo de audiência. Portanto, o plano de comunicações de contemplar o tipo de comunicação (interna ou externa), o propósito (reunião de iniciação do projeto, reunião com fornecedores etc.), o tipo de mídia caso seja a distância (Skype, videoconferência ou outros dispositivos) e o calendário (frequência e duração).

Lembre-se de que as informações do projeto podem estar dispersas nas plataformas de gestão do conhecimento do projeto (ver Capítulo 4) e/ou nos sistemas de informação ligados às plataformas de TI da organização (ver Capítulo 19).

Tabela 10.1 Plano de comunicação

Projeto Plano de comunicação

Nome do projeto	Gerente	Patrocinador	/ /

Cliente

Nome do cliente	Contato	Observações

Audiência	Objetivo	Meio	Frequência	Controle

O plano de gerenciamento das comunicações de um projeto é um documento abrangendo:

a) as informações que cada interessado deverá receber, incluindo formato, conteúdo e nível de detalhamento;
b) o meio da mídia e tecnologia pelo qual a informação será distribuída;
c) a frequência com que cada interessado precisa da informação em questão; e
d) o controle para envio e recebimento.

Além desse documento, deverão fazer parte do plano das comunicações do projeto os cronogramas de reunião. Visando melhorar o nível de gerenciamento, os cronogramas de reunião servem para proporcionar maior transparência aos interessados nas decisões do projeto.

Um cronograma de reunião deverá conter, basicamente:

a) datas das reuniões previstas;
b) locais;
c) tipo da reunião (controle, acompanhamento, revisão, gerencial, desenvolvimento da equipe, negociação, exploração de oportunidades, análise de riscos etc.);
d) lista dos convocados;
e) pauta;
f) duração;
g) responsabilidades;
h) envio de documentação adequada; e
i) outras informações.

Um modelo simplificado de uma tabela que exprime um cronograma de reuniões utilizado em projetos pode ser visto na Tabela 10.2.

Tabela 10.2 Cronograma de reuniões de projetos

Projeto Cronograma de reuniões

Nome do projeto	Gerente	Patrocinador	/ /

Cliente

Nome do cliente	Contato	Observações

Reunião	Pauta	Interessados/Responsabilidades	Data	Local	Controle

10.6 DISTRIBUIÇÃO DE INFORMAÇÕES E GERAÇÃO DOS RELATOS DE DESEMPENHO DO PROJETO

A gestão das comunicações em projetos tem, nos processos de execução e controle, talvez sua maior utilidade. A partir de relatos de desempenho do projeto é possível o gerente e sua equipe tomarem decisões que mostrem corretamente o andamento do projeto.

O objetivo dos relatórios de desempenho de projetos consiste em apresentar o diagnóstico de sua situação atual, avaliar esse estado, desenvolver cenários de término e propor ações no sentido de atingir os objetivos. Para tal, os indicadores de desempenho de projetos, vistos no Capítulo 7, servem para ajudar o gerente a construir os relatos gerenciais do projeto.

Um dos objetivos do gerente de projetos compreende manter os indicadores de desempenho em níveis adequados e esperados para o projeto. Nesse sentido, o desempenho dos projetos tem sido medido por duas formas essenciais: uma quantitativa e outra qualitativa. Ambas devem estar expressas nos relatos do projeto.

Há várias abordagens em relação à confecção de relatórios de desempenho de projetos, mas, em geral, eles devem ser sucintos, contendo apenas informações de controle de projetos; as tabelas, memórias de cálculo devem estar em outro documento ou mesmo em anexo, conforme o estilo gerencial. De toda forma, um relatório de desempenho de projetos deve conter os seguintes grupos de informações:

a) Análise da curva S: essa informação revela os desvios de prazo, escopo e custo do projeto. O gráfico contendo a curva S deve ser mostrado, acrescido das curvas de gastos efetivos e do valor do trabalho correspondentes à data atual do projeto.

b) Análise dos desvios: os índices que representam os desvios de cronograma (SPI) e custos (CPI) do projeto devem ser apresentados e plotados em um gráfico que mostre sua integração.

c) Projeção dos custos finais: os aumentos de custos do projeto devem ser evidenciados; para tal, o gerente de projetos deverá analisar as relações entre o orçamento total (BAC) e o índice de desempenho de custos (CPI).

d) Maiores problemas: os elementos identificados anteriormente assegurarão subsídios ao gerente de projetos para identificar onde se encontram os problemas mais relevantes do projeto. A evidência desses problemas deve ser relatada com a maior objetividade possível.

e) Soluções: o gerente de projetos deverá, finalmente, apontar as soluções para os problemas encontrados, indicar seus benefícios, mas, também, os impactos causados por essas ações.

Os três itens iniciais de um relatório de desempenho de projetos são mais quantitativos, uma vez que apresentam informações numéricas, representando valores de custos, prazos, estimativa de término, entre outros, que podem ser extraídos da análise do valor agregado ou da análise multidimensional de desempenho do projeto (ver Capítulos 7 e 8, respectivamente). Já os itens seguintes dizem respeito à análise qualitativa, pois os elementos apresentados referem-se a previsões descritivas, ações, encaminhamento de decisões etc.

Um relato de desempenho de projetos pode ter várias configurações, dependendo do tipo de controle que as organizações querem exercer nos projetos.

Caso Eduardo e Mônica

Relatório de desempenho

No caso de nossos personagens Eduardo e Mônica, a gestão dos *stakeholders*, embora simplificada, também seria objeto de análise. É claro que eles e a empresa Modelo Engenharia, Arquitetura e Construção S.C. Ltda. eram *stakeholders*, mas quem mais? A preocupação de Mônica com uma abordagem sustentável, não só da casa, como também da obra, levou o casal a mapear o entorno da obra. O mapeamento gerou uma lista de *stakeholders*: os vizinhos, os responsáveis pelo condomínio e até os operários; embora fosse responsabilidade dos construtores, eles queriam garantir que as condições de segurança estavam sendo cumpridas. Depois disso, Mônica ainda lembrou que queria monitorar o destino dos entulhos da obra, pois leu que várias empresas de caçamba não são registradas e jogam os entulhos em locais proibidos.

Você poderia ajudar Eduardo e Mônica a completar a lista de *stakeholders*? Mônica pediu para Eduardo colher informações sobre os vários tipos de serviços que estavam em andamento, para que, nos finais de semana, fizessem a análise do desempenho dos empregados da obra. Assim, pediu para que fossem relatados os serviços executados até o momento, incluindo o estado atual do serviço, bem como relatar os serviços pendentes.

Um dos primeiros relatos de desempenho da casa de Eduardo e Mônica ficou conforme podemos ver na Tabela 10.3:

Tabela 10.3 Relatório de desempenho

Nome do projeto Casa Eduardo e Mônica	Gerente Eduardo	Patrocinador Mônica	Período 10-3-15 a 17-3-15

Serviço realizado (o que foi feito)
Marcação da casa, bem como alicerces e baldrame.

Serviço atual (o que está sendo feito)
Neste momento, iniciou-se o levantamento das colunas do pavimento inferior.

Serviço pendente (o que não foi feito)
Esperava-se ter-se iniciado o levantamento das paredes. Isso não ocorreu, pois as colunas não ficaram prontas, uma vez que choveu a semana toda.

Impacto na obra
O impacto será pequeno, pois em uma semana a quantidade de serviço é pouco relevante. No entanto, o segundo pedido de tijolos deve chegar na próxima segunda-feira e não há lugar para descarregar o caminhão. Nessas condições, será necessário avisar a empresa de material de construção da postergação da entrega. Certamente, ela não vai gostar, pois vai interferir em toda a sua agenda.

Aprovações

Patrocinador Mônica	Gerente Eduardo	Modelo Engenharia, Arquitetura e Construção S.C. Ltda.

Os indicadores quantitativos de projetos mais utilizados nos relatórios de desempenho são os índices de prazo e custo relacionados com o gerenciamento do valor agregado (*earned value management* – EVM), mas não se restringem a esses. Pode-se adicionar a dimensão da qualidade agregada (*earned quality management* – EQM), ver Capítulo 8. Outras métricas podem ser utilizadas pelos gerentes, como métricas quantitativas de riscos e escopo, as quais podem ser sintetizadas em painéis gerenciais que utilizam e apresentam para os demais *stakeholders*, conforme ilustra a Figura 10.7.

A Figura 10.7, de certa forma, sintetiza as alternativas de apresentação de resultados de projetos em um só painel em que é mostrado um conjunto de indicadores quantitativos do estágio do projeto. Além disso, gráficos de tendências, esquemas, desenhos, tabelas, entre outras formas, fazem parte de algumas das alternativas de apresentação das informações advindas dos indicadores. Os gerentes de projetos

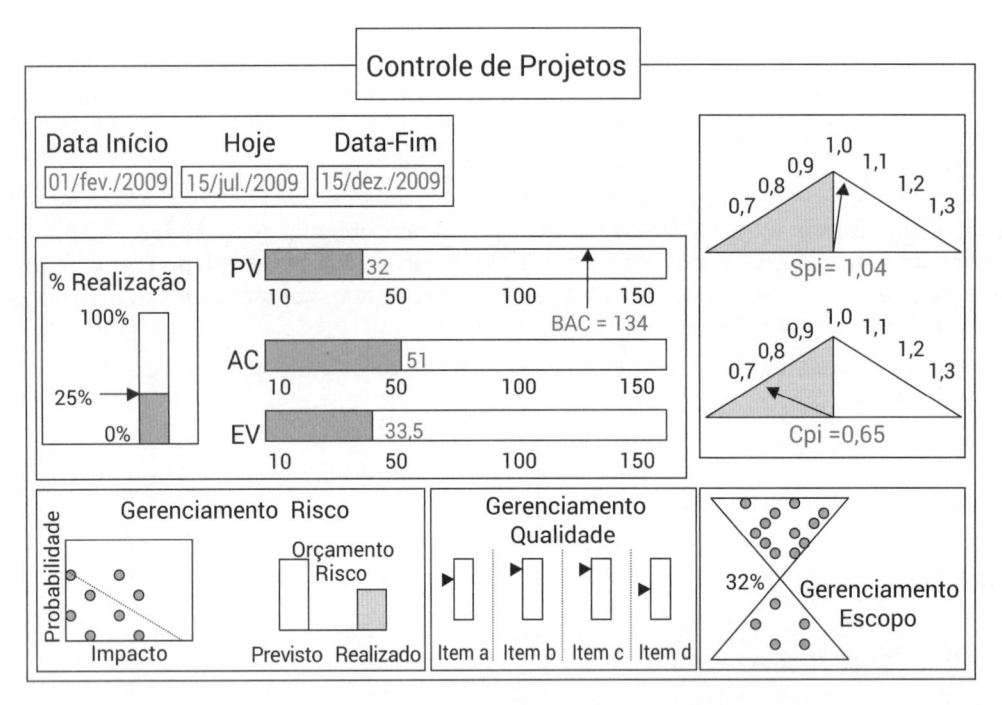

Figura 10.7 Exemplo de painel de controle – modelo Pró-Valor.

são os responsáveis tanto pelo conteúdo quanto pela aparência da informação a ser distribuída aos diversos *stakeholders* de um projeto. Seu objetivo é sempre proporcionar maior clareza para que o processo de tomada de decisão seja cada vez mais adequado e que as decisões sejam sempre tomadas na hora certa.

10.7 CASO: RUÍDO NO SISTEMA DE COMUNICAÇÃO DO PROJETO

A System's Technology, empresa de consultoria em sistemas integrados empresariais, ganhou um projeto cujo objetivo era redesenhar os processos para implementação de um ERP em uma grande empresa de comunicações brasileira.

Para incorporar o projeto, a System's Technology contratou a 3EP – empresa norte-americana detentora de um dos mais vendidos *softwares* de ERP com sede no Brasil.

Há um mês, Argeu Villela, diretor de informação e sistemas da empresa de comunicações, está reclamando com a System's Technology, argumentando que o projeto está atrasado e que não pretende mais aumentar o orçamento em função disso.

Luís Fraga foi designado, recentemente, para substituir o gerente de projetos por parte da 3EP. Ao assumir o projeto, deparou com uma situação inusitada: dois membros da equipe de projetos de empresas distintas estavam tendo relacionamentos extraconjugais. A notícia corria solta entre todos, e a equipe de projetos apresentava fortes indícios de divisão e desmotivação. Os fatos aparentemente não tinham ligação.

Fraga começou a investigar todos os pontos de desempenho do projeto, considerando o caso dos dois membros da equipe, que estavam tendo um *affair* (Silvia e Ricardo), como um problema fora de seu domínio.

O diagnóstico de Fraga, mesmo incompleto, revelou pontos interessantes:

a) os processos estavam sendo definidos de acordo com o cronograma inicial;

b) a implementação de alguns processos desenhados já estava adiantada;

c) havia uma série de dados que estavam ainda sendo desenvolvidos de forma incipiente;

d) o responsável pelo desenho dos processos de recursos estava reclamando, pois o desenho do processo da fábrica continuava parado; e

e) o pessoal de desenvolvimento dos sistemas customizados estava dependendo de algumas definições das rotinas de cálculo.

Alguns fatos chamaram a atenção de Fraga, ainda que fora do âmbito do projeto também, e se referiam a sua nova equipe. Como o projeto estava sendo desenvolvido em Brasília, e as empresas (System's Technology e 3EP) tinham sede em São Paulo, seus funcionários estavam todos hospedados em um mesmo hotel. Esse hotel nada tinha de especial, mas contava com uma infraestrutura social e esportiva agradável.

Conforme o cronograma do projeto foi passando, as pessoas foram se adaptando e as amizades surgindo. Após dois meses de contato diário, as rodinhas estavam formadas; por outro lado, havia indivíduos que preferiam jogar tênis e contavam com um professor duas vezes por semana, outros ficaram sócios da academia e todo jantar era uma festa. Quinta-feira era dia de churrasco!

Com todos esses eventos ocorrendo, o projeto acabava sendo um dos últimos motivos pelos quais cada um estava em Brasília.

Pior de tudo era que o tempo dedicado ao projeto estava sendo cada vez menor e a área em que as atividades estavam mais atrasadas era da responsabilidade de Silvia e Ricardo, exatamente o desenho do processo de fábrica.

Luís Fraga estava furioso com os fatos que tinha em mãos e não sabia por onde começar. Precisava ter informações formais de dentro do projeto, mas percebeu que precisava, também, traçar um plano para tratar das informações informais.

No lugar de Fraga, o que você faria?

QUESTÕES PARA REFLEXÃO E DISCUSSÃO

1. Qual o objetivo essencial da gestão das comunicações em projetos? Explore o tema.
2. Pense no último projeto de que você participou e comente como a informação estava sendo organizada. Explore.
3. Identifique três barreiras para gerenciar as comunicações em projetos. Comente-as.
4. Para que servem os relatórios de desempenho de projetos? Explique.
5. Quais os principais elementos que um relatório de desempenho de projetos orientado à alta administração da empresa deve conter?
6. Sabe-se, atualmente, a importância da venda de um projeto. Muitos gerentes são especialistas em apresentar projetos como solução de algum problema ou para aproveitar alguma situação. Mas, em geral, gerentes de projetos não sabem vender, adequadamente, um projeto. Quais as diferenças entre vender um projeto e apresentar um projeto? Que informações são necessárias para cada caso e quais suas características?
7. Seu cliente, com quem você tem boas relações, quer que você forneça material de escritório. Essa tarefa não está prevista no contrato. Como você responderia a esse pedido? Que meio de comunicação estabeleceria?
8. Em uma sala de reuniões, há oito pessoas discutindo sobre um projeto. Quantos canais de comunicação podem existir? Sabendo disso, se você fosse o gerente de projeto, poderia utilizar essa informação para conduzir melhor a reunião? Como? Explique.
9. Para a rede da figura a seguir, responda: Quantos são os canais de comunicação? Qual a densidade da rede? Quem é a estrela da rede? Quem é o isolado? Quem é o *broker*?

── Fraca
━━ Média
━━━ Forte

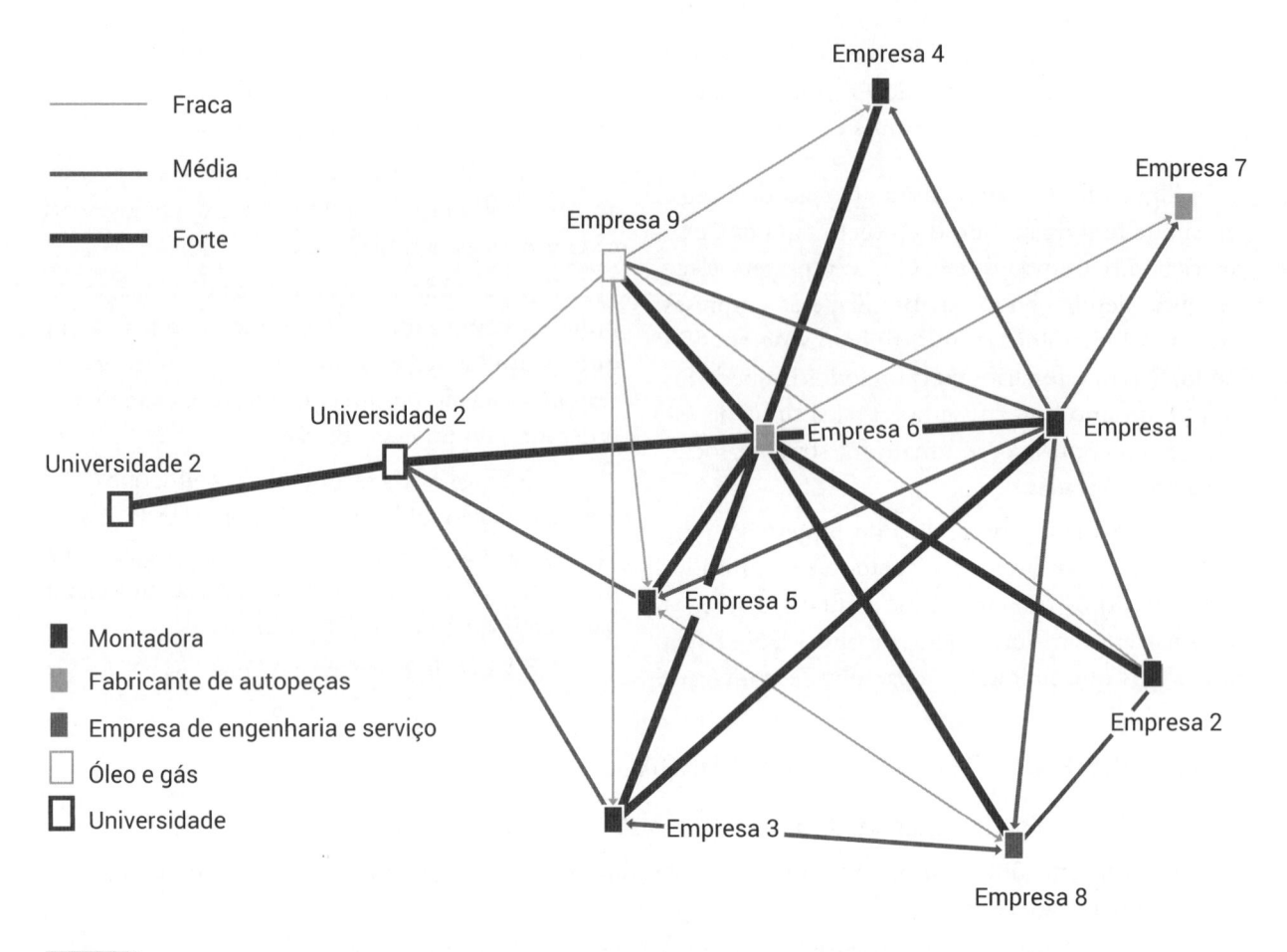

Empresa 4
Empresa 7
Empresa 9
Universidade 2
Universidade 2
Empresa 6
Empresa 1
Empresa 5
Empresa 2
Empresa 3
Empresa 8

■ Montadora
■ Fabricante de autopeças
■ Empresa de engenharia e serviço
□ Óleo e gás
□ Universidade

ESTUDO COMPLEMENTAR

A. Assista na plataforma Veduca, disciplina de Gestão de Projetos (acesso gratuito), à videoaula 2, que trata de temas discutidos neste capítulo.

uqr.to/cpc0

Fonte: <https://veduca.org/p/gestao-de-projetos>. Acesso em: 30 ago. 2018.

B. Estude os seguintes textos para aprofundar seus conhecimentos em comunicações em projetos:

LOPES, A. P.; FERRARESE, A.; CARVALHO, M. M. Inovação aberta no processo de pesquisa e desenvolvimento: uma análise da cooperação entre empresas automotivas e universidades. *Gestão & Produção*, v. 24, n. 4, p. 653-666, out./dez. 2017.

uqr.to/cpci

Fonte: <http://dx.doi.org/10.1590/0104-530x2138-16>. Acesso em: 30 ago. 2018.

CARVALHO, M. M.; MIRANDOLA, D. A comunicação em projetos de TI: uma análise comparativa das equipes de sistemas e de negócios. *Produção*, v. 17, n. 2, p. 330-342, maio/ago. 2007.

Fonte: <http://dx.doi.org/10.1590/S0103-65132007000200009>. Acesso em: 30 ago. 2018.

11

GESTÃO DOS RISCOS

Pró-Valor
Camada Núcleo

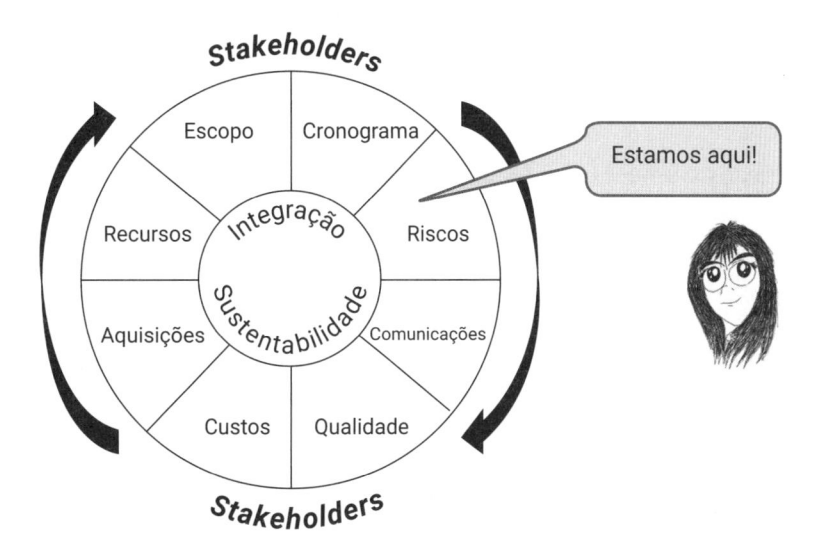

Estamos aqui!

Neste capítulo será tratada a questão do gerenciamento dos riscos do projeto. Após estudar este capítulo, o leitor estará apto a responder às seguintes questões:

a) O que é risco?
b) Quais os processos que suportam o gerenciamento do risco do projeto?
c) Quais as principais ferramentas para gestão dos riscos?
d) Quais são as estratégias para contornar as situações de risco?
e) Como controlar os riscos do projeto e gerenciar as mudanças decorrentes de sua manifestação?

O risco é inerente à atividade de projeto e, muitas vezes, o gerenciamento de risco se confunde com o próprio gerenciamento de projetos. As definições apresentadas no Capítulo 2, que classificavam os projetos com relação a sua complexidade e incerteza, bem como destacavam sua característica de singularidade, deixam clara a relação existente entre estes dois campos de estudo: projeto e risco. Essa relação é mais explícita e pode ser percebida ao entendermos o tipo de projeto e a importância do risco.

Assim, se estivermos desenvolvendo um projeto no limiar da fronteira tecnológica ou projetos muito complexos, que envolvem centenas de empresas subcontratadas, a gestão de risco é uma área crítica. Por outro lado, projetos com pequeno conteúdo inovador, como atualizações de modelos, que envolvem alguns aspectos rotineiros, tendem a ter melhor compreensão dos riscos e de sua mensuração em termos de probabilidade e impacto.

O conceito de risco em projetos é relativamente novo e derivado da fascinante história dos números, da matemática e da aritmética. Segundo Bernstein (1997), "sem números, não há vantagens nem probabilidades; sem vantagens e probabilidades, o único meio de lidar com o risco é apelar para os deuses e o destino. Sem números, o risco é uma questão de pura coragem".

O estudo sobre os números no Ocidente começou, pelo que se tem registro, nos anos 1200. Nessa época, Leonardo Pisano, cujo apelido era Fibonacci, formulou uma questão simples, mas que levou o mundo a parar para pensar em uma espécie de milagre matemático. A questão descrita por Fibonacci era a seguinte: quantos coelhos nascerão no decorrer de um ano, a partir de um par de coelhos original, supondo que todo mês cada par gera outro par e que os coelhos começam a procriar com dois meses de idade?

Fibonacci descobriu que, para chegar ao resultado, uma sequência de números seria produzida, e que operando com os números dessa sequência muitos enigmas poderiam ser revelados. Você sabe qual é essa sequência ou quantos pares de coelhos serão gerados em um ano? Bem, antes de começar a estudar o gerenciamento de risco em projetos, vamos propor que os leitores que não conseguirem resolver mandem um *e-mail* para que os autores mostrem a sequência e alguns segredos de sua história.

Como curiosidade, vale dizer que a sequência resultante é mencionada em diversos livros até hoje, entre os quais destacamos *O Código Da Vinci*, de Dan Braum.

11.1 INTRODUÇÃO

A área de gestão dos riscos tem recebido uma atenção crescente na disciplina de Gestão de Projetos. Desde sua primeira edição, o PMBoK® (PMI, 1996) dedica um capítulo para a gestão de risco. Contudo, já em sua segunda edição (PMI, 2000), essa área foi ampliada de quatro para seis processos, quantidade que se manteve até a quinta edição do PMBoK® (PMI, 2004, 2008, 2013).

Contudo, na sexta edição do PMBoK®, a área de riscos recebeu um novo processo, sendo agora, juntamente com a área de integração, a que contém maior número de processos, sete processos (PMI, 2017).

Os processos são, predominantemente, no grupo de planejamento (cinco processos), com um processo de execução e um de monitoramento e controle, conforme ilustra a Figura 11.1.

Os processos considerados pelo PMBoK® (PMI, 2017) no gerenciamento do risco do projeto são:

a) *Planejar o gerenciamento do risco*: planejar qual abordagem dar à gestão de risco do projeto e executá-la.

b) *Identificar os riscos*: determinar quais riscos podem afetar o projeto e documentar suas características.

c) *Realizar a análise qualitativa dos riscos*: priorizar os riscos do projeto, com base na análise conjunta da probabilidade de ocorrência e seu impacto nos objetivos do projeto.

d) *Realizar a análise quantitativa dos riscos*: analisar numericamente o impacto dos riscos identificados nos objetivos do projeto.

e) *Planejar as respostas aos riscos*: desenvolver as alternativas e planos de ações necessários para maximizar as oportunidades e minimizar as ameaças aos objetivos do projeto.

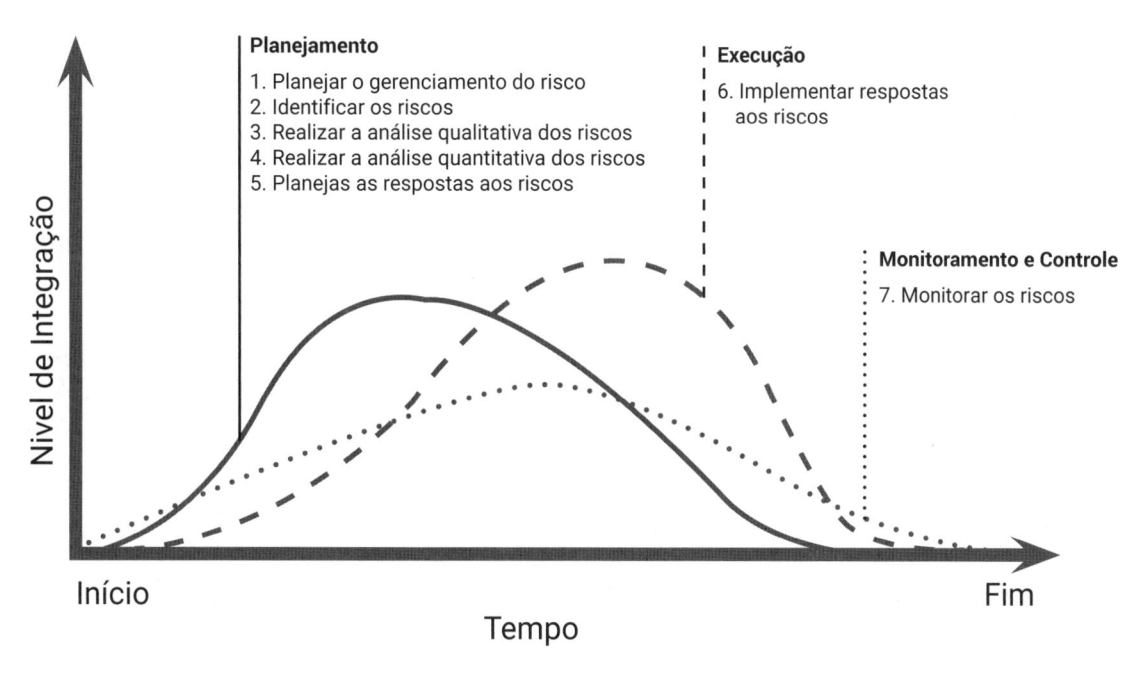

Planejamento
1. Planejar o gerenciamento do risco
2. Identificar os riscos
3. Realizar a análise qualitativa dos riscos
4. Realizar a análise quantitativa dos riscos
5. Planejas as respostas aos riscos

Execução
6. Implementar respostas aos riscos

Monitoramento e Controle
7. Monitorar os riscos

Fonte: Elaboração própria com base nos processos do PMI (2017).

Figura 11.1 Fluxo dos processos de gestão dos riscos.

f) *Implementar respostas aos riscos do projeto*: processo que visa implementar os planos de respostas de riscos acordados do projeto.

g) *Monitorar os riscos*: rastrear os riscos identificados, monitorar o risco residual, identificar novos riscos, executar os planos de resposta aos riscos e avaliar sua eficácia ao longo do ciclo de vida do projeto.

O novo processo é do grupo de execução: "implementar respostas aos riscos". A área de risco tem forte relação com as áreas de integração, escopo, prazo e custo do projeto. Além disso, a área de comunicações deve, por meio de seus relatórios de desempenho, trazer insumos importantes para a análise dos riscos do projeto.

11.2 CONCEITO DE RISCOS

O risco pode surgir de decisões de investimentos estratégicos, lançamento de determinado produto, estratégias de marketing, competição de mercado, incertezas quanto ao comportamento das vendas, incertezas quanto ao desempenho de novas tecnologias, entre outros (LINSMEIER; PEARSON, 1996).

No entanto, também podem existir condições de risco associadas ao ambiente de projeto em si, tais como a falta de domínio das boas práticas de Gestão de Projetos, a existência de múltiplos projetos simultâneos e a forte dependência de participantes externos, entre outros (PMI, 2017).

Existem situações em que a exposição ao risco pode trazer retornos muito superiores àqueles obtidos em condições mais previsíveis. Dessa forma, a exposição ao risco faz parte do ambiente corporativo, exercendo, portanto, grande influência sobre os índices de retorno potenciais que permitam às empresas ser apropriadamente remuneradas (BOCHE; RICKER, 1999; MIRANDA; CARVALHO, 2002).

A preocupação do ser humano no entendimento sobre a incerteza é antiga, e sua evolução, conforme escreveu Bernstein (1977), esteve bastante associada ao crescimento do comércio das grandes navegações, por conta do interesse das seguradoras e, por curiosidade, dos jogos de azar. Risco, para ele, sempre esteve relacionado com ousadia – termo que tem origem na palavra *risicare*, do italiano arcaico, que significa ousar. Nesse aspecto, lidar com risco pressupõe-se ter arrojo e audácia.

11.2.1 Riscos e incertezas

Ao estudar os aspectos do risco e sua concepção, Bernstein (1977) contextualizou-o, abordando-o, historicamente, a partir da origem da disciplina das probabilidades. Portanto, para ele, o estudo de risco sempre esteve associado a eventos probabilísticos e não determinísticos. Enfatizou assertivamente que, se não há números, é impossível se ter gerenciamento de riscos.

Essa visão é a predominante nos guias de conhecimento (BoKs). A definição de risco possui dois graus de abstração: risco individual e risco geral. O risco individual é definido como "um evento ou condição incerta que, se ocorrer, provocará um efeito positivo ou negativo em um ou mais objetivos do projeto", enquanto o risco geral é definido como "o efeito da incerteza do projeto no seu todo, decorrente de todas as fontes de incerteza, incluindo os riscos individuais, representando a exposição das partes interessadas às implicações de variações no resultado do projeto, sejam positivas ou negativas" (PMI, 2017, p. 397).

No entanto, a relação entre risco e incerteza é bem mais complexa. Uma das mais valiosas contribuições ao entendimento dos conceitos de risco foi dada por Wideman (1992), ao configurar os limites do campo das incertezas, incluindo, antagonicamente, os elementos do desconhecido e certeza.

Para Perminova *et al.* (2008), a principal diferença entre risco e incerteza se refere à possibilidade do estabelecimento de probabilidades. Assim, o risco caracteriza-se por uma situação cuja decisão é tomada sob condições de probabilidades conhecidas. Já incertezas, não. É impossível associar às incertezas valores de probabilidades numéricas, bem como há falta de conhecimentos sobre as consequências de um evento.

Uma visão mais ampla do assunto foi dada por Meyer, Loch e Pich (2002), que propuseram quatro tipos de incertezas, em que riscos (variabilidade) é um deles:

1. *Variabilidade*: variações aleatórias, porém previsíveis e controláveis em torno de seus objetivos conhecidos de custo e prazo.
2. *Incerteza previsível*: uns poucos fatores conhecidos irão afetar o projeto de uma forma imprevisível, permitindo, entretanto, que sejam estabelecidos planos de contingência para tratar das consequências de seu eventual acontecimento.
3. *Incerteza imprevisível*: um ou mais fatores significativos que influenciam o projeto não podem ser previstos, obrigando à solução de novos problemas.
4. *Caos*: fatores completamente imprevisíveis invalidam os objetivos, planejamento e abordagem do projeto, obrigando a sua repetida e completa redefinição.

Desta forma, existe uma tendência crescente na área de GP de focar de maneira mais abrangente no que seria a gestão das incertezas, em que a variabilidade (hoje, a principal definição de riscos em projetos) seria apenas um dos tipos.

Essa discussão é uma reação à visão limitada da gestão de riscos atual. Por exemplo, se o gerente de projetos estiver tratando de uma situação caótica ou de uma incerteza imprevisível, os processos de gestão riscos dessa área de conhecimento não resolvem, pois tudo começa com a identificação do risco, se não posso identificá-lo, vou precisar ser resiliente e gerir crises, assuntos que os BoKs não abordam.

A Figura 11.2 resume a discussão dos diferentes tipos de incerteza e as formas de gerenciá-las.

Há uma espécie de *continuum*, em que na extremidade da variabilidade o foco concentra-se no gerenciamento dos riscos na visão dos BoKs. Logo em seguida, aparecem as incertezas previsíveis, em que o gerenciamento de risco passa a ser, via de regra, de pouco uso, como estratégia de abordagem gerencial visto que, apesar de conseguir percorrer o processo de identificação, os demais de dimensionamento de probabilidade e impacto são difíceis à medida que não há informação disponível para a modelagem, limitando-se, eventualmente, a uma análise qualitativa, sendo a análise quantitativa descartada. Esses elementos remetem para a ausência de dados estatísticos relevantes, vieses, análise limitada para o processo, falta de explicação das premissas etc. Na sequência do *continuum* aparecem a incerteza imprevisível e o caos, que demandam formas de gestão bastante distintas, como improvisação, resiliência e gestão de crises.

Disponibilidade de Informação →

Incertezas | **Riscos**

Caos | Incertezas não previsíveis | Incertezas previsíveis | Variabilidade

← Formas de Gerenciamento

Soft | *Hard*

Resiliência
Gestão de Conhecimento
Análise Ambiental Contextual
Improvisação
Gerenciamento de Crises
Métodos Ágeis

Processos de Gestão de Riscos:
Planejamento
Identificação
Análise de Risco (Qualitativa e Quantitativa)
Planejamento de Reposta de Risco
Monitoramento e Controle

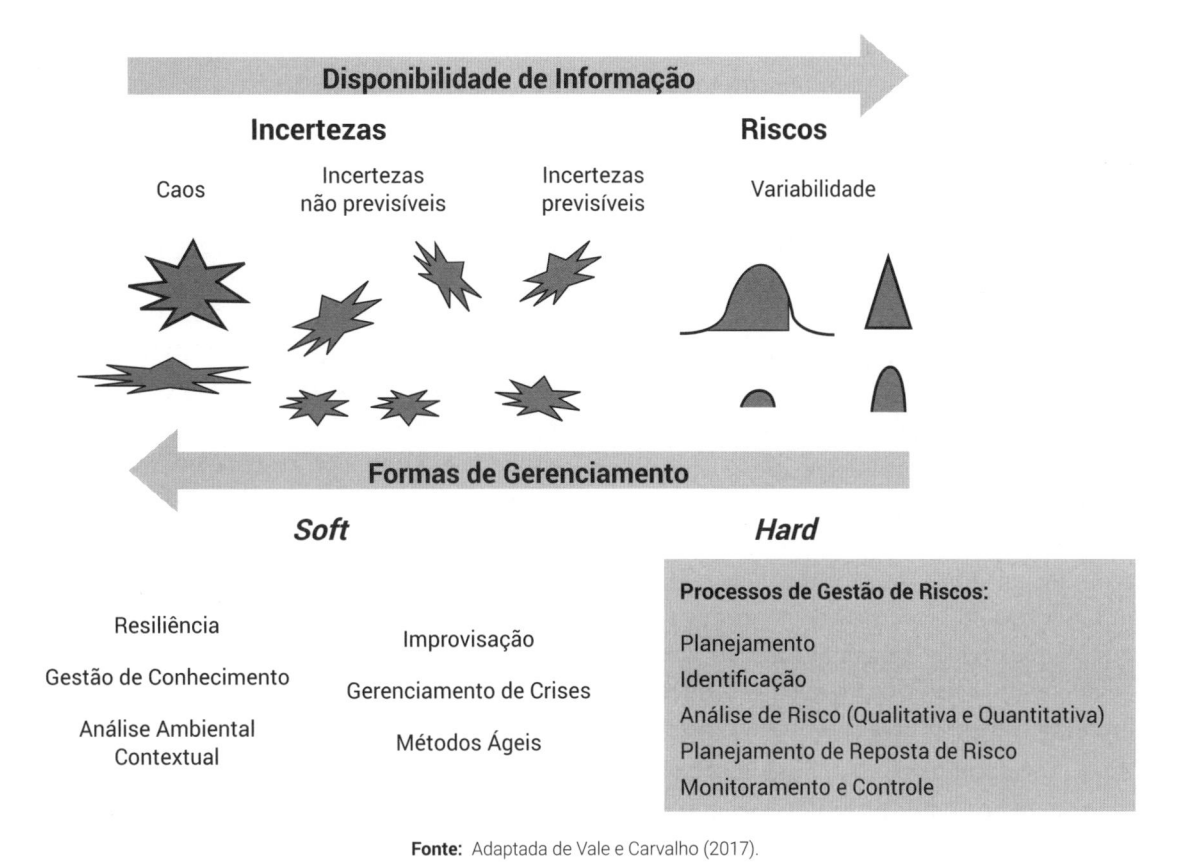

Fonte: Adaptada de Vale e Carvalho (2017).

Figura 11.2 *Continuum* entre os tipos de incerteza e as estratégias para gerenciá-las.

Portanto, observa-se, na Figura 11.2, que o gerenciamento da variabilidade é bem equacionado pela gestão de risco dos BoKs, com foco em uma abordagem mais voltada as habilidades *hard,* que se concentram em conjuntos de ferramentas PM, associadas à parametrição dos riscos, modelagem das distribuições de probabilidade e análise de impactos e cenários. No entanto, quando as incertezas imprevisíveis ocorrem, o que precisa ser desenvolvido são as habilidades *soft* da reação de pessoas e grupos (CARVALHO; RABECHINI, 2015).

As habilidades *soft* são pouco desenvolvidas no BoKs, mas são fundamentais na gestão de riscos e incertezas. O contexto organizacional pode afetar o gerenciamento de risco e incerteza, por aspectos de cultura organizacional e clima organizacional, por exemplo, enquanto aspectos individuais também afetam, como, por exemplo, expectativas, intuição e julgamento, preconceitos, conflitos de poder, confiança e aprendizado, propensão ou aversão aos riscos.

As formas tradicionais de tratamento ao risco tendem a se concentrar nos eventos de variabilidade e pouco consideram os aspectos da ambiguidade existentes nos projetos. A ambiguidade está associada à falta de clareza nos dados, nos detalhes, estruturas, entre outros, pois no comportamento dos envolvidos estão presentes os vieses, conhecimentos restritos e situações não claras (WARD; CHAPMAN, 2003).

11.2.2 Ameaças e oportunidades

Até a segunda edição do guia PMBoK®, definia-se risco como um impacto negativo nos objetivos do projeto. Foi apenas a partir da terceira edição (PMI, 2004) que o guia passou a considerar o efeito *positivo* ou *negativo* sobre os objetivos do projeto, assim trabalhando com o conceito de ameaça e oportunidade, influenciados pelos trabalhos de Hillson (2001) e Ward e Chapman (2003), entre outros.

Essa mudança ainda não conseguiu romper o modelo mental dominante de riscos como ameaça, havendo uma tendência de os processos de gestão do risco focarem nos aspectos negativos. Isso reflete a experiência predominante dos profissionais da área, os quais acham mais fácil identificar potenciais falhas e problemas do que procurar por oportunidades (*up sides*) (HILLSON, 2001).

A maioria das pessoas é adepta do dito "prefira o certo ao duvidoso", em que risco é sinônimo de consequências adversas, tais como perdas financeiras, perigos de acidentes e catástrofes. Porém, outras são adeptas do dito "prefira o duvidoso ao certo".

Fica claro que pessoas e organizações têm posturas diferentes com relação ao risco; enquanto algumas são propensas, outras são avessas às situações de risco. O posicionamento das pessoas e organizações em relação ao risco tem sido muito explorado pelas empresas que prestam serviços financeiros (bancos e financiadoras, basicamente), que oferecem produtos/serviços (de caderneta de poupança a bolsa de valores), que oferecem possibilidades de ganhos/perdas, deixando a critério dos clientes a opção de escolher (arriscar ou proteger o patrimônio).

Dessa forma, observando o histórico das escolhas de um cliente, é possível inferir se se trata de um indivíduo mais conservador (avesso ao risco) ou agressivo (propenso ao risco).

Contudo, é importante ser capaz de avaliar o espectro geral das ameaças e oportunidades que o projeto traz. Logo, a gestão dos riscos deve buscar não só minimizar a probabilidade e as consequências dos eventos negativos (ameaças), mas, também, maximizar a probabilidade e as consequências dos eventos positivos (oportunidades) nos objetivos de um projeto (PMI, 2017).

11.3 FASES INICIAIS DA GESTÃO DO RISCO

O passo inicial para um bom gerenciamento dos riscos é a elaboração do Plano de Gestão do Risco. Nessa fase, as informações do *project charter* e do plano do projeto, oriundas da área de integração, bem como as informações de escopo (declaração e WBS) são fundamentais.

É na fase de planejamento da gestão dos riscos que as decisões sobre quais abordagens utilizar devem ser tomadas. Essas decisões envolvem questões do tipo: qual é a organização e qual a equipe envolvida nas atividades de gestão do risco? Qual é a metodologia mais adequada para a organização e para o projeto, especificamente? Quais são as fontes de dados a serem utilizadas?

É importante ressaltar que, para tomar essas decisões adequadamente, devemos estar atentos às singularidades de cada organização, evidenciando-as nas abordagens de gestão de risco escolhidas. Lembre-se de que não existem soluções-padrão, pois cada corporação tem seu próprio limiar de exposição ao risco, que deve ser respeitado.

Portanto, o gerente de projetos, responsável por liderar o processo de elaboração do plano de risco, deve conhecer profundamente as políticas corporativas de gestão de risco, bem como as práticas de gestão de risco adotadas e as experiências de projetos anteriores (PMI, 2008).

Vale lembrar que um projeto de grande porte, às vezes, envolve várias organizações diferentes, com inúmeros *stakeholders*. Nesse caso, pode ser necessário construir diretrizes específicas para a gestão do risco do projeto em questão. A tolerância ao risco das diferentes organizações e *stakeholders* envolvidos deve ser discutida em busca da adoção de uma única diretriz. Como em outras áreas da Gestão de Projetos, também aqui é importante buscar o ótimo global do projeto e não ótimos locais (de cada *stakeholder* ou organização).

Algumas empresas possuem padrão corporativo para o planejamento do risco, o que facilita a tarefa do gerente de projetos e da equipe de risco, pois esta precisa apenas customizar o padrão ao projeto em curso. Esse padrão corporativo pode incluir: nomenclatura; categoria de risco; *templates*; descrição de papéis e responsabilidades; e níveis de autoridade e tomada de decisão (PMI, 2008).

O Plano de Gestão do Risco do projeto descreve e documenta como serão desenvolvidos os seis processos dessa área ao longo do ciclo de vida do projeto (PMI, 2008). Nesse plano, não existe menção aos riscos de forma individualizada.

O Plano de Gestão do Risco pode incluir as seguintes informações:

a) metodologia;
b) papéis e responsabilidades;
c) orçamento para gestão do risco;
d) categorias de riscos e/ou estrutura analítica dos riscos (*risk breakdown structure* – RBS);

e) frequência ao longo do ciclo de vida do projeto;

f) escalas de pontuação para probabilidade e impacto e sua interpretação;

g) matriz de probabilidade × impacto;

h) limiares de exposição ao risco (*tresholds*);

i) tolerância ao risco dos *stakeholders* e diretrizes globais para o projeto;

j) formatos de relatórios; e

k) forma de rastreamento (*tracking*).

11.3.1 Identificação dos riscos

Uma vez decidido como será a gestão dos riscos no projeto, cabe ao gerente de projetos e sua equipe iniciar a próxima fase: a identificação dos riscos. Essa fase é crítica, pois apenas os riscos conhecidos podem ser adequadamente equacionados. Portanto, mesmo que os processos seguintes a essa fase sejam bem conduzidos, se os riscos não foram adequadamente identificados, o projeto estará descoberto contra eles.

Lembre-se: apenas as reservas de contingência podem proteger o projeto dos riscos que desconhecemos; não há como tratá-los.

Para uma boa identificação e caracterização dos riscos, é importante detalhar um pouco mais o conceito de risco. Todo risco tem uma ou mais *causas*, que tem(êm) *probabilidade(s)* de ocorrer(em) associada(s). Essas causas podem gerar uma ou mais *consequências* nos objetivos do projeto, o que chamamos de *impacto*. Nesse sentido, ameaças e oportunidades não são qualitativamente diferentes quanto a sua natureza, dado que ambas envolvem incertezas quanto aos seus potenciais impactos nos objetivos de um projeto (HILLSON, 2001).

O processo de identificação dos riscos deve ser conduzido de forma iterativa, com várias rodadas de trocas de informações visando à elaboração e refinamento da lista de riscos do projeto. Durante esse processo liderado pelo gerente, devem-se envolver os membros da equipe do projeto, especialistas em gestão de riscos e na tecnologia empregada no projeto, além dos clientes e outros *stakeholders* importantes e, se necessário, especialistas externos (PMI, 2017).

A etapa inicial da identificação dos riscos compreende a busca de informações históricas e do conhecimento acumulado de projetos anteriores, de natureza semelhante, além de outras fontes de informação referentes ao projeto em curso, conforme já comentado. Essas informações podem ser inseridas em listas de verificação (*checklists*), permitindo a identificação do risco de forma mais rápida e simples (PMI, 2008). Contudo, tais listas devem servir como uma primeira rodada do processo de identificação dos riscos, pois é impossível construir listas exaustivas dos riscos, além de existir o risco de a equipe se limitar aos riscos da lista, viesando todo o processo.

Em algumas áreas é possível encontrar listas de verificação prontas, como na área de Tecnologia da Informação (TI), em que os *sites* do Software Engineering Institute (SEI) e do departamento de TI do estado norte-americano da Califórnia (Department of Information Technology – DOIT) disponibilizam *templates* com essas listas.

O DOIT disponibiliza também um *software* de análise qualitativa dos riscos chamado *Risk Assessment Model* (RAM), que possui uma lista de riscos estratificada em cinco categorias (estratégico; financeiro; gestão de projeto; tecnológico; e operacional/gestão das mudanças), com questões específicas para cada fase do ciclo de vida de projetos de TI. Além desse *software*, também estão disponíveis diversos *templates* de suporte a outras áreas da Gestão de Projetos. O objetivo do governo do estado da Califórnia ao disponibilizar esses *templates* é ajudar os candidatos a fornecedores da área de TI a apresentar boas propostas.

Durante o processo iterativo de identificação dos riscos, é importante utilizar um conjunto de técnicas que permita obter ideias dos participantes acerca dos riscos do projeto, tais como o *brainstorming*, entrevistas e a técnica Delphi, entrevistas e análise SWOT.

O *brainstorming* é, provavelmente, a técnica mais usada, na qual um moderador conduz a dinâmica de geração de ideias sobre os riscos do projeto, em que podem participar os membros da equipe do projeto, os *stakeholders* e especialistas convidados. A dinâmica, embora simples, tem algumas regras a serem seguidas, tais como não interromper os participantes enquanto expõem suas ideias, não expressar julgamentos ou críticas sobre as ideias apresentadas e não levar em conta a posição dos indivíduos na organização. Como, às vezes, os participantes têm dificuldade em seguir essas regras, existe uma variante dessa técnica conhecida como *brainwriting*, cuja principal diferença com relação ao *brainstorming* é que as ideias são escritas e não verbalizadas.

O PMI (2017) recomenda, para a maior eficácia do *brainstorming*, que os participantes se preparem previamente e que o moderador sugira, com antecipação, alguns riscos. Além disso, podem ser promovidas reuniões separadas e estruturadas por segmento do projeto e por categoria do risco.

Outra técnica bastante utilizada nessa fase de identificação de riscos é a Delphi. Ela tem como diferencial o anonimato dos participantes ao longo da dinâmica, impedindo que qualquer pessoa exerça influência indevida no resultado, além de reduzir a incidência de análises preconcebidas. Essa técnica também utiliza a figura de um moderador, que deve aplicar um questionário solicitando ideias sobre os riscos importantes do projeto. As respostas são tabuladas e classificadas pelo moderador e, posteriormente, os resultados da dinâmica são submetidos aos especialistas para comentários adicionais (PMI, 2008).

Mais recentemente, em razão da nova abordagem de risco, que considera os aspectos positivos (*upside risk*), o PMI (2017) incluiu também a análise conhecida como SWOT, sigla derivada da expressão em inglês *strength, weakness, opportunities and threats*. A análise SWOT, ou análise dos pontos fortes e fracos e das ameaças e oportunidades, vem da literatura de estratégia.

No ambiente competitivo, encontram-se as ameaças e as oportunidades à empresa. Internamente, a empresa tem pontos fortes e pontos fracos que podem torná-la mais vulnerável ou mais apta que seus concorrentes a enfrentar as ameaças e aproveitar as oportunidades. Portanto, a análise SWOT tem como objetivo reconhecer as limitações, minimizando-as, bem como maximizando os pontos fortes da organização enquanto monitora as oportunidades e as ameaças no ambiente competitivo (CARVALHO; LAURINDO, 2003). No ambiente de projetos, o uso dessa técnica garante o exame do projeto sob cada uma dessas perspectivas, para aumentar a amplitude dos riscos considerados, sem cair na armadilha de desconsiderar os riscos positivos. A Figura 11.3 ilustra essa técnica.

Fonte: Adaptada de Carvalho e Laurindo (2003).

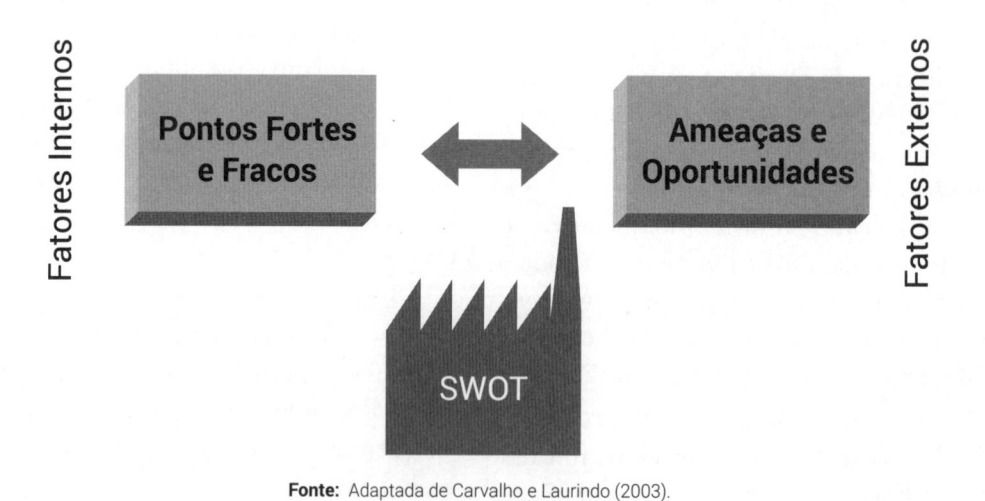

Figura 11.3 Análise SWOT.

Dinâmica de grupo: análise SWOT

Para fazer a análise SWOT de sua organização você precisará de informações internas (pontos fortes e fracos) e externas (ameaças e oportunidades). Depois de obtê-las, tente estruturá-las como mostrado na Figura 11.4.

- Faça a ligação entre a missão e os pontos fortes e fracos da organização.
- Faça a ligação dos pontos fortes com as oportunidades e veja como eles potencializam as oportunidades. A seguir, verifique se os pontos fortes podem neutralizar as ameaças ou, ainda, convertê-las em oportunidades. Faça a ligação dos pontos fracos com as ameaças e veja como eles podem deixar a organização ainda mais vulnerável às ameaças. Por fim, verifique se os pontos fracos podem reduzir a capacidade da empresa em aproveitar as oportunidades disponíveis.
- Defina a visão com base na análise. Trace as alternativas possíveis justificando com base nas três análises anteriores. Você pode ainda priorizar as alternativas.
- Você pode sofisticar a análise SWOT atribuindo pontuação aos pontos forte e fraco e pesando as ameaças e oportunidades. Com base nesses valores, é possível priorizar as alternativas.

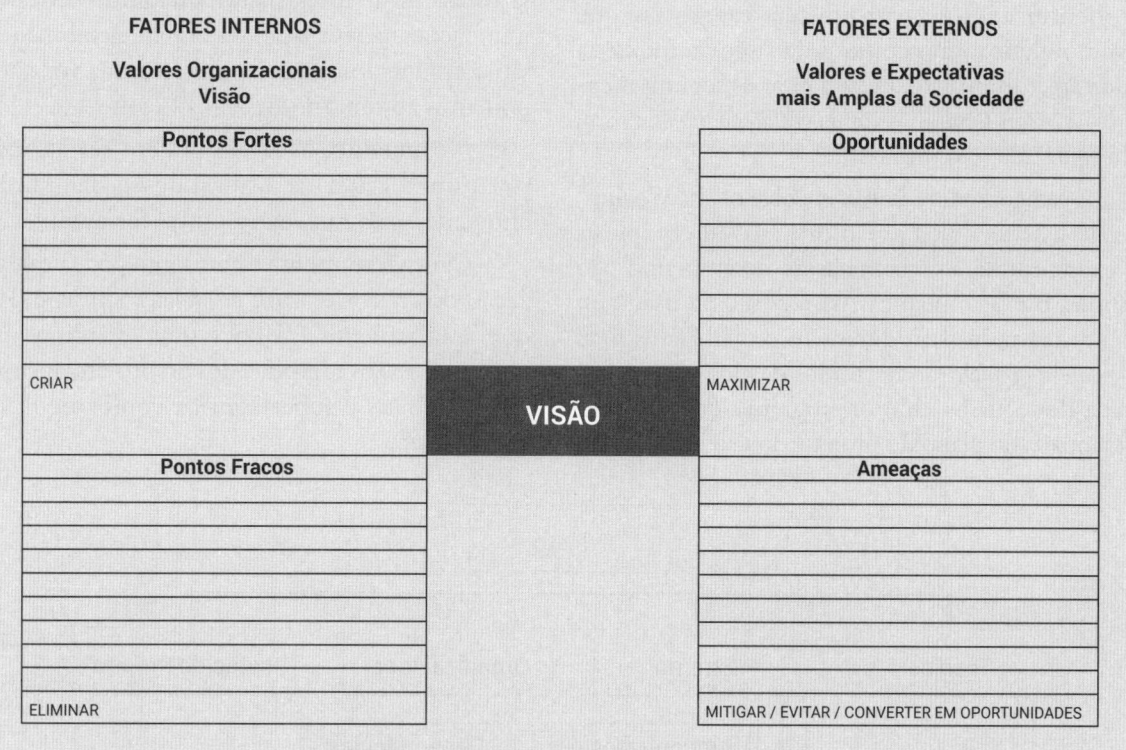

Figura 11.4 Fatores internos × fatores externos.

Fonte: Adaptada de Carvalho, Prieto e Bouer (2015).

A etapa final do processo de identificação dos riscos consiste na elaboração de uma lista dos riscos que, presumidamente, podem afetar os objetivos do projeto. Esta, categorizada por tipo de risco, deve ser amplamente divulgada entre os envolvidos no projeto, e suas definições devem ser aprimoradas, visando a uma boa compreensão por parte de todos.

Hillson (2000) argumenta que, para um bom processo de identificação dos riscos, deve-se proporcionar uma descrição detalhada do risco, o que inclui a causa, o risco e a consequência. Esse autor sugere que, para uma boa caracterização dos riscos identificados, sejam adotados três elementos de metalinguagem na descrição e documentação dos mesmos, da seguinte forma: "como resultado de <*causa*>, pode ocorrer <*evento incerto*>, o que acarretaria a <*consequência nos objetivos*>. Por exemplo: como o plano prevê uma equipe de dez, mas temos apenas seis pessoas disponíveis, podemos não ser capazes de completar o trabalho no tempo previsto e teríamos um atraso no projeto".

Nesse processo de descrição e detalhamento dos riscos identificados, é importante descrever os gatilhos (*triggers*), ou seja, os eventos precursores, também conhecidos como sintomas de risco ou sinais de alerta (PMI, 2008). Esses gatilhos são indicações de que um risco já ocorreu ou está em vias de ocorrer, como, por exemplo, o não cumprimento de marcos intermediários.

De posse da lista de riscos identificados na fase anterior, o gerente de projetos e sua equipe ainda têm de classificá-los em categorias.

O PMI (2008) propõe que os riscos podem ser identificados e agrupados em categorias, que devem refletir fontes comuns de risco da indústria ou da área do projeto, enfatizando as seguintes categorias: *riscos técnicos*; *riscos da gestão do projeto*; *riscos da organização*; e *riscos externos*.

A categoria *riscos técnicos* envolve os riscos oriundos de usar tecnologia não provada ou complexa, de exigência de atingir metas de desempenho não realistas, ou de mudanças na tecnologia usada ou nas normas industriais durante o projeto. Já os *riscos da gestão do projeto* são derivados da alocação inadequada de recursos e do cronograma; da qualidade inadequada do plano do projeto; do uso inadequado de ferramentas e técnicas da Gestão de Projetos; de estimativas irrealistas ou incompletas; de problemas com fornecedores ou subcontratantes; de técnicas pobres de comunicação; e de inabilidade para tomar decisões. Na categoria *riscos organizacionais*, as principais fontes de risco são os objetivos – custo, prazos e escopo – incoerentes, a falta de priorização dos projetos, o financiamento inadequado ou interrompido e os conflitos sobre recursos com outros projetos da organização. Finalmente, os *riscos externos* são aqueles causados por alterações em leis e regulamentos, por mudanças em tendências de mercado, por questões trabalhistas, por mudanças de prioridades de patrocinadores e proprietários, por alterações meteorológicas ou de meio ambiente como um todo (PMI, 2008). Já os riscos de força maior, incluindo terremotos, inundações, perturbação da ordem, geralmente não são considerados riscos do projeto, uma vez que não podemos administrá-los.

No entanto, os riscos podem ser agrupados por outros critérios, utilizando-se diagramas de afinidades, casa raiz, entre outras ferramentas.

Outra ferramenta importante para a categorização dos riscos é a *risk breakdown structure* (RBS), que, similarmente à WBS, é uma estrutura hierárquica dos riscos identificados do projeto agrupados em categorias e subcategorias, conforme ilustra a Figura 11.5.

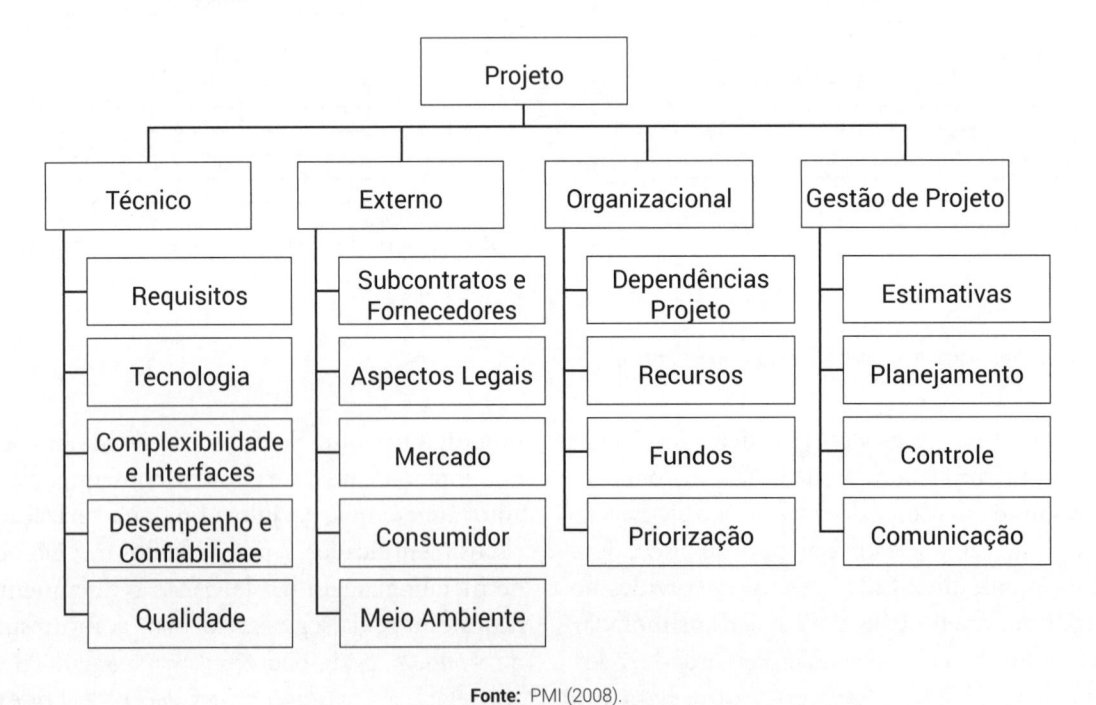

Fonte: PMI (2008).

Figura 11.5 RBS genérica.

Vale observar que uma pesquisa sobre sustentabilidade realizada com 101 empresas da lista da revista *Fortune* pela PricewaterhouseCoopers (2002) revelou que 72% delas não incluem risco/oportunidade de aspectos de sustentabilidade em seus projetos, investimentos, transações ou processos de avaliação. Se, sistematicamente, negligenciamos a dimensão de sustentabilidade na Gestão de Projetos, a tendência é que impactos ambientais e sociais ocorram. No Capítulo 13, sugerimos uma EAR (Estrutura Analítica de Risco) que incorpora as categorias de risco ambiental e social.

O Quadro 11.1 apresenta um conjunto de questões que podem ser úteis para auxiliar no processo de identificação dos riscos, por categoria.

Além dessas categorias, pode ser agrupadas as fontes de risco por elemento da estrutura analítica do projeto (WBS), pelas nove áreas da disciplina de Gestão de Projetos, pelas fases do ciclo de vida do projeto ou, então, construir categorias customizadas para um projeto específico.

Digamos que, para um projeto específico, as questões relacionadas com o meio ambiente sejam cruciais e vários dos riscos identificados estejam associados a essa questão. Nesse caso, justifica-se que a categoria meio ambiente constitua uma categoria de risco para esse projeto específico.

Uma ferramenta que auxilia na identificação das categorias, quando não adotamos aquelas preestabelecidas, é o diagrama de afinidades, também

Quadro 11.1 Questões por categoria de risco

Risco técnico:	Riscos de gestão:
✓ Ferramentas e métodos não apropriados ao projeto? ✓ Tecnologia nova? ✓ Time de desenvolvimento instável? ✓ Baixo conhecimento do time de projeto da área de negócio? ✓ Habilidades do time de projeto inadequadas? ✓ Funções de processo complexas? ✓ Elementos do projeto são complexos (IT, RH etc.)? ✓ Interação complexa com processos existentes? ✓ Necessidades, exigências e especificações não estão claras? ✓ Soluções de pacote (IT): os pacotes disponíveis foram avaliados? Atendem as exigências funcionais?	✓ Complexa rede de dependências entre tarefas? ✓ Data de implementação crítica? ✓ Procedimentos de controle de projeto informais? ✓ Número alto de funções críticas para projetar? ✓ Metas temporais irreais? ✓ Baixo comprometimento do time com os objetivos do projeto? ✓ Baixa experiência do gerente de projeto? ✓ Recursos disponíveis aquém dos recursos requeridos?
Risco organizacional:	Riscos externos:
✓ Número grande de tomadores de decisão? ✓ Dispersão geográfica? ✓ Expectativas irreais por parte dos clientes, usuários, *stakeholders*? ✓ Nível impróprio do *sponsor*? ✓ Indisponibilidade de usuários e clientes internos chaves? ✓ Mudanças significativas requeridas da organização? ✓ Resistência à mudança pela organização atual? ✓ Requer treinamento extensivo de usuários e clientes internos?	✓ Múltiplos vendedores, contratantes, consultores? ✓ Suporte insuficiente dos vendedores? ✓ Projeto depende criticamente dos fornecedores externos? ✓ Grande número de dependências de interprojeto? ✓ Existe sobreposição de escopo com outros projetos? ✓ Recrutamento extenso de recursos externos?

denominado diagrama JK, em homenagem ao seu idealizador, professor J. Kawakita. Esse diagrama agrupa as informações, no nosso caso, a lista de riscos, em classes homogêneas, com base nas suas afinidades (CRUZ JR.; CARVALHO, 2003). Na utilização desse diagrama, faz-se necessário eleger um moderador com a responsabilidade de conduzir as reuniões e verificar se todos os participantes entenderam corretamente as informações coletadas. Os passos para a elaboração desse diagrama são apresentados no Quadro 11.2.

11.4 ANÁLISE DOS RISCOS DO PROJETO: ASPECTOS QUALITATIVOS E QUANTITATIVOS

Uma vez identificados os riscos do projeto, cabe analisá-los sob vários aspectos, para que possamos estabelecer a melhor estratégia de resposta. O gerente de projetos e a equipe devem conhecer/buscar ferramentas e técnicas qualitativas e/ou quantitativas de modo a elaborar uma boa análise dos riscos.

Quadro 11.2 Passos para a construção do diagrama de afinidades

Passo	Procedimento
A	Determine o tema ou projeto.
B	Levante dados e fatos referentes ao problema e, também, todas as opiniões e ideias criativas que consiga coletar.
C	Escreva as expressões verbais identificadas no passo B em cartões chamados "cartões de dados" (*data card*), seguindo o critério: uma informação – um cartão.
D	Espalhe os cartões em uma superfície plana, lendo com atenção duas ou três vezes cada cartão até ter condições de reagrupá-los de acordo com as suas afinidades.
E	Para cada grupo de cartões afins prepare um novo cartão contendo uma expressão verbal que represente exatamente os conceitos de partida, evitando termos abstratos. Chame esse novo cartão de "cartão de afinidade" (*affinity card*).
F	Posicione o cartão de afinidade no topo do respectivo grupo de cartões afins e disponha-o entre os outros cartões.
G	Repita os procedimentos de D a F, até conseguir reordenar todos os cartões afins em não mais de cinco grupos. Alguns cartões de dados podem ficar isolados por causa de suas expressões específicas.
H	Para temas especialmente complexos, pode ser necessário, nesse momento, realizar um segundo nível de agrupamento, ou seja, reagrupar os cartões de afinidades identificados no passo G e dar um novo título.
I	Disponha os grupos de cartões em uma folha branca, lembrando que as suas posições relativas dependem das inter-relações entre eles.
J	Examine o diagrama para avaliar a necessidade de eventuais integrações (surgimento de dados gerados a partir do processo inverso → do geral ao particular).
K	Cole todos os cartões na folha, conforme a disposição do item I.
L	Indique as inter-relações e complete o diagrama escrevendo o título escolhido.
M	Identifique os cartões e os grupos mais importantes.

Fonte: Adaptado de Shiba *et al.* (1997).

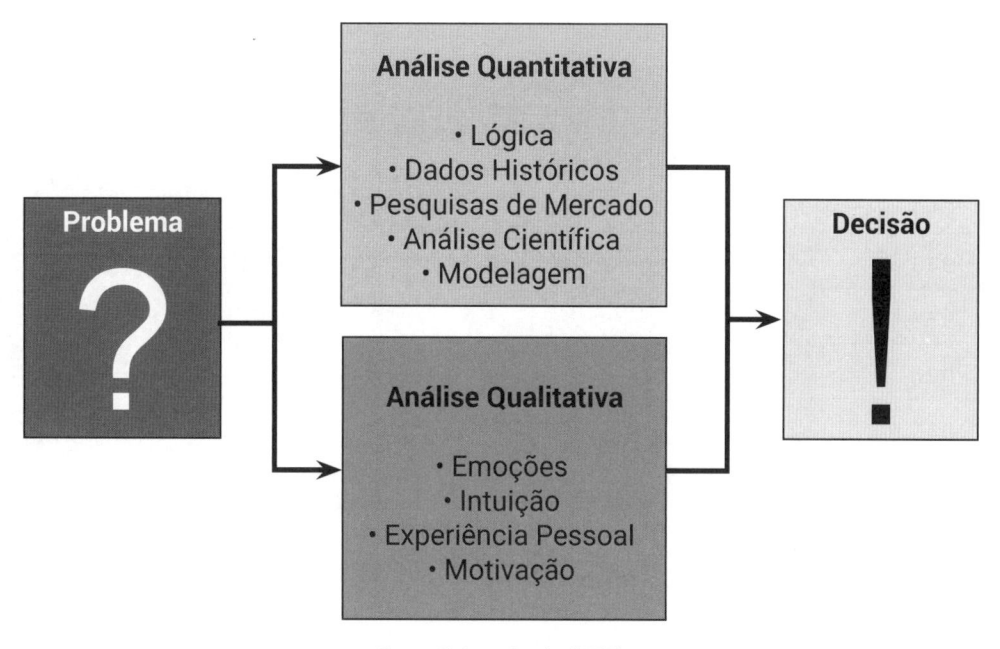

Fonte: Heizer e Render (1999).

Figura 11.6 Características das análises quantitativa e qualitativa.

Uma questão que pode ocorrer ao gerente de projetos é: quando devo utilizar a análise qualitativa e quando devo optar pela quantitativa? A Figura 11.6 ilustra as principais características desses dois tipos de análise.

A análise quantitativa, se bem-executada, fornece informações mais detalhadas e mais confiáveis para a tomada de decisão. No entanto, nem sempre é prático ou possível fazer esse tipo de análise, pois ela demanda uma boa quantidade de dados históricos disponíveis ou a coleta de dados para a análise, *softwares* apropriados e pessoas capacitadas para conduzir as análises.

Por outro lado, a avaliação qualitativa é sempre possível e, em geral, exige menos tempo e recursos. O uso das ferramentas e técnicas da análise qualitativa permite estruturar o julgamento dos especialistas no que concerne aos riscos do projeto.

11.4.1 Análise qualitativa dos riscos

O PMI (2017) define a análise qualitativa como o processo de estabelecimento dos riscos prioritários do projeto, obtidos pela análise da magnitude de seu impacto e da probabilidade de sua ocorrência.

Portanto, ao término desse processo, o gerente de projetos terá a lista de risco classificada por sua prioridade, estabelecida com base no potencial impacto dos riscos identificados sobre os objetivos do projeto.

A análise qualitativa dos riscos deve ser revisada durante todo o ciclo de vida do projeto, para estar atualizada com as mudanças ocorridas ao longo do projeto. É comum que, nas fases iniciais do ciclo de vida, muitos riscos sequer constem da lista de riscos identificados. Contudo, ao longo do detalhamento do projeto, nas fases de planejamento e execução, vários riscos são descobertos e inseridos na lista preliminar. Da mesma forma, alguns riscos estabelecidos *a priori*, ao longo do desenvolvimento do projeto, se descaracterizam e são excluídos da lista.

A principal ferramenta para a análise qualitativa dos riscos é a matriz de probabilidade e impacto (MPI). Essa ferramenta permite classificar o risco segundo sua criticidade, utilizando-se para esse fim duas dimensões, quais sejam: probabilidade de ocorrência e seu impacto nos objetivos do projeto. Com base na combinação dessas duas dimensões, divide-se a matriz em zonas que representam a severidade do risco. Os tamanhos dessas zonas traduzem o limiar de risco da corporação.

Existem diversas formas de matriz disponíveis na literatura de gestão de projetos, conforme ilustra a Tabela 11.1.

Tabela 11.1 Matriz de probabilidade e impacto

Graduação de risco para um risco específico					
Probabilidade	Graduação de risco = P × 1				
0,90	0,05	0,09	0,18	0,36	0,72
0,70	0,04	0,07	0,14	0,28	0,56
0,50	0,03	0,05	0,10	0,20	0,40
0,30	0,02	0,03	0,06	0,12	0,24
0,10	0,01	0,01	0,02	0,04	0,08
	0,05	0,10	0,20	0,40	0,80
	Impacto nos objetivos (por exemplo no orçamento, cronograma ou escopo) *(Ratio Scale)*				

Fonte: Adaptada de PMI (2000).

A matriz mais difundida é aquela dividida em três zonas de severidade do risco — alto, moderado e baixo —, com as escalas de probabilidade e de impacto variando de zero a um, divididas em cinco categorias, configurando 25 células — ver modelo PMI (2000) da Figura 11.7. Cada risco identificado deve ser analisado quanto a sua probabilidade e seu impacto e, depois, plotado na MPI. Dependendo da região da matriz em que o risco for classificado, haverá uma estratégia de resposta diferenciada. No PMBoK®, as escalas apresentadas como exemplo não são lineares, indicando que a organização dá maior importância a riscos com impacto alto ou muito alto (0,05; 0,1; 0,2; 0,4; 0,8). No entanto, as escalas lineares também são bastante utilizadas (0,1; 0,3; 0,5; 0,7; 0,9) (PMI, 2000).

A matriz proposta por Moore (1998) é dividida em quatro zonas, que já sugerem a estratégia de resposta a ser adotada. Tanto para probabilidade como para impacto esse modelo adota uma escala com quatro níveis (ver Figura 11.7).

A última matriz apresentada na Figura 11.7 é a única que se preocupa em diferenciar os riscos negativos e positivos, de tal forma que a MPI tradicional (três regiões, divididas em 25 células) é espelhada, fornecendo uma visão das oportunidades e das ameaças (HILLSON, 2000).

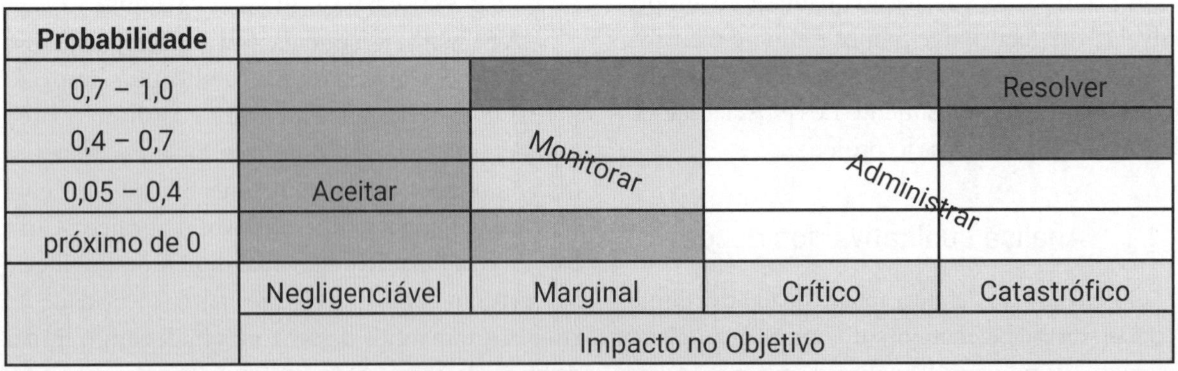

Probabilidade				
0,7 – 1,0				Resolver
0,4 – 0,7		Monitorar	Administrar	
0,05 – 0,4	Aceitar			
próximo de 0				
	Negligenciável	Marginal	Crítico	Catastrófico
	Impacto no Objetivo			

Fonte: Adaptada de Moore (1998).

Figura 11.7 Matriz de probabilidade e impacto.

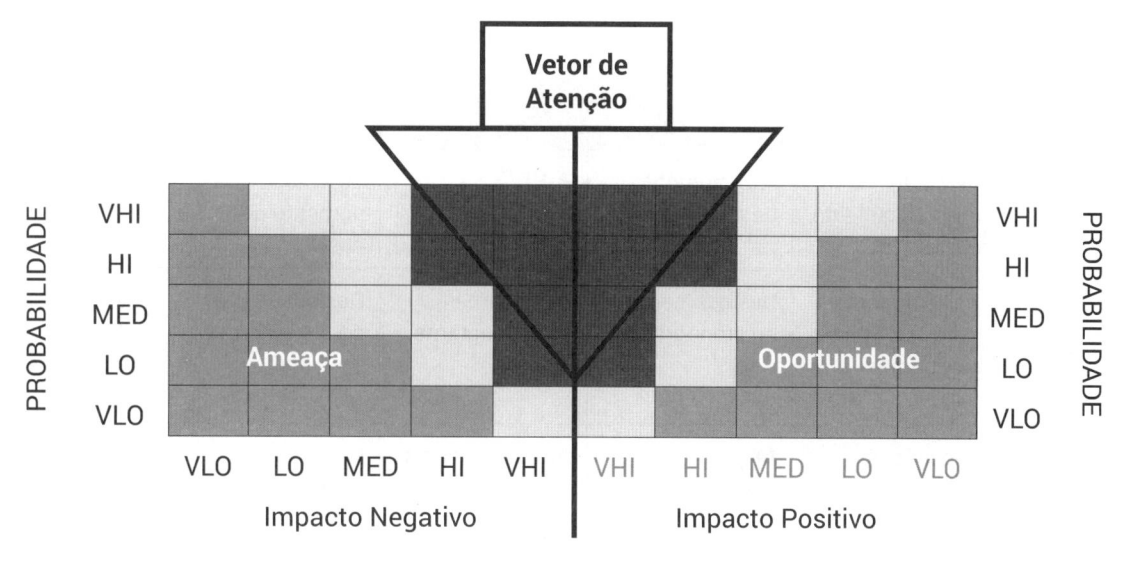

Fonte: Adaptada de Hillson (2001).

Figura 11.8 Matriz de probabilidade e impacto.

Além desses modelos disponíveis na literatura, uma organização pode construir uma matriz de probabilidade e impacto customizada para sua realidade. Para tal, basta decidir quantas zonas de severidade irá adotar e qual a escala de probabilidade e de impacto que utilizar. Podem-se também associar as zonas de severidade às respectivas estratégias de resposta ao risco recomendadas.

Finalmente, é importante lembrar que cada mudança de zona está associada ao limiar de exposição ao risco. Por exemplo, no modelo de Moore (1998) existe uma área azul (aceitar) em que todos os riscos identificados que forem plotados nessa região deverão utilizar a estratégia de resposta conhecida como *aceitação*, o que para muitas empresas pode estar além de sua propensão de exposição ao risco.

Uma vez escolhido o modelo adotado, é importante promover uma discussão sobre o significado das escalas de probabilidade e impacto. É o que se chama de acordo semântico!

Mas, afinal, o que é um acordo semântico?

Imagine duas pessoas discutindo sobre o impacto de determinado risco nos objetivos do projeto; uma argumenta que o risco é alto, já a outra o classifica como moderado. Resta-nos perguntar o que cada uma delas está pensando quando diz moderado ou alto. Para a primeira pessoa, que julga o risco alto, ela está pensando em um impacto de mais de 10% no orçamento do projeto. Já a segunda pessoa também acha que o impacto será de 10%, mas ela considera esse efeito moderado. Qual delas está certa?

Isso de fato não importa. O que é crítico para uma boa análise qualitativa é deixar claro, antes de utilizar a ferramenta, o que significa cada uma das escalas adotadas nessa análise. Veja a Tabela 11.2, que apresenta a descrição do significado da escala de impacto do PMBoK® (PMI, 2008). Dessa forma, ao utilizar a Tabela 11.2, todos os participantes da avaliação qualitativa dos riscos fizeram um acordo semântico, em que o termo *alto*, por exemplo, para todos eles significará a mesma coisa, ou seja: um impacto entre 10 e 20% nos custos do projeto; um deslocamento entre 10 e 20% do cronograma; redução do escopo inaceitável para o cliente; e/ou redução da qualidade inaceitável para o cliente.

Tabela 11.2 Significado da escala de impacto do PMBoK®

Objetivos do Projeto	Muito baixo 0,05	Baixo 0,1	Moderado 0,2	Alto 0,4	Muito alto 0,8
Custo	Aumento insignificante de custo	< 5% aumento de custo	5 - 10% aumento de custo	10 – 20% aumento de custo	> 20% aumento de custo
Cronograma	Deslocamento insignificante no cronograma	Deslocamento no cronograma < 5%	Deslocamento no cronograma 5 – 10%	Deslocamento no cronograma 10 – 20%	Deslocamento global no cronograma > 20%
Escopo	Redução de escopo pouco perceptível	Áreas secundárias do escopo são afetadas	Áreas principais do escopo são afetadas	Redução de escopo inaceitável para o cliente	Item finalizado do projeto é efetivamente sem utilidade
Qualidade	Degradação da qualidade pouco perceptível	Apenas aplicações muito demandadas são afetadas	Redução da qualidade requer aprovação do cliente	Redução da qualidade inaceitável para o cliente	Item finalizado do projeto é efetivamente sem utilidade

Fonte: Adaptada de PMI (2000).

O PMI (2017) destaca ainda que o impacto de um dado risco pode ser diferente conforme o objetivo do projeto, sendo recomendável avaliar separadamente, ou seja, para cada tipo de impacto deve ser descrito um risco na lista e com classificação diferente dos impactos em custos, prazos, escopo e qualidade. Contudo, em uma abordagem inicial, para fins de prioridade, pode-se adotar o maior valor de impacto nos objetivos do projeto.

Além do acordo semântico, para uma boa utilização da análise qualitativa é interessante promover uma discussão sobre a precisão dos dados. A precisão define a magnitude do conhecimento e compreensão que temos, no momento da análise, sobre um dado risco, a qual pode ser classificada como baixa, média ou alta, de acordo com a confiança que temos nos dados (PMI, 2008).

Além da análise qualitativa dos riscos identificados nessa fase, deve-se fazer um teste das premissas do projeto (ver Capítulo 4) sob dois critérios: *estabilidade da premissa* e *impacto sobre o projeto*, se a premissa for falsa (PMI, 2000).

Estudo de Caso 11.1: Plano de Gestão de Risco da Casa de Eduardo e Mônica

Projeto Eduardo e Mônica		
PLANO DE GESTÃO DE RISCOS		
Preparado por:	Eduardo	Versão Preliminar
Aprovado por:	Mônica	7-4-2015

I – Identificação dos riscos

Os riscos identificados no projeto serão agrupados em três categorias, segundo a RBS (ver Figura 11.9).

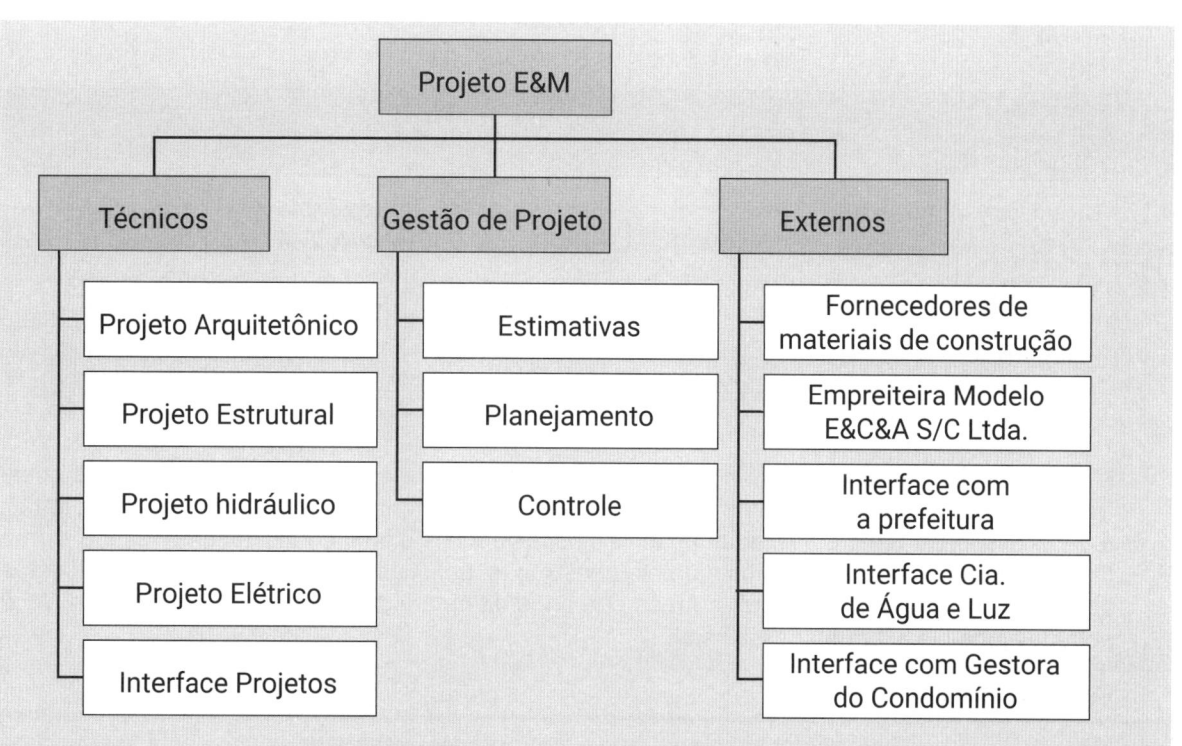

Figura 11.9 Riscos categorizados segundo a RBS.

II – Qualificação dos riscos

Os riscos identificados serão qualificados segundo sua probabilidade de ocorrência e gravidade dos resultados, conforme a Figura 11.10.

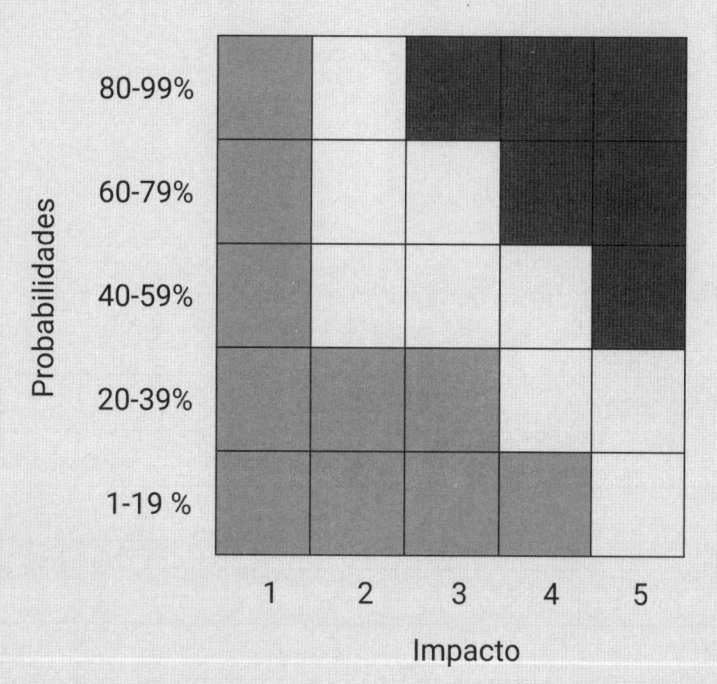

Figura 11.10 Probabilidade de ocorrência e gravidade dos resultados dos riscos.

Podemos ver a escala para avaliação do impacto definida por Eduardo e Mônica na Tabela 11.3.

Tabela 11.3 Escala para avaliação do impacto

Objetivos do projeto	1	2	3	4	5
Orçamento	Irrelevante	Acréscimo inferior a R$ 13.840,55	Acréscimo entre R$ 13.840,55 e R$ 27.681,10	Acréscimo entre R$ 27.681,10 e R$ 55.362,20	Acréscimo superior a R$ 55.362,20
Cronograma	Irrelevante	Acréscimo inferior a 21 dias	Acréscimo entre 21 e 42 dias	Acréscimo entre 42 e 83 dias	Acréscimo superior a 83 dias

Mônica não ficou contente com o plano, pois percebeu que eles tinham negligenciado as questões de sustentabilidade que tanto valorizam e estimulam na criação dos filhos. Passaram, então, a debater sobre o tema e a levantar possíveis riscos sociais e ambientais, tendo chegado a uma lista inicial: poluição sonora causada pela construção, poluição da água causada pelos dejetos da construção, risco de acidentes com os operários da obra e danos aos imóveis vizinhos. Você poderia ajudá-los a terminar essa lista?

III – Quantificação dos riscos

Não serão utilizadas ferramentas quantitativas para gerenciamento dos riscos pela ausência de dados disponíveis para análises estatísticas.

IV – Sistema de controle de mudanças e respostas aos riscos

Será utilizada a planilha em Access, conhecida como *Risk Radar*, para o registro e atualização da situação dos riscos identificados e dos planos de resposta aos riscos.

As estratégias genéricas de resposta ao risco com base nas três regiões da matriz de probabilidade e impacto são:

- região verde – aceitação ativa com reserva de contingência;
- região amarela – mitigação;
- região vermelha – transferir ou evitar.

V – Reservas de contingência

	Reservas de contingência
Eduardo	R$ 19.376,77

REGISTRO DE ALTERAÇÕES		
Data	**Modificado por**	**Descrição da mudança**
[Data]	[Responsável]	[Descrição da mudança]

APROVAÇÕES		
[Nome]	[Assinatura]	[Data]

11.4.2 Análise quantitativa dos riscos

Embora menos utilizada pelas empresas, a análise quantitativa dos riscos pode contribuir para uma avaliação mais precisa.

As técnicas mais utilizadas no ambiente de projetos são: análise da sensibilidade, análise do valor monetário esperado (*expected monetary value* – EVM) e árvore de decisão, modelagem e simulação (em especial, a de Monte Carlo).

A análise da sensibilidade tem como objetivo identificar os elementos mais sensíveis à variação e que, portanto, merecem uma atenção maior ao longo do projeto. Essa técnica consiste em variar cada elemento do projeto, mantendo todos os outros elementos fixos, para determinar o seu efeito nos objetivos do projeto, além de identificar a faixa de variação, na qual não existe impacto significativo para o andamento do projeto. A análise da sensibilidade é uma maneira de quantificar e priorizar o impacto potencial de cada risco nos objetivos do projeto (PMI, 2000).

Uma das ferramentas mais utilizadas, não só em ambientes de projeto, mas também em tomada de decisões em geral, é a árvore de decisão. Essa ferramenta permite uma representação gráfica da decisão a ser tomada, de tal forma que existem ramos de decisão e eventos aleatórios associados a essas decisões, o que fornece uma aparência de árvore ao diagrama.

As etapas para a elaboração de uma árvore de decisão são as seguintes: definição do problema; definição pelo tomador de decisão das possíveis alternativas; levantamento dos possíveis eventos aleatórios (ou cenários) associados às decisões e sua probabilidade; representação gráfica da árvore de decisão; estimativa dos retornos (*payoffs*) para cada possível combinação de alternativas de decisão e estados da natureza; seleção da melhor alternativa com base no critério do EMV. Para melhor compreendermos essa ferramenta, vamos fazer um exemplo ilustrativo.

Exercício resolvido 11.1

Etapa 1 – *Definição do problema*: a empresa está investigando a possibilidade de construir uma nova planta industrial.

Etapa 2 – *Definição pelo tomador de decisão das alternativas possíveis*: chegou-se à conclusão de que existem duas alternativas a serem investigadas: construir uma planta de grande capacidade produtiva ou uma planta pequena.

Etapa 3 – *Levantamento dos possíveis eventos aleatórios (ou cenários) e suas probabilidades*: não se sabe como estará o mercado para os produtos produzidos pela empresa quando a planta estiver concluída, o qual poderá ser favorável ou desfavorável. Julgou-se que os dois cenários têm probabilidades iguais de 0,5.

Etapa 4 – *Representação gráfica da árvore de decisão*: a Figura 11.11 apresenta a árvore de decisão para este caso.

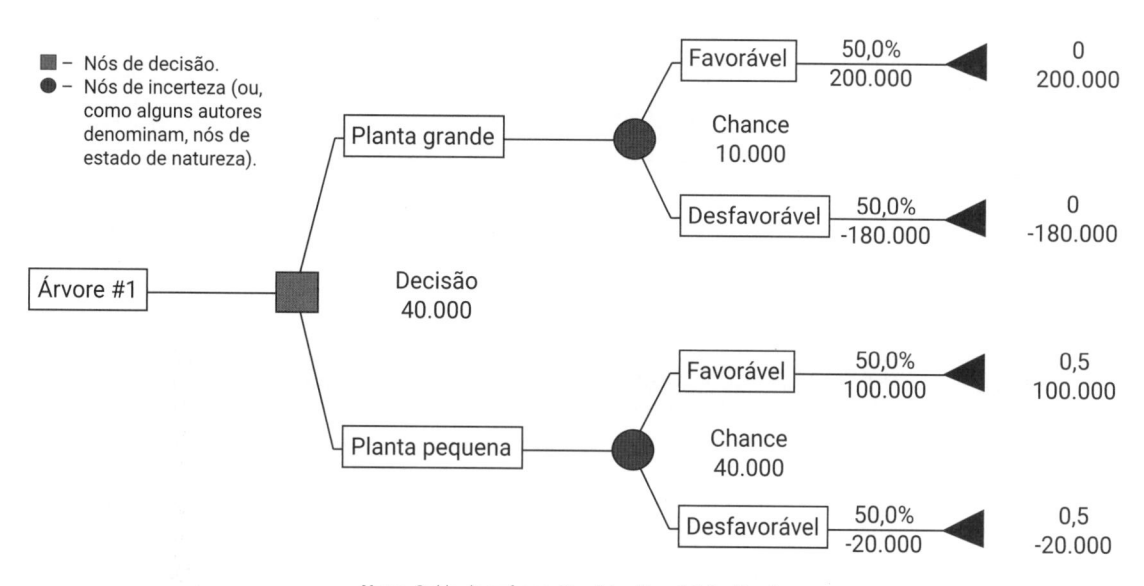

Nota: Saída do *software* Precision Tree 1.0 for Excel.

Figura 11.11 Árvore de decisão para o problema de Gertz.

Etapa 5 – *Estimativa dos retornos* (payoffs) *para cada possível combinação de alternativas de decisão e estados da natureza*: analisando a capacidade de cada planta perante os cenários possíveis, os tomadores calcularam os retornos esperados conforme a Tabela 11.4.

É possível notar que, se a planta grande for construída e o cenário de mercado estiver favorável à empresa, o retorno da alternativa 1 será o dobro da alternativa 2. Contudo, se o cenário estiver desfavorável, o prejuízo da alternativa 1 será nove vezes maior.

Etapa 6 – *Seleção da melhor alternativa com base no critério do valor monetário esperado (EMV)*: percorrendo a árvore do fim para o começo, a cada nó de probabilidade associamos o EMV. Esse valor é o retorno médio esperado, considerando-se os vários cenários prováveis. O EMV é calculado com base na soma ponderada de todos os possíveis retornos (*payoffs*) das alternativas multiplicados pelas respectivas probabilidades (ver Figura 11.7). A Tabela 11.5 mostra o cálculo do EMV de cada alternativa.

Com base nos resultados da Tabela 11.4, deve-se optar pela alternativa 2, ou seja, pela construção da planta pequena.

A outra técnica de análise quantitativa que merece destaque é a simulação. Essa técnica consiste na construção de um modelo lógico que represente o projeto, a partir do qual se analisará o seu comportamento ou desempenho. Dessa forma, é possível testar em computador, utilizando o modelo, diversas situações passíveis de ocorrer no mundo real e, assim, estudar o comportamento do modelo e, por analogia, do projeto.

O processo de simulação de Monte Carlo pode ser descrito pelo algoritmo da Figura 11.12.

O ponto principal é que a análise de Monte Carlo é considerada superior na análise do cronograma quando comparada à PERT ou CPM, que tendem a subestimar a duração do projeto. Outro ponto é que a escolha da distribuição estatística utilizada na rotina de Monte Carlo pode ter importantes efeitos nos resultados da simulação.

A técnica de simulação mais usada no ambiente de projetos é o método de Monte Carlo, que calcula, aleatoriamente, muitos cenários do projeto para fornecer uma distribuição estatística das variáveis que interessam. Os resultados podem ser usados para quantificar o risco das várias alternativas (PMI, 2000).

Existem vários *softwares* de apoio à utilização das ferramentas de análise quantitativa dos riscos. Alguns deles possuem versão *demo* disponível para *download*.

- Simulação de Monte Carlo – @RISK, Crystal Ball, Simul8, entre outros.
- Árvore de decisão – Decision Tools, Precision Tree; DPL; Tree Plan e Supertree.

Tabela 11.4 Retornos calculados

Alternativa	Cenário	
	Favorável	Desfavorável
1 – Planta grande	R$ 200.000	– R$ 180.000
2 – Planta pequena	R$ 100.000	– R$ 20.000

Tabela 11.5 Cálculo do EMV de cada alternativa

Alternativa	EMV
1 – Planta grande	$EMV_1 = (0,5)(\$\,200.000) + (0,5)(-\$\,180.000) = \$\,10.000$
2 – Planta pequena	$EMV_2 = (0,5)(\$\,100.000) + (0,5)(-\$\,20.000) = \$\,40.000$

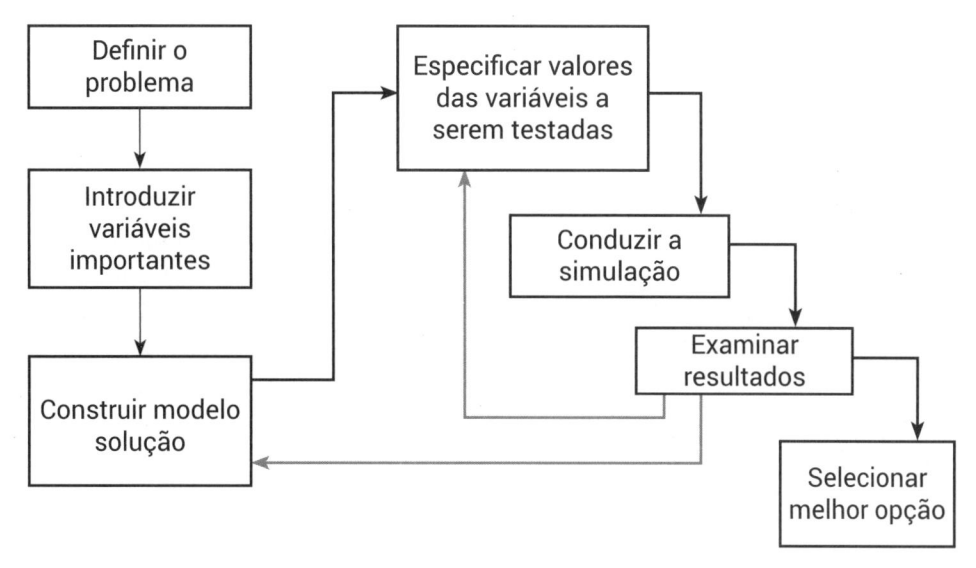

Fonte: Adaptada de Heizer e Render (1999).

Figura 11.12 Algoritmo da simulação de Monte Carlo.

Exercício resolvido 11.2

A simulação de Monte Carlo ocorre da seguinte forma:

1. Imagine a análise financeira de um projeto farmacêutico, representado na Figura 11.13.

2. Observe que, para um valor estimado de custo de marketing de $ 16,00, tem-se um lucro de $ 9,20.

3. A questão é a seguinte: você tem certeza de que o lucro será de $ 9,20?

ClearView Project

Costs (in milions)

Development Cost of ClearView to Date	$ 10.0
Testing Costs	$ 4.0
Marketing Costs	$ 16.0
Total Costs	$ 30.0

Drug Twst (sample of 100 patients):

Patient Cured	100
FDA Approved if 20 or More Patients Cured	TRUE

Market Study (in milions):

Persons in U.S. with Nearsightedness Today	40.0
Growth Rate of Nearsightedness	2.00%
Persons with Nearsightedness After One Year	40.8

Gross Profit on Dosages Sold:

Market Penetration	8.00%
Profit Per Customer in Dollars	$ 12.00
Gross Profit if Approved (MM)	$ 39.2

Net Profit (MM) $ 9.2

Fonte: Cristall Ball – *software*.

Figura 11.13 Análise financeira.

4. Determine quais contribuições (*inputs*) do modelo são incertezas. Que valores são estimados? Quais são médias?
5. No caso, foi estimado que o custo de marketing pode variar entre $ 14.000.000 e $ 19.000.000, mas é provável que seja $ 16.000.000.
6. A partir de então é preciso definir uma distribuição triangular com esses parâmetros.
7. Para cada ensaio, nesta simulação, o programa entra com um valor aleatório na célula do custo de marketing, baseado nos valores definidos na distribuição triangular.
8. Para a primeira tentativa, por exemplo, o valor aleatório poderia ser $ 15.000.000, seguido por $ 17.500.000 para a segunda tentativa, $ 16.875.000 para a terceira tentativa, e assim por diante.
9. Para cada valor aleatório, o programa recalcula a planilha eletrônica e guarda o valor estimado em sua memória para análise posterior.
10. A gama de possíveis valores de lucro líquido é de $ 6.300.000 a $ 11.100.000, com um valor médio de $ 8.800.000.
11. Só existe, segundo a simulação por números aleatórios, 38% de certeza de se obter lucro líquido de $ 9.200.000 previsto originalmente.

11.5 ESTRATÉGIAS DE RESPOSTAS, MONITORAMENTO E CONTROLE DOS RISCOS

Agora que conhecemos bem os riscos do projeto, ou seja, passamos pelo processo de identificá-los e analisá-los no que concerne a sua criticidade, sua probabilidade de ocorrência e seu impacto nos objetivos do projeto, estamos aptos a construir o plano de ação em relação a esses riscos e, posteriormente, monitorar e controlar a condução desses planos.

11.5.1 Estratégias de resposta aos riscos

Em linhas gerais, procura-se, com as estratégias de resposta aos riscos do projeto, reduzir o impacto de um risco negativo e/ou sua probabilidade de ocorrência, agindo de maneira oposta no caso de risco com impacto positivo.

O planejamento da resposta ao risco deve ser apropriado a sua severidade, eficiente no custo, realista dentro do contexto do projeto, consensual de todas as partes envolvidas e sob a responsabilidade de uma única pessoa (PMI, 2017).

Destaca-se que um dos resultados desse processo é a identificação dos "donos" do risco, ou seja, os responsáveis pelo desenvolvimento e condução dos planos de respostas aos riscos.

Muitas vezes, é preciso escolher a melhor resposta ao risco entre várias opções, e a eficácia das respostas adotadas determinará se o risco aumenta ou diminui para o projeto.

Existem várias estratégias possíveis de resposta aos riscos do projeto, conforme ilustra a Tabela 11.6. Vale destacar que, assim como a matriz de probabilidade e impacto dual (ver Figura 11.8), as estratégias para ameaças e oportunidades também tem certo rebatimento, como ilustra a Tabela 11.6. Por exemplo, enquanto para uma ameaça grave adotamos a estratégia de prevenir, para uma excelente oportunidade adotamos a estratégia de explorar.

Tabela 11.6 Tipos de estratégia de resposta aos riscos

Estratégia para riscos negativos Ameaças	Estratégia para riscos positivos Oportunidades
• Escalar	• Escalar
• Prevenir	• Explorar
• Transferir	• Compartilhar
• Mitigar	• Melhorar
Estratégia para ambos os riscos	
• Escalar	
• Aceitar	

Duas estratégias são comuns às ameaças e oportunidades: escalar e aceitar.

Na estratégia *escalar*, considera-se que o risco (ameaça ou oportunidade) está fora das fronteiras do projeto, portanto, não fazendo parte de seu escopo. Assim, o risco escala para esferas mais estratégicas de programa e portfólio. Vale lembrar que o risco escalado não deve ser esquecido, mas sim tratado de forma apropriada pelos mecanismos de governança em projeto (ver Capítulo 19). É fundamental, nesse sentido, ter uma gestão integrada de riscos na organização.

A estratégia de *aceitar uma ameaça* é a mais arriscada, pois não se altera o plano do projeto nem se estabelece nenhuma ação de mitigação ou transferência do risco. Portanto, essa estratégia deve ser adotada apenas para as ameaças identificadas e plotadas na zona de menor criticidade, da matriz de probabilidade e impacto (PMI, 2017). A *aceitação passiva* não exige nenhuma providência, deixando a equipe do projeto lidar com a ameaça quando ela ocorrer de forma reativa. Contudo, pode-se adotar a estratégia de *aceitação ativa*, que difere da anterior pelo fato de haver um *plano de contingência* a ser executado no caso de o risco ocorrer, mas também, nesse caso, só agimos *a posteriori*. A lógica de aceitação das oportunidades, sem, no entanto, adotar estratégias específicas para potencializá-las, embora não tenha impacto negativo potencial, pode acabar gerando perda de prêmio de preço ou outras vantagens competitivas para a organização.

A resposta mais comum de *aceitação do risco* é o estabelecimento de fundos de contingência ou reservas, que podem variar de 5 a 10% do orçamento do projeto. Além das reservas orçamentárias, podem existir reservas de tempo (*buffers*) para contingências relacionadas com o não cumprimento dos prazos. Contudo, é importante ressaltar que, para a utilização dessas reservas, é necessário solicitar a autorização das pessoas responsáveis, descritas no plano do projeto.

A estratégia de *prevenir o risco* tem como forma de ação modificar o plano do projeto para eliminar a causa raiz desse risco, protegendo os objetivos do impacto (PMI, 2008). A equipe do projeto jamais poderá eliminar todos os riscos, porém, para alguns riscos específicos de alta criticidade, região vermelha da matriz de probabilidade e impacto, essa estratégia deve ser considerada. Contudo, o uso exagerado dessa estratégia pode levar o projeto como um todo para uma posição conservadora, em que se evita utilizar novas tecnologias, novos fornecedores etc.

A estratégia de *transferir o risco* procura transferir o impacto de um risco para terceiros, juntamente com a responsabilidade pela resposta, mantendo o plano do projeto. Segundo o PMI (2008), essa estratégia é mais eficaz quando se lida com a exposição a um risco financeiro, pois geralmente envolve o pagamento de um prêmio de risco para os terceiros que assumem o risco. Algumas das formas mais comuns de transferir o risco são: seguros, bônus de desempenho (*performance bonds*), *hedging*, opções, fianças ou garantias.

Os subcontratados também podem partilhar alguns riscos do projeto e, assim, se utilizam acordos contratuais relativos a riscos específicos, que são anexados ao contrato de fornecedor, transferindo a responsabilidade pelo risco. Nesses casos, geralmente o risco em questão tem como causa raiz o produto ou serviço executado pelo subcontratado.

A estratégia de *mitigar o risco* é aquela em que, de fato, se constrói um plano de resposta ao risco pela equipe do projeto (PMI, 2008). Esse plano procura diminuir a probabilidade e/ou o impacto do risco abaixo de um limiar aceitável, agindo o mais cedo possível de forma proativa. Alguns exemplos de mitigação dos riscos estão na Tabela 11.7.

Tabela 11.7 Exemplos de ações de mitigação

Reduzir a probabilidade	Reduzir o impacto
• Implantação de testes intermediários de desempenho. • Alocação de mais recursos. • Ampliação do prazo.	• Adotar estrutura em redundância no produto. • Implantar dispositivos de segurança.

A estratégia de *explorar* visa eliminar a incerteza quanto à ocorrência, garantindo que o risco positivo de fato ocorra. A estratégia de *compartilhamento* dos riscos, semelhante à estratégia de transferência para riscos negativos, visa encontrar parceiros capazes de colaborar na busca de oportunidades, compartilhando, posteriormente, os benefícios, como é o caso das *joint ventures*. Finalmente, a estratégia de *melhorar* é semelhante à de mitigação, contudo, em direção contrária, pois objetiva identificar as causas dos riscos positivos, para maximizá-las, criando as condições necessárias para desencadeá-las sempre que os gatilhos forem identificados, visando ampliar a probabilidade, bem como o impacto (PMI, 2017).

Uma vez conhecida a estratégia de resposta ao risco, pode-se elaborar o plano de resposta ao risco (também conhecido como Registro dos Riscos).

Diferentemente do plano de gestão de riscos do projeto, que não aborda os riscos em detalhe, no registro dos riscos deve-se detalhar o plano de resposta, incorporando, para cada risco identificado, as seguintes informações: descrição do risco, o elemento(s) da WBS afetada, os resultados dos processos de análise qualitativa e quantificação dos riscos (probabilidade e impacto), o dono do risco, a estratégia de respostas selecionada e respectivo plano de ação, o nível de risco residual esperado, orçamento e prazos para a resposta.

Estudo de Caso 11.2: Exemplo de plano de resposta ao risco

Eduardo e Mônica resolveram utilizar o *software* Risk Radar™ (Versão 2.02), desenvolvido pela Integrated Computer Engineering, Inc. (ICE) para o governo norte-americano (U.S. Government Contract nº N00039-94-C-0153) e distribuído como um *software* livre (*free software product*), disponível para *download* nos seguintes *sites*: <www.iceincusa.com> e <www.spmn.com>. Conforme descrito no Plano de Gestão de Risco, esse *software* foi utilizado para fazer o monitoramento e controle dos riscos. Para tal, entraram com todos os riscos identificados do projeto, sua análise qualitativa e seus respectivos planos de resposta. A Figura 11.14 apresenta um exemplo do plano de resposta a um dos riscos identificados e sua análise qualitativa.

Close

RISCO

Baixo | Médio | Alto

Prob.
80-99%
60-79%
40-59%
20-39%
1-19 %
    1 2 3 4 5
       Impacto

Status: *Transferir*
Risk ID: 23

Impacto = 5
Probabilidade = 1%

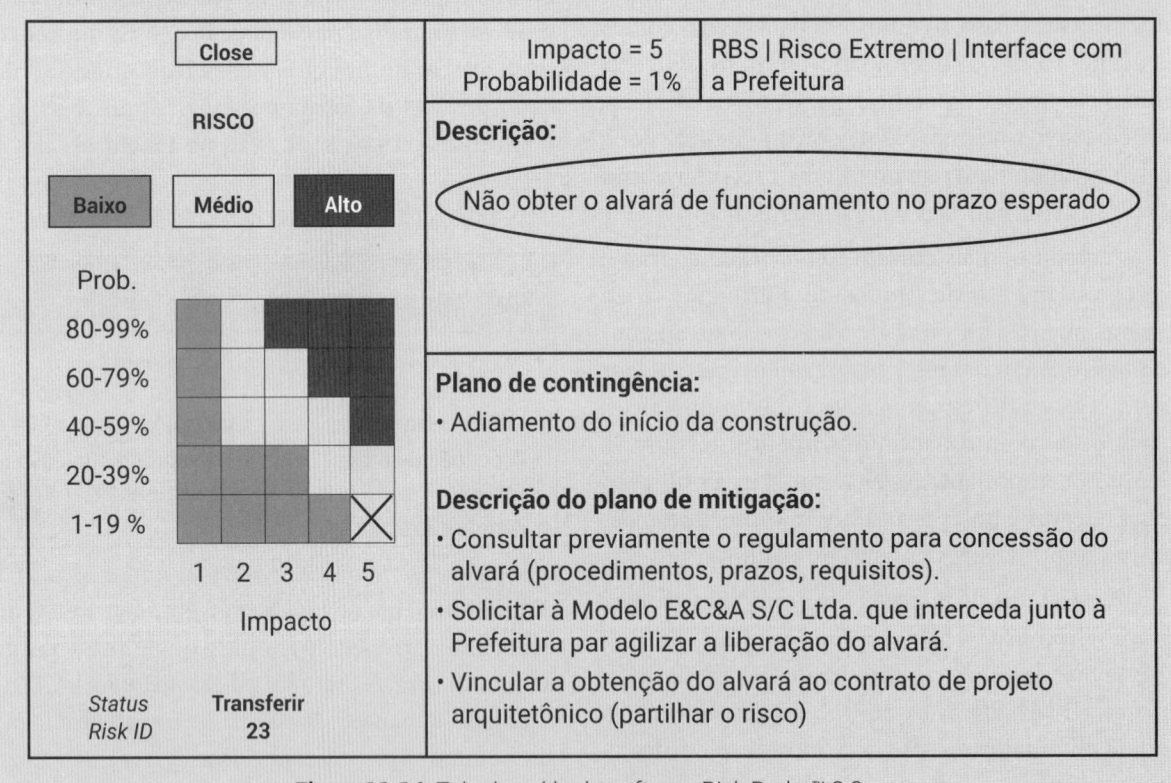

RBS | Risco Extremo | Interface com a Prefeitura

Descrição:
Não obter o alvará de funcionamento no prazo esperado

Plano de contingência:
• Adiamento do início da construção.

Descrição do plano de mitigação:
• Consultar previamente o regulamento para concessão do alvará (procedimentos, prazos, requisitos).
• Solicitar à Modelo E&C&A S/C Ltda. que interceda junto à Prefeitura par agilizar a liberação do alvará.
• Vincular a obtenção do alvará ao contrato de projeto arquitetônico (partilhar o risco)

Figura 11.14 Tela de saída do *software* Risk Radar™ 2.2.

11.5.2 Estratégias de resposta às incertezas

Em ambientes de projetos complexos, as incertezas comprometem a adoção de um processo de gerenciamento de risco tradicional. Nesse contexto, resiliência, improvisação, bricolagem, criatividade, intuição e experiência são fundamentais para os gerentes e equipes de projeto reagirem as incertezas imprevisíveis que afetam o projeto.

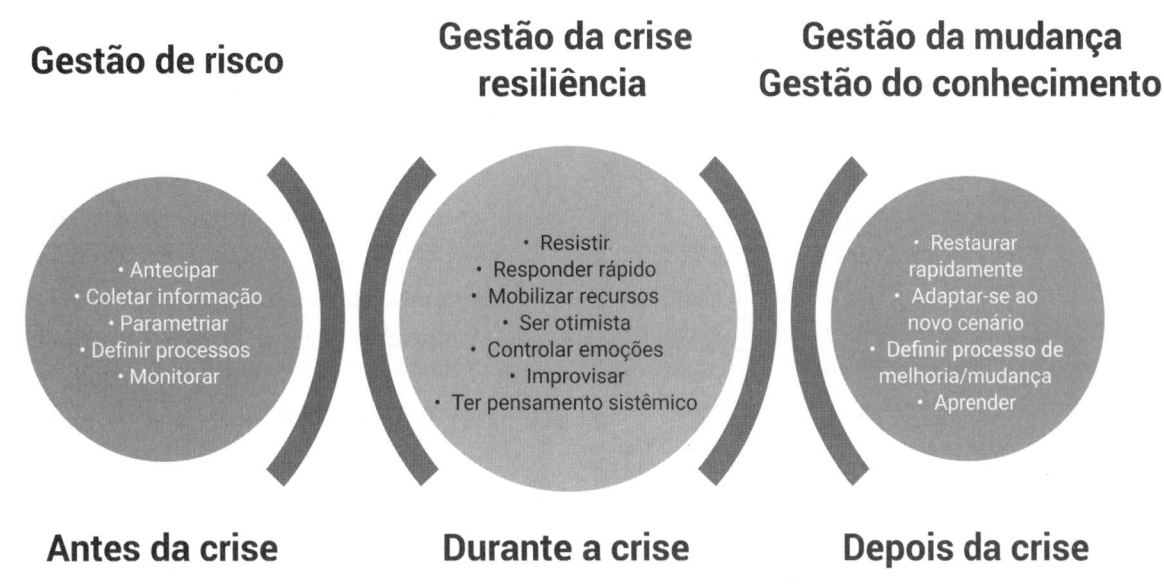

Gestão de risco
- Antecipar
- Coletar informação
- Parametrizar
- Definir processos
- Monitorar

Gestão da crise resiliência
- Resistir
- Responder rápido
- Mobilizar recursos
- Ser otimista
- Controlar emoções
- Improvisar
- Ter pensamento sistêmico

Gestão da mudança Gestão do conhecimento
- Restaurar rapidamente
- Adaptar-se ao novo cenário
- Definir processo de melhoria/mudança
- Aprender

Antes da crise — **Durante a crise** — **Depois da crise**

Figura 11.15 Estratégias de resposta às incertezas imprevisíveis do projeto

A Figura 11.15 ilustra as possíveis estratégias para trabalhar as incertezas imprevisíveis em projetos

Na Figura 11.15, é possível observar que a gestão de riscos tem seu lugar fora do contexto de crise, em que a antecipação é a palavra-chave. Com processos de gerenciamento de riscos bem estruturados é possível limitar as crises, mantendo um ambiente confiável.

Para a antecipação de crises, cabe também relevante monitorar e detectar sinais de variação anormal, mantendo sistemas de informação para emergências com alertas e mobilização, se necessário (BOIN; LAGADEC, 2000).

Não obstante, em projetos sempre pode ocorrer incerteza imprevisível, em particular em projetos complexos, e então as crises acontecem.

O termo gestão de crises está associado a situações em que a equipe do projeto é incapaz de lidar com eventos inesperados, para os quais não existem planos de contingência desenvolvidos nem as abordagens conhecidas são aplicáveis. Assim, o repertório para resistir a uma crise deve envolver o nível intelectual de competência do indivíduo, bom relacionamento interpessoal dos grupos e estrutura responsiva da organização (GERALDI *et al.*, 2010).

Durante a crise, a resiliência, a improvisação, a criatividade e a capacidade de entender a situação de forma sistêmica são fundamentais. O termo resiliência pode ser relacionado com o indivíduo (ver Capítulo 17), mas, também, com a organização e a cadeia de suprimento. Resiliência pode ser definida como a capacidade e habilidade de se retornar a um estado de equilíbrio após sofrer uma perturbação (BHAMRA *et al.*, 2011).

Para ser resiliente em uma situação de crise é necessário assumir uma atitude de superar adversidade, conflito e mesmo o fracasso. Para tal, as habilidades de suportar o estresse e responder dinâmica e efetivamente ao evento são relevantes (CHAN, 2011). Para a definição de resiliência envolve três principais habilidades. Primeiro, a habilidade de um sistema suportar o estresse vindo do ambiental baseado na combinação ou composição de subsistemas, suas interligações estruturais, e a maneira com que essas mudanças são transmitidas e espalhadas para o sistema inteiro. Segundo, a habilidade de reinventar, dinamicamente, o modelo de negócio e suas estratégias em um ambiente em constante mutação.

Embora não seja um termo comum na literatura acadêmica, o PMBoK® trata de incertezas imprevisíveis com o termo riscos emergentes, e os associa à resiliência do projeto, e a um nível de contingência de orçamento e de cronograma (PMI, 2017).

Normalmente, a resiliência exige a improvisação (KLEIN; BIESENTHAL; DEHLIN, 2015), que consiste na habilidade de criar e implementar soluções intencionais, mas não planejadas diante de situações não esperadas (CONFORTO; REBENTISCH; AMARAL, 2016). O termo bricolagem também se refere a esse contexto, sendo uma improvisação limitada as restrições de recursos existentes (LEYBOURNE, 2010).

Após a crise, é hora de aprender com o ocorrido, transformar essa incerteza imprevisível em algo modelável na gestão de risco em projetos futuros. Para tal, é importante ter uma gestão do conhecimento bem estruturada, com mecanismos de lições aprendidas sistematizados. Muitas vezes, as crises demandam melhorias e mudanças no sistema, que devem ser conduzidas rapidamente para que o sistema restaure sua operação o mais breve possível.

Quando a incerteza imprevisível se refere de fato ao imponderável, como eventos climáticos extremos, é possível fazer exercícios de simulação e teste, treinamentos, com o envolvimento pessoal (BOIN; LAGADEC, 2000).

11.5.3 Importância em monitorar e controlar os riscos

O processo final da gestão de risco tem como objetivo rastrear todos os riscos do projeto e acompanhar sua evolução ao longo do ciclo de vida (PMI, 2017). Esse processo é contínuo, o que significa que se pode retornar várias vezes para os processos iniciais da gestão do risco, pois novos riscos aparecem e precisam ser analisados, e estratégias de resposta também devem ser desenvolvidas.

Esse processo também monitora e controla a execução dos planos de resposta ao risco, avaliando sua eficácia. Além disso, nesse processo, deve-se gerir o fundo de contingência, evitando seu uso indevido.

Comunicação para todos os *stakeholders* é necessária para avaliar, periodicamente, a aceitabilidade do nível de risco do projeto, sempre que ocorre alguma mudança significativa do limiar de exposição.

O gerente de projetos tem de garantir a integração desse processo com as demais áreas (ver Figura 11.1), garantindo que o plano do projeto seja atualizado sempre. Além disso, o gerente deve comprometer a equipe em relação às suas responsabilidades perante a gestão dos riscos, em especial aqueles que são donos de risco. Estes devem monitorar e executar as estratégias de resposta para a redução e minimização, e reportar, periodicamente, tanto o progresso obtido na condução do plano, como os efeitos imprevistos e qualquer correção necessária adotada no plano original.

Além de alimentar as outras áreas da Gestão de Projetos, para um bom monitoramento dos gatilhos o gerente deve assegurar-se de que os relatórios de desempenho e a análise EVA (ver Capítulo 7) sejam adequadamente comunicados, pois essas informações podem detonar os planos de resposta aos riscos.

QUESTÕES PARA REFLEXÃO E DISCUSSÃO

1. Defina riscos e incertezas.
2. Construa sua matriz de probabilidade e impacto, escolhendo o número de zonas de criticidade e elaborando escalas de probabilidade e impacto. Justifique essa configuração.
3. Utilizando as informações do Estudo de Caso 11.1, gere uma lista de riscos para o projeto de Eduardo e Mônica.
4. Classifique a lista de risco da Questão 3, utilizando as categorias do PMBoK®.
5. Selecione uma estratégia de resposta para cada risco da Questão 3.
6. Imagine que você foi designado o responsável pela gerência dos riscos de determinado projeto (pense no último em que esteve envolvido). Trace as competências que você deve possuir para desempenhar tal função.
7. Ao sair do cinema, já no carro, com seus amigos, você pode ser assaltado. Considere que esse é um risco que precisa ser tratado, indique três ações que contribuem para mitigar o impacto, três para mitigar a probabilidade, uma para evitá-lo e uma para aceitá-lo.

8. Qual a melhor decisão no seguinte jogo: se eu jogar a moeda e der cara, vou ganhar R$ 20,00; se der coroa, você perde R$ 18,00. Mas posso jogar um dado; se der par, você ganha (lado 2, R$ 15,00; lado 4, R$ 18,00; lado 6, R$ 20,00); se der ímpar, perde (lado 1, R$ 10,00; lado 3, R$ 15,00; lado 5, R$ 17,00).

9. A empresa Resolve Tudo Ltda. RTL) está pensando em adquirir um robô que apresenta 70% de chance de melhorar sua produção e, consequentemente, sua receita irá para R$ 100 mil. Caso a produção não melhore, poderá perder R$ 30 mil. Você também poderá optar por reformar uma máquina. Se a reforma for bem-sucedida, sua receita aumenta para R$ 120 mil. Mas, se algo der errado (em 40% dos casos pode dar errado), você perde R$ 40 mil. O robô custa R$ 50 mil e a reforma não sai por menos de R$ 20 mil. O que fazer?

10. Quando a técnica Delphi é a melhor opção para identificação de risco? Quais cuidados o gerente de projetos deve tomar?

11. Compare os conceitos de WBS com RBS. Quais as vantagens do uso de uma RBS nos projetos de alta tecnologia?

12. Acredita-se que em 70% dos projetos que se propõem a gerenciar os riscos a ferramenta mais utilizada é a matriz impacto × probabilidade. O que explica esse fato?

13. Bruno quer preparar uma surpresa para sua nova namorada Maria Aparecida no intuito de impressioná-la. Mas está em dúvida sobre o que fazer. Sabendo que ela é amante das artes, em particular dos filmes *cult* e teatro, pretende organizar um programa a dois, para que ela nunca mais esqueça.

    A primeira ideia que lhe veio à cabeça foi um "cineminha", pois Bruno acredita ser prático e eficaz. Embora não seja um especialista em filmes de qualidade, preferindo os de ação, achou que poderia sugerir um bom título em que acredita que terá 90% de chances de agradar Cida. Sabe-se que ir ao cinema está "casado" com um jantar, que, com certeza, ela irá aceitar. Assim, há um custo de R$ 20,00 por entrada mais R$100,00 do jantar, acrescidos de gastos de R$ 15,00 referentes aos estacionamentos.

    Bruno pensou também em levar Cida ao recém-inaugurado teatro ao ar livre: um programa diferente! Mas não se sabe se ela irá gostar. Acredita que há 70% de chances de ela gostar do programa, pois comentou, recentemente, sobre a qualidade da peça. Caso ela não goste, Bruno pensou em levá-la, em seguida, para um sorvete na badalada Bélgica Govida, prevendo gastar algo em torno de R$ 45,00. Pesquisando na Internet, Bruno constatou que o ingresso ao teatro custa R$ 40,00. Os gastos com estacionamento saem em torno de R$ 20,00, nesse caso. No entanto, há previsão de 25% de chuva e, se chover, Bruno terá de lavar o carro e por isto gastará mais R$ 20,00.

    Bruno pensou também em convidar Cida para ir ao seu apartamento assistir a um filme alugado (R$ 15,00), abrir um bom vinho (R$ 50,00) e pedir pizza (R$ 20,00). Acha que poderá impressionar (com 80% de chances) com um filme escolhido por ele. Mas, preventivamente, pensou, caso ela não goste, vou à doceria da esquina e trago um tiramisú (R$ 18,00).

    Estruture a decisão e ajude Bruno a escolher o melhor programa!

14. Dos gráficos a seguir, qual representa o indivíduo mais propenso ao risco e qual representa o mais conservador?

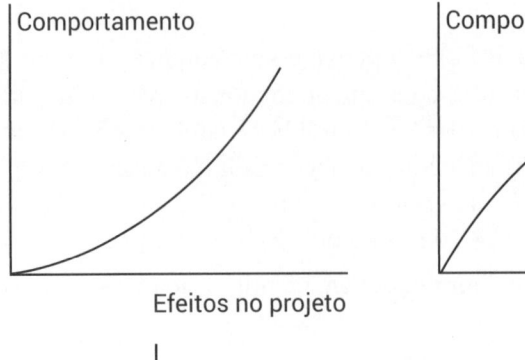

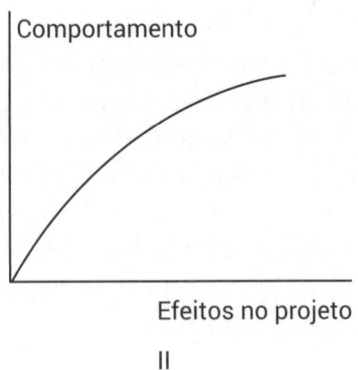

```
Comportamento                    Comportamento
     |                                |
     |           /                    |      _____
     |          /                     |    /
     |        /                       |   /
     |     /                          |  /
     |  /                             | /
     |/_____                 |/_____
         Efeitos no projeto               Efeitos no projeto
              I                                II
```

15. Quais são as estratégias de resposta às incertezas imprevisíveis?

ESTUDO COMPLEMENTAR

A) Assista na plataforma Veduca, disciplina de Gestão de Projetos (acesso gratuito), à videoaula 9, que trata de temas discutidos neste capítulo.

Fonte: <https://veduca.org/p/gestao-de-projetos>. Acesso em: 30 ago. 2018.

B) Leia os artigos sobre riscos e incertezas:

VALE, J. W. S. P. ; CARVALHO, M. M. Risk and uncertainty in projects management: literature review and conceptual framework. *GEPROS. Gestão da Produção, Operações e Sistemas (Online)*, v. 12, n. 2, p. 93-120, 2017.

Fonte: <http://revista.feb.unesp.br/index.php/gepros/article/view/1637/774>. Acesso em: 30 ago. 2018.

BARBOSA, G. E. C; CARVALHO, M. M. Gestão de risco em projetos: um estudo *ex-post* de projetos de material de emprego militar. *Revista de Gestão e Projetos*, v. 8, n. 1, 29-41, 2017.

Fonte: <http://www.revistagep.org/ojs/index.php/gep/article/view/396/pdf>. Acesso em: 30 ago. 2018.

ZHENG, E. Z. H.; CARVALHO, M. M. Armadilhas no gerenciamento de riscos de cima para baixo: uma pesquisa-ação em uma empresa de engenharia. *Produção Online*, v. 16, n. 3, p. 822-843, 2016.

Fonte: <http://dx.doi.org/10.14488/1676-1901.v16i3.2096>. Acesso em: 30 ago. 2018.

uqr.to/cpi3

ZHENG, E. Z. H.; CARVALHO, M. M. Managing uncertainty in projects: a review, trends and gaps. *Gestão e Projetos*, v. 7, n. 2, 95-109, 2016.

Fonte: <http://www.revistagep.org/ojs/index.php/gep/article/view/402/pdf >. Acesso em: 30 ago. 2018.

uqr.to/cpi5

RABECHINI JR., R.; CARVALHO, M. M. Understanding the impact of project risk management on project performance: an empirical study. *Journal of Technology Management & Innovation*, v. 8, p. 64-78, 2013.

Fonte: <http://www.jotmi.org/index.php/GT/article/view/1151/823>. Acesso em: 30 ago. 2018.

uqr.to/cpi6

RABECHINI JR., R.; CARVALHO, M. M. Relacionamento entre gerenciamento de risco e sucesso de projetos. *Produção*, v. 23, n. 3, p. 570-581, 2013.

Fonte: <http://www.prod.org.br/files/v23n3/v23n3a11.pdf>. Acesso em: 30 ago. 2018.

uqr.to/cpi9

12 GESTÃO DAS AQUISIÇÕES

Pró-Valor
Camada Núcleo

Estamos aqui!

O gerenciamento das aquisições do projeto inclui os processos requeridos para garantir a aquisição de bens e serviços necessários ao desenvolvimento do projeto. Após estudar este capítulo, o leitor estará apto a responder às seguintes questões:

a) Como documentar os requisitos do projeto?
b) Como planejar as licitações do projeto?
c) Como administrar os contratos?
d) Como proceder para selecionar as escolhas?

A decisão de comprar algo muitas vezes segue, intuitivamente, opções irracionais dos indivíduos. Nas aulas de gerenciamento de projetos ministradas ultimamente, é comum questionarmos os alunos sobre a decisão de compra. Para isso, propomos uma questão sugerindo que eles nos ajudem a entrar em uma espécie de leilão. Acontece que estamos vendendo uma nota de R$ 10,00, com opção de lance mínimo de R$ 1,00. Os lances subsequentes têm de ser acrescidos de R$ 1,00, nem mais nem menos. A única diferença de um leilão convencional é que, no final, o ganhador, autor do último lance, leva o prêmio, ou seja, a nota de R$ 10,00, sendo que o indivíduo que ficou em segundo lugar somente desembolsa o valor de seu respectivo lance.

Experimente fazer esse exercício e vai comprovar que as pessoas, em geral, quer por contribuição, quer por boa vontade ou por não terem avaliado corretamente as alternativas de compra, certamente entram no leilão para perder. No final, invariavelmente, quando percebem que podem ter prejuízos, é tarde demais. É comum a classe inteira rir quando o valor ultrapassa os R$ 10,00 e dois indivíduos ficam dando lances na expectativa de recuperar seus investimentos. O último lance pode, facilmente, chegar em torno de R$ 30,00 e, nessas condições, é esta a quantia que um indivíduo desembolsará para "ganhar" R$ 10,00, à medida que o segundo colocado vai desembolsar R$ 29,00 para não ganhar nada!

A avaliação de compras de um projeto, muitas vezes, pode passar, analogamente, por situações semelhantes. Por isso, os gerentes de projetos precisam desenvolver processos que organizem, racionalmente, todas as opções de compras do projeto.

12.1 INTRODUÇÃO

Muitos empreendimentos requerem entregas impossíveis de serem cumpridas, pois dependem de competências que estão fora do âmbito do projeto. Nesses casos, os projetistas abrem mão de desenvolver produtos ou serviços no projeto e buscam, por meio de terceiros, mão de obra e bens para serem incorporados ao projeto. Isso é feito normalmente mediante contratações e essas, por sua vez, precisam ser administradas.

Mesmo em situações em que o grupo de projeto domine todas as competências necessárias, o que é raro, pode ser mais interessante, economicamente, comprar do que fazer. São as decisões de fazer ou comprar (*make or buy*) que devemos tomar logo na fase de planejamento do projeto.

Para administrar as entregas desses produtos, serviços ou resultados que estão fora do âmbito do projeto, as aquisições se constituem em uma área própria de conhecimento, cujos desenhos dos processos formam um conjunto de instrumentos e ferramentas que, quando bem utilizados, darão condições ao gerente de projetos para realizar as contratações adequadas, em prol do projeto. São processos que envolvem planejamento das licitações e de controle de mudanças necessárias para administrar os contratos ou pedidos de compra, emitidos por membros autorizados da equipe do projeto. O gerenciamento de aquisições do projeto ainda inclui a administração de qualquer contrato emitido no âmbito do projeto.

A área de gestão das aquisições apresenta três processos distribuídos em três grupos de planejamento, execução e monitoramento e controle, conforme ilustra a Figura 12.1. Na sexta edição do PMBoK® (PMI, 2017), essa área perdeu um processo com relação à quinta edição do guia, o processo "encerrar as aquisições". Hoje, apenas a área de integração tem processo no grupo de encerramento. Os processos da área de aquisições são:

a) *Planejar a gestão das aquisições*: em que se estabelece o plano (políticas, procedimentos e documentação) para o gerenciamento das aquisições do projeto, mantendo a documentação das decisões de compra do projeto, especificando a abordagem e identificando os fornecedores em potencial.

b) *Conduzir as aquisições*: esse processo funde três processos da terceira versão do PMBoK®: *planejamento da solicitação*, *solicitação* e *seleção das fontes* (PMI, 2004). Trata-se da obtenção de respostas de fornecedores, seleção e adjudicação de um contrato.

c) *Controlar as aquisições*: gerencia o relacionamento com fornecedores.

12.2 TIPOS DE CONTRATO

A elaboração de um contrato a ser administrado pelo gerente de projetos envolve conhecimento dos modelos de sociedade existentes, bem como dos tipos de contratos a serem redigidos nas sociedades. Em linhas gerais, apresentam-se com as seguintes denominações: civil e comercial; sociedade por quotas e por ações.

As sociedades civil e comercial referem-se àquelas que desenvolvem atividades comerciais e

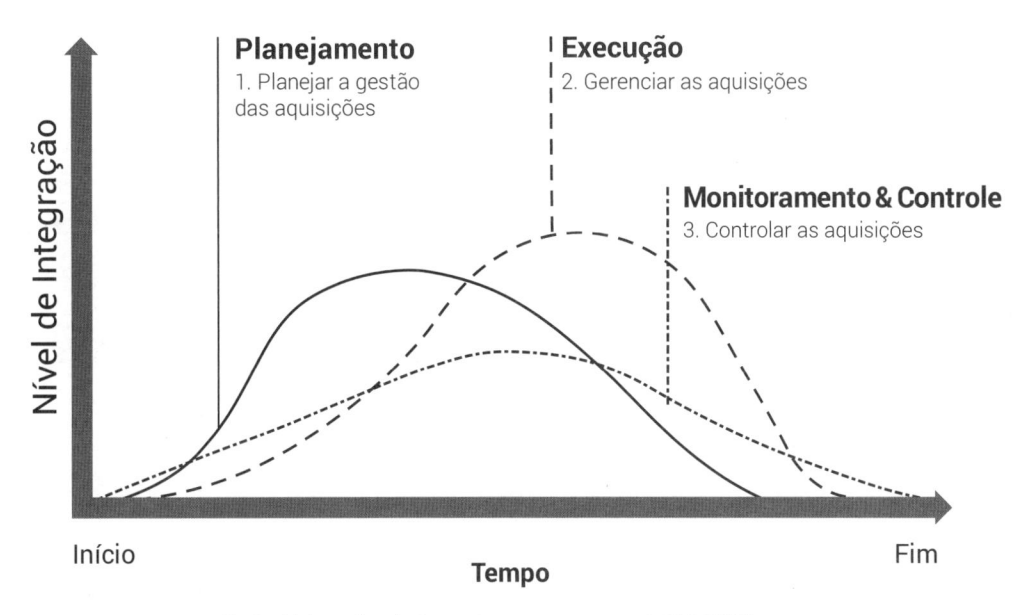

Figura 12.1 Fluxo dos processos de gestão das aquisições ou contratos.

Fonte: Elaboração própria com base nos processos do PMI (2017).

industriais, bem como àquelas que prestam serviços de qualquer natureza. No Brasil, essas sociedades pagam impostos sobre serviços municipais (ISS); quando prestam serviços, pagam impostos sobre atividades comerciais (ICMS) e também sobre atividades industriais (IPI).

As sociedades por quotas e por ações referem-se ao tipo de sociedade em que é necessário conhecer bem os contornos legais. As empresas formadas por quotas devem se identificar com a expressão *Limitada* ou *Ltda*.

Os contratos a serem redigidos no âmbito do projeto, por sua vez, podem seguir distintos modelos. Para o PMI (2017), os contratos podem ser de três macrotipos: contratos de preço fixo ou preço fechado (*fixed-price contract*), contratos de custos reembolsáveis (*cost-reimbursable contract*) e contratos de tempo e material (*time and material contract* – T&M).

Já no Código Civil brasileiro existe outra nomenclatura: contrato por administração, por preço unitário, por preço fixo e chave na mão (*turn-key*), além de outras denominações que se encontram no ambiente corporativo e na literatura acadêmica, tais como compensação por bonificação de despesas indiretas (BDI), empreitada global, *engineering, procurement and construction* (EPC) e parcerias público-privadas (PPPs).

Os contratos por empreitada global são aqueles que sugerem que o fornecedor, após conhecer as necessidades gerais dos compradores, apresente um preço global que venha contemplar tudo o que foi levantado. Nesse tipo de contratação, os riscos recaem sobre o fornecedor, respeitando as condições de contorno traçadas inicialmente.

Em projetos complexos, a busca por equipes mais especializadas e pela mitigação dos riscos do projeto levou ao tipo de contratação denominada EPC. Trata-se de uma variação do tipo empreitada global, que prima pela especificação técnica, em que é preciso definir os tipos de tecnologia, graus ou níveis de qualidade técnica da entrega exigidos etc. O EPC se popularizou em projetos de infraestrutura, em especial na área de óleo e gás, em que as normas de licitação já induziam a esse tipo de contratação, em geral em consórcio com mais de uma empresa. Nesse tipo de contratação, a empresa cliente contrata uma empresa para realizar todas as etapas de engenharia, construção, comissionamento e montagem de equipamentos. Adicionalmente, costuma-se incluir, também, o gerenciamento do empreendimento. Para a realização do projeto, o cliente especifica as características básicas, como os locais de realização e as principais variáveis de entrada e saída, bem como a tecnologia a ser utilizada.

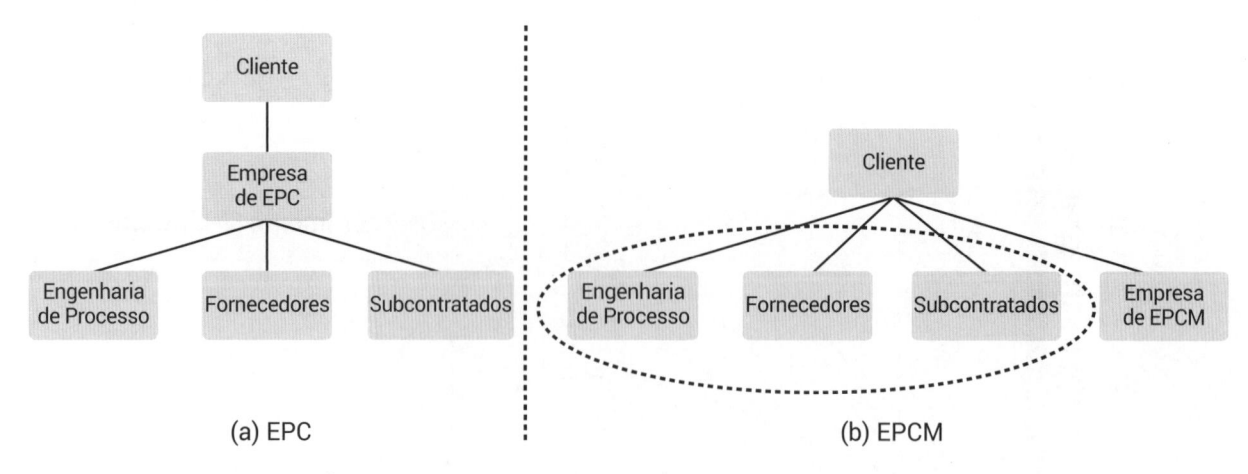

Figura 12.2 Estrutura de funcionamento do EPC *versus* EPCM.

O EPC traz um risco menor para o cliente, uma vez que esse risco é transferido para a empresa contratada, que, em geral, também cobra um prêmio de preço [ver Figura 12.2(a)]. Essa transferência é assegurada por cláusulas contratuais que preveem aplicação de multas por atraso ou por não se atingir os parâmetros técnicos indicados.

Uma variante desse tipo de contratação é o EPCM, cuja principal diferença em relação ao EPC é que o risco continua com o cliente, uma vez que a empresa de EPCM apenas realiza as compras e faz a gestão em nome do cliente. Assim, a responsabilidade técnica é do cliente e não da empresa de EPCM, diminuindo muito seu risco [ver Figura 12.2(b)]. A Figura 12.2 apresenta as estruturas do EPC e do EPCM.

Existem várias formas de pagamento para os contratos do tipo EPC e EPCM, que podem ser pré ou pós-estabelecidos. Há nessa relação uma competição entre cliente e o EPCista, que, por vezes, tenta sempre superestimar os dados de forma a obter uma margem maior, enquanto o cliente tenta barganhar nos preços e condições contratuais. Essa queda de braço entre cliente e o EPCista, quer por lucratividade, quer para mitigar o risco, pode prejudicar o resultado do projeto de forma significativa e, portanto, a gestão e negociação com apoio jurídico são fundamentais ao longo de todo o ciclo de vida, que em geral é longo (GUEDES *et al.*, 2008).

Os contratos por administração, ou, na denominação do PMI (2017), custos reembolsáveis, a contratante remunera a contratada pelos custos dos bens e serviços fornecidos, acrescidos de uma taxa percentual de administração. A responsabilidade pelo pagamento dos custos diretos ou indiretos deve estar claramente delineada nesse tipo de contrato. Nesse tipo, três variações são possíveis: os custos reembolsáveis referem-se somente àqueles definidos em contrato (contrato de custo mais remuneração fixa – CMRF); a abordagem em que, além do reembolso de custos, adiciona-se o lucro do vendedor (contrato de custo mais remuneração concedida – CMRF); e, finalmente, aquela em que, além do reembolso dos custos, incorpora-se um bônus como incentivo ao bom desempenho em critérios de desempenho predefinidos (contrato de custo mais remuneração de incentivo – CMRI) (PMI, 2017).

Os contratos por preço unitário são feitos quando não é possível a formulação de um preço fechado (*lump sum*), pois as informações sobre o projeto ainda não estão suficientemente claras. A contratante remunera a contratada pelo fornecimento de itens, de bens e serviços com custos preestabelecidos, em um prazo não necessariamente predeterminado.

Já no contrato de preço fixo (PF) ou contrato de preço fechado, a contratante remunera o fornecedor pelo fornecimento completo de um produto/serviço bem definido e em um prazo determinado. Esse tipo de contrato pode prever ajuste de preço devido, por exemplo, a variação de inflação ou do dólar acima do previsto (preço fixo com ajuste econômico de preço – PFAEP), ou remuneração de incentivo que, similar ao CMRF, incorpora bônus associado ao bom desempenho (preço fixo com remuneração de incentivo – PFRI). No entanto, o mais utilizado é o contrato de preço fixo garantido

(PFG), em que para determinado escopo o preço está firmado *a priori* (PMI, 2017).

Os contratos de tempo e material (T&M) são uma categoria híbrida dos tipos anteriores, em que o valor total não é definido no momento da contratação, o que pode levar a um crescimento do valor durante sua vigência. No entanto, podem ter disposições de contratos de preço fixo ou preço fechado, quando taxas unitárias são prefixadas pelo comprador e vendedor (PMI, 2017).

Visando buscar alternativas de proteção contra as intempéries de ordem econômica, os contratos por BDI e bonificação por despesas indiretas apresentam-se como possibilidade de composição de contratação mais específica.

Como em projetos existem várias possibilidades de confecção de contratos, principalmente em se tratando de projetos complexos, a equipe de projeto deve, via de regra, buscar apoio nos departamentos jurídicos e de compra de suas instituições. A Figura 12.3 ilustra as relações de risco e preços dos tipos de contratos. Os contratos *turn-key* tendem a ter preços mais elevados, pois o fornecedor comumente inclui o prêmio de preço pela gestão dos riscos para o cliente. No entanto, os contratos do tipo administração podem ser uma armadilha para o cliente, uma vez que o fornecedor ganha uma taxa sobre o valor gasto, e não há, portanto, incentivo por uma gestão rigorosa dos gastos, dado que quanto mais ele gasta, maior seu ganho.

12.3 O QUE CONTRATAR, QUANDO, COMO, QUANTO E SOB QUAIS REQUISITOS

O processo de planejamento das aquisições de um projeto deve contemplar tanto a identificação das necessidades, quanto a certeza de que tais necessidades serão, seguramente, bem atendidas. Isso deverá ser garantido para que a equipe do projeto possa aproveitar, durante a execução do projeto, de forma consistente, os bens ou serviços contratados. Esse processo envolve a consideração de como, o quê, quanto e quando adquirir.

Inicialmente, o gerente de projetos e sua equipe devem decidir se determinado produto ou serviço será desenvolvido no âmbito do projeto ou pode ser adquirido/desenvolvido por terceiros. Obviamente, o gerente de projetos deverá fazer algumas reflexões antes de colocar essa questão em discussão. Para isso, é preciso desmembrar questões de entendimento do contorno do projeto, ou, mais especificamente, sobre o ambiente empresarial, político, cultural, socioeconômico, entre outros.

O gerente de projetos deverá, assim, compreender os fatores sociais, ou seja, se o projeto irá contribuir para a formação de mão de obra e emprego local e quais serão os reflexos na comunidade, por exemplo. Deverá, também, estar atento aos fatores políticos, econômicos e financeiros, ou seja, entender se os fornecedores se encontram com vendas crescentes ou decrescentes, se há políticas governamentais que produzam efeitos nos fornecedores etc.

Em seguida, o gerente de projetos deverá organizar a forma de abordar os possíveis fornecedores. Seu objetivo, naturalmente, é saber como abordá-los para descobrir as possibilidades e potencialidades de atendimento de suas necessidades. Nesse aspecto, é preciso desenvolver uma agenda de fornecedores, identificar seus contatos e demais informações táticas e estratégicas.

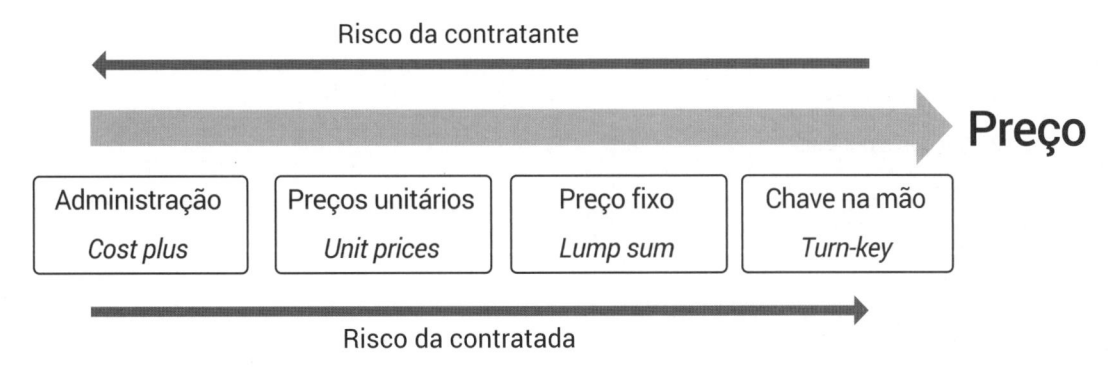

Figura 12.3 Evolução dos riscos e preços dos contratos.

Para abordá-los é preciso, em alguns casos, estabelecer os pontos a serem explorados no âmbito da empresa, bem como os possíveis serviços ou produtos a serem entregues.

As licitações podem ter objetivos distintos, dada sua magnitude. Para pequenos volumes, a modalidade de licitação convite é a mais adequada; para volumes médios, consideram-se as licitações denominadas tomadas de preço e, por fim, as concorrências são aquisições maiores.

De toda forma, é preciso reunir as informações em dois documentos que serão entregues aos candidatos e a fornecedores do projeto. O primeiro documento é denominado *request for information* (RFI), ou seja, requisitos de informação da empresa. O segundo, e mais conhecido, é a *request for proposals* (RFP), ou seja, requisitos da proposta.

Em geral, as RFIs são constituídas para conter informações sobre as empresas e sua idoneidade. Esse documento é composto, basicamente, das seguintes informações:

a) nome da empresa;
b) endereço;
c) contato;
d) relação dos sócios;
e) capital;
f) dados do balanço;
g) referências;
h) condições de entregas; e
i) outras.

Um documento de RFI pode ser visto na Tabela 12.1.

Outra forma complementar de certificar-se acerca dos fornecedores dá-se por meio das propostas de solicitações. Denominadas *request for proposal* (RFP), as solicitações são instrumentos essenciais nas estratégias de aquisições no âmbito de um projeto. As RFPs são constituídas de informações sobre o atendimento do produto ou serviço a ser entregue. Portanto, apresentam-se com configurações bastante específicas.

Tabela 12.1 Modelo de RFI

Requisitos de informação
Perfil do provedor
../ *Overview*
../ Saúde financeira
../ Direcionamento estratégico
../ Referências
Serviços de suporte
../ Suporte *hot-line*
../ Manutenção
../ Suporte à implementação
../ Treinamento
../ Documentação
../ *Software*
Eficiência operacional
../ Instalações similares
../ Capacidade
Expectativa de custos
../ Licença
../ Instalação
../ Manutenção
../ Outros

Para exemplificar, cabe discutir os principais elementos de um documento de desenvolvimento de *software*. Suas informações, em linhas gerais, são as seguintes:

a) nome do produto;
b) informações técnicas:
- ser baseado em banco de dados relacional;
- possuir ferramentas para extração de dados pelo negócio;
- possuir flexibilidade para acesso às transações via *browser*;
- ter *benchmarks* que comprovem *performance* adequada ao produto;
- não ter partes da instalação da aplicação rodando no *desktop* do usuário final;

c) funcionalidades;
d) descrição das atividades;
e) principais entradas/saídas;
f) formas de processamento;
g) interfaces;
h) características do sistema;
i) módulos do sistema:
- cadastramento;
- faturamento;
- relatórios;
- entre outros;

j) entregas parciais;
k) dados sobre qualidade;
l) dados sobre rotinas;
m) dados sobre memória;
n) dados sobre rapidez de acesso;
o) entre outras.

Para consolidar o processo de planejamento das licitações, espera-se que boas RFIs e RFPs sejam recebidas dos diversos potenciais fornecedores. Para isso, é preciso que os projetistas desenvolvam instruções da licitação e forma de apresentação das propostas.

Um exemplo de instruções pode ser visto na Tabela 12.2, cujo projeto trata de contratação de provedores.

Tabela 12.2 Instruções aos provedores

Instruções aos provedores
INTRODUÇÃO
./ Histórico
./ Missão
./ Justificativa do projeto
INSTRUÇÕES PARA PROVEDOR
./ Confidencialidade
./ Objetivos
./ Como tratar dúvidas
Formato das propostas
1. Folha de rosto
2. Sumário executivo
3. Requerimentos
3.1. Estratégia de entrega
3.2. Comentários
4. Perfil Provedor
5. Suporte e Serviços
6. Eficiência operacional
7. Expectativa de custos
8. Consórcios
9. Processos de avaliação
10. Termos e condições

Caso Eduardo e Mônica

As aquisições do projeto

No caso da construção da casa de Eduardo e Mônica, não foi preciso desenvolver um planejamento das licitações, mesmo porque suas aquisições não tinham tanta formalidade. No entanto, Mônica decidiu que todas as cotações seriam feitas mediante documentos padrões como se fossem RFPs. Em certa altura do projeto, ficou decidido sobre as mudanças: Eduardo resolveu desenvolver uma RFP para aquisição dos aquecedores solares. Inicialmente não previsto na obra, o aquecimento solar foi aceito pelo casal como parte das mudanças sugeridas pelos construtores. Nesse sentido, Eduardo providenciou um formulário para que as lojas especializadas pudessem preencher e dar informações sobre o produto a ser adquirido pelo casal. O documento, em seu estado final, ficou com o formato mostrado na Tabela 12.3.

Tabela 12.3 Modelo de solicitação de orçamento

Solicitação de orçamento

Nome Projeto Casa Eduardo e Mônica	Gerente Eduardo	Patrocinador Mônica	10-6-16

Produto: Aquecedor solar	Área: Hidráulica/Elétrica
Solicitante: Eduardo e Mônica	

Objetivo do orçamento
Instalar um sistema de aquecimento solar contendo três placas e *boiler* de 300 litros.

Aspectos técnicos do produto
- Medidas (tamanho, peso, *layout* etc.)
- Material
- Capacidade
- Forma de funcionamento
- Características técnicas
- Descongelador
- Pressão suportada
- Outros

Condições de pagamento
- À vista
- A prazo

Informações sobre manutenção
- Rede
- Condições
- Garantia

Instalação – recomendações
- Medidas – alturas
- Hidráulica
- Elétrica

Avaliação
Não preencher

12.4 IMPORTÂNCIA DA SELEÇÃO E ADMINISTRAÇÃO DOS CONTRATOS

Selecionar e administrar contrato são elementos críticos em projetos complexos.

Segundo Branconi e Loch (2004), o processo de negociação de contrato envolve elementos associados ao conteúdo dos projetos e às garantias estipuladas para um bom acordo entre as partes, conforme ilustra a Figura 12.4. Os elementos relacionados com o conteúdo do projeto envolvem o preenchimento das especificações, dentro das estimativas de custo e cronograma, observando, também, as condições de pagamento. Já os elementos associados às garantias envolvem regras para rescisão e penalidades para desempenho insatisfatório ou interrupção no pagamento, que se traduzam em garantias para ambas as partes, além de decisões de partilhamento de riscos.

O processo de seleção dos fornecedores pode ser realizado em duas etapas: uma de pré-qualificação, em que são analisados o histórico de fornecimentos executados; o atestado/comprovação de fornecimentos similares; instalações e recursos disponíveis; qualificação do corpo técnico e administrativo; dados financeiros como balanços contábeis; e atestados jurídico-financeiros.

Os fornecedores que passaram pela pré-qualificação podem ser visitados, além de se obter outras evidências para suportar a decisão com referências coletadas junto a outros clientes atendidos pelo fornecedor.

É claro que não serão todos os contratos que terão todos estes cuidados, mas aqueles com maior impacto nos resultados do projeto.

Uma vez feita essa triagem inicial, o processo de seleção propriamente dito pode ser descrito conforme a Figura 12.5. É necessário utilizar alguma sistemática de avaliação das propostas, com critérios de escolha bem estabelecidos, pesos e análise das soluções propostas. Lembre-se de que, em geral, não se trata de uma simples peça, mas sim de toda uma solução fornecida pelo fornecedor e, para comparar diferentes alternativas, é bom fazer uso de técnicas de seleção multicritérios.

Com base tanto em elementos comerciais como técnicos dos projetos, é possível estabelecer um sistema de classificação dos fornecedores. Uma das ferramentas bastante utilizadas para esse procedimento é o *Analytical Hierarchic Process* (AHP). O AHP é um método de apoio à decisão criado por Saaty na década de 1970, no século passado, que permite incorporar tanto fatores qualitativos quanto quantitativos no processo de tomada de decisão (SAATY, 1980).

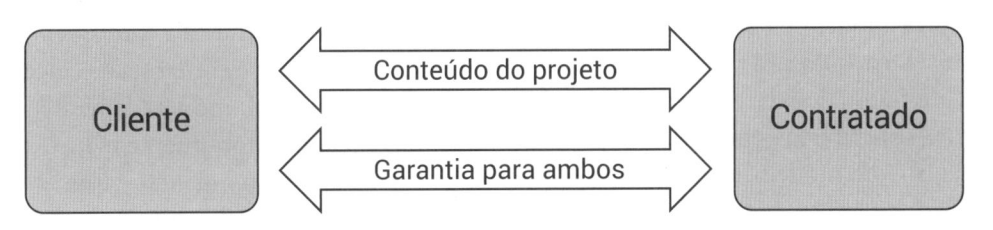

Figura 12.4 Os elementos-chave da negociação.

Figura 12.5 Processo de seleção de fornecedor.

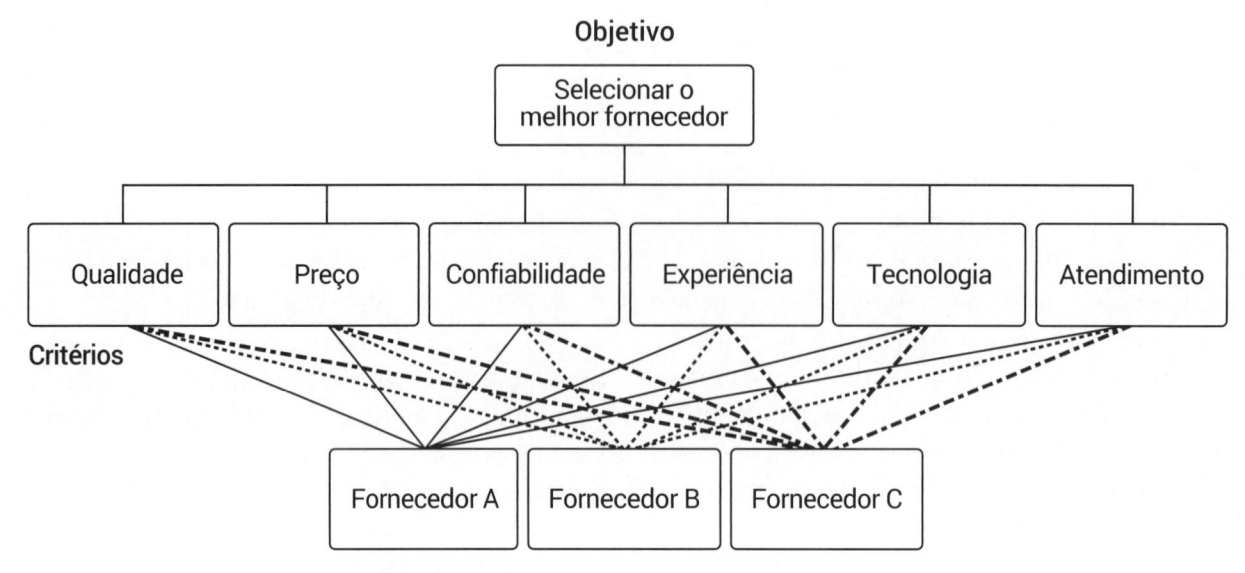

Figura 12.6 AHP – Para a seleção de fornecedores.

No AHP, o problema de tomada de decisão é estruturado com base em três princípios: da estruturação das hierarquias, do estabelecimento de prioridades e da consistência lógica.

Talvez a tarefa mais criativa no modelo AHP seja a determinação dos fatores que irão compor a hierarquia. Utiliza-se um formato simples para estruturar um problema de decisão de forma hierarquizada em vários níveis, compreendendo um objetivo no topo, seguido de critérios, que podem ser desdobrados em subcritérios nas camadas intermediárias e com as alternativas na base. Quando empregamos esse modelo para a seleção de fornecedores, no nível mais alto está o objetivo de fechar os melhores contratos, que devem ser desdobrados em critérios e subcritérios em níveis inferiores, sendo que, na base do modelo, encontra-se a alternativa fornecedores em análise, conforme ilustra a Figura 12.6.

É importante observar que os critérios alocados no segundo nível da hierarquia devem traduzir os principais pontos de decisão dos responsáveis pela aquisição no projeto. Esses critérios variam, sobremaneira, dependendo do tipo de contrato a ser firmado. Os critérios podem ser desdobrados em vários níveis, caso se julgue necessário maior detalhamento.

O AHP identifica as preferências a partir da comparação par a par dos critérios e alternativas, conforme ilustra a Tabela 12.4. Podemos observar que, nesse caso, os responsáveis pelos contratos priorizam a qualidade na comparação par a par com todos os outros critérios (ver primeira linha da Tabela 12.4); já o preço perde para a tecnologia. Processo similar ocorre nos níveis inferiores da estrutura analítica. A escala fundamental usada nos julgamentos verbais é composta de cinco operadores linguísticos – igual, moderadamente mais, fortemente mais, muito fortemente mais, extremamente mais –, cujos correspondentes julgamentos numéricos são (1, 3, 5, 7, 9) e compromissos (2, 4, 6, 8) entre esses julgamentos. Além disso, o método estabelece os pesos mediante o cálculo das prioridades como autovetor, o que permite ao tomador de decisões medir o grau de consistência do resultado obtido (Carvalho, 1997; Cruz Jr.; Carvalho, 2003).

Tabela 12.4 Comparação dos critérios e alternativas

Matriz de julgamento dos critérios

		Q	P	C	E	T	A
(Q)	Qualidade	1,000	4,000	3,000	1,000	3,000	4,000
(P)	Preço		1,000	7,000	3,000	(5,000)	1,000
(C)	Confiabilidade			1,000	(5,000)	(5,000)	(6,000)
(E)	Experiência				1,000	1,000	(3,000)
(T)	Tecnologia					1,000	3,000
(A)	Atendimento						1,000

Um problema básico em se fazer escolhas é que as decisões são caracterizadas por critérios múltiplos: ambiguidade, risco, conflito de interesses, informações qualitativas e quantitativas. O AHP é uma abordagem que permite ao tomador de decisão lidar tanto com o racional quanto com o intuitivo, quando está selecionando o melhor número de alternativas desenvolvidas com vários critérios. Observa-se, no entanto, que podem ocorrer inconsistências nos julgamentos, sendo muito importante monitorar esse problema durante todo o processo (CRUZ; CARVALHO, 2003).

Por fim, antes de encerrar os contratos, é bom tomar alguns cuidados, tais como:

- supervisão de instalação (bens);
- desmobilização (serviços);
- entrega final dos bens e serviços;
- entrega dos documentos técnicos e fiscais;
- acerto de todas as pendências;
- validação das garantias e início do prazo de garantia;
- quitação de resíduos financeiros;
- emissão do termo de recebimento/aceitação; e
- arquivamento da documentação gerada no contrato.

12.5 CASO: CONTRATAÇÃO MODALIDADE *ENGINEERING, PROCUREMENT AND CONSTRUCTION* (EPC) PARA CONSTRUÇÃO DO AEROPORTO DE QUESNEL, CANADÁ

A década de 1980, no século passado, foi marcada por intensas mudanças no setor de transporte aéreo mundial. As companhias aéreas viram-se obrigadas a realizar fusões e reduções de custos, em função das crescentes perdas operacionais. No Canadá, apesar de as companhias aéreas exercerem pressão política no sentido de transferir a operação dos aeroportos da esfera federal para os municípios, a maioria dos aeroportos ainda é controlada pelo governo.

Atualmente, o investimento aplicado na construção dos novos terminais aéreos é recuperado, repassando-se os custos de implantação para o cliente na proporção direta do aluguel por m^2/custo da área locada.

A cidade de Quesnel, no Canadá, seria contemplada com a construção de um novo terminal aéreo e encontrava-se em dificuldades para aprovação do projeto. Mesmo não sendo um projeto de envergadura, a construção do terminal aéreo de 505 milhas quadradas trouxe um grande desafio à equipe de projeto: construir o terminal, considerando-se a crise existente no setor, e manter a harmonia da cidade, com base no tema Caribu.

No entanto, a Transport Canada, que atua em Quesnel, teria um custo de $ 200 por m^2 para a área a ser locada no novo terminal aéreo. Com essa alta taxa de locação seria inviável dar apoio ao novo projeto.

Após vários estudos, concluiu-se que a utilização do método de contratação EPC engenharia/aquisições/construção revelou ser o melhor meio de responder às preocupações dos envolvidos em relação aos custos da construção.

No entanto, antes de dar início propriamente ao projeto, uma série de dúvidas teria de ser esclarecida pela equipe de projeto. Para a redução de custo, os projetistas, inicialmente, buscaram fornecedores que desenvolveram estruturas pré-fabricadas, obedecendo ao formato Caribu. Além das estruturas, os fornecedores de sistemas elétricos também foram convencidos a ingressarem no projeto, mesmo sabendo dos possíveis riscos envolvidos.

Os acertos da construção passavam pela garantia da qualidade, uma vez que esse tipo de construção seria pioneiro. Em consequência, vários programas de qualidade foram detalhadamente elaborados pela equipe de projetos.

Quando se conseguiu demonstrar que as taxas de aluguel seriam 30% inferiores às taxas tradicionais de uma metodologia tradicional e que a qualidade não seria comprometida, a companhia área comprou o projeto.

Resolvidos os problemas iniciais, iniciou-se o processo pela busca de propostas a partir de anúncios públicos. No pedido de propostas – Estágio 1 – o pacote de informações descrevia os critérios de projeto exigidos, informava particularidades quanto às características do solo e serviços e, ainda, provia os licitantes com detalhes nos critérios de avaliação que seriam utilizados na seleção do contratado.

Após avaliação e classificação das propostas, os três primeiros colocados, classificados pelo melhor preço (líquido), foram convidados a participar do Estágio 2. Esse segundo estágio fornecia informações e requisitos adicionais de projeto e incluía comentários específicos para cada uma das propostas dos licitantes, de modo a trazê-los para um mesmo nível de expectativa da Transport Canada.

Os licitantes foram autorizados a revisar suas propostas, que foram reavaliadas para seleção do licitante ganhador. Os conceitos que cada licitante apresentou no estágio inicial não mudaram de forma significativa para o estágio final.

A construção do terminal do aeroporto de Quesnel tem sido explorada pelos gerentes de projetos com intuito de aprender melhor com suas lições.

O caso trouxe à tona os problemas de projetos complexos que envolvem vários tipos distintos de interessados. Como lição, pode-se extrair que:

a) as modalidades de contratação podem ser revistas; nesse caso, observou-se que as práticas adotadas no Canadá foram substituídas;

b) a modalidade de contratação adotada foi sendo desenvolvida por estágios, em que os orçamentos eram trabalhados visando à redução de custo;

c) os interessados tiveram lugar na mesa de negociação do projeto; os construtores e empreiteiros fizeram parte do corpo central do projeto, compartilhando situações de riscos;

d) muitas vezes, algo exigido (no caso, o tema Caribu) pode ser elemento para desafio das equipes de projetos;

e) o entendimento do escopo do projeto passou a ser essencial para a dinâmica da nova modalidade de contratação; e

f) o relacionamento cooperativo exigiu uma frequente comunicação aberta entre os interessados, especialmente o gerente de projetos e o gerente da contratada.

Fonte: Adaptado de Tom W. Nash, Transport Canada, Airports Group & Ian Barrie, Public Works Canada, Air Transportation, *PMI Canada Proceedings*, 1994, p. 105-109.

QUESTÕES PARA REFLEXÃO E DISCUSSÃO

1. *Procurement* é a expressão utilizada em inglês para definir gerenciamento das aquisições em projetos. Pelo exposto neste capítulo, qual é exatamente o conceito mais próximo de *procurement*, no Brasil? Explore.
2. O metrô de São Paulo fechou um contrato *turn-key* para a expansão da linha. Quais as principais vantagens e desvantagens que o metrô poderá ter com esse contrato?
3. Considerando a questão anterior, ponha-se no lugar das empresas contratadas e imagine quais as oportunidades que podem ser vislumbradas com esse tipo de contratação. Explore.
4. Pense nos fornecedores de sua empresa ou de seu projeto atual e considere se eles têm condições de preencher a RFI proposta neste capítulo. Quais informações você considera essenciais e quais podem ser descartáveis?
5. Considere o enunciado da questão anterior e imagine como seria o preenchimento de uma RFP para o principal produto/serviço de seu projeto.
6. Qual o departamento de sua empresa responsável pelas contratações? Ele está sempre informado dos cronogramas do projeto? Qual a melhor maneira de informá-lo?
7. Ao saber da possibilidade de fornecer produtos/serviços ao seu projeto, o fornecedor lhe oferece um presente que representa um valor significativo. Que medida você toma?
8. As consequências de atraso de entrega são sempre problemáticas aos projetos.
9. Como você pode evitar isso durante uma contratação?
10. Como você pode se prevenir das eventuais impugnações nas licitações que você venha a organizar?
11. Em seu projeto, qual sua autonomia para contratar serviços de terceiros?
12. Quais suas metas de contratação e como pode interferir na gestão do projeto?
13. Monte uma estrutura de AHP para selecionar uma empresa de *software* para desenvolver uma aplicação em sua empresa. Defina os critérios da estrutura e faça a comparação pareada.

ESTUDO COMPLEMENTAR

A) Leia este artigo sobre riscos e incertezas:

MADUREIRA, G. B.; CARVALHO, M. M. Alianças em projetos complexos: um estudo de projetos do tipo EPC. *Production*, v. 25, n. 4, p. 935-955, 2015.

Fonte: <http://dx.doi.org/10.1590/0103-6513.0478T6>. Acesso em: 30 ago. 2018.

13
GESTÃO DAS PARTES INTERESSADAS (*STAKEHOLDERS*)

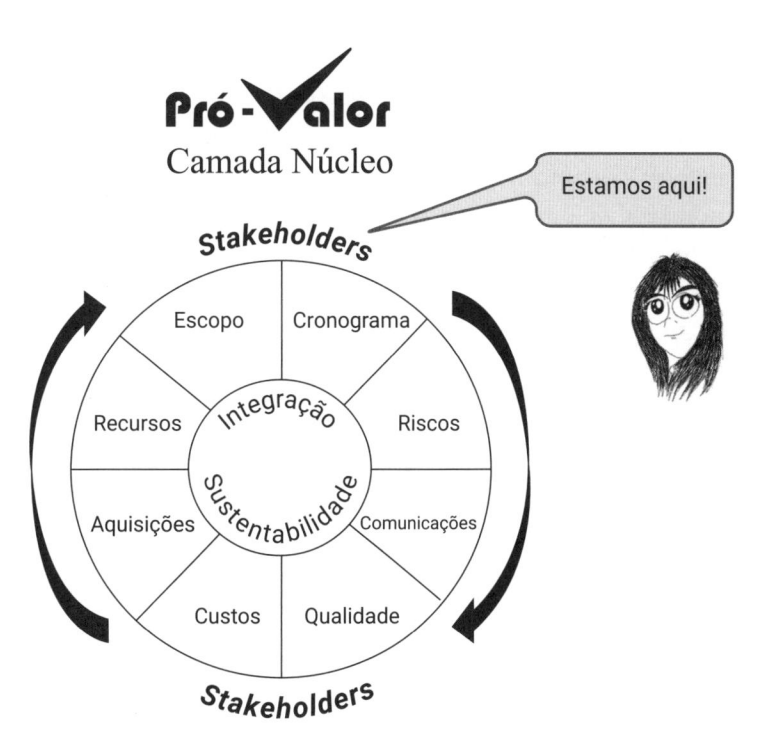

Pró-Valor
Camada Núcleo

Estamos aqui!

Neste capítulo, em que será tratada a área de gestão das partes interessadas, vamos adotar o termo em inglês *stakeholders*, amplamente empregado no ambiente profissional, pois a tradução fornece uma conotação muito vaga. Após estudar este capítulo, o leitor estará apto a responder às seguintes questões:

a) Quais são os *stakeholders*-chave para o sucesso do projeto?
b) Quais os processos da área de gestão dos *stakeholders*?
c) Como gerir as expectativas dos *stakeholders*?
d) Como engajar os *stakeholders*?

13.1 INTRODUÇÃO

A gestão dos *stakeholders* ou partes interessadas constitui uma nova área de conhecimento a que os gerentes de projetos e suas equipes precisam dar muita atenção ao longo do projeto.

Trata-se de uma área de gestão que estabelece técnicas e ferramentas para administrar pessoas ligadas às mais diferentes entidades envolvidas, direta ou indiretamente, nos projetos e, por isso mesmo, que os influenciam e são influenciadas por seus resultados.

A definição de *stakeholder* é bastante ampla, pois são pessoas, grupos ou organizações que podem impactar ou serem impactadas por uma decisão, atividade ou resultado do projeto ao longo de todo o ciclo de vida (PMI, 2013). Logo, quanto mais complexo o projeto, mais difícil mapear os *stakeholders* e priorizá-los segundo seu possível impacto no sucesso do projeto.

Os interessados têm expectativas quanto aos resultados nos projetos. São pessoas que representam empresas, entidades de classe, órgãos governamentais etc., que têm uma ligação formal ou informal com o projeto. Em geral, têm potencial de causar impacto nos resultados dos projetos.

As partes interessadas podem se manifestar em qualquer momento do desenvolvimento de um projeto e gerar impactos de diferentes naturezas. Alguns exemplos úteis servem para o entendimento de quem são as partes interessadas e quais são seus possíveis impactos:

a) Moradores situados na trajetória de uma nova linha de metrô. A mídia relatou que, durante a construção de uma nova linha do metrô de São Paulo, moradores do bairro de Higienópolis posicionaram-se contra a construção de determinada estação.

b) Associações de classes podem interferir no andamento de um projeto. Em uma outra linha (17-Ouro), o metrô de São Paulo teve que atender as necessidades de uma associação de ciclistas.

c) Os sindicatos de mineradores interferem na instalação de uma mina. Há várias interferências de sindicatos na mineradora Vale.

d) O Instituto Brasileiro do Meio Ambiente e dos Recursos Naturais Renováveis (Ibama) e o sindicato de empregados interferiram na construção das hidrelétricas de Jirau e Santo Antônio, em Rondônia.

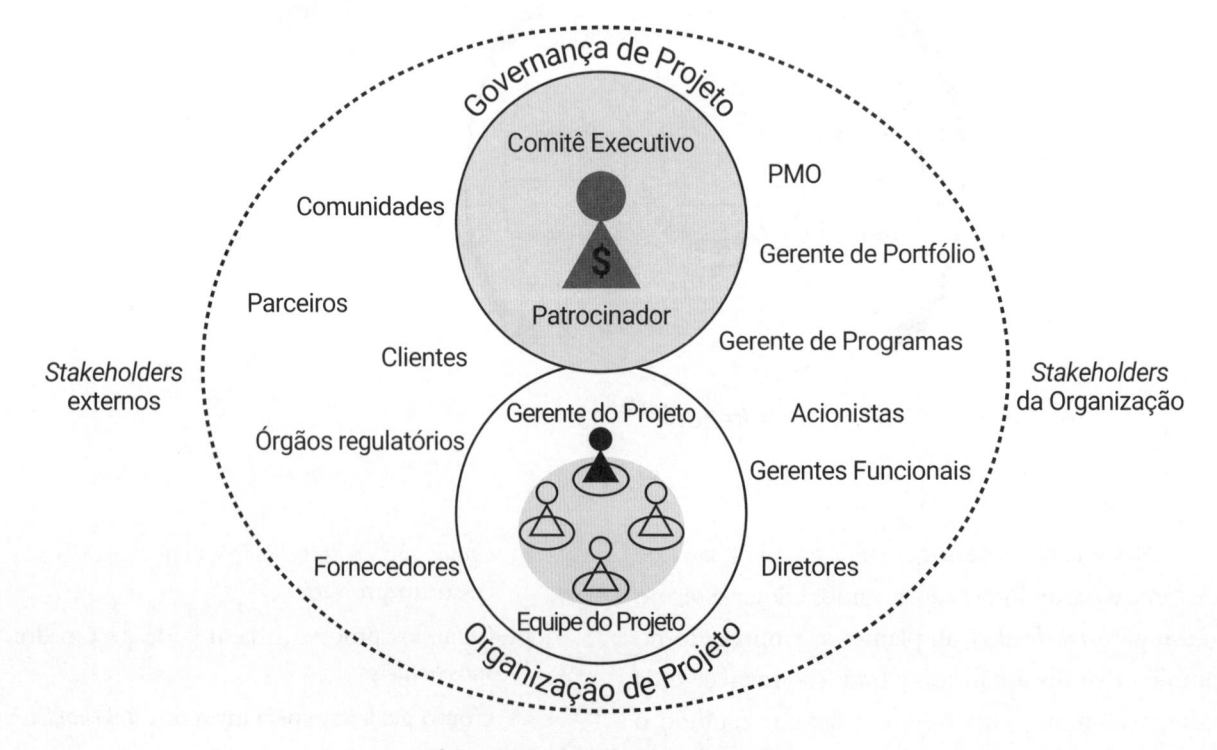

Figura 13.1 *Stakeholders* do projeto.

e) Várias entidades – incluindo artistas, intelectuais, ambientalistas, mídia – se manifestaram contra a reposição do rio São Francisco e a construção da Usina de Belo Monte, no Pará.

f) Os usuários de sistema de ERP podem fazer "corpo mole" quando da implementação de um conjunto de programas para integrar os processos gerenciais de uma empresa.

Evidentemente, que as boas práticas de gestão precisam contemplar a administração dessas organizações e, principalmente, das interferências que elas conseguem no âmbito dos empreendimentos.

A preocupação na administração das partes interessadas é antiga. Cleland e Ireland (2002), por exemplo, propuseram no início dos anos 2000 um modelo bastante completo de gestão das partes interessadas. Baseado nas funções de gerenciamento – planejamento, organização, motivação direção e controle –, os autores propuseram tratar das questões potenciais das partes interessadas. Neste sentido, evidenciaram a identificação das partes interessadas; coleta de informações sobre elas; identificação de seus interesses; determinação de seus pontos fortes e fracos; identificação de estratégias; previsão do comportamento das partes interessadas; e definição de estratégia de implantação de ações para neutralizar as partes interessadas contra impactos negativos no projeto.

Após dez anos do trabalho pioneiro de Cleland e Ireland (2002) sobre os *stakeholders* em projetos, o PMI incluiu a gestão das partes interessadas como uma nova área de conhecimento na quinta edição de seu guia (PMI, 2013).

Apesar de constituir uma nova área, incluída na quinta edição do PMBoK® (PMI, 2013), o guia já trata de algumas questões relativas aos *stakeholders* na área de comunicações (ver Capítulo 10). Portanto, nesta sexta edição, a área de gestão das partes interessadas continua com a mesma estrutura da edição anterior, composta por quatro processos distribuídos em quatro grupos de inicialização, planejamento, execução e monitoramento e controle, conforme ilustra a Figura 13.2. Os quatro processos são (PMI, 2017):

- *Identificar as partes interessadas*: processo que identifica, analisa e documenta informações relativas a todas as partes interessadas (*stakeholders*), além de verificar o nível de engajamento, interdependências, influência e seu impacto potencial no sucesso do projeto.

- *Planejar o engajamento das partes interessadas*: o processo de desenvolver o plano (estratégias, políticas, procedimentos e documentação) de gerenciamento para engajar os *stakeholders* de maneira eficaz no decorrer de todo o ciclo de vida do projeto, com base na análise de suas necessidades, interesses e impacto potencial no sucesso do projeto.

- *Gerenciar o engajamento das partes interessadas*: o processo de se comunicar e trabalhar com os *stakeholders* para atender suas expectativas e necessidades, além de gerenciar conflitos e questões à medida que elas ocorrem e de incentivar o engajamento nas atividades do projeto ao longo do ciclo de vida.

- *Monitorar o engajamento*: o processo de monitorar os relacionamentos dos *stakeholders* e ajustar estratégias e planos para seu engajamento.

13.2 IDENTIFICAÇÃO E GESTÃO DOS STAKEHOLDERS

Lidar com as expectativas dos *stakeholders* é fundamental para o sucesso dos projetos, até porque sucesso pode significar coisas diferentes para diferentes *stakeholders*.

Nesse sentido, é fundamental identificar os principais grupos de *stakeholders* do projeto, mapear sua influência e gerenciar suas expectativas ao longo de todo o ciclo de vida dos projetos.

Os interessados são hoje, talvez, uma das principais fontes de preocupação dos gerentes de projetos. A identificação e avaliação dos interessados no projeto deve ser uma das principais ações iniciais de um projeto.

O processo de identificação e avaliação das partes interessadas deve levar em conta as categorias em

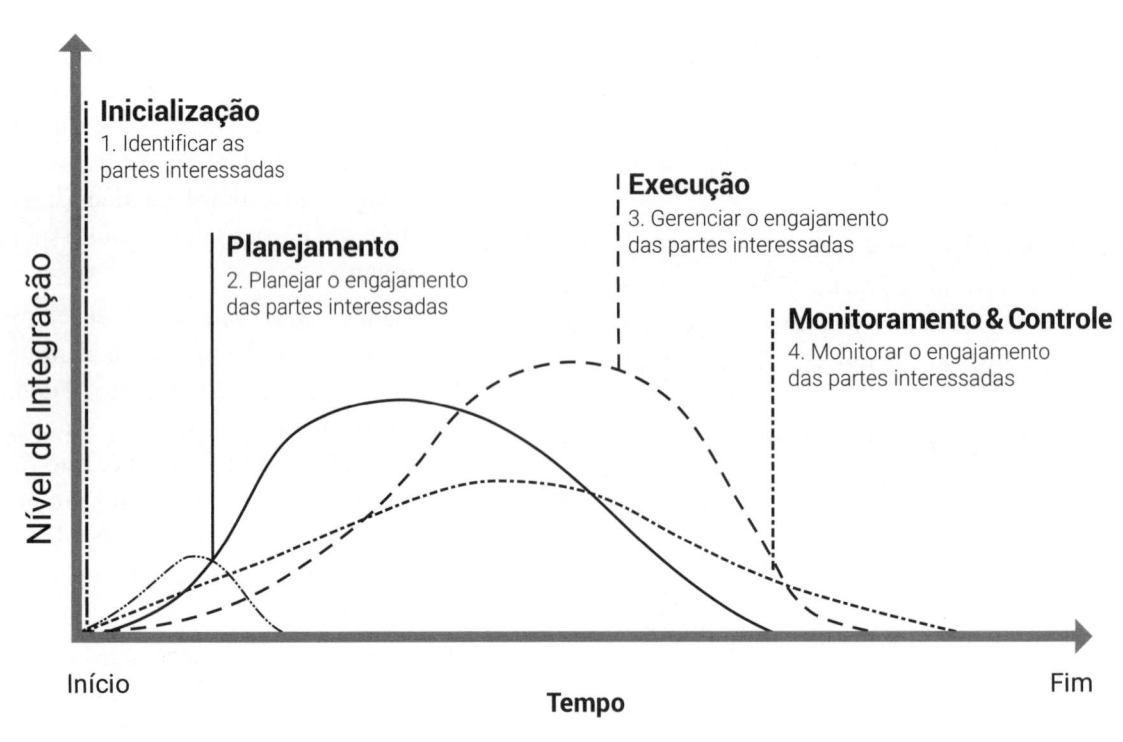

Inicialização
1. Identificar as partes interessadas

Planejamento
2. Planejar o engajamento das partes interessadas

Execução
3. Gerenciar o engajamento das partes interessadas

Monitoramento & Controle
4. Monitorar o engajamento das partes interessadas

Fonte: Elaboração própria com base nos processos do PMI (2017).

Figura 13.2 Fluxo dos processos de gestão do escopo.

que podem ser agrupados os interessados. Existem pelo menos dois grandes grupos de interessados em projetos que devem ser identificados. Os interessados que estão diretamente ligados ao projeto e que têm uma ligação formal com ele são chamados de primários. Normalmente, esse grupo tem interesses positivos e são representados, de forma geral, pelos gerentes de projetos, patrocinadores, clientes, fornecedores e equipe de projetos. No entanto, nem só de interessados primários são formados os projetos, há também os secundários. Esse grupo de interessados é constituído, por exemplo, por governo, sindicatos, associações de classe, mídia e, muitas vezes, a família dos envolvidos, a comunidade usuária, entre outros.

Uma vez identificados no projeto exatamente quais os interessados, é preciso avaliá-los, sob o ponto de vista de suas necessidades de informação. Essa consideração deverá levar em conta não só o tipo de informação requerida, mas também a mídia e a frequência desejada.

Um bom plano de comunicação de projetos deverá deixar explícito esse tipo de informação, bem como as estratégias de como implementá-lo.

Identificados e avaliados os interessados, é preciso fazer um levantamento da tecnologia disponível para que as informações do projeto possam ser comunicadas (veja a seção 13.2.2).

Historicamente, as partes interessadas em projetos foram administradas apenas com elementos da comunicação, ou seja, informação sobre o desenvolvimento do projeto e dados sobre aquilo que podiam afetar seus interesses. Essa estratégia funcionou muito bem, mas é limitada pelos desejos dos interessados. Em projetos envolvendo engenharia da construção, por exemplo, há registros de casos em que partes interessadas se aproveitaram das carências gerenciais para fazer pedidos que foram além de informações – incluíram alteração de escopo. Notícias desse tipo de projetos servem para ilustrar tais necessidades. Sabe-se de casos, por exemplo, em que comunidades afetadas pela construção de gasodutos solicitaram a implantação de escolas, creches e asfaltamento de locais próximos à comunidade.

Atender as necessidades significa incluir escopos (entregáveis não previstos originalmente) nos planos dos projetos e não só comunicação.

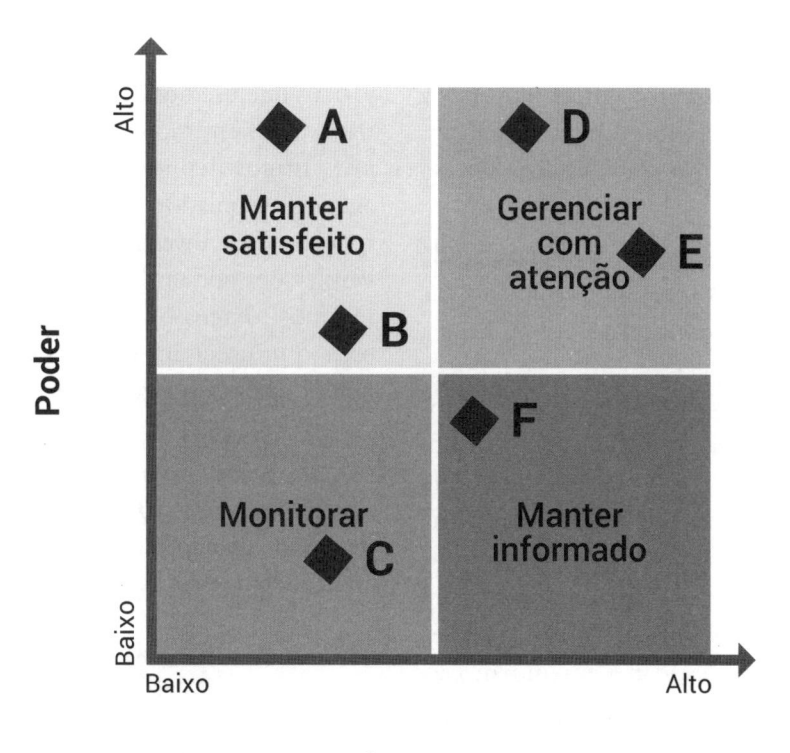

Figura 13.3 Partes interessadas: matriz poder/interesse.

Outro exemplo se refere ao domínio de áreas localizadas perto de comunidades carentes. As pessoas que "dominam" tais áreas, em que nem mesmo a polícia é capaz de contê-las, podem ocasionar estresse no gerente de projetos quando da implantação de alguma obra. Mais especificamente, a construção de sistemas prisionais em locais próximos às comunidades carentes dominadas por bandidos representa ações (projetos) contra seus interesses. Por isso, é preciso muita atenção na construção de planos para as partes interessadas.

Uma ferramenta que tem ajudado os gerentes após a identificação das partes interessadas aos projetos é a matriz. A Figura 13.3 apresenta um exemplo de matriz poder/interesse, relacionado com as partes interessadas.

Quando o poder do interessado é baixo e seu interesse no projeto também é baixo, a melhor estratégia de administrá-lo é, sem dúvida, monitorá-lo. Isso requer apenas que o gerente de projetos e sua equipe saibam de seu interesse no projeto e o acompanhe. O ideal é que o gerente de projetos e sua equipe saibam se esses interesses (ou poder) podem mudar.

Um descuido com esse tipo de interessado pode acarretar problemas futuros ao gerente de projetos. Em muitos casos, uma falha técnica no âmbito dos projetos de construção, mesmo que sem impactos nos trabalhadores ou comunidade, pode gerar descontentamento nesses grupos. Em decorrência, mudam seus interesses e podem também mudar seus poderes em relação ao projeto.

Há, também, partes interessadas com pouco poder, mas com muito interesse no desenvolvimento e resultado dos projetos. Nesses casos, a estratégia recomendada é manter tais organizações adequadamente informadas. Para isso, faz-se necessário que o sistema de informação do projeto seja bem-estruturado para atender as demandas destes grupos.

Quando as partes interessadas têm muito poder, mesmo que seus interesses específicos no projeto sejam baixos, é preciso, como estratégia gerencial, manter satisfeitos tais grupos. Isso ocorre em projetos em que grupos são favoráveis ao projeto, mas sem muito interesse – tratando-se, obviamente, de grupos poderosos.

O último quadrante dessa matriz refere-se aos grupos que têm grande interesse no projeto e muito poder, para os quais o gerente de projetos e sua equipe devem estar mais atentos. Por isso, a melhor estratégia é gerenciá-los com muita atenção. Isso, muitas vezes, requer lhes disponibilizar tempo gerencial do projeto.

Esse grupo de interessados precisa não só de comunicação, mas muitas vezes de escopo, ou seja, entregáveis das mais diferentes naturezas. Chega a ser comum executivos da alta administração fazerem pedidos aos fornecedores de projetos não previstos no orçamento. Em alguns casos, não se trata de um pedido que gerará aditivos contratuais, mas pode consumir recursos e orçamento dos projetos. Uma vez tendo identificado e avaliado os interessados e, também, definidas as tecnologias disponíveis para sua efetiva comunicação, resta ao processo de planejamento identificar as necessidades em informação.

Técnica similar é o modelo arco-íris, que analisa a influência do *stakeholder* e o quanto ele é afetado pelo projeto, conforme ilustra a Figura 13.4.

Para se construir uma matriz poder/interessado eficaz em termos gerenciais, com frequência, o gerente de projetos precisa de informações de especialistas no assunto. Por exemplo, se em um projeto socioambiental for identificada uma agência reguladora como parte dos interessados, faz-se necessário saber como se configuram as solicitações que ela pode pedir para serem atendidas no âmbito dos projetos. Infelizmente, não é incomum sair nos jornais que prédios de apartamentos e outras construções foram implantadas em áreas contaminadas por antigos depósitos de lixo. Sabendo disso, as agências reguladoras, por obrigação, têm de fazer solicitação de investigação prévia do local. Tais investigações podem levar a técnicas de remoção de resíduos tóxicos ou mesmo remediação. Técnicas estas que precisam de conhecimento específico, que poderia não fazer parte do escopo do projeto.

O processo de identificação das necessidades em informação no projeto se confunde com os elementos do próprio gerenciamento de projetos. Em termos de planejamento, as informações necessárias aos interessados podem ser produzidas por meio de:

- cronogramas físicos;
- dados sobre os caminhos críticos;
- cronogramas financeiros;
- qualificação, quantificação dos riscos e suas possíveis respostas;
- estrutura analítica do projeto; e
- outras.

Um bom processo de identificação das partes interessadas deve gerar um registro completo com informações sobre os indivíduos, entidades ou organizações com seus respectivos interesses e poderes,

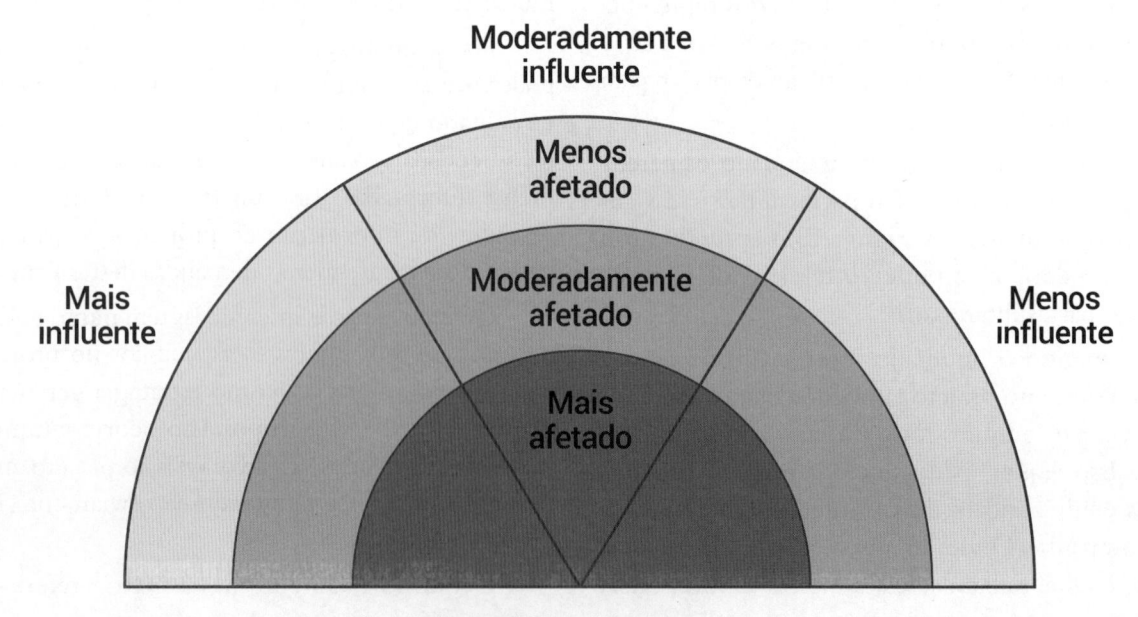

Figura 13.4 Modelo arco-íris.

incluindo uma avaliação de cada um. De posse dessa lista (registros), o gerente de projetos e sua equipe podem desenvolver o segundo processo sugerido para administrar as partes interessadas – planejamento – plano da gestão das partes interessadas.

13.2.1 Mapeamento dos *stakeholders*: modelo da saliência

Na literatura de administração, existem modelos mais sofisticados de mapeamento dos *stakeholders*. As taxonomias vão desde duas dimensões, até análises com atributos mais complexos, permitindo uma classificação mais detalhada dos *stakeholders*. Mitchell *et al.* (1997), por exemplo, sugerem que os *stakeholders* sejam analisados segundo seus atributos de poder, legitimidade e urgência, conforme ilustra a Figura 13.5.

Dessa análise de atributos resultam vários tipos de *stakeholders*:

1. *Stakeholder* latente: possui apenas um atributo dos três possíveis (poder, legitimidade e urgência) e tem pouca evidência. O *stakeholder* latente pode ser ainda classificado segundo esse único atributo:
   - dormente: seu único atributo é poder;
   - discricionário: seu único atributo é legitimidade; e
   - exigente: seu único atributo é urgência.
2. *Stakeholder* espectador: possui dois atributos e tem importância moderada. O *stakeholder* espectador pode ser ainda classificado segundo esses dois atributos:
   - atributos poder e legitimidade: o *stakeholder* é chamado de dominante;
   - atributos legitimidade e urgência: o *stakeholder* é chamado de dependente;
   - atributos poder e urgência: o *stakeholder* é chamado de perigoso.
3. *Stakeholder* definitivo: possui os três atributos e tem importância alta.

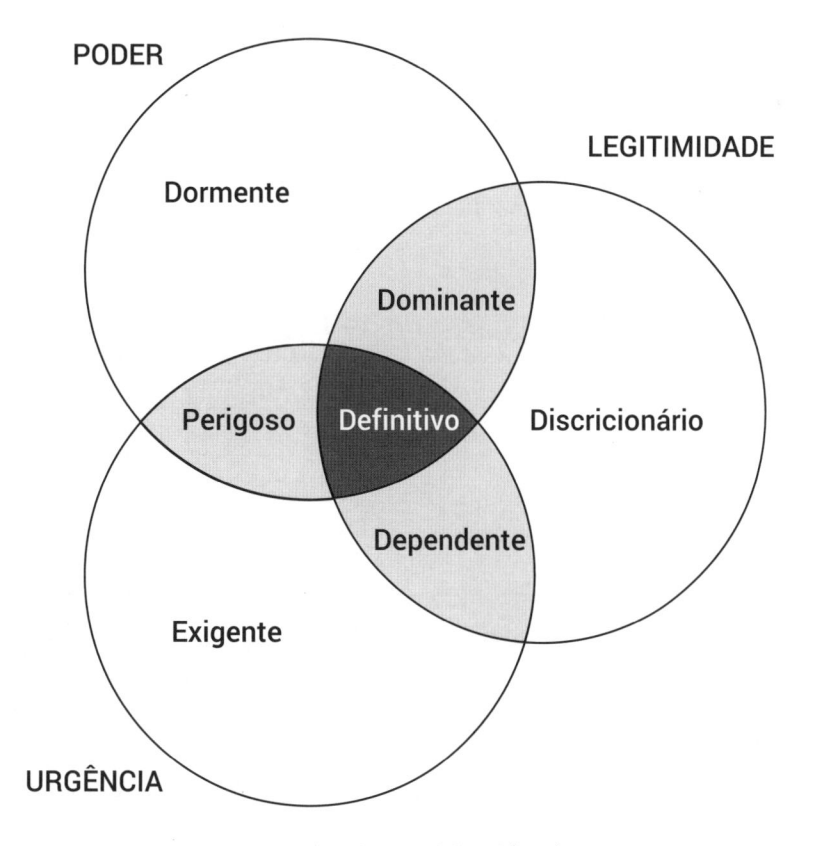

Fonte: Adaptada de Mitchell *et al.* (1997).

Figura 13.5 Modelo da saliência.

A área em cinza-escuro da Figura 13.5 representa a categoria de *stakeholders* que, necessariamente, devem ser gerenciados de perto e suas expectativas identificadas e negociadas, caso tenham objetivos conflitantes com os demais *stakeholders* dessa mesma categoria. Já os *stakeholders* das categorias em cinza-claro devem ser ouvidos e mantidos informados, enquanto os demais somente mapeados.

Uma análise crítica das partes interessadas pode ajudar a selecionar os principais canais de comunicação.

Dinâmica de grupo

Identificação e mapeamento de *stakeholders*

Identifique os principais *stakeholders* (gere uma lista) e faça o mapeamento utilizando o modelo da saliência na Figura 13.5.

Atributo 1: poder, com capacidade de ser usado ou não para conseguir seus objetivos, tendo acesso e influenciando ou impactando a empresa. Nesse caso, o atributo "poder" deve ser entendido como a habilidade de aplicar um alto nível de punição ou premiação em termos econômicos (por exemplo: dinheiro, bens, serviços) e/ou coercitivos ou de força física (por exemplo: uso de armas, fechamento da empresa, sabotagem, processos legais, greves) e/ou influência social positiva ou negativa (por exemplo: reputação, prestígio, mídia).

Atributo 2: urgência, nas suas relações com nossa empresa, é insistente na procura de atenção por parte de nosso time de gestores, comunicando constantemente suas reivindicações, demandas e desejos que julga importantes. "Urgência" é entendida como o grau em que o pedido do *stakeholder* exige atenção imediata.

Atributo 3: legitimidade em suas reivindicações, e o time de gestores de nossa organização entende que tais reivindicações sejam justas e procedentes. ("Legitimidade" pode ser entendida como a percepção generalizada ou a hipótese de que as ações de uma pessoa são desejáveis ou apropriadas, em um sistema social com normas, valores, crenças e definições.)

Caracterize os *stakeholders* de acordo com os atributos que possuem, preencha a Tabela 13.1 assinalando quais atributos podem ser atribuídos a cada um dos *stakeholders* de sua lista. (Cada *stakeholder* pode ter um, dois ou três atributos.)

Tabela 13.1 Caracterização do *stakeholder* por atributo

Stakeholder	Poder	Urgência	Legitimidade

Após preencher a Tabela 13.1, complete a Figura 13.5 a seguir, plotando todos os *stakeholders*. Faça uma análise do resultado.

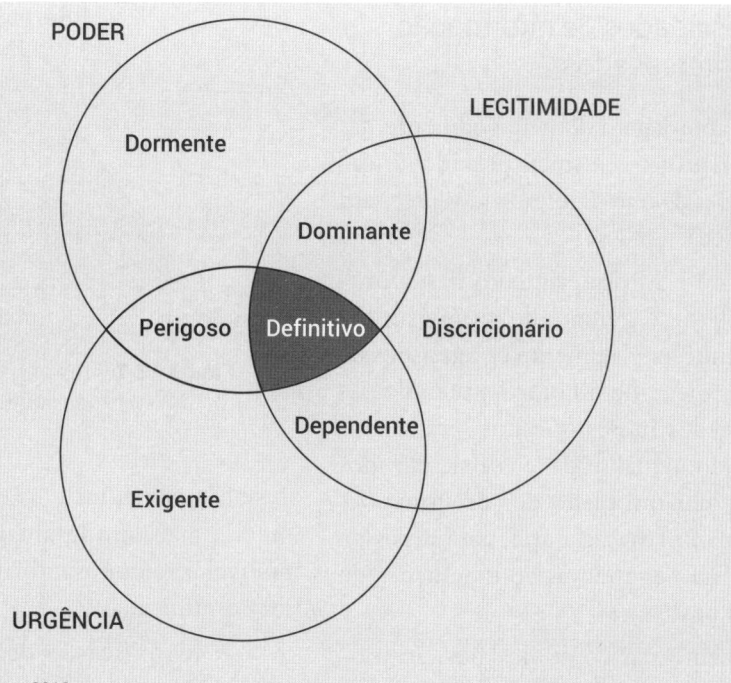

[Diagrama de Venn com três círculos: PODER, LEGITIMIDADE e URGÊNCIA, mostrando as intersecções: Dormente, Dominante, Discricionário, Perigoso, Definitivo, Dependente, Exigente]

Fonte: Carvalho, Prieto e Bover, 2013.

Caso Eduardo e Mônica

Quem é quem entre os *stakeholders* do projeto

Eduardo e Mônica resolveram identificar os principais *stakeholders* do projeto e mapear os atributos para se preparar para lidar com eles no futuro.

Da empresa Modelo Engenharia, Arquitetura e Construção S.C. Ltda selecionaram três *stakeholders*: a arquiteta Taisa, o engenheiro Lucas e o mestre de obras Antonio (para todos o Tonhão). Além disso, identificaram a prefeitura (alvará de construção) e Companhia de Saneamento Ambiental do Distrito Federal (Caesbe), e a Companhia Energética de Brasília (CEB). Finalmente, pararam para pensar nos vizinhos, o vizinho à esquerda era um terreno, então acharam que não seria necessário um cuidado mais próximo, mas o da direita sim, incluíram na planilha João e Maria Lúcia, além do presidente da Associação de Bairro, Pablo.

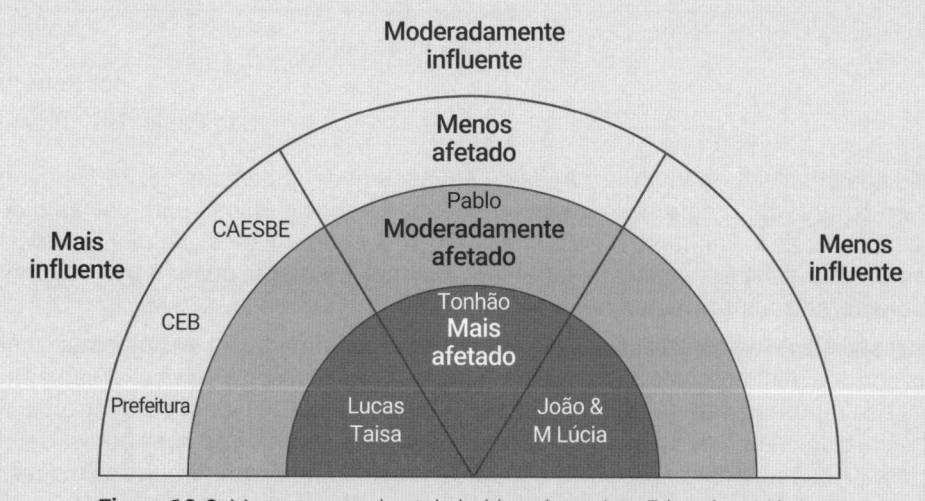

[Diagrama semicircular de mapeamento de stakeholders com eixos: Mais influente / Menos influente (horizontal) e Mais afetado / Moderadamente afetado / Menos afetado (radial). Posicionamentos: CAESBE, CEB, Prefeitura (lado esquerdo - mais influente); Pablo (moderadamente afetado); Tonhão (mais afetado); Lucas, Taisa, João & M Lúcia (parte inferior)]

Figura 13.6 Mapeamento de *stakeholders* do projeto Eduardo e Mônica.

13.2.2 Necessidades de informação dos interessados

A primeira abordagem do gerenciamento das comunicações em projetos se inicia pela identificação das informações de que os interessados precisam ao longo do projeto.

Para elaboração do planejamento das comunicações em projetos, o gerente de projetos e sua equipe devem conhecer claramente os requisitos da informação do projeto, bem como as tecnologias disponíveis. Baseados nesses quesitos será necessário, considerando a análise das necessidades dos interessados, elaborar um plano de comunicações visando enviar a informação certa, para a pessoa certa, na hora certa, segundo as considerações de custo/benefícios possíveis.

O planejamento das comunicações em projetos pode ser visto na Figura 13.7, que expressa uma espécie de tripé das necessidades em projetos: interessados, tecnologia e informação.

Uma vez identificados no projeto exatamente quais os interessados, é preciso avaliá-los, sob o ponto de vista de suas necessidades de informação. Essa consideração deverá levar em conta não só o tipo de informação requerida, mas também a mídia e a frequência desejada.

Um bom plano de comunicação de projetos deverá deixar explícito esse tipo de informação, bem como as estratégias de como implementá-lo.

Figura 13.7 Três elementos do planejamento das comunicações.

Identificados e avaliados os interessados, é preciso fazer um levantamento da tecnologia disponível para que as informações do projeto possam ser comunicadas.

A identificação de tecnologia envolve entender as possíveis mídias existentes no âmbito de um projeto como Intranet, Internet, terminais de computadores, *mainframes*, entre outros.

Em projetos de grande porte envolvendo a criação de produtos de alta tecnologia, as informações devem estar sempre disponíveis aos interessados para que as possibilidades de sucesso sejam efetivas. Muitas empresas têm criado centros de apoio de atendimento (*help desk*) às informações de projetos.

O Quadro 13.1 apresenta uma notícia de projetos em empresas cuja necessidade de informação é muito grande.

Quadro 13.1 Gestão de projetos em ação/gestão de projetos na prática/GP em ação

---

O coração não pode parar

por Roberta Paduan
São Paulo, 14/2 (Portal Exame)

Na subsidiária brasileira da Voith, empresa de engenharia de origem alemã, 260 engenheiros trabalham em complexos programas de engenharia, projetando turbinas para usinas hidrelétricas, geradores de energia e gigantescas máquinas de fabricar papel. Esses engenheiros tocam o coração da empresa e, por isso, precisam ser atendidos imediatamente quando têm alguma dúvida e, principalmente, se seus computadores travarem.

A equipe responsável pelo *help desk* dessa área na Voith é formada por engenheiros e analistas de sistemas com, no mínimo, cinco anos de experiência. A prestadora de serviço, a Sisgraph, empresa especializada em atendimento de engenharia, mantém cinco funcionários dentro da Voith para cumprir metas, como não deixar nenhuma máquina parada por mais de duas horas. Considerando que se trata de computadores parrudos, com programas complexos e arquivos de desenho pesadíssimos, o período muitas vezes não é suficiente para solucionar todos os problemas.

(continua)

(continuação)

> Por isso, permanentemente são mantidas três máquinas de reserva, já configuradas para que os funcionários não percam tempo durante as manutenções mais longas. Essa é uma das medidas de contingência elaboradas pela prestadora do serviço, que não quer correr o risco de pagar multas (pesadas, muitas vezes) caso quebre os parâmetros de qualidade estabelecidos no contrato. "Nosso papel não é apenas manter o sistema operando. Também temos de sugerir atualizações de *software* e *hardware* antes que os problemas apareçam e aumentem", diz Luiz Claudio Ramalho, diretor de serviços, suporte e desenvolvimento da Sisgraph.
>
> No Lloyds, a tesouraria também cumpre uma função crítica, não podendo parar nem por cinco minutos durante o fechamento. Isso faz com que a empresa que presta serviço de *help desk* por lá, a Asyst Sudamérica, tenha pensado em todas as contingências, como *links* de comunicação e também em computadores sobressalentes.
>
> Na Losango, financeira do Grupo Lloyds, a situação é ainda mais crítica. A EDS, empresa contratada para gerir toda a área de tecnologia da empresa, tem de estar de prontidão total. Um ponto de operação da Losango que funcione dentro de uma loja de departamentos, por exemplo, tem de receber a autorização de crédito da matriz sobre o cadastro de uma pessoa que queira comprar a prazo na loja em, no máximo, 20 segundos. "Se os sistemas emperram, é o pior dos mundos." "O cliente vai para o balcão da outra financeira ou escolhe outra forma de pagamento", diz Emerson Piovezan, diretor de operações do Lloyds TSB.

A notícia mostra a importância de se ter tecnologia disponível ao extremo aos interessados de um projeto. Obviamente, em projetos de menor porte, como, por exemplo, projetos internos às empresas, a tecnologia está disponível e basta apenas relacioná-la.

Como dito anteriormente, tendo-se identificado e avaliado os interessados e definidas as tecnologias disponíveis para sua efetiva comunicação, resta ao processo de planejamento identificar as necessidades em informação.

13.3 PLANO DE GESTÃO DAS PARTES INTERESSADAS

Uma vez identificados os interessados, faz-se necessário estabelecer um plano de ações que vise minimizar seus impactos indesejados e maximizar os possíveis impactos desejados em relação aos resultados do projeto. Neste sentido, esse processo visa construir um quadro de estratégias de administração das partes interessadas.

Um plano de gestão das partes interessadas deve ser composto pelos seguintes elementos:

- introdução;
- método de tratamento dos interessados;
- responsabilidades com os interessados;
- lista dos interessados;
- nível de engajamento das partes interessadas;
- avaliação das partes interessadas quanto ao interesse/poder/impacto;
- plano de ação; e
- estratégia de controle.

O contexto do projeto deve ser escrito em conformidade com sua tipologia e necessidade de atuação com os interessados.

Em projetos complexos, por exemplo, em que o nível de exigência das partes interessadas é alta, o contexto do projeto é importante, pois a intensidade da gestão deve ser relevante.

As estratégias definidas no plano de gestão das partes interessadas têm de ser aderentes à matriz poder/interesse. No entanto, é preciso ir além da estratégia. Um bom plano de gestão das partes interessadas deve fornecer a diretriz, mas, também, as ferramentas para desenvolvê-la.

Como dito anteriormente, uma estratégia deverá envolver informação ou escopo. No caso em que as partes interessadas precisam de informação, é preciso detalhar:

- Tipo de informação: há uma variedade de tipos, como, por exemplo, notícias do projeto; dados do andamento físico e financeiro; especificações técnicas de determinado processo; agenda interna; agenda externa, entre outros tipos.

- Frequência: período em que a informação precisa ser divulgada.
- Confidencialidade: estabelecimento de níveis de segurança e restrições aos acessos à informação.
- Meio: o plano deverá prever se a informação deverá ser armazenada em papel, eletronicamente etc.
- Controle: é preciso assegurar-se de que a informação seguiu para o destino correto e se foi adequadamente tratada.

Para as partes interessadas que precisam de escopo, o gerente de projetos e sua equipe devem construir as atividades com recursos, prazos e custos e incluí-las no plano do projeto. É, na realidade, parte do cronograma do projeto e do orçamento, também.

13.4 GERENCIAR OS COMPROMISSOS

Gerenciar o engajamento das partes interessadas significa pôr em prática as estratégias definidas no plano. Visa aproximar a equipe de projetos dos interessados identificados e contemplados com as ações do plano.

Trata-se da realização do plano que envolve as partes interessadas e espera-se que com isso as chances de sucesso do empreendimento possam aumentar.

A gestão do engajamento das partes interessadas envolve, de um lado, ação planejada do gerente de projetos junto ao patrocinador do projeto para garantir o atendimento dos interessados. De outro, a aproximação do gerente de projetos com as várias partes interessadas, incluindo-as no projeto.

Um dos aspectos importantes do processo de gerenciamento do engajamento das partes interessadas é o estabelecimento de um nível de confiança com o gerente de projetos. Esse aspecto envolve o estabelecimento de ações que visem garantir essa confiança. Neste sentido, é preciso proporcionar reuniões periódicas, usar os canais de comunicação já estabelecidos e, se necessário, conceber novos ou alterar os existentes. Na verdade, se propõe a administração dos interesses das partes, ou seja, manter o nível de interesse dentro de acordos realizados.

Um exemplo da administração dos interesses das partes interessadas ocorreu na construção da linha Ouro do Metrô de São Paulo. Na época da construção foi preciso intervir em uma ciclovia existente próximo a uma via pública. A associação dos ciclistas, ao ser consultada, solicitou que uma expansão da ciclovia em troca da interferência que ocorreria em uma parte da pista, utilizada para a construção da linha Ouro. Durante a gestão do engajamento das partes interessadas (neste caso, a associação dos ciclistas), o gerente do projeto da linha Ouro apresentava regularmente informações do andamento do projeto, em especial no que se referia à expansão da ciclovia. Cronogramas mostrando o andamento do projeto, visita à obra para inspecionar o tipo de construção e material utilizado, reuniões específicas, entre outras ações de gestão, foram desenvolvidas para atender os interesses das partes interessadas.

Outro aspecto importante da gestão do engajamento das partes interessadas é quanto aos registros dos ativos de seus processos. Ou seja, o gerente de projetos e sua equipe devem sempre noticiar às partes interessadas, dar *feedback*, mostrar as informações do projeto e, efetivamente, fazer as reuniões de lições aprendidas com a equipe do projeto e com as partes interessadas.

Os benefícios obtidos pela gestão do engajamento das partes interessadas são:

- melhor relacionamento entre as partes interessadas com o projeto (gerente e equipe);
- visibilidade das ações a serem atendidas pelo projeto;
- proximidade das partes interessadas ao projeto;
- entendimento imediato da satisfação das partes interessadas;
- respostas rápidas às objeções das partes interessadas; e
- reação de ações planejadas e organizadas.

Uma ferramenta útil para gerenciar o engajamento é a matriz de avaliação do nível de engajamento proposta na nova versão do PMBoK® (PMI, 2013). O nível de engajamento pode ser classificado em alheio, resistente, neutro, solidário e direcionador (dá apoio e lidera), conforme ilustra a Tabela 13.2.

13.5 CONTROLAR AS PARTES INTERESSADAS

O último processo – controle – servirá para efetivar a gestão das partes interessadas. Significa monitorar os relacionamentos, avaliando o engajamento e ajustando as estratégias para as partes interessadas, quando necessário.

O controle das partes interessadas deve levar em conta o andamento do projeto e análise de seus desvios.

Dois aspectos importantes caracterizam o processo de controle das partes interessadas. Um trata do sistema de informação que o gerente de projetos deve utilizar. É por meio dele que a comunicação dos registros de andamento do projeto deve ser realizada. O sistema deverá permitir ao gerente de projetos consolidar as informações sobre o projeto. Outro trata da administração de todo o ciclo envolvendo as partes interessadas. Nesse aspecto, faz-se relevante buscar informações de novas partes interessadas. Ouvir especialistas, alta administração, técnicos das equipes e os próprios interessados poderá dar substância ao gerente de projetos e sua equipe para a identificação de novas partes interessadas.

Os benefícios do processo de controle são:

- agregação da informação do projeto que será endereçada às partes interessadas;
- identificação de novas partes interessadas;
- entendimento do andamento de escopo e comunicação para as partes interessadas;
- registro de informações consolidadas; e
- registro das lições aprendidas sobre as partes interessadas.

Tabela 13.2 Matriz de avaliação do nível de engajamento

Stakeholder	Alheio	Resistente	Neutro	Solidário	Direcionador
João	C			D	
Maria		C	D		
José				C	D
Carlos					CD

Legenda: C – engajamento atual; e D – engajamento desejável.
Fonte: Elaborada com base no modelo genérico do PMI (2017).

QUESTÕES PARA REFLEXÃO E DISCUSSÃO

1. Quais as diferenças entre partes interessadas primárias e secundárias?
2. Identifique cinco interessados primários e dez secundários em um projeto de construção de uma linha hidrelétrica.
3. Identifique cinco interessados primários e dez secundários em um projeto de construção de uma linha usina eólica.
4. Quais as principais habilidades que devem ser exercidas por um gerente de projetos ao gerenciar as partes interessadas de um projeto?
5. Quais as barreiras para uma eficaz gestão das partes interessadas?
6. Quais as vantagens de adotar as práticas de gestão das partes interessadas como um processo formal de gestão?

7. Você acredita que fazer gestão das partes interessadas melhora o desempenho do projeto? Justifique sua resposta.//
8. Visite o *site* de uma grande empresa de construção e identifique como ela trata as partes interessadas de seus projetos.
9. Em seu último projeto (ou um projeto que você considerou ter sido bem gerenciado), como se deu a gestão das partes interessadas?

ESTUDO COMPLEMENTAR

A) Assista na plataforma Veduca, disciplina de Gestão de Projetos (acesso gratuito), à videoaula 2, que trata de temas discutidos neste capítulo.

Fonte: <https://veduca.org/p/gestao-de-projetos>. Acesso em: 30 ago. 2018.

uqr.to/cpc0

B) Leia os artigos sobre riscos e incertezas:

BORGES, J. G.; CARVALHO, M. M. Critérios de sucesso em projetos: um estudo exploratório considerando a interferência das variáveis tipologia de projetos e *stakeholders*. *Production*, v. 25, n. 1, p. 232-253, 2015.

Fonte: <http://dx.doi.org/10.1590/S0103-65132014005000019>. Acesso em: 31 ago. 2018.

uqr.to/cpib

GROTTI, M. V. F.; ZANCUL, E. S.; FLEURY, A. L.; CARVALHO, M. M. Gestão de *Stakeholders* & *Design Thinking*: um estudo de caso em projeto de mudança organizacional. *GEPROS*. Gestão da Produção, Operações e Sistemas (Online), Aprovado para publicação, 2017.

Fonte: <https://www.researchgate.net/publication/320912222_Gestao_de_Stakeholders_e_Design_Thinking_Um_Estudo_de_Caso_em_Projeto_de_Mudanca_Organizacional>. Acesso em: 31 ago. 2018.

uqr.to/cpic

14 GESTÃO DA SUSTENTABILIDADE

Pró-Valor
Camada Núcleo

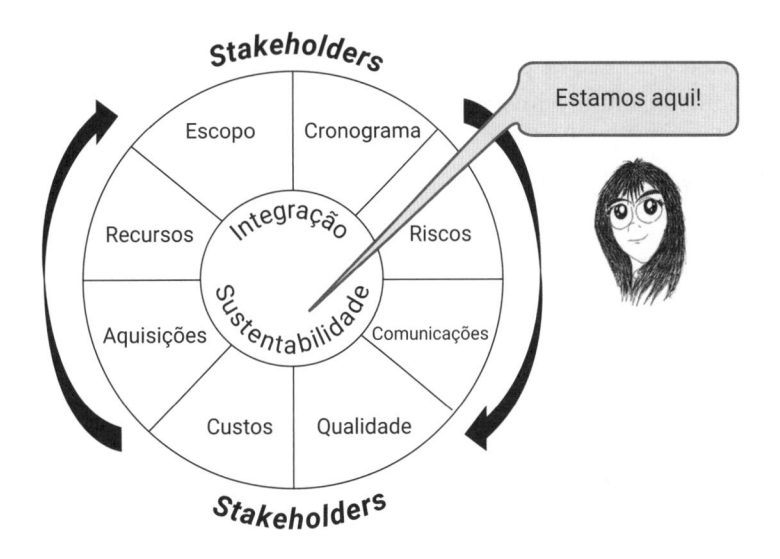

O gerenciamento de projetos moderno precisa levar em conta as questões referentes ao meio ambiente. Além disso, projetos podem impactar também pessoas em vários aspectos. A gestão das questões referentes à sustentabilidade inclui a preocupação gerencial em atender os requisitos ambientais considerando-se não só os aspectos econômicos e financeiros de um empreendimento, mas também o meio ambiente e social. Neste capítulo, será tratada a questão da sustentabilidade no contexto de projetos. Após estudar este capítulo, o leitor estará apto a responder às seguintes questões:

a) O que é sustentabilidade?
b) Quais são os aspectos-chave da sustentabilidade em gestão de projetos?
c) Qual é a relação entre sustentabilidade do produto e do projeto?
d) Quais são os processos de gestão de sustentabilidade em projetos?

14.1 INTRODUÇÃO

Os impactos ambientais causados por projetos deixam a opinião pública, muitas vezes, perplexa, insegura e com desconfiança no projeto e seus gestores. Em geral, tais impactos ocorrem por falta de gestão adequada tanto dos aspectos de planejamento e controle mais tradicionais, como prazo, custo, escopo, risco e qualidade, quanto de aspectos ligados à sustentabilidade. Notícias vinculadas na mídia sobre derramamento de petróleo no litoral, morte de funcionários em desabamentos de obras, trabalho escravo na construção estão sempre nas primeiras páginas de jornal, mas na hora de planejar para que não aconteçam nem os guias de conhecimento destinam a devida atenção.

As empresas precisam despertar para o potencial competitivo da sustentabilidade vinculado não só ao melhor uso de recursos cada vez mais escassos (matéria-prima, energia, água etc.), mas também ao valor agregado para o negócio, com impacto positivo para a marca e reputação, associado ao marketing verde. Adicionalmente, uma gestão de sustentabilidade pode evitar a eclosão de problemas ambientais e sociais que deterioram a imagem da empresa perante a opinião pública, além de evitar o dispêndio de grande montante financeiro em ações mitigatórias.

No entanto, a inclusão dos aspectos de sustentabilidade no âmbito do gerenciamento de projetos ainda é incipiente, tanto do ponto de vista acadêmico quanto prático, mas urgente!

Ora, se, sistematicamente, negligenciamos a dimensão de sustentabilidade na Gestão de Projetos, a tendência é que ocorram impactos ambientais e sociais.

No entanto, essa realidade não é exclusividade da área de projetos. Uma pesquisa sobre sustentabilidade realizada pela PricewaterhouseCoopers (2002) com 101 empresas da lista da revista *Fortune* revelou que 72% delas não incluem risco/oportunidade de aspectos de sustentabilidade em seus projetos, investimentos, transações ou processos de avaliação. O trabalho identifica, ainda, que essa lacuna se manifesta mais no nível de processos de negócio e metodologias, conforme ilustra a Figura 14.1.

A Gestão de Projetos está no nível de processos de negócio e metodologias e teria papel fundamental em alavancar as questões de sustentabilidade enquanto metodologia, mas ainda não o faz.

Neste capítulo buscamos estruturar algumas iniciativas relacionadas com a metodologia de Gestão de Projetos, que podem ajudar a reverter esse quadro.

14.2 CONCEITO DE SUSTENTABILIDADE

O conceito de sustentabilidade, segundo Furtado (2005), é decorrente do termo *sustentável*, que

Figura 14.1 Incorporação da sustentabilidade em diferentes níveis da organização.

significa defensável, suportável, capaz de ser mantido. Sustentabilidade, assim, representa um processo contínuo que, no longo prazo, se mantém, impedindo a ruína de algo.

Em vários textos, o termo *sustentabilidade* se refere apenas à sobrevivência no longo prazo. No entanto, uma visão mais ampla de sustentabilidade emergiu no final da década de 1990, no século passado, em uma perspectiva tridimensional, econômica, social e ambiental, com o termo em inglês *triple bottom line* (TBL) (ELKINGTON, 1998), conforme ilustra a Figura 14.2.

Essa visão mais abrangente de sustentabilidade vem em grande medida por iniciativa e pressão da sociedade.

Assustada por eventos climáticos extremos, como chuva ácida, aquecimento global, desertificação de regiões, além dos danos crescentes à saúde causados pela poluição, a sociedade tem pressionado governos e empresas.

Ainda há um consenso de que precisamos fazer mais. Não podemos pensar somente em atender as necessidades do presente; é preciso olhar para o futuro e garantir também a capacidade das gerações futuras de atenderem as suas próprias necessidades (WCED, 1987).

A visão do TBL mostra o quanto essas três dimensões são interligadas (ver Figura 14.2), demonstrando que a miopia de enxergar apenas com a dimensão econômica pode levar a uma ruptura desse frágil equilíbrio, comprometendo, inclusive, as gerações futuras.

Dessa forma, começa a girar um ciclo virtuoso em que as três dimensões se reforçam. Na visão antiga, mais predatória, as questões ambientais e sociais trariam impacto negativo na dimensão econômica.

Como resultado, observam-se a elaboração e adoção de legislações e normas mais rígidas, com multas e responsabilização por passivos ambientais e sociais de forma mais incisiva.

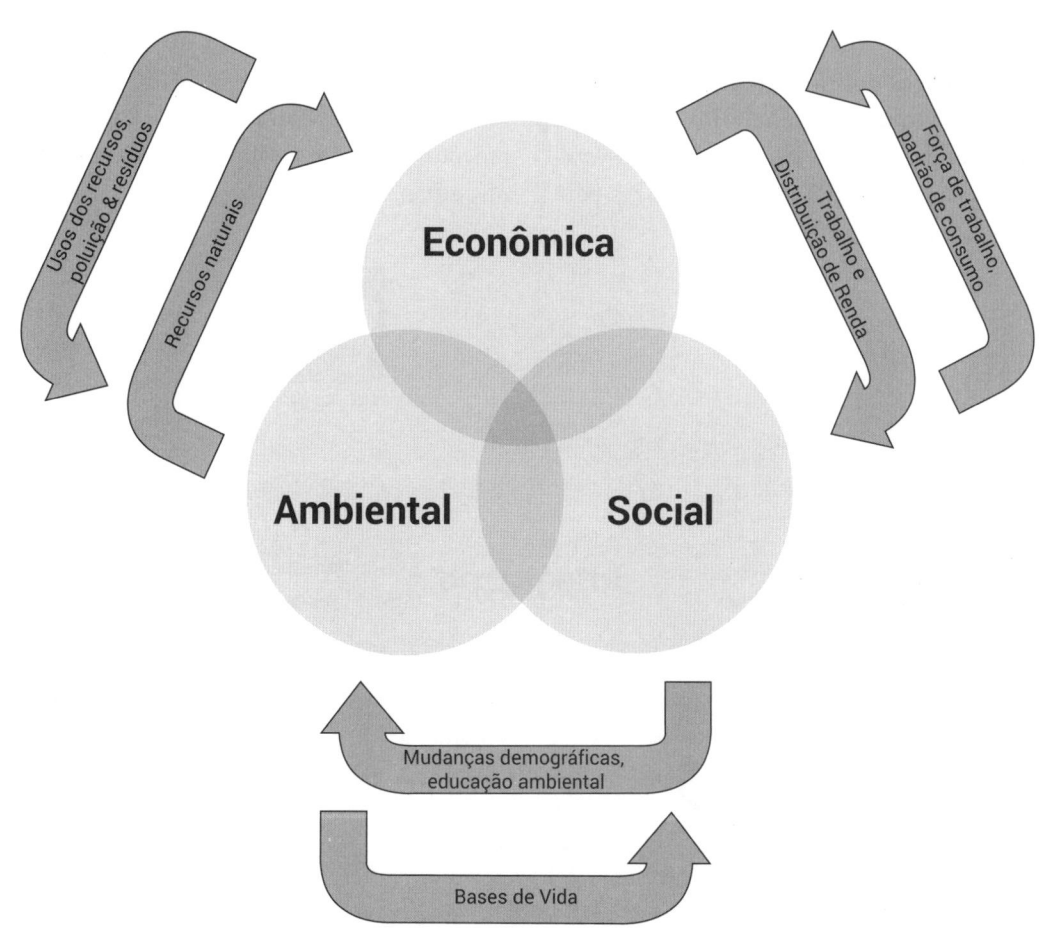

Figura 14.2 Visão tridimensional da sustentabilidade.

Contundo, a postura das empresas ainda oscila bastante quando o tema é sustentabilidade. Algumas adotam uma resposta apenas simbólica às questões de sustentabilidade, sinalizando o atendimento de demandas externas, enquanto, na realidade, dá continuidade aos interesses da empresa, por meio de manipulação das expectativas externas. No entanto, cresce a parcela de empresas que buscam uma resposta substantiva às questões de sustentabilidade, implementando mudanças estratégicas na cadeia de valor, alterando estruturas e processos da empresa.

Como se fosse um vetor, em que, de um lado, estão as empresas com baixa preocupação com a sustentabilidade e, de outro, um comprometimento estratégico no âmbito de negócio. Em um extremo, há organizações cuja postura é reativa, adequando-se às regulamentações e cumprindo as ações mitigatórias em resposta às pressões do poder público e da sociedade. Já as mais comprometidas com a sustentabilidade são proativas, repensando o modelo de negócio e agregando valor pela sustentabilidade.

Além disso, cresce o interesse por normas e legislações específicas, bem como normas gerenciais de cunho voluntário que suportam o desenvolvimento de uma visão mais sustentável nas empresas. Duas normas internacionais da *International Organization for Standardization* (ISO) dão diretrizes para as empresas: na dimensão ambiental do TBL, a série ISO 14000, e nas questões de responsabilidade social corporativa, a ISO 26000.

Outras normas também têm colaborado com uma visão social, como é o caso das normas de saúde e segurança ocupacional da série OHSAS 18000 (*Occupational Health and Safety Assessment Series*). Essa série e a ISO 14000 fornecem a base para o que as empresas têm chamado de SMS – saúde, meio ambiente e segurança (veja a Figura 14.3). Vale dizer que a ISO 26000 ainda está em fase mais embrionária de implementação.

Inspiradas nos conceitos de gestão da qualidade (ISO 9000), essas normas são pautadas no conceito de melhoria contínua e propõem diretrizes de mudança na gestão ambiental, de responsabilidade social e de saúde e segurança ocupacional das organizações (BSI, 2007; ISO, 2004; ISO, 2008). No ambiente competitivo, essas normas têm sido utilizadas como barreiras técnicas de ingresso em mercados globais, que exigem certificações comprobatórias (SEIFFERT, 2005).

No contexto de Gestão de Projetos, embora não abarque toda amplitude dessas normas, vários aspectos podem ser contemplados conforme iremos discutir nas próximas seções.

Figura 14.3 Sistema integrado de gestão: foco ampliado para questões de sustentabilidade.

14.3 SUSTENTABILIDADE E SUCESSO DE PROJETOS

A evolução da disciplina gerenciamento de projetos tem sido relevante em termos conceituais. Um modelo único de gerenciamento faz parte do passado. Essa foi a justificativa para a criação do modelo Pró-Valor, apresentado no início do livro. Em termos de sustentabilidade, chama-nos atenção o eixo impacto, do modelo I^4 – aqueles projetos cujos resultados, produtos ou serviços afetam significativamente um ou mais interessados. Os impactos, em uma visão de sustentabilidade, envolvem também o meio ambiente e os aspectos presentes no ambiente externo de uma empresa.

Além da tradicional visão da eficiência, o sucesso em projetos envolve muitas outras dimensões, como discutimos no Capítulo 19. No entanto, as dimensões sociais e ambientais são negligenciadas pela literatura.

As questões-chave para sustentabilidade em projetos na perspectiva estratégica envolvem quatro fatores: modelo de negócios de inovação sustentável, gerenciamento de partes interessadas, vantagem econômica e competitiva e políticas ambientais e economia de recursos (MARTENS; CARVALHO, 2016), que vamos discutir mais a fundo no Capítulo 15.

A sustentabilidade econômica requer uma concepção de projetos de forma a garantir que o investidor se sinta seguro com relação ao retorno do investimento no empreendimento. Nesse sentido, a maior parte das cinco dimensões de sucesso propostas por Shenhar e Dvir (2007) remete à dimensão econômica da sustentabilidade, mas, mesmo nesse contexto, podemos alimentar o tema da sustentabilidade em outras dimensões. Em termos de eficiência de projetos, isso significa comprar melhor, aplicar recursos eficientemente, escolher tecnologias limpas, usar energia renovável, reduzir a utilização de combustíveis fósseis etc.

Para nós, o sucesso em projetos deverá ser visto em uma visão ampla que assuma também as dimensões sociais e ambientais, conforme ilustra a Figura 14.4.

A Figura 14.4 ilustra as sete dimensões de sucesso adaptadas para o diagrama de Kano, em que se analisam as curvas dimensionais a partir de uma representação cartesiana, na qual a abscissa representa o desempenho em uma dada dimensão de sucesso e a ordenada reflete o benefício competitivo para a empresa. Uma versão preliminar desse modelo foi publicada em Morioka e Carvalho (2014), sem as dimensões: impacto ambiental e impacto social.

Os impactos social e ambiental do projeto combinam o comportamento de duas curvas propostas por Kano, os itens de desempenho e os itens de encantamento. No caso de o desempenho na dimensão social ou ambiental ser negativo, o comportamento da curva é igual ao dos itens de

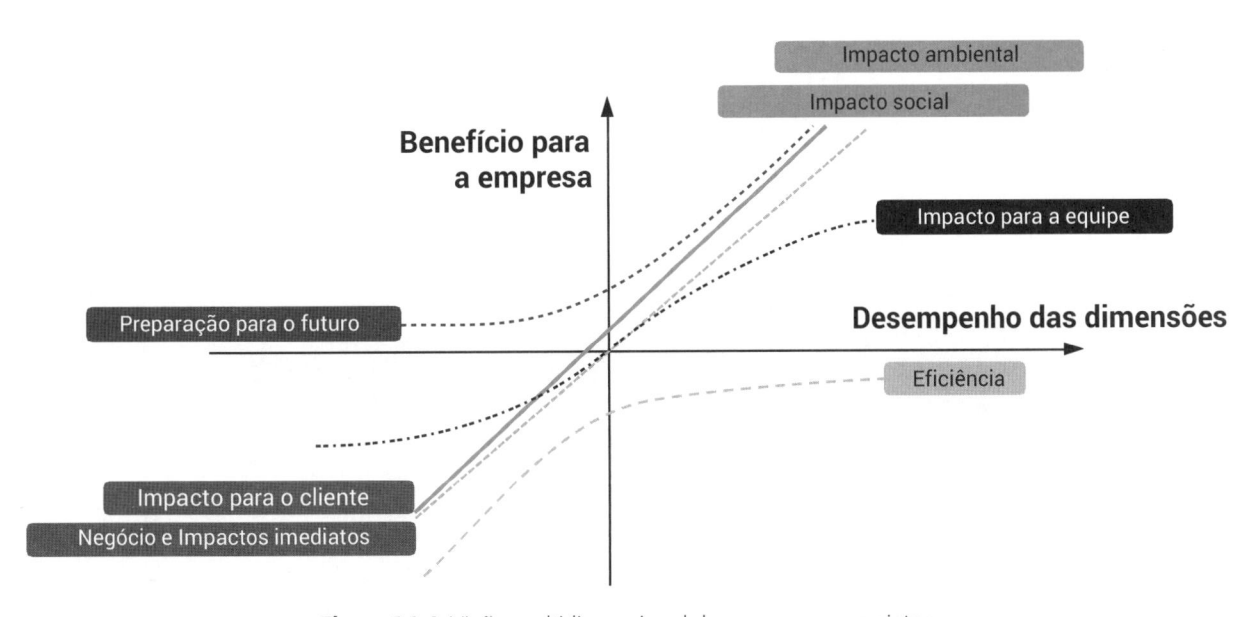

Figura 14.4 Visão multidimensional do sucesso em projetos.

desempenho, ou seja, um desempenho negativo provoca perda proporcional de competitividade. Exemplos dessas situações podem derivar de passivos sociais e ambientais passíveis de provocar uma erosão em seus resultados financeiros e na imagem da empresa. Por outro lado, no caso do desempenho positivo, as dimensões social e ambiental comportam-se como itens de encantamento, ou seja, possuem um potencial exponencial para trazer benefícios relevantes à empresa no longo prazo, tanto em imagem (marketing verde) como em patentes em tecnologias limpas, créditos de carbono com tendência de valorização, entre tantos outros benefícios potenciais.

14.4 GESTÃO DA SUSTENTABILIDADE DO PROJETO

Embora nas comunidades de prática ainda a discussão sobre sustentabilidade não tenha permeado adequadamente os guias de conhecimento (BoKs), na literatura acadêmica essa preocupação está em estágio bem avançado. Em 2017, o periódico de maior fator de impacto na área de projetos, o *International Journal of Project Management*, lançou uma edição especial somente para discutir a sustentabilidade.

É por meio de projetos que as obras de infraestrutura são construídas, que os novos equipamentos, carros e eletrodomésticos são criados, enfim, as inovações são desenvolvidas. Se, no contexto da gestão de projetos, não nos preocuparmos com sustentabilidade, como nosso futuro será sustentável?

A integração da sustentabilidade pode ampliar as fronteiras da Gestão de Projetos. No entanto, é importante compreender que a sustentabilidade na área de GP pode ser vista sob diferentes lentes, pois há uma perspectiva interna e uma perspectiva externa de sustentabilidade.

A perspectiva externa está relacionada com a estratégia e com o sucesso, como vimos na seção anterior, em que os impactos sociais e ambientais do projeto podem impactar o sucesso, o modelo de negócio (ver Capítulo 15), com repercussão na seleção do portfólio de projetos (ver Capítulo 18). A perspectiva externa dialoga com a perspectiva interna nas estruturas de governança organizacional e de projeto, conforme ilustra a Figura 14.5.

Como mostrado na Figura 14.5, a perspectiva interna está relacionada com os processos de GP e com o produto/serviço/resultado do projeto em si, ao longo do ciclo de vida. Assim como em outras áreas de conhecimento, como a gestão do escopo do projeto, por exemplo, refere-se ao escopo do produto e ao escopo do projeto (ver Capítulo 5), por analogia, a gestão da sustentabilidade do projeto também se refere.

Um *link* fundamental para a sustentabilidade do produto é com o *Ecodesign* ou, a perspectiva ambiental da sustentabilidade (BRONES et al., 2014, 2017; BRONES; CARVALHO, 2015). A integração do gerenciamento sustentável do ciclo de vida dos produtos é um ponto de partida para o alinhamento dos princípios de gerenciamento de projetos e desenvolvimento sustentável, e tem forte ligação com a gestão do escopo e da qualidade. Outra questão relevante é a responsabilidade social no âmbito do projeto, respeitando os princípios da ISO 26000 nas fronteiras do projeto.

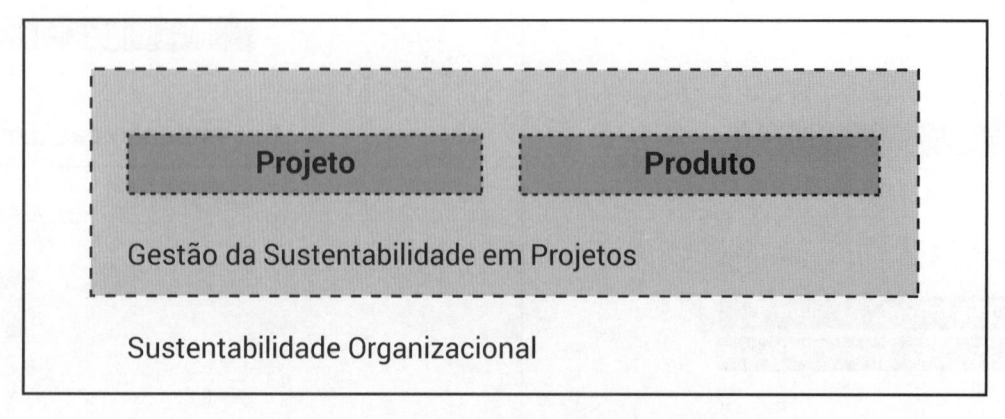

Figura 14.5 Sustentabilidade: produto, projeto e organização.

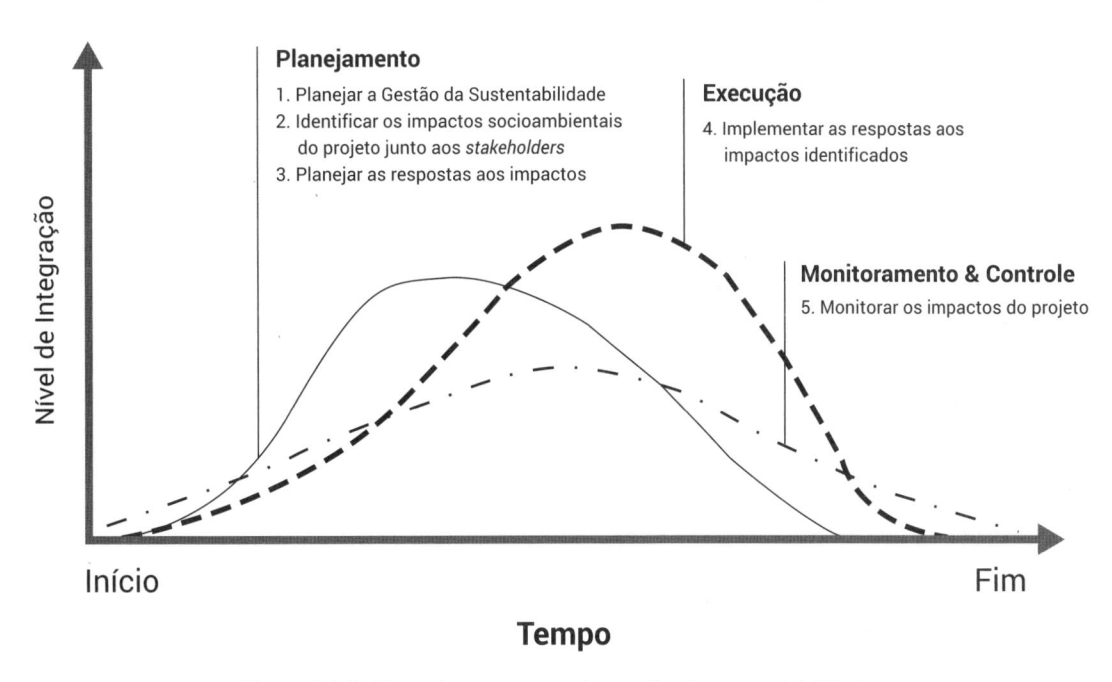

Figura 14.6 Fluxo de processos de gestão da sustentabilidade.

Para garantir o foco na Gestão da Sustentabilidade, é preciso ter processos de GP específicos para essa área, à semelhança das demais dez áreas de conhecimento. A Figura 14.6 mostra os processos que propomos para gerir a sustentabilidade distribuídos em três grupos de processo planejamento, execução e monitoramento. Os processos que propomos para a gestão da sustentabilidade em projeto são cinco: *planejar a gestão da sustentabilidade*, *identificar os impactos do projeto*, *planejar as respostas aos impactos*, *implementar as respostas aos impactos* e *monitorar os impactos do projeto*.

No grupo de planejamento vem o processo *planejar a gestão da sustentabilidade*, que alimentará o plano de projeto (ver Capítulo 4), detalhando as estratégias, políticas, procedimentos e documentação para a gestão da sustentabilidade ao longo de todo o ciclo de vida do projeto. Vale destacar que é preciso mapear a tensão/sinergia entre os objetivos para cada dimensão do TBL, que vai demandar decisões e escolhas, que devem ser acordadas junto aos *stakeholders* do projeto. Vale destacar que, além dos três dimensões da sustentabilidade no TBL, o projeto pode, explicitamente, buscar se alinhar ao 17 objetivos do desenvolvimento sustentável que são: erradicação da pobreza (SDG1), fome zero (SDG2), boa saúde e bem-estar (SDG3), educação de qualidade (SDG4), igualdade de gênero (SDG5), água limpa e saneamento (SDG6), energia acessível e limpa (SDG7), emprego digno e crescimento econômico (SDG8), indústria, inovação e infraestrutura (SDG9), redução das desigualdades (SDG10), cidades e comunidades sustentáveis (SDG11), consumo e produção responsáveis (SDG12), combate às alterações climáticas (SDG13), vida de baixo d'água (SDG14), vida sobre a terra (SDG15), paz, justiça e instituições fortes (SDG16) e parcerias em prol das metas (SDG17).

Depois, o processo *identificar os impactos do socioambientais do projeto junto aos stakehloders*, que consiste na identificação e análise e documentação das informações relativas aos possíveis impactos no desempenho do projeto, considerando aspectos sociais e ambientais do projeto, dado que os aspectos econômicos já são, historicamente, tratados no *business case* e na gestão de custos do projeto.

Uma vez identificados os impactos, deve-se *planejar a resposta aos impactos*. Assim como na gestão dos riscos, os impactos podem ser positivos (oportunidades) e negativos (ameaças). Por exemplo, em um projeto turístico em uma reserva, estabelecer uma boa simbiose com a comunidade local pode gerar muito mais oportunidades do que ameaças ao projeto, bastando saber compartilhar. Assim, as estratégias de respostas aos riscos também aqui podem ser aplicadas, é claro que somadas às técnicas de análise do ciclo de vida relacionadas com o produto do projeto, já discutidas anteriormente, mais técnicas e alinhadas com as normas de análise de ciclo de vida a ISO 14040 e 14044 mencionadas neste capítulo.

No grupo de execução vem o processo *implementar as respostas aos impactos identificados*, ou seja, colocar em prática os planos de resposta aos impactos e as técnicas de ciclo de vida ambiental e social para o produto/serviço/resultado do projeto.

No grupo de monitoramento e controle, há o processo *monitorar os impactos do projeto*, que visa acompanhar o progresso do plano de gestão da sustentabilidade, agindo para tratar as variações inesperadas e conduzindo replanejamentos, sempre que necessário.

14.5 ÁREA DE GESTÃO DA SUSTENTABILIDADE E SEU RELACIONAMENTO COM AS DEMAIS ÁREAS DE CONHECIMENTO

A gestão da sustentabilidade, assim como a gestão da integração, exercem forte influência nas demais áreas de conhecimento e, por isso, estas áreas estão juntas no centro do círculo do modelo Pró-Valor.

14.5.1 Gestão do escopo e qualidade na perspectiva da sustentabilidade

As áreas de escopo e qualidade são fundamentais para dar ao projeto uma orientação para a sustentabilidade, uma vez que elas definem a matriz de requisitos e os critérios de qualidade do projeto. Na gestão de escopo, o gerente deve se balizar pelo conceito de gerenciamento do ciclo de vida (*life cycle management* – LCM) e de avaliação do ciclo de vida (*life cycle assessment* – LCA).

Segundo as normas da série ISO 14000 (ISO 14001, 14040 e 14044), o conceito ciclo de vida refere-se aos estágios sucessivos e encadeados de um sistema de produto, desde a aquisição da matéria-prima ou geração de recursos naturais à disposição final; enquanto a avaliação do ciclo de vida permite identificar e avaliar as entradas, as saídas e os impactos ambientais potenciais de um sistema de produto ao longo do ciclo de vida (ver Figura 14.7). Além disso, o impacto ambiental é definido como qualquer modificação no meio ambiente (ar, água, solo, recursos naturais, flora, fauna, seres humanos e suas inter-relações), seja ela adversa ou benéfica, que resulte das atividades, produtos ou serviços de uma organização.

Portanto, não se trata apenas de identificar danos, mas encontrar uma maneira de pensar o projeto verde, identificando oportunidades de marketing do produto e de melhoria no desempenho ambiental de produtos e serviços, ao mesmo tempo em que se identificam os *trade offs* dessas alternativas com os aspectos social e econômico. Qualquer tomada de decisão deve observar o equilíbrio entre essas três dimensões da sustentabilidade, o que, via de regra, não é tarefa fácil. Pegue o exemplo do carro a álcool, que, sem dúvida, é muito menos poluente, pensando na emissão de carbono (CO_2), do que os combustíveis fósseis. No entanto, se olharmos todo o ciclo de vida, desde o plantio da cana-de-açúcar, suas queimadas que causam um aumento significativo de problemas respiratórios nas regiões vizinhas, as condições de trabalho dos cortadores de cana que, por vezes, sofrem morte súbita por exaustão, entre outros aspectos relacionados com esse ciclo de vida, percebemos que o cálculo é bem mais complexo. Reflita com seus colegas sobre o tema e discutam alternativas de melhoria.

Agora que vocês levantaram os principais aspectos, aplique o conceito de avaliação do impacto do ciclo de vida para chegar a uma conclusão sobre o tema.

A norma ISO 14044 sugere três elementos obrigatórios na avaliação do impacto do ciclo de vida: seleção das categorias de impacto, indicadores de categorias, modelos de caracterização. O primeiro, seleção das categorias, identifica as categorias de impacto mais críticas para o perfil ambiental do sistema de produto projetado, que podem gerar escassez de energia, consumo de recursos naturais, destruição da camada de ozônio, entre outros. Já a classificação refere-se à correlação entre as cargas ambientais e as categorias de impacto selecionadas. Por fim, a caracterização agrega as cargas ambientais correlacionadas com as respectivas categorias de impacto e as converte para indicadores que vão sintetizar

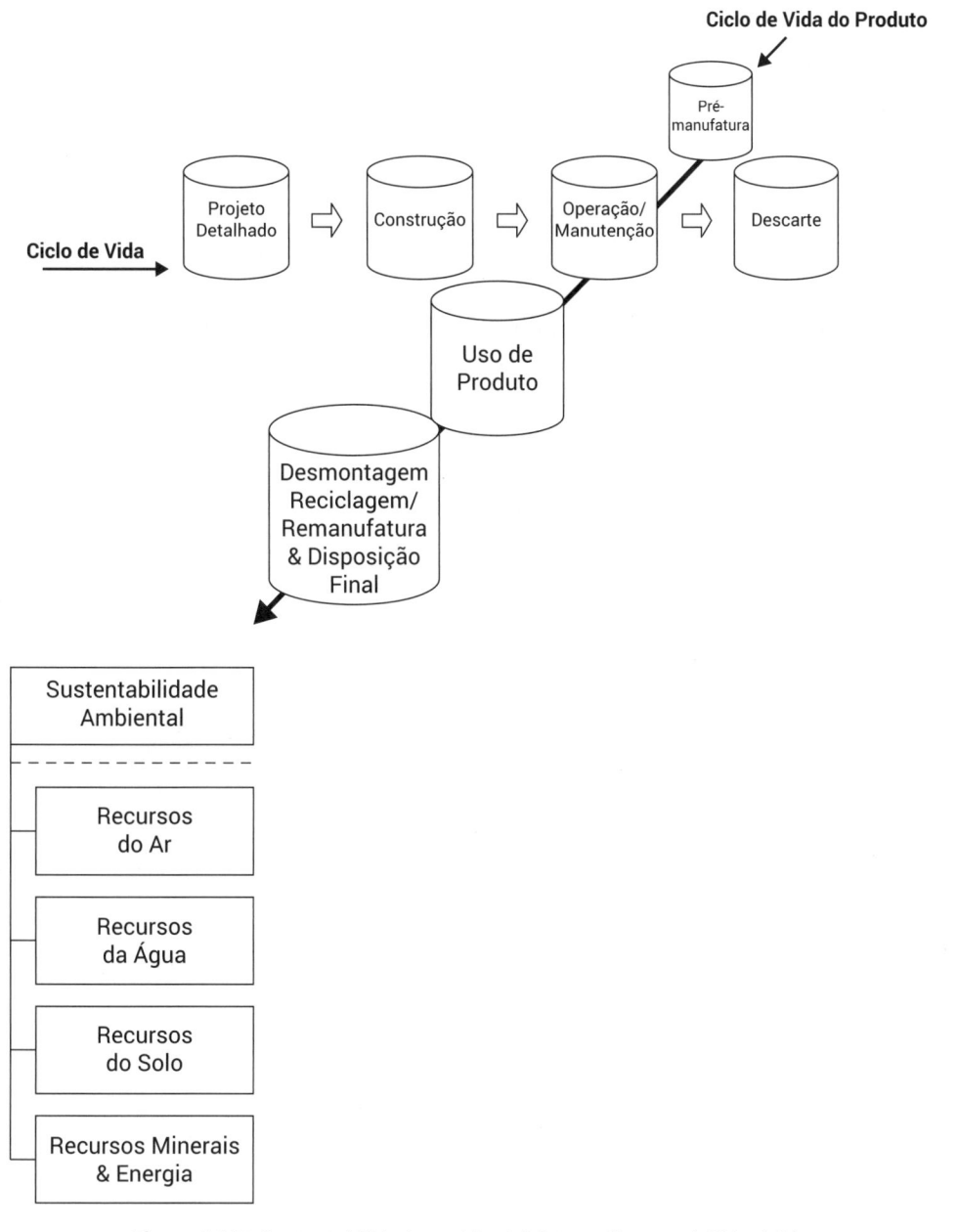

Figura 14.7 Sustentabilidade ambiental: interação entre LCM e LCA.

um único índice por categoria. Alguns exemplos de ligação entre categoria e impactos podem ser:

- A categoria *aquecimento global* está correlacionada com os seguintes impactos: mudanças climáticas e eventos climáticos extremos.
- A categoria *diminuição da camada de ozônio* está correlacionada com os seguintes impactos: aumento da intensidade dos raios UV, câncer de pele, danos ao sistema imunológico.
- A categoria *resíduos para aterro* está correlacionada com os seguintes impactos: poluição de águas subterrâneas, corpos hídricos, ar e solo.

Existem vários métodos, ferramentas e técnicas capazes de auxiliar um projeto com foco em sustentabilidade, quais sejam: projeto para ambiente (*design for environment* – DFE), projeto para economia de energia (*design for energy saving* – DFES) e projeto para desmontagem (*design for disassembly* – DFD).

Esses métodos contribuem para introduzir o pensamento sustentável na atividade de projeto.

Ampliando o tema, podemos pensar em uma engenharia para o ciclo de vida (*life cycle engineering* – LCE), que direciona as escolhas desde sobre o conceito do produto, passando pela estrutura, escolha de materiais e processos (ALTING, 1995).

Os aspectos de engenharia devem contemplar, também, questões relacionadas com as escolhas de tecnologias envolvendo aspectos ambientais. Por exemplo, a adequação à legislação ambiental exige a adoção de tecnologias para o controle da poluição de final de processo, agindo-se para evitar que a poluição já gerada cause impacto ambiental; no entanto, essa é uma visão reativa. Uma visão proativa e com foco ambiental e de custo seria a adoção de tecnologias mais limpas e tecnologias de mensuração ambiental. Enquanto as tecnologias mais limpas buscam minimizar ou, até mesmo, eliminar qualquer efeito prejudicial que um processo pode gerar no meio ambiente, as tecnologias de mensuração ajudam na tomada de decisões sobre a qualidade do meio ambiente, construindo uma base de informações confiáveis que auxilie no processo de melhoria contínua do desempenho ambiental (ROTHENBERG; SCHENCK; MAXWELL, 2005; BOIRAL, 2006; KUEHR, 2007; DONAIRE, 1999). O relacionamento entre a área de qualidade com sustentabilidade pode ser visto como a expressão da preocupação da conformidade com o que foi acordado com os interessados para pacotes de trabalho; no entanto, se a visão é de projeto verde e o escopo considerou o conceito de ciclo de vida ambiental, também a qualidade deve valorar esses atributos, além de aspectos sociais. Assim, uma necessidade que representa a construção de escolas para indígenas em uma área em que um gasoduto irá passar deve ser atendida tanto quanto os demais parâmetros de qualidade previstos tecnicamente no produto/serviços do projeto.

14.5.2 Gestão dos custos e cronograma na perspectiva da sustentabilidade

A relação do gerenciamento do cronograma em projetos e a sustentabilidade não é tão forte, como no caso das demais áreas. Nessa relação, vale a pena observar, de um lado, a presença de entregáveis, que demandam tempo para serem realizados e, de outro, a existência de um número maior de *stakeholders* exigentes, internos e externos, com objetivos conflitantes a serem negociados e, portanto, demandando mais tempo gerencial.

A relação de custo e sustentabilidade assume diferentes aspectos e, aqui, devemos falar não só na questão custo, mas também em aspectos econômicos. A sustentabilidade na perspectiva econômica pode ser vista conforme a Figura 14.8.

A sustentabilidade econômica transcende aspectos de custo e envolve a saúde financeira, o desempenho econômico e financeiro do projeto e os benefícios econômicos e financeiros potenciais e futuros, como abertura de novos mercados, conforme ilustra a Figura 14.8.

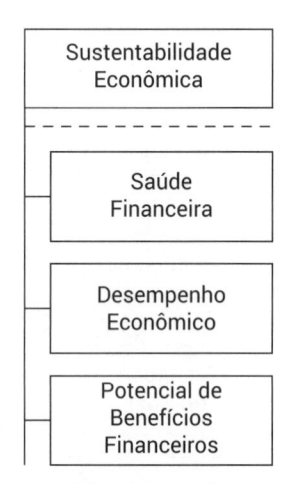

Figura 14.8 Sustentabilidade econômica.

Com relação à gestão dos custos em projetos, é importante que os projetistas dominem o método de análise de custo do ciclo de vida (*life cycle cost* – LCC) para orientar as decisões de engenharia, por meio da estimativa do custo total de todas as fases, do desenvolvimento até o uso e o descarte de produtos (ASIEDU; GU, 1998).

Pode-se aqui também construir uma análise de valor agregado em sustentabilidade em que se estimem os investimentos em controle e prevenção de impactos ambientais e as economias obtidas em termos de redução de custos com melhor utilização de recursos energéticos e hídricos, dentre outros fatores relevantes.

14.5.3 Gestão de recursos e comunicações na perspectiva da sustentabilidade

Um aspecto relevante da sustentabilidade está relacionado com a gestão dos recursos naturais cada vez mais raros na natureza.

Recentemente, tem crescido o interesse por uma nova abordagem conhecida como economia circular, em contraposição à ideia de economia linear de sistema aberto, que consiste na extração da natureza, seu processamento e posterior descarte.

O objetivo é enfrentar o desafio da escassez de recursos em uma abordagem vantajosa para a perspectiva econômica e de valor, em que poluição e os resíduos representam fracassos da modelagem do sistema. A economia circular é inspirada no conceito de berço a berço (*cradle to cradle*) em busca de uma sociedade com zero resíduo, em que os resíduos são usados como matéria-prima por meio de vários *loopings* fechados, conhecidos como ciclos técnicos, visando ao compartilhamento, reutilização, reciclagem, remanufatura e revalorização (HOMRICH *et al.*, 2017).

Portanto, convidamos os gerentes de projeto a pensar a gestão dos recursos em uma perspectiva de economia circular.

Tanto os recursos humanos quanto as comunicações precisam ser gerenciados quando tratamos de atender as necessidades de sustentabilidade de um projeto. É essa, entre outras, a razão da existência das linhas de alinhamento com a sustentabilidade. A gestão dos recursos humanos, que está no bojo dessa relação, apresenta elementos, muitas vezes novos, que precisam ser incorporados ao conjunto de conhecimentos de uma organização. Em projetos tecnológicos, por exemplo, os especialistas em tecnologias não dominadas pela organização em que se insere o projeto precisam ser levados em conta na hora da programação e realização do controle do projeto, como mencionado. Faz-se necessário, portanto, mobilizar a equipe e os *stakeholders* para a questão da sustentabilidade.

Atualmente, as questões de saúde e segurança ocupacional já estão sendo observadas em projetos, em geral lastreadas pela norma OHSAS 18001. Essa norma dá diretrizes para a implementação de um sistema de gestão da saúde e segurança ocupacional,

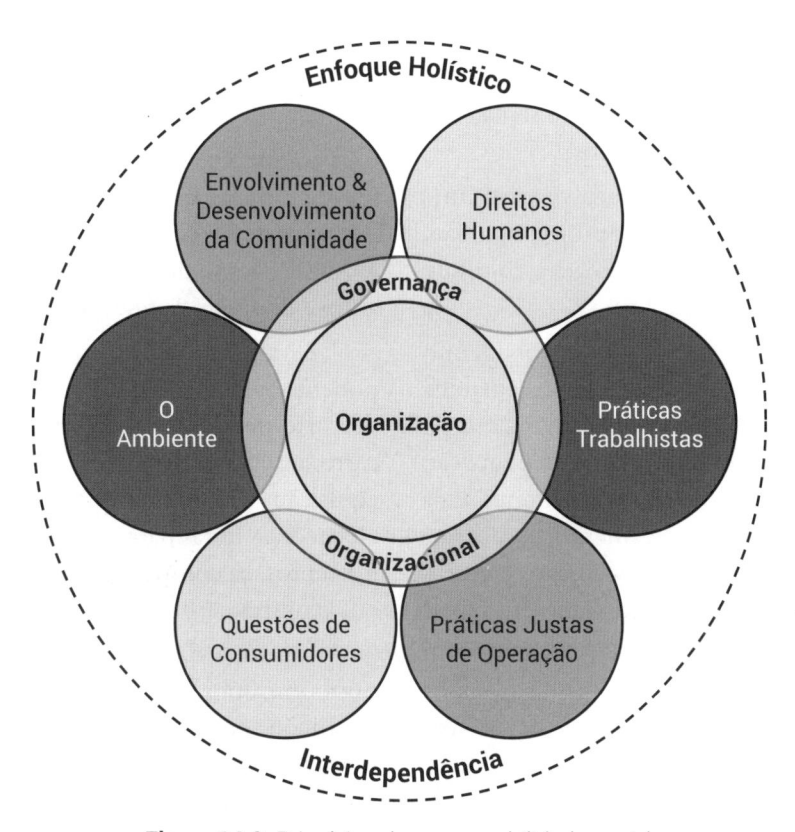

Figura 14.9 Princípios da responsabilidade social.

visando à redução dos riscos e à melhoria do desempenho do sistema. Devem-se atrelar a esses aspectos questões relacionadas com a ergonomia e a confiabilidade humana, tanto no que se refere ao produto do projeto como à sua gestão.

Além disso, cabe se balizar pelos princípios e questões essenciais de governança da norma de responsabilidade social, todos aplicáveis ao contexto de projetos. Os princípios da ISO 26000 são: responsabilidade pelas ações, comportamento ético, transparência, respeito aos interesses dos *stakeholders*, respeito às leis, respeito às normas internacionais de comportamento e respeito aos direitos humanos.

Já em uma visão holística, as questões essenciais de governança são direitos humanos; práticas trabalhistas, práticas justas de operações; questões do consumidor, ambiente, envolvimento e desenvolvimento da comunidade (ver Figura 14.9).

Em projetos, várias questões de ética relacionadas com a proteção ao capital intelectual, combate à pirataria e à corrupção podem facilmente se manifestar e merecem uma preocupação especial, sobretudo em projetos complexos e do tipo consórcio (ver Capítulo 12). Quantas empresas viram seu nome exposto na mídia pela concessão de projetos a partir de corrupção no sistema de aquisições ou de licitações? Puxe na memória algum escândalo recente em projetos de infraestrutura e discuta com colegas como evitar problemas éticos.

Outra questão que assume cada vez mais importância em projetos, em especial projetos globais, é a promoção e respeito às diversidades culturais, raciais e de gênero.

A comunicação do estágio de desenvolvimento dos entregáveis referente às questões de sustentabilidade é representada por mais uma relação exposta na Figura 14.10. Essa relação representa a preocupação do gerente de projetos em mostrar aos interessados no projeto os dados de seu andamento, como, por exemplo, os indexadores de escopo, prazos e custos e suas estimativas de término, bem como em suprir com informações específicas os diversos interessados no projeto.

Lembre-se de mapear todos os *stakeholders*, como vimos no Capítulo 10, em especial observe desde o nível micro até o macrossocial, conforme ilustra a Figura 14.10.

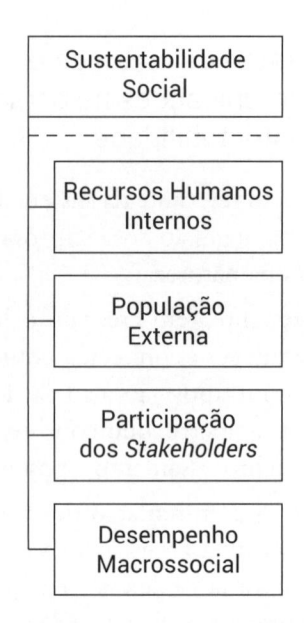

Figura 14.10 Sustentabilidade social.

14.5.4 Gestão de aquisições e riscos na perspectiva da sustentabilidade

Entre as áreas de conhecimento que apresentam uma ligação com a sustentabilidade, destaca-se a área de aquisições. Procurar e comprar com a preocupação da sustentabilidade pode ajudar os gerentes de projetos a se comprometerem melhor com a imagem de seus projetos. Na área de construção civil, por exemplo, existe uma série de produtos que competem nas compras de um projeto: caixas de sanitários com divisões para dois tipos de descarga de água, aquecedores solares, sistemas de aproveitamento de água de chuva, iluminação com aproveitamento da energia solar etc.

As aquisições, em projetos de manufatura, podem ser planejadas tendo como base seu uso e descarte de materiais futuros. A possibilidade do carro sustentável dependerá também dos critérios de aquisição de materiais que compõem seus sistemas elétricos, as fibras naturais que formam a carroceria e assentos, os componentes de alumínio do motor, entre outros.

No caso da indústria de transporte aéreo, outro exemplo, há uma série de oportunidades de aquisições em projetos que podem minimizar os impactos no ambiente e para o ser humano. Algumas sugestões de projetos que podem melhorar a relação de um setor poluente com a sustentabilidade são:

- desenvolvimento de um projeto para adquirir produtos que irão compor as embalagens dos alimentos servidos em bordo, com possibilidades de descarte e reciclagem; e
- concepção de um programa para pagamento de taxas por trecho voado (é possível calcular a taxa de emissão de CO_2 por passageiro) destinado ao plantio de árvores que ajudarão a reduzir os impactos de CO_2.

Nesse sentido, sugere-se que as tipologias ambientais sejam utilizadas como critério de seleção de fornecedores, priorizando-se tecnologias limpas (ver Figura 14.11).

Por fim, cabe aqui mencionar a relação risco-sustentabilidade, que representa a gestão das incertezas e dos impactos que elas podem produzir no projeto. Nessa relação, levam-se em conta os aspectos referentes a: riscos tecnológicos; riscos de imagem da organização; riscos políticos; riscos internos e do projeto, entre outros. Uma estrutura analítica de risco (RBS) genérica deveria contemplar aspectos ambientais, conforme sugerimos na Figura 14.12.

14.6 DIAGNÓSTICO DE SUSTENTABILIDADE DE PROJETOS

Para tentar saber se o projeto está alinhado com uma filosofia sustentável, podemos utilizar o

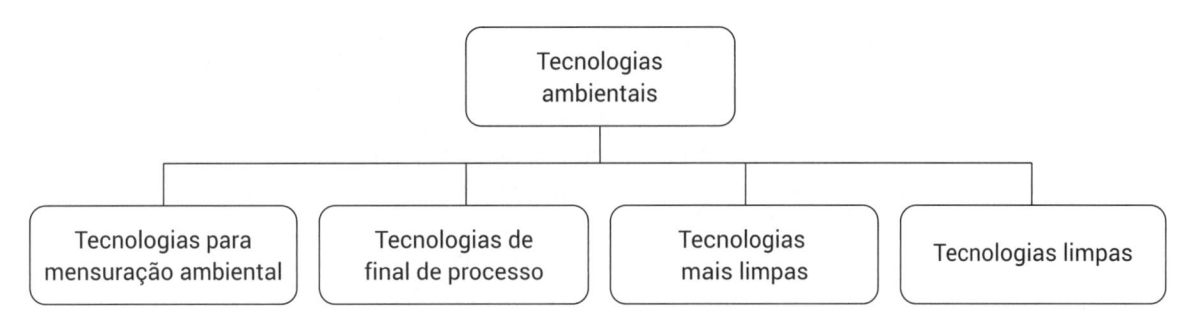

Figura 14.11 A tipologia das tecnologias ambientais.

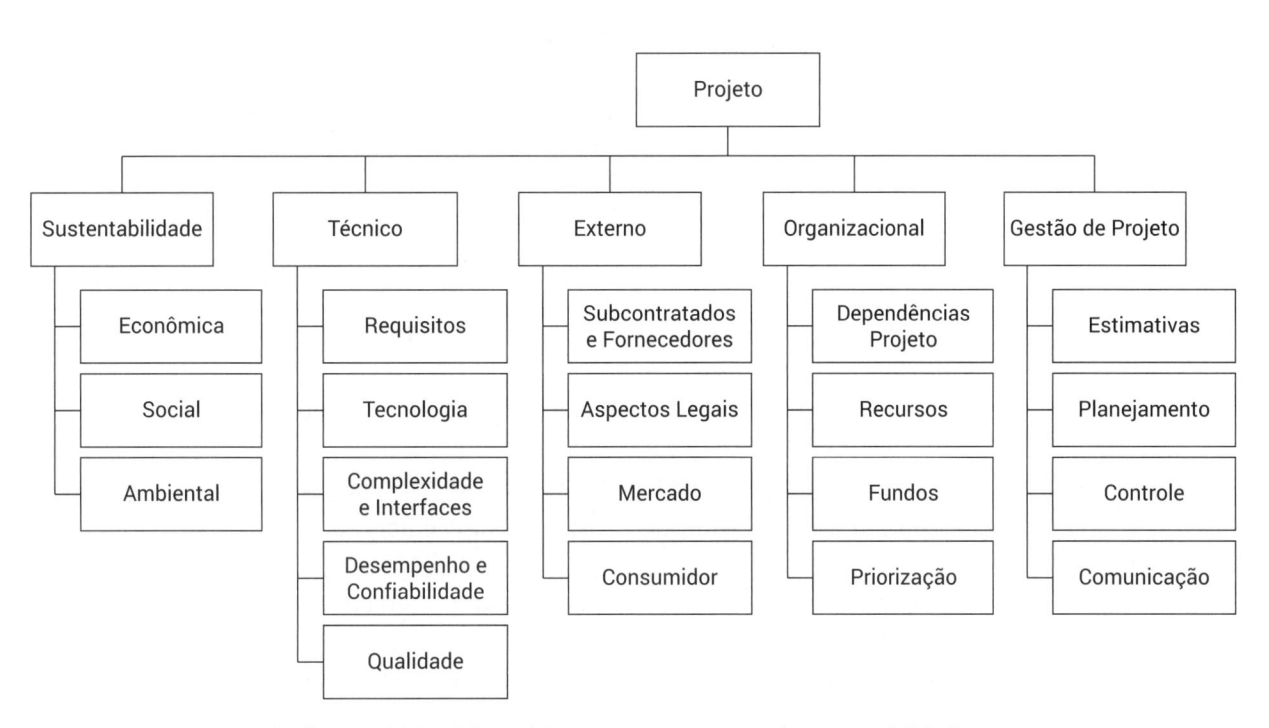

Figura 14.12 RBS genérica com a perspectiva da sustentabilidade.

seguinte diagnóstico do modelo Pró-Valor. Nele, propomos três eixos de análise: um de processos gerenciais, outro de pessoas e outro de sistemas e tecnologias, conforme detalham os Quadros 14.1a até 14.1c.

Quadro 14.1a Questionário de sustentabilidade-parte pessoas

		Data: _____
Nome do projeto:		
Gerente:		

Pessoas	Identificação	Avaliação
1	Gerente de Projetos está comprometido com a responsabilidade social.	1-5
2	Os princípios de responsabilidade social, ISO 26000 – transparência, comportamento ético, respeito pelos interesses das partes interessadas (*stakeholders*), respeito pelo estado de direito, respeito pelas normas internacionais de comportamento, direito aos humanos e *accountability* –, foram respeitados nesse projeto.	1-5
3	Aspectos de segurança e saúde ocupacional, OHSAS 18001, (identificação de perigos; avaliação dos riscos; determinação dos controles; requisitos legais, monitoramento de incidentes) foram considerados para equipe e para terceirizados do projeto.	1-5
4	Os membros de equipe estão comprometidos com a responsabilidade social.	1-5
5	Os *stakeholders* externos do projeto demandam observância de aspectos relacionados com a responsabilidade social.	1-5
6	Aspectos de diversidade de raças e igualdade de gênero foram considerados na composição da equipe do projeto.	1-5
7	Há reuniões com a equipe para tratar de questões de responsabilidade social e saúde e segurança.	1-5
8	O patrocinador do projeto cobra o gerente para dar a devida atenção aos aspectos de responsabilidade social.	1-5
9	Durante a concepção do projeto, ficou explícito o alinhamento de seus objetivos com a estratégia ambiental da empresa.	1-5
10	O projeto não apresentou problemas trabalhistas (ações judiciais).	1-5
11	O projeto não teve multas ambientais e/ou licenças ambientais não concedidas.	1-5
12	O projeto não apresentou conflitos com as comunidades afetadas durante seu ciclo de vida.	1-5
13	Durante o desenvolvimento do projeto, não ocorreram questões éticas e casos de corrupção.	2

Quadro 14.1b Questionário de sustentabilidade-parte processos gerenciais

		Data: _____
Nome do projeto:		
	Processos	
1	Na definição do escopo do projeto foram considerados requisitos de sustentabilidade.	1-5
2	Os entregáveis do projeto foram projetados para serem sustentáveis.	1-5
3	Os relatórios de desempenho do projeto, distribuídos aos *stakeholders*, levam em consideração aspectos de sustentabilidade.	1-5
4	A revisão e aceitação dos entregáveis do projeto têm requisitos e metas de sustentabilidade a serem alcançadas.	1-5
5	A avaliação de riscos do projeto levou em conta os riscos ambientais e seus impactos.	1-5
6	As aquisições do projeto consideraram aspectos de sustentabilidade como critério de avaliação dos fornecedores.	1-5
7	O processo de encerramento do projeto considerou aspectos de sustentabilidade.	1-5
8	O planejamento da qualidade dos entregáveis do projeto consideraram as exigências de sustentabilidade dos *stakeholders*.	1-5
9	Na linha base de custo, foram consideradas reservas de contingência para assegurar ressarcimento de eventuais danos que possam ser provocados pelo projeto no ambiente e nas pessoas envolvidas.	1-5
10	A gestão da integração do projeto analisou as implicações de aspectos de sustentabilidade no plano do projeto e sua relação com as demais áreas de conhecimento gerenciadas no projeto.	1-5

O Quadro 14.1a apresenta uma série de afirmações para serem avaliadas sobre sustentabilidade no que diz respeito às pessoas engajadas no projeto. Esse conjunto de indicadores serve para medir o grau de alinhamento dos *stakeholders* do projeto com a responsabilidade social em vários aspectos.

O Quadro 14.1b mostra as questões a serem avaliadas, considerando-se os aspectos de sustentabilidade e dos processos gerenciais. Inclui a visão dos processos gerenciais e a incorporação da sustentabilidade.

Finalmente, no Quadro 14.1c tem-se o conjunto de questões utilizadas para avaliar os aspectos dos sistemas e tecnologia e sua aderência em termos de sustentabilidade. Inclui a avaliação de inovação, garantia da alternativa de sustentabilidade e controle de mudanças.

Um exemplo de saída da avaliação do grau de sustentabilidade do projeto pode ser visto na Figura 14.13.

Quadro 14.1c Questionário de sustentabilidade-parte sistema e tecnologias

		Data: _____
Nome do projeto:		
Sistema e Tecnologia		Avaliação
1	As tecnologias limpas foram priorizadas e aplicadas ao longo do desenvolvimento do produto do projeto.	1-5
2	As tecnologias limpas foram priorizadas e aplicadas durante a fase de execução do projeto.	1-5
3	O controle de produto do projeto considerou aspectos do desempenho segundo parâmetros de tecnologia limpa (uso eficiente de materiais, energia e água, uso de energias renováveis etc.).	1-5
4	Os produtos adquiridos nos processos de aquisição adotam tecnologias limpas.	1-5
5	O sistema de fornecimento e descarte de materiais está alinhado com as estratégias do projeto visando à sustentabilidade.	1-5
6	Sistemas e tecnologias envolvidas no projeto têm um alto grau de adesão a aspectos de sustentabilidade, com abordagem de prevenção ao impacto mais do que controle.	1-5
7	A equipe aplicou *design for environment* (DFE), *design energy saving* (DFES) ou outros métodos DFXs relacionados com a sustentabilidade ao longo do desenvolvimento do projeto.	1-5
8	A equipe aplicou o gerenciamento do ciclo de vida (LCM) e avaliação do ciclo de vida (LCA) durante o desenvolvimento do projeto.	1-5
9	O sistema de controle de mudanças do projeto e revisões consideraram os possíveis impactos em termos de sustentabilidade.	1-5
10	Foram levados em conta os aspectos de economia circular, como reciclagem, remanufatura, compartilhamento.	1-5
11	A integração das tecnologias envolvendo o produto/serviço final do projeto considera os aspectos da sustentabilidade.	1-5
12	Os sistemas e tecnologias envolvidas no projeto usam abordagem de controle de emissões.	1-5

Indicadores de sustentabilidade do projeto

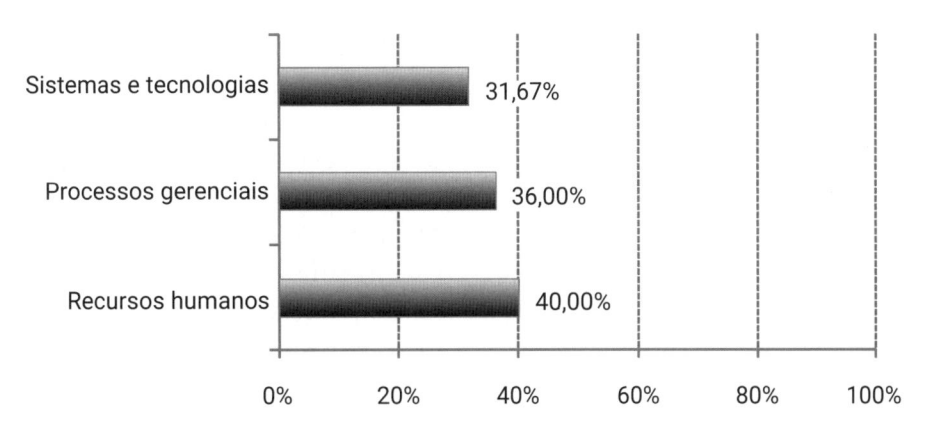

Sistemas e tecnologias	31,67%
Processos gerenciais	36,00%
Recursos humanos	40,00%

Figura 14.13 Indicadores de sustentabilidade de projetos – exemplo.

Tem-se, nesse caso, um projeto cujos indicadores de sustentabilidade são baixos, apresentando muitas oportunidades de melhoria. Há apenas 34% das preocupações relativas à sustentabilidade no que se refere aos sistemas e tecnologia. Em termos de possíveis processos de gerenciamento de projetos que possam fazer parte da sustentabilidade, apenas 36% foram contemplados. O melhor índice apresentado neste exemplo foi representado pelo indicador de recursos humanos (em torno de 38%).

É possível, dessa forma, estabelecer um grau de sustentabilidade do projeto. A Figura 14.14 mostra esse indicador.

Avaliando os indicadores apresentados neste exemplo, o gerente de projetos consegue identificar os pontos que precisam/podem ser melhorados para que o projeto se torne mais "verde", e sua gestão possa considerar os diversos aspectos de sustentabilidade.

Esse mesmo diagnóstico está disponível *on-line* e, se você preencher, receberá uma resposta automática com um semáforo que diz se seu projeto está no vermelho, amarelo ou verde nesses aspectos. Complete o questionário elaborado pelos autores e saiba mais acessando o QR Code ao lado.

Fonte: <https://bit.ly/2ML8uwn>. Acesso em: 31 ago. 2018.

Indicador geral de sustentabilidade

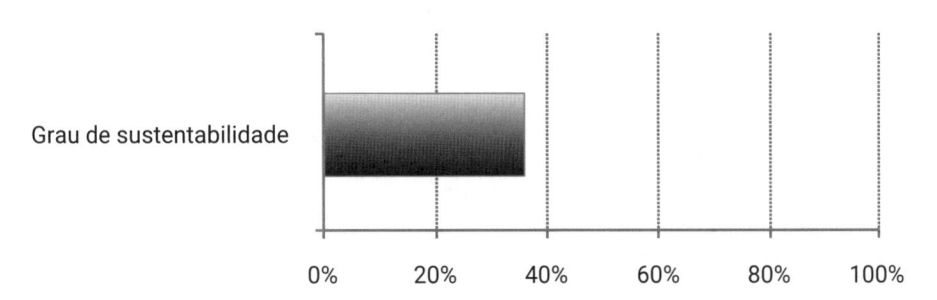

Figura 14.14 Grau de sustentabilidade de projetos-exemplo.

14.7 CASO EDUARDO E MÔNICA: E A SUSTENTABILIDADE?

Eduardo e Mônica reviram alguns aspectos ligados à sustentabilidade no seu projeto. Fizeram uma pesquisa e extraíram uma lista de tópicos para discutir com os projetistas e com o pessoal da obra, conforme o Quadro 14.2.

Pesquise o tema e contribua com novos tópicos para a lista. Ajude-os a conduzir o projeto de sua casa da forma mais sustentável possível!

14.8 CASO: PONTE ESTAIADA

A sustentabilidade pode ser vista em um projeto como um elemento de conexão com a estratégia. Os objetivos do projeto devem ser ampliados e levar em conta as necessidades inerentes à sustentabilidade. A falta de atenção com esse alinhamento pode impactar tanto o projeto quanto a organização de que ele faz parte.

A construção da ponte estaiada Octávio Frias de Oliveira em São Paulo (Figura 14.15) é um exemplo de projeto cuja interferência dos aspectos de sustentabilidade poderia ter influenciado no seu objetivo.

Além dos aspectos técnicos envolvendo um empreendimento dessa natureza, como necessidade de realização de testes em túnel de vento para estabilidade da obra, a interferência no meio ambiente foi considerada uma das questões essenciais do ponto de vista de atendimento dos objetivos do projeto. Um desses aspectos refere-se à iluminação. Com uma eficiência de iluminação, essa ponte é uma das mais econômicas do País, segundo a revista *Techne*. O projeto de iluminação optou por não gerar luz para cada um dos 144 estaios amarelos, mas sim ao conjunto deles por meio de dois subsistemas. Os aspectos de sustentabilidade levaram, assim, a um objetivo de 30% de redução na emissão, com uma eficiência tida como adequada pelos diversos interessados no projeto.

14.9 CASO: USINA HIDRELÉTRICA DE BELO MONTE

Um projeto emblemático no Brasil, que serve como um caso para mostrar o vínculo do gerenciamento de projetos com a questão da sustentabilidade, foi a Usina Hidrelétrica de Belo Monte. Com esse projeto, pretendemos mostrar como as disciplinas gerenciamento de projetos e sustentabilidade se inter-relacionam. Na verdade, com este projeto, será possível não só examinar os alinhamentos estratégicos e gerenciais entre essas duas áreas do

Quadro 14.2 Tópicos sobre sustentabilidade do projeto

Projeto da casa	Obra
• Uso de energias renováveis. • Uso de cisterna para recolher a água pluvial. Ventilação cruzada em todos os ambientes. Aproveitamento da luminosidade natural em todos os ambientes. • Utilização de materiais construtivos a partir de reaproveitamento de resíduos. Uso de material de demolição. • Fazer paisagismo com vegetação nativa. Reciclagem de efluentes. • Sistema de iluminação de alta eficiência energética (LED). • Uso de equipamentos/eletrodomésticos de alta eficiência energética. • Telhado branco.	• O pessoal da obra tem os equipamentos de segurança (EPIs) apropriados. • Os contratos trabalhistas seguem a legislação do setor. • A caçamba de entulho de fornecedores garante o local adequado de descarte. • Há respeito às normas e horários de construção para não perturbar os vizinhos. • Há redução de perda/desperdício de materiais. Seleção dos fornecedores considerando-se parâmetros de sustentabilidade.

Figura 14.15 Ponte Octávio Frias de Oliveira.

conhecimento, bem como tratar, de forma prática, as descritas nesse projeto.

14.9.1 O projeto

Belo Monte foi o nome dado para o projeto de construção da usina hidrelétrica no rio Xingu, no estado do Pará, Brasil. Sua potência foi programada para atingir 11.233 mW e, assim, projetada para ser a maior instalação hidrelétrica brasileira, visto que Itaipu é binacional. Segundo informações governamentais colhidas do *site* da Agência Brasil, o lago da usina foi programado para ter 516 km², com três casas de geração de energia.

O projeto da Usina de Belo Monte impressiona pelos números. Para se ter uma ideia, seu orçamento foi estimado em R$ 19 bilhões e sua capacidade de geração de energia deverá atender 26 milhões de habitantes. Será a terceira maior usina hidrelétrica do mundo – a chinesa Três Gargantas e a binacional Itaipu são maiores.

Em termos de escopo, sabe-se que o projeto abrangerá a construção de uma barragem no Xingu, a 40 km da cidade de Altamira (PA). Além disso, entre seu reservatório e a casa de força principal haverá um trecho de 100 km.

14.9.2 Histórico e *stakeholders*

Em 1975, começam os estudos do inventário hidrelétrico da bacia hidrográfica do rio Xingu. No início da década seguinte, a Eletronorte inicia os estudos de viabilidade técnico-econômica do Complexo Hidrelétrico de Altamira, formado pelas Usinas de Babaquara e Kararaô. Em 1989, durante o Primeiro Encontro dos Povos Indígenas do Xingu, uma índia, em sinal de protesto, levanta-se da plateia e encosta a lâmina de seu facão no rosto do presidente da Eletronorte, na época o Sr. José Antonio Muniz, que discursava sobre a construção da Usina Kararaô (atual Belo Monte). A cena é reproduzida em jornais no Brasil e no mundo.

Para atender os interesses dos ambientalistas, investidores estrangeiros e da mídia em geral, em 1994, o projeto sofre mudanças, passando a considerar a preservação da área indígena Paquiçamba.

No início dos anos 2000, dois fatos foram emblemáticos no projeto: (1) a suspensão dos estudos de impacto ambiental da usina, dada a divulgação de um plano emergencial de US$ 30 bilhões para aumentar a oferta de energia do País; (2) a contratação de uma consultoria para definir a forma de venda do projeto Belo Monte. Em 2006, o processo de análise do empreendimento foi suspenso, impedindo o prosseguimento dos estudos sobre os impactos ambientais da hidrelétrica. Isso ocorreu até que os índios impactados pela obra fossem ouvidos pelo Congresso Nacional. O ano seguinte foi marcado pelo Encontro Xingu para Sempre, em que índios entraram em confronto com o responsável pelos estudos ambientais da hidrelétrica. Após o evento, o movimento elaborou e divulgou a Carta Xingu Vivo para Sempre, que especificou as ameaças ao rio Xingu e apresentou um projeto de desenvolvimento para a região, exigindo sua implementação pelas autoridades públicas.

Em abril de 2010, após muitas divergências envolvendo governo, ambientalistas e acadêmicos e a saída de algumas conhecidas empresas de engenharia, realizou-se o leilão vencido por um consórcio de empresas chamado Norte Energia, com o objetivo de ligar a primeira máquina em 2015.

14.9.3 Problemas

O foco de conflito desse projeto encontra-se entre dois grupos de interessados: (1) organizações sociais (incluindo acadêmicos, intelectuais e artistas defensores das causas de meio ambiente); e (2) governo e as construtoras selecionadas.

Um dos principais problemas encontrados no que concerne à sustentabilidade refere-se à alteração do regime de escoamento do rio, à medida que a redução do fluxo de água poderá causar impactos na flora, na fauna e em questões socioeconômicas locais. Tais organizações argumentam que o projeto é inviável tecnicamente.

Nessa direção, outro argumento refere-se à inundação permanente dos igarapés. Segundo informações de ambientalistas ligados a entidades sociais, a vazão da água a jusante do barramento do rio em Volta Grande do Xingu será reduzida e o transporte fluvial até o rio Bacajá (um dos afluentes da margem direita do Xingu) será interrompido. Atualmente, esse é o único meio de transporte para comunidades ribeirinhas e indígenas chegarem até Altamira, onde encontram médicos, dentistas e fazem seus negócios, como a venda de peixes e castanhas.

O levantamento de problemas (não vale a pena ampliar aqui a discussão) tem um contraponto, evidentemente compensado pela visão governamental de que o projeto trará benefícios durante a construção, com o emprego de mão de obra local e energia para mais de 25 milhões de habitantes. Nessa linha de raciocínio, estima-se que cerca de R$ 500 milhões sustentam o plano de desenvolvimento regional que estaria garantido com a usina. Essa injeção de recursos seria aplicada em geração de empregos, educação, desenvolvimento da agricultura e atração de indústrias. Acredita-se, também, que o empreendimento atrairá novos investidores para a região, considerada a única forma de alavancar o desenvolvimento de uma região carente de investimentos.

O embate dessas visões antagônicas, que carecem de gestão, foi resumido pelo físico, professor emérito da Universidade Estadual de Campinas e membro do conselho editorial do jornal Folha de São Paulo, Rodrigo Cezar de Cerqueira Leite: "milhares de espécimes vão sucumbir, mas, em compensação, 20 milhões de brasileiros terão energia elétrica garantida".

Antes de avançar na discussão deste caso, veja os seguintes vídeos para formar um panorama abrangente:

Belo Monte, uma usina polêmica – Parte 1 (Visão geral).

Fonte: <https://www.youtube.com/watch?v=YGL9k5Zpp1w>. Acesso em: 4 nov. 2018.

BROLL: James Cameron visits the Xingu River in Brazil with Amazon Watch (Belo Monte Indígenas).

Fonte: <https://www.youtube.com/watch?v=S3ZMyLnOL-U>. Acesso em: 4 nov. 2018.

Belo Monte, uma usina polêmica – Parte 5 (Cidade).

Fonte: <https://www.youtube.com/watch?v=JbobxKZSMWY>. Acesso em: 4 nov. 2018.

Outros vídeos:

Usina Hidrelétrica de Belo Monte – Movimento Gota D'água.

Fonte: <https://www.youtube.com/watch?v=hzVIWvm99As>. Acesso em: 4 nov. 2018.

A Batalha de Belo Monte – Especial TV Folha.

Fonte: <https://www.youtube.com/watch?v=CUqGWNYzSIQ>. Acesso em: 4 nov. 2018.

23-8-2011 *Belo Monte* – Série Jornal Nacional – Rede Globo – Parte 1.

Fonte: <https://www.youtube.com/watch?v=7tm83yGPNaw>. Acesso em: 4 nov. 2018.

Greve dos operários da obra da hidrelétrica de Belo Monte já dura 5 dias.

Fonte: <https://www.youtube.com/watch?v=7Nee2UzxHZw>. Acesso em: 4 nov. 2018.

QUESTÕES PARA REFLEXÃO E DISCUSSÃO

1. O que é sustentabilidade?
2. Qual a relação entre sustentabilidade e ambiente normativo?
3. Quais as normas relacionadas com a SMS?
4. Cite exemplos de indicadores ambientais utilizados em sua empresa.
5. Entre no *site* de sua empresa e verifique se ela divulga seu balanço social.
6. Escolha um projeto de que esteja participando e faça uma análise das tipologias de tecnologia ambiental utilizadas e discuta o resultado.
7. Para o mesmo projeto aplique o formulário de diagnóstico do modelo Pró-Valor pessoal, processos, sistemas e tecnologia.
8. Sua empresa adota os princípios de responsabilidade social propostos pela ISO 26000?

ESTUDO COMPLEMENTAR

A. Assista na plataforma Veduca, disciplina de Gestão de Projetos (acesso gratuito), à vídeoaula 1, que trata de temas discutidos neste capítulo.

Fonte: <https://veduca.org/p/gestao-de-projetos>. Acesso em: 31 ago. 2018.

B. Leia os artigos sobre sustentabilidade em projetos:

MORIOKA, S.; CARVALHO, M. M. Sustentabilidade e gestão de projetos: um estudo bibliométrico. *Production*, v. 26, n. 3, p. 656-674, 2016.

Fonte: <http://dx.doi.org/10.1590/0103-6513.058912>. Acesso em: 31 ago. 2018.

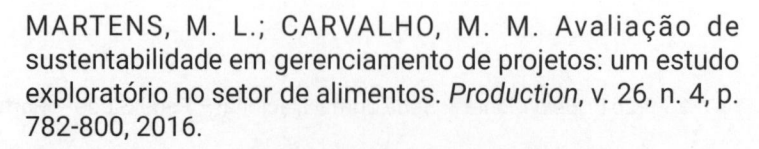

MARTENS, M. L.; CARVALHO, M. M. Avaliação de sustentabilidade em gerenciamento de projetos: um estudo exploratório no setor de alimentos. *Production*, v. 26, n. 4, p. 782-800, 2016.

Fonte: <http://dx.doi.org/10.1590/0103-6513.106612>. Acesso em: 31 ago. 2018.

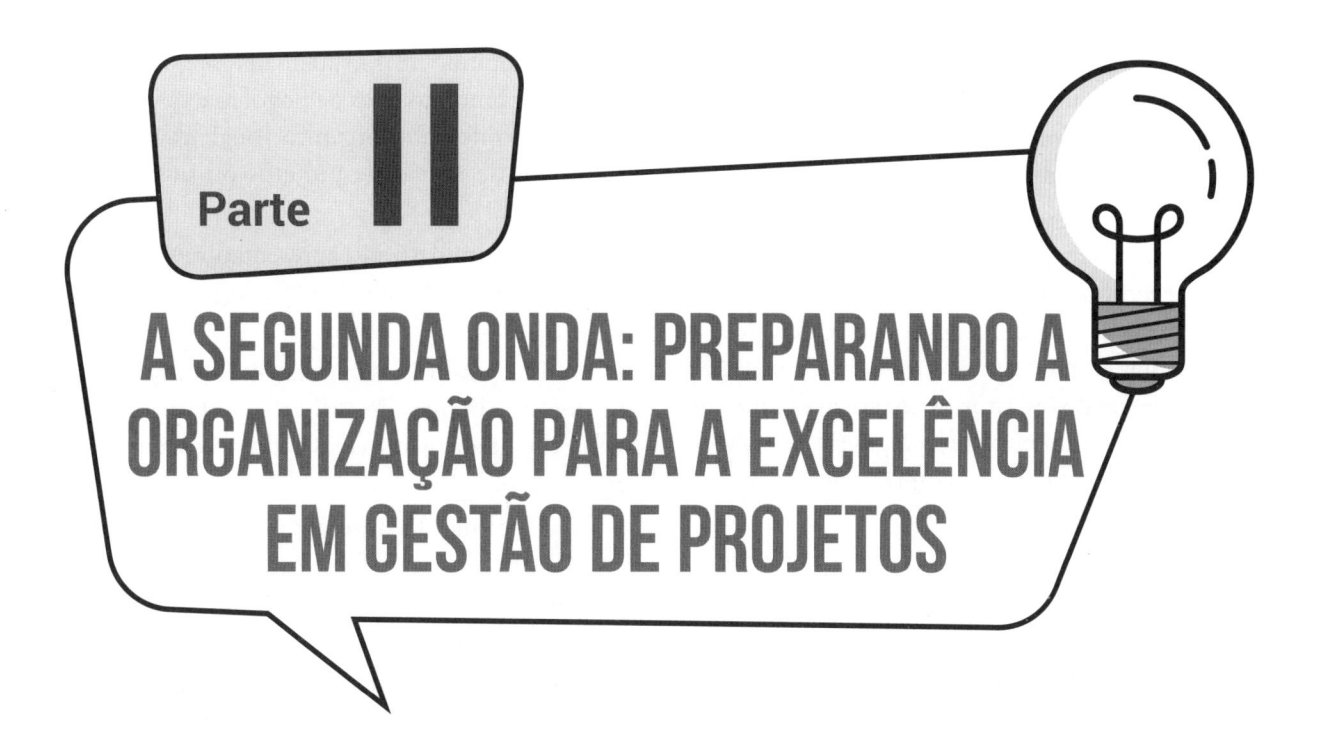

Parte II
A SEGUNDA ONDA: PREPARANDO A ORGANIZAÇÃO PARA A EXCELÊNCIA EM GESTÃO DE PROJETOS

A Parte II deste livro aborda o ambiente do gerenciamento de projetos nas organizações modernas.

A primeira onda teve foco no projeto e nas metodologias de gestão, os famosos guias de referência, que formaram um contingente de profissionais certificados e proficientes em Gestão de Projetos. Como projeto não é uma ilha, visto que ele está conectado ao contexto organizacional e de negócio, essa massa crítica de profissionais passou a exigir das organizações excelência em gerenciamento de projetos, sobretudo voltado para a vantagem competitiva: ser mais eficazes!

A segunda onda ainda trabalha questões de metodologia da Gestão de Projetos, mas agora buscando tratar questões relacionadas com a complexidade, a sustentabilidade, a adoção e integração de abordagens mais flexíveis como ágil e *lean* (enxuta), por vezes sugerindo mesclá-las às abordagens tradicionais dos BoKs, buscando sedimentação de técnicas e ferramentas pouco exploradas na primeira onda. Algumas áreas de conhecimento devem e podem ser mais aprimoradas, como é o caso do gerenciamento de riscos em projetos, ainda com sérias lacunas nas práticas organizacionais.

No entanto, a questão central da segunda onda é a dimensão de negócio e organizacional, de forma a originar elementos que possam sensibilizar uma camada mais estratégica das empresas.

Nesse sentido, a ligação de projetos com as questões estratégicas, que, em geral, se restringia ao *business case*, agora escala para o modelo de negócio, articulando governança corporativa e de projetos de modo mais efetivo.

Para isso, é preciso pensar as competências estratégicas a serem almejadas no âmbito da organização, das equipes e dos indivíduos no contexto de Gestão de Projetos, de forma alinhada às estratégias organizacionais, suportadas por um bom plano de carreira para retenção dos talentos nesta área.

O gerenciamento do portfólio de projetos irá dar uma grande contribuição aos dirigentes das empresas para esse alinhamento. Mediante um exame bem detalhado das oportunidades que surgem continuamente nas empresas, é possível traçar planos estratégicos, gerando projetos mais especiais que os dos concorrentes. O incentivo à inovação, certamente, irá gerar projetos mais desafiadores e, com isso, proporcionar mais competitividade à empresa.

Estruturalmente, as ações e os processos em gerenciamento de projetos dessa segunda onda devem estar consolidados nos escritórios de projetos, e estes, dadas as considerações aqui traçadas, devem se apresentar de modo mais estratégico. Uma visão mais expressiva dos escritórios de projetos é que eles podem ser os elementos de integração dos vários esforços existentes em uma empresa, além de apoiar o planejamento estratégico.

A segunda onda deverá, também, vislumbrar o crescimento da maturidade em gerenciamento de projetos progressivamente, em um contexto de melhoria contínua. É preciso estabelecer um plano de excelência em Gestão de Projetos e gerir a mudança em busca de maturidade.

Muitas empresas que perderam a primeira onda estão agora acelerando para alcançar suas concorrentes em eficiência. Perder a segunda onda, nessa lógica, significa ser menos eficaz, e isso pode significar posições de mercado.

No final desta parte, o leitor terá visto:

No Capítulo 15, são analisadas as questões estratégicas, como modelos de negócio e governança, alinhadas ao desenho organizacional, na forma de escritórios de gestão de projetos ou outros tipos de estrutura.

No Capítulo 16, são apresentados os modelos mais relevantes de maturidade em gerenciamento de projetos.

No Capítulo 17, são tratadas as competências em gerenciamento de projetos, enfatizando de forma integrada as camadas indivíduos, equipes e organização.

O Capítulo 18 apresenta os principais modelos de gestão de portfólio, bem como detalha os processos, as ferramentas e as técnicas.

O Capítulo 19 faz uma discussão do que é sucesso em projetos, discutindo as principais dimensões e ajudando as organizações a pensar seus sistemas de indicadores de desempenho em projetos.

O Capítulo 20 traz as abordagens de gestão de projetos mais flexíveis, em particular a gestão ágil de projetos, articulando com abordagens como a *lean* (enxuta), além de discutir o potencial de mesclar essas abordagens com as tradicionais dos BoKs em modelos híbridos.

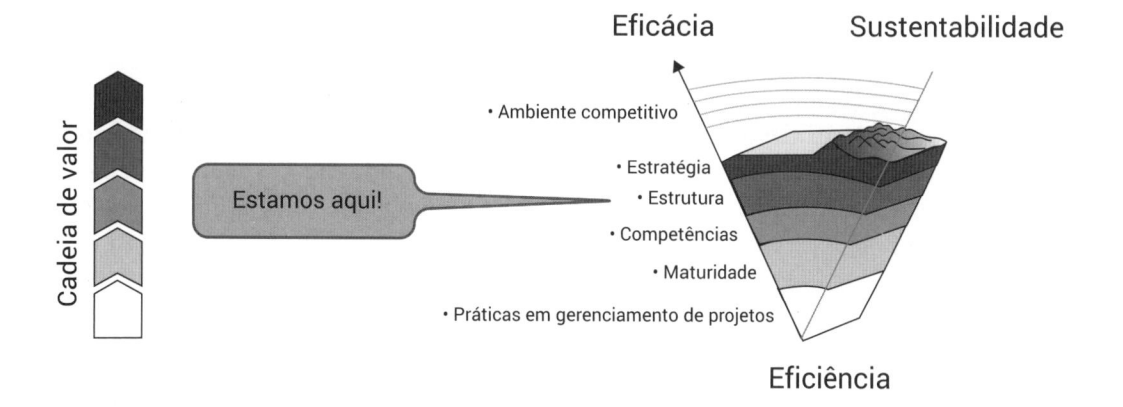

15 ESTRATÉGIA, ESTRUTURA E GOVERNANÇA EM PROJETOS

Neste capítulo, são abordadas as formas organizacionais e os ambientes no âmbito do gerenciamento de projetos.

As interfaces no gerenciamento de projetos levam em conta as formas organizacionais, e seu entendimento, certamente, ajudará o gerente de projetos a buscar o sucesso de seu empreendimento.

Após estudar este capítulo, o leitor estará apto responder às seguintes questões:

a) Como alinhar estratégia e projetos?
b) Qual a ligação entre modelo de negócio, *business case* e projetos?
c) Qual a função da governança?
d) Quais são as vantagens e desvantagens das estruturas funcional, matricial e projetizada?
e) O que é escritório de projetos?
f) Quais são os tipos de escritórios de projetos e suas funções?
g) Como selecionar a melhor estrutura para gerenciar projetos em sua organização?

15.1 ALINHAMENTO ENTRE ESTRATÉGIA E PROJETOS

Como já falamos em outras oportunidades neste livro, um projeto não é uma ilha isolada do contexto organizacional. O projeto está conectado

Fonte: Adaptado de ISO 21500 (2012).

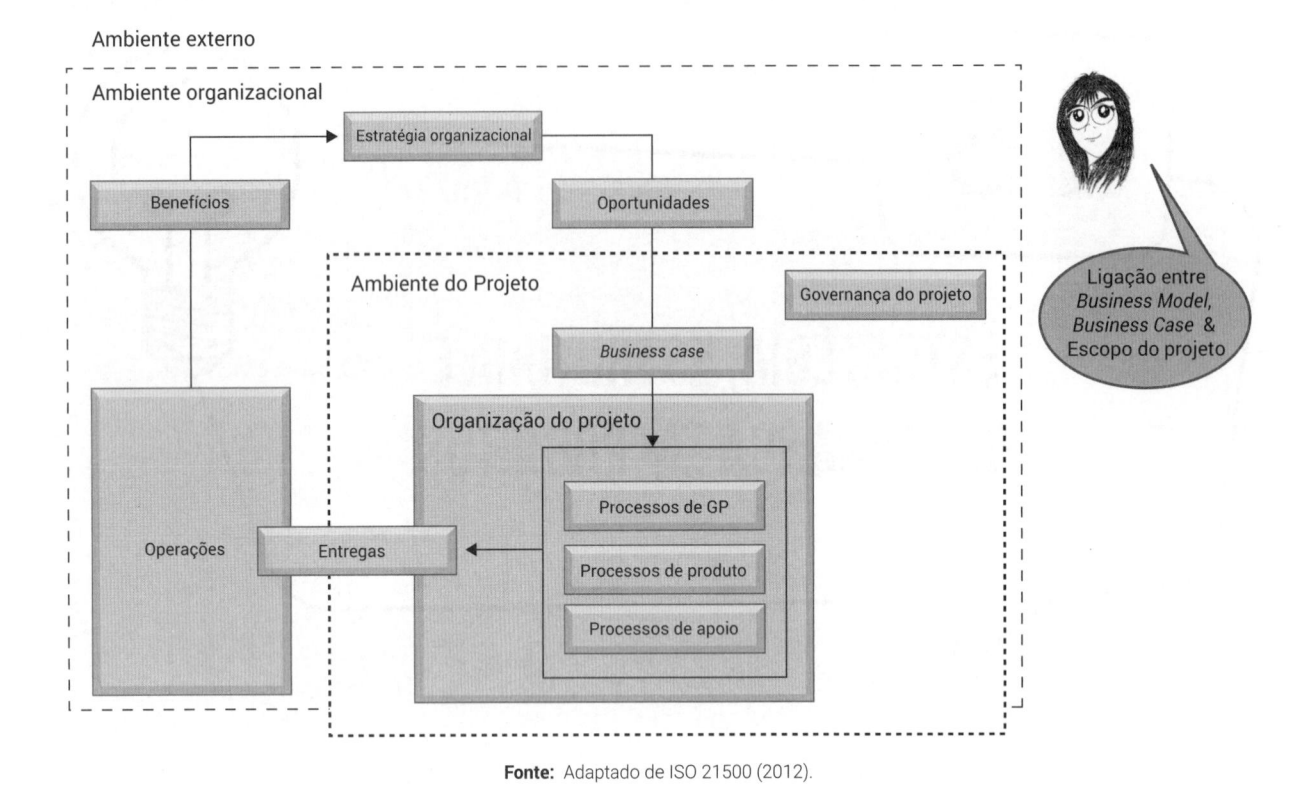

Figura 15.1 Alinhamento entre estratégia e projetos.

a camadas estratégicas da organização, como vetores para alcançar os benefício e oportunidades almejados pela organização. A Figura 15.1 mostra o alinhamento entre estratégia e projetos.

Existem vários tipos de alinhamento da estratégia. O que chamamos de alinhamento externo foca no alinhamento entre o ambiente externo e o ambiente organizacional, conforme pontua a linha tracejada externa da Figura 15.1. Já o alinhamento interno ocorre em duas direções, o vertical e o horizontal. O alinhamento vertical refere-se ao conjunto de ações necessárias à implementação da estratégia, desde a sua formulação até o seu desdobramento por todos os níveis da organização, e as condições necessárias para o envolvimento das pessoas com a estratégia. A dimensão horizontal envolve a compreensão das necessidades do cliente e o alinhamento dos processos interfuncionais capazes de entregar o que o cliente necessita (CARVALHO; PRIETO; BOUER, 2013).

Esses dois níveis de alinhamento externo e interno referem-se a diferentes níveis de governança a governança corporativa e a governança de projeto. A governança corporativa está no nível mais alto, configurando o sistema pelo qual uma organização é dirigida e controlada, fazendo, portanto, a conexão entre os níveis micro, meso e macro da organização (ISO 21500, 2012; ISO 38500, 2008). A interseção entre governança corporativa e o ambiente de projetos, linha tracejada interna da Figura 15.1, é chamada de governança do projeto, que configura o sistema de valores, responsabilidades, processos e políticas que impulsionam projetos em direção a objetivos organizacionais (MÜLLER, 2009).

No alinhamento interno, a competência em Gestão de Projetos torna-se um elemento vital para o sucesso da estratégia. As principais transformações organizacionais e a busca por maior competitividade e melhor desempenho, em sua grande maioria, por iniciativas que devem ser planejadas e executadas por intermédio de projetos estratégicos. Por outro lado, estratégias emergentes que ocorrem em processos e projetos geram mudanças significativas na estrutura organizacional e na maneira como as atividades e os recursos são mobilizados dentro da organização, e, portanto, a competência em gestão de mudança impulsiona a execução da estratégia organizacional (CARVALHO; PRIETO; BOUER, 2013).

É claro que o alinhamento nem sempre é fácil, podendo ocorrer tensões e contradições. Por um lado, a tomada de decisões em projetos, por vezes, sofre de certa miopia com relação ao contexto organizacional. Por outro, o processo de desdobramento da estratégia até o nível de projetos, por vezes, se perde, deixando o projeto como de fato uma ilha.

15.1.1 Modelo de negócio (Business model)

Um modelo de negócio descreve a lógica de como uma organização cria, entrega e captura valor, sendo um dos mais difundido o Canvas, de Osterwalder e Pigneur (2009).

Canvas quer dizer tela em inglês, e o modelo busca essa inspiração. O canvas é o local onde se dará asas à criação de um modelo de negócio, estruturado em nove blocos de construção, que abrangem as quatro áreas principais: clientes, oferta, infraestrutura e viabilidade financeira.

O lado direito, Canvas Valor, é inspirado no lado direito do cérebro humano, com foco nas emoções, e, portanto, onde estão posicionados os blocos relacionados com o valor, as fontes de receita, os segmentos de clientes, a proposição de valor que vamos entregar a esses clientes, como vamos nos relacionar com eles e a partir de quais canais. Já o lado esquerdo, Canvas Eficiência, é o da lógica, em que se posicionam os blocos construtivos que

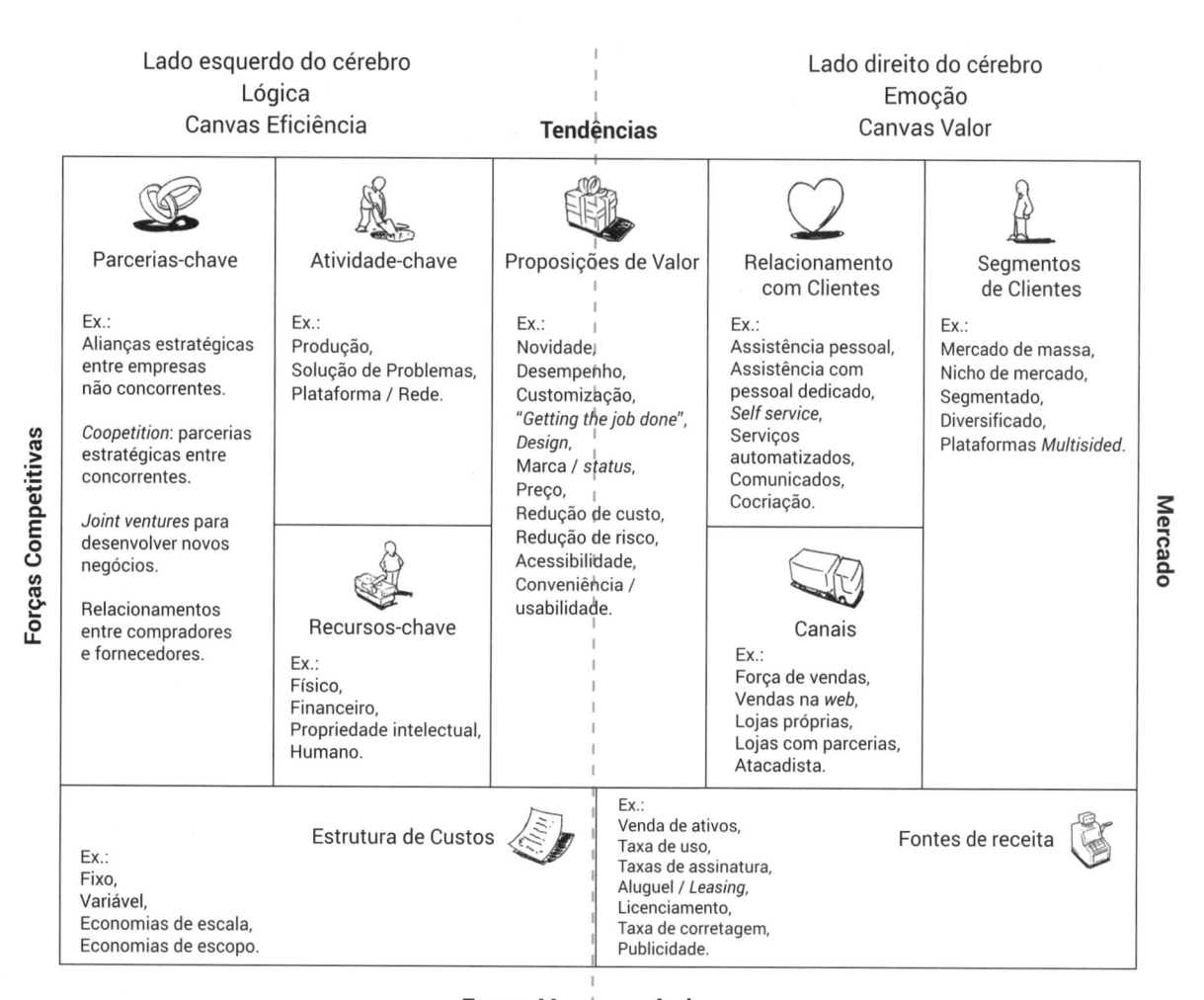

Fonte: Adaptado de Osterwalder e Pigneur (2009).

Figura 15.2 Modelo de negócio Canvas.

viabilizaram a proposição de valor, como atividades, recursos e parceiros-chave para o negócio, e, claro, a estrutura de custos resultante.

O Canvas está conectado com o ambiente externo (ver linha pontilhada externa na Figura 15.1) e, assim, faz-se necessário uma análise das forças macroeconômicas, das forças competitivas da indústria e das forças de mercado e megatendências. Vale destacar que para chegar a um bom modelo de negócio será preciso gerar e testar vários modelos de negócio.

Ah! Não confunda termo de abertura no formato Canvas (ver Capítulo 5) com modelo de negócio Canvas; o primeiro está dentro da organização do projeto e o segundo, no ambiente da organização.

15.1.2 Caso de negócio (*Business case*)

O *business case* (caso de negócios) é o elo entre o ambiente organizacional e o ambiente de negócio, estando acima da organização do projeto (ver Figura 15.1).

O caso de negócio descreve as informações necessárias para a tomada de decisão do ponto de vista estratégico, deixando clara a ligação entre o projeto e a oportunidade estratégica a que ele pretende abraçar.

É um documento que busca deixar claro se o projeto vale ou não o investimento necessário, justificando sua existência. Portanto, a oportunidade de negócio, quais *stakeholders* estão envolvidos e uma análise de custo-benefício estão sempre contidas no caso de negócio.

Outra função importante do caso de negócio é delimitar as fronteiras do projeto, permitindo ao patrocinador enxergar as limitações e as motivações, que podem ser várias, desde uma demanda de mercado ou um contrato de cliente, um requisito legal, uma necessidade de mudança organizacional entre outras oportunidades possíveis.

15.2 TIPOS DE ESTRUTURAS

Para o efetivo gerenciamento de um projeto, a equipe que irá executá-lo necessita estar organizada segundo uma estrutura. É essa estrutura que irá definir a sistemática de trabalho do grupo com o objetivo de entregar os resultados do projeto ao cliente no prazo previsto, dentro do custo programado e segundo as características técnicas definidas inicialmente.

Durante os últimos 30 anos, uma revolução vem ocorrendo na introdução e desenvolvimento de novas estruturas organizacionais. Os executivos perceberam que as organizações devem ser mais dinâmicas, ou seja, elas devem ser capazes de se reestruturar rapidamente, conforme as necessidades do mercado (KERZNER, 2001).

Segundo Patah e Carvalho (2002), a estrutura organizacional deve ser dinâmica, ou seja, capaz de rápidas mudanças, caso o ambiente exija. Os fatores externos envolvidos podem ser aumento de competitividade no nicho de mercado, mudanças na tecnologia, ou até imprevisibilidade da demanda.

A organização tradicional, dita funcional, marcada pela divisão em departamentos, apresenta aspectos positivos, como: maior efetividade de controle; menor incidência de conflitos internos; forte domínio técnico dos departamentos; e comunicação interna facilitada, visto que cada funcionário se reporta a apenas um diretor. Ver o Quadro 15.1, no qual explicitamos as vantagens e desvantagens desse tipo de estrutura.

Não obstante, com a crescente diversificação demandada pelo mercado, tornou-se cada vez mais difícil gerenciar projetos em empresas com organização funcional, visto que, nesse sistema, tende-se a atender o ponto de vista de um departamento, e não ao ponto de vista do cliente.

Como alternativas à rigidez da estrutura organizacional funcional ou tradicional, surgiram as estruturas projetizada e matricial. A estrutura matricial, uma combinação da funcional e da projetizada, ainda pode ser dividida em matricial fraca, equilibrada e forte (PATAH; CARVALHO, 2002). As principais vantagens e desvantagens destas duas estruturas estão sintetizadas nos Quadros 15.2 e 15.3.

Segundo Meredith e Mantel (2000), a estrutura projetizada, mais nova que a estrutura funcional, vem apresentando rápido crescimento nas últimas décadas. O autor argumenta que muitas são as razões para a popularização desse tipo de estrutura organizacional, agrupando-as em quatro tópicos principais. Primeiramente, a velocidade de resposta e a orientação ao mercado tornaram-se uma exigência para a obtenção de sucesso nos dias de hoje. Em segundo lugar, o desenvolvimento regular de novos produtos, processos ou serviços requer informações das mais diferentes áreas de conhecimento. Em terceiro lugar, a rápida expansão de novidades tecnológicas em praticamente todas as áreas das empresas tende a desestabilizar a estrutura das mesmas. Por fim, grande parte da alta administração das organizações não se sente muito confiante no entendimento e na coordenação de todas as atividades que ocorrem dentro de suas organizações.

Segundo Kerzner (2001), existem cinco indicadores que mostram que a tradicional estrutura funcional pode não ser a mais adequada para gerenciar projetos:

- os gerentes estão satisfeitos com as habilidades técnicas de suas equipes, mas os projetos não estão sendo executados segundo os cronogramas definidos e dentro dos custos programados;
- existe grande compromisso na execução do projeto, mas alta variação na *performance* do mesmo;
- muitos especialistas talentosos envolvidos com o projeto se sentem subutilizados;
- grupos específicos de trabalho reclamam constantemente uns dos outros por falhas na entrega do trabalho dentro do prazo previsto; e
- projetos estão sendo executados dentro das especificações e nos prazos previstos, mas os subgrupos e os indivíduos não estão satisfeitos com os resultados.

Kerzner (2001) salienta, no entanto, que não existe modelo único de estrutura organizacional, pois a estrutura deve estar adequada ao tipo de projeto a ser gerenciado.

15.2.1 Estrutura funcional

Nesse tipo de estrutura, os gerentes funcionais mantêm controle absoluto sobre o projeto. Eles estabelecem seu próprio orçamento, com a aprovação dos superiores. Segundo Kerzner (2001), a maioria dos projetos que são desenvolvidos sob esse tipo de estrutura é encerrada dentro do prazo e do custo previstos, uma vez que o gerente funcional tem facilidade para a obtenção de mão de obra.

A estrutura funcional inclui o projeto a ser executado em um dos departamentos técnicos da empresa. Com isso, o responsável pelo projeto passa a ser o gerente funcional deste departamento.

Essa tradicional estrutura de gerenciamento sobreviveu por mais de dois séculos. Contudo, o desenvolvimento de negócios recentes, tais como a rápida taxa de mudança na tecnologia e posição no mercado, assim como o aumento das demandas dos *stakeholders*, trouxe problemas para as estruturas organizacionais existentes.

A Figura 15.3 apresenta um exemplo de estrutura funcional. As vantagens e desvantagens desse tipo de estrutura para projetos estão apresentadas no Quadro 15.1.

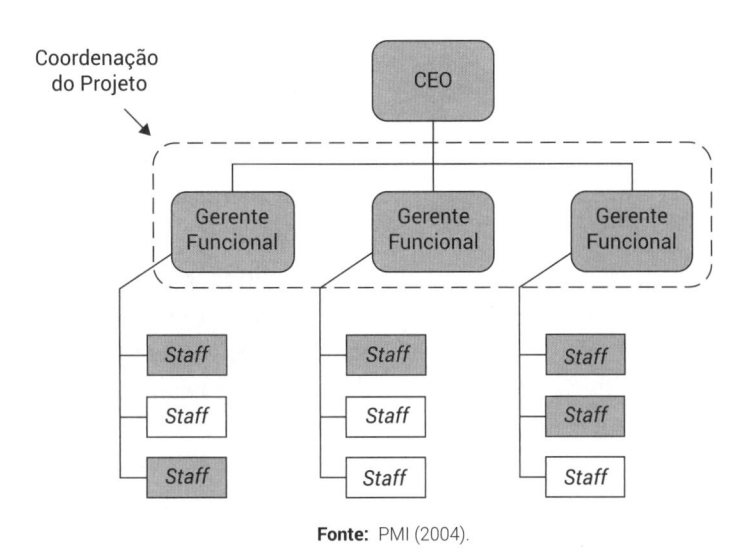

Fonte: PMI (2004).

Figura 15.3 Estrutura funcional.

Quadro 15.1 Vantagens e desvantagens da estrutura funcional

Vantagens	Desvantagens
✓ existe uma grande flexibilidade no uso dos recursos humanos necessários ao projeto; ✓ especialistas em determinado assunto podem ser utilizados em diferentes projetos; ✓ os especialistas de um mesmo departamento podem ser facilmente reunidos para compartilhar conhecimentos e experiências; ✓ o departamento funcional é a base para a continuidade do conhecimento tecnológico, quando um indivíduo deixa o projeto ou mesmo a empresa; ✓ o departamento funcional proporciona um caminho natural para o crescimento dos indivíduos cuja especialidade está na área funcional; ✓ existe facilidade de controle do orçamento e dos custos do projeto; ✓ possibilidade de melhor controle técnico; ✓ flexibilidade no uso da mão de obra; ✓ grande disponibilidade de mão de obra; ✓ possibilidade de grande controle sobre os funcionários, uma vez que cada funcionário possui somente uma pessoa a quem se reportar; ✓ canais de comunicação verticais e bem estabelecidos; ✓ rápida possibilidade de reação, mas pode ser dependente das prioridades dos gerentes funcionais.	✓ o cliente não é o foco das atividades do departamento que gerencia o projeto; ✓ o departamento funcional tende a ser orientado em direção às suas atividades particulares; ✓ a responsabilidade total do projeto não é delegada a nenhum funcionário específico; ✓ as respostas às necessidades dos clientes são lentas; ✓ existe uma tendência de subestimar o projeto; ✓ a motivação das pessoas alocadas no gerenciamento do projeto tende a ser pequena em relação ao mesmo; ✓ esse tipo de estrutura organizacional não facilita uma abordagem holística em relação ao projeto; ✓ essa estrutura não prové uma ênfase orientada a projetos necessária para acompanhar as atividades de projeto; ✓ a coordenação torna-se complexa e é necessário um *lead time* adicional para a aprovação de decisões; ✓ as decisões normalmente são tomadas em favor dos grupos funcionais mais fortes; ✓ não há foco nos clientes; ✓ a resposta às necessidades dos consumidores é lenta; ✓ a motivação e a inovação são decrescentes; ✓ as novas ideias tendem a ser orientadas às funções.

Fonte: Patah e Carvalho (2002).

O PMI (2004) desenha a estrutura funcional segundo a Figura 15.3.

Como já mencionado, esse tipo de estrutura apresenta vantagens, uma vez que é a mais conhecida forma de organização utilizada pelas empresas até hoje. Não obstante, desvantagens relevantes têm sido apontadas atualmente. O Quadro 15.1 mostra as vantagens e desvantagens desse tipo de estrutura.

15.2.2 Estrutura projetizada

Há 50 anos, as empresas podiam sobreviver com somente uma ou, talvez, duas linhas de produtos. Com isso, a estrutura funcional satisfazia as necessidades de controle dos projetos. Com o passar dos anos, as empresas perceberam que sua sobrevivência dependia da diversificação de seus produtos, isto é, possuir múltiplas linhas de produtos e grande integração das tecnologias.

Conforme a complexidade das organizações aumentava, os gerentes verificaram que as atividades de projeto não estavam sendo integradas de maneira efetiva. Com isso, os gerentes começaram a procurar por novas estruturas organizacionais, que iriam permitir maior integração e resolver os problemas, surgindo a estrutura projetizada.

Segundo Kerzner (2001), a maior vantagem da estrutura projetizada está no fato de um único indivíduo, o gerente de projetos, manter a autoridade completa sobre o projeto como um todo. A Figura 15.4 apresenta um exemplo de estrutura projetizada, enquanto o Quadro 15.2 sintetiza as vantagens e desvantangens da estrutura projetizada.

O PMI (2004) desenha a estrutura projetizada, como mostra a Figura 15.4.

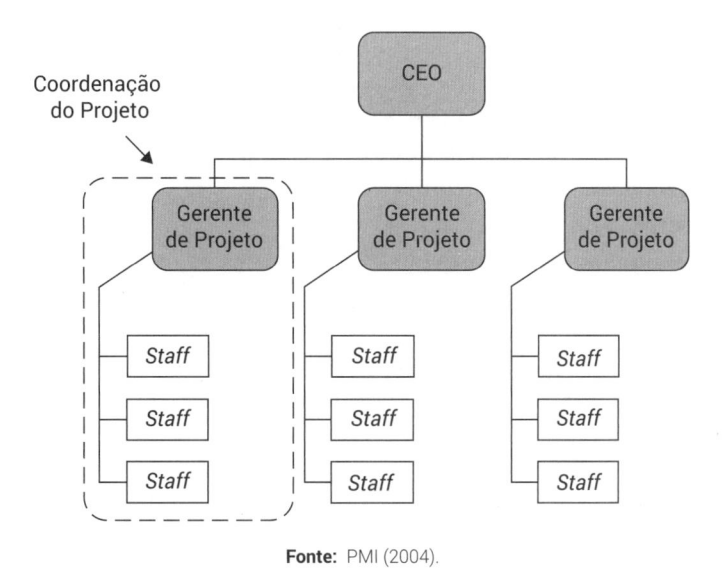

CAP. 15 • ESTRATÉGIA, ESTRUTURA E GOVERNANÇA EM PROJETOS

Fonte: PMI (2004).

Figura 15.4 Estrutura projetizada.

Quadro 15.2 Vantagens e desvantagens da estrutura projetizada

Vantagens	Desvantagens
✓ gerente de projeto tem total autoridade sobre o projeto; ✓ os membros do projeto encontram-se sob a responsabilidade do gerente do projeto; ✓ a comunicação é facilitada em comparação à estrutura funcional; ✓ os membros do time do projeto possuem forte identidade própria e, com isso, tendem a desenvolver alto nível de comprometimento com o projeto; ✓ a possibilidade de se tomar decisões rápidas é maior; ✓ existe uma unidade de comando dentro do projeto; ✓ estruturas são simples, flexíveis e, portanto, relativamente fáceis de compreender e implementar; ✓ a estrutura organizacional tende a permitir uma abordagem holística ao projeto; ✓ os canais de comunicação são fortes; ✓ a gerência pode manter o conhecimento em um projeto sem compartilhar as pessoas-chave; ✓ uma rápida resposta aos clientes é proporcionada; ✓ os funcionários demonstram lealdade com o projeto; ✓ existe flexibilidade na determinação de cronograma, orçamento e *performance*; ✓ a interface com a alta administração é mais fácil, uma vez que o tamanho da unidade é reduzido; ✓ a alta gerência possui mais tempo livre para a tomada de decisões executivas.	✓ com vários projetos, é comum que novos grupos sejam formados, e isso pode ocasionar duplicidade de trabalho; ✓ pessoas com conhecimentos específicos em determinados assuntos tendem a ser alocadas a projetos quando elas estão disponíveis e não quando são necessárias para o projeto; ✓ em projetos de alta tecnologia, o fato de os especialistas "pertencerem" aos setores funcionais é um grande problema para o gerente de projetos, pois ele precisa do trabalho desses especialistas constantemente; ✓ tende a apresentar certa inconsistência na maneira pela qual as políticas e procedimentos internos da empresa são cumpridos; ✓ existe uma considerável incerteza sobre o que irá ocorrer com os membros da equipe do projeto quando o mesmo terminar; ✓ o custo de manter essa estrutura pode ser alto em face da duplicação de esforços, facilidades e pessoal; ✓ existe uma tendência de reter os funcionários em um projeto por tempo maior que o necessário; ✓ o controle dos especialistas funcionais requer a coordenação de alta gerência; ✓ há falta de oportunidades para o intercâmbio técnico entre os diferentes projetos; ✓ há falta de continuidade de carreira e oportunidades para as pessoas que trabalham em projetos.

Fonte: Patah e Carvalho (2002).

15.2.3 Estruturas matriciais

A estrutura matricial combina os elementos da estrutura funcional e da projetizada para formar uma singular, híbrida, com características das "estruturas mãe". Em paralelo à estrutura funcional, sob a responsabilidade dos gerentes funcionais, são formados grupos de projeto, sob a responsabilidade de gerentes de projetos. Os grupos de projeto utilizam as mesmas pessoas que pertencem aos setores funcionais. Elas passam a ter dois tipos de trabalho, um relativo ao seu setor funcional e outro relativo ao projeto do qual estão participando; e dois "chefes" diferentes, o gerente funcional e o gerente do projeto.

A estrutura matricial pode apresentar-se sob diversas formas. A primeira delas é a estrutura matricial fraca. Ela é mais parecida com a estrutura funcional e os gerentes funcionais possuem maior poder em comparação com os gerentes de projeto. Outro tipo é a estrutura matricial forte. Esse tipo de estrutura aproxima-se mais da estrutura projetizada, em que os gerentes de projeto possuem maior influência sobre os funcionários da empresa do que os gerentes funcionais. Uma terceira estrutura matricial é a estrutura matricial equilibrada, em que os gerentes de projeto e os gerentes funcionais possuem o mesmo nível de influência sobre o trabalho e as pessoas que o executam. A Figura 15.5 apresenta um modelo de estrutura matricial. O Quadro 15.3 sintetiza as vantagens e desvantagens desse tipo de estrutura.

O PMI (2004) desenha a estrutura matricial, como mostra a Figura 15.5.

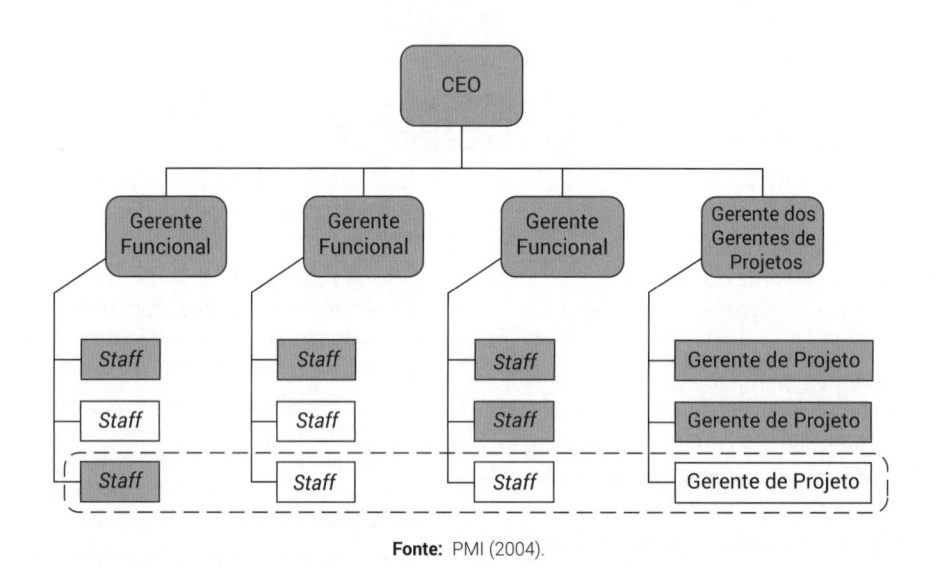

Fonte: PMI (2004).

Figura 15.5 Estrutura matricial forte.

Quadro 15.3 Vantagens e desvantagens da estrutura matricial

Vantagens	Desvantagens
✓ existe um responsável pelo projeto como um todo: o gerente do projeto; ✓ em razão de o projeto estar distribuído ao longo das divisões da empresa, ele pode utilizar toda a capacidade técnica dela; ✓ existe uma ansiedade menor sobre o que irá ocorrer com as pessoas envolvidas com o projeto, ao seu final; ✓ as respostas às necessidades dos clientes são rápidas;	✓ podem existir dúvidas quanto à responsabilidade pela tomada de uma decisão dentro do projeto, o que pode atrasar a sua realização; ✓ os diferentes gerentes de projeto podem "competir" pelos recursos técnicos disponíveis na empresa, fazendo com que o uso dos mesmos deixe de ser realizado da melhor maneira possível; ✓ em estruturas matriciais fortes, o problema do atraso na conclusão do projeto é tão grave quanto na estrutura projetizada;

(Continua)

(Continuação)

Vantagens	Desvantagens
✓ a estrutura matricial é flexível; ✓ o projeto possui representantes das unidades administrativas da empresa; ✓ em virtude de, normalmente, ocorrerem vários projetos simultaneamente nas empresas, a estrutura matricial permite maior otimização do uso dos recursos da empresa; ✓ o gerente de projeto mantém máximo controle sobre o projeto e os recursos necessários ao mesmo, incluindo custo e membros do projeto; ✓ políticas e procedimentos podem ser definidos independentemente para cada projeto; ✓ as estruturas funcionais existem, primariamente, para suportar os projetos; ✓ cada pessoa possui uma "casa" depois do encerramento do projeto; ✓ em função de os recursos serem compartilhados, os custos são minimizados; ✓ uma base técnica pode ser desenvolvida; ✓ ocorre um rápido desenvolvimento de especialistas e generalistas; ✓ autoridade e responsabilidade são compartilhadas; ✓ o estresse é compartilhado por todo o time e pelos gerentes funcionais.	✓ é necessário que o gerente de projetos possua habilidade especial em negociar recursos com os gerentes funcionais; ✓ a estrutura matricial viola o princípio de gerenciamento da unidade de comando: os funcionários da empresa possuem dois chefes, o gerente do projeto e o gerente funcional; ✓ existem fluxos de informação e trabalho multidimensionais; ✓ prioridades são alteradas continuamente; ✓ os objetivos da gerência diferem dos objetivos do projeto; ✓ existe um grande potencial para a ocorrência de conflitos; ✓ dificuldade de monitoração e controle; ✓ o balanceamento de cronograma, custo e *performance* deve ser monitorado; ✓ funcionários e gerentes são mais suscetíveis à ambiguidade de papéis em comparação à estrutura funcional; ✓ os funcionários não sentem que possuem controle sobre seu próprio destino quando estão se reportando continuamente a vários gerentes.

Fonte: Patah e Carvalho (2002).

15.2.4 Processo de escolha de uma estrutura organizacional para projetos

Como mencionado no início deste livro, não existe uma estrutura organizacional única para todos os casos. Para cada diferente projeto existe uma estrutura mais adequada. No início de cada projeto deve ser realizada uma análise individual de vários fatores para se definir qual é a estrutura organizacional mais apropriada para o mesmo.

A norma ISO 10006 (ISO, 1997) especifica que a estrutura organizacional do projeto deve ser estabelecida de acordo com a política da organização empreendedora e as condições particulares do projeto, e que as experiências de projetos anteriores devem ser utilizadas, quando disponíveis, para a seleção da estrutura organizacional mais apropriada. Além disso, a norma enfatiza que o gerente de projetos deve garantir que a estrutura organizacional seja condizente com o objetivo do projeto, o tamanho da equipe, as condições locais e a divisão de autoridade e responsabilidade, na organização empreendedora.

Segundo Kerzner (2001), para a escolha da estrutura organizacional mais adequada para organizar a atividade de projeto, devem-se levar em consideração alguns fatores que influenciam a decisão: tamanho do projeto, duração do projeto, experiência da organização no gerenciamento de projetos, filosofia da alta gestão da empresa quanto ao gerenciamento de projetos, localização física do projeto, recursos disponíveis e aspectos específicos do projeto. A Figura 15.6 esquematiza os principais aspectos envolvidos na escolha da estrutura organizacional.

Meredith e Mantel (2000) resumiram o processo de escolha da estrutura organizacional de um projeto em seis passos:

1. definir os resultados específicos desejados com o projeto;

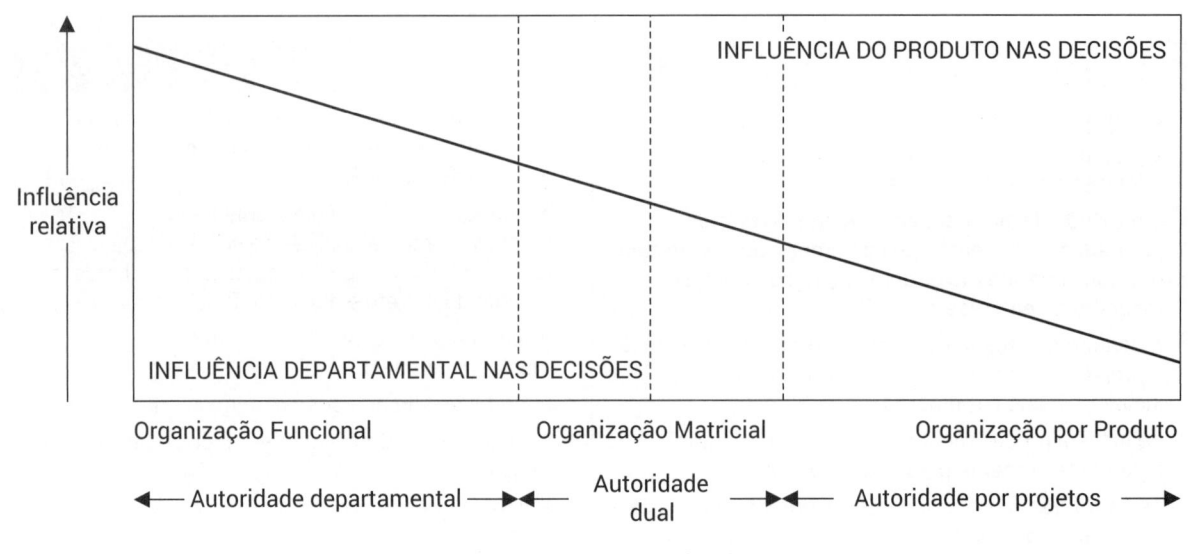

Fonte: Adaptada de Kerzner (2000).

Figura 15.6 Estruturas organizacionais.

2. determinar as tarefas-chave para atingir os resultados definidos e identificar quais departamentos da empresa precisarão ser acionados;
3. sequenciar as tarefas-chave e agrupá-las de maneira lógica;
4. determinar a quais subsistemas do projeto os grupos de tarefa serão alocados;
5. identificar quais características especiais do projeto e da empresa podem afetar a maneira pela qual o projeto deve ser organizado; e
6. considerar as informações anteriores para tomar a decisão final, em relação às vantagens e desvantagens de cada tipo de estrutura organizacional.

Quando a estrutura organizacional não é selecionada convenientemente, vários problemas podem ser diagnosticados. Segundo Patah e Carvalho (2002), alguns fatores são indicativos de problemas, como: projetos não conseguem atender o cronograma e o orçamento, entre outros requisitos; especialistas se sentem subutilizados; não se assumem responsabilidades quando o projeto tende a fracassar, entre outros.

15.3 ESCRITÓRIOS DE GESTÃO DE PROJETOS

Até o momento, discutimos como selecionar a melhor estrutura organizacional para conduzir projetos. Mas o que acontece se uma organização quiser consolidar a área de Gestão de Projetos e formar um núcleo de competências (*hub*) que possa instituir uma cultura de projetos na organização?

O escritório de Gestão de Projetos, ou (*Project Management Office* – PMO), constitui esse núcleo de competências. Embora possam assumir diferentes configurações e funções na organização, os PMOs consistem em uma estrutura voltada para a aplicação dos conceitos de Gerenciamento de Projetos, que pode auxiliar, sobremaneira, a transformação das estratégias de uma empresa em resultados por meio do gerenciamento de projetos. Segundo Roolins (2003), existem mais de 50.000 PMOs de algum tipo nos Estados Unidos.

O PMO pode ser definido como uma entidade organizacional estabelecida para auxiliar os gerentes de projetos e os times da organização na implementação dos princípios, práticas, metodologias, ferramentas e técnicas do gerenciamento de projetos (DAI; WELLS, 2004).

Quatro modelos evolutivos de PMO são propostos por Dinsmore (1998): *Project Support Office* (PSO), *Project Management Center of Excellence* (PMCOE), *Program Management Office* (PrgMO) e o *Chief Project Officer* (CPO). Esses modelos vão desde um simples setor para o auxílio no controle de projetos (PSO) até um departamento da empresa por onde passam todos os projetos gerenciados pela organização (CPO) (PATAH *et al.*, 2003).

Quando uma organização realiza alguns projetos autônomos, a função de Gerenciamento de Projetos permanece dentro do próprio projeto. A fonte de informação sobre práticas de Gerenciamento de Projetos, nesse caso, vem da experiência anterior e da prática dos líderes de projeto. Todos os custos da equipe do projeto são alocados no mesmo. A organização não fornece apoio e todas as funções de Gerenciamento de Projetos são realizadas pela própria equipe do projeto. A função desse tipo de PMO é gerenciar o projeto em toda a sua integridade. Com isso, a responsabilidade total pelo sucesso do projeto reside em seu próprio gerente (PATAH, 2004).

O PSO fornece apoio técnico e administrativo, ferramentas e serviços aos vários gerentes de projetos simultaneamente, auxiliando no planejamento, na programação e na condução das mudanças de escopo e no gerenciamento de custos dos projetos. Os recursos envolvidos, tanto internos quanto externos, são alocados nos projetos, segundo a natureza e a estrutura contratual dos mesmos. Algumas vezes, pessoas do PSO são emprestadas durante a fase inicial ou mesmo ao longo de um projeto. A responsabilidade pelo sucesso do projeto não reside no PSO, mas nos gerentes de projetos que utilizam seus serviços.

O PMCOE é o núcleo (*hub*) experiência em projetos, mas não assume a responsabilidade pelos resultados dos mesmos. Ele aparece como uma despesa geral de *overhead*, não sendo alocada diretamente nos projetos. A tarefa do PMCOE é, em grande parte, de natureza missionária: disseminar a ideia, converter os incrédulos e transformar os adeptos em profissionais, sendo ele encarregado das metodologias. Ele mantém abertos os canais de informação entre os projetos e a comunidade externa ao gerenciamento de projetos (PATAH *et al.*, 2003).

O PrgMO gerencia os gerentes de projetos, sendo, em última instância, o responsável pelos resultados dos projetos. Em grandes corporações, o PrgMO concentra seus esforços nos projetos prioritários. Os outros projetos são gerenciados por departamentos ou unidades, e recebem o apoio do PrgMO, conforme necessário. O PrgMO, por natureza, compreende as funções do PMCOE e, em alguns casos, as do PSO. Para que um PrgMO funcione adequadamente, são necessários: poder, prioridade corporativa e controle em âmbito empresarial (PATAH *et al.*, 2003).

A responsabilidade do CPO consiste em cuidar e alimentar o portfólio de projetos da organização, desde o estágio de decisão de negócios à sua implementação final. Entre as atividades do CPO, podem ser citadas as seguintes: envolvimento nas decisões de negócio que resultem em novos projetos, planejamento estratégico de negócios, estabelecimento de prioridades e negociação de recursos para projetos, supervisão da implementação de projetos estratégicos, responsabilidade pelo sistema de gerenciamento de projetos em nível empresarial, desenvolvimento da conscientização e da capacidade de gerenciamento de projetos pela organização, avaliação periódica de projetos, incluindo a decisão de descontinuá-los, gerenciamento de *stakeholders* de alto nível, facilitação e *mentoring* (PATAH *et al.*, 2003).

O Quadro 15.4 resume as formas e responsabilidades dos PMOs, segundo Dinsmore (1998).

Diferentemente de Dinsmore (1998), que propõe um modelo evolutivo, Verzuh (1999) sugere que, se uma organização conduz projetos apenas ocasionalmente, não é necessário desenvolver esforços sistemáticos para as atividades de projetos. Para esse autor, apenas se a atividade de projeto assume importância estratégica, como fonte de vantagem competitiva, a Gestão de Projetos é vital e não pode ser conduzida de forma inconsequente, demandando a formação de um PMO.

Assim como Dinsmore (1998), Verzuh (1999) também classifica em cinco diferentes tipos de PMO: *Center of de Excellence* (CE); *Project Support Office* (PSO); *Project Management Office* (PMO); *Program Management Office* (PrgMO); e *Accountable Project Office* (APO). Esses tipos de PMO variam segundo sua autoridade e funções na organização, conforme ilustra o Quadro 15.5.

O tipo mais simples de escritório de projetos, segundo Verzuh (1999), é o CE, no qual se concentram conhecimentos em gestão de projetos, cujo propósito consiste em manter os padrões e promover o seu uso na organização. O CE funciona como uma empresa de consultoria, que não possui um papel direto na tomada de decisões do projeto, nem em sua execução.

Quadro 15.4 Formas e responsabilidades dos PMOs

Áreas da GP	APT*	PSO	PMCOE	PMO	CPO
Prazo	executa	apoia	educa	supervisiona	responsável final
Escopo	executa	apoia	educa	supervisiona	responsável final
Custos	executa	apoia	educa	supervisiona	responsável final
Qualidade	executa	apoia	educa	supervisiona	responsável final
Riscos	executa	apoia	educa	supervisiona	responsável final
Suprimentos	executa	apoia	educa	supervisiona	responsável final
Comunicações	executa	apoia	educa	supervisiona	responsável final
Recursos humanos	executa	apoia	educa	supervisiona	responsável final
Integração	executa	apoia	educa	supervisiona	responsável final
Múltiplos projetos		apoia	articula	coordena	
Consistência do GP em toda a organização		apoia	articula		responsável final
Desenvolvimento da competência em GP			articula/promove	coordena	responsável final
Alinhamento das estratégias de negócios com os projetos					articula
Acompanhamento dos projetos em âmbito empresarial					executa

* Autonomous Project Team.

Fonte: Adaptado de Dinsmore (1998).

Quadro 15.5 Tipos de escritórios de projetos segundo Verzuh (1999)

Responsabilidade	Baixa ← Autoridade → Alta				
	CE	PSO	PMO	PrgMO	CPO
Manutenção de padrões	●	●	●	●	●
Organização de treinamentos	○	○	○	○	○
Mentoring e suporte	○	●	●	●	●
Análises de cronograma e orçamento			●	●	●
Preparação de informações de projetos					●
Tomada de decisões em GP				●	●
Supervisão de gerentes de projetos				○	●
Cumprimento de objetivos de projetos				○	●
Crescimento na carreira para os gerentes de projetos	○	○	●	○	●
Fornecimento de gerentes de projetos para a organização				○	●
Participação na gestão do portfólio de projetos	○	○	○	●	●

Legenda:

● responsabilidade   ○ participação

Fonte: Adaptado de Versuh (1999).

O segundo tipo, PSO, acrescenta às funções exercidas pelo CE a responsabilidade pelas análises de cronograma e orçamento, bem como pelo gerenciamento das informações dos projetos, estando, portanto, envolvido na tomada de decisões. O terceiro tipo de escritório, PMO, além das atividades exercidas pelo PSO, é também a estrutura que abriga os gerentes de projetos, sendo responsável pelo plano de carreira desses profissionais, bem como pelo sucesso ou fracasso dos projetos da organização. O tipo mais completo de escritório de projetos é o APO, pois não só participa, como também assume total responsabilidade na gestão de projetos, conforme apresentado no Quadro 15.5.

O PrgMO apresenta uma dinâmica diferente dos demais tipos de escritório, pois se trata de uma estrutura temporária construída para suportar um programa (VERZUH, 1999). Dessa forma, o PrgMO visa fornecer o conhecimento de gerenciamento de projetos e participar do processo de tomada de decisão no âmbito do programa, ou seja, um conjunto de projetos relacionados, que se encerra em seu término.

15.3.1 Fatores críticos de sucesso para uma implantação

Os fatores críticos que influenciam a implementação de um escritório de projetos podem ser agrupados em fatores estruturais e técnicos. Os fatores estruturais referem-se às estratégias que irão definir seu alinhamento à forma com que está organizada a empresa. Nesse grupo de fatores encontram-se, também, o relacionamento e o comprometimento da alta administração com o projeto de implementação de um escritório de projetos. Os fatores de ordem técnica são aqueles mais táticos e, portanto, afetam a organização e sua capacidade de dispor de recursos para a implementação do escritório, sobretudo, sua capacidade de investir em uma nova estrutura.

Nessas considerações, os fatores críticos de sucesso de ordem *estrutural* (PATAH; CARVALHO, 2003; PATAH, 2004) são:

a) patrocínio e apoio da alta direção da empresa: sem eles, a iniciativa de se implementar um PMO pode terminar antes mesmo de ter começado;

b) avaliação do tipo da organização e dos tipos de projetos que essa organização executa; isso se faz necessário para a escolha do tipo de PMO mais adequado à mesma, sua missão, seus objetivos e os benefícios esperados;

c) alinhamento do PMO com a estratégia da organização, com o objetivo de empreender somente as mudanças realmente necessárias a ela;

d) integração da implantação do PMO com os sistemas de informação existentes na empresa e com seus processos;

e) focar nos principais problemas da organização;

f) estabelecer objetivos incrementais; e

g) envolver pessoas corretas da alta administração.

Já os fatores críticos de sucesso de ordem *técnica* são:

a) manter a implantação o mais simples possível;

b) comunicar os objetivos e sucessos atingidos pelo PMO;

c) não esquecer de compartilhar as expectativas e objetivos do processo;

d) proporcionar auxílio aos gerentes de projeto da organização;

e) procurar entender os problemas da organização de vários pontos de vista;

f) realizar testes-piloto das metodologias desenvolvidas; e

g) fazer um planejamento detalhado do processo de implementação do PMO.

Os cuidados na implementação de um escritório de projetos em uma organização foram estudados por Crawford (2002), que alertou sobre possíveis falhas na implantação. São elas:

a) esquecer os *stakeholders*-chave do processo de implantação;

b) solicitar informações da organização (gerentes de projetos e gerentes de linha) antes de fornecer outras;

c) tentar mudar as pessoas, os processos e as ferramentas da organização de uma única vez;

d) adiar a implementação do PMO depois que a decisão foi tomada; e

e) procurar reinventar a roda, ignorando as ideias, o conhecimento e as experiências das demais pessoas da organização.

15.3.2 Implementando um PMO

Segundo Crawford (2002), a implementação de um escritório de projetos em uma organização pode ser vista como um processo contínuo, que apresenta quatro fases: fundamentos; implementação-piloto (*start-up*); expansão para toda a organização (*roll-out*); e suporte e melhoria.

O processo de implementação deve iniciar com o estabelecimento dos fundamentos do PMO e o desenvolvimento de uma metodologia de Gestão de Projetos (GP) para a organização. Posteriormente, devem-se definir e selecionar os projetos prioritários, com vistas a identificar projetos-piloto para a aplicação da metodologia de GP, treinando e capacitando suas equipes. Uma vez que as implementações-piloto obtiveram sucesso, pode-se investir no treinamento e na capacitação das demais equipes, estendendo também a metodologia de GP aos demais projetos da organização. Nessa fase, deve-se fazer um vasto levantamento dos recursos disponíveis para os projetos na organização, para que se possa dar início ao processo de planejamento e controle desses recursos. No âmbito dos projetos, é possível promover auditorias para todos os projetos da organização. Com a ampliação da atuação do PMO para todas as áreas da organização, institui-se uma cultura de GP, consolidando os conceitos e as metodologias de GP, suportados por programas de capacitação continuada para as equipes. Um completo envolvimento das demais gerências da organização pode ser obtido com a divulgação de relatórios informando o andamento da implantação e os resultados obtidos com a aplicação das metodologias de GP. Contudo, não existe um ponto final, pois se trata de um processo de melhoria contínua, que deve ser revisto e aprimorado.

15.3.3 Pesquisa brasileira sobre escritório de projetos

Uma pesquisa sobre a constituição de escritórios de projetos nas empresas norte-americanas, desenvolvida por Block e Frame (2001), mostrou que 85% dos escritórios de projetos do setor privado foram implantados nos últimos três anos, enquanto 75% dos escritórios do setor público tinham mais que três anos. Na realidade norte-americana estudada por Block e Frame (2001), 40% dos escritórios situavam-se em empresas do setor da Tecnologia da Informação e bancos e serviços bancários. As empresas abordadas na pesquisa estavam assim divididas: 81% referem-se a empresas com mais de 1000 funcionários, 8,2% a médias empresas e o restante, 10,8%, pequenas e micros.

Um dado interessante da pesquisa foi o levantamento dos tipos de serviços prestados pelos escritórios de projetos. Inicialmente, foram identificados 367 tipos diferentes, sendo os mais solicitados: estabelecimento de metodologia (80%); consultoria em gerenciamento de projetos (63,8%); e treinamento (58%).

A pesquisa também revelou a constituição dos escritórios de projetos, considerando-se o tempo dedicado de cada recurso em projetos. 68% dos escritórios tinham de zero a cinco profissionais trabalhando em tempo integral, 21,6% dos escritórios com seis a dez profissionais em tempo integral, 8,1% de 11 a 20 e 2,7% com mais de 20 profissionais.

No Brasil, as empresas começaram a desenvolver seus escritórios de projetos no início da primeira década do século XXI, mas ainda de forma incipiente, como mostra a pesquisa de Rodrigues *et al.* (2005).

Foi utilizada uma amostra de 86 empresas – a maioria (81%) com mais de dez anos de experiência –, em que 48% das organizações faturam acima dos US$ 100 milhões anuais. A pesquisa mostrou o interesse em implementar escritórios de projetos. Em linhas gerais, verificou-se um crescimento no percentual de empresas que pretendem investir em gerenciamento de projetos. Se, na data da pesquisa (início de 2004), existiam 27% delas que não investiam, esse quadro é mais promissor no futuro, quando se constata que apenas 10% não farão investimentos em escritórios de projetos. Cresce, portanto, o número de empresas que devem optar por gerenciamento de projetos em suas alternativas de administração do conjunto de suas atividades não rotineiras.

15.4 GESTÃO DO CONHECIMENTO E ESTRUTURAS

Um aspecto crucial da gestão de projetos é a gestão do conhecimento. No entanto, esse tópico é pouco explorado na literatura dos BoKs, embora já se tenha um volume grande de literatura acadêmica a respeito.

Um exemplo interessante é a estrutura hipertexto, que permite identificar a base de conhecimento (NONAKA; TAKEUCHI, 1997). Essa estrutura combina três contextos organizacionais distintos: sistema de negócio, equipes de projeto e base de conhecimento. O contexto de sistema de negócio evidencia a estrutura funcional tradicional, voltada para as atividades de rotina. As equipes de projeto são estruturas temporárias dedicadas exclusivamente a um projeto, até a sua conclusão. As pessoas que compõem essas equipes são oriundas do contexto do sistema de negócio. Finalmente, o contexto da base de conhecimento é uma representação simbólica, que não existe como estrutura organizacional, mas evidencia a produção do conhecimento. A Figura 15.7 ilustra a estrutura hipertexto, com os três contextos interconectados.

Segundo Nonaka e Takeuchi (1997), a estrutura hipertexto tem a seguinte lógica: os membros de uma equipe de projeto, selecionados em vários departamentos no nível de sistemas de negócios, se engajam em atividades de produção de conhecimento. Quando a equipe conclui o projeto, os membros passam para o contexto de base de conhecimento, categorizando e contextualizando o novo conhecimento adquirido. Os membros da equipe de projeto voltam ao nível de sistema de negócios, para as operações de rotina, até que sejam novamente chamados para outro projeto.

Vale destacar que estudos que exploram a interseção entre gestão de projetos e gestão do conhecimento destacam a importância do escritório de gestão de projetos (PMO) como meio de difusão e armazenamento de conhecimento, não só no âmbito do projeto em si, mas também da

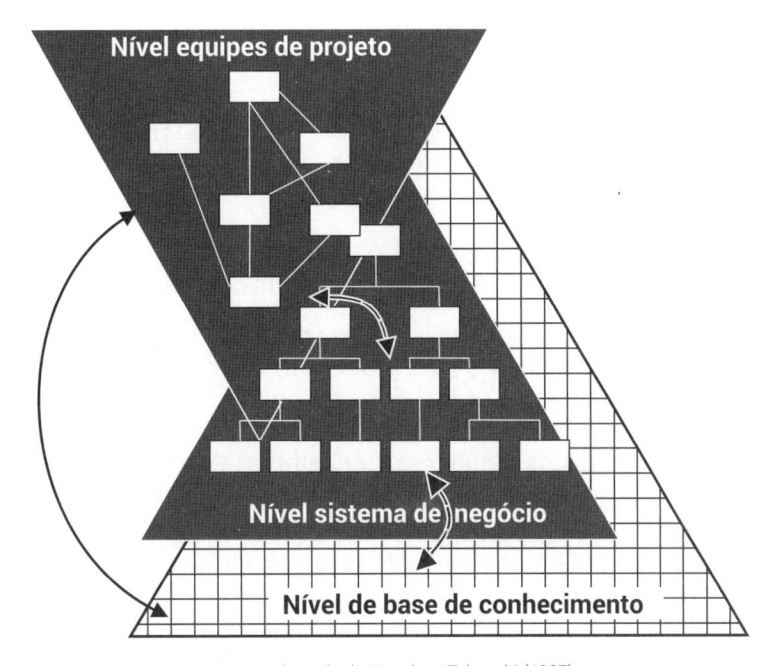

Fonte: Adaptada de Nonaka e Takeuchi (1997).

Figura 15.7 Estrutura hipertexto.

organização como um todo (AUBRY; MÜLLER; GLÜCKLER, 2011; MÜLLER et al., 2013; PEMSEL; WIEWIORA, 2013).

Uma característica interessante dos projetos é que eles possuem grande capacidade de geração de conhecimento, mas têm pouca memória, pois as equipes de projeto se desfazem e são mobilizadas para outras tarefas; o conhecimento, se não for bem gerido ao longo do ciclo de vida do projeto, terá sua memória apagada, não sendo incorporada aos ativos de conhecimento da organização (IBERT, 2004).

15.5 REDES SOCIAIS E ESTRUTURAS

O grande foco em definição das estruturas organizacionais, como os organogramas, pode não refletir adequadamente as formas como as pessoas se organizam no trabalho (MINTZBERG; VAN DER HEYDEN, 1999).

Existem outras formas de mapeamento organizacional, como, por exemplo, os gráficos organizacionais (*organigraph*), que introduzem novos componentes, denominados *hubs* e *webs*, além dos já utilizados *set* e *chain*, conforme descreve a Figura 15.8.

Para Mintzberg e Heyden, (1999, p. 5), os novos componentes – *hubs and webs* – podem ser definidos da seguinte forma:

> Um *hub* serve como um centro de coordenação. É qualquer ponto físico ou conceitual para o qual pessoas, coisas e informações se movem.

> *Webs* [...] são conexões sem um centro: elas permitem comunicação aberta e movimentação contínua de pessoas e ideias.

Outra forma de mapeamento organizacional compreende a análise de redes sociais, não aquelas que nos vêm à mente no dia a dia, como Facebook, LinkedIn, entre outras, mas aquelas que se estabelecem nas organizações e na dinâmica dos projetos vista no Capítulo 10. As redes sociais se formam da interação direta, indireta e experiência comum entre os *stakeholders* do projeto. Dessa interação configura-se a estrutura de rede, que se alinha ao motivo da conexão entre os *stakeholders*.

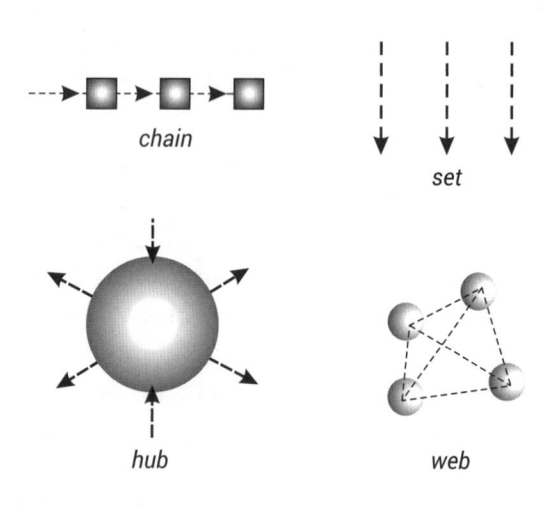

Fonte: Mintzberg e Van Der Heyden (1999).

Figura 15.8 Forma de organização.

Caso 15.1: Mapeamento da rede social de um consórcio de pesquisa

O consórcio estudado envolve nove empresas e duas universidades, com foco em pesquisa sobre tribologia e os seus impactos mecânicos da tecnologia *flex fuel* nos motores de combustão interna. Por um período de dois anos (2012 e 2013), os pesquisadores acompanharam a formação e evolução da rede do consórcio. O consórcio analisado neste trabalho envolveu cinco montadoras de automóveis, dois fabricantes de autopeças, uma empresa de serviços de engenharia e uma companhia de petróleo e gás. As montadoras de automóveis envolvidas no consórcio representam mais de 85% da produção de veículos no Brasil (ANFAVEA, 2014). O consórcio está focado no desenvolvimento de conhecimento de tribologia (desgaste, atrito e lubrificação) relacionado com os desafios decorrentes da tecnologia *flex fuel*. O grau de relacionamento entre os participantes do consórcio é bem diferente. Algumas empresas nunca haviam trabalhado juntas anteriormente, enquanto outras já vinham atuando de forma colaborativa por algum tempo. A Tabela 15.1 apresenta a caracterização dos membros do consórcio.

Tabela 15.1 Membros do consórcio

Organização	Tipo	Número de participantes	Competência
Empresa 1	Montadora	2 fixos + 2 não fixos	Liderança em grandes motores
Empresa 2	Montadora	1 fixo + 5 não fixos	Liderança em custo
Empresa 3	Montadora	1 fixo + 2 não fixos	Liderança em motores com menor consumo de combustível
Empresa 4	Montadora	1 não fixo	Pioneira em projetos 100% naturais
Empresa 5	Montadora	5 não fixos	Plataformas de desenvolvimento de motores Flex em todo o mundo
Empresa 6	Fabricante de autopeças	2 fixos + 8 não fixos	Especialista em componentes de tribologia
Empresa 7	Fabricante de autopeças	1 não fixo	Fundição
Empresa 8	Serviço de engenharia	2 não fixos	Combustão
Empresa 9	Óleo e gás	1 não fixo	Lubrificantes e sistemas de lubrificação
Universidade 1	Universidade	7 fixos + 5 não fixos	Propriedades de tribologia
Universidade 2	Universidade	1 fixo	Revestimentos

Com base no acompanhamento do fluxo entre esses atores, foi elaborada a rede do projeto (ver Figura 15.9).

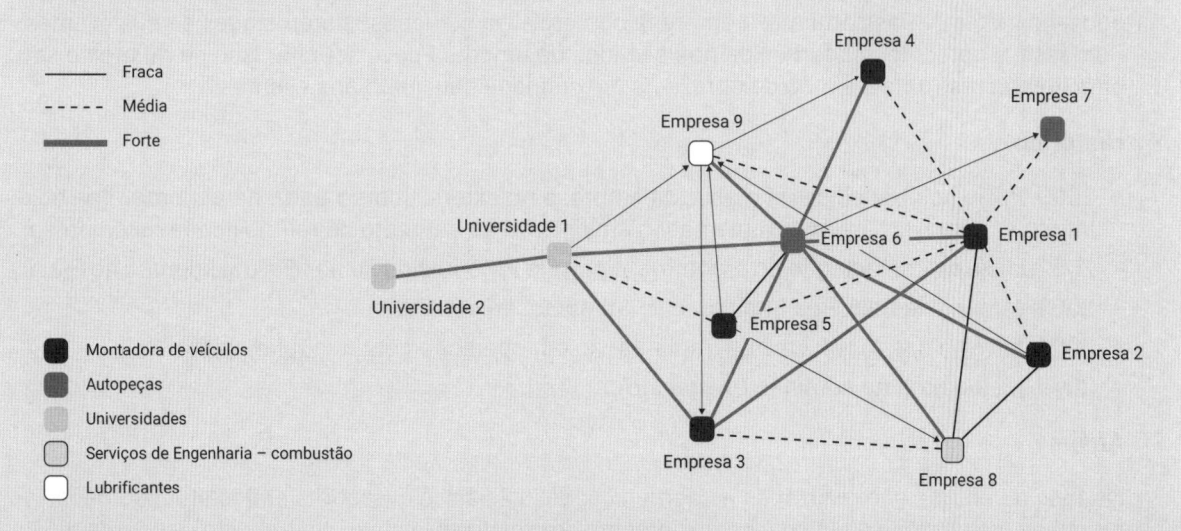

Figura 15.9 Rede de projeto.

Pede-se:
- Compare a rede do projeto com outros tipos de estrutura organizacional.
- Qual a vantagem desse tipo de representação da estrutura, comparada com as tradicionais?

Fonte: Carvalho, Lopes e Ferrarese (2017).

15.6 ALINHANDO ESTRATÉGIA, ESTRUTURA E PROJETOS

As implementações de escritórios de projetos têm sido, atualmente, realizadas pelas mais diversas organizações. O setor de telecomunicações, como se sabe, é muito dinâmico, e, portanto, ávido de mudanças, seja por imposição do mercado, seja por necessidade gerencial.

Para elucidar a implementação de um escritório de projetos, o Caso 15.2 descreve os cuidados tomados por uma empresa multinacional do setor de telecomunicações.

Caso 15.2: Implementando um escritório de GP em uma empresa do setor de telecomunicações

A empresa analisada, presente no País há quase 100 anos, atua no segmento eletroeletrônico, possuindo mais de 8.000 funcionários no Brasil.

Aproximadamente 50% das vendas brutas mundiais da empresa são gerenciadas como projetos, contabilizando o valor de 31,8 bilhões de dólares. Portanto, a melhoria dos negócios gerados a partir de projetos era essencial para essa empresa.

Em face de essa empresa possuir inúmeras divisões, este estudo de caso irá focar em sua divisão de telecomunicações. Essa divisão atua nos segmentos de *carrier* e *mobile* (operadoras de telecomunicações fixas e móveis e grandes empresas estatais e privadas que possuem redes de telecomunicações), *enterprise* (soluções e produtos para empresas públicas e privadas de nível médio) e serviços (prestação de serviços especializados em telecomunicações e informática). Essa divisão conta com mais de 3.000 funcionários e possui duas fábricas no Brasil. Sua sede está localizada na cidade de São Paulo (SP) e ela possui filiais e escritórios de vendas nas principais cidades brasileiras.

A divisão analisada da empresa produz e instala uma grande variedade de equipamentos de grande porte de telecomunicações, grande parte disponibilizada aos clientes sob a forma de projetos específicos às necessidades de cada um. A taxa de inovação dos produtos é extremamente alta, sendo que os produtos comercializados atualmente, em sua maioria, foram desenvolvidos há três anos, no máximo. Basicamente, a empresa comercializa soluções customizadas a seus clientes. Para isso, a competência fornecida nos serviços da empresa deve ser alta. Isso se reflete no seu principal recurso, que é a mão de obra, e na proximidade dela junto aos clientes.

Histórico

- 2000: início dos trabalhos na matriz da empresa no exterior, como parte de um programa cujo intuito é promover um importante passo em direção ao aumento da rentabilidade da empresa;
- 2002: início da implantação do programa; o próprio PMO iniciou-se na filial da empresa no Brasil;
- 2003: término da fase 1 da implantação em operação contínua;
- 2004: término das fases 2 e 3 da implantação em operação contínua (planejado);
- 2005: melhoramento contínuo (planejado).

Análise

Na fase de análise são realizadas as comunicações iniciais, é avaliado o *status* atual do departamento ou organização quanto ao gerenciamento de projetos e iniciado um trabalho de coordenação junto aos responsáveis pelo processo de implantação.

Status atual do PMO

Já é possível verificar os primeiros benefícios da implantação do PMO na empresa estudada:
- inúmeras ações têm sido tomadas na empresa no sentido de melhor planejar e controlar os projetos executados por ela;

- indicador do sucesso inicial da implantação: 31 profissionais certificados como PMP pelo PMI em decorrência dos treinamentos planejados e realizados pelo PMO; e
- existem 17 unidades de negócio participando da implementação do programa no Mercosul.

Objetivos do PMO

- difusão sistemática de melhores práticas;
- padronização em gerenciamento de projetos;
- obtenção de um número suficiente de gerentes de projeto qualificados;
- uniformização da cultura de gerenciamento de projetos;
- obtenção de rentabilidade sustentável;
- melhoria da satisfação dos clientes (em termos de cronograma e qualidade);
- aumento da segurança do planejamento dos projetos;
- melhoria do controle dos projetos; e
- melhoramento contínuo dos negócios geridos através de projetos.

Funções do PMO

- formulação de recomendações para os principais tópicos de gerenciamento de projetos;
- processos e papéis;
- gerenciamento de contratos;
- controle de projetos;
- qualificação e gerenciamento de pessoas;
- programas de qualificação;
- sistemas de Tecnologia da Informação em gerenciamento de projetos;
- qualidade em projetos;
- gestão do conhecimento;
- pequenos projetos;
- processos de transferência e implementação;
- avaliação de projetos e de gerentes de projetos;
- gerenciamento de aquisições;
- criação da carreira em gerenciamento de projetos;
- elaboração de programas de treinamento em gerenciamento de projetos;
- controle do andamento da implementação do programa nos departamentos;
- levantamento dos maiores e mais importantes projetos e controle dos mesmos; e
- levantamento dos gerentes de projetos, suas capacitações e suas necessidades de treinamento.

Tipo do PMO

Pela análise da empresa estudada, concluiu-se que seu PMO pode ser caracterizado como um *Project Management Center of Excellence* (PMCOE).

Para essa empresa, o PMO é o ponto focal da experiência em projetos, mas não assume a responsabilidade pelos resultados dos mesmos.

Pode-se verificar que ainda existe um espaço para a migração do PMO da empresa, atualmente do tipo PMCOE, para um PrgMO. Isso deve vir a acontecer ao longo do tempo, uma vez que o PMO analisado possui pouco tempo de funcionamento e, nessa primeira etapa, ele vem se ocupando com os aspectos relacionados com a implementação dos conceitos de gerenciamento de projetos na organização.

> Já é possível verificar os primeiros benefícios da implantação do PMO da empresa estudada:
> - inúmeras ações têm sido tomadas na empresa no sentido de melhor planejar e controlar os projetos executados por ela;
> - indicador do sucesso inicial da implantação: 41 profissionais certificados como PMP pelo PMI em decorrência dos treinamentos planejados e realizados pelo PMO; e
> - existem 17 unidades de negócio participando da implementação do programa no Mercosul.
>
> **Fonte:** Adaptado de Patah e Carvalho (2003, 2004).

QUESTÕES PARA REFLEXÃO E DISCUSSÃO

1. Discuta os modelos de estrutura e analise qual é o mais recomendado para os seguintes tipos de organizações: *software house*, clube de futebol e uma empresa montadora de veículos.
2. Para os mesmos tipos de organização apresentados na Questão 1, quais seriam os tipos de PMO mais adequados?
3. Todas essas organizações investiriam na estruturação de um PMO?
4. Considerando o caso de implementação de um PMO descrito na Seção 15.4, compare as funções do PMO dessa empresa com aquelas apresentadas na literatura. Que tipo de PMO a empresa possui?
5. Com base no modelo de alinhamento entre estratégia e estrutura, qual seria o modelo de PMO mais adequado para essa empresa?
6. Identifique nos *sites* de empresas de alta tecnologia, institutos de pesquisas, agronegócios, universidades, entre outras, suas estruturas organizacionais e comente-as.
7. Em quais situações uma estrutura funcional pode abrigar um projeto?
8. Descreva o papel do gerente de projetos em cada uma das seguintes estruturas:
   - projetizada;
   - matricial balanceada; e
   - funcional.
9. Em qual dos três tipos de estrutura da Questão 8 pode existir conflito por duplicidade de comando?
10. Descreva os principais aspectos que devem ser ponderados para a seleção da estrutura mais adequada para a condução de determinado projeto.
11. Quais são os arquétipos das redes sociais? Faça uma análise pensando nas suas conexões no Facebook.

ESTUDO COMPLEMENTAR

A) Assista aos vídeos da série "From Idea to Business – The secret process of today's successful ventures", uma animação da Strategyzer e da Ewing Marion Kauffman Foundation, no QR Code ao lado.

Fonte: <https://www.youtube.com/playlist?list=PLBh9h0LWoawphbpUvC1DofjagNqG1Qdf3>. Acesso em: 30 ago. 2018.

uqr.to/cu45

CAP. 15 • ESTRATÉGIA, ESTRUTURA E GOVERNANÇA EM PROJETOS | **289**

Agora, em grupo, imaginem um negócio no qual gostariam de empreender e mão na massa, usem o modelo de negócio da figura a seguir e soltem a imaginação.

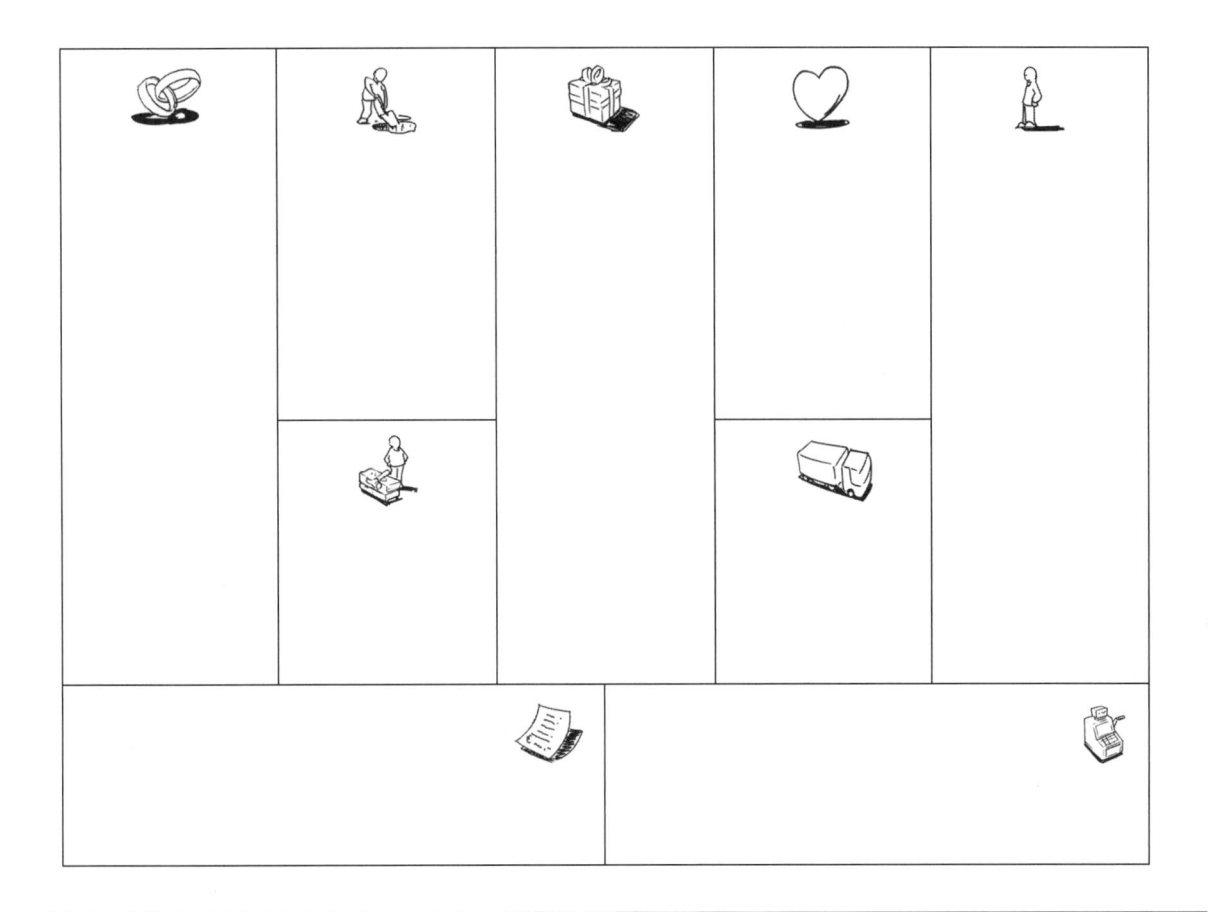

16 RUMO À MATURIDADE EM GESTÃO DE PROJETOS

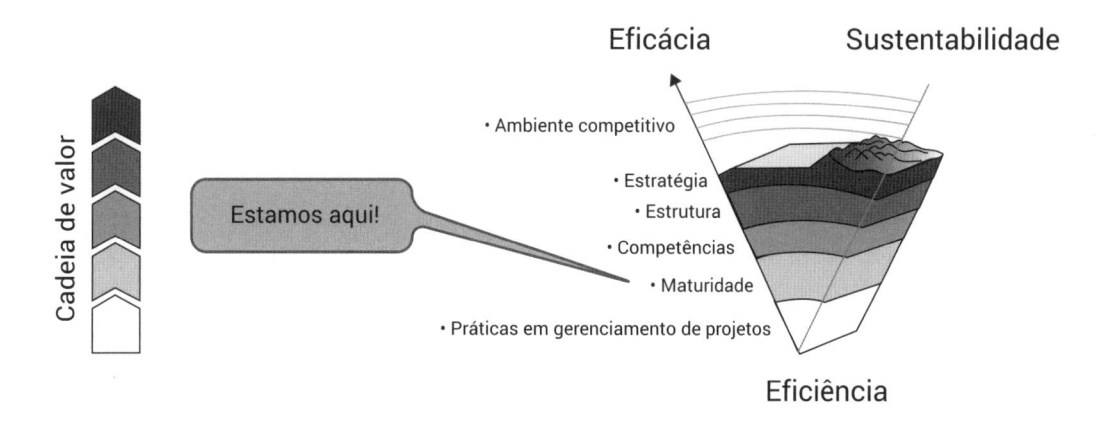

Neste capítulo, vamos discutir como a organização pode conceber uma cultura de Gestão de Projetos que a conduza à excelência. Após estudar este capítulo, o leitor estará apto a responder às seguintes questões:

a) O que é maturidade em Gestão de Projetos?
b) Quais são os modelos de maturidade?
c) O que é CMM, PMMM e OPM3?
d) Qual é o ciclo de maturidade em projetos?

16.1 MATURIDADE EM GESTÃO DE PROJETOS: CONCEITOS

Segundo Carvalho (2014), maturidade pode ser vista como um processo evolutivo e como uma métrica. Em sua concepção mais complexa, trata-se de um processo de mudança organizacional, que busca melhorar a eficácia da gestão de projetos; enquanto na concepção de métrica é o quanto a organização evoluiu ao longo da implementação da Gestão de Projetos.

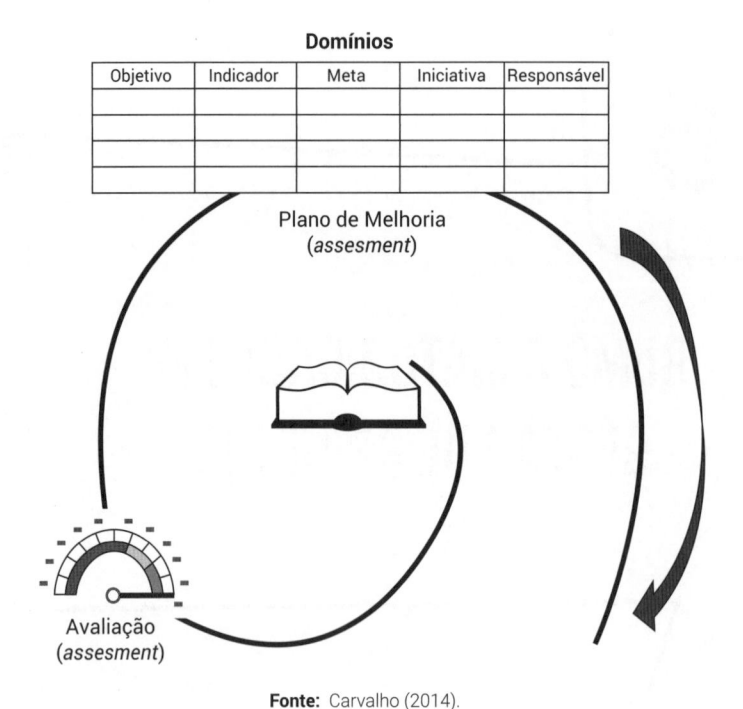

Figura 16.1 Espiral evolutiva dos modelos de maturidade.

Os modelos de maturidade sofreram forte influência da área de Gestão da Qualidade, mais especificamente do ciclo *plan-do-check-act* (PDCA) de melhoria contínua. Além disso, sofreram influência do conceito de ciclo de vida, oriundo da área de Estratégia, que supõe a evolução de uma indústria em estágios – embrionário ou introdução, crescimento, maturidade e declínio, em uma alusão ao que ocorre com os seres vivos (CARVALHO, 2014).

O *kit* básico dos modelos de maturidade é composto por um guia de referência em gestão de projetos (BoK que articula processos e melhores práticas), que, de forma estruturada e codificada, serve como referência para a organização (ver Figura 16.1). O BoK é um instrumento de avaliação (*assessment*), que permite o diagnóstico, com base no qual se elabora um plano de ação, baseado nas lacunas (*gaps*) encontradas entre o que seria desejável (conteúdo do BoK) e o estado atual da organização (CARVALHO, 2014).

O PMBoK®, que vimos na Parte I deste livro, não fornece uma estrutura para conduzir uma organização à maturidade em Gestão de Projetos, nem os parâmetros necessários para avaliar o estágio em que estão as competências da organização nessa área.

Segundo Carvalho *et al.* (2003), os modelos de maturidade em Gestão de Projetos foram inspirados em Humphrey (1989), que identificou níveis de maturidade de processo de desenvolvimento de *software*. Dessa concepção e da avaliação de vários estudiosos de que a maturidade em gerência do processo de desenvolvimento de competências tem um caráter gradativo deriva o conceito de maturidade em gestão de projeto. Paulk *et al.* (1995) identificaram as características que diferenciam as organizações imaturas das maduras, conforme o Quadro 16.1.

De acordo com Carvalho *et al.* (2003), existem vários modelos de maturidade disponíveis na literatura, entretanto, os mais amplamente difundidos são: *Capability Maturity Model* (CMM) (HUMPHREY, 1989; PAULK *et al.*, 1995), *Project Management Maturity Model* (PMMM) (KERZNER, 2000; 2001) e *Organizational Project Management Maturity Model* (OPM3) (PMI, 2013b).

16.1.1 *Capability Maturity Model* (CMM)

O CMM (HUMPHREY, 1989; PAULK *et al.*, 1995; PESSÔA; SPINOLA, 1997) foi desenvolvido pelo Software Engineering Institute (SEI), da Carnegie Mellon University, consolidando esse conceito

Quadro 16.1 Organizações imaturas × organizações maduras

Organizações imaturas	Organizações maduras
Ad hoc; processo improvisado por profissionais e gerentes. Não é rigorosamente seguido e o cumprimento não é controlado. Altamente dependente dos profissionais atuais. Baixa visão do progresso e da qualidade. A funcionalidade e a qualidade do produto podem ficar comprometidas para que prazos sejam cumpridos. Arriscado do ponto de vista do uso de nova tecnologia. Custos de manutenção excessivos. Qualidade difícil de prever.	Coerente com as linhas de ação, o trabalho é efetivamente concluído. Definido, documentado e melhorado continuamente. Com o apoio visível da alta administração e outras gerências. Bem controlado – fidelidade ao processo é objeto de auditoria e de controle. São utilizadas medições do produto e do processo. Uso disciplinado da tecnologia.

Fonte: Adaptado de Paulk *et al.* (1995).

para as atividades de projetos de TI. A Figura 16.2 apresenta os níveis de maturidade do modelo CMM. Cada nível de maturidade corresponde a um conjunto de áreas-chave de processo cuja estruturação é considerada necessária.

Com o objetivo de estender o modelo do CMM para a Gestão de Projetos, Kerzner (2000; 2001) propôs o *Project Management Maturity Model* (PMMM).

16.2 MODELOS DE MATURIDADE CORPORATIVOS

16.2.1 *Project Management Maturity Model* (PMMM)

Embora o PMMM diferencie-se em vários aspectos do CMM, sua estrutura também contempla instrumentos de *benchmarking* para medir o

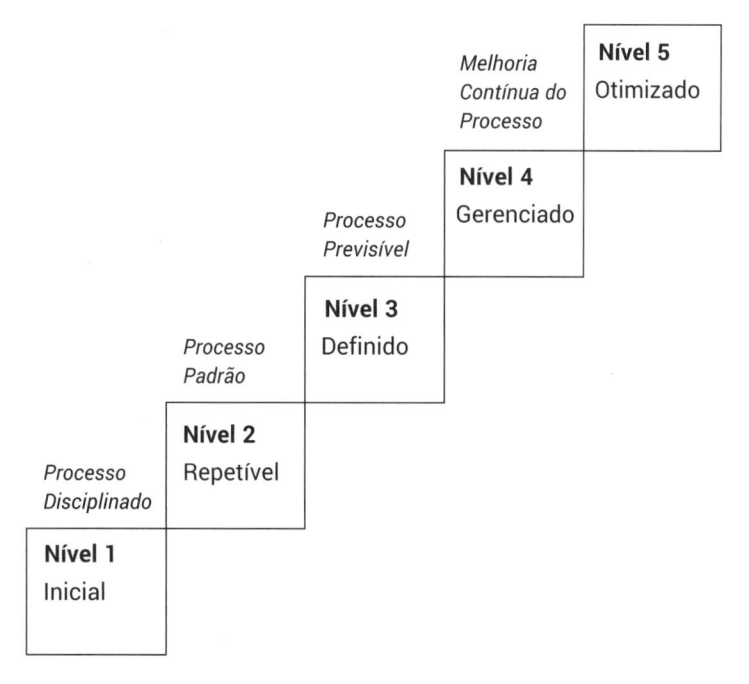

Melhoria Contínua do Processo — **Nível 5** Otimizado

Processo Previsível — **Nível 4** Gerenciado

Processo Padrão — **Nível 3** Definido

Processo Disciplinado — **Nível 2** Repetível

Nível 1 Inicial

Fonte: Adaptada de Weinberg (1993) e de Paulk *et al.* (1995).

Figura 16.2 Níveis de maturidade do CMM.

Figura 16.3 *Project Management Maturity Model.*

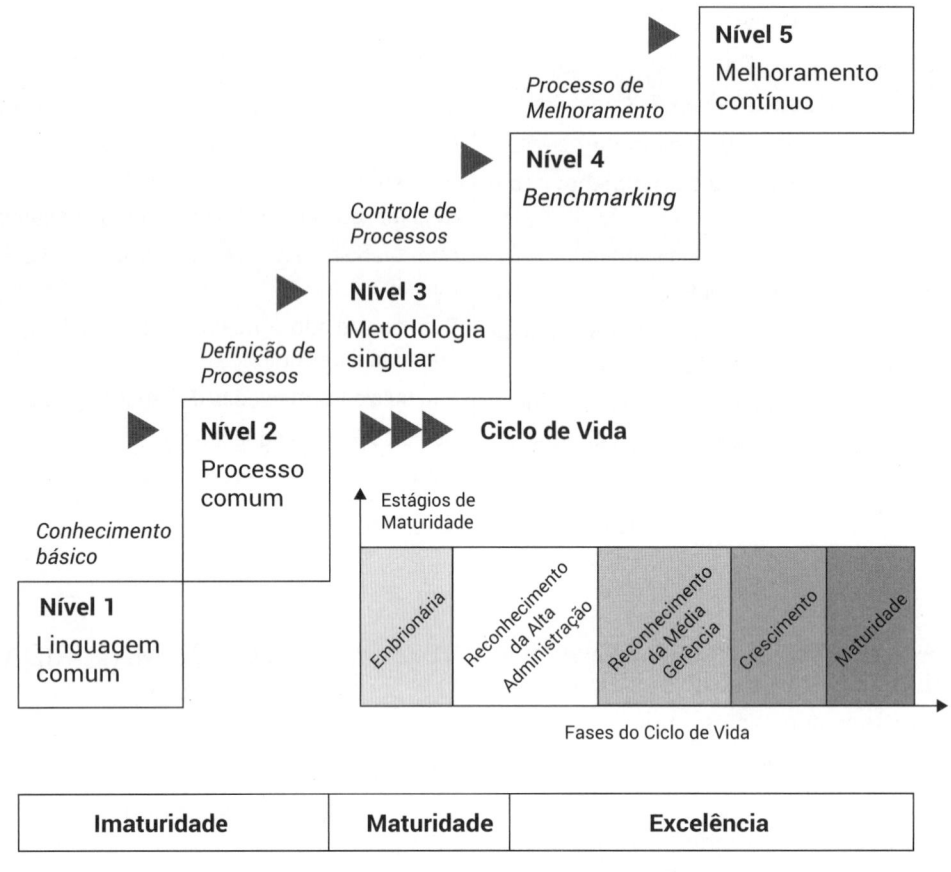

Fonte: Adaptada de Kerzner (2001).

progresso da organização ao longo do modelo de maturidade. Nesse modelo, detalham-se cinco níveis de desenvolvimento: nível 1 – linguagem comum; nível 2 – processos comuns; nível 3 – metodologia singular; nível 4 – *benchmarking*; e nível 5 – melhoria contínua, como mostra a Figura 16.3 (CARVALHO et al., 2003).

Carvalho et al. (2003) ressaltam que existem diferenças nas terminologias do CMM e PMMM (compare Figuras 16.2 e 16.3), o que pode levar a alguns problemas quando os dois modelos estiverem sendo implementados. Os modelos CMM e PMMM, de uma forma geral, mantêm coerência em seus pontos fundamentais e se complementam em alguns aspectos, havendo possibilidade de mútua sinergia.

PMMM utiliza as nove áreas de conhecimento em conformidade ao PMBoK®, nos diversos níveis de maturidade, e integra-os com o *Project Management Office* (PMO) no nível estratégico.

Kerzner (2000) identifica um ciclo de vida genérico no nível 2 do PMMM, processos comuns, constituído de cinco fases, quais sejam: embrionária; reconhecimento da alta administração; reconhecimento da média gerência; crescimento; e maturidade. A Figura 16.4 ilustra o modelo.

As principais características da fase embrionária referem-se ao reconhecimento da importância do gerenciamento de projetos para a empresa. O reconhecimento da importância do gerenciamento de projetos pela alta administração pode ser percebido pelos seguintes pontos: visibilidade em termos de suporte; entendimento da disciplina de gerenciamento de projetos; estabelecimento de patrocinador no nível executivo; e postura favorável na mudança da forma de fazer negócios. As principais características da terceira fase se referem à gerência de linha. A fase de crescimento é caracterizada pelo desenvolvimento de uma metodologia de gerenciamento de projetos pela empresa e pelo comprometimento

Fonte: Kerzner (2000).

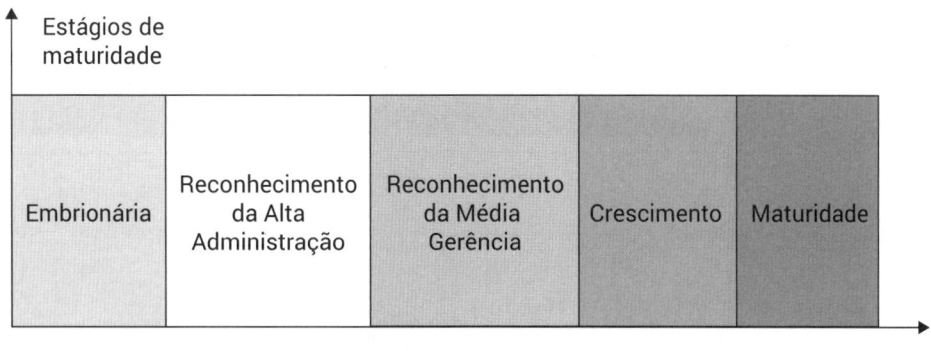

Figura 16.4 Ciclo de vida em gerenciamento de projetos.

com as atividades de planejamento. A última fase, a de maturidade, refere-se ao desenvolvimento de um sistema formal de controle gerencial que integre custos e prazos, além do desenvolvimento de um programa educacional com o intuito de aumentar as competências em gerenciamento de projetos na empresa.

16.2.2 *Organizational Project Management Maturity Model* (OPM3)

O Project Management Institute (PMI, 2003a) concluiu a formulação de um modelo de maturidade, denominado *Organizational Project Management Maturity Model* (OPM3).

Segundo Schlichter, Friedrich e Haeck (2003), o PMI iniciou o desenvolvimento do OPM3 em 1998, utilizando um time de voluntários. Em 1999, foi elaborada pela equipe uma pesquisa sobre modelos de maturidade existentes, aplicada a mais de 30.000 profissionais. A formulação do modelo envolveu mais de 700 voluntários até a liberação da versão beta completa do produto OPM3, em meados de 2003, quando ocorreu a primeira rodada de testes, até a conclusão no final desse ano.

Dois termos são fundamentais para a compreensão do modelo OPM3: *organizacional* e *maturidade*. O termo *organizacional* amplia o domínio do modelo de Gestão de Projetos, saindo do contexto do projeto em si, o foco do PMBoK®, para atingir a organização como um todo. O domínio passa, então, a ser estratégico, incorporando programas e portfólio, e promovendo o alinhamento dos projetos às estratégias do negócio (PMI, 2003b). Já o termo *maturidade* implica que as capacidades devem crescer de forma sustentada ao longo do tempo, gerando uma cultura que permita obter sucesso na Gestão de Projetos.

Maturidade envolve um processo de mudança organizacional, progressivo, que visa atingir a perfeição. Portanto, o modelo OPM3 (PMI, 2013) constitui quatro níveis de maturidade: *padronização*, *medições*, *controle* e *melhoria contínua*.

O modelo OPM3 aproveita a estrutura do PMBoK® no âmbito de projetos e a estende para programas e portfólio, que também tem normas específicas. O conceito de grupos de processos em gestão de projetos proposto no PMBoK® é também um dos pilares do OPM3 (ver Capítulo 3), no domínio projetos.

Como o PMI lançou novas edições para o projeto (PMBoK®) e para o portfólio, foi necessário atualizar também o OPM3 (PMI, 2013b).

A nova versão do OPM3 está ilustrada na Figura 16.5.

A Figura 16.5 sintetiza o modelo OPM3, que mescla os três domínios (*portfólio*, *programa* e *projeto*), com a evolução em fases (*padronização*, *medições*, *controle* e *melhoria contínua*) e com o conceito de grupo de processos. Além disso, o modelo está alinhado com as estratégias de negócio e deve refletir as decisões do processo de *planejamento estratégico*.

O modelo de avaliação do OPM3, SAM, é bastante extenso, com 523 questões em escala do tipo

Figura 16.5 Modelo OPM3.

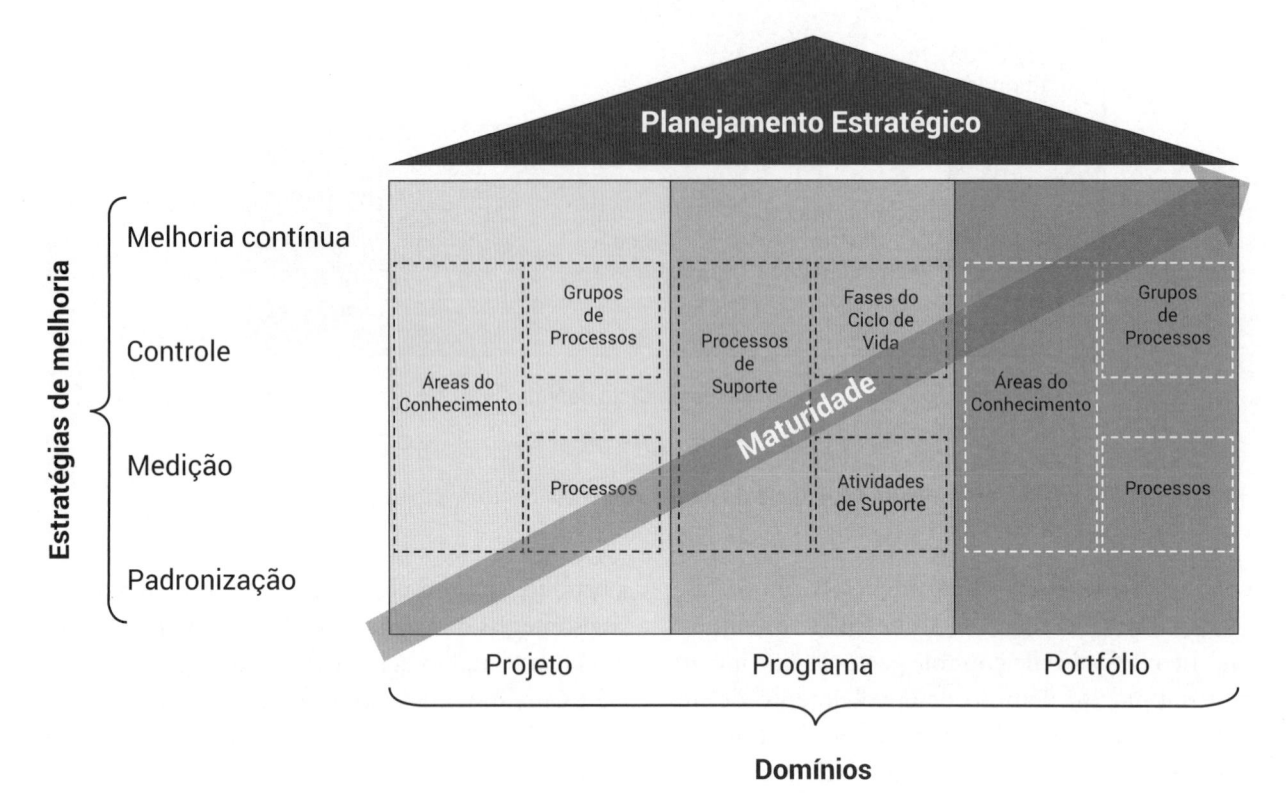

Fonte: Adaptada de PMI (2013b).

sim e não, o que dificulta um pouco sua aplicação. Por outro lado, assim como o CMMI®, o OPM3 permite que a maturidade seja analisada de várias formas, por domínio, por estágio e por grupo de processos. O resultado do diagnóstico é apresentado conforme ilustra a Figura 16.6.

A realização desse diagnóstico deve obedecer um ciclo composto de três etapas. A primeira etapa é denominada aquisição de conhecimento, a segunda avaliação de desempenho e a terceira gestão da melhoria melhorias (Figura 16.7).

É durante a primeira etapa que a organização precisa se preparar para a avaliação das práticas em gestão de projetos. Assim, cabe obter informações do gerenciamento de projetos, da organização e da avaliação da mudança.

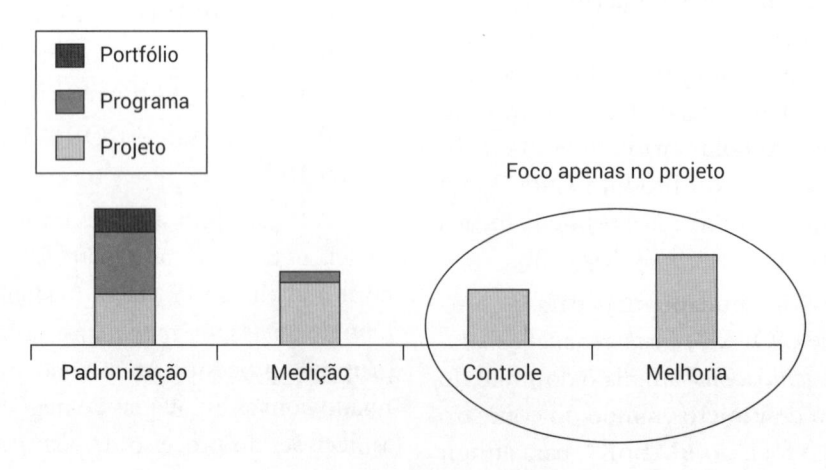

Figura 16.6 Resultado de uma avaliação segundo o modelo OPM3.

Fonte: Adaptada de PMI (2013).

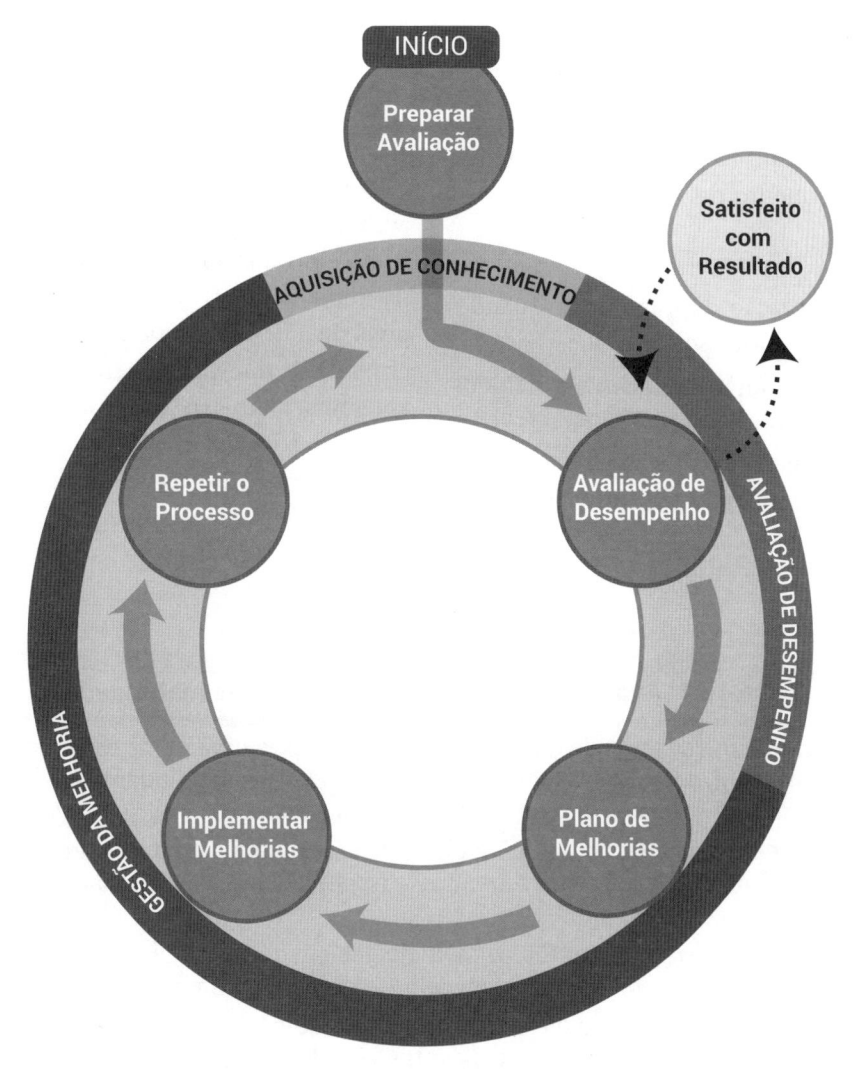

Fonte: Adaptada de PMI (2013).

Figura 16.7 Avaliação OPM3.

Os processos de obtenção das informações são interativos e dependem de esforços de profissionais da organização que será avaliada.

Prioritariamente, é preciso conhecer as características e funções do OPM3. Isso envolve conhecer as habilidades das pessoas envolvidas com gestão de projetos, bem como entender os processos organizacionais e a tecnologia.

Durante a segunda etapa, faz-se a avaliação, ou seja, uma vez adquiridos os devidos conhecimentos, espera-se que a organização esteja pronta para ser investigada.

Nesta etapa, a organização requer, inicialmente, o planejamento e a execução da avaliação, seguidos da tabulação e análise das informações obtidas e apresentação dos resultados.

Com isso, é possível se chegar à terceira etapa – das melhorias. Nesta etapa, espera-se poder ter não só um plano de melhorias, como também a implementação das mesmas e repetição do processo.

É possível notar que, de maneira muito bem organizada, o método OPM3 traz benefícios relevantes para a organização. Entre eles, destacam-se:

a) elaboração de trabalho padronizado em gestão de projetos;

b) melhoramento nas competências em gestão de projetos, pois exige-se capacidade de desenvolvimento de áreas de gestão;

c) membros e equipes de projetos seguem processos desenhados com base, em geral, em boas práticas;

d) há uma expectativa de melhoria no desempenho dos projetos; e

e) há um estímulo das equipes para se chegar a resultados gerenciais melhores – expectativa de melhoramento das metas.

Tais benefícios são decorrentes de esforços e desafios que a organização deve enfrentar quando se dispõe a passar por processos de avaliações.

Este ciclo de desenvolvimento do OPM3 está presente na terceira versão publicada em 2013 (PMI, 2013). No entanto, suas bases se mantêm, especificamente a atuação na gestão de projetos, programas e portfólio.

16.3 CASO: MODELOS DE MATURIDADE AVALIADOS EM UMA EMPRESA DE TRANSPORTE AÉREO

Um exemplo de utilização de modelos de avaliação de maturidade de empresas pode ser visto no caso que vamos apresentar a seguir. Trata-se da implementação de gerenciamento de projetos, precedida de diagnóstico e plano de ação, em uma empresa de transportes aéreos brasileira. O caso foi apresentado no 10º Simpósio de Inovação Tecnológica – *10th Latin-American Seminar of Technology Management: Knowledge, innovation and competitiveness: challenges from globalization*, em 2003, na Cidade do México.

Caso 16.1: Análise comparativa dos modelos de maturidade

A implementação de um sistema de gerenciamento de projetos ocorreu na diretoria de tecnologia da informação da TAM, detentora de um orçamento anual de aproximadamente US$ 30 milhões em 2003, sendo que 30% destinavam-se a projetos de inovação.

O trabalho envolveu a capacitação de 300 profissionais agrupados em três gerências funcionais: técnica, que consumia 40% do orçamento; financeira e comercial, que consumiam, respectivamente, os outros 29% e 31% restantes.

A organização apresentava uma estrutura matricial incipiente, destacando-se o peso das áreas funcionais tendo em vista a grande necessidade de acompanhamento da evolução tecnológica.

O diagnóstico acerca da maturidade em gerenciamento de projetos apresentou resultados interessantes e complementares, segundo as distintas abordagens teóricas utilizadas. Examinando os resultados obtidos, nota-se que o levantamento de dados apontou para algumas carências em relação às fases de maturidade do modelo proposto por Kerzner (2000). A Figura 16.8 apresenta, de forma agregada, a percepção em gerenciamento de projetos, considerando-se essas fases do modelo de maturidade.

A partir dos resultados apresentados, vale a pena notar que, inicialmente, ocorre uma forte discrepância entre os dados que representam o apoio executivo e gerencial da organização. Nesse sentido, o apoio dos executivos – atuando, inclusive, como patrocinadores dos projetos –, foi o item que mais contribuiu para a elevada nota desse levantamento.

É nítida a falta de apoio gerencial de outras áreas, uma vez que os gerentes funcionais pouco incentivam seus funcionários a participar de treinamentos em gerenciamento de projetos e áreas funcionais; em geral, não apoiam claramente o desenvolvimento dos projetos.

Os quesitos da fase embrionária estão bem desenvolvidos, mostrando que os envolvidos em projetos reconhecem os benefícios do gerenciamento.

A fase de crescimento apresenta algumas carências relevantes que devem ser consideradas no âmbito de implementação de um sistema de gerenciamento de projetos.

A última fase tratada no levantamento de dados refere-se à maturidade em gerenciamento de projetos. Nessa fase, foram percebidas as maiores necessidades da organização examinada.

O exame das informações levantadas também teve por base cinco dimensões: alinhamento; aprendizagem organizacional; metodologias e processos; apoio organizacional; e recursos humanos, conforme ilustra a Figura 16.9.

Avaliação Kerzner

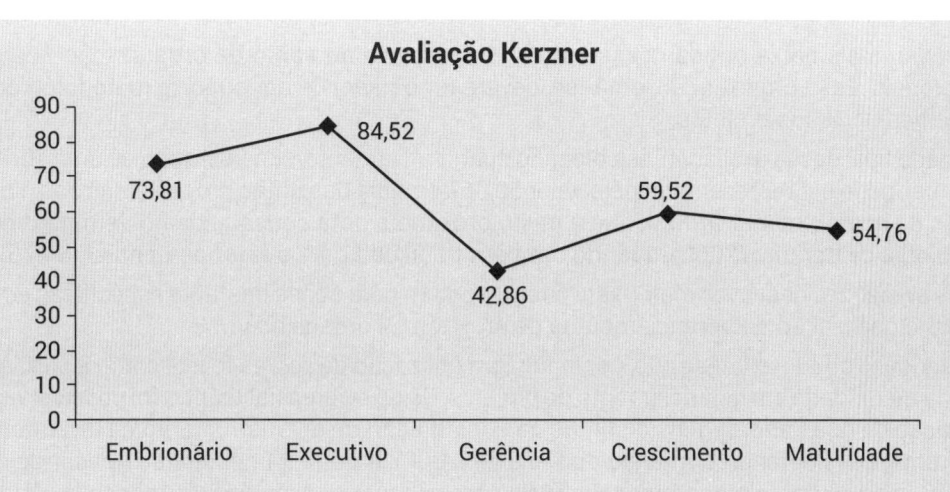

Figura 16.8 Modelo maturidade segundo Kerzner (2000).

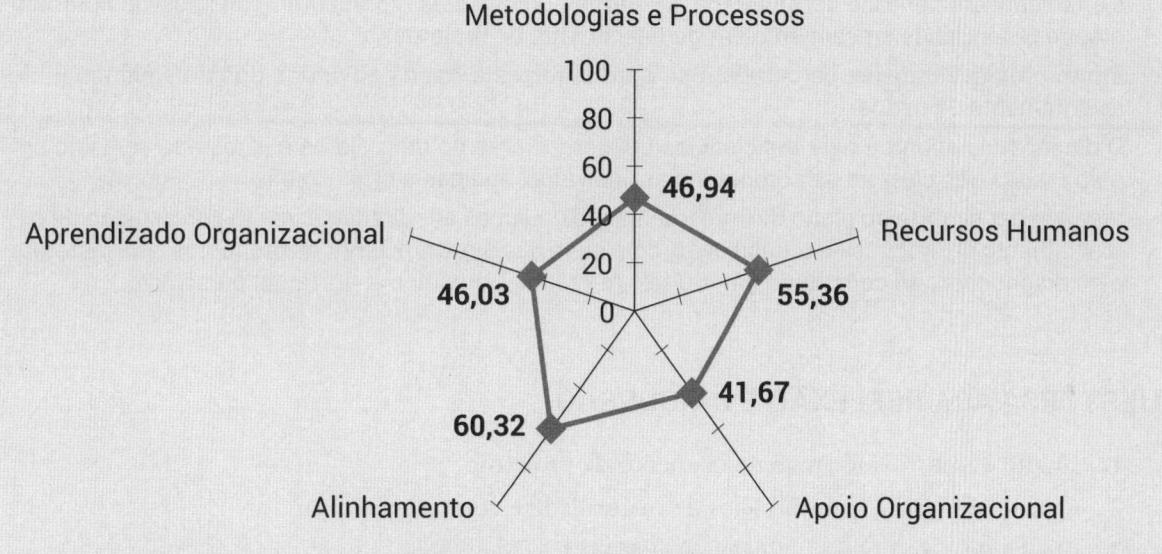

Valores: Embrionário 73,81; Executivo 84,52; Gerência 42,86; Crescimento 59,52; Maturidade 54,76.

Figura 16.9 Avaliação dimensional.

Metodologias e Processos: 46,94; Recursos Humanos: 55,36; Apoio Organizacional: 41,67; Alinhamento: 60,32; Aprendizado Organizacional: 46,03.

Os resultados obtidos, segundo a análise explorada pelo OPM3, revelaram que a dimensão alinhamento foi a mais bem avaliada no levantamento de dados, pois mostrou um forte envolvimento do gerenciamento de projetos nos planos de negócio, bem como um significativo apoio aos projetos por parte da gerência, havendo, inclusive, bastante interface entre projetos.

A capacitação dos recursos humanos em gerenciamento de projetos, outra dimensão muito bem avaliada, é um fenômeno recente, que está em desenvolvimento, mas precisa ser programado com o estabelecimento de metas bem especificadas, de acordo com um plano de institucionalização de gestão de projetos na organização.

A dimensão metodologia/processo mostra que os critérios de gerenciamento de projetos na organização não eram claros e explícitos. Pouco ou quase nada se conhece a respeito de tais metodologias.

A dimensão aprendizado organizacional, por sua vez, mostrou que não há evidências de avaliações pós-projeto e melhorias das práticas de gestão, de falta de avaliação e *feedback* dos times de projeto, de inexistência de métricas para avaliação de desempenho dos projetos e de atenção às lições aprendidas. Nessa dimensão, também fica evidente o potencial de possibilidades com relação ao desenvolvimento de ações visando instituir gerenciamento de projetos.

A avaliação mais baixa obtida nesse estudo diz respeito ao apoio da organização aos projetos institucionais. Essa organização, em tese, deverá ter o papel de dar suporte metodológico, tecnológico e gerencial aos projetos.

O resultado final dessa avaliação, se colocado quantitativamente, considerando-se uma abrangência percentual, pode ser representado pelo valor 50,06% (média das notas provenientes das dimensões tratadas de acordo com o OPM3), que é muito próximo à nota conseguida no item maturidade da metodologia de Kerzner (2000), quando também traduzida para o fator percentual (54,76%).

As duas avaliações desenvolvidas, neste caso, apontam para ações bastante específicas em termos da institucionalização de gerenciamentos de projetos na organização.

Do diagnóstico obtido extrai-se que, por indução, a utilização de *scores* foi útil como auxílio à identificação de maturidade em gerenciamento de projetos. Já do referencial teórico foi possível vislumbrar a utilização de duas abordagens distintas na constituição de um instrumento de levantamento de dados: uma, considerando o modelo de Kerzner (2000), e outra, dimensional. Apesar de distintas as visões, elas se complementam e são úteis para se fazer análise da informação levantada.

Em termos quantitativos, os resultados apontaram, claramente, que existem muitas lacunas em gerenciamento de projetos na organização que precisam ser preenchidas. As notas convergiram e, mediante uma análise aprofundada em termos do que elas representam, foi possível notar um grande potencial de crescimento em gerenciamento de projetos.

Em termos qualitativos, perceberam-se pontos fortes e fracos advindos dos dois sistemas de levantamento de dados.

O diagnóstico apontou para deficiências em gerenciamento de projetos e isso pode ser visto em pelo menos três *clusters* de competências: indivíduo, equipes e organização.

Visando dar suporte ao plano de implementação de ações em direção à institucionalização de gerenciamento de projetos na organização, com base nos aspectos teóricos propostos pela literatura e no diagnóstico, foi construído um modelo referencial, analítico e, portanto, prescritivo.

QUESTÕES PARA REFLEXÃO E DISCUSSÃO

1. O que é maturidade em gerenciamento de projetos?
2. Quais são os principais modelos de maturidade e como se aplicam?
3. Qual a diferença entre o CMM e o PMMM?
4. Quais são os grupos de processos do modelo OPM3® por domínio (projeto, programa e portfólio)?

ESTUDO COMPLEMENTAR

A) Escolha uma organização que tenha escritório de gestão de projetos (PMO) e aplique o questionário do anexo do artigo Bouer e Carvalho (2005), disponível no QR Code ao lado. Com base nos resultados, qual é o diagnóstico de maturidade?

Fonte: <http://www.scielo.br/pdf/prod/v15n3/v15n3a05.pdf>.
Acesso em: 5 set. 2018.

17
COMPETÊNCIAS EM GESTÃO DE PROJETOS

Assista ao vídeo do professor Roque com dicas para a carreira em Gestão de Projetos.

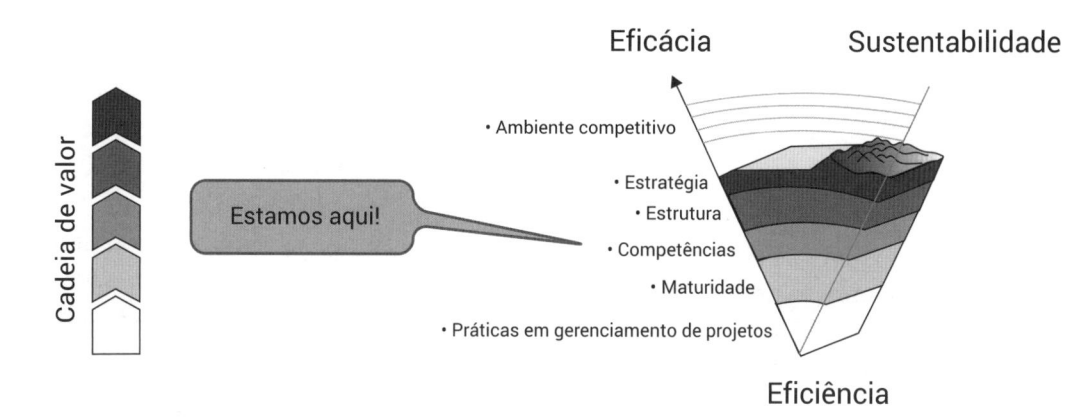

uqr.to/cpit

Cadeia de valor

Estamos aqui!

Eficácia   Sustentabilidade
- Ambiente competitivo
- Estratégia
- Estrutura
- Competências
- Maturidade
- Práticas em gerenciamento de projetos

Eficiência

Neste capítulo serão tratadas as competências necessárias para o gerenciamento de projetos eficaz. Após estudar este capítulo, o leitor estará apto a responder às seguintes questões:

a) Qual o conceito de competências integrada aplicado em projetos?
b) Quais as principais competências dos indivíduos relacionadas aos projetos?
c) Quais os papéis e responsabilidades do gerente de projetos?
d) Como organizar as equipes de projetos?

17.1 INTRODUÇÃO

A palavra *competência* vem do latim *competere*. O conceito de competência pode ser visto, inicialmente, com a decomposição da palavra em latim *com*, cujo significado é conjunto, e *petere*, que quer dizer esforço.

O conceito de competência, amplamente estudado pela escola francesa, começa a ser explorado em várias disciplinas e áreas de conhecimento. Além da engenharia e administração de negócios, pesquisadores da área de gerenciamento de projetos têm buscado, nos conceitos de competência, estabelecer as linhas essenciais da matéria visando entender e desenvolver modelos de capacitação para serem profissionais.

Esse conceito engloba conhecimento, habilidades, atitudes e comportamentos que estão relacionados com desempenho superior (BOYATZIS, 1982). Competência pode ser definida como "saber agir (ou reagir), responsável e validado" (LE BOTERF, 1994), que implica mobilizar, integrar, transferir conhecimentos, recursos, habilidades, que agreguem valor econômico à organização e valor social ao indivíduo (FLEURY; FLEURY, 2000).

Pode-se pensar as competências em vários níveis de abstração – organização, equipe de projetos e indivíduos, como iremos discutir neste capítulo. É o que chamamos de competência integrada (ver Figura 17.1).

Parte da literatura de competência organizacional se confunde com os modelos de maturidade organizacional em gestão de projetos (ver Capítulo 16), mas não está limitada ao conceito de maturidade. Competência organizacional tem a função de transformar as estratégias (ver Capítulo 15) em ação, gerando valor, como iremos discutir na Seção 17.5.

Figura 17.1 Modelo de competências integradas em gerenciamento de projetos.

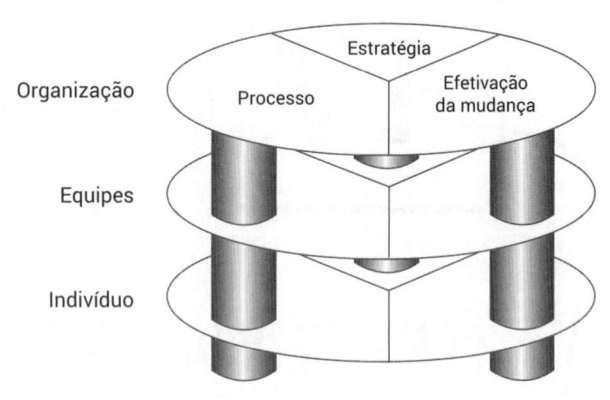

Fonte: Rabechini Jr. (2003).

A competência no âmbito do indivíduo pode ser entendida segundo três eixos fundamentais: pelas características da pessoa, por sua formação educacional e por sua experiência profissional. Nesse sentido, sua abordagem enfatiza que o indivíduo competente não é aquele que tem determinados recursos e, sim, aquele que consegue mobilizá-los, em momento oportuno, sob a forma de conhecimentos, capacidades cognitivas, capacidades relacionais etc.

Essa visão de competências é acrescida do conceito de transferência, ou seja, capacidade de selecionar elementos, organizá-los e empregá-los em determinada atividade. Com esses aspectos, entende-se que quem detém competências pode postular proposições inovadoras em lugar de ser apenas seguidor de procedimentos já estabelecidos. Nessa linha de raciocínio, quem sabe agir alcança objetivos e consegue resultados visíveis e reconhecidos por outras pessoas.

Este capítulo irá abordar as competências relacionadas com o gerente de projetos, considerando o praticante (indivíduo), as equipes e a organização.

17.2 COMPETÊNCIAS DO INDIVÍDUO

O que é um gerente de projetos competente?

Não existe resposta fácil para essa questão, contudo, esse tema tem chamado cada vez mais a

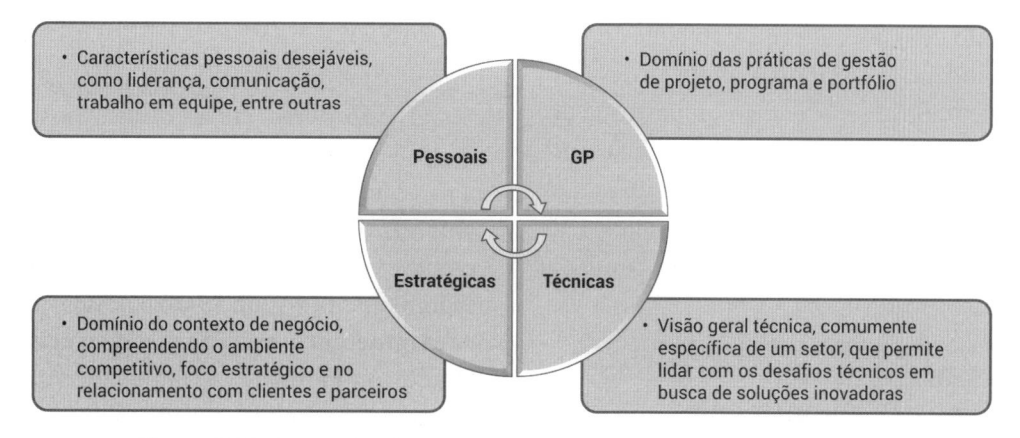

Figura 17.2 Categorias de competências em gerenciamento de projetos.

atenção da academia e das comunidades de práticas das associações e institutos de Gestão de Projetos.

A literatura acadêmica converge para quatro macrocategorias de competências (ver Figura 17.2). A terminologia não é consolidada, mas os termos mais comuns são: práticas de gerenciamento de projetos; pessoais ou comportamentais; técnicos (específica do setor); e contexto de negócios (estratégicas) (TAKEY; CARVALHO, 2015).

Na categoria práticas de gerenciamento de projetos, encontram-se as competências relacionadas, principalmente, com os processos gerenciais, as áreas de conhecimento, e suas ferramentas e técnicas consolidadas em vários guias de conhecimento (BoKs). A categoria pessoal envolve competências comportamentais inatas ou desenvolvidas, como liderança e trabalho em equipe, que são necessárias para o gerente de projeto. A categoria competência técnica compreende o conhecimento específico de um setor (por exemplo, defesa, engenharia de *software*). Por fim as estratégicas, que são fundamentais em projetos complexos, cujo ambiente de negócio envolve parceiros, em consórcios ou parcerias público-privada, em que o domínio das forças competitivas é fundamental para o sucesso do projeto.

O perigo está em tentar idealizar o gerente de projetos como super-herói, proficiente em todas as categorias de competência simultaneamente, com listas infindáveis de atributos por categoria.

Assim como os guias de conhecimento exploram processos e áreas, vários modelos exploram as competências. A seguir, nesta seção, vamos explorar alguns dos modelos de competência mais difundidos.

17.2.1 Triângulo de talentos

O triângulo de talentos mostra a visão do PMI (2017) acerca das competências, habilidades e comportamentos esperados de um gerente de projetos, agrupadas em três conjuntos: gerenciamento técnico de projetos, liderança e gerenciamento estratégico de projetos, como ilustra a Figura 17.3.

Esses três conjuntos têm forte alinhamento com três das categorias discutidas na seção anterior, respectivamente: GP, pessoais e estratégicas.

O primeiro conjunto, gerenciamento técnico de projetos, envolve o domínio de gerenciamento de projetos, programas e portfólio, ou seja, ter domínio do PMBoK (PMI, 2017), apresentado no Capítulo 3, e dos padrões de Programas e do Padrão de Portfólio (PMI, 2013), apresentados no Capítulo

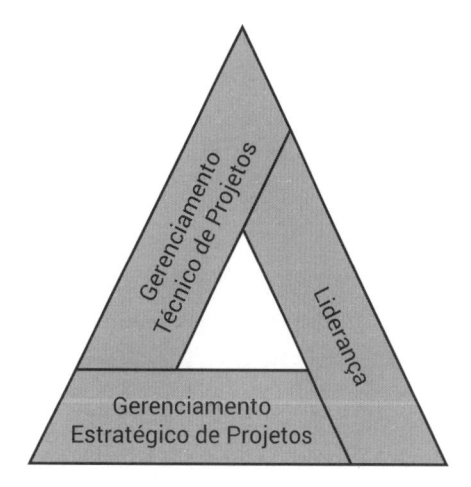

Fonte: Adaptado de PMI (2017).

Figura 17.3 Triângulo de talentos.

18. O segundo conjunto, liderança, abrange competências, habilidades e comportamentos necessários para orientar, motivar e liderar a equipe rumo aos objetivos de projeto e organizacionais. Finalmente, o terceiro conjunto, gerenciamento estratégico de projetos, envolve o conhecimento do setor e do contexto organizacional, com foco no resultado do negócio.

17.2.2 Olho das competências

Como vimos no Capítulo 3, o modelo do IPMA (2015) traz uma visão das competências integradas nos níveis do indivíduo, do projeto e da organização, conhecido como o *IPMA Delta Competence*, que fornece, portanto, uma avaliação 360° em Gestão de Projetos, divididos em três documentos: *IPMA Competence Baseline, IPMA Project Excellence Model* e *IPMA Organisational Competence Baseline*.

No âmbito do indivíduo, o IPMA (2015) apresenta o olho das competências (ver Figura 17.4) com três conjuntos – perspectiva, pessoa e prática, que convergem para as categorias estratégicas, pessoais e GP (TAKEY; CARVALHO, 2015) e, também, com o triângulo de talentos do PMI (2017) já discutidos.

O eixo perspectiva consiste nos cinco elementos apresentados na Figura 17.4, por meio dos quais os indivíduos interagem com o ambiente, compreendendo as razões que levaram as pessoas, organizações e sociedades a iniciar e apoiar projeto, programa ou portfólio. O eixo pessoa compreende dez competências pessoais e interpessoais apresentados na Figura 17.4, necessárias no contexto de projeto, programa ou portfólio. Finalmente, o eixo prática, abrange 14 elementos apresentados na Figura 17.4, já discutidos no Capítulo 3, que agrupam métodos, ferramentas e técnicas utilizadas em projetos, programas ou portfólios.

17.2.3 Modelo para desenvolvimento das competências do gerente de projetos – *Project Manager Competency Development Framework* (PMCD)

O PMI (2003) concebeu um modelo de desenvolvimento das competências do gerente de

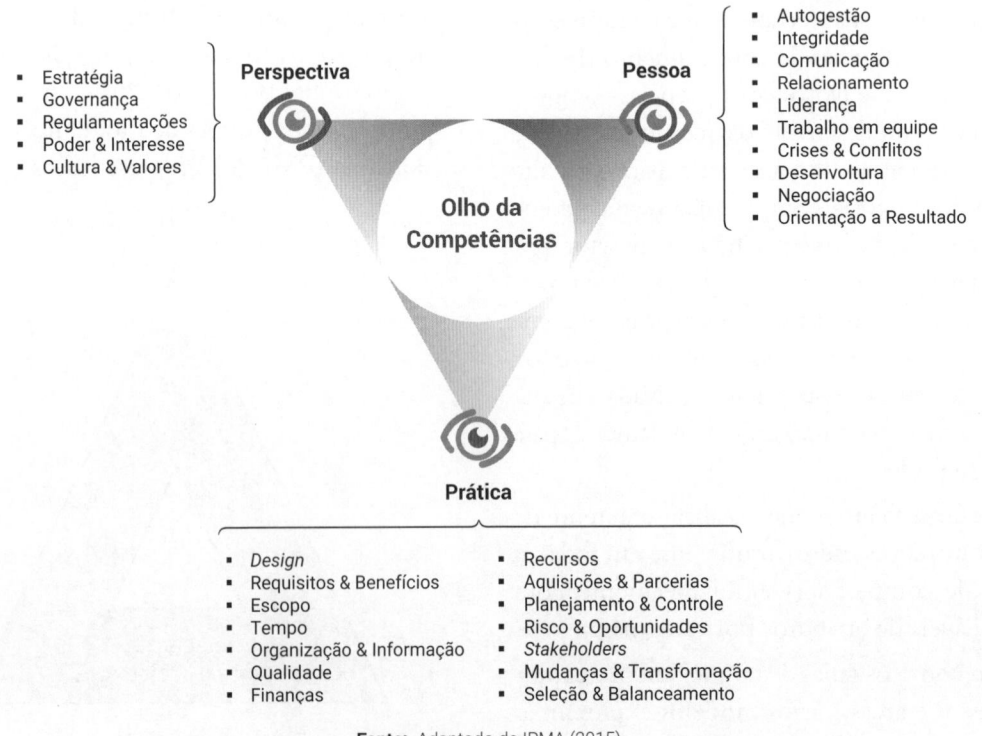

Perspectiva
- Estratégia
- Governança
- Regulamentações
- Poder & Interesse
- Cultura & Valores

Pessoa
- Autogestão
- Integridade
- Comunicação
- Relacionamento
- Liderança
- Trabalho em equipe
- Crises & Conflitos
- Desenvoltura
- Negociação
- Orientação a Resultado

Olho da Competências

Prática
- *Design*
- Requisitos & Benefícios
- Escopo
- Tempo
- Organização & Informação
- Qualidade
- Finanças
- Recursos
- Aquisições & Parcerias
- Planejamento & Controle
- Risco & Oportunidades
- *Stakeholders*
- Mudanças & Transformação
- Seleção & Balanceamento

Fonte: Adaptado de IPMA (2015).

Figura 17.4 Olho das competências em gerenciamento de projetos.

projetos (*Project Manager Competency Development Framework* – PMCD), que hoje está em sua terceira edição PMI (2017), o qual, além de evidenciar as competências-chave do gerente de projeto, apresenta um modelo de avaliação das competências, à semelhança dos modelos de maturidade, além de orientações para o desenvolvimento dos gerentes de projeto. O modelo visa não só o nível de projeto, mas também programa e portfólio.

O PMCD está estruturado em três dimensões: conhecimento, desempenho e pessoal.

A dimensão de competência *conhecimento* apresenta o conjunto de processos, ferramentas e técnicas de projeto/programa/portfólio que o gerente de projeto deve conhecer, que, basicamente, se resumem ao domínio do PMBoK (ver Capítulo 3), dos padrões de programa e portfólio (ver Capítulo 18) e dos conteúdos do exame *Project Management Professional* (PMP). Aqui, o foco é o quanto o gerente do projeto sabe sobre a área, se ele foi um bom aluno, tem boas notas. Vale destacar que a terceira edição do PMCD (PMI, 2017) não incorpora as modificações da sexta edição do PMBoK, pois foi publicado antes; assim, ainda menciona gestão de tempos e não cronograma e gestão de recursos humanos, no lugar de recursos, por exemplo.

A dimensão de competência *desempenho* busca identificar se o gerente de projetos aplica seus conhecimentos em projeto/programa/portfólio para atingir os requisitos do projeto. Repete as competências de conhecimento, mas as avalia na perspectiva de seu efetivo desempenho em um projeto real, não importando se o gerente é ou não proficiente em determinado conhecimento, mas se ele foi capaz de, na prática, aplicá-lo apropriadamente com bons resultados.

A dimensão de competência *pessoal* analisa como o gerente de projetos se comporta no ambiente de projeto/programa/portfólio, suas atitudes e características de personalidade (PMI, 2017). Entre as competências pessoais mais relevantes, estão: comunicação, liderança, gerenciamento, habilidade cognitiva, eficácia e profissionalismo.

O PMCD também reconhece que há competências específicas da organização e do setor industrial que devem ser levadas em conta, embora o modelo não trate delas especificamente.

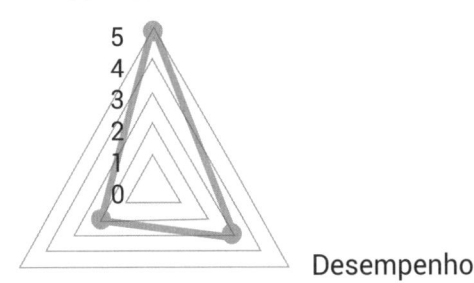

Figura 17.5 Avaliação do Gerente de Projetos: Eduardo.

O modelo de avaliação do PMCD recomenda uma escala de Likert de cinco pontos para a avaliação dessas competências, em que um significa experiência/conhecimento limitado nesta competência até cinco, plenamente competente (conhecimento e larga experiência) nesta competência, que resulta em um mapa de avaliação, conforme descrito na Figura 17.5.

Na Figura 17.5 imaginemos que Eduardo resolveu aplicar o modelo de avaliação do PMCD. Ele verificou que depois de concluir seu curso de especialização em Gestão de Projetos e estudar para as provas do PMP, fazendo vários simulados pela Internet, obteve pontuação bastante elevada e, portanto, a Mônica o avaliou como plenamente competente na dimensão conhecimento, ou seja, domina o PMBoK e os padrões de programa e portfólio. No entanto, na dimensão desempenho, ao examinar os últimos projetos realizados, foram verificados vários aspectos de melhoria no uso dos métodos ferramentas e técnicas, portanto, recebendo nota 3. Já nas competências pessoais Mônica foi mais crítica, acha que Eduardo ainda tem muito a trabalhar nas questões de comunicação, liderança e eficácia, recebendo nota 2.

17.2.4 Resiliência no âmbito do indivíduo

No Capítulo 11 discutimos a ligação da resiliência com a gestão de riscos e crises em projetos. Nesta seção vamos voltar ao conceito de resiliência, mas no que se refere aos indivíduos envolvidos em projetos.

A psicologia estuda há bastante tempo como os indivíduos se comportam em situações de crise, perda e fracasso. Ao longo do tempo, os estudiosos conseguiram reunir as características de um indivíduo resiliente, ou seja, capaz de superar as dificuldades e agir de forma eficiente mesmo em momentos de crise e desespero.

Como projetos sempre trazem incerteza, a resiliência é uma característica fundamental para os gerentes de projeto, que trabalham em ambientes de inovação, mudança e pressão psicológica, sistematizando a reação perante adversidades e crises, de modo a superar obstáculos e adversidades.

Existem vários modelos de resiliência com foco no indivíduo, sendo um dos mais difundidos o de Reivich e Shatté (2002) com sete fatores:

1. *Administração das emoções*: habilidade de se manter calmo diante de uma situação de pressão.
2. *Controle dos impulsos*: habilidade de regular a intensidade do impulso, dando, assim, a apropriada intensidade à vivência de uma emoção e não agindo compulsivamente.
3. *Empatia*: habilidade de compreender os estados emocionais e psicológicos dos outros.
4. *Otimismo*: habilidade de manter firme convicção de que a situação vai melhorar, quando envolvidas em adversidades.
5. *Análise do ambiente (causal)*: habilidade para identificar precisamente as causas dos problemas e das adversidades.
6. *Autoeficácia*: senso de ser eficaz nas ações.
7. *Alcançar pessoas*: habilidade de se conectar a outras pessoas para viabilizar soluções para as adversidades.

Esse modelo tem um questionário de avaliação de 56 questões, oito por fator, usando a escala Likert de quatro pontos, variando de um (nunca) até quatro (sempre).

17.2.5 Outros modelos da literatura

O processo dinâmico de desenvolvimento de competências é constituído por três categorias: (1) competências de entrada (*input*), que incluem os requisitos dos gerentes de projetos – seus conhecimentos; (2) competências de saída, que compreendem as entradas, agregando o que os gerentes de projetos têm que desempenhar e; (3) as competências comportamentais, que se referem ao lado humano da gerência de projetos. Sob esse aspecto, Gray (2001) apresenta o modelo de competência desenvolvida pela consultoria Keane Inc., constituído de quatro *clusters*: (1) *cluster* ligado aos aspectos da resolução de problemas; (2) da identificação gerencial; (3) das questões estratégicas – diretrizes; e (4) da influência (LE BOTERF, 1994).

O modelo foi construído baseado em 17 competências identificadas que se enquadram nos *clusters*. O primeiro *cluster* – de resolução de problemas –, que envolve diretamente as áreas técnicas, visa demonstrar, por meio de informações, atividades e situações, os fatores de sucesso do projeto. É composto por quatro competências: (1) diagnóstico – habilidades de identificar pessoas-chave e tomadores de decisão para o projeto, avaliando capacitações, pontos fortes e fracos a partir de observações primárias e também de fontes secundárias, visando minimizar trabalhos desnecessários; (2) sistematização – inclui a habilidade de resolver problemas complexos mediante, por exemplo, a decomposição do problema principal; (3) conceituação – habilidade em descobrir e desvendar conceitos de temas inerentes que levem à resolução de problemas; e (4) monitoramento de busca de informação – inclui a habilidade de checar o desempenho de pontos-chave de projetos e suas entregas.

O *cluster* da identificação gerencial é composto por três competências: (1) identificação de gerente de projetos fortes – essa competência implica definir um indivíduo que assuma a responsabilidade e gerência do projeto, evitando participações indevidas, que raramente contribuem para seu desenvolvimento; (2) gerenciamento com alto grau de discernimento – inclui a capacidade de julgamento do gerente de projetos que, diante de um confronto de problemas, rapidamente sabe direcionar quaisquer questões inerentes ao projeto; (3) flexibilidade – abrange a capacidade de tentar diferentes formas de resolução de um problema.

O *cluster* das questões estratégicas visa assegurar que o projeto tenha foco e objetivos bem definidos, e compreende quatro competências: (1) orientação a objetivos – compreende a geração de oportunidades de negócio, otimização da eficiência e produção do projeto, estabelecimento de padrões etc.; (2) orientação a resultados – inclui esforço de levar os membros da equipe direto aos objetivos do projeto, a atingir suas entregas (*deliverables*), priorização de atividades etc.; (3) orientação a problemas – refere-se a ações visando à resolução de problemas, ao estabelecimento de objetivos, análise de riscos e obtenção de informações para o projeto; e (4) orientação a negócios – essa competência está relacionada com o esforço em orientar a equipe e outros envolvidos (*stakeholders*) acerca dos possíveis impactos que o projeto causará nos negócios da empresa. É a capacidade de analisar os custos/benefícios perseguindo as metas do projeto etc.

E, por fim, o *cluster* da influência, que visa dar ao trabalho individual a contribuição da equipe. Seis competências formam esse *cluster*: (1) percepções, interpessoal e organizacional – habilidade de entendimento das necessidades dos outros, suas perspectivas, comportamentos, sinais não verbais etc.; (2) uso de estratégia de influências – habilidade de obter recursos a favor do projeto, negociar comprometimento com outros, pontuar riscos etc.; (3) formação de equipes – habilidade de buscar trabalho desafiador para motivar indivíduos e equipe; (4) desenvolvimento – habilidade de expressar confiança nos membros da equipe, visando atingir, juntos, as metas do projeto, treinar indivíduos dentro do escopo do projeto etc.; (5) orientação a usuários e consumidores – habilidade de mostrar aos usuários e consumidores que eles estão sendo vistos pelo projeto como os primeiros, destinando tempo para entender suas preocupações, objetivos e necessidades; e (6) autocontrole – habilidade de manter a calma em situações de estresse.

As dimensões organizacionais da competência, sem mencionar especificamente projetos ou gerenciamento de projetos, foram explicitadas por Ruas (2001) como de caráter essencial, funcional e individual.

O Quadro 17.1 mostra suas noções e abrangência de cada dimensão.

17.3 COMPETÊNCIAS INDIVIDUAIS EM GESTÃO DE PROJETOS

Frame (1999) sugere três tipos de competências em gerenciamento de projetos: as individuais, as de equipe e as da empresa. Esses tipos podem ser vistos como três vetores. O primeiro se refere às aptidões e habilidades dos indivíduos na solução de problemas. As competências da equipe, segundo vetor, por sua vez, se relacionam com a capacidade de resolução de

Quadro 17.1 Dimensões organizacionais da competência

Dimensões organizacionais da competência	Noções	Abrangência
Essenciais	São as competências que diferenciam a empresa perante concorrentes e clientes e constituem a razão de sua sobrevivência.	Devem estar presentes em todas as áreas, grupos e pessoas da organização, embora em níveis diferenciados.
Funcionais	São as competências específicas a cada uma das áreas vitais da empresa (vender, produzir, conceber, por exemplo).	Estão presentes entre os grupos e pessoas de cada área.
Individuais	São as competências individuais e compreendem as competências gerenciais.	Apesar da dimensão individual, podem exercer importante influência no desenvolvimento das competências dos grupos ou até mesmo da organização. É o caso das competências organizacionais.

Fonte: Ruas (2001).

problemas complexos em contexto multidisciplinar. As competências da empresa formam o terceiro vetor, que lida com a capacidade de oferecer um ambiente que possibilite o envolvimento tanto do indivíduo quanto das equipes a tocarem seus projetos de forma eficaz.

Para Dinsmore (1999), no âmbito da competência individual os seguintes questionamentos podem ser feitos:

- Nossos profissionais estão fazendo o melhor trabalho possível?
- Eles estão qualificados?

No que diz respeito à competência da equipe, sugere as seguintes questões:

- Estamos trabalhando com uma equipe de alta *performance* com toda eficiência?
- A equipe nos incentiva a produzir soluções mais rápidas, mais baratas e melhores que levem à satisfação do cliente?

E, para a competência organizacional, a seguinte:

- A organização oferece um ambiente que incentiva a condução de projetos de forma eficaz?

Mais detalhadamente, as considerações sobre as competências individuais podem ser vistas segundo o modelo de *stakeholders* (indivíduos interessados no projeto, que afetam ou são afetados pelos resultados), proposto por Cleland (1999), que, em linhas gerais, agrupou-os em: primários e secundários.

Os *stakeholders* primários, em geral, são: o gerente de projeto, o patrocinador, o pessoal técnico, o gerente funcional e de suporte. Já os secundários dependem do âmbito e abrangência do projeto, podendo envolver o governo, subcontratadas etc.

Do grupo de *stakeholders* primários o elemento mais conhecido é, sem dúvida, o gerente de projetos.

A profissão do gerente de projetos vem sendo estudada há muito tempo e obtendo destaque como preocupação essencial de diversos autores, seja pela falta de clareza de seus papéis e responsabilidades, seja pela inexistência de planos de cargos e carreiras nas empresas. Cleland e Ireland (2002) mostram o código de ética do gerente de projetos originalmente escrito para o Project Management Institute (PMI). Composto de quatro artigos, tal código tem como preâmbulo: "no exercício da profissão, aos gerentes de projetos afetam a qualidade de vida de todas as pessoas em nossa sociedade. Portanto, é fundamental que eles conduzam seu trabalho de maneira ética a fim de ganharem e manterem a confiança dos membros da equipe, colegas, empregados, empregadores, clientes e do público".

Estudos recentes que enfatizam a importância do gerente de projetos foram realizados por Rabechini Jr. (2001) e Rabechini Jr. e Carvalho (1999), nos quais são discutidas suas mais relevantes habilidades sob duas óticas distintas: a dos membros da equipe e a do próprio gerente de projeto. Considerando-se o modelo de habilidades proposto por Sthub *et al.* (1994), Rabechini Jr. (2001) verificou a convergência de gerente e equipe nas questões referentes à liderança, facilidade de negociação e capacitação técnica. Não obstante, os quesitos relacionamento com o cliente, comunicação e orçamento apresentaram óticas distintas, realçando a lacuna entre as visões de competências gerenciais dadas pelos gerentes e técnicos.

Maximiano (1988) estudou o papel do gerente de projetos junto a cinco empresas industriais do ramo de informática e identificou oito papéis fundamentais inerentes às suas atividades: planejador, organizador, administrador de interfaces, articulador de acordos, administrador de tecnologia, administrador de equipes/pessoas, formulador de métodos e implementador. Esses papéis estão relacionados diretamente com a função de gerenciamento de projetos. Cabe mencionar que o gerente de projetos também assume outras responsabilidades no âmbito da administração da empresa e, portanto, suas interações com outros gerentes ocorrem no bojo de suas atividades.

As interfaces entre o gerente de projetos e o gerente funcional também foram objeto de um estudo empírico realizado no Brasil. A partir de uma amostra composta de 58 projetos organizados de forma matricial, Sbragia (1985) identificou três componentes de interface: a divisão de responsabilidades entre ambos, as áreas de influência de cada um e os padrões de comunicação utilizados pelo gerente de projetos.

A estrutura organizacional matricial e o fator humano também foram estudados por Vasconcellos e Hemsley (2002), que elegeram dez características desejáveis no fator humano para operar na estrutura organizacional. São elas: capacidade para dividir autoridade, liderança, capacidade de comunicação, capacidade para suportar ambiguidades, habilidade política, capacidade para adaptar-se a novos grupos, capacidade de desempenhar múltiplos papéis, atitude de colaboração, experiência matricial e preferência por abrangência por tarefas.

As interfaces em um projeto já tinham sido agrupadas por Stuckenbruck (1983) em três tipos básicos: pessoais, organizacionais e técnicas. E aqui está o foco do gerente de projetos – administrar as interfaces. E está nas suas habilidades a fonte de sucesso ou fracasso de um projeto. Nesse sentido, a figura do gerente de projetos passa a ser o centro diretivo de um tipo de organização – projetos – necessitando, pois, desenvolver ações críticas de integração como recurso fundamental para seu trabalho.

A estrutura da organização determinará, segundo Stuckenbruck (1983), a intensidade do poder emanado pelo gerente.

As mais importantes ações de integração de projetos foram: iniciar o projeto com o "pé direito", planejar a integração de projetos, desenvolver a estrutura analítica do projeto (*work breakdown structure* – WBS), elaborar plano de controle, gerenciar conflitos, remover as pedras do caminho, estabelecer prioridades, facilitar transferência de informação e estabelecer ligações (*links*) de comunicação.

A intensidade do poder mencionada por Stuckenbruck (1983) a ser designado a um gerente de projetos certamente corresponde à intensidade de suas habilidades gerenciais.

As habilidades gerenciais foram estudadas por diversos autores: Verma (1995, v. 2), por exemplo, identificou: comunicação, motivação, entendimento de conflitos, capacidade de resolvê-los, negociação, administração de estresse, liderança, poder, influência e política em gerenciamento de projetos como as principais habilidades inerentes a um gerente de projetos. Keelling (2002) preferiu agrupá-las e considerou como um bom gerente de projetos ou líderes de equipe aquele que possui conhecimentos em três áreas rotuladas como orgânica, profissional a administrativa.

Nos estudos de Kerzner (1992) foram identificadas dez habilidades inerentes ao gerente de projetos que estão expressas no Quadro 17.2.

Quadro 17.2 Habilidades do gerente de projetos por Kerzner (1992)

Habilidade	Características
1. Construção de equipes	Capacidade em formar e gerenciar equipes de trabalho.
2. Liderança	Capacidade de influenciar a equipe e os *stakeholders* do projeto.
3. Resolução de conflito	Capacidade em identificar e resolver os conflitos no âmbito do projeto.
4. Competência técnica	Capacidade em coordenar as ações técnicas do projeto.
5. Planejamento	Capacidade em elaborar planos e executá-los.
6. Organização	Capacidade em estabelecer os critérios de trabalho no âmbito do projeto.
7. Empreendedorismo	Capacidade em gerar e gerenciar negócios para o projeto.
8. Administração	Capacidade em desenvolver técnicas de controle, orçamento etc.
9. Suporte gerencial	Capacidade em gerenciar as interfaces com os *stakeholders* – principalmente, com a alta administração.
10. Alocação de recursos	Capacidade em estabelecer recursos necessários às várias fases do projeto.

Fonte: Kerzner (1992).

Quadro 17.3 Habilidades do gerente de projetos

Habilidades	Características
1. Liderança	Capacidade de estabelecer metas e de fazer cumpri-las.
2. Administrador do cronograma	Capacidade de gerenciar o prazo das atividades do projeto.
3. Negociador	Capacidade em negociar com as várias entidades que participam do projeto.
4. Técnico	Capacidade em definir o objetivo e escopo do projeto.
5. Comunicação	Capacidade em estabelecer um sistema de informação.
6. Relação com cliente	Capacidade em contratar fornecedores e de se relacionar com clientes.
7. Relação humana	Capacidade em gerenciar as relações humanas, resolvendo conflitos e estimulando as pessoas.
8. Orçamento	Capacidade em elaborar e gerenciar planos financeiros e de desembolso do projeto.

Fonte: Sthub *et al.* (1994).

Sthub *et al.* (1994) identificaram oito habilidades gerenciais que o gerente de projetos deve possuir para administrar com relevância as ações de integração e desenvolvimento de um projeto. Essas habilidades estão descritas no Quadro 17.3.

Tanto Kerzner (1992) quanto Sthub *et al.* (1994) apresentam um gerente de projetos que, atualmente, tem suas preocupações não só com as habilidades técnicas, mas também está fortemente envolvido com os aspectos gerenciais. Nesse sentido, suas interações não ficam restritas apenas às equipes de projetos, mas se estendem também aos gerentes funcionais, clientes, fornecedores, com a alta administração da organização, principalmente por meio do patrocinador do projeto, entre outros.

A interconexão com os patrocinadores, figura central do projeto (*stakeholders* primários), deve proporcionar um ambiente adequado para que o gerente de projeto consiga atingir os resultados esperados. Na verdade, são eles que vão prover os recursos ao projeto. Para Dinsmore (1989), o patrocinador é uma espécie de "anjo da guarda" do projeto e de seu gerente, que exerce a função de "supervisionar e proteger ambos do risco de impactos negativos potenciais". As competências de um patrocinador variam conforme a tradição da empresa, a natureza do projeto e os estilos gerenciais adotados, podendo ser agrupadas segundo a fase do ciclo de vida do projeto, conforme o Quadro 17.4.

Quadro 17.4 Competências do patrocinador

Fases do Ciclo de Vida	Características
Desde o início do projeto	✓ assegurar que as estratégias, planos e controles do projeto estejam estabelecidos; ✓ fornecer apoio para a mobilização da equipe de projeto; ✓ assegurar que o projeto seja adequadamente iniciado e que as iniciativas de trabalho em equipe sejam tomadas; ✓ fornecer apoio político para o projeto no nível executivo; e ✓ orientar o gerente do projeto conforme o necessário.

(continua)

Fases do Ciclo de Vida	Características
À medida que o projeto se desenvolve	✓ participar nas avaliações formais e periódicas do projeto; ✓ estar disponível para apoio e consultas; ✓ acompanhar os relatórios de progresso do projeto; e ✓ envolver-se se o projeto sair de seu curso.
Quando o projeto está chegando próximo ao fim	✓ monitorar a transição projeto-operação; ✓ estimular um rápido encerramento do projeto; e ✓ assegurar a documentação das lições aprendidas.

(continuação)

Fonte: Adaptado de Dinsmore (1989).

Outro elemento muito importante nesse exame dos *stakeholders* primários é constituído pelo pessoal técnico, responsável pelo desenvolvimento dos produtos ou serviço do projeto, sejam eles intermediários ou finais. Normalmente, suas competências referem-se ao conteúdo técnico do projeto.

Finalmente, há nesse grupo os gerentes funcionais, responsáveis por gerenciar os recursos a serem empregados no projeto. Cabe a eles, também, discernir a distribuição desses recursos de acordo com as estratégias declaradas da empresa. Entender o alinhamento entre projetos e estratégias é uma de suas competências básicas.

Os *stakeholders* apresentados aqui foram examinados segundo uma orientação técnico-profissional.

No entanto, a competência do indivíduo não pode ser entendida apenas pelo conhecimento específico.

No Brasil, um estudo sobre a percepção das habilidades do gerente de projetos (RABECHINI JR., 2001) abordou duas visões distintas: uma, do próprio gerente, e outra, dos membros de equipes.

A Figura 17.6 mostra que, de forma geral, há diferentes expectativas entre eles, embora sutis, em relação às habilidades dos gerentes. Inicialmente, nota-se que, exceto para técnica, os gerentes deram notas mais altas que os técnicos para todas as outras habilidades. Percebe-se que os gerentes, a partir de suas notas, dão mais ênfase às habilidades.

Percebe-se também que algumas divergências destacam-se mais que outras. É o caso da relação com o cliente (maior divergência verificada na

Fonte: Rabechini Jr. (2001).

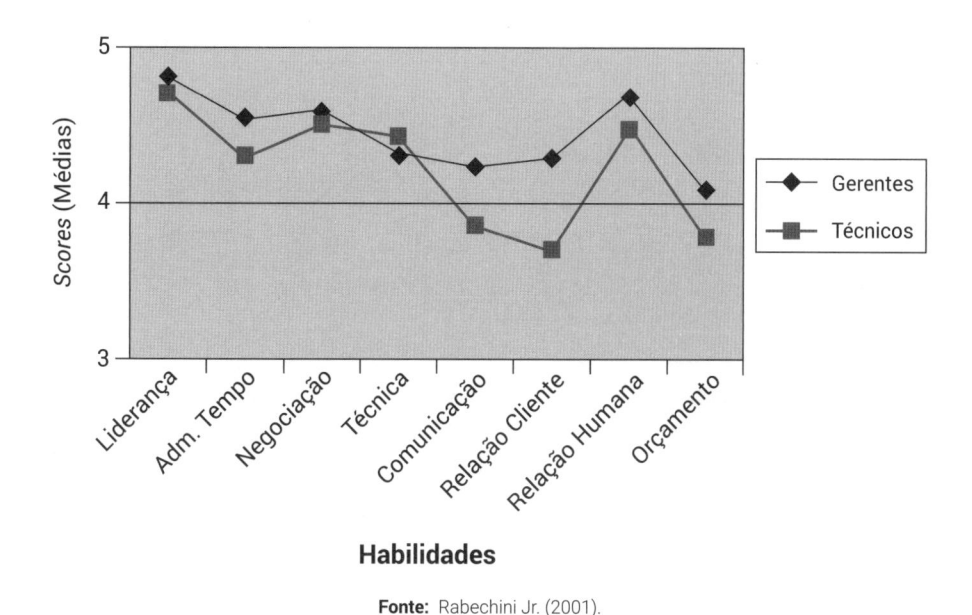

Figura 17.6 Percepção das habilidades.

pesquisa), comunicação e orçamento, todas mais importantes para os gerentes que para os técnicos. Dessas três habilidades, duas foram consideradas no âmbito geral da pesquisa como as menos importantes (menos votadas).

Foi, por fim, verificado que há diferenças de opinião com menor grau de intensidade. Incluem-se aqui os casos das habilidades administração do cronograma e relação humana.

Utilizando os conceitos e ferramentas de levantamento de dados dessa mesma pesquisa, Rabechini Jr. *et al.* (2002) puderam aplicá-los em um instituto de pesquisas. Surpreendentemente, os resultados apontaram para distinções entre as opiniões dos gerentes e dos técnicos, membros de equipes de projetos.

A Figura 17.7 mostra os dados dessa pesquisa.

Nessa pesquisa, nota-se que a habilidade mais altamente percebida foi a de relação humana. Muitas habilidades tiveram notas abaixo da linha considerada média pelos pesquisadores.

17.4 COMPETÊNCIAS DOS TIMES EM GESTÃO DE PROJETOS

As competências da equipe de projeto se referem à possibilidade de indivíduos trabalharem em conjunto visando atingir os objetivos do projeto.

Verma (1995, v. 3) explicita diferenças distintivas entre grupos de indivíduos e membros de equipes de projetos. Enquanto os grupos são formados por membros independentes com participação parcial nas tarefas de forma individual, as equipes prezam a interdependência, com participação ativa e coletiva nas atividades de projetos. Nesse sentido, o desenvolvimento de equipes faz-se necessário a partir de um processo contínuo de gerenciamento, medindo-se seu desempenho ao longo do projeto.

As vantagens de se trabalhar em equipe é que as competências funcionais podem ser agrupadas e orientadas para um mesmo objetivo.

A estrutura de uma equipe está fortemente vinculada à estrutura organizacional da qual ela faz parte e seu desempenho pode ser sensível a essa estrutura (VERMA, 1995, v. 11; VERZUH, 2000). No entanto, para medir o desempenho de uma equipe, é necessário considerar alguns critérios mínimos, segundo Frame (1999). As seguintes características revelam quando as equipes são de alto desempenho: sabem definir e seguem objetivos claros e atingíveis; definem bem os produtos/serviços intermediários (*deliverables*); possuem um conjunto de habilidades, gerenciais e técnicas, diferenciadas; apresentam um excelente nível de educação entre os membros da equipe; usam ferramentas adequadas para o trabalho; possuem boa disciplina; formam um conjunto de membros coesos; apresentam os benefícios da liderança; estão estruturadas apropriadamente; e possuem habilidades de integração visando buscar resultados e se relacionar bem com clientes.

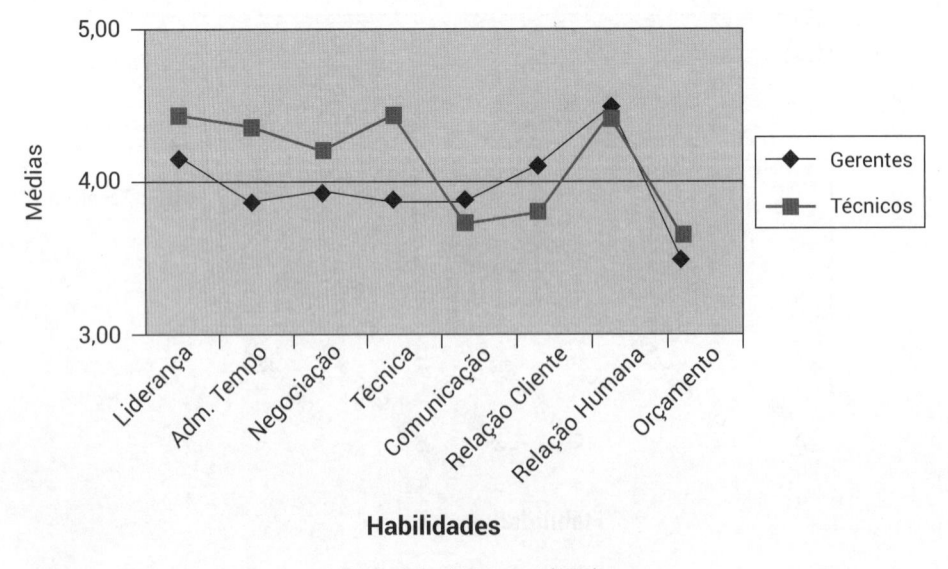

Fonte: Rabechini Jr. *et al.* (2002).

Figura 17.7 Percepção das habilidades em uma organização de pesquisa.

Katzenbach e Smith (*apud* FRAME, 1999) identificaram cinco níveis das atividades da equipe. No primeiro nível – *working group* –, os seus membros, em geral, não possuem engajamento suficiente para trabalhar juntos e atingir o desempenho dos objetivos planejados. No segundo nível – pseudo *teams* –, os membros do grupo buscam metas individuais e, portanto, têm baixo rendimento, visto que o esforço total é menor que o esforço de cada um. No terceiro nível – *potencial team* –, os membros estão engajados em trabalhar juntos para atingir objetivos comuns. No quarto nível – *real team* –, os membros estão completamente engajados para definir processos e trabalhar juntos, visando atingir objetivos comuns. Neste nível de equipe, os membros têm responsabilidades mútuas para atingir os objetivos. Por fim, o quinto nível – equipes de alta *performance* – é uma equipe real na qual os membros possuem um alto engajamento para realização do trabalho e sincronia entre eles para que o esforço coletivo resulte em objetivos e metas atendidas.

Para Thamhain (1983), formação de equipes pode ser definida como "um processo que agrega um conjunto de indivíduos com diferentes necessidades, habilidades e inteligências e transforma-os em uma unidade de trabalho eficaz e integrada. Nesse processo de transformação, os objetivos e energias individuais se misturam, dando suporte aos objetivos da equipe". Partindo desse conceito, Thamhain (1983) analisou o desempenho de equipes de projetos, considerando as facilidades e barreiras, os fatores ambientais e estilos de liderança gerencial para sua formação e desenvolvimento. Essas variáveis compõem-se em dois grupos distintos de indicadores que podem ser utilizados para estabelecer as bases para identificar as competências em equipes de projetos, bem como medir seu desempenho. O primeiro grupo é formado por elementos com características orientadas às atividades e resultados em projeto, o segundo, orientado às pessoas.

A Figura 17.8 mostra um quadro referencial que é a base para análise desses dois grupos de indicadores.

O grupo de indicadores orientados ao desempenho de equipes relacionados com as tarefas visa apontar a contribuição funcional que a equipe dá

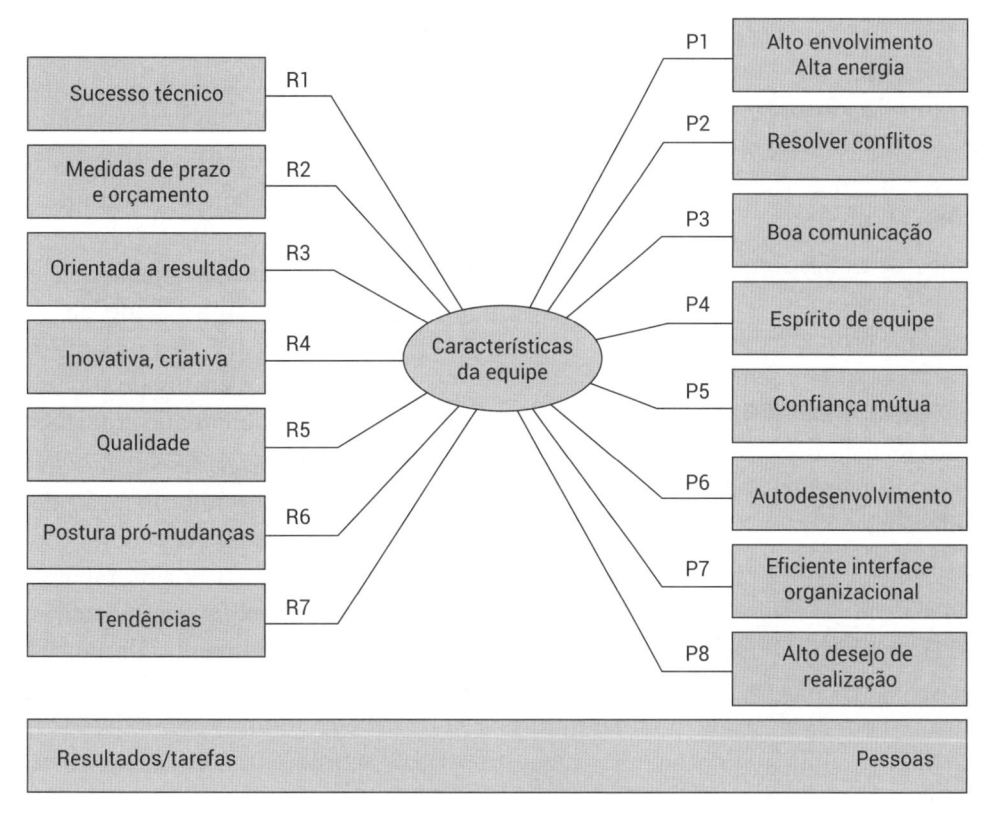

Fonte: Adaptada de Thamhain (1983).

Figura 17.8 Caracterização de equipes.

ao projeto. Archibald (1983) descreve as funções que devem ser desempenhadas durante todo o ciclo de vida do projeto pelo gerente e por membros da equipe. São elas:

- gerenciamento das atividades e do próprio projeto;
- desenho e desenvolvimento do produto;
- manufatura do projeto;
- procura (compra) e subcontratações; e
- teste e instalação do produto do projeto.

Além disso, Archibald (1983) recomenda determinadas categorias de pessoas-chave (por exemplo, gerente de projeto, engenheiro de projeto, administrador de contratos, coordenador de manufatura, entre outros) que devem fazer parte de uma equipe de projetos, associando-as às funções.

Para desempenhar tais funções, gerentes de projetos e membros de equipes devem estar orientados: na busca de resultados, no planejamento e acompanhamento de prazos e custos, no estabelecimento de especificações, gerenciamento de escopo e mudanças etc.

Tudo isso indica que, de certa forma, essas funções estão correlacionadas com o grupo de indicadores de tarefas proposto no modelo de Thamhain (1983). Sua medida, em geral, refere-se diretamente ao desempenho do projeto.

Os grupos de indicadores orientados às atividades e aos resultados são apresentados a seguir, destacando-se seus principais aspectos:

- *Desempenho técnico*: visa medir o aprimoramento técnico de seus membros e, via de regra, avaliar a equipe por seu desempenho técnico.
- *Planejamento dos prazos e orçamentos*: mede a capacidade da equipe em gerenciar os prazos e custos do projeto.
- *Avaliação por resultados*: são os fatores relacionados com os alvos que o projeto precisa atingir e, também, com as recompensas envolvidas quando atingidos.
- *Inovação e criatividade*: considerando o ambiente, esse indicador representa a valorização da criatividade de seus membros e das soluções de fato entendidas como criativas.
- *Estabelecimento de especificações*: refere-se aos requisitos do projeto e controles periódicos da qualidade das atividades do projeto até a hora do aceite do cliente.
- *Gerenciamento das mudanças*: indica a flexibilidade e o acompanhamento do processo de implementação.
- *Previsões de prazo e custo*: mostra o entendimento das tendências do projeto, bem como o estabelecimento de cenários dos negócios da organização aos quais o projeto está vinculado.

No entanto, uma equipe de alta *performance* se desenvolve desempenhando também funções relacionadas com as questões pessoais. Nesse aspecto, cabe lembrar os modelos de competências muito discutidos atualmente, explorando o âmbito dos relacionamentos e atitudes.

No modelo de Thamhain (1983), para caracterizar uma equipe, os indicadores foram identificados considerando-se o ambiente em que a equipe de projetos opera e suas facilidades e barreiras de formação. Em geral, esses indicadores são medidos indiretamente acerca do desempenho do projeto.

O segundo grupo de indicadores, aquele orientado às pessoas, evidencia os seguintes aspectos:

- *Envolvimento da equipe*: refere-se aos *stakeholders* e ao resultado do projeto em si. A equipe deve ser proativa e passar essa imagem aos envolvidos no projeto, gerando um ambiente de confiança.
- *Gerenciamento de conflitos*: diz respeito ao processo de identificação de conflitos e seus modos de resolução. Toda equipe de projetos passa por momentos de conflito que devem ser administrados, para evitar que o desempenho diminua. Nesse sentido, identificar e antever possíveis pontos de conflitos, resolvendo-os antes que eles aconteçam, é um bom procedimento da equipe.
- *Comunicação*: um indicador fundamental para que uma equipe obtenha alto de-

sempenho. O conhecimento do plano do projeto e o processo de geração, estoque, disseminação e controle das informações são aspectos críticos do gerenciamento.

- *Espírito de equipe*: as equipes consolidadas geralmente têm membros que apresentam espírito colaborador em detrimento do individualismo, buscam juntos os resultados e procuram sempre se proteger contra eventuais injustiças.
- *Confiança mútua*: a confiança aqui discutida diz respeito a um dos pré-requisitos para a formação de equipe, pois uma atividade tem interface com informações e resultados oriundos de outras atividades, e a equipe precisa ter a confiança de que tais entradas estejam de acordo com os requisitos planejados.
- *Autodesenvolvimento*: os membros de uma equipe buscam desenvolver habilidades que irão contribuir para se atingir os resultados do projeto, identificando possibilidades técnicas para isso. A participação em congressos e simpósios que formem competências visando à melhoria dos resultados do projeto é importante.
- *Interface organizacional*: refere-se à capacidade da equipe em se relacionar com a empresa visando conseguir recursos e apoios para o projeto.
- *Desejo de realização*: capacidade da equipe em buscar resultados do projeto.

Partindo do modelo de Thamhain (1983), Rabechini Jr. e Carvalho (2001, 2003), com a finalidade de aprofundar a discussão sobre as equipes de projetos, revelam as inter-relações entre os grupos de indicadores. Nessa análise, os autores discutem o descompasso que pode levar as equipes a perder a motivação, bem como comprometer a eficácia dos projetos.

Os resultados apontados pela pesquisa mostram que os indicadores de tarefa se enquadram em uma faixa entre 4,54 a 5,50 da escala de Likert, conforme mostra a Figura 17.9. Observa-se, portanto, que os valores ficaram bastante concentrados em uma zona intermediária.

Como é possível observar, o indicador que se refere ao gerenciamento de mudanças foi percebido como o de maior grau (5,50) pelos entrevistados. Essa ponderação se deve, principalmente, à demanda por flexibilidade que as equipes recebem e à necessidade de incorporarem as mudanças que aparecem em projetos rapidamente.

O indicador de tarefa de menor grau foi verificado em relação aos objetivos do projeto e seus resultados. Esse indicador está relacionado com os alvos que o projeto precisa atingir e mostra que as equipes da amostra têm pouca clareza quanto aos objetivos do projeto e, também, às recompensas

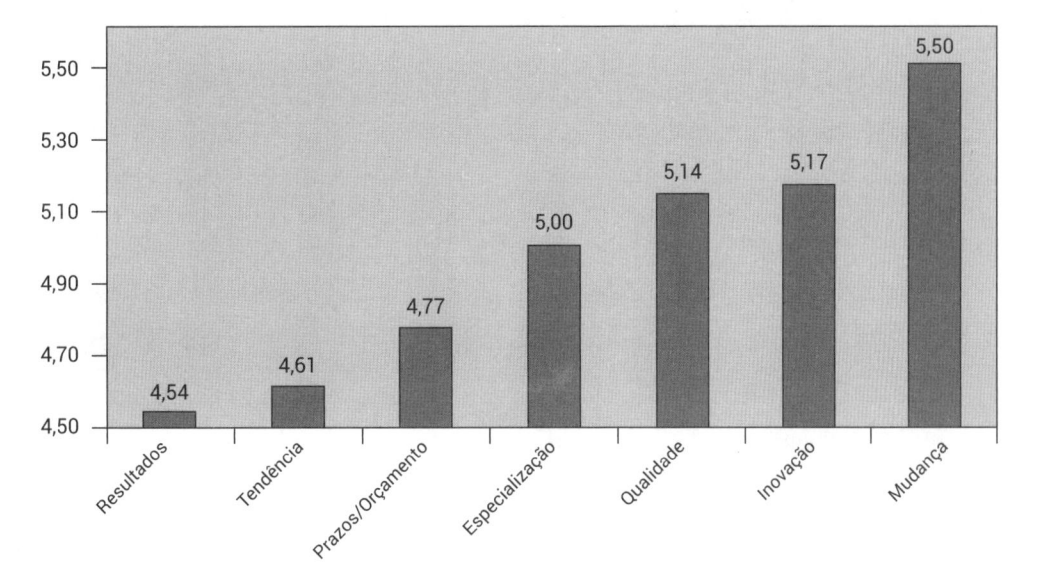

Figura 17.9 Indicadores de tarefa.

envolvidas quando atingidos. Nesse sentido, o baixo grau obtido em relação aos demais indicadores pode mostrar, conforme verificou Sabbag (1999), que, quando os objetivos são muito "estreitos", e assim foram percebidos pelas equipes desse trabalho, mais difícil será obter sucesso no projeto, pois esse cenário favorece mais condições de incertezas.

Em relação à capacidade de prever tendências e administrar eficientemente os prazos e custos do projeto, as equipes também obtiveram graus relativamente baixos, 4,61 e 4,77, respectivamente. Nesse sentido, pode-se observar que as equipes planejam e controlam seus prazos e custos com pouca ênfase em ferramentas de previsão de tendência, inclusive sem se preocupar com o controle efetivo do projeto. Olhando essas notas sob a perspectiva de Kerzner (2000), nota-se a imaturidade das equipes envolvidas.

Os outros três indicadores – especialização, qualidade e inovação – receberam os seguintes graus, respectivamente: 5,00, 5,14 e 5,17. Esses valores, superiores às preocupações relativas aos custos e prazos, podem ser um indício de que os projetos apresentam alguma complexidade e singularidade segundo o Cubo da Incerteza (SABBAG, 1999), o que pode ser explicado pela predominância de projetos de TI na amostra estudada.

Os indicadores de pessoal foram avaliados e enquadram-se em uma faixa entre 4,72 a 5,52, conforme mostra a Figura 17.10, repetindo a concentração dos resultados verificada no indicador de tarefa.

Os dados da amostra revelam que as equipes referenciadas se mostram motivadas para conseguir os resultados, uma vez que a média obtida nesses aspectos foi relativamente alta (5,52). Acredita-se, então, que, para atingir resultados, elas conseguem se envolver com a organização de forma eficiente (5,45), ou seja, conhecem a organização e são por ela conhecidas. É possível observar também que elas se relacionam com os principais *stakeholders* do projeto (5,42), o que contribui para que possam atingir as metas dos empreendimentos de forma geral. Observa-se, portanto, que os membros da amostra estão bastante envolvidos com a interface do grupo com a organização e demais *stakeholders* do projeto, ou seja, com a interface externa (THAMHAIN, 1983).

17.5 MODELO INTEGRADO DE COMPETÊNCIAS EM GESTÃO DE PROJETOS

As competências em gerenciamento de projetos devem levar em conta, ainda, o âmbito das organizações. Geralmente, os estudos sobre maturidade em gerenciamento de projetos dedicam muito de sua abordagem a essa camada.

Visando integrar as abordagens em gerenciamento de projetos, Rabechini Jr. (2003) propôs

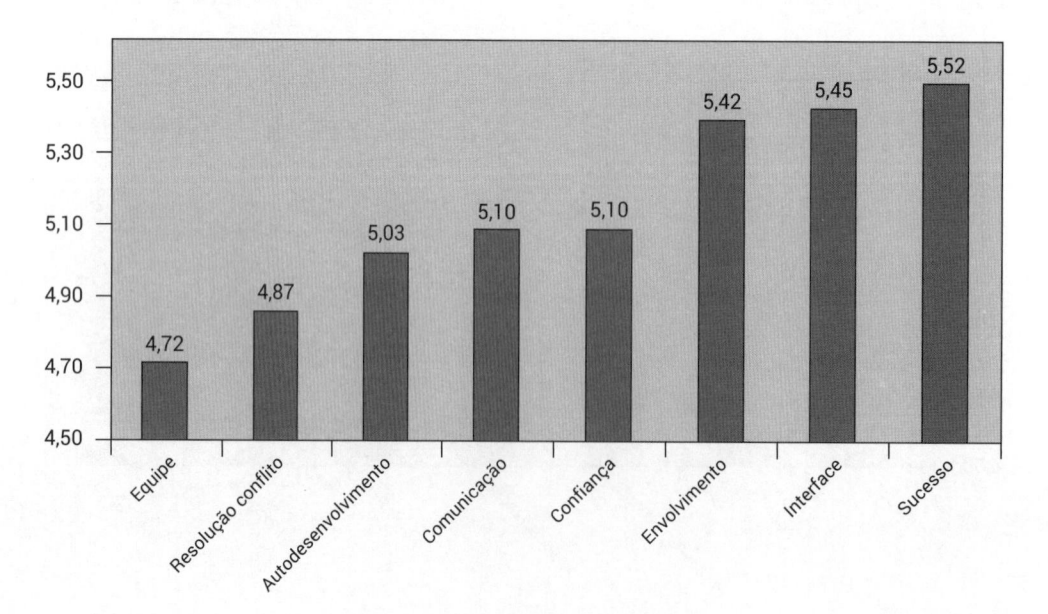

Figura 17.10 Indicadores pessoais.

um modelo gerado a partir de três pilares conceituais básicos – estratégia, processos e efetivação da mudança –, capazes de dar sustentação às camadas de competências envolvidas na institucionalização de gerenciamento de projetos: indivíduo, equipes e organização. Essas camadas formam uma base conceitual-teórica, apoiada na crença de que a institucionalização de gerenciamento de projetos em uma empresa somente acontece se forem geradas competências de forma integrada, consistentemente.

O modelo cria uma perspectiva estruturada que representa os valores, variáveis e relacionamentos que refletem o potencial de possíveis ações a serem exploradas como consequências analíticas (ver Figura 17.1). Tendo-se como base conceitual o modelo proposto, será possível entender ainda o estado da maturidade em gerenciamento de projetos com substratos fornecidos pelas camadas.

O modelo está inserido em um contexto estratégico corporativo cujos fatores críticos de sucesso se apresentam como elementos relevantes nas considerações iniciais de qualquer análise possível. Os fatores críticos de sucesso para os projetos de determinada organização podem ser analisados segundo a perspectiva estratégica e tática. Adotando-se o modelo proposto por Pinto e Slevin (1983), é possível traçar um panorama bastante interessante sobre os aspectos de gerenciamento de projetos nas organizações. A aplicação desse modelo foi utilizada por Rabechini Jr. e Carvalho (1999) para avaliar as necessidades em gerenciamento de projetos em instituições de pesquisa. Nesse caso, foi possível, por meio dos resultados obtidos, levantar os principais problemas em administração de projetos na organização, mediante as considerações estratégicas delineadas anteriormente. No entanto, essa foi mais uma aplicação que careceu de apontamentos sobre as competências necessárias em gerenciamento de projetos, ficando clara a existência de oportunidade para avançar na teoria. Uma vez estabelecidos as considerações estratégicas e os fatores críticos de sucesso, cabe então delinear as dimensões centrais do modelo.

Da camada do indivíduo que está envolvido em projetos, em linhas gerais espera-se que eles dominem as técnicas e ferramentas em gerenciamento de projetos, dentro dos parâmetros amplamente divulgados, tais como restrições de recursos, prazos e custos, características de projetos, levando-se em conta, ainda, as exigências de singularidade e empenho. Espera-se que esses indivíduos possuam uma visão bastante abrangente do sentido de governar ou ser governado, mediante a necessidade de alinhamento de projetos às estratégias organizacionais, bem como do desenvolvimento das habilidades gerenciais e da capacidade em aplicar as técnicas e ferramentas de gerenciamento de projetos. Nesse aspecto, buscou-se identificar ações que elevem o grau de competência do indivíduo em relação a sua capacidade gerencial, de conhecimento do negócio e de gerenciamento de projetos. Em suma, isso significa ter indivíduos competentes em projetos.

As equipes, no âmbito dos projetos, devem ser proativas em buscar resultados, a partir de uma orientação voltada às tarefas e atividades. Nesse aspecto, buscou-se planejar ações visando torná-las aptas ao desenvolvimento de comprometimento com a agenda do projeto, bem como com orçamento, gestão dos riscos, com a qualidade, entre outros aspectos. Para que isso aconteça, espera-se que haja um espírito de colaboração e comprometimento com os requisitos de gerenciamento do projeto. Isso significa ter equipes competentes em projetos.

Por fim, a camada da organização, no ímpeto de institucionalizar o gerenciamento de projetos como forma moderna de administração de suas atividades não rotineiras, deverá estar sensibilizada, disponibilizando recursos, adequando estratégias, divulgando resultados de projetos etc. Isto é, ser uma organização competente em projetos.

As camadas de competências apoiam-se em distintos pilares, capazes de viabilizar seus respectivos desenvolvimentos. O primeiro pilar se refere às questões da estratégia. Estratégia que, segundo Drucker (1981), significa "a abordagem básica de uma empresa para atingir seus objetivos globais" e que, nos termos desse modelo, se refere à definição estratégica de situações de institucionalização de gerenciamento de projetos, considerando-se os indivíduos, equipes e organização.

Esse pilar caracteriza-se por apoiar e estabelecer as diretrizes em relação ao desenvolvimento de gerenciamento de projetos, para todas as competências. Essas diretrizes foram concebidas para nortear o desenvolvimento das outras dimensões desse modelo.

Entre os aspectos importantes a serem considerados nesse pilar, não exaustivamente, destacam-se:

- o desenvolvimento de diretrizes que visam estabelecer um escritório de projetos (*project office*), que, por sua vez, dará suporte a toda a organização no que se refere à gestão de projetos;
- a carreira do gerente de projeto e, como consequência, sua remuneração profissional;
- carteira de projetos como opção gerencial de organização e priorização de projetos na organização; e
- a capacitação das equipes de projetos.

O segundo pilar se refere aos processos. Essa abordagem dos processos é aderente à de Drucker (1981), que se refere a procedimentos ou maneiras especificadas de se abordar rigidamente situações definidas. Nesse contexto, esse pilar visa ao desenvolvimento das funções que integram os requisitos de gerenciamento de projetos na empresa para as três camadas propostas. Normalmente, esse pilar caracteriza a metodologia de gerenciamento de projetos a ser empreendida na empresa, que, na verdade, dará suporte ao conjunto de estratégias definidas pela organização quanto a como gerenciar por projetos. O desenvolvimento dos processos deve levar em conta os processos sugeridos e detalhados no Guia de Gerenciamento de Projetos proposto pelo PMI (2000) para as organizações, como também os processos referentes à formação de equipes e desenvolvimento de profissionais.

O terceiro pilar se refere à efetivação da mudança, decorrente das estratégias configuradas e do desenho dos processos. Esse pilar representa os elementos necessários para se configurar o entendimento do gerenciamento da mudança organizacional e de suas barreiras ocasionadas durante implantação da Gestão de Projetos. Esse pilar, para efeitos de análise, deverá contemplar os indicadores de desempenho dos projetos e seus respectivos gerenciamentos, considerando-se a possibilidade de analisar as competências das três camadas sugeridas.

As camadas propostas no modelo podem ser enquadradas segundo resultados estratégicos alcançados e pelo desenvolvimento de suas competências em termos de processos. Dessa forma, vê-se a maturidade do indivíduo, equipes e organização, expressa nos quadrantes, por meio das mudanças efetivas. Assim, foi possível planificar o modelo, constituindo a matriz de maturidade, composta de quatro cenários distintos, conforme se observa na Figura 17.11.

	Indicadores de Processo	
Indicadores de Resultados (Alto Nível de Atendimento)	Cenário II **Intuitivo**	Cenário IV **Maduro**
Indicadores de Resultados (Baixo Nível de Atendimento)	Cenário I **Iniciante**	Cenário III **Desalinhado**
	Baixo Nível de Atendimento	Alto Nível de Atendimento

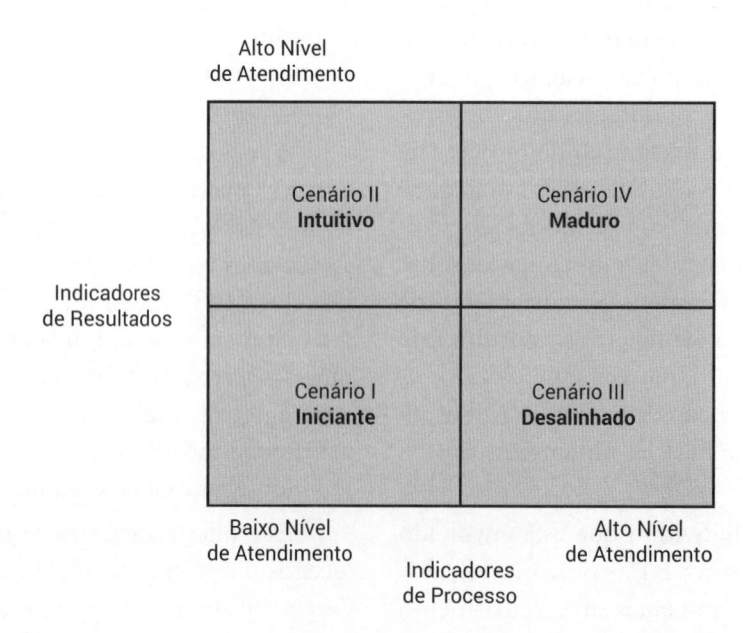

Figura 17.11 Matriz de maturidade: cenários de indicadores de projetos e gerenciamento de projetos.

O enquadramento se dá por meio de dois eixos na matriz; um corresponde ao atendimento dos indicadores que representam o ambiente estratégico, isto é, eles devem refletir as estratégias traçadas para atingir eficazmente os objetivos em termos de maturidade em gerenciamento de projetos; outro se refere aos indicadores de competência, que refletem o delineamento dos processos vinculados às competências dos recursos envolvidos em gerenciamento de projetos.

O nível de atendimento das necessidades estratégicas *versus* o nível de atendimento dos processos traçados determinará os cenários de maturidade dos indivíduos, equipes e organização.

O cenário I caracteriza-se pelo baixo nível de atendimento das exigências das estratégias alcançadas e pela baixa ênfase nos processos. Esse cenário pode ser também denominado iniciante, pois tanto os resultados esperados como o gerenciamento são embrionários. Nesse contexto, normalmente os projetos envolvidos deverão ser reestruturados visando evitar possíveis perdas. Isso exigirá melhoramento nas três dimensões conceituais.

As características desse cenário em relação aos projetos são:

- processos não estruturados;
- falta frequente de patrocinador;
- gerente de projetos resolvendo problemas de forma *ad hoc*;
- inexistência de metodologia e ferramentas de gerenciamento de projetos;
- organização sem cultura em gerenciamento de projetos;
- muita contribuição dos membros das equipes de projetos, mais de forma individual que coletiva; e
- desenvolvimento dos projetos, normalmente para solucionar problemas internos, entre outras.

O cenário II mostra projetos que apresentam um conjunto de indicadores estratégicos satisfeitos, mas com baixo nível de atendimento aos fatores de processos. Nesse cenário há, por exemplo, projetos em que se nota que a equipe apresenta uma boa dose de sinergia e o produto/serviço resultante atende as expectativas dos usuários/clientes em termos de seus resultados, mas as regras e os procedimentos de desenvolvimento de projetos não estão claros. Nota-se, também, que há alinhamento entre o projeto e a estratégia da organização, mas não há definições de processos de inspeção na documentação dos projetos.

As publicações de negócios especializadas têm mostrado casos de empresas pertencentes a esse quadrante, destacando-as por sua vulnerabilidade, dada uma perceptível carência em termos metodológicos, que lhes confere pouca sustentação competitiva.

Os praticantes de projetos e suas equipes, quando vistos sob a ótica desse quadrante, apresentam demasiado esforço de trabalho, pois, neste caso, em geral, não estão configurados os processos para condução e participação de projetos seguindo as prescrições de uma metodologia. Nesse cenário, há uma percepção de que é necessário o desenvolvimento de processos em gerenciamento de projetos em todas as camadas consideradas na tese.

O cenário III, por sua vez, representa a categoria de projetos com boa estrutura gerencial, em que os processos de gerenciamento de projetos estão bem definidos, mas a integração da gerência de prazo e custo, por exemplo, não é obedecida. De um lado, os parâmetros de qualidade são definidos e buscados mediante procedimentos de inspeções nos projetos, mas, de outro, a qualidade acaba sendo negligenciada, pela falta de definição estratégica da mesma. Nesse cenário, percebe-se a falta de alinhamento dos processos com as estratégias delineadas.

Cabe aqui lembrar os diversos casos, mencionados na literatura de projetos, em que apenas a existência de competência em determinadas camadas não garante sustentação do gerenciamento de projetos na organização. As competências em processos de gerenciamento de projetos, por si só, não garantem que os projetos estejam alinhados às estratégias organizacionais. Verifica-se, constantemente, a existência de empresas com necessidades de redução de seu quadro técnico funcional ou daqueles ligados ao projeto, mesmo quando detentores de elevado nível de competência, em razão das intempéries das estratégias da empresa com relação ao mercado. Dessa forma, as competências precisam ser desenvolvidas em uma perspectiva integrada para poder dar à empresa sustentação competitiva.

Já o cenário IV mostra a maturidade. Revela a efetivação da mudança em processos e nas estratégias – os projetos que atenderam os requisitos de gerenciamento e, também, conseguiram resultados estratégicos esperados; as competências estão, assim, correlacionadas com os resultados alcançados e, portanto, são os projetos que obtiveram sucesso no âmbito do gerenciamento. As abordagens atuais de competência apontam para esse cenário em que há um saber consequente, ou seja: saber agir, saber transferir, saber aprender, saber fazer com responsabilidade, entre outros saberes.

Os resultados estratégicos (eficácia), tanto do ponto de vista do indivíduo, equipe e organização, são consequência do uso eficiente dos processos.

O modelo sugerido aponta, também, a análise dos fatores críticos de sucesso e os possíveis riscos ao se desenhar a estrutura de capacitação em gerenciamento de projetos. Nesse sentido, o apoio e o comprometimento da alta administração, a crença de que gerenciamento de projetos traz resultados para a organização e a perspectiva de desenvolvimento de ações, nas três camadas do modelo, devem incorporar a análise ao se deparar com esta camada.

A análise ainda não deve se furtar de apontar as possíveis ocorrências de eventos de riscos, inerentes a esse tipo de mudança organizacional. A apresentação de cuidados com a falta de adequação, por exemplo, faz parte dessa análise.

17.6 CASO: GESTÃO DAS COMPETÊNCIAS EM GP NA PERDIGÃO

O gerenciamento de competências aplicado a uma empresa de agronegócio pode ser visto na descrição do caso a seguir. Trata-se da avaliação das competências de indivíduos, equipes e organização visando à institucionalização de gerenciamento de projetos. O caso foi apresentado no XXIII Simpósio de Gestão da Inovação Tecnológica, realizado nos dias 20 a 22 de outubro de 2004, em Curitiba.

Caso 17.6 Gestão das competências

A empresa fonte para este estudo pertence ao ramo do agronegócio e vem consolidando fortemente sua presença no mercado internacional, tanto estabelecendo bases locais em seus principais mercados e aprimorando o portfólio de produtos, como conquistando novos mercados e clientes. Atualmente, exporta para mais de 60 países e no mercado doméstico tem presença em todos os estados do território nacional. Sendo parte de sua missão "Estar sempre na vanguarda, colocando à disposição do consumidor alimentos que se ajustem às mudanças do estilo da sociedade, [...]", a empresa necessita estar permanentemente inovando, tanto em produtos, processos, como no modelo de gestão.

A empresa possui uma estrutura tipicamente funcional, a qual influencia diretamente a gestão dos projetos, pois estes são agrupados e geridos de acordo com a estrutura organizacional à qual pertencem. Como é de se esperar, a realização de projetos sob estruturas funcionais em empresas de grande porte requer esforços e habilidades de negociação acima de outros modelos, a exemplo das estruturas matriciais. Também nesse modelo, a adoção de metodologia de gerenciamento de projetos é dependente do desejo de profissionalização e percepção de valor da estrutura.

Nesse contexto, um dos conjuntos de projetos existentes e abordados neste estudo é o relacionado com os projetos de Tecnologia da Informação, os quais são geridos sob a estrutura financeira, especificamente pelo *Chief Information Technology* (CIO). A seguir, explanou-se o sistema de inovação que se apresenta como *frame* para gerenciamento desses projetos.

Em linhas gerais, é possível registrar que o processo de gestão da inovação na empresa, representado na Figura 17.12, é composto de duas fases distintas: pesquisa e projeto.

A fase de pesquisa envolve a investigação de ideias visando buscar soluções ou aproveitamento de oportunidades para a empresa. Essa fase é caracterizada pelo desenvolvimento das ideias e compreende duas etapas distintas, uma mais estratégica e outra tática. Na etapa estratégica, ocorre o surgimento das ideias que, normalmente, vêm no sentido do aproveitamento de oportunidades,

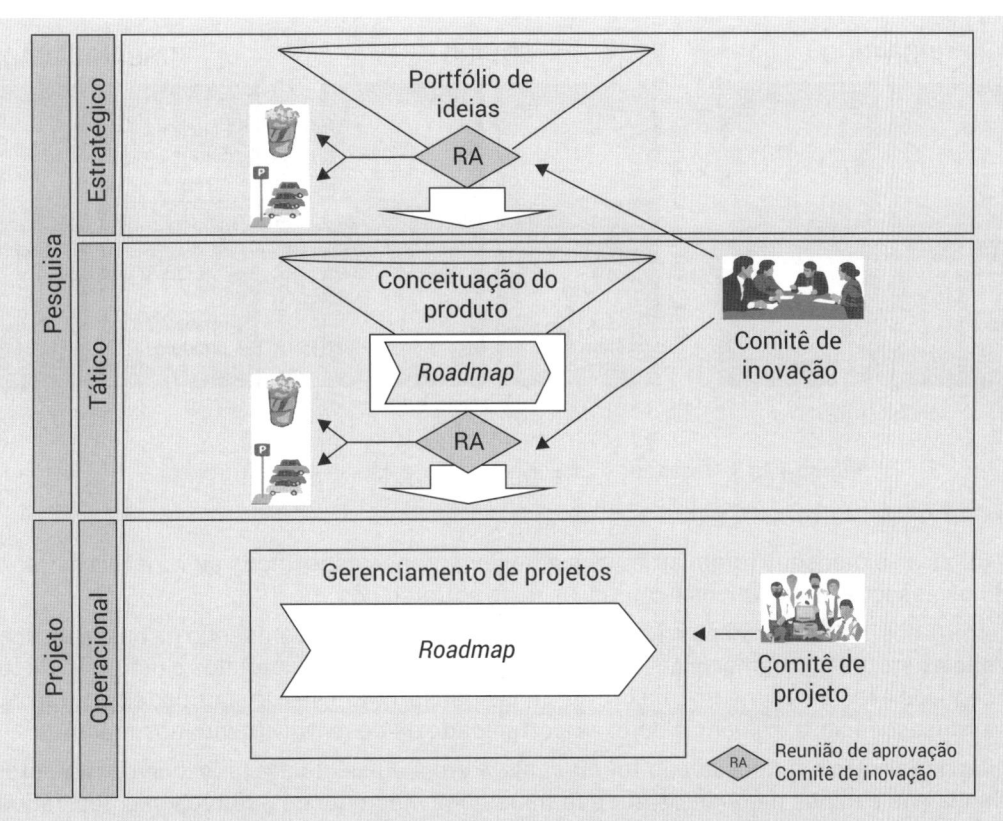

Figura 17.12 Sistema de inovação aplicado ao gerenciamento de projetos.

muitas vezes ditadas pelo mercado ou por uma nova tecnologia. Os profissionais da empresa, em geral, ficam rastreando as oportunidades e transformando-as em ideias. Nessa etapa, ocorre o tratamento das ideias em um comitê de inovação. Esse comitê levará em conta uma série de questões, como: a aderência da ideia com os objetivos da empresa, a relação da ideia com a visão empresarial; o conhecimento possível da empresa para desenvolvimento da ideia, entre outras. Inicia-se, assim, ainda na fase de pesquisa, a etapa tática, na qual será desenvolvido o conceito do produto/serviço que a ideia poderá gerar. Nessa fase, será desenvolvido um projeto conceitual proveniente da ideia, sendo que, após a aprovação dele, passa-se à fase de projeto.

A fase de projetos envolve a realização de empreendimentos temporários regida por metodologia de gerenciamento de projetos, objeto central desse trabalho. Vale a pena mencionar que a carteira de projetos da empresa é oriunda desse sistema, caracterizado por fases, que avaliam os projetos como se passassem por uma espécie de funil.

Atualmente, a empresa apresenta um quadro significativo de pessoas ligadas a esses projetos, em torno de 150 participantes nos diversos níveis. A metodologia de gerenciamento por projetos está sendo seguida por 21 projetos, dos quais sete são classificados como estratégicos para a empresa e 14 como operacionais.

Caso: avaliação e prospecção

Uma vez apresentada à empresa e entendidos os preceitos teóricos envolvidos neste estudo de caso, cabe discutir os resultados obtidos no diagnóstico. Visando entender a estratégia prospectada para a administração adequada da carteira de projetos da empresa, a equipe envolvida no desenvolvimento desse trabalho primeiro precisou entender o nível de competência em gerenciamento de projetos nas diversas dimensões.

Os resultados dessa análise, conforme apresentados na Figura 17.13, permitiram avaliar as competências da empresa, em gerenciamento de projetos, nas dimensões organização, equipe e indivíduo.

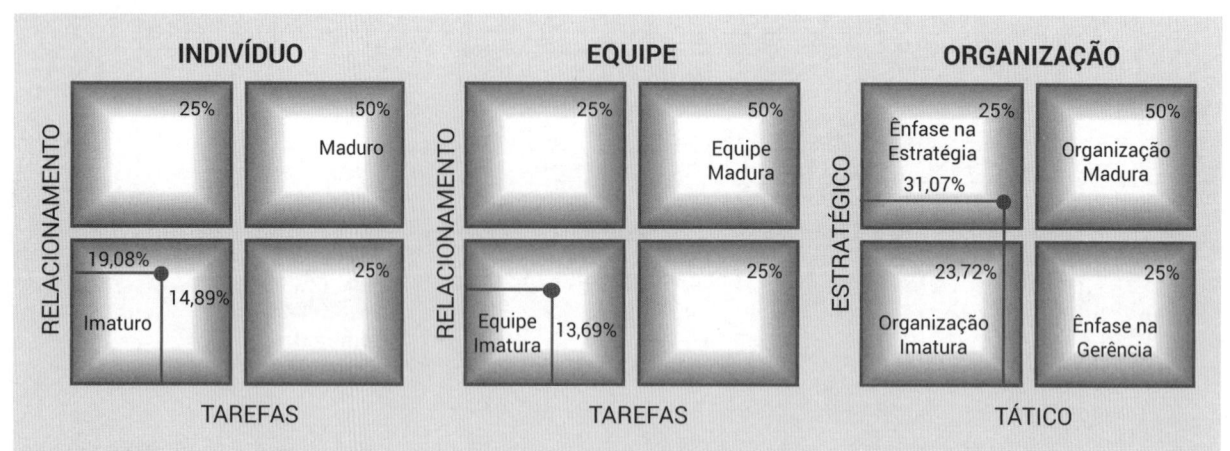

Figura 17.13 Resultados da avaliação em gerenciamento de projetos.

Para todas as dimensões foram atribuídas notas em grupos específicos de variáveis, umas envolvendo os aspectos mais táticos e outras, os mais estratégicos.

Em termos dos indivíduos foi possível perceber que, de um lado, há empenho na busca do sucesso, mas não existe um programa de capacitação em gerenciamento de projetos e definição de formas de incentivos e reconhecimento. Assim, em linhas gerais, notou-se a imaturidade dos indivíduos e, como consequência, a existência de boa oportunidade de desenvolvimento dos mesmos.

Na dimensão equipe, a análise não foi diferente. Percebeu-se, de um lado, que os membros têm confiança nas equipes de projetos em que trabalham, mas poucos esforços são dedicados para a resolução de conflitos e, de outro lado, identificou-se que não existe estrutura de Escritório de Projetos para apoiar e suportar o desenvolvimento gerencial dos projetos.

Verificou-se que a dimensão organização, para compensar, obteve melhor avaliação comparada às dimensões indivíduo e equipe, onde se destacou o reconhecimento da alta administração na necessidade do gerenciamento por projetos. Em contrapartida, percebeu-se que falta apoio das áreas funcionais para a institucionalização do mesmo e há a necessidade de gerar processos mínimos para melhorar os controles de prazo e custo dos projetos.

Os resultados apresentados até aqui permitiram, evidentemente, ajudar o time de desenvolvimento a entender os principais aspectos a serem melhorados nas dimensões estudadas. Uma reflexão mais apurada nos dados expressos no diagnóstico foi subsídio para a elaboração de um plano de ações visando cobrir as lacunas verificadas e propiciar um novo posicionamento em termos de maturidade em Gestão de Projetos da empresa.

O plano contemplou a configuração de uma metodologia de gerenciamento de projetos extensa, considerando as peculiaridades da empresa, envolvendo a definição de estratégias, elaboração de processos e efetivação da mudança. Optou-se, então, pela implementação de metodologia de gerenciamento de projetos, formação de competências, disseminação da cultura de gerenciamento de projetos na empresa e estruturação de um Escritório de Projetos.

Em relação ao desenvolvimento das competências e maturidade do indivíduo, o plano contemplou, inicialmente, treinamentos em fundamentos de Gestão de Projetos e, em seguida, na metodologia adotada. Pensou-se também, no médio prazo, em realizar sessões de *coaching* com os gerentes de projetos, bem como estabelecer formas de incentivos e reconhecimento.

Como estratégia para desenvolver as deficiências encontradas na dimensão equipe, optou-se pela fundamentação do escritório de projetos (*Project Management Office* – PMO), além de treinamento da equipe do projeto.

E, finalmente, em relação à dimensão organização, cientes da complexidade para implementar, em curto prazo, um processo que atenda todas as expectativas, focalizou-se implementar nos primeiros seis meses as seguintes áreas de conhecimento de gerenciamento de projetos: escopo, prazo, custo e estrutura básica de recursos humanos. Portanto, a partir dessa premissa, trabalhou-se fortemente no desenho do *roadmap*, detalhamento dos processos, elaboração dos formulários, definição dos indicadores e procedimentos de inspeção dos projetos.

Para atender as necessidades da empresa, considerando seu processo de gerenciamento de inovação dos projetos, em que há tratamento diferenciado para os projetos, de acordo com sua fase (pesquisa e/ou projeto), optou-se por desenvolver dois *roadmaps* distintos: um, de conceituação do produto, e outro, de gerenciamento de projetos, como podem ser observados na Figura 17.13.

O *roadmap* de conceituação do produto consiste em uma versão prática e enxuta, que induz a utilização de método, mas sem burocracias, no desenvolvimento do conceito do produto/serviço, delineando suas características e elaborando a viabilidade econômica, funcional e técnica.

Já o *roadmap* de gerenciamento de projetos consiste em um modelo para implementação do projeto que irá desenvolver o produto/serviço conceituado. Esse modelo seguiu a estrutura básica do Project Management Institute (PMI), porém adaptações foram realizadas, no intuito de atender a natureza e as particularidades dos projetos da organização.

Os modelos foram constituídos considerando-se quatro dimensões conceituais, em que a primeira reflete o ciclo de vida do projeto. Na segunda dimensão, relacionam-se os processos que espelham, em forma de procedimentos, cada ação a ser elaborada. A terceira envolve os documentos a serem gerados na fase correspondente. E, finalmente, a quarta dimensão apresenta os controles a serem realizados durante o projeto. Há dois tipos de controle, um inerente e que deve ser feito no âmbito do projeto, e outro pelo Escritório de Projetos.

Análise dos resultados

Como principais resultados obtidos pela utilização da metodologia do diagnóstico, destacamos a importância da transparência da realidade em relação ao estágio da maturidade nas dimensões indivíduo, equipe e organização, em que os profissionais envolvidos sentiram-se ouvidos no processo, puderam externar suas objeções, crenças, desejos e dificuldades, refletir e situar-se em relação a quais pontos cabem ser desenvolvidos para atingir a maturidade. Isso possibilitou a elaboração de uma estratégia de atuação mais adequada e focada nos valores da organização, fortalecendo a conscientização e o reconhecimento da necessidade de adoção de Escritório de Projetos e de investimentos no capital intelectual a partir da elaboração de plano de capacitação exclusivo para as prioridades da organização.

A adoção de um modelo simples e adaptado exclusivamente para as necessidades e cultura da empresa foi constituída por uma estrutura básica, calcada nas áreas de escopo, prazo, custo e recursos humanos. Somente após a estabilização do modelo, foi possível evoluir nas demais áreas de conhecimento, tais como: comunicação, qualidade, riscos e suprimentos. Foi dessa maneira que ocorreu o processo de aceitação da profissionalização em Gestão de Projetos.

O envolvimento de membros da equipe alocada em projetos, nos processos de validação durante a construção do modelo, despertou o senso de propriedade e participação da equipe em relação ao *roadmap*, o que contribuiu muito para diminuir a percepção de burocracia na utilização da metodologia.

Apesar de a empresa ter investido na seleção e capacitação prévias de recursos humanos internos, para conduzir esse trabalho foi necessária a contratação de uma consultoria externa. A experiência vivenciada em outros trabalhos similares e sua capacidade de perceber e respeitar a cultura organizacional existente foram fundamentais na elaboração de um modelo não engessado, adequado na condução do projeto e na capacitação dos gestores da área de TI e de projetos.

Pôde-se perceber que muitas mudanças positivas ocorreram na Gestão de Projetos da empresa, sendo que merecem destaque: o desenvolvimento das competências dos gerentes de projetos; maior ênfase para o planejamento dos projetos; documentação; padronização de relatório de *status* dos projetos; utilização de indicadores; e inspeção profissionalizada dos projetos, com geração de relatórios de qualidade do Escritório de Projetos para cada documento controlado, em que, além da avaliação da conformidade, são realizadas sugestões para adequação à metodologia.

Conclusão

A partir deste trabalho, podemos concluir que os fatores que foram realmente importantes para a obtenção do sucesso são itens nada incomuns, tais como capacitação e dedicação profissional, uso de boas técnicas, respeito à cultura organizacional, apoio e envolvimento executivo.

Capacitar-se é a alternativa correta para quem busca a profissionalização em gerenciamento de projetos. Pode-se destacar, nesse caso, a iniciativa adotada pela empresa de selecionar o candidato a *Project Management Office* (PMO) com antecedência e proporcionar-lhe a formação adequada previamente. Essa iniciativa facilitou os entendimentos nas interações entre a empresa e a consultoria nos processos de prospecção, contratação e desenvolvimento do trabalho. Também o treinamento dado aos gerentes de projetos e executivos relacionados com a iniciativa facilitou o entendimento e a aceitação da metodologia.

Apostar na evolução do gerenciamento de projetos no médio prazo, juntamente com o uso de boas técnicas, tais como as utilizadas no diagnóstico orientado para o entendimento e construção de um modelo com simplicidade e formulários adequados à empresa, foram pontos positivos encontrados no objeto deste caso. Já o senso de propriedade, o qual contribui com a continuidade, pareceu-nos muito centrado no PMO. Assim, cabe-nos ressaltar que existe uma oportunidade de melhoria em relação à equipe de gerentes e coordenadores de projetos.

Visto tratar-se de uma empresa nacional com características de valorização de suas próprias iniciativas muito fortes, a opção de construir um modelo próprio, porém à luz do conhecimento comprovado, facilitou o avanço em direção à profissionalização em Gestão de Projetos.

Observou-se que, nos momentos de divergências de opiniões, o apoio e o envolvimento do patrocinador do projeto foram fundamentais no sentido de confirmar sua intenção em buscar o profissionalismo em gerenciamento de projetos. Já a atuação do comitê executivo, composto pelos gerentes envolvidos na adoção da metodologia, com o objetivo de validar passo a passo os produtos do projeto e criar as condições políticas apropriadas a esse propósito, carece de melhor aprofundamento sobre sua real efetividade.

Como lições aprendidas no desenvolvimento deste caso, destacam-se as seguintes recomendações:

- a conscientização e o apoio dos executivos em um projeto dessa natureza, ou seja, adoção de uma metodologia de gestão, devem ser fatores precedentes à estruturação do projeto;
- a primeira etapa do projeto realmente deve ser o diagnóstico, pois os executivos, levados por um alto grau de pragmatismo e senso de urgência, acham que adotar modelos existentes é suficiente. Muitas vezes, falta-lhes consciência da real situação da equipe, indivíduo e organização a respeito da maturidade em gerenciamento de projetos. Nessas condições, acabam seguindo por estratégias não adequadas a sua realidade;
- é necessário priorizar o que de fato será valorizado na empresa. Assim, cabe à equipe de implementação, orientada pelos indicadores adotados, propor plano para melhorar o nível de maturidade;
- lembrar que muito além das técnicas existem pessoas, e que estas possuem crenças e medos que são as principais origens das resistências a mudanças. Para amenizar essas influências, recomenda-se buscar o envolvimento das pessoas, preocupar-se com a boa comunicação e com a capacitação adequada;
- usar indicadores de gestão de projetos de acordo com estruturas reconhecidas;
- não abrir mão de validar o modelo a partir de um projeto-piloto evita desgastes com a equipe e permite corrigir possíveis deficiências do modelo antes de lançá-lo;
- os preconceitos, ou seja, opinião formada isoladamente por profissionais de liderança e/ou projetos falhos vivenciados anteriormente, bem como competições internas entre executivos, são itens que atrapalham a adoção de padrão de processos. Geralmente, ficam disfarçados por um período inicial, mas logo aparecem e perturbam a continuidade dos trabalhos. É recomendável mapear com antecedência essas circunstâncias e contorná-las.

> O caminho rumo à maturidade em gerenciamento de projetos, visto tratar-se de um modelo de gestão, é totalmente dependente dos executivos que estão à frente da iniciativa, os quais devem manter-se motivados e com constância de propósitos.

QUESTÕES PARA REFLEXÃO E DISCUSSÃO

1. Explore as suas competências em gerenciamento de projetos considerando os aspectos de projeto, negócio e gestão.
2. Considerando uma escala de um a dez, que nota você dá para cada uma das competências identificadas na questão anterior?
3. Quais competências são as mais desenvolvidas? Quais as menos desenvolvidas?
4. Você acredita ser possível traçar um plano para melhorar suas competências? Quanto tempo será necessário para chegar a uma posição bem confortável e, portanto, competitiva?
5. Considere o modelo de Thamhain (1983) e avalie as competências de sua equipe de projetos. Quais as carências que separam sua equipe de uma de alto desempenho?
6. Quais as áreas de conhecimento mais valorizadas na sua organização? Como você explora suas competências nessas áreas?
7. Considere o caso da empresa de agronegócio descrito na Seção 17.6 (*case* Gestão das competências) e trace um paralelo com sua empresa em termos de competências individuais, de equipe e de sua organização em gerenciamento de projetos.
8. Ainda considerando o caso descrito na Seção 17.6 (*case* Gestão das competências) da empresa de agronegócio, quais as dez ações prioritárias que seriam necessárias para tirar a empresa do estágio inicial de gerenciamento de projetos?
9. Você concorda com a pesquisa de Rabechini e Carvalho (2003), que auxiliaram equipes de projetos e identificaram que os fatores mais carentes do lado das pessoas são: espírito de equipe e capacidade de resolução de conflito?
10. A mesma pesquisa mostrou, também, que, do lado das tarefas, os fatores de resultados e tendências foram os mais carentes. Você concorda?
11. Responda à autoavaliação a seguir sobre suas competências pessoais. Passe para os membros do time de seu projeto para validar seu diagnóstico.

Competências pessoais do gerente de projetos	+	0	−
Escuta, compreende e responde aos *stakeholders*			
Cria e mantém linhas de comunicação			
Preocupa-se com a qualidade da informação			
Adapta a comunicação de acordo com o tipo de *stakeholder*			
Implementa um ambiente de trabalho em equipe			
Ajuda no desenvolvimento da equipe			
Negocia bem com os *stakeholders* do projeto			
É reconhecido como uma pessoa íntegra			

(continua)

(continuação)

Competências pessoais do gerente de projetos	+	0	−
É reconhecido como um líder			
Tem influência em momentos de negociação			
É ético			
Tem habilidade de construir vínculos e relacionamento			
Cria um ambiente de cooperação na equipe			
É direcionador e assertivo, focado em resultados			
Tem capacidade analítica de mapear a situação de problema			
Enfrenta as adversidades do projeto de forma positiva			
É eficaz em suas ações			
Tem controle de suas emoções			
Tem flexibilidade para aceitar sugestões e mudanças			

ESTUDO COMPLEMENTAR

A) Leia o artigo:

RABECHINI JUNIOR, Roque; CARVALHO, Marly Monteiro de; RODRIGUES, Ivete; SBRAGIA, Roberto. A organização da atividade de gerenciamento de projetos: os nexos com competências e estrutura. *Gestão & Produção*, v. 18, n. 2, p. 409-424, 2011.

Fonte: <http://dx.doi.org/10.1590/S0104-530X2011000200014>. Acesso em: 3 out. 2018.

uqr.to/cu5v

18

GESTÃO DE PORTFÓLIO

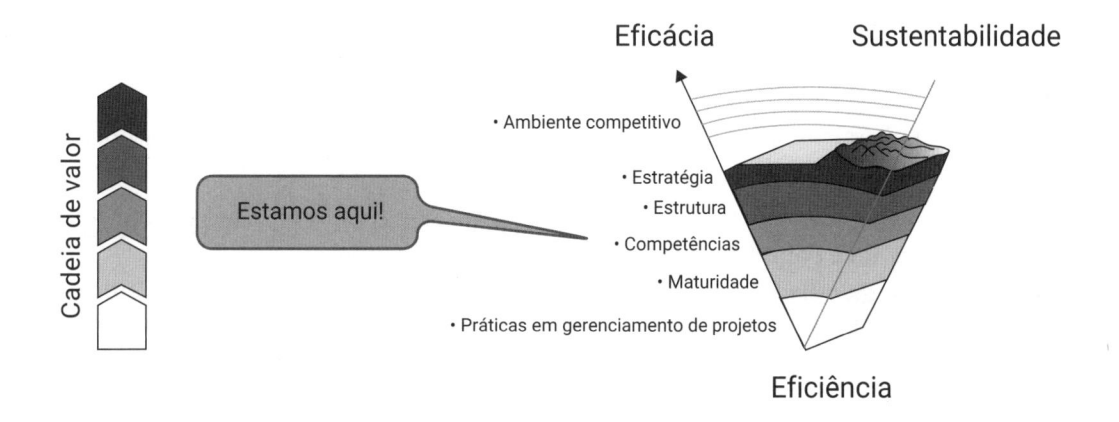

Cadeia de valor

Estamos aqui!

Eficácia   Sustentabilidade

- Ambiente competitivo
- Estratégia
- Estrutura
- Competências
- Maturidade
- Práticas em gerenciamento de projetos

Eficiência

Após estudar este capítulo, o leitor estará apto a responder às seguintes questões:

a) Como preparar a organização para o gerenciamento de portfólio?
b) Quais são as etapas do gerenciamento de portfólio?
c) Quem são os *stakeholders* envolvidos neste processo de tomada de decisão?
d) Quais são as ferramentas e técnicas que auxiliam nas várias etapas da gestão de portfólio?
e) Como fazer um diagnóstico do gerenciamento de projetos na organização?

18.1 INTRODUÇÃO

Conforme estudamos no Capítulo 3, o alinhamento da área de gestão de projetos com a estratégia da organização é uma questão fundamental para o sucesso. Uma parte fundamental desse alinhamento é desempenhada pela gestão de portfólio.

Os primeiros estudos sobre o tema com foco financeiro datam de meados da década de 1950 (MARKOWITZ, 1952), e somente três décadas depois McFarlan (1981) constrói as bases da gestão de portfólio de projeto, com foco em Tecnologia da Informação (TI).

Nas duas últimas décadas, o tema assumiu maior destaque na literatura de projetos, em parte pela crescente importância da atividade de projetos nas organizações e, em parte, pelos problemas advindos da coexistência de múltiplos projetos simultâneos e concorrentes (CARVALHO; RABECHINI JR., 2005; RABECHINI JR. et al., 2005; REYCK et al., 2005; DYE; PENNYPACKER, 2000; WHEELWRIGHT; CLARK, 1992).

Para Carvalho et al. (2003), a gestão de portfólio deve ser capaz de traduzir as diretrizes estratégicas da companhia, o que demanda a habilidade de "fazer a coisa certa" (DRUCKER, 1963), que, no contexto de portfólio, significa mapear as oportunidades mais relevantes e selecionar os projetos mais alinhados à estratégia organizacional.

A gestão de portfólio é complexa, pois envolve desde o nível estratégico da organização até as gerências responsáveis pelos projetos em curso, ou seja, exige articulação *top-down* e *bottom-up*, além de tratar de questões de cunho político dentro da organização, como a alocação de recursos e a priorização de alguns projetos em detrimento de outros, o que demanda capacidade de negociação dos *stakeholders*. Além disso, são decisões tomadas em ambiente de incerteza, tanto de mercado como tecnológica.

Portanto, a gestão de portfólio, quando não realizada com uma sistemática adequada, pode enveredar para o caminho da politicagem, gerando insatisfações que podem estar refletidas nas seguintes afirmações:

a) ninguém entendeu por que o projeto foi abortado;
b) apenas os projetos da área industrial são aprovados;
c) nossa área perdeu 30% do orçamento de projetos, sem que nenhuma justificativa fosse apresentada; e
d) como foi possível aprovar mais três projetos se não temos pessoal nem para conduzir aqueles que já estão em andamento etc.

Neste capítulo, essas e outras questões serão debatidas.

Nas próximas seções vamos tratar do conceito de portfólio e dos principais modelos e ferramentas disponíveis na literatura. Na Seção 18.2 apresentamos a gestão de portfólio, segundo o modelo Pró-Valor, e um modelo de autodiagnóstico (*assessment*).

18.2 GESTÃO DE PORTFÓLIO

O conceito de portfólio de projetos tem sido aprimorado nos últimos anos e sofre forte influência dos modelos de portfólio das áreas de negócios e de desenvolvimento de produtos.

Existem várias definições de portfólio disponíveis na literatura. Dentre essas, destacamos duas no Quadro 18.1.

Quadro 18.1 Definições de gestão de portfólio

"Gestão de Portfólio é um processo de decisão dinâmico, no qual uma lista de projetos ativos de novos produtos é constantemente atualizada e revisada. Neste processo, novos projetos de produtos são avaliados, selecionados e priorizados; e recursos são alocados e realocados nos projetos ativos. [...] portfólio compreende um número de processos de tomada de decisão, que inclui revisões periódicas do portfólio total de projetos (olhando para a configuração inteira dos projetos, e comparando-os uns com os outros), tomando decisões do tipo continuar ou interromper (matar) um projeto individual, em uma base contínua (usando processo de Gates) e desenvolvendo uma

(continua)

(continuação)

> nova estratégia de produto para o negócio, completada com a alocação estratégica de recursos" (COOPER *et al.*, 2001).
> "Portfólio é uma coleção de projetos e/ou programas e outros trabalhos que estão agrupados juntos para facilitar o gerenciamento eficaz desse trabalho, para atingir os objetivos estratégicos do negócio. Os projetos ou programas (denominados componentes) do portfólio podem ser mutuamente independentes ou estarem relacionados diretamente." [...] "Gestão de portfólio é a gestão centralizada de um ou mais portfólios, e envolve a identificação, priorização, autorização, gestão e controle dos projetos, programas, e outros trabalhos relacionados, para alcançar objetivos estratégicos específicos de negócio" (PMI, 2004).

Em linhas gerais, o termo *gestão de portfólio* pode se referir a portfólio de negócio, de produtos e de projetos. Ademais, existem outras palavras em português, além de portfólio, para traduzir o termo em inglês *portfolio*, tais como porta-fólio, portofólio e carteira.

Pode-se observar, no Quadro 18.1, que a complexidade é inerente à gestão de portfólio, bem como à dimensão política das decisões tomadas. Essa complexidade faz com que poucas organizações consigam estruturar adequadamente sua gestão de portfólio, com metodologias claras para todos os *stakeholders*.

De fato, há poucas evidências da prática estruturada de gestão de portfólio nas organizações (COOPER *et al.*, 1997, 1999 e 2001; RABECHINI JR. *et al.*, 2005; CASTRO; CARVALHO, 2007).

No entanto, as organizações que gerenciam muitos projetos precisam enfrentar de uma maneira mais profissional a gestão de portfólio sob pena de fracassar em seus projetos e desperdiçar recursos escassos da organização.

Para Chien (2002), as causas da deficiência na gestão de portfólio de projetos recaem sobre dois aspectos-chave: ausência de critérios estratégicos e de um método de seleção formal.

Um dos estudos empíricos sob o tema feito por Cooper *et al.* (1997), junto a empresas líderes de diferentes setores industriais, identificou um conjunto de problemas críticos da gestão de portfólio. O primeiro deles é a falta de diretrizes e critérios estratégicos claramente definidos para a seleção de projetos. Em consequência, as decisões não são baseadas em dados e critérios objetivos, mas, sim, em decisões políticas, emoção e opiniões, o que quase sempre conduzem a falhas nos projetos. Além disso, o processo de decisão deficiente e com forte motivação política leva à continuidade de projetos medíocres, que queimam os recursos da organização, enquanto projetos essenciais sofrem com a falta de recursos.

A relutância em abortar projetos em andamento não é fruto somente da dimensão política da gestão de portfólio, mas também da falta de procedimentos adequados de avaliação dos projetos em curso e da precária comunicação dos comitês de gestão de portfólio com os gerentes de projeto e/ou com o Escritório de Gestão de Projetos (PMO).

Mikkola (2001) sintetiza no Quadro 18.2 algumas das vantagens e das dificuldades da gestão de portfólio.

Quadro 18.2 Vantagens e dificuldades da gestão de portfólio

Vantagens	Dificuldades
• Os pontos fortes e fracos de cada projeto são ressaltados. • Decisões quanto ao investimento de capital, alocação de recursos, priorização e seleção de projetos são facilitadas. • Projetos são referenciados a níveis de desempenho de negócio. • A análise sistemática dos projetos é encorajada. • O consenso é estimulado. • As necessidades e as oportunidades de futuros desenvolvimentos são evidenciadas.	• Os assuntos de comunicação ortogonal parecem ser um desafio inerente ao processo de gestão. • As interdependências tecnológicas entre projetos são de difícil avaliação. • Um entendimento mais profundo de cada projeto é necessário a fim de se fazer a avaliação apropriada. • A identificação de indicadores para assegurar a análise apropriada dos projetos em uma base comum é difícil.

Fonte: Adaptado de Mikkola (2001).

18.3 MODELOS DE GESTÃO DE PORTFÓLIO

O alinhamento entre a estratégia de negócio das organizações e seu portfólio de projetos tem sido debatido com interesse pelos estudiosos e pelas organizações, e alguns modelos têm surgido tanto no âmbito corporativo como no acadêmico (CARVALHO; RABECHINI JR., 2005; COOPER et al., 1999, 2001; ROUSSEL et al., 1991).

A gestão de portfólio envolve várias etapas, desde a prospecção de novas ideias e oportunidades que surgem continuamente nas empresas, tanto no âmbito de mercado como de inovações tecnológicas, até o acompanhamento e análise crítica do portfólio de projetos em curso. Entre esses dois extremos, há um fluxo de tarefas que envolvem elaboração de propostas, metodologias e critérios para seleção, priorização de projetos e alocação de recursos, as quais devem ser desempenhadas em uma perspectiva sistemática e periódica.

Existem vários modelos que envolvem parcial ou totalmente essas etapas. Três modelos bastante difundidos vêm da área de projetos de desenvolvimento de novos produtos, mais especificamente os modelos denominados: *Fuzzy Front End* (FFE) (KHURANA; ROSENTHAL, 1997, 1998 e 2009), o modelo do Funil (WHEELWRIGHT; CLARK, 1992) e o modelo *Stage-Gate*, marca registrada por Robert G. Cooper e pelo Product Development Institute Inc. (COOPER et al., 1997). A Product Development and Management Association (PDMA) detalha o processo de desenvolvimento de novos produtos em um manual (*handbook*), atualmente na segunda edição.

Mais recentemente, emergiram modelos típicos da área de projetos, dos quais iremos discutir o modelo proposto por Archer e Ghasemzadeh (1999), Carvalho (2013) e pelo PMI (2006).

Um levantamento da literatura de gestão de portfólio revelou os processos e as macrofases mais comuns na literatura e suas conexões, como ilustra a Figura 18.1.

É possível observar que o núcleo de processos que teve maior aderência entre os modelos (cinco ou seis menções) foram: propostas de projetos, direcionadores estratégicos, identificação, avaliação, seleção, priorização, alocação de recursos, monitoramento e controle. No grupo intermediário composto de dois processos, que receberam entre três e quatro menções, estão os processos de restrição de recursos e balanceamento. Há menor concentração (apenas uma ou duas menções) nos seguintes processos: metodologia para GPP, de categorização, ajuste e autorização (CARVALHO et al., 2013).

Nas próximas seções, esses modelos serão apresentados de forma sucinta.

Esse modelo de gestão de portfólio, diferentemente dos demais, não tem lastro na literatura de desenvolvimento de produtos.

Pré-processos da GPP

Figura 18.1 Macrofases e processos de gestão de portfólio.

Processos-chave da GPP

Fonte: Adaptado de Carvalho et al. (2013).

Archer e Ghasemzadeh (1996) são estudiosos do tema de gestão de portfólio, primeiro com um foco nas ferramentas utilizadas e, posteriormente, na elaboração de um modelo estruturado de seleção de portfólio (ARCHER; GHASEMZADEH, 1999; GHASEMZADEH; ARCHER, 2000).

Archer e Ghasemzadeh (1999) consideram que a gestão de portfólio passa por três macrofases e 11 proposições, que serviram como base para consolidar o modelo proposto. O Quadro 18.3 articula as macrofases e as proposições.

Quadro 18.3 Macrofases e proposições

Macrofase	Proposições (P)
Consideração estratégica	P1: Decisões estratégicas de portfólio de projeto e de alocação do orçamento devem ser feitas em um contexto mais amplo, levando em consideração fatores internos do negócio e externos à organização.
	P2: Uma estrutura de trabalho para seleção de projetos deve ser flexível o suficiente para permitir que os *stakeholders* possam escolher previamente quais as técnicas e metodologias de seleção que eles se sentem confortáveis, analisando dados interessantes e fazendo escolhas do tipo de projetos que têm em mãos.
	P3: Para simplificar, o processo de seleção de portfólio deve ser organizado em estágios, permitindo que tomadores de decisão movam-se logicamente em direção a uma visão de projetos integrada, baseados em robustos modelos teóricos.
	P4: Os *stakeholders* não devem ser sobrecarregados com informações desnecessárias, mas devem ser capazes de acessar dados relevantes quando preciso.

(continua)

(continuação)

Macrofase	Proposições (P)
Avaliação de projetos	P5: Devem ser escolhidos indicadores-padrão, que possam ser calculados para cada projeto individualmente, o que permitirá uma comparação equilibrada entre projetos, quando da seleção do portfólio.
	P6: Projetos em curso que atingiram portões (*gates*) de decisão ou marcos (*milestones*) devem ser reavaliados juntamente com as propostas de novos projetos para a seleção do portfólio, o que permite gerar um portfólio integrado e dinâmico, da seguinte forma: abandono ou encerramento do projeto; novas propostas de projetos; mudanças no foco estratégico; revisão da disponibilidade de recursos; e mudanças no ambiente externo.
	P7: O processo deve ser blindado para eliminar projetos claramente deficientes antes mesmo que o processo de seleção de portfólio seja iniciado.
Seleção de portfólio	P8: Interações e dependência entre projetos, ou competição por recursos, devem ser consideradas na seleção do portfólio.
	P9: A seleção de portfólio deve levar em consideração a alocação de recursos no tempo.
	P10: Os tomadores de decisão devem dispor de mecanismos interativos com as ferramentas, algoritmos ou modelos utilizados, para que possam simular alterações e receber também o *feedback* das consequências de tais mudanças.
	P11: A seleção do portfólio de projetos deve ser adequada para um ambiente de tomada de decisão em grupo.

Fonte: Adaptado de Archer e Ghasemzadeh (1999).

As macrofases são: consideração estratégica, avaliação de projetos e seleção de portfólio. A fase de consideração estratégica, como o nome sugere, estuda aspectos importantes, que são anteriores à seleção de portfólio, tais como a seleção da metodologia e das técnicas que serão utilizadas na gestão de portfólio e o tipo de informação que os *stakeholders* devem ter à disposição. A fase de avaliação de projetos considera o desempenho individual dos projetos de uma organização; tanto as propostas como os projetos em curso devem ser avaliados pelos mesmos indicadores padronizados, para que a comparação seja possível. Já a fase de seleção de portfólio promove comparações simultâneas dos projetos em diretrizes e critério relevantes para a composição da carteira, para atingir a classificação dos projetos.

O modelo estrutura a gestão de portfólio em cinco estágios, que tornam o processo decisório mais eficiente: pré-seleção; análise individual, seleção, otimização e ajuste do portfólio. O modelo é bastante abrangente, pois se preocupa desde a pré-seleção das propostas de projetos até o *feedback* e revisão do portfólio em curso, conforme ilustra a Figura 18.2.

No estágio de pré-seleção de projetos, eliminam-se as propostas de projetos que estão claramente fora do foco estratégico, ou que não são viáveis, sendo fundamental que haja um responsável (*project champion*) por fornecer as informações adicionais. A análise individual dos projetos caracteriza-se pelas análises financeiras e de risco de cada projeto a ser considerado, tanto os propostos como aqueles em curso, por meio do *feedback* das análises de fase nos portões (*gates*) de decisão ao longo do desenvolvimento. No terceiro estágio, de seleção, são eliminados os projetos que não atingem os requisitos mínimos preestabelecidos pelas diretrizes (*drivers*) estratégicas e critérios de seleção. A seguir, no estágio de otimização do portfólio, busca-se indicar o portfólio ótimo da empresa, sem exceder os recursos disponíveis ou violar outras condicionantes, mediante técnicas de pontuação, comparações ou modelos de otimização. No quinto e último estágio, ajuste do portfólio, os tomadores de decisão fazem uma análise crítica do portfólio proposto, com relação a seu tamanho (quantidade de recursos requeridos), riscos e benefícios trazidos. Nesse estágio final, pode haver

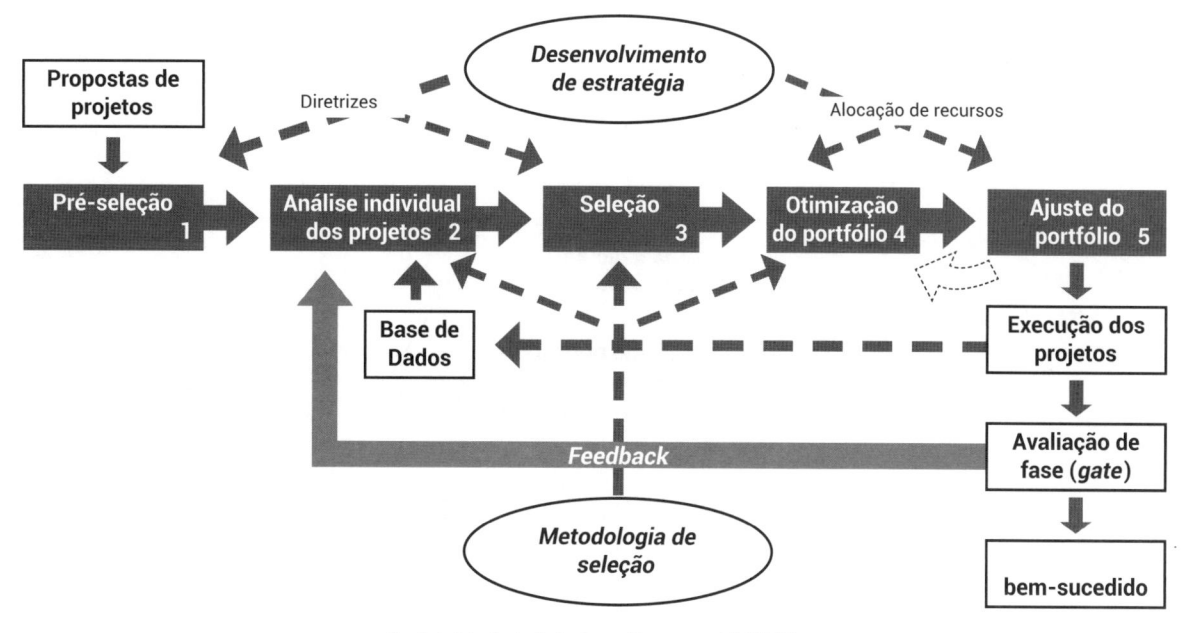

Fonte: Adaptada de Archer e Ghasemzadeh (1999).

Figura 18.2 Modelo estruturado para seleção do portfólio de projetos.

looping, caso os tomadores de decisão julguem necessário fazer alterações, em especial verificando se há desbalanceamento e se há distorções geradas pelos modelos e pelas ferramentas utilizadas nos estágios anteriores que devem ser corrigidas, e simulam novamente o impacto gerado pelas alterações promovidas.

Para Ghasemzadeh e Archer (2000), esses estágios devem ser vistos como atividades periódicas. Uma questão-chave nesse processo consiste em definir quais são as diretrizes e as prioridades da organização, os benefícios financeiros, os benefícios intangíveis, a disponibilidade de recursos e o nível de risco do portfólio de projeto.

18.3.1 Modelo de gestão de portfólio do PMI

O modelo de gestão de portfólio (*The Standard for Portfolio Management*) proposto pelo Project Management Institute (PMI), em sua terceira edição (PMI, 2013), está posicionado em uma situação intermediária entre os processos estratégicos (missão, visão e estratégia e objetivos corporativos) e os processos operacionais, programas e projetos em curso, que ocupam a base.

O topo do triângulo representa as questões estratégicas que orientam as ações nos demais níveis da organização. A gestão de portfólio ocupa o meio do triângulo, juntamente com o planejamento e gestão operacional de alto nível, região que representa os processos e as ações que vão viabilizar as estratégias. Esse nível intermediário interage entre si e com a base do triângulo em que se encontram as gestões das operações, dos programas e dos projetos em curso (ver Figura 18.3). Como as organizações estão apoiadas em uma base de projetos e programas, cabe à gestão de portfólio a interconexão com o nível estratégico, compartilhando as metas e alocando os recursos da organização.

O modelo de gestão de portfólio proposto pelo PMI (2013) é composto de três grupos de processos – definição, alinhamento e autorização e controle –, que interagem com as áreas de conhecimento em portfólio, quais sejam: gestão estratégica de portfólio, gestão de governança de portfólio, gestão do desempenho do portfólio, gestão de comunicação de portfólio e gestão de risco do portfólio, conforme ilustra o Quadro 18.4.

```
                    Visão
                     ⇕
                   Missão
                     ⇓
          Estratégia e Objetivos
             Organizacionais
                  ⇓    ⇓
            Gestão de portfólio
       Planejamento Estratégico e Gestão
       de Projetos, Programas e Operações
                  ⇓    ⇓
     Gestão de operações  ⇐  Gestão de programas e
          em curso              projetos autorizados
     (atividades recorrentes)    (atividades por projeto)
        Produzir valor          Aumentar a capacidade e
                                   valor da produção
                  ⇑          ⇑
            Recurso da Organização
```

Fonte: Adaptada de PMI (2006).

Figura 18.3 Contexto organizacional da gestão de portfólio de projetos.

Quadro 18.4 Processos da gestão de portfólio de projetos

Áreas de conhecimento	Grupos de processos		
	Definição	Alinhamento	Autorização e controle
Gestão estratégica de portfólio	Desenvolver plano estratégico do portfólio Desenvolver Termo de Abertura do portfólio Definir *roadmap* do portfólio	Gerir mudança estratégica	
Gestão da governança de portfólio	Desenvolver plano de gestão do portfólio Definir portfólio	Otimizar portfólio	Autorizar portfólio Supervisionar portfólio
Gestão do desempenho do portfólio	Desenvolver plano de gestão do desempenho do portfólio	Gerir oferta e demanda Gerir valor do portfólio	
Gestão da comunicação de portfólio	Desenvolver plano de gestão da comunicação do portfólio	Gerir informação do portfólio	
Gestão do risco do portfólio	Desenvolver plano de gestão do risco do portfólio	Gerir riscos do portfólio	

Fonte: Adaptado de PMI (2013).

18.4 FERRAMENTAS DA GESTÃO DE PORTFÓLIO

Existem diversos métodos que auxiliam os tomadores de decisão a vencer as várias fases da gestão de portfólio. No entanto, esses métodos têm caráter de apoio à decisão e não podem substituir os *stakeholders* (decisores).

Não se trata, portanto, de construir um fluxo-padrão de procedimentos burocráticos e autônomos, mas sim de conduzir o processo de discussão do portfólio de maneira a tornar mais claras para os decisores as escolhas que estão fazendo e os impactos que elas causam (CARVALHO, 2005).

Vários autores enfatizam certa dificuldade dos tomadores de decisão em lidar com a interpretação dos modelos mais complexos de gestão de portfólio, optando por utilizar apenas os aspectos financeiros, que têm maior domínio e conhecimento das análises (CHIEN, 2002; ARCHER; GHASEMZADEH, 1999).

Os métodos e técnicas de gestão de portfólio mais utilizados, segundo um levantamento realizado por Carvalho *et al.* (2013), são apresentados na Figura 18.4.

Como se pode observar na Figura 18.4, os métodos financeiros, que englobam técnicas como valor presente líquido, a teoria de precificação de opções e opção real (*real option*), são os mais citados na literatura. O segundo tipo de ferramenta, programação matemática, é composto por ferramentas de otimização com restrições, tais como programação inteira, programação linear e não linear, programação por objetivo e programação dinâmica. O terceiro tipo são os modelos estatísticos, tais como simulação de Monte Carlo, modelo probabilístico e rede bayesiana. Esses três grupos se distribuem ao longo de todo o período de análise Carvalho *et al.* (2013). No início da série temporal, estão três tipos, o de ferramentas básicas (modelos de pontuação e listas de verificação), diagrama de bolhas e árvore de decisão. No período mais recente, observa-se a tendência de utilização de conceitos de lógica difusa (*fuzzy*), método de análise hierárquica (AHP), análise envoltória de dados (DEA), ou *mix* dessas duas técnicas (AHP e DEA) com abordagem difusa. A escolha das ferramentas e métodos que serão utilizados na metodologia de gestão de portfólio é uma etapa importante, que deve ser discutida com forte participação dos *stakeholders* envolvidos,

Fonte: Carvalho *et al.* (2013).

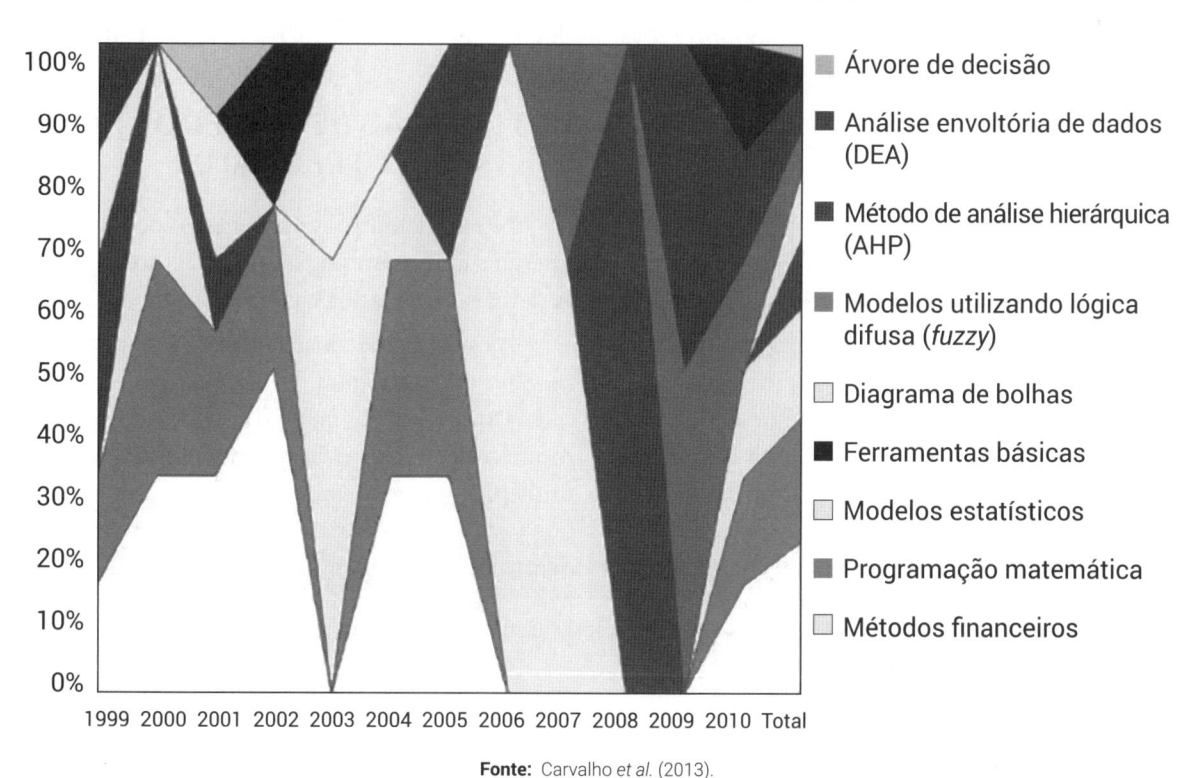

Figura 18.4 Métodos e ferramentas da gestão de portfólio.

Figura 18.5 Métodos e ferramentas segundo o desempenho da organização em gestão de portfólio.

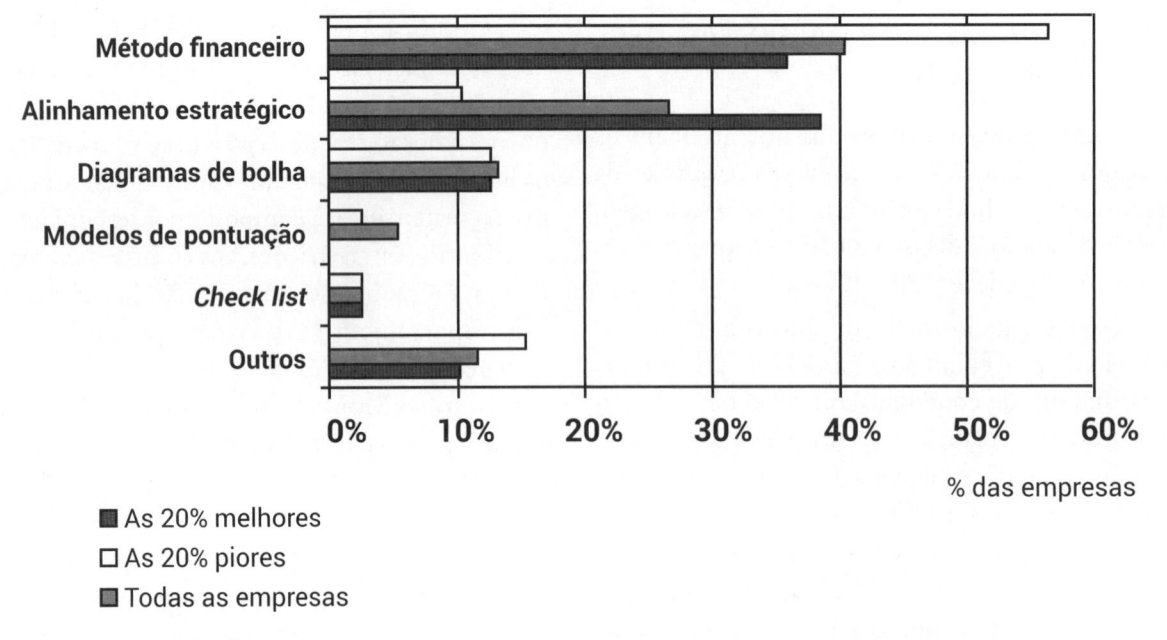

Categorias do gráfico:
- Método financeiro
- Alinhamento estratégico
- Diagramas de bolha
- Modelos de pontuação
- Check list
- Outros

Legenda:
- As 20% melhores
- As 20% piores
- Todas as empresas

Fonte: Adaptada de Cooper et al. (2001).

pois eles devem ser capazes de compreender e se identificar com o processo de tomada de decisão.

Cooper et al. (2001) compararam os métodos e as ferramentas utilizadas pelas empresas de melhor desempenho em gestão de portfólio (20% de melhor resultado) com aquelas de pior desempenho (20% de pior resultado). Essa análise comparativa revelou que as empresas com piores resultados restringem a gestão de portfólio, basicamente, aos métodos financeiros, enquanto as de melhor resultado adotam um *mix* de ferramentas, com predominância dos métodos de alinhamento estratégico. A Figura 18.5 ilustra essa análise comparativa.

Note, na Figura 18.5, que apenas 10,3% das empresas com pior desempenho em gestão de portfólio usam métodos de alinhamento estratégico, enquanto esse valor sobe para 38,5% nas de melhor desempenho, destacando-se como o método dominante. Com relação aos métodos financeiros, a situação se inverte, sendo que 56,4% das empresas de pior desempenho utilizam esse método como dominante, contra 35,9% nas empresas de melhor desempenho.

O elenco de métodos e ferramentas de apoio à gestão de portfólio é vasto e não pretendemos esgotá-los neste capítulo. O Quadro 18.5 apresenta algumas ferramentas e métodos bastante difundidos.

18.5 GESTÃO DE PORTFÓLIO NO MODELO PRÓ-VALOR

No modelo Pró-Valor, a gestão de portfólio faz interface com a estratégia organizacional e alimenta as demais camadas da cadeia de valor em projetos.

A estrutura detalhada de gestão de portfólio do modelo está na Figura 18.6 e envolve seis elos em cadeia, que recebem *inputs* da camada estratégica do modelo Pró-Valor e cujo *output* alimenta a gestão multiprojetos, em que ocorre o gerenciamento dos projetos em curso, a qual realmente a gestão de projetos com os resultados obtidos.

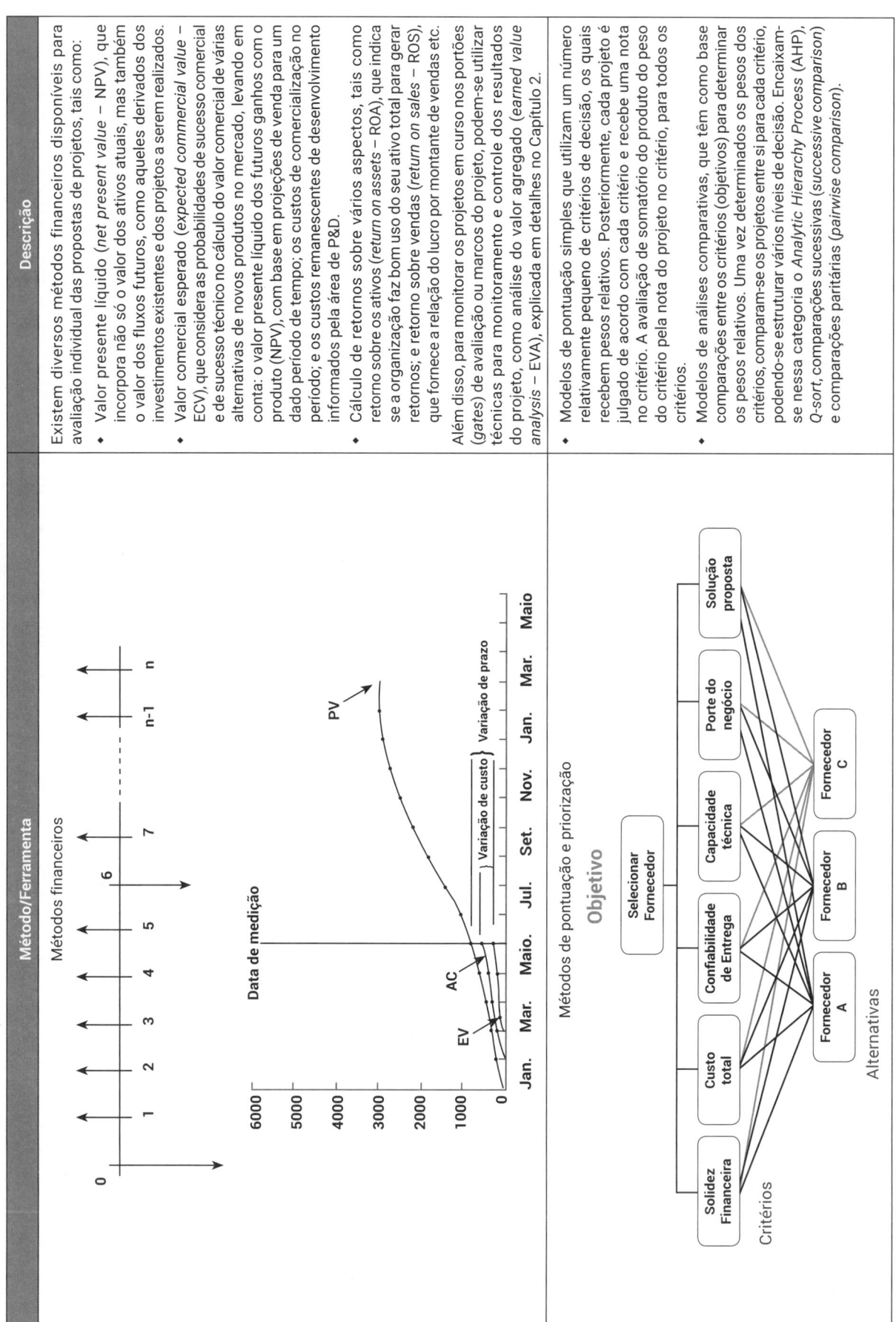

CAP. 18 · GESTÃO DE PORTFÓLIO | 337

Quadro 18.5 Métodos e ferramentas de gestão de portfólio

Método/Ferramenta	Descrição
Métodos financeiros	Existem diversos métodos financeiros disponíveis para avaliação individual das propostas de projetos, tais como: • Valor presente líquido (*net present value* – NPV), que incorpora não só o valor dos ativos atuais, mas também o valor dos fluxos futuros, como aqueles derivados dos investimentos existentes e dos projetos a serem realizados. • Valor comercial esperado (*expected commercial value* – ECV), que considera as probabilidades de sucesso comercial e de sucesso técnico no cálculo do valor comercial de várias alternativas de novos produtos no mercado, levando em conta: o valor presente líquido dos futuros ganhos com o produto (NPV), com base em projeções de venda para um dado período de tempo; os custos de comercialização no período; e os custos remanescentes de desenvolvimento informados pela área de P&D. • Cálculo de retornos sobre vários aspectos, tais como retorno sobre os ativos (*return on assets* – ROA), que indica se a organização faz bom uso do seu ativo total para gerar retornos; e retorno sobre vendas (*return on sales* – ROS), que fornece a relação do lucro por montante de vendas etc. Além disso, para monitorar os projetos em curso nos portões (*gates*) de avaliação ou marcos do projeto, podem-se utilizar técnicas para monitoramento e controle dos resultados do projeto, como análise do valor agregado (*earned value analysis* – EVA), explicada em detalhes no Capítulo 2.
Métodos de pontuação e priorização	• Modelos de pontuação simples que utilizam um número relativamente pequeno de critérios de decisão, os quais recebem pesos relativos. Posteriormente, cada projeto é julgado de acordo com cada critério e recebe uma nota no critério. A avaliação de somatório do produto do peso do critério pela nota do projeto no critério, para todos os critérios. • Modelos de análises comparativas, que têm como base comparações entre os critérios (objetivos) para determinar os pesos relativos. Uma vez determinados os pesos dos critérios, comparam-se os projetos entre si para cada critério, podendo-se estruturar vários níveis de decisão. Encaixam-se nessa categoria o *Analytic Hierarchy Process* (AHP), Q-sort, comparações sucessivas (*successive comparison*) e comparações paritárias (*pairwise comparison*).

(continua)

(continuação)

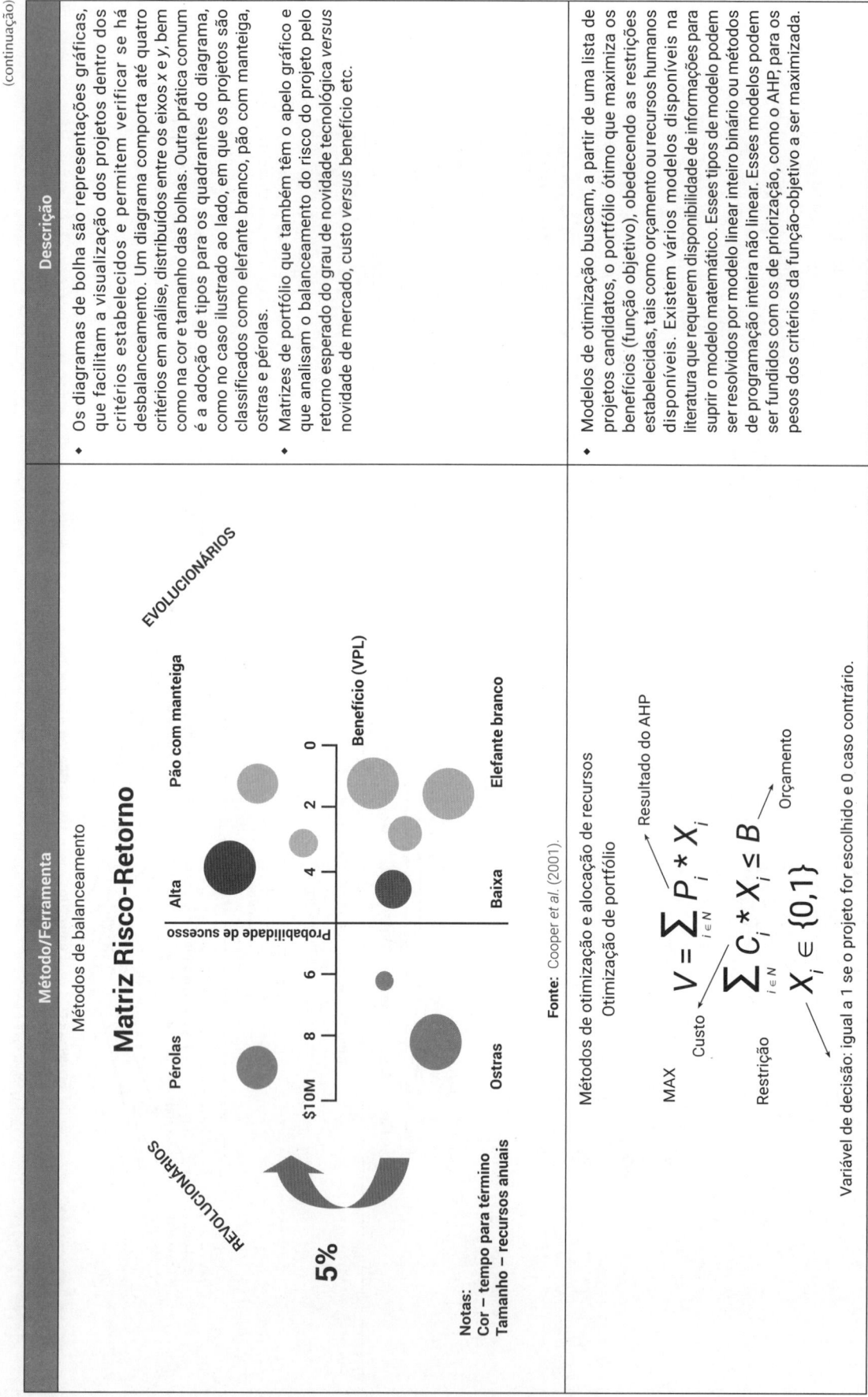

Método/Ferramenta	Descrição
Métodos de balanceamento **Matriz Risco-Retorno** [Diagrama de bolhas: eixo Y "Probabilidade de sucesso", eixo X "Benefício (VPL)"; quadrantes Pérolas, Pão com manteiga, Ostras, Elefante branco; REVOLUCIONÁRIOS / EVOLUCIONÁRIOS; 5%, $10M] Notas: Cor – tempo para término Tamanho – recursos anuais **Fonte:** Cooper *et al.* (2001).	• Os diagramas de bolha são representações gráficas, que facilitam a visualização dos projetos dentro dos critérios estabelecidos e permitem verificar se há desbalanceamento. Um diagrama comporta até quatro critérios em análise, distribuídos entre os eixos *x* e *y*, bem como na cor e tamanho das bolhas. Outra prática comum é a adoção de tipos para os quadrantes do diagrama, como no caso ilustrado ao lado, em que os projetos são classificados como elefante branco, pão com manteiga, ostras e pérolas. • Matrizes de portfólio que também têm o apelo gráfico e que analisam o balanceamento do risco do projeto pelo retorno esperado do grau de novidade tecnológica *versus* novidade de mercado, custo *versus* benefício etc.
Métodos de otimização e alocação de recursos Otimização de portfólio MAX $\quad V = \sum_{i \in N} P_i * X_i \quad$ ← Resultado do AHP Custo Restrição $\quad \sum_{i \in N} C_i * X_i \leq B \quad$ ← Orçamento $X_i \in \{0,1\}$ Variável de decisão: igual a 1 se o projeto for escolhido e 0 caso contrário.	• Modelos de otimização buscam, a partir de uma lista de projetos candidatos, o portfólio ótimo que maximiza os benefícios (função objetivo), obedecendo as restrições estabelecidas, tais como orçamento ou recursos humanos disponíveis. Existem vários modelos disponíveis na literatura que requerem disponibilidade de informações para suprir o modelo matemático. Esses tipos de modelo podem ser resolvidos por modelo linear inteiro binário ou métodos de programação inteira não linear. Esses modelos podem ser fundidos com os de priorização, como o AHP, para os pesos dos critérios da função-objetivo a ser maximizada.

Fonte: Adaptado de Cooper *et al.* (1997, 1998, 1999 e 2001); Archer e Ghasemzadeh (1999); Carvalho e Rabechini Jr. (2005 e 2007).

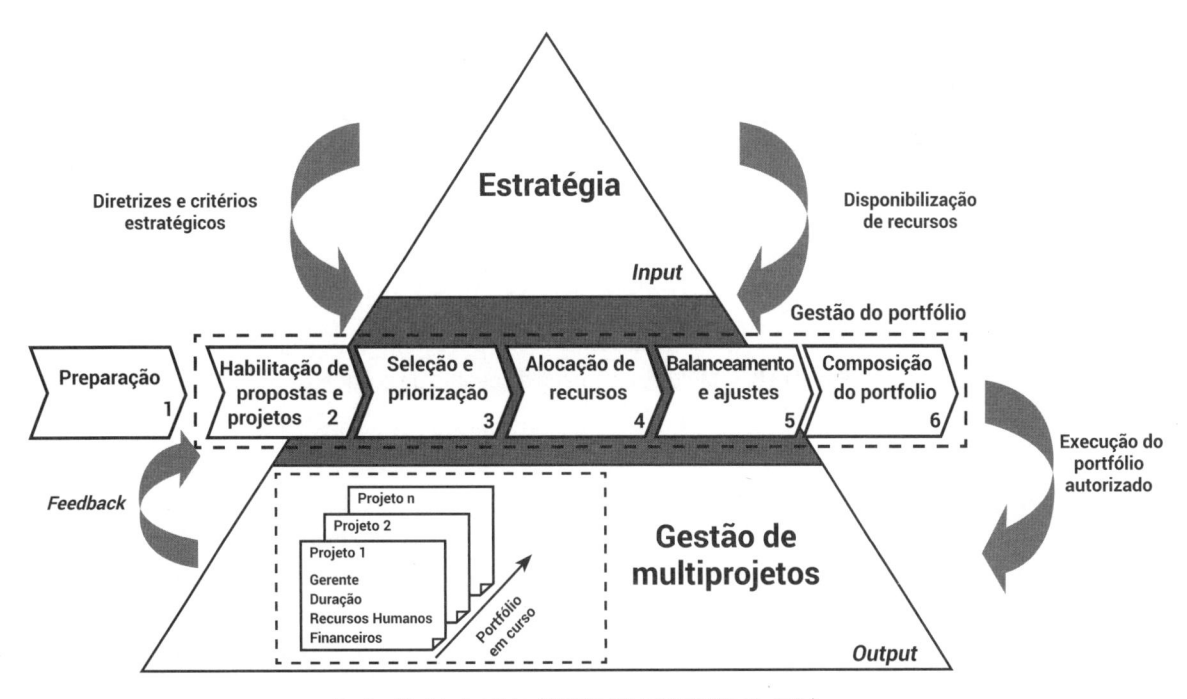

Fonte: Modelo Pró-Valor (CARVALHO; RABECHINI JR., 2007).

Figura 18.6 Gestão de portfólio – modelo Pró-Valor.

Os seis elos que compõem a gestão de portfólio são: preparação → habilitação de propostas e projetos → seleção e priorização → alocação de recursos → balanceamento e ajustes → composição do portfólio. Esses elos serão detalhados na seção seguinte.

A camada estratégica, no topo, analisada em detalhes no Capítulo 3, deve prover a camada de portfólio com os *inputs* do planejamento estratégico, detalhando as diretrizes estratégicas, os painéis de visão futura em termos de tecnologia e mercado, os critérios de priorização e os recursos disponíveis para a rodada de decisão do portfólio.

É nessa camada que deve ser estabelecida a visão de futuro em termos tecnológicos e mercadológicos, que pode ser vista por painéis de especialistas, utilizando métodos, como, por exemplo, o Delphi, que permite analisar dados qualitativos de especialistas e, de forma iterativa, atingir o consenso entre esses profissionais. Este grupo de especialistas pode ser composto por membros internos (*gatekeepers*) e externos.

No entanto, esses elementos não são os únicos pontos determinantes para a gestão de portfólio que vem da camada estratégica. Outro aspecto relevante refere-se à estrutura de tomada de decisão.

O segundo aspecto, e talvez o mais crítico, refere-se à estrutura de tomada de decisão para a gestão do portfólio. Para decidir a melhor estruturação dos comitês de gestão de portfólio e *stakeholders* envolvidos, faz-se necessário pensar em algumas questões:

- Em uma empresa com distintas unidades de negócio e diversidade de setores de atuação, é plausível haver um único comitê de portfólio?

- Em empresas em que há gestão de recursos delegada para os níveis funcionais, não seria mais adequado ter um comitê de portfólio por função, por exemplo, Comitê de Gestão de Portfólio de P&D e desenvolvimento de novos produtos?

- Se a empresa tem uma estrutura de categorização de projetos alinhados a sua estratégia, como, por exemplo, projetos de crescimento e aprendizagem, projetos de fusões e aquisições que envolvem várias áreas da organização, não seria mais adequado ter um comitê por categoria de projeto?

- Se a empresa trabalha com a visão baseada em recursos (*resourced based view* – RBV) ou competências, os comitês não poderiam ser organizados segundo essa lógica?

Fonte: Carvalho (2013).
Figura 18.7 Múltiplos comitês de gestão de portfólio.

Essas perguntas têm que ser respondidas, pois para cada comitê haverá um fluxo distinto e independente nos seis elos em cadeia da gestão de portfólio, conforme ilustra a Figura 18.7.

Já as saídas da gestão de portfólio vão alimentar a camada de gerenciamento de projetos, em geral a cargo do Escritório de Gestão de Projetos (ver Capítulo 3) e dos gerentes responsáveis por projetos em curso (ver Capítulo 7).

O fluxo de informação dessa camada é fundamental para avaliação e controle do portfólio, tanto como *feedback* dos projetos quando das novas rodadas de avaliação periódica, mas também para as análises dos indicadores de desempenho agregados do portfólio (ver Capítulo 2).

Nesse ponto destaca-se a importância de uma base sólida de dados e informações dos projetos em andamento, sistematizados pelo Escritório de Projetos ou em uma área comum de armazenamento virtual, que mantenha os relatórios de desempenho dos projetos nos portões ou marcos de avaliação.

18.5.1 Elos da gestão de portfólio no modelo Pró-Valor

O elo 1 – preparação – é crítico, pois é nele que se compõem o conjunto de *stakeholders* que participarão do comitê e a metodologia a ser seguida. Esse elo precede as dinâmicas periódicas de gestão de portfólio, que representam a repetição sucessiva dos elos 2 a 6 (ver área pontilhada na Figura 18.6).

É importante observar que, para cada comitê de gestão de portfólio, poderá ser definida uma metodologia distinta, que melhor se adapte ao perfil dos *stakeholders* que o compõem.

Outro aspecto relevante relacionado com a metodologia é a periodicidade dos ciclos de gestão do portfólio, que deve estar em sintonia com os horizontes de planejamento da organização, mas pode ser distinta nos diversos comitês. Imagine que a área de Tecnologia da Informação gere um portfólio de projetos que tem perfil típico de duração de três a seis meses, enquanto o grupo de Pesquisa e Desenvolvimento (P&D) trabalha com ciclos de desenvolvimento de novos produtos de 18 meses; é natural que, caso haja comitês distintos, a periodicidade de análise seja bastante diferente.

Além disso, como destacam Brown e Eisenhardt (1998, 2000), em empresas inseridas em ambientes turbulentos sujeitos a constantes mudanças nas demandas de mercado e tecnológicas, o planejamento deve ser mais ágil, permitindo respostas rápidas às mudanças. No entanto, há setores em que é possível traçar planos mais robustos e estruturados, com um horizonte maior de planejamento.

A elaboração da metodologia deve ser feita considerando cada um dos cinco elos que sucedem a preparação: habilitação de propostas e projetos → seleção e priorização → alocação de recursos → balanceamento e ajustes → composição do portfólio.

Para cada um dos elos, cabe o seguinte:

- desdobrar as diretrizes estratégicas e critérios para a fronteira da área de decisão do comitê;
- ferramentas e técnicas que serão utilizadas (ver Quadro 18.5);
- dinâmica dos fóruns de decisão e reuniões de esclarecimento;

- documentos padronizados com dados das propostas e projetos candidatos ao portfólio;
- modelo de sumário executivo com as principais decisões por elo;
- sistema de informação e comunicação que apoiará a gestão de portfólio; e
- periodicidade dos ciclos de gestão de portfólio.

A composição do comitê de gestão é outro ponto decisivo para o sucesso da gestão de portfólio. A seleção dos *stakeholders* que participarão do comitê deve ir além da definição clássica: qualquer grupo ou indivíduo que possa afetar ou ser afetado pelo cumprimento dos objetivos da organização (FREEMAN, 1984).

É importante que, ao selecionar os *stakeholders*, sejam considerados seus atributos de poder, legitimidade e urgência, conforme sugere Mitchell *et al.* (1997) (ver Capítulo 13):

Embora o *elo de preparação* não seja cíclico como os demais, ele também deve ser revisto e melhorado, dado que pode haver mudanças significativas, tanto na estratégia da organização como nos *stakeholders* envolvidos, e, portanto, demandando a revisão da metodologia e dos tomadores de decisão.

O elo 2 – *habilitação de propostas e projetos* – inicia as atividades cíclicas, que ocorrem com a periodicidade determinada no elo de preparação. A Figura 18.8 descreve esse elo.

Pode-se observar que esse elo recebe *inputs* das camadas do topo (estratégia) e da base (projetos), que o alimentam com propostas de novos projetos e com informações dos projetos em curso, que são convertidas em documentos com indicadores-padrão selecionados previamente no elo de preparação, quando da formulação da metodologia. Vale ressaltar que tanto os relatórios-padrão como as propostas--padrão devem adotar indicadores que permitam a comparação dos projetos e propostas a partir de uma base comum de informações.

A principal tarefa do comitê neste elo consiste em estudar as propostas e os projetos, pedir informações adicionais caso necessário e, então, analisar se as propostas atendem ou não os critérios estabelecidos na metodologia. A decisão nesse elo é o do tipo avançar, matar ou reconsiderar no próximo ciclo. O objetivo é reduzir o número de propostas nos elos subsequentes e eliminar projetos e propostas que são claramente deficientes.

Além disso, o comitê deve mapear se há interdependência entre os projetos e propostas candidatas, pois essa informação é relevante para as decisões dos elos subsequentes. Segundo Chien (2002), os projetos em um portfólio estão frequentemente relacionados, havendo quatro tipos de inter-relação: técnicas ou de saídas; de custos ou utilização de recursos; de impacto ou benefícios; e serial, quando há consideração de fatores de tempo na seleção do portfólio.

Os elos 3 a 5, que compreendem a *seleção e priorização* → *alocação de recursos* → *balanceamento e ajustes*, embora com objetivos distintos, têm várias interações e, de fato, podem ser visualizados em um único fluxo.

Embora ocorra em um curto intervalo de tempo, nos fóruns de decisão, essa etapa requer muita dedicação em um processo interativo em que se busca convergir e atingir o consenso entre os membros do comitê. A Figura 18.9 descreve o fluxo desses elos.

O fluxo da Figura 18.9 é o mais trabalhoso para o comitê, pois, diferentemente do elo anterior, em que se analisavam as propostas e projetos individualmente, aqui é necessário olhar o todo!

Como ilustra a Figura 18.9, pode haver vários *loopings* iterativos entre esses três elos até que o portfólio seja definido, dado que alterações buscando balanço e ajuste geram modificação na classificação de projetos e, consequentemente, na alocação de recursos.

O último elo, elo 6 – *composição do portfólio* –, é o mais simples, mas não menos importante, pois formaliza o portfólio aprovado, atribuindo um gerente para cada novo projeto do portfólio e informando os recursos alocados para o projeto. Para os projetos que já estavam em andamento, os gerentes são comunicados se o projeto foi abortado ou se houve alguma alteração nos recursos alocados ou em outro parâmetro relevante, como prazo ou escopo, em face da complementaridade com novos projetos.

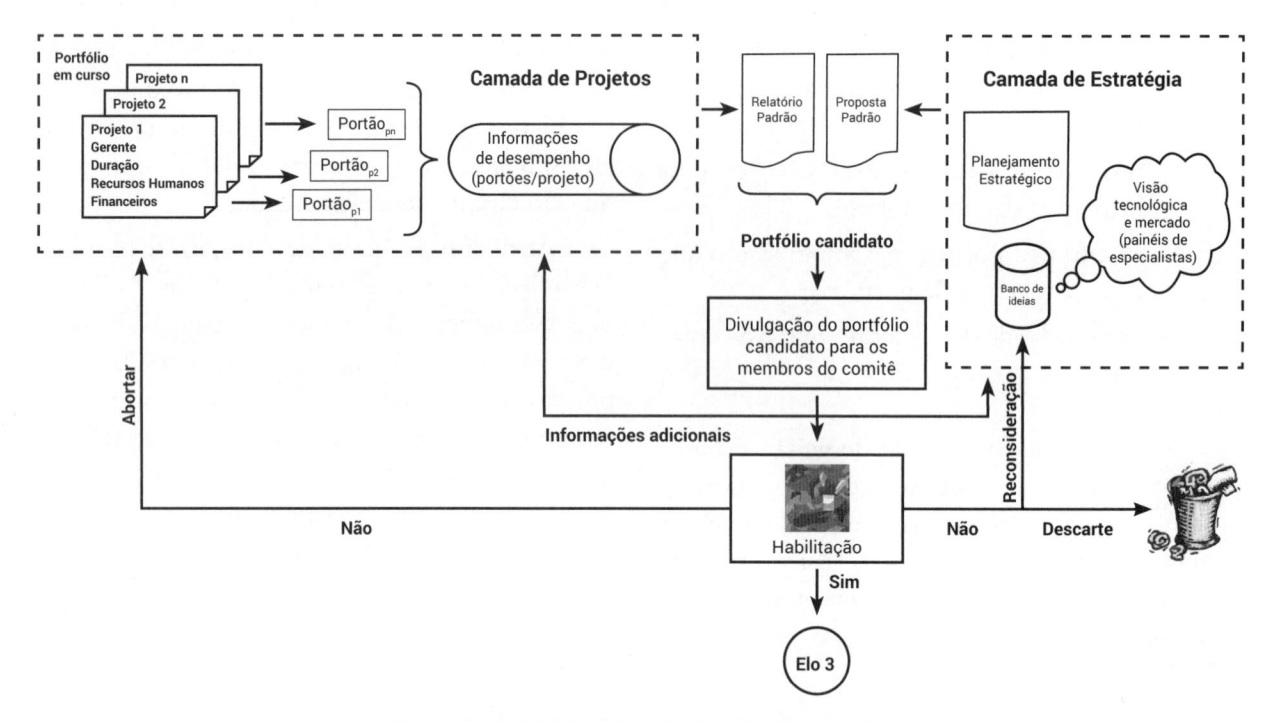

Fonte: Modelo Pró-Valor (CARVALHO; RABECHINI JR., 2007).

Figura 18.8 Fluxo do elo 2 – habilitação de propostas e projetos.

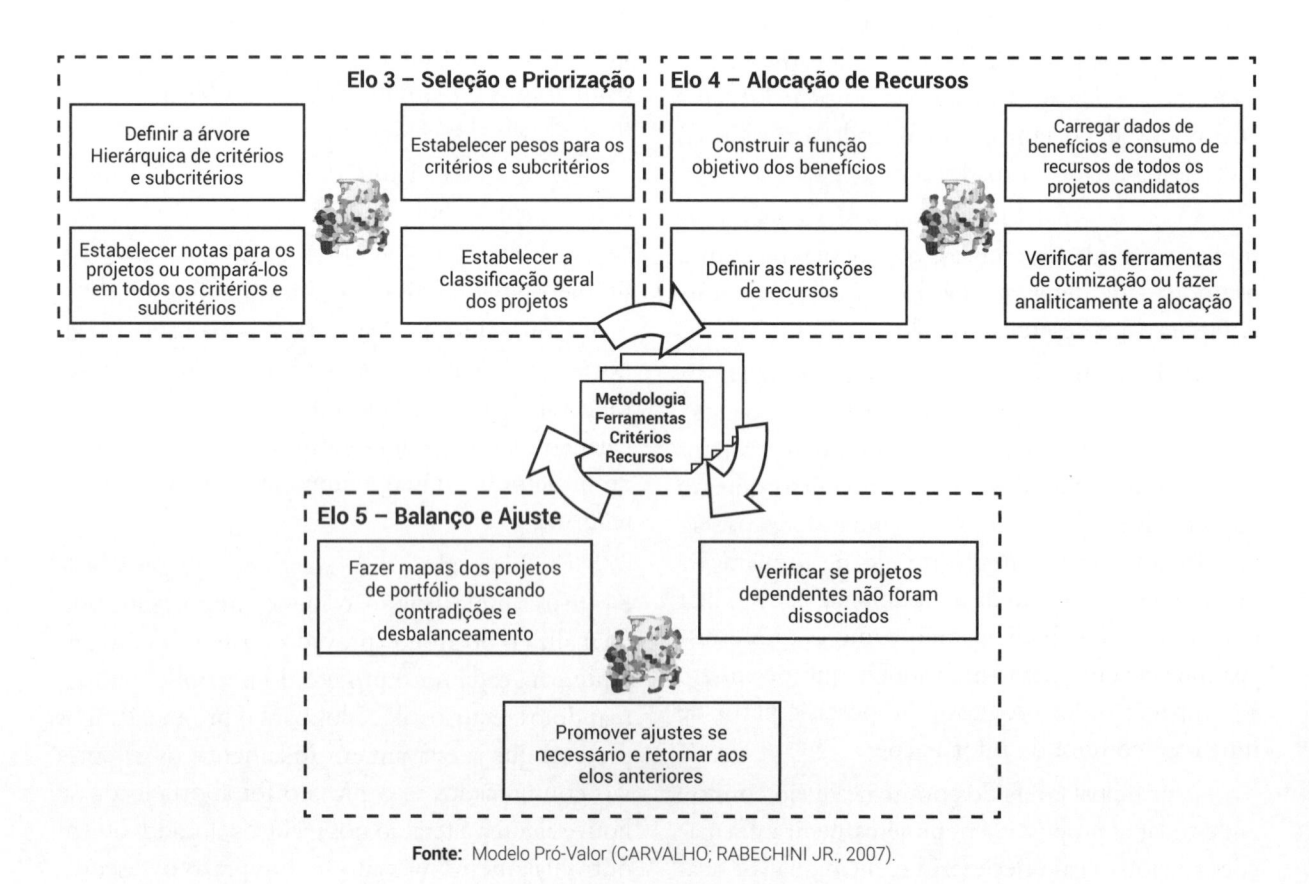

Fonte: Modelo Pró-Valor (CARVALHO; RABECHINI JR., 2007).

Figura 18.9 Fluxo dos elos 3 a 5.

O Caso 18.1 ilustra o balanceamento do portfólio utilizando gráficos de bolhas em uma empresa que adota a metodologia Seis Sigma para a gestão da qualidade, que é estruturada por projetos (CARVALHO, 2003; CARVALHO; ROTONDARO, 2006).

Caso 18.1: Analisando o portfólio de projetos Seis Sigma

Em uma empresa do ramo químico, que adota a metodologia Seis Sigma há mais de seis anos, todas as metas da organização são transformadas em projetos Seis Sigma, como forma de viabilizar o plano estratégico. A unidade de negócio analisada comercializa produtos do tipo *commodities*, e apresenta uma diretriz estratégica de foco em redução de custos.

A análise de portfólio na área manufatura parte de uma lista com sete propostas de projetos, três projetos em curso.

A gestão de portfólio pautou-se, primeiramente, em uma matriz de ponderação, com cinco critérios:

- estratégia: nível de atendimento do projeto em relação ao foco dado no planejamento estratégico;
- urgência: grau de urgência pela execução do projeto;
- impacto financeiro: retorno que o projeto vai gerar em lucro operacional;
- complexidade de execução: caracteriza a dificuldade em realizar o projeto e a abrangência da equipe do projeto; e
- probabilidade de sucesso: grau de conhecimento do desempenho de soluções semelhantes em projetos anteriores.

Os critérios receberam pesos que refletem a seguinte prioridade a fim de se priorizar os projetos que fossem mais urgentes, que mais estivessem alinhados com a estratégia, com grande impacto financeiro, fáceis e rápidos para executar. Cada projeto foi pontuado em todos os critérios, utilizando-se notas de 1 a 10.

Diagrama de bolhas

Foram realizados três diagramas de bolhas, considerando, além dos critérios utilizados na matriz de priorização, a redução dos defeitos, expresso pelo nível sigma (Figura 18.10):

1. necessidade de *timing* × direcionamento estratégico × retorno financeiro;
2. necessidade de *timing* × direcionamento estratégico × complexidade; e
3. nível sigma de melhoria × complexidade × retorno financeiro.

Os projetos que necessitam ser trabalhados neste momento são aqueles que possuem urgência em iniciar e forte alinhamento com a estratégia (no quadrante prioridade) e aqueles com nível sigma alto e mais facilidade em serem resolvidos.

Matriz de priorização

Foram utilizados cinco critérios para a priorização, descritos a seguir:

1. estratégia: nível de atendimento do projeto em relação ao foco dado no planejamento estratégico;
2. necessidade de *timing* de execução: grau de urgência pela execução do projeto;
3. impacto financeiro: retorno que o projeto vai gerar em lucro operacional;
4. complexidade de execução: caracteriza a dificuldade em realizar o projeto e a abrangência da equipe do projeto; e
5. probabilidade de sucesso: grau de conhecimento do desempenho de soluções semelhantes em projetos anteriores.

Os critérios foram ponderados e os projetos avaliados com relação a cada critério, conforme ilustra a Tabela 18.1. Com base nesta análise foram selecionados os seis primeiros projetos para a composição do portfólio.

Tabela 18.1 Matriz de priorização

Nome do projeto	Codificação do projeto	Orçamento	Status	Estratégia	Urgência	Impacto financeiro	Complexidade de execução	Probabilidade de sucesso	Total
Ponderação				2,5	3	2	1	1,5	
Nacionalização de matéria-prima	G	100.000	Fila	10	6	10	7	3	74,5
Reduzir perda inerente 1	H	50.000	Ativo	10	6	5	10	7	73,5
Alteração especificação do produto	A	25.000	Ativo	6	10	1	7	10	69
Unificação de matérias-primas	E	35.000	Ativo	10	10	1	3	1	61,5
Produto para novo mercado	C	30.000	Fila	6	10	1	3	7	60,5
Aumento de produtividade – redução de compra de material de terceiros	D	80.000	Fila	10	6	5	3	3	60,5
Redução do custo de embalagem a partir da redução da perda	F	20.000	Fila	10	1	1	10	10	55
Reduzir perda inerente 2	I	40.000	Fila	10	1	1	7	10	52
Reciclagem de matéria-prima – redução de perdas	J	65.000	Fila	10	1	5	1	5	46,5
Produto menor desempenho 1	B	50.000	Fila	6	1	5	7	7	45,5

No entanto, para verificar se havia desbalanceamento da classificação estabelecida na Tabela 18.1, e relacioná-la ao nível sigma de melhoria esperado, foi elaborado o diagrama da Figura 18.10.

Nível sigma de melhoria × Complexibilidade × Ret. Financeiro
Diagrama de bolhas

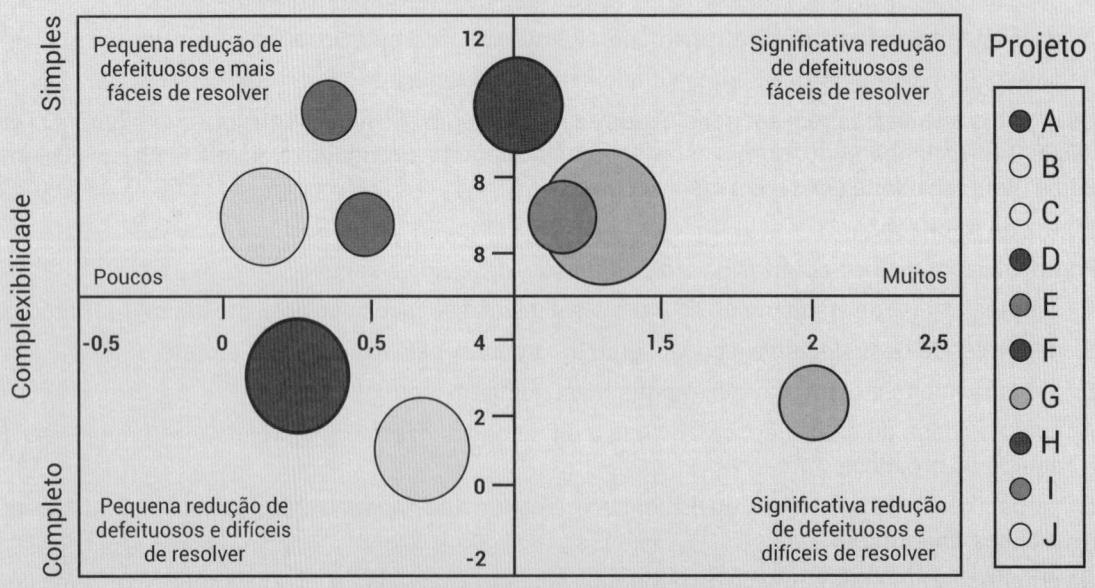

Fonte: Adaptada de Fernandes e Carvalho (2007).

Figura 18.10 Diagrama de bolhas.

> **Discussão:**
> 1. Com base no diagrama de bolhas da Figura 18.10 você alteraria a lista de projetos selecionados para compor o portfólio?
> 2. Sabendo que o orçamento destinado a esses projetos é de R$ 300.000,00, qual lista de projetos vocês selecionaria? Justifique sua decisão.

QUESTÕES PARA REFLEXÃO E DISCUSSÃO

1. Descreva o modelo *Fuzzy Front End*.
2. Descreva o modelo do *Stage-Gate*.
3. Descreva o modelo do Funil.
4. Descreva o modelo do Archer e Ghasemzadeh (1999).
5. Descreva o modelo do PMI (2006).
6. Descreva a gestão de portfólio do modelo Pró-Valor.
7. Analise os prós e contras dos modelos das questões anteriores.
8. Escolha um modelo de gestão de portfólio e faça um exercício de aplicá-lo em sua empresa.
9. Aplique o questionário de avaliação da gestão de portfólio do modelo Pró-Valor. Discuta os resultados encontrados.
10. Faça uma dinâmica de priorização e balanceamento de projetos seguindo as instruções a seguir:
    - Escolha até seis critérios para utilizar na seleção/priorização dos projetos. Lembre-se de que os mais utilizados são: alinhamento da estratégia; retorno financeiro, risco e/ou probabilidade de sucesso; urgência; capacidade tecnológica; capacidade de comercialização; sinergia entre projetos.
    - Para cada critério escolhido, atribua um peso (a soma dos pesos de todos os critérios deve ser um) e anote na Tabela 18.2.
    - Selecione alguns projetos da empresa escolhida e preencha a Tabela 18.2.

    Lembre-se: o índice é obtido multiplicando-se a nota pelos pesos para todos os critérios ($I - \sum_{i=1}^{n} PiCi$ é o peso do critério *i* e *Ci* é a nota do projeto no critério *i*). A classificação é obtida pelo valor de *I* em ordem decrescente.

    Depois, discuta os resultados apresentando a lista de projetos prioritários.

Tabela 18.2 Matriz de priorização

Projeto	Unidade de negócio	Critérios						Índice	Rank
		1	2	3	4	5	6		

11. Para o mesmo conjunto de dados da Questão 10 (ver tabela anterior), analise o balanceamento a partir do diagrama de bolhas feito da seguinte forma:
    - no eixo x deve-se expressar o critério 1; e
    - no eixo y, o crescimento do critério 2.

    O tamanho da bolha deve representar o orçamento do projeto.

    A cor da bolha pode representar a unidade de negócio em que o projeto será predominantemente desenvolvido (ou, em caso de projeto externo, o cliente).

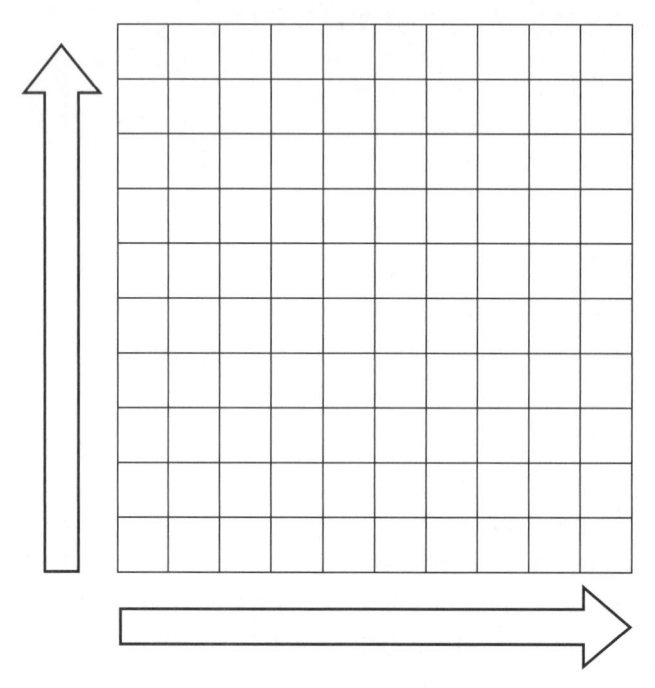

    Analise o resultado e confronte com aquele obtido na Questão 10. Você mudaria a lista estabelecida na questão anterior em prol de um melhor balanceamento?

ESTUDO COMPLEMENTAR

A) Leia os seguintes artigos:

CASTRO, H. G.; CARVALHO, M. M. Gerenciamento do portfólio de projetos (PPM): estudos de caso. *Produção*, v. 20, n. 3, p. 303-321, 2010.

Fonte: <http://dx.doi.org/10.1590/S0103-65132010005000044>. Acesso em: 3 out. 2018.

PADOVANI, M.; CARVALHO, M. M.; MUSCAT, A. R. N. Seleção e alocação de recursos em portifólios em projetos: estudo de caso no setor químico. *Gestão & Produção*, v. 17, n. 1, p. 157-180, 2010.

Fonte: <http://dx.doi.org/10.1590/S0104-530X2010000100013>. Acesso em: 3 out. 2018.

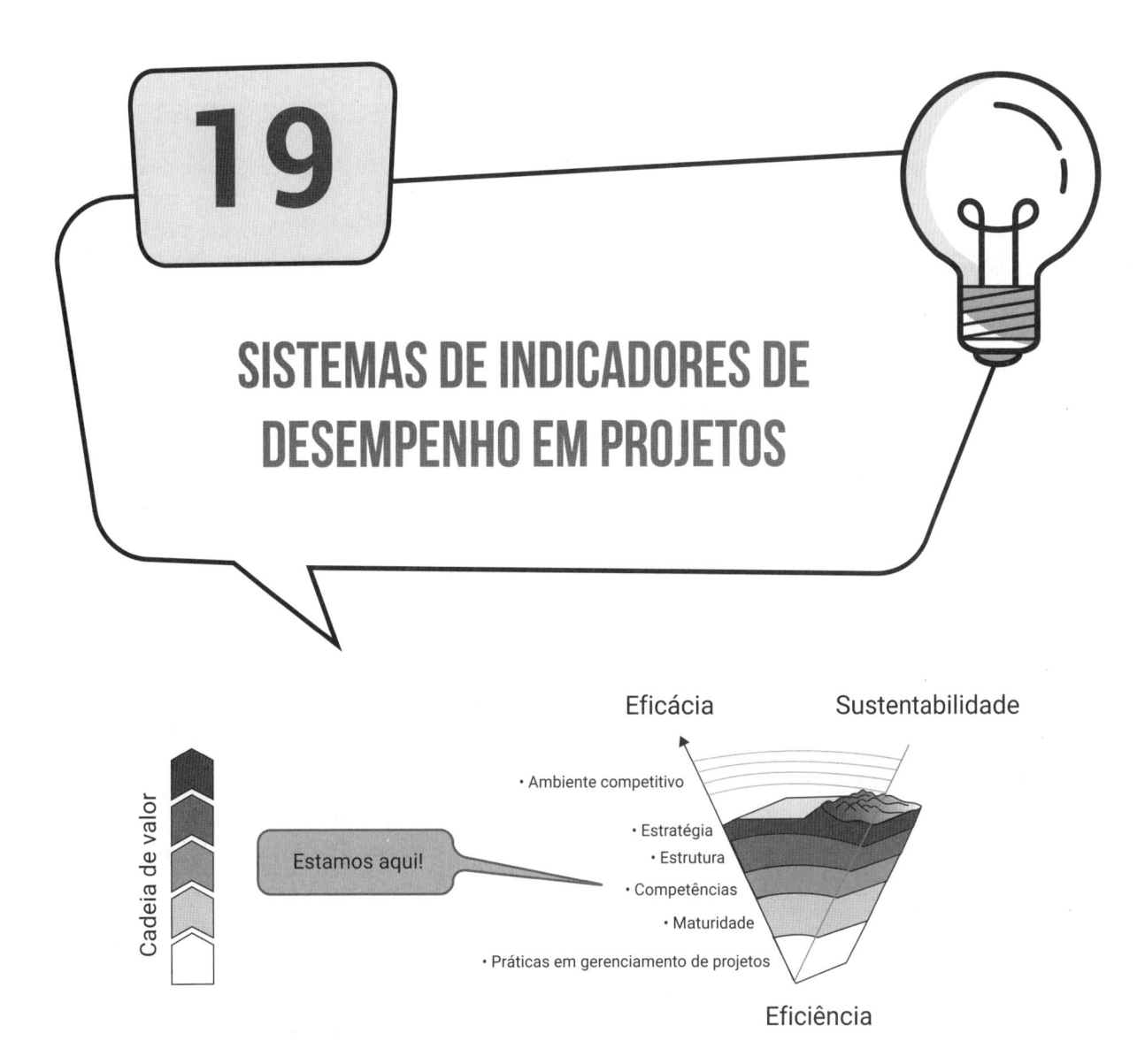

19 SISTEMAS DE INDICADORES DE DESEMPENHO EM PROJETOS

Após estudar este capítulo, o leitor estará apto a responder às seguintes questões:

a) Como preparar a organização para o gerenciamento de portfólio?
b) Quais são as etapas do gerenciamento de portfólio?
c) Quais são os *stakeholders* envolvidos neste processo de tomada de decisão?
d) Quais são as ferramentas e técnicas que auxiliam nas várias etapas da gestão de portfólio?
e) Como fazer um diagnóstico do gerenciamento de projetos na organização?

19.1 INTRODUÇÃO[1]

Conforme estudamos no Capítulo 3, o alinhamento da área de gestão de projetos com a estratégia da organização é imprescindível para o sucesso. Uma parte fundamental deste alinhamento é desempenhada pelos sistemas de medição de desempenho.

Existe muita controvérsia na literatura a respeito de como medir o desempenho ou sucesso em projetos. O sucesso pode ser visto sobre vários aspectos e na perspectiva de diferentes interessados (*stakeholders*). Além disso, em projetos, as métricas

---

[1] Uma versão preliminar deste capítulo foi publicada em CARVALHO, M. M. Indicadores de sucesso em projetos. *Mundo PM*, v. 7, n. 41, p. 9-17, 2011.

caracterizam-se pelo alto grau de incerteza, pois são obtidas por meio de estimativas ou inferências. Portanto, pensar formas de monitorar projetos e verificar a variabilidade nas rotas delineadas no plano é um grande desafio. Em especial em tempos de crise e turbulência, em que se demanda velocidade de resposta às mudanças ambientais, que devem ser absorvidas também pelos sistemas de indicadores ao longo do desenvolvimento.

É importante ter em mente o poder direcionador das métricas, uma vez que elas alimentam um processo de ação e reação, com consequências críticas para as organizações se não forem bem definidas.

A cultura de sistemas de indicadores de desempenho em projetos ainda é emergente; quantos gerentes ainda se defrontam com planilhas improvisadas com as variações entre previsto e realizado?

Em projetos, a aplicação de indicadores de desempenho, tradicionalmente, esteve voltada para o acompanhamento da tríplice restrição, também conhecida como triângulo de ferro, ou seja, o monitoramento das variações entre o previsto e o realizado nas dimensões prazo, custo e escopo, que remetem à eficiência na gestão do projeto. Embora sejam métricas necessárias, elas não são suficientes para aferir o sucesso do projeto em uma concepção ampla e de cunho mais estratégico.

Por outro lado, os gerentes de projetos precisam monitorar não só os resultados, mas também os fatores direcionadores, o que chamamos de fatores críticos de sucesso em projetos, àqueles que têm impacto significativo no resultado e devem ser gerenciados com prioridade. Na literatura de indicadores de desempenho, esses indicadores são considerados direcionadores (*leading indicators*).

Neste capítulo, pretende-se apresentar os pontos críticos que devem ser considerados para desenhar um sistema de indicadores de desempenho que leve em consideração tanto os indicadores direcionadores (*leading indicators*) quanto os indicadores de resultado (*lagging indicators*). Os sistemas de indicadores também devem considerar as singularidades de cada organização, portanto é crítico que sejam projetados com forte participação dos tomadores de decisão da organização, pois, quando se importam modelos, abre-se mão de definir as dimensões e as prioridades internas.

19.2 DIMENSÕES E PERSPECTIVAS DO SUCESSO EM PROJETOS

O tema sistemas de indicadores de desempenho (SID) em âmbito organizacional foi tratado até a década de 1980 com um enfoque predominantemente financeiro e operacional. Na perspectiva financeira, focava-se em parâmetros, como o fluxo de caixa descontado, retorno sobre o investimento (ROI) e lucratividade (por ações, por produto), que, em geral, incentivam a visão de curto prazo (KAPLAN, 1993). Já a perspectiva operacional focava em eficiência, apurando índices de produtividade (SKINNER, 1969; KAPLAN; NORTON, 1996).

No entanto, a partir da década de 1990, surgem modelos multidimensionais de SID, dentre os quais o mais conhecido é o mapa estratégico proposto no trabalho de Kaplan e Norton (1992) e denominado *balanced scorecard* (BSC), que, além dos indicadores financeiros, aborda outras três perspectivas – cliente, aprendizado e crescimento e processos internos, todas conectadas para produzir um mapa balanceado do desempenho organizacional. Vale destacar que há outros modelos interessantes desenvolvidos nessa década, como a Pirâmide de Desempenho de Cross e Link (1990) e o Prisma de Desempenho proposto por Neely *et al.* (2001), que trazem novas contribuições.

A literatura de sistemas de indicadores de desempenho (SID) tem gerado modelos que buscam equacionar os principais aspectos relacionados à sua eficiência e à eficácia. O conceito de SID engloba, além das métricas e a sua interligação em um sistema, a estruturação organizacional necessária para alimentar, controlar, monitorar e revisar esse sistema ao longo do tempo (KENNERLEY; NEELY, 2000; HAUSER; KATZ, 1998, KAPLAN; NORTON, 1996).

Embora a realidade de projeto deva ser considerada, muito se pode aprender com essa literatura já desenvolvida de SID.

A avaliação de desempenho em projetos ainda é um tema controvertido na comunidade de projetos. Há significativa resistência à adoção de métricas pelos times de projetos, em especial em ambientes de inovação. Argumenta-se, por exemplo: como se podem estabelecer padrões de desempenho para algo único, que nunca foi feito? Argumenta-se que, em razão da incerteza e da complexidade inerentes aos projetos, é difícil projetar métricas, pois as análises são feitas com base em estimativas traçadas em geral nas fases iniciais do projeto, por vezes, com um erro expressivo em face das incertezas e lacunas de informação existentes (CARVALHO; LAURINDO, 2003).

No entanto, a maior difusão de técnicas de gerenciamento de projetos e capacitação dos gestores, nas últimas duas décadas, levou à melhor estruturação dos sistemas de informação e apoio a projetos nas organizações, o que tem propiciado a difusão e adoção de modelos de avaliação de desempenho. Quanto melhor e mais confiáveis são as estimativas e os dados, mais fácil será validá-los como padrão de referência para análise de desempenho.

No entanto, para pensar em um SID para projetos precisamos discernir entre o sucesso na gestão do projeto, o sucesso do produto/serviço do projeto e os benefícios gerados para o negócio com impacto na competição tanto no presente como no futuro (CARVALHO; RABECHINI JR., 2011). Outro aspecto a considerar é a distinção entre indicadores direcionadores (*leading indicators*) e indicadores de resultado (*lagging indicators*) (KAPLAN; NORTON, 1996).

Portanto, nos tópicos seguintes apresenta-se a discussão sobre sucesso em projeto e fatores críticos de sucesso.

19.3 SUCESSO EM PROJETOS

A avaliação de desempenho em projetos é um tema que gera muita controvérsia. O sucesso em projetos depende muito do ponto de vista que se analisa. Diferentes perspectivas e expectativas dos *stakeholders* quanto ao projeto vão remeter a avaliações díspares, que precisam atender a um ótimo global, estabelecido por consenso. O sucesso na perspectiva de um único *stakeholder*, ou seja, o ótimo local, pode gerar impacto negativo nos demais grupos de *stakeholders*.

Definir o que é sucesso em projeto não é tarefa fácil, pois depende da perspectiva da parte interessada (*stakeholder*), do tipo de projeto, da perspectiva temporal (curto, médio e longo prazo) e da unidade de análise (projeto e organização) (CARVALHO, 2011). Dependendo dessas perspectivas, as dimensões de sucesso são diferentes, como ilustra a Figura 19.1.

Para discutirmos sucesso, vale estabelecer uma distinção didática da relação entre sucesso do projeto,

Fonte: Carvalho (2010).

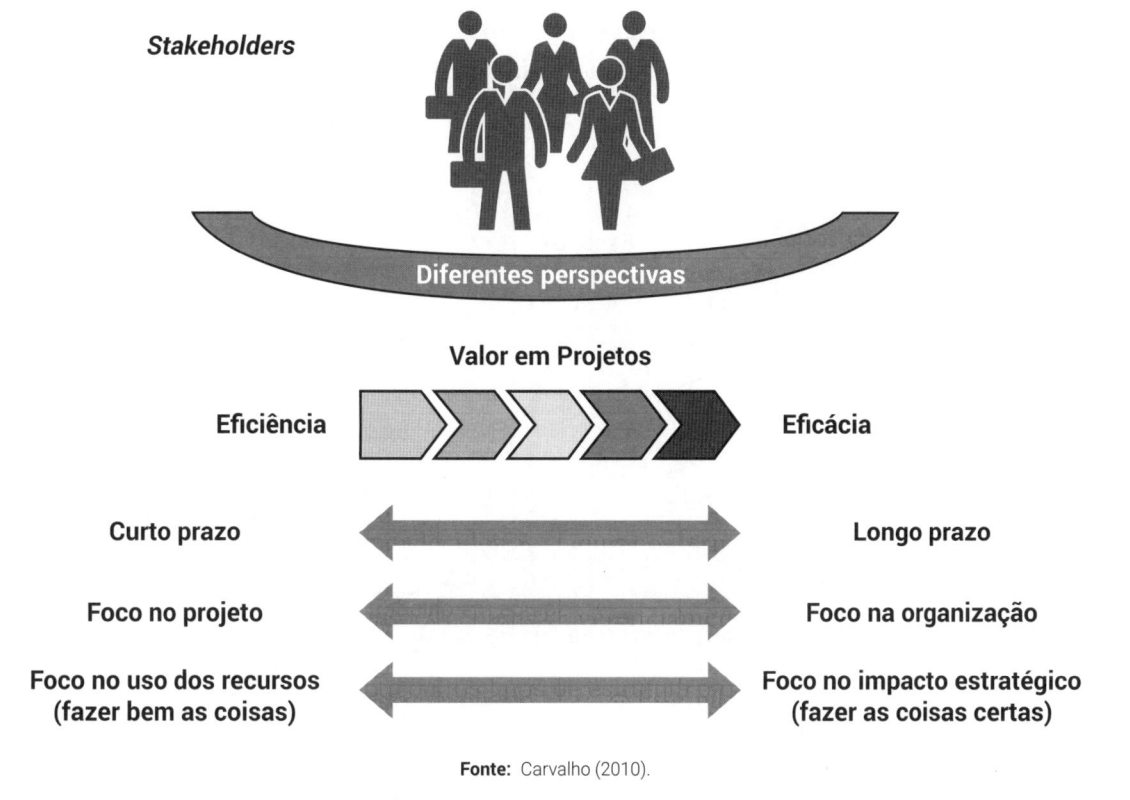

Figura 19.1 Sucesso em projetos.

da gestão do projeto e do produto do projeto, conforme sugerem alguns autores (COOKE-DAVIES, 2002; BARCLAY; OSEI-BRYSON, 2010) (ver Figura 19.2).

A visão tradicional de sucesso em projetos tem o foco na eficiência, analisada a partir do triângulo de ferro (ver Figura 19.3), denominação da tríplice restrição: escopo (também denominado desempenho técnico), prazo e custo. Dessa forma, um projeto de sucesso é aquele que gerencia as restrições de escopo, prazo e custo, dentro do previsto (NAVARRE; SCHAAN, 1990; BELASSI; TUKEL, 1996; HATUSH; SKITMORE, 1997; ATKINSON, 1999; BRYDE; BROWN, 2004; CARVALHO; RABCHINI JR., 2005, 2007; PMI, 2008).

Mesmo esse tipo de avaliação do sucesso em projetos com foco limitado em eficiência sofre significativa resistência pelos times de projetos. Em outros tipos de produção, como uma linha de montagem, costumamos ter padrões de desempenho bem conhecidos, tais como taxas médias de refugo e retrabalho, tempo de ciclo e tempo de preparação (*setup*), entre tantos outros indicadores de desempenho disponíveis (CARVALHO; RABECHINI JR., 2005, 2007). E para projeto? Como fazer avaliação de desempenho de algo único? Como dissemos anteriormente, é dito que, devido à incerteza e à

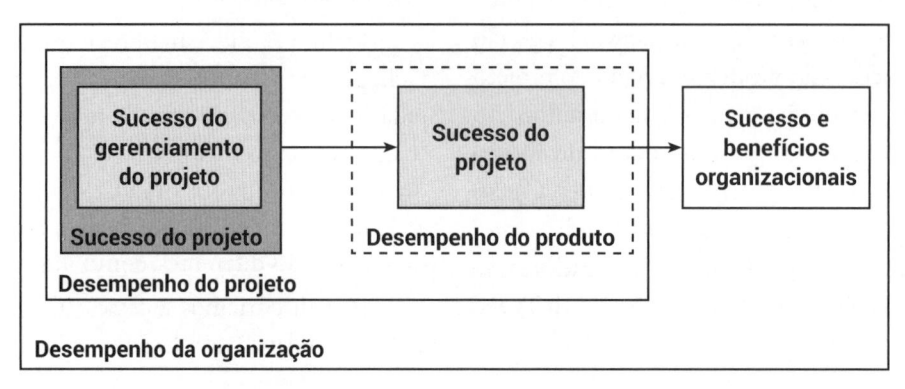

Fonte: Adaptada de Barclay e Osei-Bryson (2010).

Figura 19.2 Constituintes do desempenho do projeto.

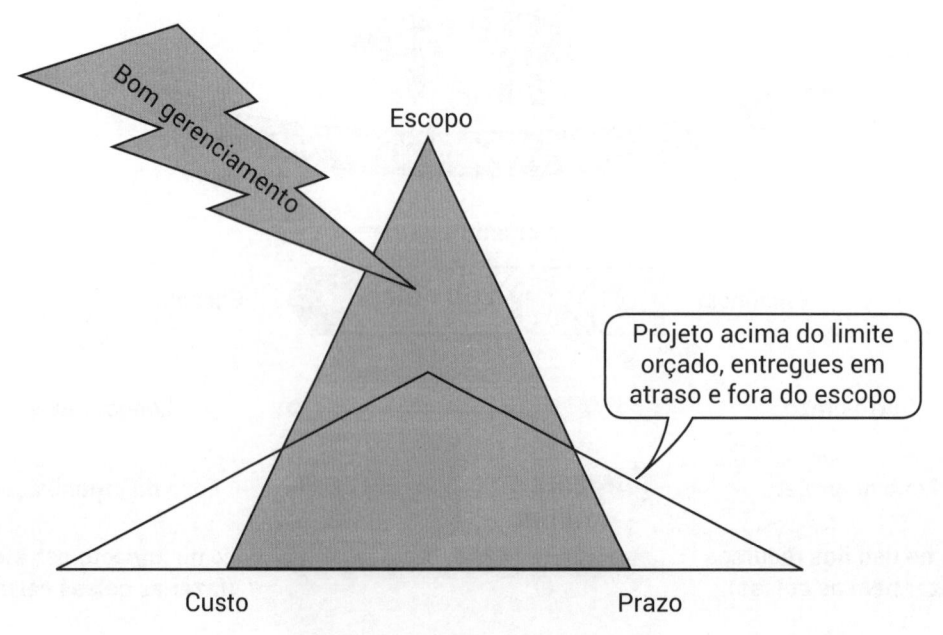

Fonte: Carvalho e Rabechini Jr. (2005, 2007).

Figura 19.3 Objetivos primários de projetos.

complexidade inerentes aos projetos, é difícil avaliar sua eficiência, pois as análises são feitas com bases em estimativas traçadas em geral nas fases iniciais do projeto, por vezes, com um erro expressivo em face das incertezas e lacunas de informação existentes (CARVALHO; LAURINDO, 2003).

Imaginem agora a dificuldade de avaliar o sucesso dos projetos em uma perspectiva da eficácia.

Em busca de uma visão mais estratégica de sucesso, Pinto e Slevin (1987, 1988) propuseram que um projeto deve ser considerado um sucesso se atender a tripla restrição, mas também focar na eficácia e na satisfação do cliente. Posteriormente, Pinto e Pinto (1991) também sugeriram a inclusão de resultados psicológicos dos projetos, referentes à satisfação com as relações interpessoais entre os membros das equipes. No entanto, os autores não distinguem as diferentes perspectivas dos *stakeholders* nem as diferentes características dos projetos.

A perspectiva dos diferentes *stakeholders* no sucesso dos projetos começa a ser discutida de forma mais efetiva na década de 1990 (GRIFFIN; PAGE, 1996; SANVIDO et al., 1992; ATKINSON, 1999).

Sanvido *et al.* (1992) e Griffin e Page (1996) alertam para a dificuldade de se medir sucesso em projetos em razão de sua característica multifacetada, pois depende do ponto de vista do *stakeholder*, que pode variar de acordo com as expectativas.

Já Atkinson (1999) propõe quatro dimensões de avaliação do sucesso. O autor agrega ao tradicional triângulo de ferro as dimensões de sistemas de informação, benefícios para a organização e benefício para os *stakeholders*. Esta última dimensão expande a "satisfação do cliente" para "benefícios para os *stakeholders*", incorporando a perspectiva de diversos grupos de *stakeholders* internos e externos, tais como usuários satisfeitos, impacto social e ambiental, desenvolvimento pessoal, aprendizado profissional, lucro do contratado, fornecedores capazes, equipe satisfeita, impacto econômico para a comunidade.

A perspectiva temporal é introduzida de forma integrada às dimensões anteriores nos artigos e livros de pesquisadores israelenses (SHENHAR et al., 2005; SHENHAR; DVIR, 2007). Os autores integraram um conjunto de dimensões para entender o sucesso de projetos e propõem indicadores, alguns já consolidados, mas agregam alguns novos, quais sejam: eficiência, impacto para o cliente, impacto para a equipe, negócio e sucesso imediato e preparação para o futuro (ver Figura 19.4).

Sucesso do Projeto				
Eficiência	**Impacto para o cliente**	**Impacto para a equipe**	**Negócio e sucesso direto**	**Preparação para o futuro**
• Cumprimento de cronograma • Cuprimento de orçamento • Ganho • Outras medidas de eficiência	• Cumprimento de requisitos e especificações • Benefício para o cliente • Extensão de uso • Satisfação e lealdade do cliente • Reconhecimento da marca	• Satisfação da equipe • Moral da equipe • Desenvolvimento das capacidades e habilidades • Crescimento dos membros da equipe • Retenção dos membros da equipe • Sem conflitos	• Vendas • Lucros • Parcela de mercado • ROI, ROE • Fluxo de caixa • Qualidade do serviço • Tempo de ciclo • Medidas organizacionais • Aprovação regulamentar	• Tecnologia nova • Mercado novo • Nova linha de produto • Nova competência essencial • Nova capacidade organizacional

Fonte: Adaptada de Shenhar e Dvir (2007, p. 7).

Figura 19.4 Dimensões e indicadores de sucesso de projetos.

Dimensões de sucesso

- Preparação para o futuro
- Negócio e sucesso direto
- Impacto para a equipe
- Impacto para o cliente
- Eficiência

Eixo horizontal: Curto prazo — Médio prazo — Longo prazo

Eixo diagonal: Sucesso do projeto

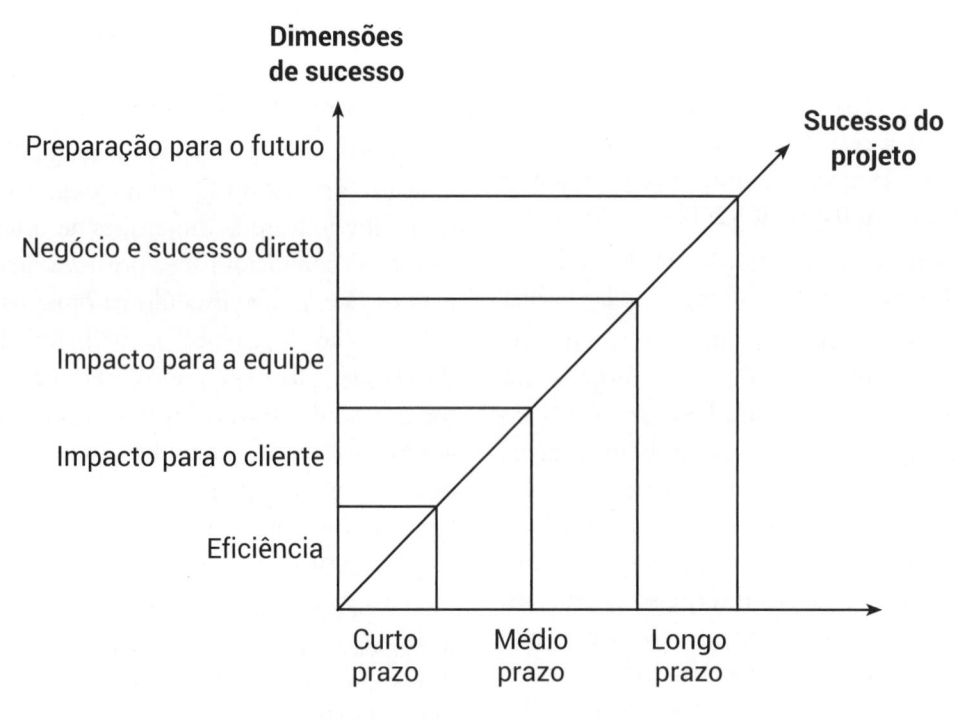

Fonte: Adaptada de Shenhar e Dvir (2007, p. 10).

Figura 19.5 Perspectiva temporal das dimensões de sucesso.

As dimensões eficiência, impacto para o cliente e impacto para a equipe já haviam sido tratadas por outros autores, como visto; mas a perspectiva temporal, que considera o impacto presente e futuro, é contribuição nova (ver Figura 19.5).

A questão da sustentabilidade ainda é pouco tratada como um critério de sucesso em projetos. Como discutir sustentabilidade, se ainda não a consideramos na análise?

Um exemplo rico para essa discussão é o projeto da hidrelétrica de Belo Monte, que terá um impacto significativo — econômico, social e ambiental — para o seu entorno, para a sociedade e para as gerações futuras (ver Capítulo 13).

Carvalho e Rabechini Jr. (2010) alertam para a necessidade de incorporar novas dimensões na avaliação do sucesso de projetos. Um projeto elaborado sem a perspectiva de sustentabilidade pode afetar a organização e seu entorno por décadas, com escolhas de alternativas energéticas à base de combustível fóssil em vez de fontes renováveis, por exemplo. Além disso, aspectos ligados à saúde e segurança da equipe e demais envolvidos no projeto são outro critério relevante; será que a construção de uma usina, em que a taxa de mortalidade ou de acidentes de trabalho mostrou-se elevada, pode ser considerada um projeto de sucesso? Algumas empresas, como a Petrobras, tratam essas questões sob o guarda-chuva denominado saúde, meio ambiente e segurança (SMS). Também as questões sociais devem ser avaliadas, como o impacto na vida das comunidades afetadas pelo projeto. São vários os exemplos, como o Minhocão na cidade de São Paulo, as comunidades indígenas na hidrelétrica de Belo Monte, entre tantos outros.

Algumas dessas questões podem ser mensuradas a partir de indicadores, como a ausência de processos legais e outros embates judiciais (POCOCK et al., 1996).

Outra crítica à avaliação de sucesso em projetos refere-se à necessidade de considerar a perspectiva dos diferentes tipos de projetos, conforme estudado na seção anterior. Vários autores sugerem que os parâmetros de sucesso e fracasso são distintos, dependendo do tipo de projeto (SHENHAR, 2001; SHENHAR; DVIR, 2007), ou seja, não há dimensões de sucesso que sejam universais para todos os contextos. Dessa forma, temos que discutir as

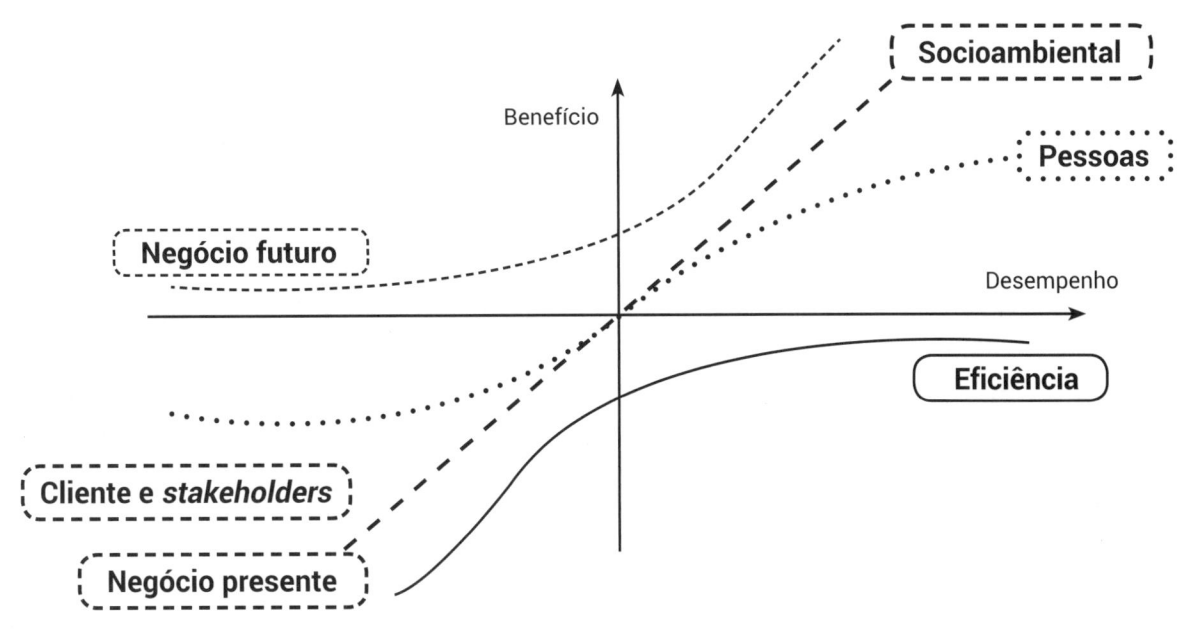

Figura 19.6 Perspectivas do sucesso em projetos.

dimensões de sucesso de um projeto na perspectiva singular e no contexto organizacional; não há receita pronta, apenas dimensões-base para a discussão.

A Figura 19.6 apresenta o modelo de sucesso inspirado no diagrama de Kano para os itens de satisfação do consumidor, já mencionada no Capítulo 14 de sustentabilidade. São seis perspectivas de sucesso, ou seja, as cinco propostas por Shenhar e Dvir (2007) e mais uma que se refere a aspectos socioambientais. Uma versão preliminar desse modelo, somente com as dimensões de Shenhar e Dvir (2007), é apresentada em Morioka e Carvalho (2014). A Figura 19.6 ilustra as seis perspectivas de sucesso em projeto, plotadas em uma representação cartesiana, em que a abscissa é o desempenho em uma dada perspectiva de sucesso e a ordenada, o benefício obtido. Observa-se a limitação da perspectiva de eficiência, que, em geral, evita perdas, mas é incapaz de gerar valor, ou, como se diz em estratégia, prêmio de preço (PORTER, 1985). Embora segmentadas, as seis perspectivas proposta, devem ser integradas para que de fato o sucesso seja pleno: eficiência, pessoas, clientes, negócio presente e novos negócios.

No entanto, deve-se observar que nem todos os tipos de projetos têm todas as dimensões. Por isso, a importância de usar tipologias para contingenciar o projeto do SID. Há varias tipologias disponíveis na literatura, como o modelo de diamante proposto por Shenhar e Dvir (2007), em que se classificam os projetos de acordo com quatro dimensões (tecnologia, complexidade, novidade e ritmo), ou o Modelo I^4 (CARVALHO; RABECHINI JR., 2010; RABECHINI JR.; CARVALHO, 2010), que classifica segundo integração, impacto, inovação e imediato. Contudo, a empresa tem uma grande oportunidade de reflexão quando decide criar seus tipos de projeto internamente.

19.4 FATORES CRÍTICOS DE SUCESSO

Há muita preocupação com os fatores críticos de sucesso (FCSs) (*critical success factors* – CSF) na literatura de gestão de projetos.

Os FCSs podem ser definidos como as poucas áreas-chave em que as "coisas que devem dar certo" para se atingir o sucesso (ROCKART, 1979). As listas de FCSs são extensas e envolvem aspectos organizacionais, como suporte da alta administração, e aspectos gerenciais, como uma metodologia de gestão que envolva processos das áreas de conhecimento, articulando ferramentas e práticas de forma adequada. Alguns exemplos de fatores levantados em uma revisão de literatura por Fortune e White (2006) são: objetivos claros e realistas, planejamento detalhado e atualizado durante a execução do projeto, boa comunicação e bom *feedback*, envolvimento de clientes e usuários, gestão de mudanças efetiva, entre outros. Já Carvalho e Rabechini Jr. (2010) sugerem a existência de uma cadeia de valor que alimenta o sucesso em projetos, envolvendo desde boas práticas de gestão (áreas, processo e práticas), estrutura e competências apropriadas, que conduziriam à maturidade e ao alinhamento estratégico.

Para projetar os SIDs, é preciso entender que os FCSs são as variáveis críticas (X) que têm impacto positivo e significativo no sucesso de projetos (*lagging indicators*) (Y), sendo o gerente o responsável por manter a equação de sucesso funcionando ($Y = F(X)$); portanto, ele precisa de métricas direcionadoras (*leading indicators*) para monitorar os FCSs ao longo de todo o ciclo de vida do projeto. A Figura 19.7 apresenta a relação entre os indicadores direcionadores e de resultado no contexto de projetos.

Dessa forma, quando se busca identificar as variáveis que podem ter impacto positivo e significativo no sucesso de projetos, trata-se dos fatores críticos de sucesso, e quando se busca medir o quão bem-sucedido foi um projeto, está-se abordando os critérios de avaliação do sucesso, conforme ilustra a Figura 19.7.

Em síntese, os FCS são indicadores direcionadores (*leading indicators*), enquanto os critérios para aferição do sucesso são indicadores de resultado (*lagging indicators*). A grande questão é definir quais deles são relevantes em um dado contexto, de acordo com a cultura organizacional e as contingências, tais como os tipos de projetos e os *stakeholders*.

19.5 SISTEMAS DE INDICADORES DE DESEMPENHO (SIDS)

Para projetar um SID, é importante entender toda a complexidade do processo de medição de desempenho e a "tensão dinâmica" que existe entre os *stakeholders* e organização (NEELY et al., 2001), conforme ilustra a Figura 19.8.

Além disso, deve-se compreender que as métricas não são ilhas, mas sim redes, que se relacionam e alimentam um processo de ação e reação, com consequências nem sempre muito claras para quem as utiliza, por isso a importância do termo sistema e não apenas indicadores.

A força impulsionadora das métricas não deve ser menosprezada, em especial, se está vinculada a sistemas de bonificação. Por exemplo, se o gerente é bonificado pelo atendimento à tríplice restrição, ele terá a tendência de evitar riscos, como adotar uma nova tecnologia, ou um novo fornecedor, o que poderia ser importante para criar um projeto inovador, mas que comprometeria os resultados de eficiência e o bônus; ou seja, a prioridade dessas métricas geraria aversão aos riscos por parte do gerente e equipe.

No entanto, adotar uma visão multidimensional de desempenho, agregando outras perspectivas de sucesso, requer o reconhecimento da existência de *tradeoff* entre, por exemplo, atingir resultados no presente e sustentar e construir as capacidades e competências necessárias para competir no futuro.

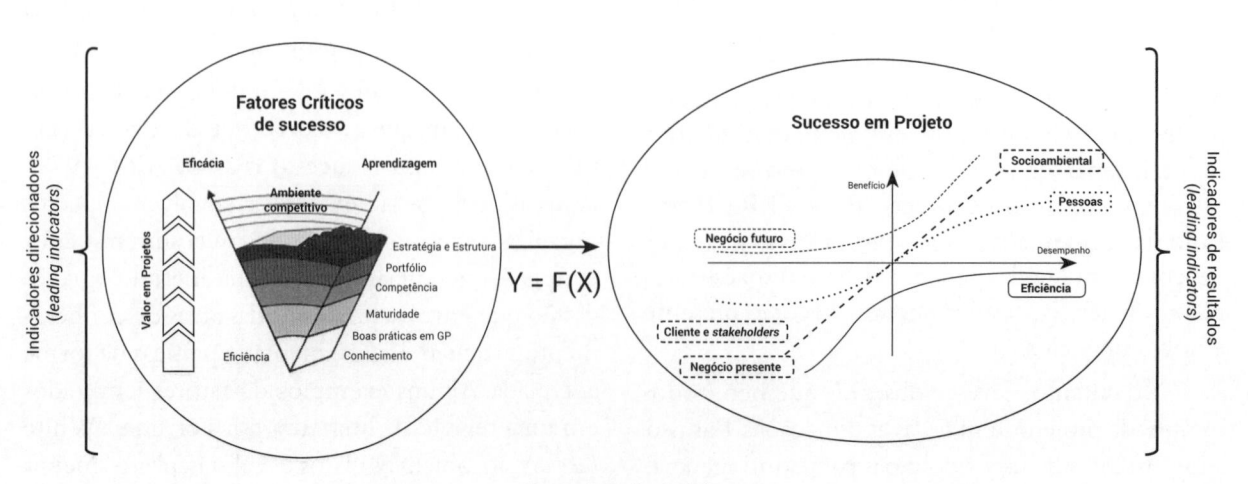

Fonte: Carvalho (2011).

Figura 19.7 Indicadores para o sucesso do projeto.

Satisfação dos Stakeholders

- Velocidade, Correção, Confiabilidade, Preço Baixo e Facilidade
- Participação, Cuidado, Habilidade e Salário Justo
- Confiança, Unidade, Lucro e Crescimento
- Atendimento a Legislação, Segurança e Verdade
- Retorno, Margem e Imagem

Stakeholders

- Clientes e Intermediários
- Empregados
- Fornecedores
- Comunidade e Entidades Reguladoras
- Investidores

Contribuição dos Stakeholders

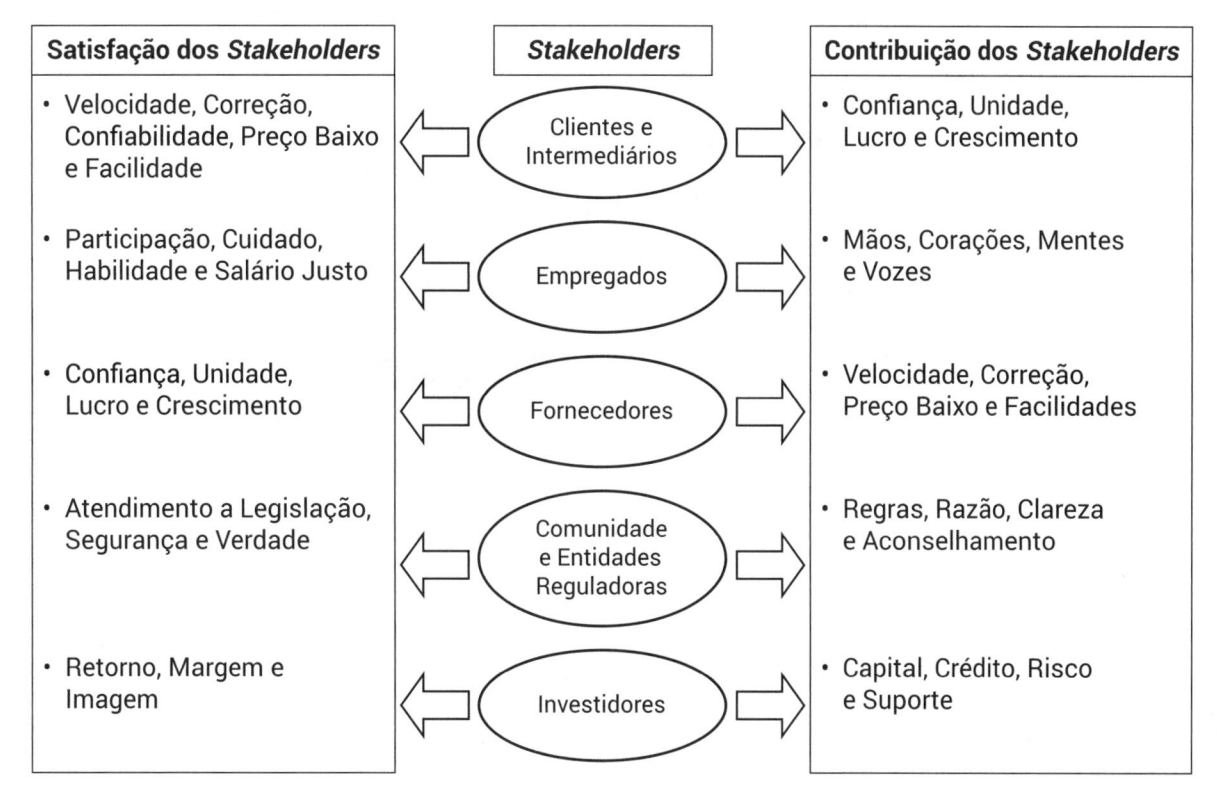

- Confiança, Unidade, Lucro e Crescimento
- Mãos, Corações, Mentes e Vozes
- Velocidade, Correção, Preço Baixo e Facilidades
- Regras, Razão, Clareza e Aconselhamento
- Capital, Crédito, Risco e Suporte

Fonte: Adaptada de Neely et al. (2001).

Figura 19.8 Tensão dinâmica: *stakeholders* e organizações.

Nesse contexto, embora importante, os indicadores com foco em eficiência, como os utilizados na análise de valor agregado (*earned value management* – EVM), não devem ser utilizados como indicadores de resultado, mas sim como indicadores direcionadores, para monitorar a variabilidade ao longo de todo o ciclo de vida do projeto. Essa técnica compara o valor do trabalho realizado (em uma atividade, fase ou no projeto) ao montante originalmente alocado no orçamento, integrando as áreas de escopo, custo e prazo (PMI, 2008). Existe uma tendência em ampliar as áreas monitoradas pelo EVM considerando outros aspectos, como qualidade, que derivou o Método da Qualidade Agregada (*Earned Quality Method* – EQM) (PAQUIN; COUILLARD; FERRAND, 2000; CAMPOS; VIDAL, 2008) e valor agregado baseado em desempenho (*performance-based earned value* – PBEV) (SOLOMON; YOUNG, 2007). Também os riscos foram incorporados ao EVM por Aramvareekul e Seider (2006), que propõem o *cost-time risk diagram* (CTRD), cuja base para custo e prazo é o EVM.

Essas métricas integradas fornecem informações relevantes para o gerente e equipe, na compreensão das variabilidades dos projetos ao longo do ciclo de vida, constituindo ótimos indicadores direcionadores, mas, como dissemos, não suficientes. Eles dão um panorama da gestão do projeto e podem ser sintetizados em instrumentos visuais de gestão, como os sugeridos por Carvalho e Rabechini Jr. (2005, 2007, 2011) e exemplificados nas Figuras 19.9 e 19.10. A apresentação dos indicadores deve ser planejada para atender diferentes públicos e tomadores de decisão, enquanto a representação da Figura 19.9 pode trazer a síntese de todos os projetos, servindo de instrumento gerencial para o Escritório de Gestão de Projetos; a Figura 19.10 traz o nível de detalhamento mais apropriado para o gerente de projeto.

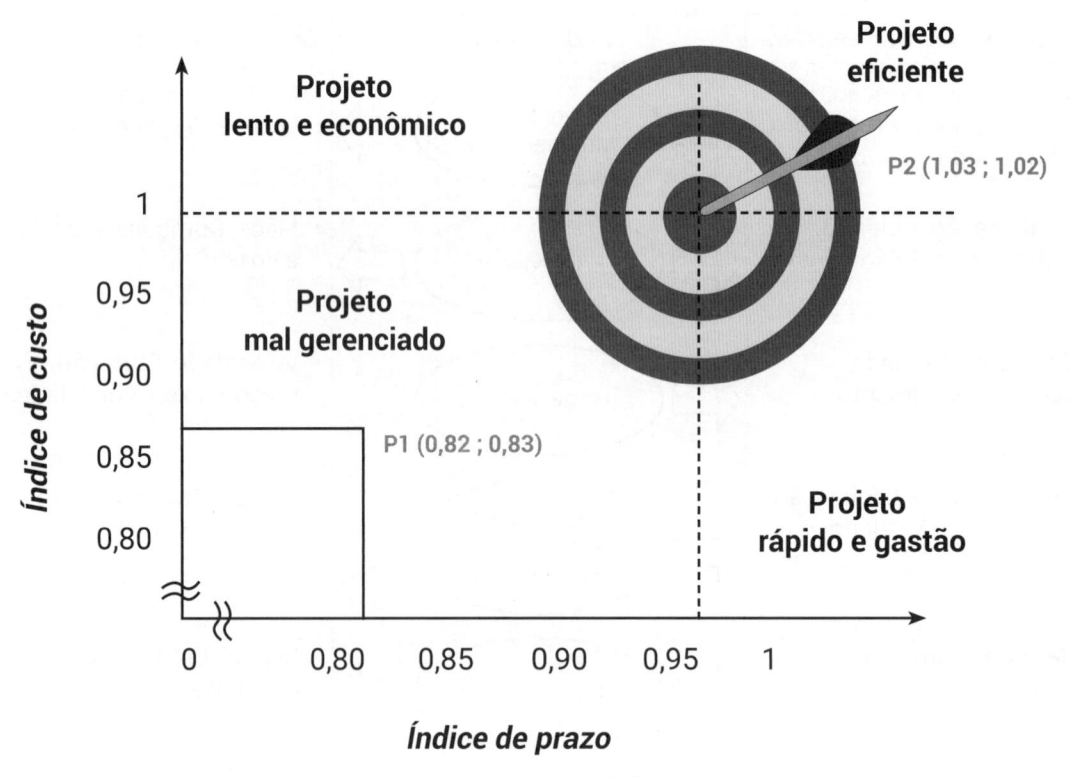

Fonte: Carvalho e Rabechini Jr. (2005).

Figura 19.9 Categorias de projeto segundo o desempenho.

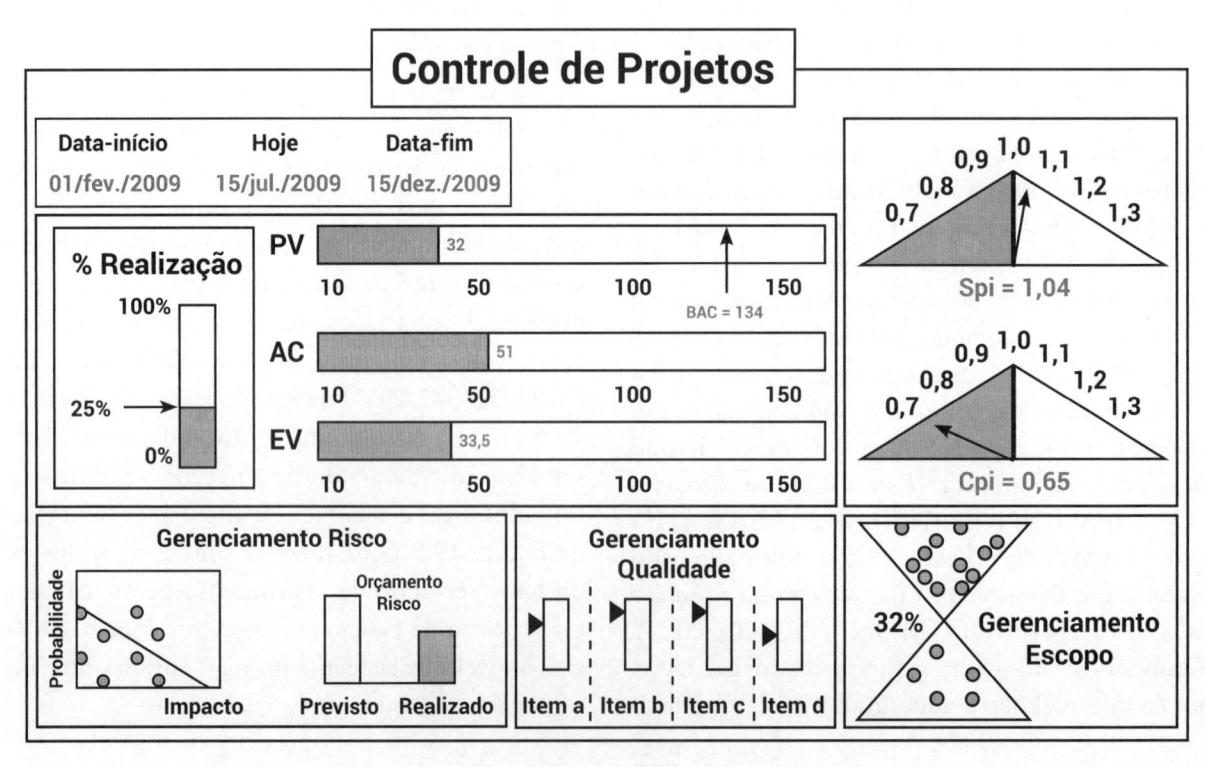

Fonte: Carvalho e Rabechini Jr. (2007).

Figura 19.10 Exemplo de painel de controles de projeto.

Portanto, a restrição dos sistemas baseados exclusivamente em análise da variabilidade ao longo do ciclo de vida do projeto, como o EVM e os métodos derivados deles, são:

- foco excessivo em eficiência, deixando de lado a eficácia; e
- foco no desempenho presente, comprometendo a visão de futuros e investimentos em áreas geradoras de vantagens competitivas de longo prazo.

O SID engloba um conjunto de indicadores que mensuram a eficiência e eficácia em um sistema articulado, refletindo a realidade de projetos na organização. Vale destacar que se trata de um sistema dinâmico ao longo do tempo, e por isso, em constante realimentação, monitoramento e revisão. Dessa forma, os SIDs são um processo de quantificação da eficiência e eficácia das ações estratégicas pelo uso de indicadores. Esses indicadores, muitas vezes, são denominados KPIs no jargão organizacional, do termo em inglês *key performance indicators*, para lembrar que se devem buscar os fatores-chave. Um problema comum quando se estabelece um SID é o de não saber priorizar o conjunto de indicadores adequados. No intuito de enxergar o projeto sobre vários aspectos, os SIDs são sobrecarregados de KPIs, sem que se determine uma estrutura lógica que os relacione, e estabelecem relações de causa e efeito, como no exemplo da Figura 19.10. Apesar de ter o mérito de buscar refletir várias perspectivas e adotar métricas quantitativas e qualitativas, o SID da Figura 19.11 dificulta a síntese e sobrecarrega o gestor e a equipe para alimentá-lo, dado que, na versão completa, esse painel tem 133 indicadores, operados em uma planilha Excel.

A restrição de SID com vários indicadores, mas sem uma estrutura lógica de relacionamento são:

- visão fragmentada e desalinhada;
- não permite análise de causa e efeito; e
- dificulta a síntese e sobrecarrega gestores e equipe.

Além do relacionamento entre os diversos indicadores no SID, é preciso também zelar pela sua integridade e capilaridade. A integridade pode ser

Projetos	Satisfação do Cliente	MC	Escopo	Prazo	Custo	Qualidade	Equipe	Riscos	Fornecedor
PBU2_13	☹	😊	😐	😊	😊	😐	😊	😊	😊
PBU1_190	☹	😊	😊	😐	😊	😊	😊	😊	😐
PBU2_191	☹	😊	😐	😊	😊	😐	😊	😊	😊
PBU2_192	😊	😊	😊	😊	😊	😊	😊	😊	😊
PBU2_193	😊	😊	😊	😐	😊	😊	😊	😊	☹
PBU3_57	😊	☹	😐	😊	😊	😊	😊	😊	😊
PBU3_58	😊	😊	😊	😊	😊	😊	😊	😊	😊
PBU3_59	😊	😊	😊	😊	😊	😊	☹	😊	😊
PBU3_60	😊	😊	😊	😊	😊	😊	😐	😊	😊
PBU3_61	😊	😊	😊	😊	😊	😊	😊	😊	😊
PBU3_62	😊	😊	😊	😊	😊	😊	☹	😊	😊
PBU3_63	😊	😊	😊	😊	😊	😊	😊	😊	😐
PBU3_64	☹	😊	😐	😊	😊	😊	😊	😊	😊
PBU3_65	☹	😊	😐	😊	😊	😊	😊	😊	😊
PBU3_66	☹	😊	😐	😐	😊	😊	☹	😊	😊
PBU3_67	☹	😊	😐	😊	😊	😐	☹	😊	😐

Fonte: Carvalho (2011).

Figura 19.11 Exemplo de planilha de monitoramento de desempenho em projeto.

definida como a habilidade de o sistema de medição de desempenho promover integração entre as várias áreas do negócio, enquanto a capilaridade refere-se ao seu desdobramento ao longo dos vários níveis da organização e conexão de áreas individuais de negócio (processos, funções e atividades).

A integração dos SIDs sugere, portanto, a integração vertical, ao longo da estrutura hierárquica, e integração horizontal, no nível dos processos de negócio e das atividades (KAPLAN; NORTON, 1996; BITITCI et al., 1997).

19.6 RECOMENDAÇÕES PARA O PROJETO DE SIDS

Nesta seção, apresenta-se uma síntese de recomendações para o projeto e desenvolvimento de SID a partir da análise da literatura e da experiência de campo.

Uma recomendação importante consiste em entender não só a relação entre os vários níveis de monitoramento do desempenho, como ilustra a Figura 19.12, mas também a ligação de projetos com a camada estratégica da organização, que deve estar alinhada à estratégia e, portanto, relacionada com a governança corporativa. Nessa camada, o monitoramento do desempenho deve ser realizado por mapas estratégicos sintéticos.

As duas camadas de projeto, a de portfólio e a de gestão dos projetos em cursos, também têm níveis de detalhamento bastante distintos. Na camada de gestão de multiprojetos, é necessário um conjunto maior de métricas que permita avaliar a saúde de cada projeto, seus pacotes de trabalho ao longo do ciclo de vida, permitindo ao gerente, líderes de pacotes e outros envolvidos acionar ações de realimentação no caso de mau desempenho. Nessa camada da base têm-se várias métricas, com adequado nível de detalhamento para facilitar o diagnóstico e ações preventivas e corretivas.

Já a camada intermediária, que podemos chamar de governança de projetos, tem caráter mais estratégico. No caso de TI, sabe-se que a gestão de governança é mais ampla que o gerenciamento, preocupando-se com as distintas perspectivas de sucesso, em seus vários *stakeholders* e com o olhar no futuro. O foco não são projetos individuais nem o presente, mas sim o conjunto – o portfólio, com olhar no futuro.

Para projetar um SID para projetos, é interessante seguir os passos que se seguem:

* identificar os *stakeholders* não só no âmbito do projeto, mas também em uma visão expandida;

Fonte: Carvalho (2011).

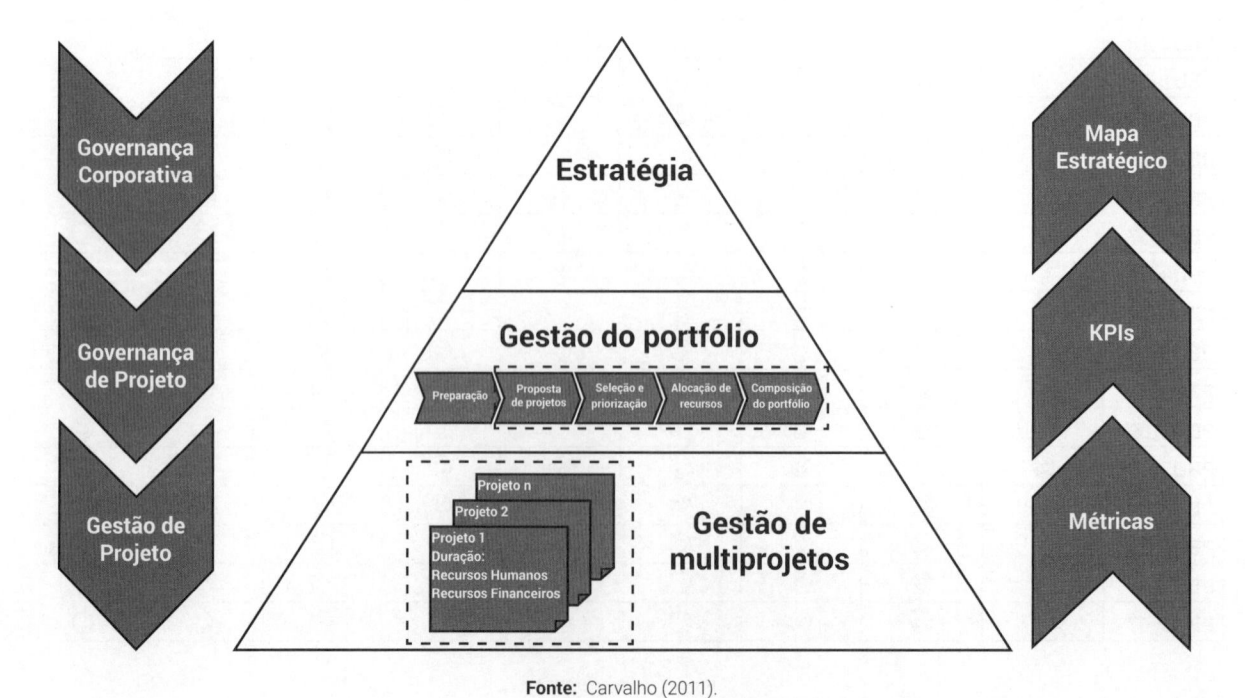

Figura 19.12 Camadas da organização com foco em projetos.

- estruturar as perspectivas de sucesso relevantes, considerando os diferentes tipos de projetos e de *stakeholders*;
- identificar fatores críticos de sucesso, em diferentes níveis de abstração (ambiente, organização e projeto) e categorizá-los por tipo de projeto;
- projetar a estrutura lógica entre os indicadores, promovendo integridade e capilaridade, bem como explicitando *tradeoffs* e relações de causa e efeito;
- identificar, categorizar e priorizar indicadores e metas de forma articulada, buscando síntese e objetividade;
- projetar a infraestrutura de tecnologia da informação necessária de forma articulada com outros sistemas da organização, em especial os sistemas integrados de gestão (ERPs);
- coletar dados para alimentar o sistema, mitigando dificuldades, tais como o receio de clientes e contratados fornecerem informações, por questões de confidencialidade;
- disseminar os resultados com periodicidade e de forma customizada para cada tipo de *stakeholders* relevante; e
- promover o *benchmark* e realimentar o SID de forma dinâmica.

Dessa forma, para a construção dos SIDs, faz-se necessário articular indicadores e metas. Os KPIs são um instrumento de avaliação do desempenho, cujas medições da situação real em um dado momento devem ser comparadas com as metas estabelecidas. As metas têm que ser verossímeis, ou seja, passíveis de atingir, mas também ser instigantes e desafiadoras, pois devem movimentar a organização rumo à visão de futuro.

Com relação às *métricas*, seguem algumas recomendações para sua elaboração e apuração:

- claramente definidas e fáceis de entender;
- ter um objetivo;
- ser práticas e estarem em uma escala apropriada;
- fazer parte de um ciclo de controle;
- ser à prova de falhas;
- efetivas em termos de custo e benefício;
- desdobradas da estratégia;
- facilitar o *benchmarking*;
- métricas avaliadas como índices são preferíveis a números absolutos;
- devem estar sob controle da unidade organizacional;
- o método de coleta dos dados e cálculo do desempenho devem ser claros; e
- todos devem ser envolvidos em sua seleção.

O SID deve articular, de forma sintética e objetiva, um conjunto de indicadores que permita o acesso ao desempenho do projeto em várias perspectivas. Por outro lado, deve ter interfaces distintas com diferentes *stakeholders*.

Vale destacar que o SID auxilia a organização a explicitar os *tradeoffs*, ou seja, as escolhas, dado que, ao adotar determinada perspectiva de desempenho, pode ocorrer impacto negativo em outra. Além disso, relacionar o conjunto de indicadores das várias perspectivas de sucesso (indicadores de resultado) com os indicadores dos fatores críticos de sucesso (indicadores direcionadores) é fundamental na construção do SID, pois evidencia as relações de causa e efeito representadas de forma sistêmica. Os mecanismos que conectam cada indicador com os objetivos globais do negócio devem também ser evidentes.

Em um contexto mais amplo, os SIDs devem respeitar as características do ambiente organizacional, em termos de estrutura e cultura, e do ambiente competitivo envolvendo clientes, competidores e parceiros. Um sistema de indicadores de desempenho deve buscar as seguintes características:

- integrar as métricas ao longo da estrutura organizacional;
- evitar métricas conflitantes;
- fornecer uma visão balanceada do desempenho, ou seja, várias perspectivas;
- permitir a avaliação do desempenho passado e prospectar o desempenho futuro;
- reforçar os objetivos estratégicos;

- refletir a identidade da organização e estar em sintonia com a cultura organizacional;
- estar alinhado com o sistema de recompensas;
- permitir comparações entre unidades de negócio, bem como *benchmarking*;
- permitir de forma ágil a atualização das métricas e/ou metas sempre que houver mudanças organizacionais, crises ou turbulências no ambiente competitivo; e
- ter infraestrutura de Tecnologia da Informação apropriada e flexível, integrada aos demais sistemas.

19.7 CASO: PROPOSIÇÃO DE UM NOVO SID PARA UMA EMPRESA DE ENGENHARIA

A empresa ENGENHARIA já dispõe de uma ferramenta de acompanhamento de desempenho de projetos que apresenta problemas, o que motivou o desenvolvimento de um novo SID, que parte do sistema existente.

Com base nos *feedbacks* dos profissionais envolvidos na atualização do sistema atual, na opinião do responsável pelo PMO e no que recomenda a literatura/pesquisa bibliográfica, os seguintes pontos de melhoria foram destacados:

- Muitos dados são inseridos à mão, e não automaticamente, estando sujeitos a manipulações indesejáveis que comprometem a sua validade e acarretando elevado tempo de atualização das informações.
- Não há apresentação dos valores numéricos dos indicadores, mas apenas o semafórico indicativo de resultado "satisfatório" (verde), "requer atenção" (amarelo) e "insatisfatório" (vermelho), definidos com base em critérios estabelecidos pelo PMO, o que dificulta a real avaliação do desempenho do projeto.
- Não há apresentação do histórico dos valores dos indicadores, de maneira a evidenciar tendências do desempenho do projeto em determinadas áreas e guardar o histórico do projeto visando ao aprendizado organizacional.
- Como observado na etapa de diagnóstico, os indicadores da ferramenta atualmente utilizada na empresa não contemplam as perspectivas dos principais *stakeholders* da empresa, já que ignoram critérios de sucesso considerados relevantes e definem níveis de importância para categorias de critérios discrepantes com suas expectativas.

A estrutura da ferramenta em implantação é diretamente integrada ao ERP da empresa e permite a integração com outros sistemas de informação, desde bancos de dados mais complexos a planilhas em MS Excel. A Figura 19.13 apresenta um esquema explicativo da arquitetura da plataforma para o desenvolvimento do sistema de indicadores de desempenho.

O SID apresenta seis camadas. A *camada de aplicações* é composta pelo ERP da empresa e pelos diversos aplicativos (bancos de dados, planilhas etc.) que fornecem os dados à ferramenta. A *camada de integração* é destinada à integração dos dados não provenientes do ERP da empresa. A *camada de armazenamento e transformação de dados* é aquela voltada para a consolidação das informações provenientes dos diversos aplicativos fornecedores de dados. A *camada semântica* é destinada ao estabelecimento de uma terminologia-padrão a ser utilizada na busca de informações, de maneira a permitir a fácil navegação na interface final. A *camada de apresentação* é composta pelos indicadores calculados a partir dos dados armazenados, estruturados em painéis de controle customizados para as necessidades da organização. Finalmente, a *camada de acesso e publicação* é acessível aos usuários finais; essa camada consiste em um portal que pode ser acessado pela web, composto por máscaras customizadas com os indicadores selecionados pela organização.

O SID pode ser dividido em dois componentes: configuração e visualização. Na parte de configuração, são feitas as definições que determinam a visualização do sistema.

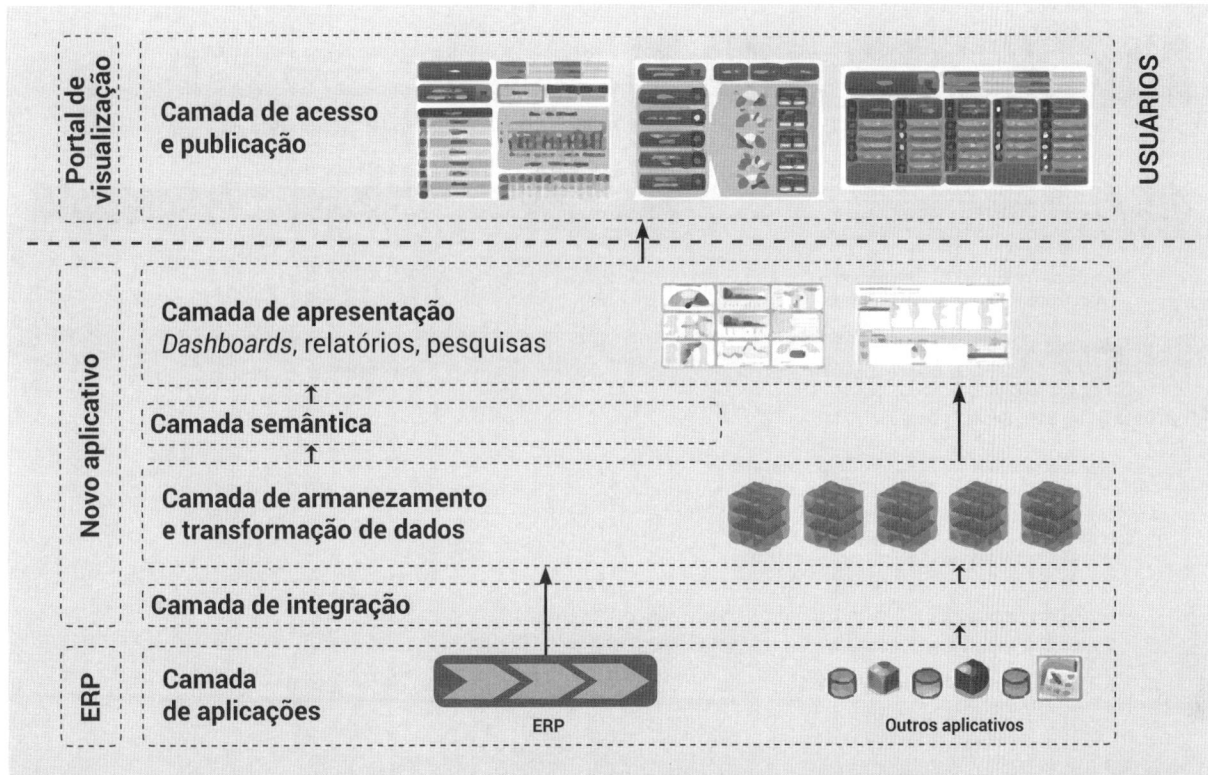

Fonte: Adaptada do material da organização por Borges e Carvalho (2011).

Figura 19.13 Estruturação da plataforma para o desenvolvimento do SID.

Para a proposição do novo SID, mapearam-se os principais *stakeholders* e, posteriormente, por meio de um questionário, foram obtidas suas perspectivas quanto à priorização dos critérios de sucesso dos projetos. O resultado da análise das perspectivas dos *stakeholders* não demonstrou diferenças significativas nas percepções de sucesso *entre* os *stakeholders*. Consequentemente, não houve necessidade de diferenciação por tipo de *stakeholder* interno do projeto. Porém, no estudo elaborado, também se incluiu a análise da diferenciação do nível de importância desses critérios em relação à tipologia do projeto. Nesse caso, verificou-se diferença significativa entre os tipos de projetos e essa deve ser contemplada no sistema de indicadores proposto.

Uma vez identificada a diferenciação no nível de importância dos critérios de sucesso de acordo com o tipo de projeto. Outra configuração necessária refere-se aos critérios de sucesso considerados, seu agrupamento, seus indicadores e seu nível de importância para cada tipo de projeto. A Figura 19.14 apresenta uma máscara que visa definir essa configuração com um exemplo para a categoria de critérios denominada "critérios de conformidade".

Nessa máscara (Figura 19.14), são apresentados todos os critérios de sucesso de projetos considerados importantes para a empresa, bem como a categoria à qual foram agrupados os indicadores utilizados para sua medição. A definição dos pesos foi feita da seguinte forma:

- os critérios com destacada importância segundo os profissionais consultados "cumprimento de requisitos" e "cumprimento de orçamento" (os critérios "cumprimento de cronograma", "qualidade do serviço" e "clareza na comunicação" foram abordados de maneira individualizada e destacada) receberam peso 2 para todos tipos de projeto;
- os critérios cujo nível de importância se destacou significativamente para determinada tipologia receberam peso 2 para tal tipologia; e
- os demais critérios receberam peso 1.

Configurações			0 Irrelevante	Não é apresentado no painel de controle		
			1 Importante	É apresentado no painel de controle e possui peso unitário		
			2 Muito importante	É apresentado no painel de controle e possui peso duplo		
			Definir os pesos dos critérios para cada tipo			
Critério	Categoria	Indicador	Tipo A	Tipo B	Tipo C	Tipo D
...	...	...	...	...	...	...
Respeito ao meio ambiente	Critérios de Conformidade	Incador 19	1	1	1	1
Respeito à sociedade	Critérios de Conformidade	Incador 20	1	1	1	1
Conformidade com normas legais e legislação	Critérios de Conformidade	Incador 21	1	1	1	1
Segurança	Critérios de Conformidade	Incador 22	1	1	2	2
Atendimento às metas estratégicas	Critérios de Conformidade	Incador 23	1	2	1	2
...	...	...	...	...	...	...

Fonte: Borges e Carvalho (2011).

Figura 19.14 Exemplo de configuração final por tipo de projeto A.

Como nenhum dos critérios foi avaliado como irrelevante, nenhum deles em nenhum tipo de projeto foi considerado com peso zero. Como apresentado na legenda da Figura 19.15, critérios com pesos 1 e 2 são apresentados no painel de controle, enquanto critérios com peso zero não.

Com base na configuração anterior, gera-se uma segunda máscara com a consolidação do nível de importância de cada critério de sucesso e categoria, para cada tipo de projeto. A Figura 19.15 apresenta uma máscara exemplo para o projeto do tipo A.

Uma vez definidas as configurações necessárias, definiu-se a forma de visualização de tais indicadores, em três máscaras: uma com foco nas necessidades de avaliação do diretor ou gerente do projeto (ver Figura 19.16), outra com foco nas necessidades de acompanhamento do profissional de planejamento financeiro (ver Figura 19.17) e uma consolidada com o *status* de todos os indicadores (ver Figura 19.18).

Para a visualização do gerente ou diretor do projeto, sugere-se uma visão mais consolidada, que consista na apresentação simples e imediata do *status* dos diversos critérios de sucesso, permitindo o seu detalhamento somente quando necessário.

Configurações								Tipo A		
6	Eficiência	5	Nível de satisfação	5	Impacto para os negócios	5	Impacto para o cliente	5	Critérios de Conformidade	
2	Indicador 1	1	Indicador 5	1	Indicador 10	2	Indicador 15	1	Indicador 19	
1	Indicador 2	1	Indicador 6	1	Indicador 11	1	Indicador 16	1	Indicador 20	
1	Indicador 3	1	Indicador 7	1	Indicador 12	1	Indicador 17	1	Indicador 21	
2	Indicador 4	1	Indicador 8	1	Indicador 13	1	Indicador 18	1	Indicador 22	
		1	Indicador 9	1	Indicador 14			1	Indicador 23	

Fonte: Borges e Carvalho (2011).

Figura 19.15 Exemplo de configuração final por tipo de projeto A.

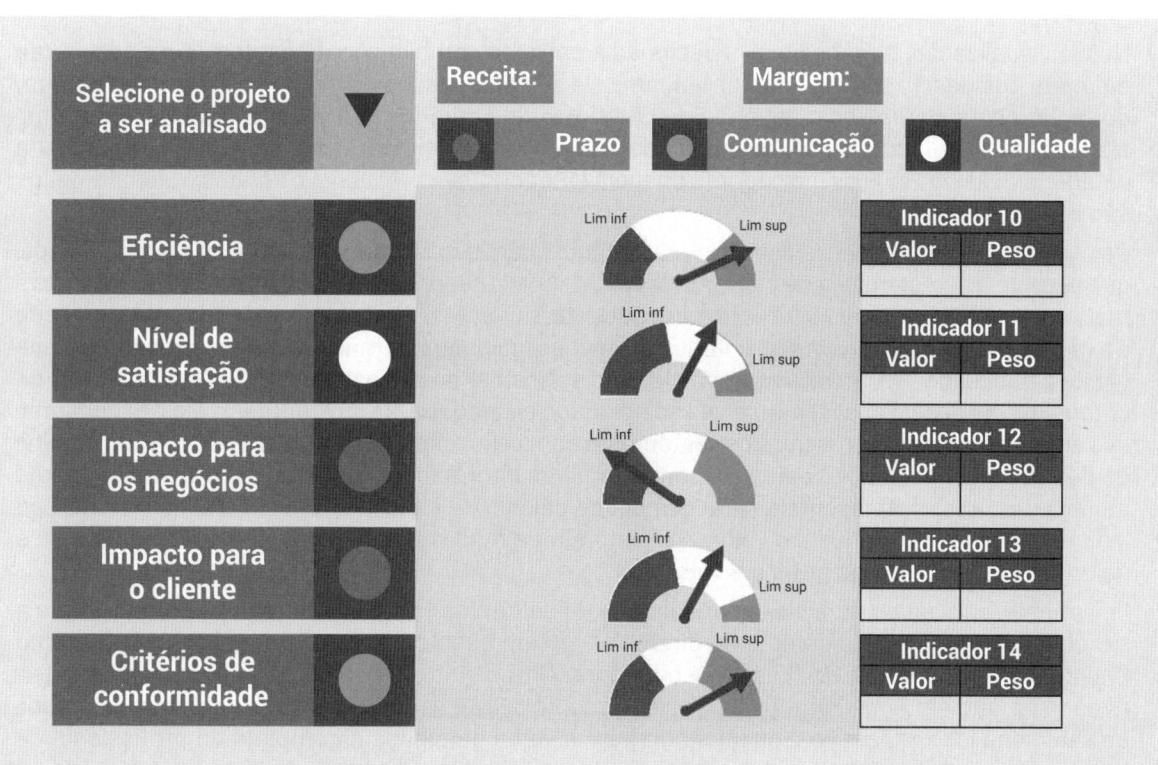

CAP. 19 • SISTEMAS DE INDICADORES DE DESEMPENHO EM PROJETOS | 363

Fonte: Borges e Carvalho (2011).
Figura 19.16 Máscara de visualização do gerente ou diretor do projeto.

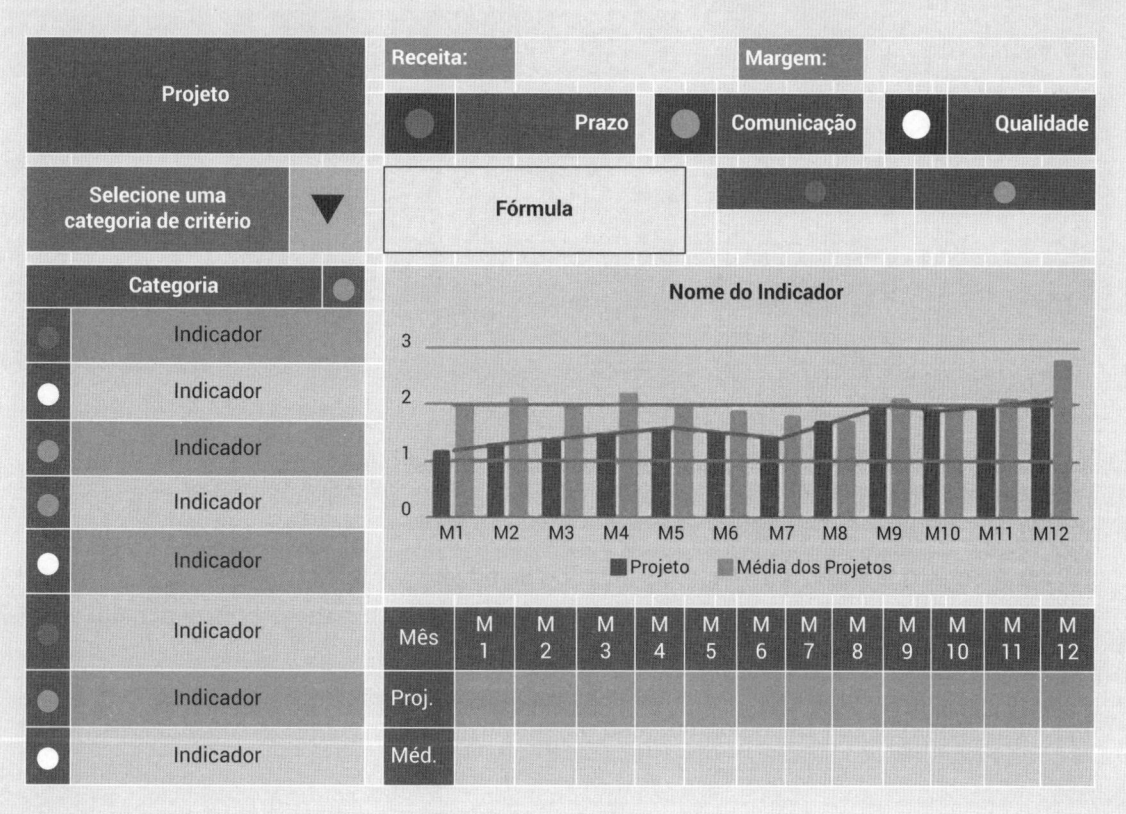

Fonte: Borges e Carvalho (2011).
Figura 19.17 Máscara de visualização do profissional de planejamento financeiro.

Nessa visualização, o profissional seleciona na caixa de combinação no canto superior esquerdo o projeto que deseja analisar e automaticamente são atualizados os valores da receita e margem do projeto e os *status* das categorias de critérios e dos critérios individualizados. Caso o profissional deseje verificar o *status* dos indicadores que compõem cada categoria, basta selecionar a categoria desejada, que os indicadores daquela categoria, seus respectivos *status*, valores e pesos são apresentados.

Para a visualização do profissional de planejamento financeiro, sugere-se uma visão mais detalhada, que permite a apresentação de cada indicador de cada categoria de critério de sucesso de maneira mais completa (ver Figura 19.17). Na parte superior, são apresentadas informações sobre a receita e a margem do projeto e sobre os critérios de sucesso julgados de maior relevância, prazo, comunicação e qualidade. Na lateral esquerda, deve-se selecionar na caixa de combinação a categoria de critério que se deseja analisar. Uma vez selecionada a categoria, os indicadores a ela pertencentes são automaticamente apresentados, juntamente com seus respectivos *status*. Para se ver o detalhe de determinado indicador, basta selecioná-lo, que as informações à direita são automaticamente atualizadas. Assim, apresentam-se a fórmula de cálculo do indicador selecionado, o histórico do indicador (de forma gráfica e o valor) e o histórico da média do indicador para todos os projetos da organização (de forma gráfica e valor).

Finalmente, para se ter uma visão consolidada de determinado projeto, sugere-se uma máscara a ser consultada tanto pelo gerente ou diretor do projeto quanto pelo profissional de planejamento financeiro (ver Figura 19.18). Essa máscara apresenta o *status* de todos os indicadores de determinado projeto em uma única visão. Assim, caso se deseje verificar detalhes sobre um indicador, ao selecioná-lo, o aplicativo é direcionado para a visão detalhada e completa do profissional de planejamento financeiro.

Projeto ▼			Receita:		Margem:	
			Projeto	Comunicação		Qualidade
Eficiência		Nível de satisfação	Impacto para os negócios	Impacto para o cliente		Critérios de conformidade
Indicador 1		Indicador 5	Indicador 10	Indicador 15		Indicador 19
Indicador 2		Indicador 6	Indicador 11	Indicador 16		Indicador 20
Indicador 3		Indicador 7	Indicador 12	Indicador 17		Indicador 21
Indicador 4		Indicador 8	Indicador 13	Indicador 18		Indicador 22
		Indicador 9	Indicador 14			Indicador 23

Fonte: Borges e Carvalho (2011).
Figura 19.18 Visualização consolidada.

Discuta:

- É realmente necessário diferenciar os critérios de projeto por tipo?
- Em que situação seria necessário diferenciar os critérios de sucesso por tipo e por *stakeholder*?

Fonte: Adaptado de Borges e Carvalho (2011).

QUESTÕES PARA REFLEXÃO E DISCUSSÃO

1. Quais são as possíveis dimensões de sucesso em projetos?
2. As dimensões de sucesso são as mesmas para qualquer tipo de projetos? Justifique.
3. O que é um sistema de indicador de desempenho em projetos?
4. Qual a diferença entre o indicador direcionador e o de resultado?
5. O que são KPIs?

ESTUDO COMPLEMENTAR

A) Leia o seguinte artigo:

BORGES, J. G. ; CARVALHO, M. M. Critérios de sucesso em projetos: um estudo exploratório considerando a interferência das variáveis tipologia de projetos e *stakeholders*. *Production*, v. 25, n.1, p. 232-253, 2015.

Fonte: <http://dx.doi.org/10.1590/S0103-65132014005000019>. Acesso em: 4 out. 2018.

uqr.to/cubd

20
GESTÃO ÁGIL E *LEAN* EM PROJETOS

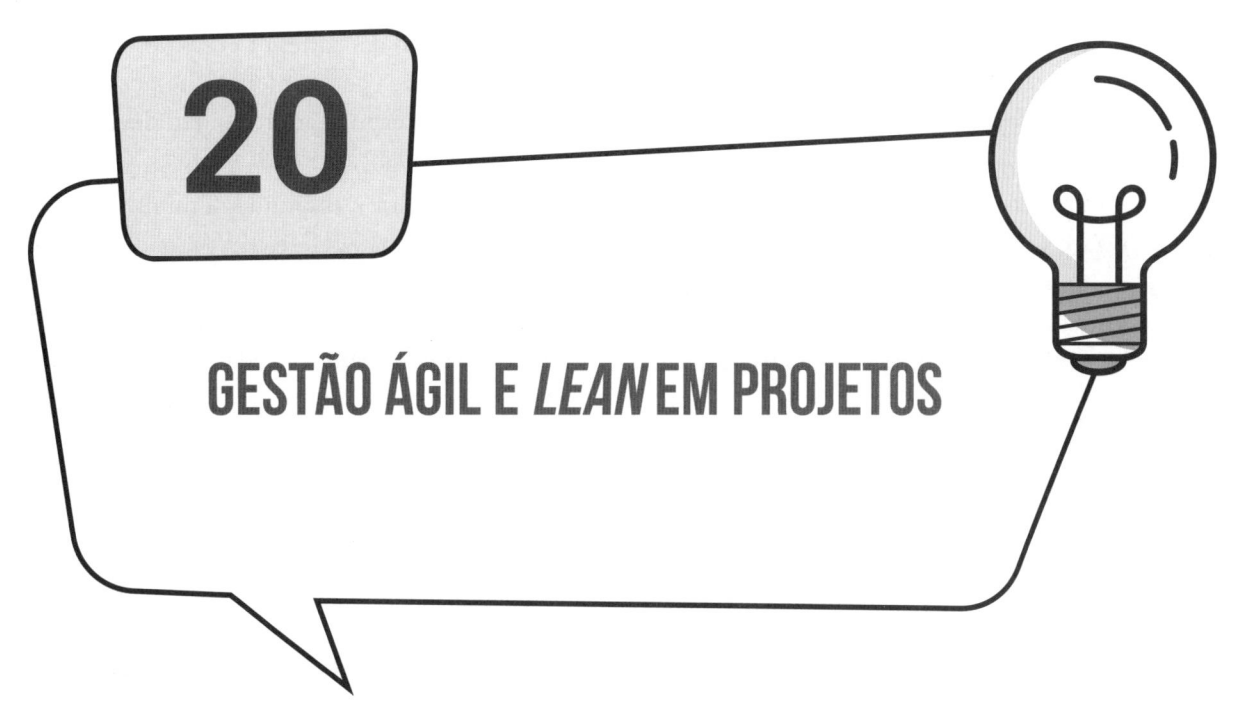

No início do livro, falamos muito sobre abordagem contingencial e a importância de customizar a gestão ao tipo de projeto, setor industrial e contexto organizacional. Uma vez que a gestão de projetos tradicional dos guias de referência não se encaixa em todos os tipos de projetos, por vezes, faz-se necessário adotar abordagens menos rígidas e mais iterativas, conhecidas como abordagens leves (*lightweight*).

Neste capítulo, vamos apresentar a gestão ágil de projetos e outras abordagens, como a abordagem *lean* e abordagens híbridas no contexto de projetos.

No entanto, maior ênfase será dada à abordagem ágil, a mais difundida, com detalhamento do Scrum e técnicas inovadoras para o "planejamento ágil". Após estudar este capítulo, o leitor estará apto a responder às seguintes questões:

a) O que são e como surgiram as abordagens ágeis para gestão de projetos?
b) Qual a diferença entre ágil e *lean*?
c) O que é e como aplicar o Scrum?
d) Como fazer estimativas no Scrum?
e) O que é kanban?

20.1 GESTÃO ÁGIL EM PROJETOS

No início do livro, falamos da primeira onda da gestão de projetos, com o crescimento da área de Gestão de Projetos, com a estruturação dos guias de conhecimento (BoKs) e das certificações profissionais como *Project Management Professional* (PMP), que gerou uma massa crítica na área de gestão de projetos.

No entanto, essa abordagem dos BoKs, dita abordagem tradicional de gestão de projetos, é orientada ao particionamento do escopo e em entregas e pacotes, muito influenciada pela engenharia de sistemas. No entanto, em vários projetos, no início não se tem claro o escopo, mas, sim, uma perspectiva do que se pretende desenvolver. Nesse caso, não podemos adotar uma visão tradicional e temos que partir para uma visão mais participativa dos *stakeholders*, em que esse olhar inicial vai se ajustando em ciclos iterativos, com foco no valor e com participação do cliente e outros *stakeholders*-chave nestes ciclos. Imagine que você tenha uma câmera na mão e, no início, o foco não lhe permite ver com nitidez a imagem à sua frente, mas depois de alguns ciclos de ajustes na lente é possível ver claramente a imagem. Nesse caso, o mais adequado é a gestão ágil de projeto.

Nesse contexto, começa a surgir uma insatisfação com a adoção dos BoKs, em particular na comunidade de desenvolvimento de *software*. Se você lembrar do ciclo de vida em desenvolvimento de *software* visto no Capítulo 3 (ver Figura 3.5), pode observar que sua estrutura é em espiral, o que já sugere a necessidade de ciclos iterativos para a evolução do projeto.

Essa insatisfação crescente culminou com a elaboração do manifesto para o desenvolvimento ágil de *software*, em 2001, que marca o início do movimento ágil.

Esse manifesto sintetizou um conjunto de quatro valores e 12 princípios, cabendo aos usuários escolher quais cabem no contexto de seus projetos e ambiente de negócios.

O primeiro valor – indivíduos e interações mais que processos e ferramentas – revela a insatisfação com abordagem tradicional, dita *hard*, que foca em processos e ferramentas (ver Capítulo 2). O manifesto salienta o contrário, os aspectos *soft*, relacionados com os indivíduos e suas interações, ressaltando o trabalho em equipe e o envolvimento dos *stakeholders*.

O segundo valor – *software* em funcionamento mais que documentação abrangente – se refere à outra crítica à abordagem tradicional, ou seja, o excesso de documentação e *templates* a serem preenchidos; na abordagem ágil, o foco deve ser no resultado, ou seja, *software* em funcionamento.

O terceiro valor – colaboração com o cliente mais que negociação de contratos – reforça o foco no relacionamento entre *stakeholders*-chave do projeto, em particular os clientes, fomentando a transparência e a colaboração mútua. Naturalmente, contratos são fundamentais nas relações comerciais, entretanto o manifesto defende que estes deveriam priorizar o comprometimento das partes na busca dos objetivos, em lugar de estabelecer fronteiras que podem, por exemplo, levar a disputas sobre "quem deve pagar" quando uma mudança "precisa ser feita".

O quarto valor – responder a mudanças mais que seguir um plano – refere-se à outra deficiência das abordagens orientadas ao plano (*plan-driven*), como discutido no Capítulo 11, quando falamos da dificuldade dos BoKs em lidar com as incertezas imprevisíveis do projeto. Há uma preocupação nas abordagens ágeis de manter a flexibilidade e adaptabilidade a novos cenários, principalmente nos projetos em que há muitas incertezas iniciais, o que, em geral, ocorre em ambientes de negócio dinâmicos e sujeitos à grande variabilidade, como no desenvolvimento de *softwares* e de inovação, por exemplo. Não há dúvida quanto à importância do planejamento, mas o manifesto adverte que, ao se perseguir cegamente o cumprimento do prazo e do custo estabelecido em um plano, não raro há comprometimento do escopo, situação que pode se tornar crítica em projetos nos quais não há muita clareza de todos os requisitos no ponto de partida, levando o usuário a assumir premissas pouco realistas. Dessa forma, o manifesto defende que a flexibilidade às mudanças deve prevalecer em relação a um roteiro inflexível (MANIFESTO FOR AGILE SOFTWARE DEVELOPMENT, 2001).

Da consolidação destes quatro valores, emergiram os 12 princípios da gestão ágil, conforme Quadro 20.1.

Quadro 20.1 Princípios da gestão ágil

P1)	Nossa maior prioridade é satisfazer o cliente, por meio da entrega adiantada e contínua de *software* de valor.
P2)	Aceitar mudanças de requisitos, mesmo no fim do desenvolvimento. Processos ágeis se adequam a mudanças, para que o cliente possa tirar vantagens competitivas.
P3)	Entregar *software* funcionando com frequência, na escala de semanas até meses, preferentemente períodos mais curtos.
P4)	Pessoas relacionadas com negócios e desenvolvedores devem trabalhar em conjunto e diariamente, durante todo o curso do projeto.
P5)	Construir projetos ao redor de indivíduos motivados. Proporcionar a eles o ambiente e suporte necessário, confiando que farão seu trabalho.
P6)	O método mais eficiente e eficaz de transmitir informações para, e por dentro de, um time de desenvolvimento é a partir de uma conversa cara a cara.

(continua)

> (continuação)
>
> P7) *Software* funcional constitui a medida primária de progresso.
>
> P8) Processos ágeis promovem um ambiente sustentável. Os patrocinadores, desenvolvedores e usuários devem ser capazes de manter, indefinidamente, passos constantes.
>
> P9) Contínua atenção à excelência técnica e bom *design* aumenta a agilidade.
>
> P10) Simplicidade: a arte de maximizar a quantidade de trabalho que não precisou ser feito.
>
> P11) As melhores arquiteturas, requisitos e *designs* emergem de times auto-organizáveis.
>
> P12) Em intervalos regulares, o time reflete como ficar mais efetivo, então, se ajusta e otimiza seu comportamento de acordo.
>
> **Fonte:** Adaptado de: <http://www.manifestoagil.com.br/principios.html>. Acesso em: 10 set. 2018.

Nem todos os 12 princípios da gestão ágil são inovadores com relação à gestão tradicional, à medida que a gestão tradicional também prima pela satisfação do cliente (P1), indivíduos motivados (P5) e excelência técnica (P9). Contudo, alguns aspectos são bastante distintos da abordagem tradicional, como a autogestão (P11), o envolvimento do cliente no processo (P4), ciclos iterativos (P8, P12), curtos (P3) e a simplicidade (P10), como vamos discutir mais à frente neste capítulo.

Apesar de este manifesto ágil ter sido elaborado com vistas ao desenvolvimento de *software*, esses valores e princípios se aplicam a vários contextos de projeto. A difusão crescente da abordagem ágil levou a um alinhamento maior da abordagem tradicional a ágil promovida na sexta edição do PMBoK (PMI, 2017), fazendo referências a práticas ágeis nas várias áreas de conhecimento. O *PMI's Pulse of the Profession*, relatório publicado anualmente, mostra que o crescimento do uso da gestão ágil é significativo, sendo que apenas 12% das organizações pesquisadas nunca usou abordagens ágeis e 40% delas dizem usar métodos ágeis sempre/frequentemente (PMI, 2017).

Outro aspecto que mostra o interesse crescente dos profissionais da área é a oferta de certificações com foco em abordagens ágeis, como o *PMI Agile Certified Practitioner* (PMI-ACP) e o *Certified Scrum Master* (CSM).

Existem vários aspectos distintivos entre a gestão ágil de projetos e a gestão tradicional, os quais vamos destacar nos próximos tópicos desta seção.

20.1.1 Sucesso em projetos

No Capítulo 19, discutimos sucesso em projetos. Você deve se lembrar que é bastante comum utilizar o triângulo de ferro como parâmetro de sucesso, ou seja, para um dado escopo, orçamento e prazo, um projeto de sucesso é aquele que apresenta menor variação quanto ao estimado, sempre orientado ao plano e ao controle das variações.

No entanto, em ambientes dinâmicos, em que não se tem claro o escopo, os desafios em se trabalhar com o triângulo tradicional são muitos. Nesse caso, o escopo não é claro, busca-se desenvolver soluções inovadoras e de valor para o cliente com determinado volume de recursos e prazo, de forma iterativa e contínua com a participação efetiva do cliente, causando a inversão do triângulo de ferro tradicional, como ilustra a Figura 20.1 (SLIGER; BRODERICK, 2008).

Na Figura 20.1, pode-se observar que o gerenciamento tradicional tem o planejamento construído a partir do escopo, enquanto na abordagem ágil parte-se das restrições de recursos e prazo, que serão orientados pela visão.

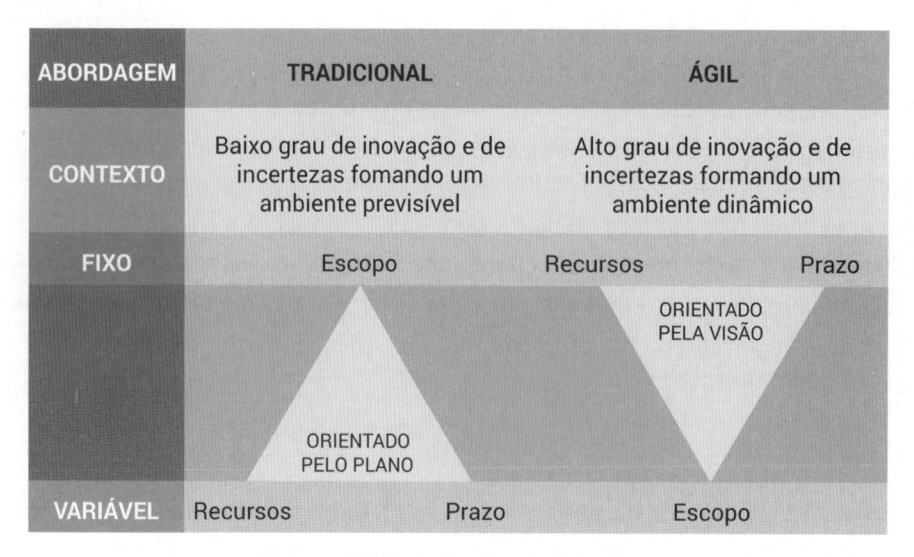

ABORDAGEM	TRADICIONAL	ÁGIL
CONTEXTO	Baixo grau de inovação e de incertezas formando um ambiente previsível	Alto grau de inovação e de incertezas formando um ambiente dinâmico
FIXO	Escopo	Recursos — Prazo
	ORIENTADO PELO PLANO	ORIENTADO PELA VISÃO
VARIÁVEL	Recursos — Prazo	Escopo

Fonte: Adaptada de Sliger e Broderick (2008).

Figura 20.1 O triângulo invertido nas abordagens ágeis.

Caso Eduardo e Mônica

Mônica e o triângulo invertido

Mônica trabalha em uma unidade de uma grande rede hospitalar. A rede resolveu implementar um novo e completo *software* para gestão, incluindo agendamento de consultas *on-line*, controle de filas, emissão e armazenamento de prontuários eletrônicos, sistema integrado de indicadores de desempenho, controle de estoque de medicamentos e muitas outras funcionalidades, além de facultar a gestão integrada de todas as unidades desta grande corporação.

Há muitas dúvidas sobre como se dará a implementação do sistema. Os consultores da empresa alemã detentora dos direitos do *software* não conhecem as particularidades da operação do hospital e, por sua vez, o hospital ainda não conhece todas as possibilidades que o sistema oferece. A solução será definida e customizada paralelamente ao ganho de conhecimento de todos os envolvidos.

Já foram identificadas algumas necessidades de adaptação dos relatórios de controle de medicamentos, originalmente elaborados para atender a legislação alemã e a Zona do Euro. Espera-se, ainda, que muitas alterações sejam feitas no módulo fiscal para atender o sistema tributário brasileiro. Mas o que mais ainda pode surgir? Há muitas incertezas e percebe-se que já surgem alguns focos de resistência à novidade. Quanto será que isso pode atrapalhar o desenvolvimento do projeto? Será que o novo sistema atenderá a operação que, mesmo que atualmente imperfeita, não deixa de ser funcional? Muitos especulam, mas ninguém sabe ao certo.

Mônica foi convocada para contribuir com o projeto. Ela será a líder responsável por garantir que as necessidades operacionais do seu setor sejam devidamente atendidas (sistema de agendamento de exames e consultas, registro e atendimento de pacientes e retirada de resultados de exames), com os respectivos processos adequadamente transcritos nas rotinas do *software*.

Apesar de ser uma pessoa muito segura, Mônica está preocupada. Afinal, ela nunca desempenhou atividade similar a esta. Sabe apenas que há muito trabalho pela frente, mas não tem ideia de como isso se desdobrará. Ela adquiriu uma boa experiência em gestão de projetos com a construção de sua casa, mas, mesmo com uma série de indefinições e surpresas no decorrer da obra, parecia algo muito mais claro e concreto do que este novo desafio.

Mônica apressou-se em telefonar para um dos consultores da empresa de *software*, Hans, para ter uma noção de como o sistema funcionará. Assim, ela poderia detalhar algumas atividades para a sua equipe, de forma a não perder tempo, isto porque, no final do ano, Mônica quer tirar suas férias e viajar com a família.

No entanto, ao conversar com Hans, suas dúvidas e preocupações só aumentaram. Ficou claro que ele não conhecia a sua operação e o que ele descrevia não parecia convergir com a realidade do hospital. Com tantas perguntas sem respostas, Mônica questionava se seria possível sequer fazer uma declaração de escopo, como aquela que havia feito no projeto de construção da sua casa.

Além de suas preocupações profissionais, ela não deixava de pensar no compromisso do final de ano: a tradicional viagem de férias com o Eduardo e as crianças. Mas com esse projeto "tão solto", ela se preocupava se haveria algum tipo de interferência com seus planos familiares. O Eduardo, tido como mais "cabeça fresca", parecia ter tudo mais organizado para suas férias – pensou Mônica, nitidamente alarmada pela possibilidade de se tornar a "vilã da história".

Como será que esse pessoal conseguirá chegar a uma visão para esse projeto, se sequer vislumbram ao certo o que precisa ser feito? Além disso, ficou em dúvida se Hans tinha de fato noção clara das restrições de recurso e prazo do projeto.

Mônica sabia que precisava encontrar algum jeito para fazer suas estimativas adequadamente. A forma convencional como sempre fez não iria adiantar. Ouviu falar sobre as abordagens ágeis e foi então que ela se dedicou a estudar para entender como isso ajudaria em seu trabalho.

Como Mônica poderia orientar a discussão com os consultores da empresa alemã detentora dos direitos do *software*, com sua equipe e com os *stakeholders*-chave de sua unidade hospitalar, com base na lógica do triângulo invertido?

20.1.2 Escopo *versus* visão

Como já mencionado, há distinção entre escopo e visão na abordagem tradicional e na ágil.

O gerenciamento de projetos tradicional propõe que estes objetivos sejam transcritos em uma declaração de escopo, a partir do qual nascem diversos elementos essenciais para a boa gestão, como a estrutura analítica do projeto (EAP ou WBS) e detalhamento das atividades a serem desempenhadas. Nesta perspectiva, infere-se que o tratamento das incertezas de um projeto seja administrado mediante um planejamento eficaz, obtido pelo particionamento do escopo em partes gerenciáveis e controle da variabilidade do executado em face do planejado.

Nos casos aplicáveis aos métodos ágeis, no qual o cenário inicial não oferece muita clareza acerca de produto/serviço/resultado do projeto, a declaração do escopo (nos termos das boas práticas discutidas no Capítulo 5 – Gestão do Escopo) não seria viável. Afinal, como descrever o produto do projeto com a riqueza de detalhes necessárias para uma decomposição e detalhamento na estrutura analítica do projeto (WBS), à medida que ainda não se tem claro onde se pretende chegar?

Como se faz então na abordagem ágil? Nessa abordagem, não há a gestão do escopo, como visto no Capítulo 5, não se faz a WBS, mas sim se trabalha o conceito de visão do projeto. Essa diferença distingue bem as características e aplicabilidade dos métodos ágeis em comparação às abordagens tradicionais.

O termo visão se justifica à medida que considera a pouca nitidez acerca do cenário futuro, como no triângulo invertido da Figura 20.1, em que a visão orientará os ciclos iterativos do projeto, em que a equipe e o cliente tomam decisões balizadas pelas restrições de recursos e tempo, até alcançar um escopo viável ao termino das iterações, como no exemplo do foco da câmera dado no início deste capítulo.

A visão pode ser definida como o conjunto de artefatos elaborados coletivamente pela equipe, cliente e *stakeholders*-chave, no início de um projeto. A visão descreve o resultado esperado de um projeto de maneira concisa, gráfica e capaz de desafiar a equipe em busca de possibilidades de soluções inovadoras. Algumas das características da visão são a menor quantidade de documentos, geralmente apresentada em painéis visuais, como figuras, metáforas e analogias, visando desafiar e motivar a equipe em busca de encontrar o resultado, antecipando soluções (BENASSI; AMARAL, 2011).

Para deixar mais clara a diferença entre visão e escopo, a Figura 20.2 os compara a partir de vários aspectos.

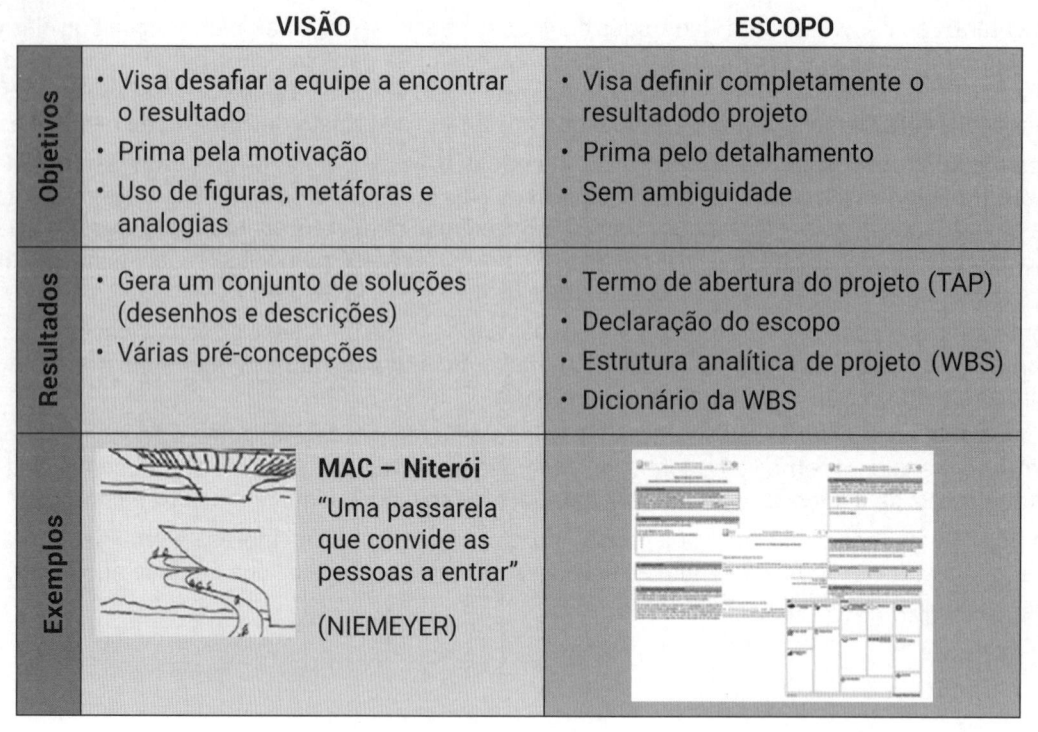

	VISÃO	ESCOPO
Objetivos	• Visa desafiar a equipe a encontrar o resultado • Prima pela motivação • Uso de figuras, metáforas e analogias	• Visa definir completamente o resultadodo projeto • Prima pelo detalhamento • Sem ambiguidade
Resultados	• Gera um conjunto de soluções (desenhos e descrições) • Várias pré-concepções	• Termo de abertura do projeto (TAP) • Declaração do escopo • Estrutura analítica de projeto (WBS) • Dicionário da WBS
Exemplos	MAC – Niterói "Uma passarela que convide as pessoas a entrar" (NIEMEYER)	

Fonte: Adaptada de Amaral (2013) e Benassi e Amaral (2011).

Figura 20.2 Distinções entre escopo e visão.

Benassi e Amaral (2011) propõem o método de apoio à elaboração da visão, denominado *Product Vision Management Method* (PVMM), que se constrói a partir do trabalho em grupo, o qual também inclui o cliente. Cada etapa do método envolve um grupo particular dentro da equipe, com responsabilidades definidas, bem como uma série de documentos a serem produzidos. Recomenda-se que a equipe seja multifuncional, de modo a contemplar o desenvolvimento com o maior número de pontos de vista possível.

Na primeira etapa, a equipe deverá elaborar um termo de abertura do projeto (TAP), cujo objetivo é a transmissão de informações a todos os participantes do projeto. Nesta etapa, há uma declaração de alto nível acerca do produto, com informações, tais como o mercado-alvo, descrição geral, benefícios esperados etc.

A segunda etapa é denominada *captação de necessidades*. Os membros da equipe de reúnem em pares, preferencialmente contendo um desenvolvedor e um cliente, para elaborarem uma lista com as necessidades a serem atendidas pelo produto, bem como quaisquer novas ideias que surjam na dinâmica de pares.

Na etapa posterior, a equipe interna parte de uma lista que compila aquelas geradas pelas duplas na etapa anterior e a transcreverá em um formulário com três colunas. A lista de necessidades compiladas será posicionada na segunda coluna, "necessidades". A terceira coluna, "pré-requisitos", reunirá os pré-requisitos para que se satisfaçam as necessidades na coluna anterior. A primeira coluna, "identificação", guardará um código para a relação necessidade pré-requisito estabelecida. É importante reforçar que os autores sugerem a expressão "pré-requisitos", pois são definições preliminares baseadas no conhecimento e experiência da equipe.

Na etapa quatro, a equipe deve elaborar esboços iniciais do produto, tendo como base as necessidades e pré-requisitos da etapa anterior. Esses esboços são as preconcepções que visam "materializar" as ideias da equipe de desenvolvedores para um entendimento coletivo e podem incluir representações físicas do produto ou princípios de solução que já possam ser endereçados. Essas representações podem ser feitas por desenhos (à mão livre ou digital), declaração textual etc. O importante é que permita a expressão livre dos participantes. As diversas preconcepções serão, então, dispostas em um quadro para acesso de todos.

A etapa seguinte é a reunião da equipe interna com os clientes, na qual são transmitidas as preconcepções desenvolvidas. Essas preconcepções representam a visão da equipe acerca do produto, a qual deverá ser analisada pelo cliente para certificar-se que há alinhamento ou, caso contrário, sugerir as modificações que entenda ser necessárias.

Finalmente, na última etapa é elaborada a matriz item-entrega, na qual a equipe interna relaciona todas as informações geradas anteriormente, descrevendo as entregas necessárias para a consecução da visão devidamente traduzida nos distintos elementos criados nas fases anteriores. A matriz deverá informar quanto às condições de interface entre as partes, os responsáveis, a correlação entre os pré-requisitos, a *bill of material*, as entregas e as datas planejadas (BENASSI; AMARAL, 2011).

Caso Eduardo e Mônica

A visão da casa na discussão do projeto arquitetônico

Eduardo e Mônica sabiam que queriam uma casa para quando os gêmeos chegassem e, para tanto, contrataram uma construtora para conduzir os projetos de engenharia e arquitetura, optando pela visão tradicional de gestão de projetos, que pareceu bastante alinhada.

Contudo, na primeira reunião com a arquiteta do projeto veio a primeira crise, quando ela disse que, para definir o partido arquitetônico, precisava conhecer melhor as expectativas do casal para a casa.

Percebendo o espanto de Eduardo e Mônica, a arquiteta Taisa foi logo explicando que o partido arquitetônico era a ideia inicial do projeto, que direcionaria o projeto, e perguntou quais condicionantes eles gostariam de impor. Explicou também que, ouvindo as expectativas do casal, seria mais fácil para ela incorporá-las dentro do partido arquitetônico, que seria o instrumento utilizado para estabelecer um diálogo profícuo, expressando a ideia da casa que ela imaginou a partir das ideias que ouviu deles sobre a tão sonhada moradia.

Eduardo logo se lembrou da aula de técnicas ágeis do seu MBA e pensou em utilizar uma abordagem híbrida, incorporando as técnicas de visão para essa fase de projeto conceitual. Para a próxima reunião, Eduardo e Mônica prepararam um mural e escreveram várias preconcepções do que gostariam na casa, seguindo o exemplo do Museu de Arte Contemporânea de Niterói, que viram na aula do professor Amaral, conforme a Figura 20.3.

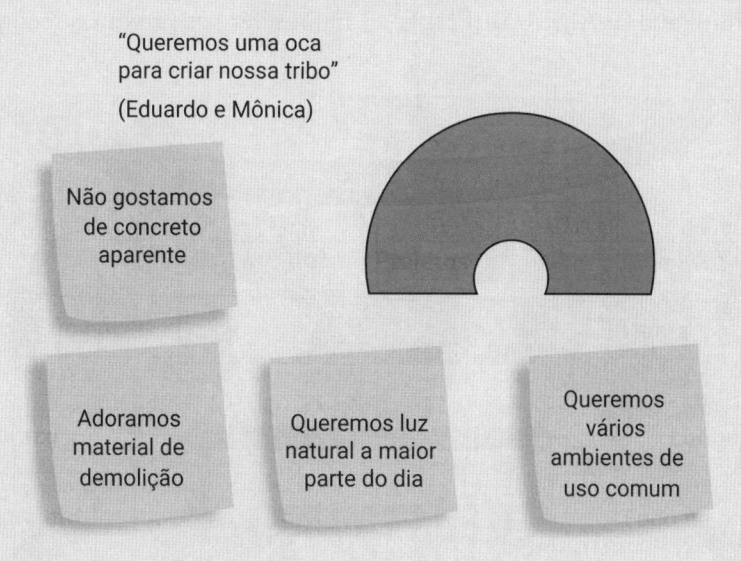

"Queremos uma oca para criar nossa tribo"
(Eduardo e Mônica)

- Não gostamos de concreto aparente
- Adoramos material de demolição
- Queremos luz natural a maior parte do dia
- Queremos vários ambientes de uso comum

Figura 20.3 A visão da casa de Eduardo e Mônica.

A arquiteta adorou o mural e falou que iria tentar essa abordagem em outros projetos que estava conduzindo.

20.2 MÉTODOS ÁGEIS

No início dos anos 1990, o *Rapid Application Development* (RAD) surgiu como uma alternativa ao modelo "cascata" de Winston Royce (1970), em que o desenvolvimento de *software* era realizado em fases sequenciais: requisitos de sistema, requisitos de *software*, análise, projeto de programação, codificação, teste e operação. Já o RAD oferecia uma abordagem iterativa e incremental, sustentada nos modelos "espiral" de Barry Boehm (1985) e "evolucionário" de Tom Gilb (1986), que se mostrou mais adequada para o gerenciamento de projetos *software*.

Entretanto, muitos dos *frameworks* RAD surgidos à época empregavam grande destaque às entregas, em detrimento da governança dos projetos, o que levou a uma interpretação distorcida no mercado. As organizações passaram a adotar o termo RAD como parte de um modismo para descrever métodos ou falhas de entrega, e a palavra "rápido" passou a deixar a impressão de que a velocidade seria mais importante que a qualidade, causando um desgaste que levou o modelo a cair em desuso, ainda nos anos 1990 (COBB, 2015; COHN, 2006; MEASEY; RADTAC, 2015).

Na mesma época em que o RAD saía de cena, começam a surgir muitos métodos alternativos de gestão, os chamados métodos leves, de diferentes matizes, tais como Scrum (SCHWABER; BEEDLE, 2001; TAKEUCHI; NONAKA, 1986), *Lean Software Development* (POPPENDIECK; POPPENDIECK, 2003), *eXtreme Programming* (XP) (BECK, 1999; MEASEY; RADTAC, 2015; WYSOCKI, 2014), entre outros.

O *Framework* Scrum, ou apenas Scrum, como é mais conhecido, foi inicialmente proposto no livro *Agile Software Development with Scrum* (Desenvolvimento Ágil de *Softwares* com Scrum), de Ken Schwaber e Mike Beedle (SCHWABER; BEEDLE, 2001), cujos conceitos centrais se basearam na famosa publicação da *Harvard Business Review* de 1986, *The New New Product Development Game* (O Jogo do Desenvolvimento de Novos Produtos), de Takeuchi e Nonaka (1986).

O termo Scrum vem de uma analogia feita por Takeuchi e Nonaka (1986) a um movimento do rúgbi, usado para reinício de jogada no rúgbi ou cobrança de penalidade, em que os jogadores se abraçam com a cabeça abaixada e se empurram contra o time adversário (que está na mesma posição e sentido contrário) com o objetivo de ganhar a posse de bola, conforme ilustra a Figura 20.4. Na analogia, destaca-se a situação pautada pela força, mas também harmonia e inteligência do trabalho conjunto, portanto, uma metáfora que representa bem a dinâmica proposta pelo *framework*, conforme iremos ver nas próximas seções.

Figura 20.4 Scrum no rúgbi.

Outras metáforas da dinâmica do jogo de rúgbi são utilizadas em analogia ao processo de desenvolvimento de novos produtos, como o fato de a equipe avançar em bloco, com a bola sendo passada lateralmente entre os membros e, eventualmente, até sendo recuada. O que importa é a visão holística do progresso no sentido do objetivo, na qual um aparente recuo, na verdade, abre melhores oportunidades para o avanço do conjunto (TAKEUCHI; NONAKA, 1986).

O *eXtreme Programming* (XP) dá maior ênfase aos valores e práticas relacionados com os aspectos técnicos da programação de *software*, mas também empregando menor atenção à governança do projeto. O XP foi idealizado para situações em que falta clareza sobre a solução e sobre os objetivos, reforçando a "vocação do pensamento ágil". Para tal, propõe a formação de um contexto de simplicidade, que possibilite um *feedback* rápido e mudanças incrementais, até que se alcance os objetivos. Para tal, o XP se norteia em cinco valores bem alinhados ao manifesto ágil: comunicação, simplicidade, *feedback*, coragem e respeito. Todavia, a crítica que recai sobre esse modelo é justamente o destaque dado ao escopo, em detrimento às demais métricas de projeto (prazo, custo e qualidade) (MEASEY; RADTAC, 2015; WYSOCKI, 2014).

Existem muitos outros métodos alinhados à gestão ágil de projetos, no entanto, neste capítulo, vamos dar ênfase ao Scrum, por ser um dos mais difundidos e consolidados.

20.3 *FRAMEWORK* SCRUM

Neste ponto, o leitor mais atento deve ter notado que evitou-se o termo "metodologia" neste capítulo. Em geral, foram usadas expressões como "abordagem", "método" ou "*framework*". Mas, por que fazemos isso? Afinal de contas, o que é o Scrum e em que terminologia se encaixa?

Segundo o dicionário *on-line* Aurélio da Língua Portuguesa (AURÉLIO BUARQUE DE HOLANDA, n.d.), metodologia é "a arte de dirigir o espírito na investigação da verdade" e método diz respeito ao "processo racional para chegar a determinado fim". Assim, podemos inferir que a metodologia estuda e desenvolve os métodos para a busca do conhecimento, o que certamente não se aplica ao Scrum. Por outro lado, método seria um termo de boa adequação, uma vez que o Scrum propõe uma certa rotina racional para alcançar os objetivos do projeto, assim como outras abordagens ágeis – daí, a popularização da expressão "métodos ágeis".

Por que, então, "*framework*"?

Os próprios autores do Scrum, Schwaber e Beedle (2001), o chamam de *framework*. Não existe uma tradução perfeita na língua portuguesa para o termo, mas o que mais se aproxima é a ideia de um quadro estrutural ou referencial. Segundo o Cambridge Dictionary (n.d.), *framework* é "uma estrutura de apoio em torno da qual algo pode ser construído", ou ainda "um sistema de regras, ideias ou crenças que é usado para planejar ou decidir algo", descrições que sugerem algo menos detalhado do que um método, mas mais próximo de um guia para balizar as ações e decisões. De fato, se considerarmos o Scrum como um conjunto de valores e princípios, o termo *framework* seria o que melhor se adéqua.

Assim, podemos definir Scrum como um *framework* pelo qual se pode resolver problemas adaptativos complexos, ao mesmo tempo em que são fornecidos produtos eficientes e criativos, com o maior valor agregado possível (SCHWABER; SUTHERLAND, 2017).

O Scrum adota um processo do aprendizado empírico, assumindo que o conhecimento provém da experiência, o qual está estruturado em três pilares: transparência (todos envolvidos conseguem ver e compreender o que está ocorrendo), inspeção (acompanha o produto sendo criado e o processo de criação) e adaptação (conforme necessário, adapta o produto ou o processo de criação). A partir dessa lógica, o Scrum evolve sua equipe em um processo do aprendizado empírico, organizado por eventos, artefatos e regras de funcionamento, como iremos detalhar nas próximas seções (SCHWABER; SUTHERLAND, 2017). Leia mais sobre o *framework* em The Scrum Guide™ (SCHWABER; SUTHERLAND, 2017), que está disponibilizado de forma gratuita para *download*, pelo menos até o encerramento da edição deste livro, em vários idiomas, inclusive português, no endereço <http://www.scrumguides.org/scrum-guide.html>. Você pode acessar o *site* por meio do último QR Code ao final deste capítulo, na sessão Estudo complementar.

20.3.1 Equipe Scrum

A equipe Scrum foi idealizada para alcançar os princípios da gestão ágil, tais como construir projetos ao redor de indivíduos motivados (P5) e organizados em times auto-organizáveis (P11).

A equipe Scrum tem três papéis relevantes: o mestre Scrum (Scrum *master*), o dono do produto (*product owner*) e o time de desenvolvimento (*development team*). A multifuncionalidade e a auto-organização são as principais características desse modelo de equipe, ou seja, no Scrum, seus membros têm as competências para o desenvolvimento do trabalho, bem como são capazes de escolher por eles próprios a forma como irão fazê-lo. Esta abordagem maximiza a flexibilidade, criatividade e produtividade necessárias às entregas iterativas e incrementais do "produto realizado", assegurando que o cliente sempre tenha uma versão operacionalmente útil do produto, sobre a qual também poderá prover precioso *feedback* à equipe Scrum (SCHWABER; SUTHERLAND, 2017). A Figura 20.5 mostra a visão geral dessa equipe.

A seguir, vamos conhecer mais detalhadamente cada um dos papéis desempenhados no Scrum.

Mestre Scrum (*Scrum master*)

A principal função do mestre Scrum consiste em garantir a compreensão e divulgação da teoria, práticas, eventos, artefatos e regras do Scrum, não só para os membros da equipe Scrum, mas também àqueles *stakeholders* fora da equipe, promovendo uma interação adequada. Mais do que tudo, o mestre Scrum é o *coach* da equipe Scrum, responsável pela condução do processo de aprendizado empírico do Scrum, ao mesmo tempo que está a serviço da equipe como facilitador e solucionador de problemas, sempre buscando maximização do valor para o cliente (SCHWABER; SUTHERLAND, 2017; SUTHERLAND, 2010).

Você deve se perguntar, então, o mestre Scrum é o gerente do projeto?

O mestre Scrum não é um gerente de projeto como na abordagem tradicional, pois ele não atribui tarefas às pessoas, em vez disso, atende a equipe, protegendo-a de interferências externas e orientando-a no uso hábil do Scrum. O mestre Scrum proporciona, por um lado, as condições para que o dono do produto possa gerir e organizar adequadamente, e por outro, motiva o envolvimento e compreensão do time de desenvolvimento.

O mestre Scrum é o *coach* da equipe, porém, tendo em mente que a equipe é auto-organizada.

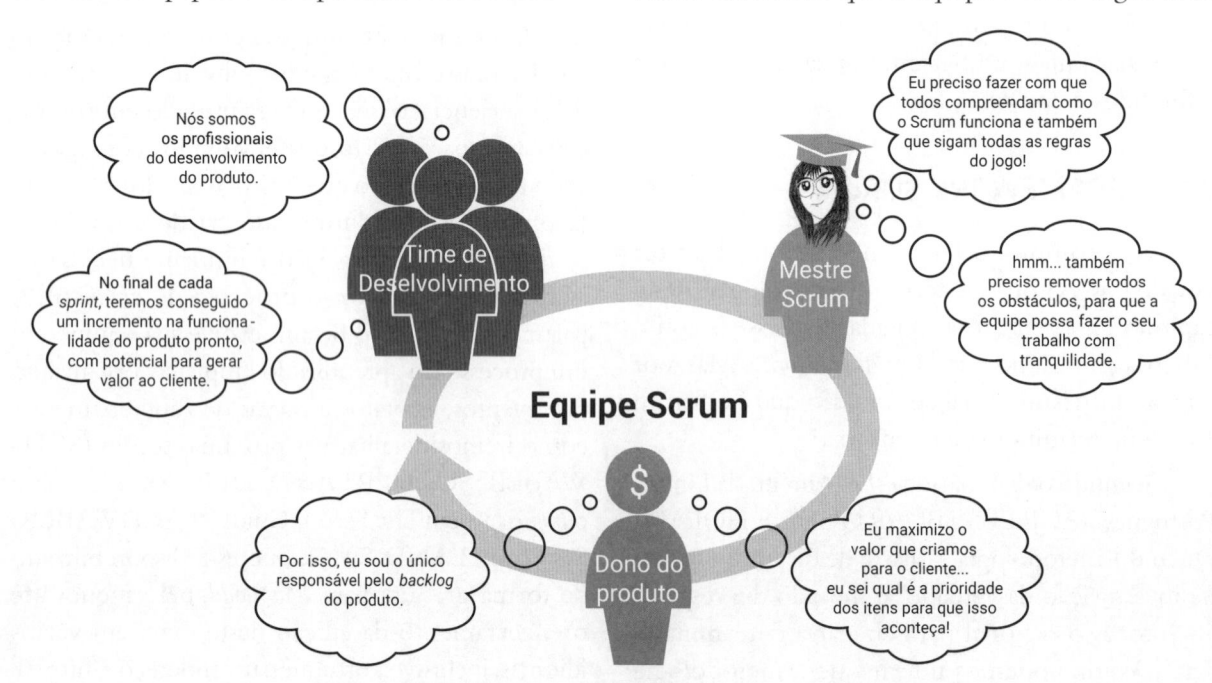

Figura 20.5 Visão geral da equipe Scrum.

A expectativa é que possa ajudar a equipe a desenvolver produtos de alto valor agregado, removendo os obstáculos que surjam e fazendo a "ponte" com o restante da organização, quando necessário.

No âmbito organizacional, o mestre Scrum ainda deve atuar como um "porta-voz" do Scrum, ajudando os demais stakeholders a compreender e aceitar a adoção do Scrum, uma mudança que pode encontrar resistência dentro das organizações. Um mestre Scrum engajado é fundamental para derrubar as resistências ou minimizar os seus efeitos, os quais poderiam comprometer a eficiência e a eficácia da equipe Scrum.

Dono do produto (*Product owner*)

A principal função do dono do produto é a maximização do valor do produto e do trabalho do time de desenvolvimento.

É a pessoa com responsabilidade pela visão do produto e gestão de seu desenvolvimento, constituindo, portanto, o nexo de conexão entre o time de desenvolvimento e os clientes e usuários. Ele deve prezar pela clareza, visibilidade e transparência necessárias, visando a melhor forma de se alcançar os resultados em conjunto com a equipe Scrum.

O dono do produto tem papel fundamental na gestão do produto, decidindo quais as características e funcionalidades do produto e em qual ordem elas serão desenvolvidas e validadas. Por isso, ele comandando um dos artefatos Scrum que veremos mais à frente, o *backlog* do produto, que inclui seu conteúdo, disponibilidade e ordenação.

Para que se mantenha a integridade na relação autoridade-responsabilidade que sustenta o trabalho do dono do produto, toda e qualquer inclusão, alteração ou exclusão no *backlog* do produto só pode ser feita por ele, sendo vedado aos demais membros da equipe Scrum intervir na priorização estabelecida no *backlog* do produto, tampouco é permitido pedir alguma atividade diretamente ao time de desenvolvimento. O fato de o dono do produto ser responsável pelas atividades de gerenciamento de *backlog* não quer dizer que não haja participação do time de desenvolvimento, entretanto, a responsabilidade continua sendo exclusivamente dele (SCHWABER; SUTHERLAND, 2017; SUTHERLAND, 2010).

Time de desenvolvimento (*Development team*)

O time de desenvolvimento é composto por profissionais que realizam o trabalho para alcançar um incremento potencialmente entregável do produto "realizado" ao final de cada *sprint*, um evento Scrum que vamos explicar na sequência. Cabe exclusivamente aos membros do time de desenvolvimento a criação dos incrementos de funcionalidades do produto, até a sua conclusão.

Não existem regras precisas para o dimensionamento do time de desenvolvimento, mas as equipes devem ter o menor tamanho possível para atender as demandas de cada *sprint*, evento do Scrum que veremos em detalhes posteriormente neste capítulo. Para se dimensionar o time de desenvolvimento, considera-se tanto o volume de trabalho, quanto as competências necessárias ao desenvolvimento do produto. Entretanto, como interação e sinergia são fundamentais, considera-se, por um lado, que times com menos de três membros podem implicar redução de produtividade. Por outro, o gerenciamento de um processo de aprendizado empírico pode ser muito complexo em times com mais de nove membros, exigindo um esforço de coordenação que, também, pode levar a uma perda de eficiência. Logo, o dimensionamento do time deve ser entre três e nove membros. As funções do dono do produto e do mestre Scrum não são contabilizados como parte do time de desenvolvimento.

Os times de desenvolvimento seguem os princípios ágeis, adotando a auto-organização, com ausência de hierarquia e de subgrupos, além de primar pela multifuncionalidade. Por isso, é fundamental que as empresas estruturem e capacitem os times, de forma a estarem aptas para se auto-organizarem e gerenciarem o seu próprio trabalho (SCHWABER; SUTHERLAND, 2017; SUTHERLAND, 2010).

A dinâmica do time de desenvolvimento é auto-organizada, ninguém pode interferir neste processo, nem os outros membros da equipe Scrum (mestre Scrum, dono do produto) nem outros *stakeholders*. O time de desenvolvimento decide como vai trabalhar para transformar o *backlog* do produto em funcionalidade do produto, sem diferença hierárquica entre os membros e sem subgrupos, independentemente das atividades a serem realizadas.

Os times de desenvolvimento são multifuncionais, reunindo todas as competências necessárias para desenvolver o produto. Apesar das eventuais especializações ou áreas de foco dos indivíduos, a responsabilidade nunca é individualizada, todo o time de desenvolvimento é responsável pelo trabalho como um todo. O único título reconhecido pelo Scrum é "desenvolvedor" (*developer*). Não há exceções a esta regra.

O aspecto central para o bom funcionamento do time de desenvolvimento é a sinergia entre seus membros, para otimizar a eficiência e eficácia no desempenho de suas atividades.

20.3.2 Artefatos Scrum

O princípio 12 da gestão ágil reforça a importância de se ter um processo adaptativo, que se ajuste às mudanças, sempre em busca de valor para o cliente. Não é por acaso, portanto, que um dos motes primordiais do Scrum é o "inspecionar e adaptar" (SUTHERLAND, 2010).

Como o contexto do projeto implica, inevitavelmente, conviver com incertezas, o processo de aprendizado empírico do Scrum é pautado por pequenos passos de desenvolvimento (incrementos), seguidos da inspeção do produto resultante e da eficácia das atividades de adaptação aos objetivos do produto e aos processos utilizados, conforme o conhecimento vai se consolidando.

Nesse sentido, os artefatos Scrum têm como principal função manter a transparência necessária para todos os envolvidos, de forma que se propicie estas atividades de inspeção e as consequentes intervenções necessárias durante o desenvolvimento do produto, ou ainda, "representam o trabalho ou o valor para o fornecimento de transparência e oportunidades para inspeção e adaptação" (SCHWABER; SUTHERLAND, 2017, p. 13).

Além disso, vale destacar que os artefatos têm também inspiração no princípio 10 da gestão ágil, que é a simplicidade, o que pode ser verificado se compararmos os artefatos da gestão ágil com os *templates* e documentos da gestão tradicional.

No entanto, existem ocasiões em que há necessidade de documentação, auditorias, regras contratuais, que demandarão outros tipos de abordagem. Lembre-se de que o importante é saber discernir quando usar cada abordagem, e não escolher um time e segui-lo cegamente.

Existem várias referências sobre o Scrum, com alguma variabilidade em torno dos artefatos e dos eventos Scrum. Neste capítulo, iremos adotar a referência original de Schwaber e Sutherland (2016), que contempla apenas os três artefatos: *backlog* do produto, *backlog* do *sprint* e incremento, conforme vamos discutir na sequência (SCHWABER; SUTHERLAND, 2017). Optamos por manter os termos em inglês do Scrum, pois o uso de traduções é pouco usual nas organizações.

Podemos entender os artefatos como partes do processo de aprendizado do Scrum, como entradas, processo e saída, conforme ilustra a Figura 20.6.

Backlog do produto

O termo *backlog* de produto poderia ser traduzido como o trabalho acumulado referente ao produto, ou seja, o trabalho previsto e que deve ainda ser executado no produto nas próximas iterações. Pense na seguinte metáfora: você está sentado em sua mesa de trabalho e olha uma pilha de documentos a seu lado para ler; essa pilha é seu *backlog* de produto.

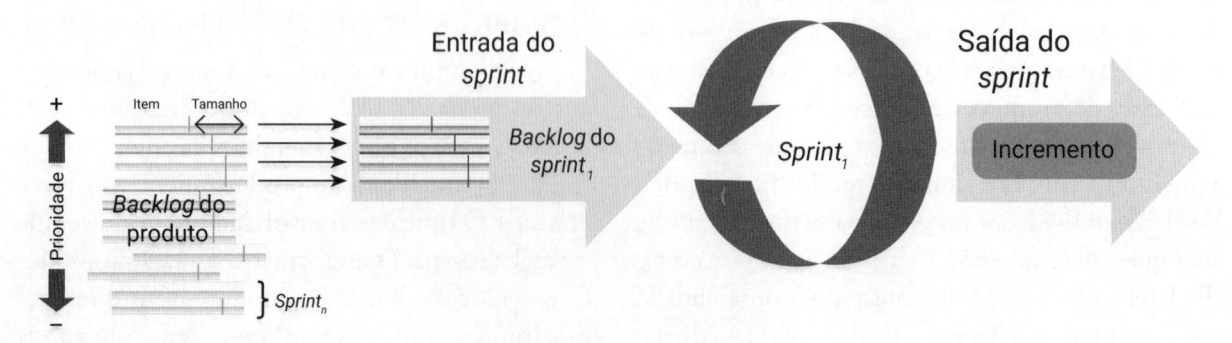

Figura 20.6 Artefatos do Scrum.

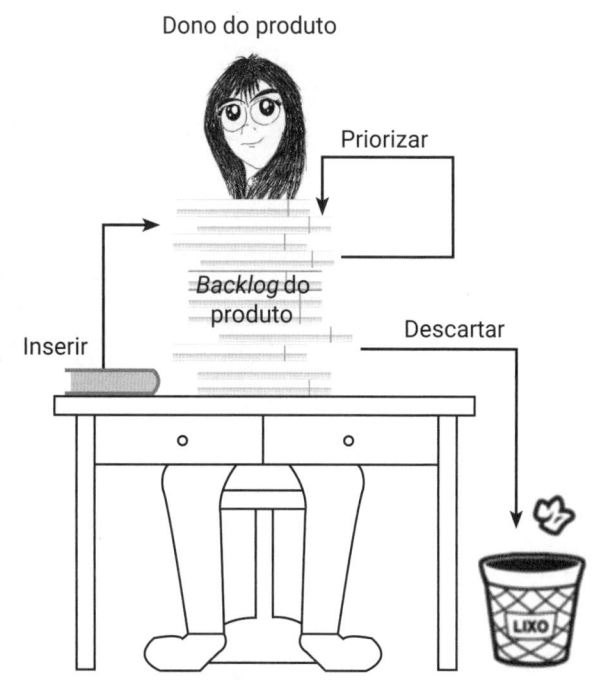

Figura 20.7 *Backlog* de produto.

O *backlog* de produto é um artefato, em geral, no formato de lista ordenada ou painel visual de tudo que se sabe ser necessário no produto, em um dado momento do ciclo de vida do projeto. Este artefato é gerenciado, exclusivamente, pelo dono do produto e representa o conteúdo, a disponibilidade e a ordenação do trabalho a ser realizado, contendo todas as características, funções, requisitos, melhorias e correções que devem ser incorporadas no produto nas futuras versões, sendo a única porta de entrada para todos os registros de requisitos de mudanças a serem realizadas no produto.

Se retornarmos à metáfora da pilha em sua mesa de trabalho, como regra geral do Scrum quanto mais no alto no *backlog* de produto, mais refinado o item deve estar descrito, com maior clareza e detalhamento, permitindo estimativas mais realistas, sobre as quais iremos discutir na Seção 20.3. Da mesma forma, dos itens mais abaixo na pilha espera-se menor prioridade e menor clareza na descrição do item, como ilustra a Figura 20.7.

Como mostra a Figura 20.7, trata-se de um artefato "vivo", mudando constantemente ao longo do ciclo de vida do projeto. O *backlog* de produto precisa ser constantemente refinado (*backlog grooming*) ao longo das iterações, com o maior detalhamento de seus itens, estimativas mais acuradas vão sendo feitas e a ordenação da lista vai sendo revisada; itens podem ser priorizados, incluídos e jogados no lixo. Esse processo transcorre com o trabalho colaborativo do dono do produto e do time de desenvolvimento, cabendo ao time decidir quando o refinamento está bom o suficiente. Todavia, ressalte-se que o dono do produto tem a prerrogativa de atuar sobre o *backlog* de produto, independentemente da equipe Scrum. Para se ter uma ideia, estima-se que apenas 10% do esforço do time de desenvolvimento são aplicados neste processo. Vale destacar que múltiplas equipes Scrum podem trabalhar em um mesmo produto.

A Figura 20.8 mostra algumas possíveis representações de *backlog* do produto, tanto no formato lista como no formato quadro.

O monitoramento do progresso dos trabalhos pode ser feito a qualquer momento, muito embora o dono do produto acompanhe cada revisão do *sprint* (evento do Scrum que será descrito mais à frente neste capítulo), quando também estima o tempo para que se atinja aos objetivos de forma transparente a todos *stakeholders*.

Backlog do *sprint*

Como vimos no início deste capítulo, uma característica da abordagem ágil são os ciclos iterativos

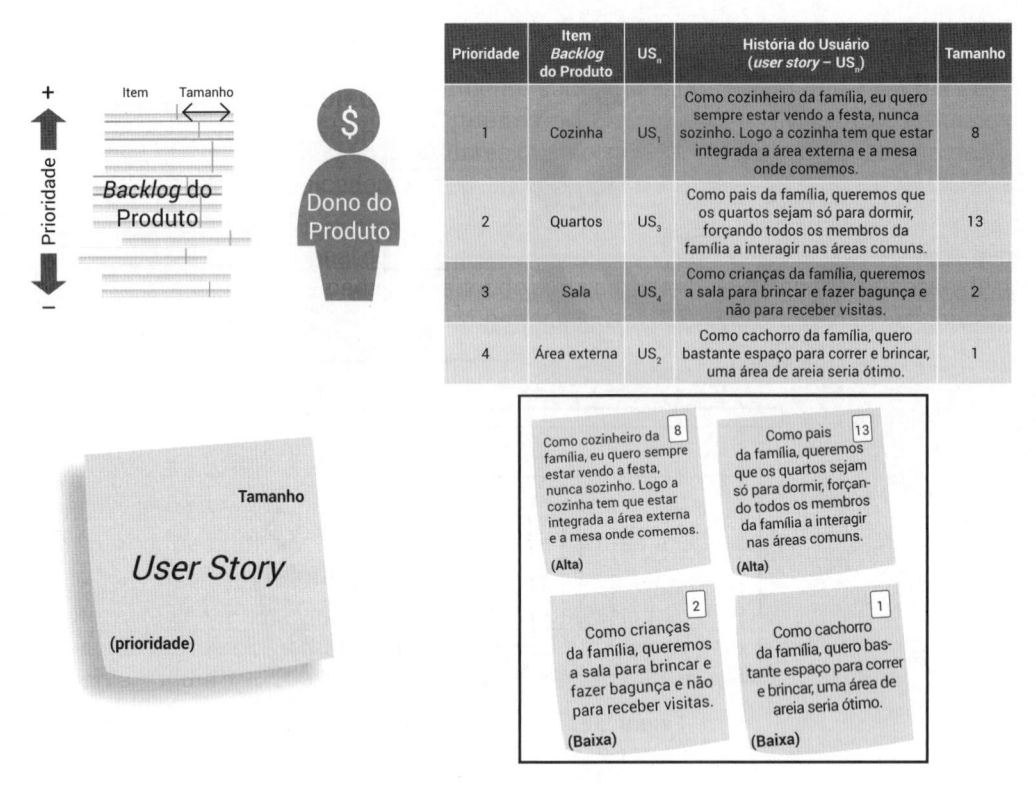

Prioridade	Item Backlog do Produto	US$_n$	História do Usuário (user story – US$_n$)	Tamanho
1	Cozinha	US$_1$	Como cozinheiro da família, eu quero sempre estar vendo a festa, nunca sozinho. Logo a cozinha tem que estar integrada a área externa e a mesa onde comemos.	8
2	Quartos	US$_3$	Como pais da família, queremos que os quartos sejam só para dormir, forçando todos os membros da família a interagir nas áreas comuns.	13
3	Sala	US$_4$	Como crianças da família, queremos a sala para brincar e fazer bagunça e não para receber visitas.	2
4	Área externa	US$_2$	Como cachorro da família, quero bastante espaço para correr e brincar, uma área de areia seria ótimo.	1

Figura 20.8 Exemplos de *backlog* do produto projeto arquitetônico do caso Eduardo e Mônica.

(P8, P12), sendo que o *sprint* marca o ciclo, pois encapsula todos os demais eventos, como veremos na próxima seção.

O *backlog* do *sprint* mescla os conceitos de *backlog* e *sprint*, sendo, portanto, o subconjunto de itens do *backlog* de produto selecionados para o *sprint*, que, basicamente, representam a previsão do time de desenvolvimento sobre as funcionalidades que serão inseridas no próximo incremento e sobre o trabalho necessário para a entrega. O *backlog* do *sprint* é um plano que tem detalhes suficientes para que o seu progresso e eventuais mudanças fiquem claros durante as reuniões diárias.

Pautando-se pela transparência, gestão à vista, o *backlog* do *sprint* deve ser visível para todos, representando uma imagem em tempo real do trabalho planejado pelo time de desenvolvimento para aquele *sprint*.

Um aspecto importante é o caráter dinâmico do *backlog* do *sprint*, que vai sendo modificado pelo time de desenvolvimento ao longo do *sprint*, em um processo de aprendizagem em que alguns elementos do plano são inseridos e alguns podem ser excluídos, gerando novas estimativas de trabalho a ser realizado. A Figura 20.9 mostra exemplo de representação do *backlog* do *sprint*.

Incremento de funcionalidade

Incremento de funcionalidade é o resultado de um *sprint*, ou seja, a soma de todos os itens do *backlog* concluídos durante um *sprint*. Por razões de transparência, faz-se necessário uma definição, acordada entre os membros da equipe Scrum, do que significa um item estar "concluído/pronto/feito". Em geral, considera-se "concluído/pronto/feito" um corpo de trabalho potencialmente liberável para uso e inspecionado com base nos critérios de qualidade acordados pela equipe Scrum.

Portanto, o dono do produto pode optar por liberá-lo imediatamente após o *sprint*. É evidente que o incremento do *sprint* é o valor agregado naquele ciclo, mas ele traz consigo o valor já agregado nos *sprints* anteriores e já incorporados no produto em todos os incrementos anteriores, trabalhando juntos de forma agregada.

A cada *sprint* se ajusta a lente da câmera da metáfora do início deste capítulo, incorporando um incremento, um passo a mais em direção à visão.

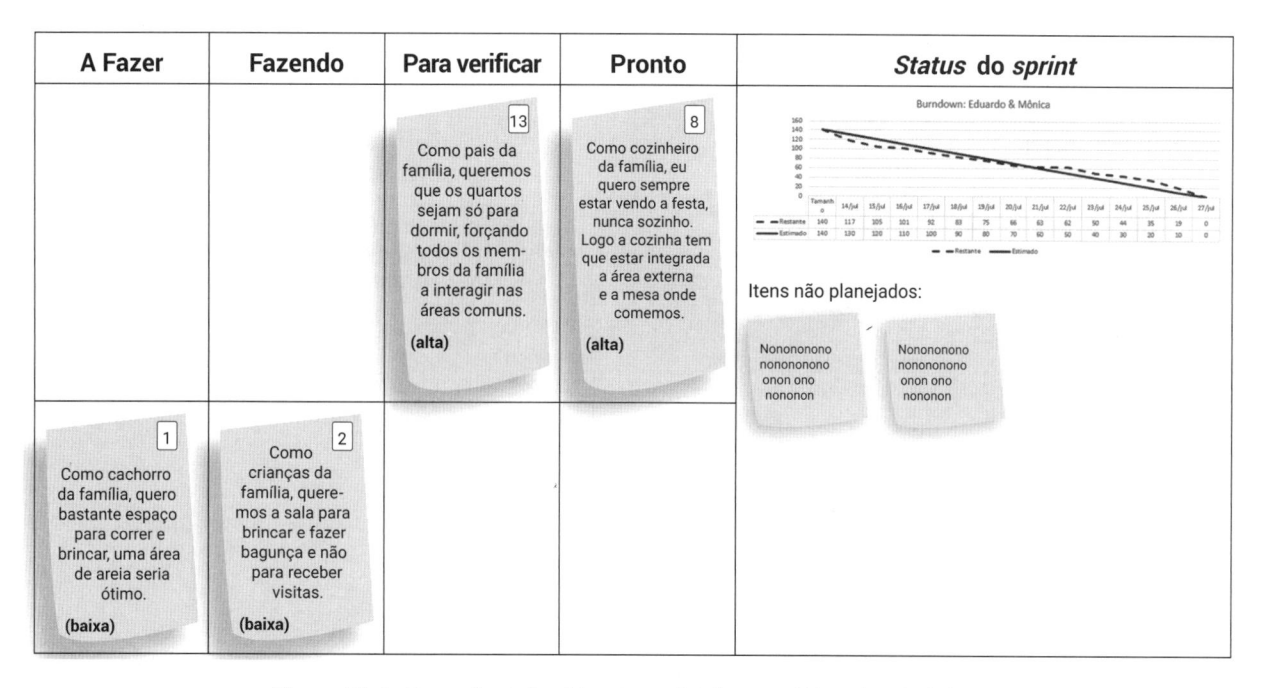

A Fazer	Fazendo	Para verificar	Pronto	Status do sprint
		[13] Como pais da família, queremos que os quartos sejam só para dormir, forçando todos os membros da família a interagir nas áreas comuns. **(alta)**	[8] Como cozinheiro da família, eu quero sempre estar vendo a festa, nunca sozinho. Logo a cozinha tem que estar integrada a área externa e a mesa onde comemos. **(alta)**	Burndown: Eduardo & Mônica Itens não planejados: Nonononono nonononono onon ono nononon Nonononono nonononono onon ono nononon
[1] Como cachorro da família, quero bastante espaço para correr e brincar, uma área de areia seria ótimo. **(baixa)**	[2] Como crianças da família, queremos a sala para brincar e fazer bagunça e não para receber visitas. **(baixa)**			

Figura 20.9 Exemplo de *backlog* do *sprint* do caso Eduardo e Mônica.

20.3.3 Eventos Scrum

A dinâmica dos eventos Scrum também está bastante alinhada com os princípios da gestão ágil. A equipe Scrum deve trabalhar em conjunto (P4) durante todo o ciclo de vida do projeto, em ciclos curtos (P3) e iterativos, transmitindo informações em conversas cara a cara (P6), seguindo passos constantes até alcançar a visão (P8) e em intervalos regulares para reflexão, ajuste e otimização de seu comportamento (P12), mantendo a simplicidade (P10).

O processo de aprendizado Scrum utiliza um conjunto de eventos prescritos, todos com tempo máximo predeterminado (*time-boxed*), controlado com rigor para não ser excedido, no entanto os eventos podem ser concluídos antes do tempo.

Além de garantir a interação entre os membros da equipe do Scrum, mantendo os ciclos regulares de aprendizado, os eventos Scrum buscam efetividade pelo controle do tempo e pela frequência com que ocorrem, evitando-se, assim, a necessidade de reuniões não planejadas para tratar questões *ad hoc*.

Cada evento no Scrum é considerado uma oportunidade de aprendizado, no sentido de inspecionar e, caso necessário, efetuar adaptações, permitindo total transparência em reuniões cara a cara entre os membros (mesmo que seja a distância).

O mestre Scrum, atuando como *coach* e facilitador, deve garantir que todos os eventos Scrum ocorram dentro de uma postura positiva e produtiva dos membros, observando o tempo esperado (*time-boxed*) para cada evento: os eventos Scrum (ver Figura 20.10).

O Scrum está organizado em cinco eventos, quais sejam: *sprint*, planejamento do *sprint*, reunião diária do Scrum, revisão do *sprint* e retrospectiva do *sprint* (SCHWABER; SUTHERLAND, 2017).

Sprint

O termo *sprint* pode ser traduzido por corrida curta, mas no Scrum a ideia mais próxima é a de ciclo, ou seja, os ciclos curtos e regulares de aprendizagem tão destacados nos princípios da gestão ágil. O *sprint* tem duração fixa (*time boxed*), não podendo ser reduzido ou aumentado. Um projeto é dividido em vários *sprints* de mesma duração, um começando imediatamente após seu predecessor, como eventos em série em uma rede.

Cada *sprint* tem seu objetivo de trabalho, conforme *backlog* do *sprint*, e, ao término de todos os *sprints* do projeto, a pilha de trabalho da mesa em nossa metáfora (*backlog* do produto) terá sumido.

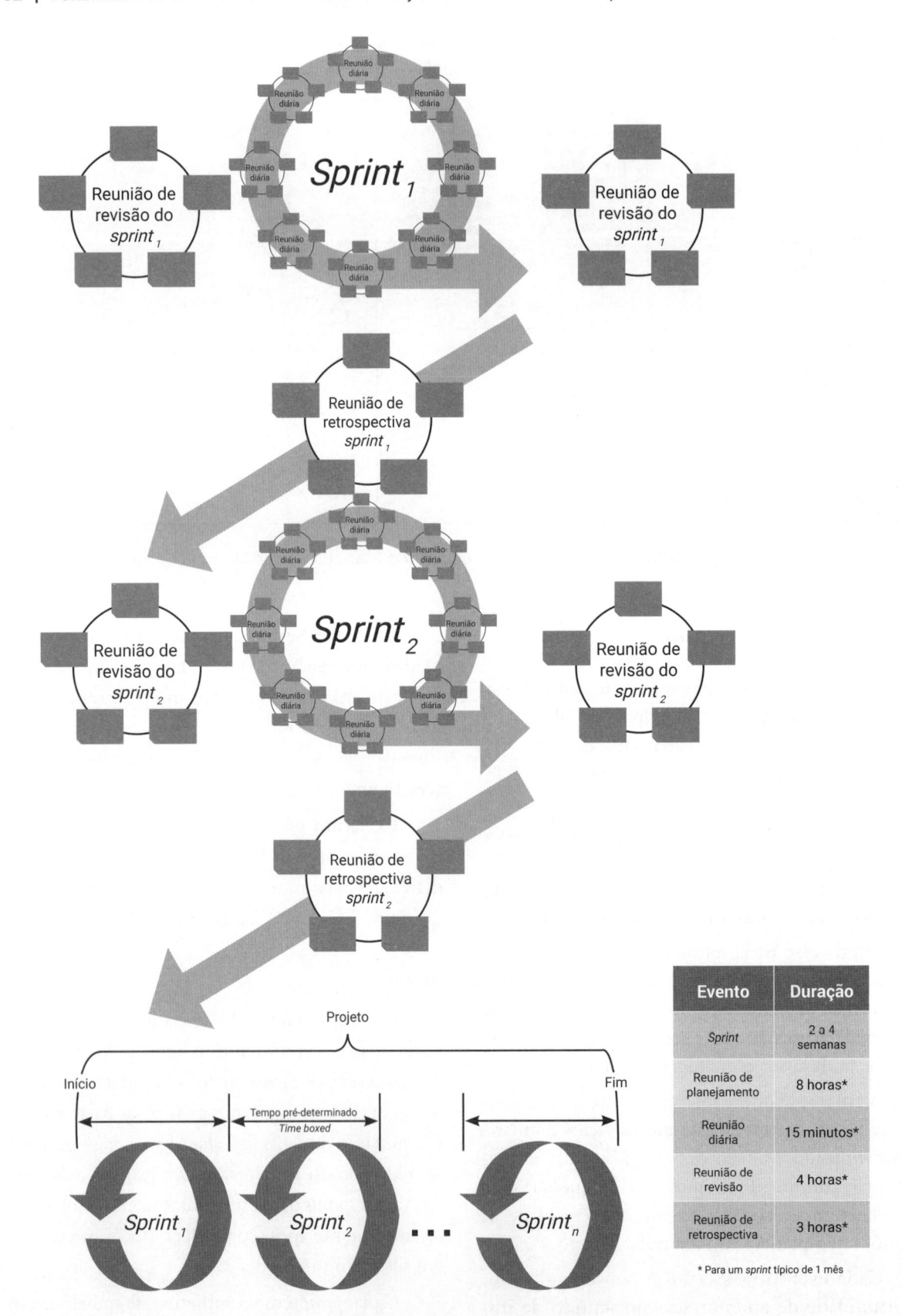

Evento	Duração
Sprint	2 a 4 semanas
Reunião de planejamento	8 horas*
Reunião diária	15 minutos*
Reunião de revisão	4 horas*
Reunião de retrospectiva	3 horas*

* Para um *sprint* típico de 1 mês

Figura 20.10 Eventos do Scrum.

O *sprint* envolve todos os demais eventos, ou seja, dentro de cada *sprint* há reuniões de planejamento, reuniões diárias, revisão e retrospectiva do *sprint*, além, é claro, do próprio trabalho de desenvolvimento que gerará o incremento de funcionalidade (ver Seção 20.3.2).

Na literatura há variações quanto à duração do *sprint*, mas sempre em torno de um mês. Alguns recomendam *time-boxed* entre duas e quatro semanas, pois *sprints* muito longos poderiam sofrer com as mudanças no ambiente, o que contribuiria para a obsolescência de alguns itens do *backlog* do *sprint*. Um *sprint* pode ser cancelado pelo dono do produto antes do término, em casos excepcionais, como, por exemplo, o objetivo se tornar obsoleto.

Cada *sprint* pode ser visto como um "miniprojeto", uma vez que tem um objetivo de trabalho a ser cumprido ao longo deste e um plano que irá orientar o desenvolvimento dos trabalhos. Entretanto, o dono do produto e o time de desenvolvimento podem detalhar e renegociar o escopo, conforme haja ganho de conhecimento, sem, contudo, colocar em risco o objetivo do *sprint* nem reduzir as metas de qualidade.

Reunião de planejamento do *sprint*

Existe única reunião de planejamento a cada *sprint*, com duração predefinida de até oito horas para um *sprint* típico de um mês (ver Figura 20.10). Nessa reunião, elabora-se o plano de trabalho colaborativo do time de desenvolvimento, esclarecendo claramente nessa reunião qual é a meta do *sprint* e qual o incremento esperado ao final do *sprint*.

Como mencionado, o mestre Scrum deve garantir que a reunião de planejamento ocorra, atuando como facilitador e gestor do tempo (*time boxed*). Contudo, o time de desenvolvimento tem autonomia para se auto-organizar, decidindo como irá construir as funcionalidades planejadas para o *sprint*, transformando-as em incremento pronto para uso pelo dono do produto. Nessa reunião também se planeja e se decompõe o trabalho a ser desenvolvido nos primeiros dias do *sprint*. Nesse sentido, há bastante semelhança com o processo de decomposição tradicional, a não ser pelo fato de a duração ser determinada (*time boxed*), geralmente um dia.

O time de desenvolvimento deve contar com o dono do produto para priorizar itens ou, caso o trabalho seja diferente do esperado, por excesso ou falta, renegociar o escopo do *backlog* do *sprint*. Eventualmente, outros *stakeholders* podem participar da reunião de planejamento, tais como especialistas técnicos ou usuários de domínios específicos do produto.

Esse plano desenvolvido considera não só o *backlog*, mas também a capacidade de trabalho do time de desenvolvimento, procurando prever quais as funcionalidades eles são capazes de gerar ao término do *sprint*. Existem várias técnicas para se estimar o trabalho necessário para converter o *backlog* do produto em um incremento funcional do produto, como iremos discutir na Seção 20.3.

Reunião diária

A reunião diária é interna do time de desenvolvimento e ocorre em todos os dias do *sprint* no mesmo horário e local, sempre com duração máxima de 15 minutos, com o objetivo de planejar o trabalho das próximas 24 horas (ver Figura 20.10).

Como forma de manter a agilidade e objetividade, alguns mestres Scrum sugerem que a reunião ocorra com todos de pé (*standing meeting*), garantindo a duração de 15 minutos, uma técnica desenvolvida originalmente no Japão, que, em geral, traz bons resultados para esse tipo de reunião, evitando-se que os participantes se alonguem demasiadamente.

O objetivo desta reunião diária é melhorar a comunicação, colaboração e transparência das informações, além de fazer parte do processo de aprendizagem, pois de forma muito objetiva se inspeciona o trabalho realizado no dia anterior e se prospecta o trabalho do próximo dia, sem focar em resolver problemas, mas sim identificando os obstáculos ao desenvolvimento do trabalho e endereçando-os.

Os dois próximos eventos têm papel significativo no processo de aprendizado Scrum, pois tanto a reunião de revisão do *sprint* quanto a retrospectiva do *sprint* permitem analisar as lições aprendidas no *sprint* e gerenciar o conhecimento entre *sprints*. Enquanto a revisão do *sprint* foca no incremento de funcionalidades do produto, a reunião retrospectiva concentra-se na dinâmica de trabalho da equipe, bem como aspectos comportamentais.

Pode-se observar que, as abordagens de gestão de conhecimento, vistas no Capítulo 4, para os diferentes tipos de conhecimento, tácito ou explícito, podem ser adotadas, tanto no contexto tradicional como ágil de gestão de projetos. Embora a técnica Scrum não explore muito as questões de gestão de conhecimento, esses dois eventos que vamos apresentar a seguir apresentam ganhos, se forem usadas as técnicas vistas no Capítulo 4.

Revisão de *sprint*

Ao final de cada *sprint* é realizada a reunião de revisão, que, como os outros eventos Scrum, tem duração predefinida, em geral, quatro horas para um *sprint* típico de um mês (ver Figura 20.10).

Diferentemente das reuniões diárias, que são internas ao time de desenvolvimento, a reunião de revisão compreende toda a equipe Scrum e outros *stakeholders* julgados relevantes para o *sprint* a critério do dono do produto. Apesar da audiência mais ampla, não se trata de reunião de *status*, pois tem característica de reunião informal, provendo uma chance de aprendizado em que se motiva o *feedback* e a colaboração, enquanto se inspeciona o incremento gerado no *sprint*.

O objetivo da reunião de revisão consiste em inspecionar o incremento e rever o *backlog* do produto com base nos resultados obtidos, fazendo adaptações, se necessário. Além disso, é uma oportunidade de aprendizado em que as lições aprendidas no *sprint* são expostas pelos membros do time, sempre visando contribuições que otimizem e agreguem valor.

Logo no início da reunião de revisão, o dono do produto apresenta os itens do *backlog* do produto que foram concluídos ou não e, em seguida, o time de desenvolvimento demonstra o trabalho feito e responde às questões dos demais participantes sobre o incremento e suas funcionalidades. A última etapa da reunião, conduzida pelo dono do produto, refere-se à análise do *backlog* do produto em face dos resultados obtidos no *sprint*, prospectando eventuais repriorizações de itens, inserções e exclusões, além da revisão de estimativas, as quais serão entradas para a próxima reunião de planejamento do novo *sprint*.

Finalmente, analisa-se o incremento não em termos do *backlog*, mas em face do ambiente, observando eventuais mudanças de cenário no mercado para certificar-se sobre o potencial uso do produto e seu valor.

Retrospectiva de *sprint*

A reunião de retrospectiva ocorre entre a revisão do *sprint* e a reunião de planejamento do próximo *sprint*, com duração máxima de três horas para um *sprint* típico de um mês (ver Figura 20.10).

Diferentemente da reunião de revisão em que o foco é o produto, a reunião de retrospectiva analisa a dinâmica de trabalho da equipe Scrum. Trata-se de uma análise introspectiva com foco nas pessoas, e não no produto, analisando os relacionamentos e os desempenhos ao longo do *sprint*. Também se observam questões relacionadas com os processos e ferramentas utilizados, refletindo sobre os aspectos que fluíram bem e o que não funcionou a contento, de forma a traçar um plano de melhorias e o respectivo plano de implementação para serem aplicados no próximo *sprint*.

20.3.4 Visão integrada do processo de aprendizado Scrum

Como vimos, o Scrum é estruturado a partir de grandes ciclos iterativos, os *sprints*, os quais envolvem a equipe Scrum (ver Seção 20.3.1) e outros *stakeholders*, e encapsulam uma série de artefatos (ver Seção 20.3.2) e eventos (ver Seção 20.3.3). Logo, para compreender o Scrum, precisamos conhecer bem a dinâmica que envolve a equipe Scrum, os artefatos Scrum e os eventos Scrum, descritos de maneira geral na Figura 20.11.

No começo de cada um dos *sprints* é realizada a reunião de planejamento, na qual é formulado o *backlog* do *sprint*, um subconjunto dos itens do *backlog* do produto, os quais serão incorporados ao incremento e entregues prontos ao final do *sprint*. Diariamente, o time de desenvolvimento faz uma breve reunião, revisando os progressos do dia anterior e os compromissos de desenvolvimento para o dia corrente, bem como evidenciando quaisquer obstáculos que possam se contrapor ao desenvolvimento dos trabalhos para que sejam removidos.

CAP. 20 • GESTÃO ÁGIL E LEAN EM PROJETOS | 385

Visão geral do Scrum

Stakeholders: Nós explicamos o que queremos!

hmm...

O **dono do produto** compila uma visão do produto do projeto e a expressa no *backlog* do produto.

BACKLOG DO SPRINT
Descrições de necessidades, expectativas, desejos etc.
Histórias/casos
etc.

Dono do Produto: Eu sou o único responsável pelo *backlog* do produto. Eu priorizo a lista considerando o máximo valor para o cliente e a equipe.

Time de Desenvolvimento: Nós somos os responsáveis pelo *backlog* do *sprint*!

Time de Desenvolvimento: Como vamos fazer isso?

Mestre Scrum: Vamos definir o objetivo do *sprint*!

Time de Desenvolvimento / Dono do Produto: O que precisamos fazer neste *sprint*?

8 horas para cada mês de *sprint*

SCRUM DIÁRIO (reuniões diárias de 15 min.)

Time de Desenvolvimento: Nós transformamos o *backlog* do *sprint* em incrementos do produto!

Dono do Produto: Eu tiro qualquer dúvida que surgir.

Mestre Scrum: Eu tiro os obstáculos do caminho da equipe.

SPRINT (de 1 a 4 semanas) — Planejar, Fazer, Verificar, Agir

Entregas incrementais de valor

Retrospectiva do *sprint*
Mestre Scrum: Como podemos melhorar?

Revisão do *sprint*
Time de Desenvolvimento: Nós demonstramos a produção.
Dono do Produto: Eu atualizo o *backlog* do produto.
Stakeholders: Nós damos o *feedback*!
Mestre Scrum: Eu faço todos seguirem o *script*.

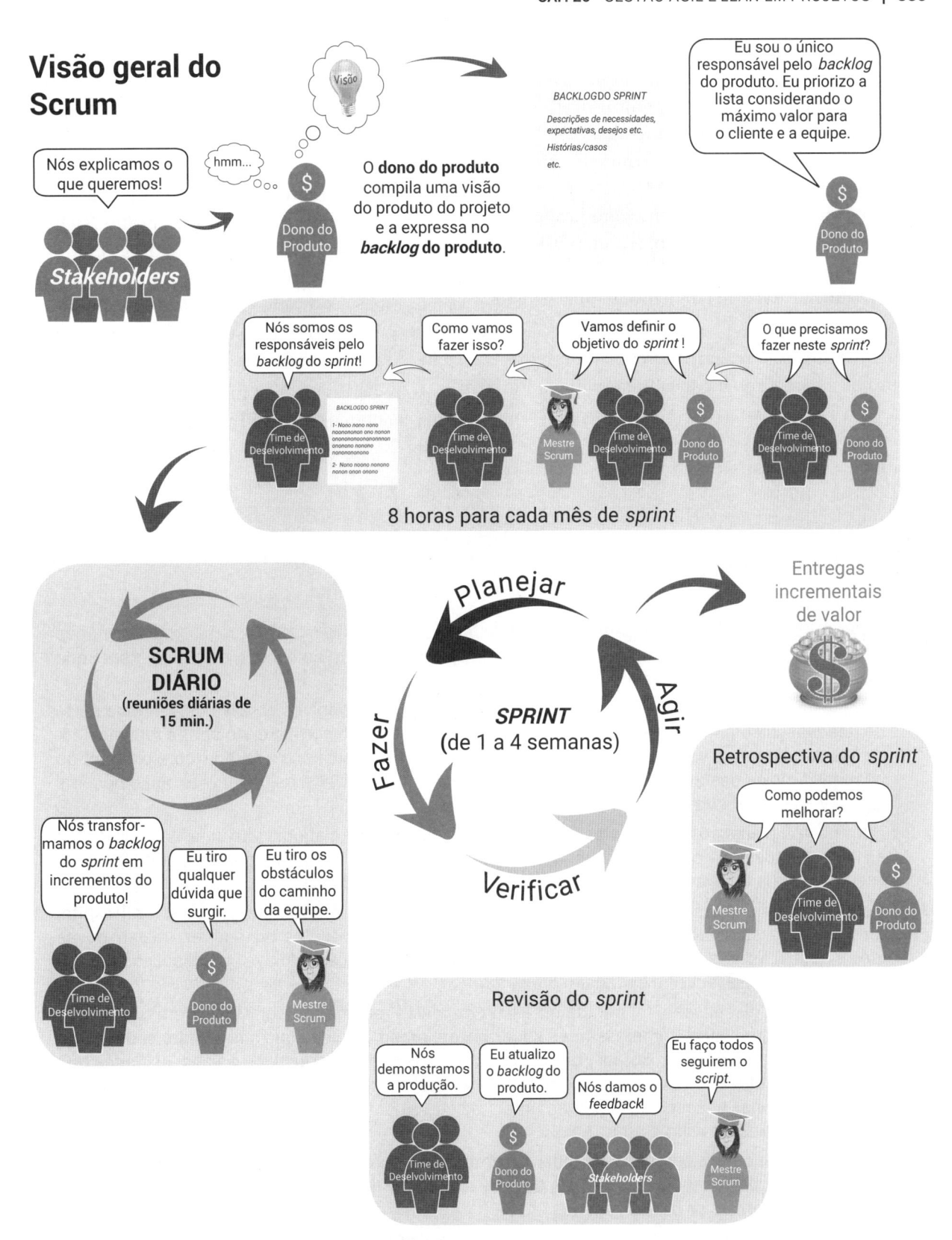

Figura 20.11 Visão geral do Scrum.

Ao final do *sprint*, ocorre a reunião de revisão do *sprint* com foco no produto, na qual são apresentados os itens que ficaram prontos. Trata-se de uma oportunidade para que os membros da equipe Scrum e os *stakeholders* fiquem cientes do que não ocorreu como deveria. Os problemas são evidenciados e discutidos, e os incrementos produzidos são inspecionados e discutidos, para que, posteriormente, o dono do produto possa colocá-lo em uso, se assim julgar pertinente. Ocorre também aqui uma revisão do *backlog do produto*.

Entre *sprints*, é realizada a reunião de retrospectiva do *sprint*, na qual é feita uma análise crítica com foco nas pessoas, relacionamentos, processos e ferramentas. Nessa reunião, todos os aspectos positivos e negativos são amplamente discutidos, como forma de gestão do conhecimento e das lições aprendidas. Elabora-se aqui um plano de melhorias, detalhando as ações que serão tomadas para que o próximo *sprint* apresente um melhor resultado e não repita os mesmos erros.

O leitor atento pode perceber a correlação com o ciclo PDCA, visto no Capítulo 8. Há o planejamento inicial do *sprint* (P, de *plan* em inglês), o desenvolvimento propriamente dito (D, de *do* em inglês), a revisão (C, de *check* em inglês) e a retrospectiva/ação visando melhoria para o próximo ciclo (A, de *act* em inglês).

Uma visão geral do funcionamento do Scrum e sua analogia com o PDCA estão ilustradas na Figura 20.11.

Caso Eduardo e Mônica

Mônica e o projeto Scrum no hospital

Após pesquisar e conversar com amigos, Mônica percebeu que o Scrum seria uma alternativa adequada ao seu projeto, justamente pela falta de clareza quanto ao escopo e ao dinamismo que parecia se desenhar no cenário.

Mônica não perdeu tempo e logo convocou uma reunião com todos os envolvidos, tanto da parte do hospital (clientes), quanto da equipe dos desenvolvedores do *software*. Ao abrir a reunião, Mônica distribuiu a visão do projeto que havia preparado previamente após a reunião com o diretor do hospital. Mônica descreveu os objetivos gerais, ainda em alto nível, e os benefícios que o hospital esperava alcançar com a implementação do *software* para gestão.

Após essa explanação geral, Mônica organizou a equipe para que elaborassem uma lista com todas as necessidades que o sistema deveria contemplar, lembrando aos participantes que buscassem exemplificar os itens com algumas histórias de usuários (*user story*).

Nesta dinâmica, o pessoal do hospital apressou-se em descrever como a operação do hospital funcionava, ressaltando seus defeitos e qualidades. Os desenvolvedores, por sua vez, traziam novas ideias baseadas no potencial do *software* que conheciam, o que estimulava uma discussão muito produtiva e criativa, em um verdadeiro *brainstorming*.

Encerradas as discussões, foi gerada uma lista de ideias registradas por Mônica em um quadro branco. Muitas novidades interessantes surgiram, até mesmo coisas que não haviam sequer sido imaginadas anteriormente. Com a participação de todos, Mônica organizou as necessidades que o sistema deveria atender, inclusive com considerações quanto à importância e prioridades de execução: aquelas necessidades fundamentais, as que ajudariam bastante e, até mesmo, algumas outras que representavam alguns "luxos".

Hans, designado pela empresa de desenvolvimento de *software*, acompanhou atentamente as discussões e saiu da reunião com a lista de necessidades em mãos, de modo a estimar o tamanho de cada item para as próximas rodadas.

Uma das necessidades, que gerou bastante discussão, preconizava a possibilidade de o paciente agendar e pagar por exames clínicos pelo *website*. Como pré-requisito para atender essa necessidade, foi listada a integração com uma plataforma de pagamentos eletrônicos que operasse no Brasil.

Tomando a lista de necessidades e pré-requisitos, a equipe de Hans elaborou um rico desenho esquemático que representava o sistema. Algumas das principais telas, inclusive, foram desenhadas e incluídas no material. Satisfeito com a representação, Hans apressou-se em convocar uma reunião com a Mônica, a equipe do hospital e demais participantes do projeto, para poder apresentar o desenho esquemático do sistema.

Ao entrar na sala, a equipe da Mônica deparou-se com um enorme e vistoso impresso, que ocupava quase que toda uma parede. Incentivados a criticar o modelo e identificar falhas, todos passaram a analisar as entradas e saídas de cada parte do sistema. Graziela, como responsável pela área de sustentabilidade da empresa, fazia uma análise crítica pela perspectiva de sua área. Matheus, zeloso pelo atendimento ao cliente, procurava certificar-se de que os pacientes e acompanhantes teriam a vida facilitada.

Ao final, a equipe do hospital fez os seus comentários e, inclusive, propôs algumas correções. Gabriela, por exemplo, como coordenadora do núcleo de psicologia, logo percebeu que o menu do agendamento de consultas não apresentava a opção que direcionava para a sua área.

Ao final, Hans retornou para a sua base com as novidades. Todos estavam satisfeitos, finalmente havia uma boa ideia do escopo do projeto. Faltava, é claro, um maior detalhamento, mas um largo passo havia sido dado.

Pensando no que você acabou de ler, como desenharia a equipe Scrum desse projeto? Quem seria o mestre Scrum, quem seria o dono do produto e quem seria o time de desenvolvimento?

Quais artefatos Scrum você identificou nesse texto?

20.4 ESTRATÉGIAS DE ESTIMAÇÃO NAS ABORDAGENS ÁGEIS

No Capítulo 9, Gestão dos Recursos, discutimos técnicas de estimação, tais como painel de especialistas e estimativas por analogia ou *proxy*, estimativas *top-down* e *bottom-up*, entre outras técnicas que também podem ser utilizadas em ambientes ágeis.

O que importa não é a abordagem gerencial, mas o uso adequado de boas técnicas de estimativa. Independentemente da técnica de estimativa utilizada, nunca haverá garantia de 100% de acurácia, considerando-se que sempre haverá algum risco em qualquer premissa assumida ou decisão tomada em projetos. O ponto fundamental consiste em definir o quanto devemos nos esforçar na fase de estimativa e qual é o ponto ideal.

O ponto ideal não é tarefa fácil, mas pode ser analisado na perspectiva da relação entre o esforço de estimação e a acurácia obtida, conforme ilustra a Figura 20.12.

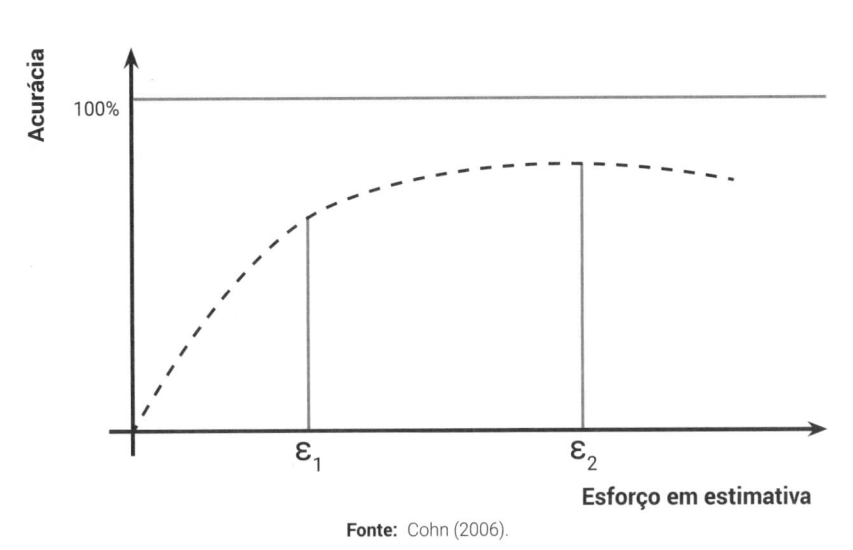

Fonte: Cohn (2006).

Figura 20.12 Esforço na fase de estimativa e a acurácia alcançada.

Conforme sugere a Figura 20.12, há um ponto de assíntota da curva em que o esforço de estimação não resulta em incremento de acurácia. Conforme avançamos em esforço, até o ponto ε_1, há um aumento significativo na acurácia obtida com a estimativa. Entre os pontos ε_1 e ε_2, o aumento percebido na acurácia é relativamente pequeno em relação ao esforço despendido. Por fim, a partir do ponto ε_2, o excesso de esforço poderia, inclusive, comprometer uma parcela da acurácia (COHN, 2005).

No entanto, há algumas técnicas peculiares dos ambientes ágeis que veremos nesta seção. Os métodos ágeis são estruturados a partir do reconhecimento de que as incertezas e a complexidade existem e, por isso, são refinadas as estimativas ao longo dos ciclos interativos e incrementais, conforme o conhecimento se consolida.

Com base nessa perspectiva, é importante considerar como serão realizadas as estimativas em um projeto. Quando se adota uma visão mais tradicional (ver Capítulos 6 e 9), há uma tendência de se fazer um extenso trabalho inicial, nos grupos de processo de planejamento. Faz-se o particionamento do projeto em entregas, pacotes de trabalho até o nível de atividade para chegar em estimativas mais acuradas e, depois, agregam-se essas estimativas da atividade no tempo, gerando a linha base do projeto (estimativas *bottom-up*). A partir da linha base, controla-se a variabilidade das estimativas ao longo do ciclo de vida do projeto, replanejando conforme as premissas e riscos adotados, e reprograma-se quando as premissas de estimação não se concretizam.

No entanto, na lógica dos *sprints*, os processos de estimação ocorrem em ciclos mais curtos, com revisão frequente em cada iteração. A produtividade é um fator primordial na abordagem ágil e, ao reconhecer que as incertezas são inerentes aos projetos, infere que uma carga mais modesta de esforço nas estimativas a cada iteração é mais eficaz do que longos períodos de planejamento, pois se assume que o ambiente do projeto é dinâmico e sujeito a muitas mudanças.

Em um primeiro olhar, pode parecer que há pouca precisão e esforço, mas se lembrarmos o número de inspeções, adaptações e replanejamentos que ocorrem a cada *sprint* pode-se observar que a abordagem ágil tende a trabalhar com estimativas mais confiáveis, porque trabalha com pequenos incrementos no produto, conforme o conhecimento e a clareza crescem. Por essa razão, dizemos que as equipes que adotam abordagens ágeis procuram se posicionar do lado esquerdo do ponto ε_1 (ver Figura 20.12).

Ao final, estima-se o esforço total, considerando todos os *sprints*. O planejamento dos métodos ágeis é relativamente maior do que seria em uma abordagem tradicional, o que não se evidencia tão facilmente em uma análise superficial, uma vez que o esforço para se estimar nas ágeis é dosado ao longo de todo o projeto e não fica concentrado em uma fase específica de planejamento, como nos métodos tradicionais, mas ocorre de forma sistemática em todos os ciclos de iteração (COHN, 2005).

Compreender o esforço que deve ser dedicado ao procedimento de estimativa é apenas o início do processo. É fundamental que se compreenda a composição do processo de estimativa nas abordagens ágeis, pois como vimos o "triângulo é invertido" (ver Figura 20.1). No processo de estimação Scrum é preciso pensar não apenas no esforço necessário, mas também na estimativa da funcionalidade do incremento e, por isso, costuma-se dizer que se estima o tamanho, e não o esforço.

Nessas condições, é importante conhecer a capacidade de entrega do time de desenvolvimento, em termos do tamanho da funcionalidade em uma unidade de tempo. Ao se conhecer bem essa capacidade, ou taxa de transferência de funcionalidade do time de desenvolvimento, é possível se fazer boas estimativas. O bom conhecimento da capacidade é fruto do autoconhecimento obtido pelo processo de aprendizado Scrum que se dá a cada dia, a cada *sprint*, a cada projeto, pelo empirismo típico desta abordagem.

20.4.1 Pôquer do planejamento

Uma das técnicas mais difundidas de estimação em ambientes ágeis é o pôquer do planejamento, que usa o conhecimento e experiência da equipe Scrum de forma simples, eficiente, lúdica e agradável (COHN, 2005).

A técnica é inspirada no pôquer e utiliza nove cartas numeradas, conforme uma sequência Fibonacci aproximada (ver Capítulo 11, Gestão dos Riscos, em que falamos também sobre essa sequência). A Figura 20.13 mostra as cartas do pôquer do planejamento.

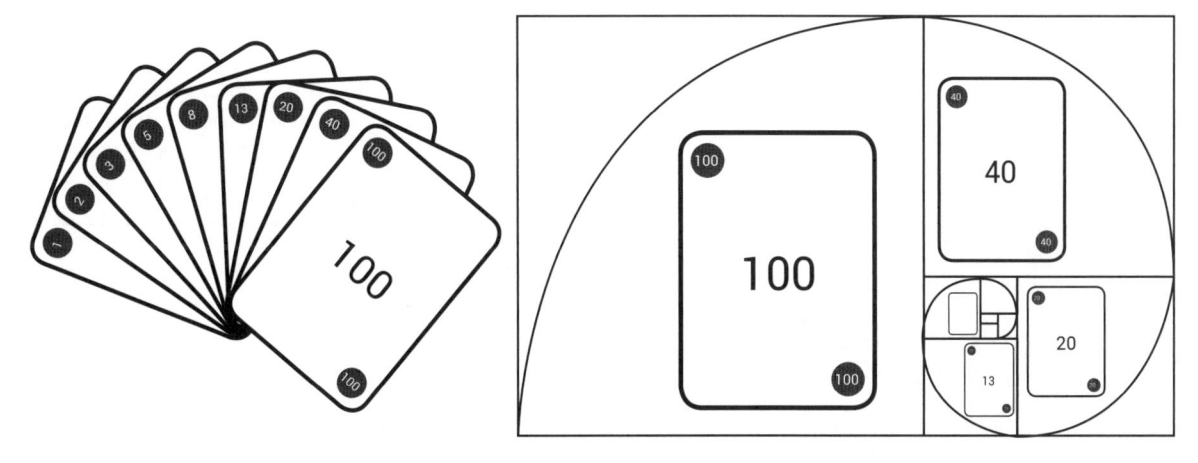

Nota: A sequência de Fibonacci original é: 1, 1, 2, 3, 5, 8, 13, 21, 34, 55...

Figura 20.13 Cartas do pôquer do planejamento.

O pôquer do planejamento começa com cada membro da equipe que participará do processo de estimação recebendo o mesmo conjunto de cartas. O dono do produto seleciona uma história do usuário (*user story*) do *backlog* do produto (ver Figura 20.8) e lê, promovendo uma breve discussão. Na sequência, cada participante escolhe individualmente uma carta que ele acredita representar a melhor estimativa de tamanho para aquele item. Os participantes, então, são convidados a mostrar suas cartas. Pode haver diferença nas cartas escolhidas, o que promove uma discussão geralmente polarizada entre os participantes mais discrepantes (*outliers*). Após exauridas as discussões entre os *outliers*, abre-se uma nova rodada de escolha de cartas. Lembre-se de que não se trata de votação, e sim de estimação por consenso, por isso o processo se repete até que haja consenso ou muito pouca diferença de opinião, conforme regras preestabelecidas, em geral convergindo em até três rodadas. A Figura 20.14 ilustra a dinâmica desse jogo de estimação no caso.

Vale destacar que ainda que não se possa expressar o tamanho exato, dimensional, do item do *backlog* do produto, os participantes partem de uma referência conhecida de proporcionalidade, com base nas cartas da sequência de Fibonacci. Essa é a essência da técnica, relacionar o tamanho da complexidade dos itens entre si e com experiências anteriores da equipe Scrum, em que o participante estima que um item tem o dobro do tamanho do outro, a partir do repertório de histórias de usuário de *sprints anteriores*, que geraram funcionalidades conhecidas.

Antes do início do pôquer do planejamento é interessante calibrar a percepção dos participantes com exemplos de estimativas de tamanho de histórias do usuário (*user story*), do *sprint* anterior ou de projetos anteriores, mostrando qual carta (estimativa de tamanho) foi atribuída àquela história. O ponto central é que, conforme vai se desenvolvendo o trabalho, a equipe progressivamente ganha em conhecimento e experiência, facultando uma estimativa cada vez melhor. Dessa forma, a cada iteração, melhor será o resultado.

Caso Eduardo e Mônica

Mônica e o pôquer de planejamento no projeto do hospital

Mônica estava inquieta com a necessidade de estimar o tamanho dos itens, afinal precisava saber se poderia tirar férias com a família como planejado. Foi, então, que descobriu o pôquer do planejamento e resolveu experimentar a técnica com os participantes da reunião.

Pegou a lista de necessidades do sistema, que agora estavam chamando de *backlog*, feita na reunião anterior e explicou aos membros da reunião a dinâmica do pôquer do planejamento. Fizeram uma primeira rodada de calibração para aquecer, utilizando o primeiro item da lista, e o resultado foi o da Figura 20.14.

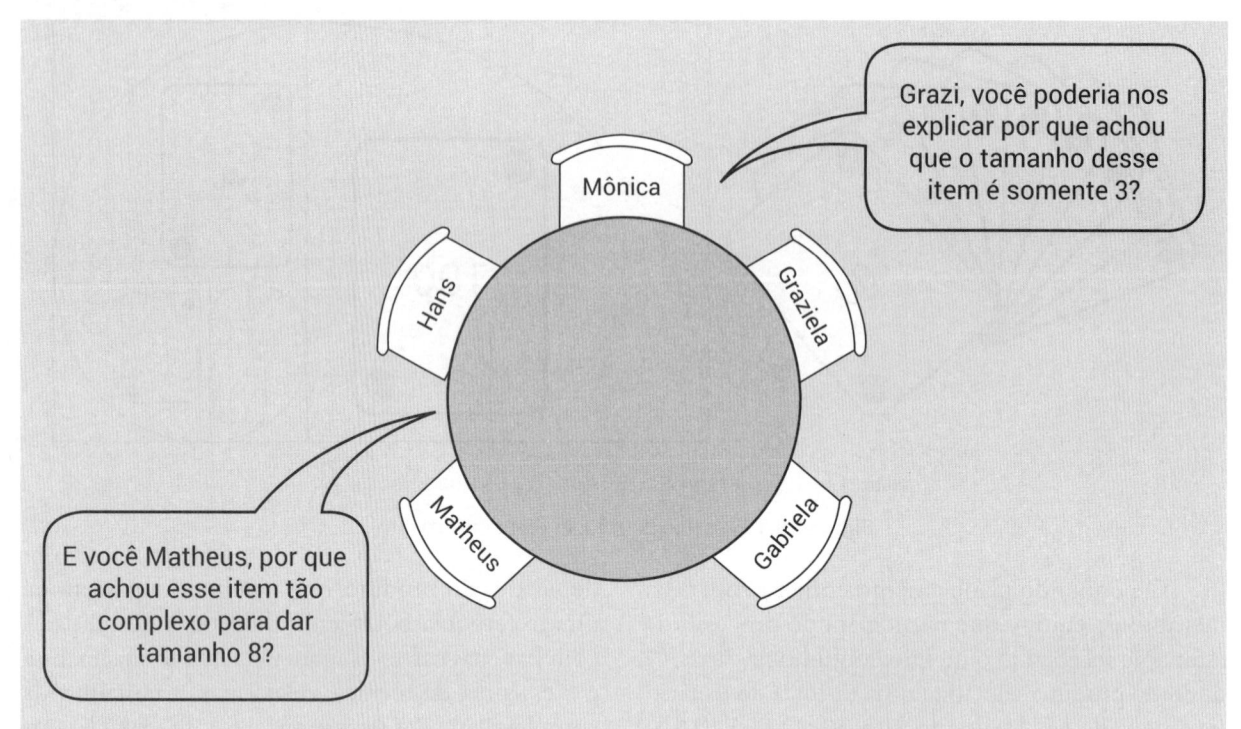

Figura 20.14 Dinâmica de uma rodada do pôquer do planejamento.

Balões de fala:
- "Grazi, você poderia nos explicar por que achou que o tamanho desse item é somente 3?"
- "E você Matheus, por que achou esse item tão complexo para dar tamanho 8?"

Ao redor da mesa: Mônica, Graziela, Gabriela, Matheus, Hans.

Seguindo a dinâmica do jogo, Mônica perguntou a Graziela e Matheus por que suas estimativas estavam diferentes. Os dois explicaram suas razões ao grupo, levantando vários pontos que suportaram suas premissas de estimação. Na sequência, o grupo escolheu novamente as cartas e, para a surpresa de Mônica, todos escolheram a carta 8, chegando ao consenso na segunda rodada, portanto. De fato, Matheus mostrou vários aspectos da funcionalidade e da dificuldade de programá-la, convencendo os demais de que eles haviam subestimado o item.

Ficou claro para todos que, utilizando o pôquer do planejamento, seria possível com o tempo apurar suas estimativas para a construção das partes do sistema.

Finalmente, após terminar a estimativa de todos os itens do *backlog*, veio a tão esperada confirmação: o projeto de implementação do sistema de gestão hospitalar iria terminar sem interferir nos planos das férias de fim de ano da Mônica. As técnicas de estimação da abordagem ágil se mostraram robustas e motivadoras, e sua aplicação em seu projeto surtiram efeito.

Mônica estava exultante e não via a hora de chegar em casa com a novidade. Afinal, em um jantar, ela tinha deixado escapar que poderia haver um problema com as férias por causa do projeto, deixando toda a família apreensiva.

Mônica dirigia sua moto cantarolando de alegria, já sonhando com a caipirinha que iria saborear com o Eduardo de frente para o mar, observando os gêmeos brincando na areia. Seriam férias mais do que merecidas, pensou ela.

Chegou em casa e abriu a porta apressada em contar a novidade para o seu filho, que encontrou jogando futebol de botão com o seu sogro:

– Você sabe onde irá passar as férias, meu filho?

O menino levanta os olhos e responde com certa hesitação:

– Sim, mãe... em recuperação...

20.4.2 Gráficos *burndown* e *burnup*

Dois gráficos são muito utilizados em ambientes de gestão ágil de projetos por fornecerem uma boa visualização do realizado em face do estimado, mas em diferentes perspectivas, quais sejam: *burndown* e *burnup* (SCHWABER; SUTHERLAND, 2017).

O nome dos gráficos poderia ser traduzido como queimando para baixo (*burndown*) e queimando para cima (*burnup*), pois um traz uma lógica descendente, enquanto o outro tem característica ascendente. Isso ocorre porque o gráfico *burnup* trabalha na perspectiva do projeto, enquanto o gráfico *burndown* trabalha na perspectiva do *sprint*. A Figura 20.15 mostra um exemplo desses gráficos do projeto Eduardo e Mônica.

Um *gráfico de burnup* (gráfico à esquerda na Figura 20.15) fornece informações sobre o *status* do projeto, com base nas entregas dos itens do *backlog* do produto, detalhando as informações *sprint* a *sprint*. Ao mesmo tempo que se trata de uma ferramenta de controle do projeto, que lembra até a análise do valor agregado vista no Capítulo 7, ela também permite ajuste e aprendizagem em termos das estimativas a cada iteração, a cada *sprint*.

O gráfico de *burndown* (gráfico à direita na Figura 20.15) fornece informações sobre o *status* do *sprint* dia a dia. Nesse gráfico, comparam-se as estimativas feitas para os itens de *backolg* do *sprint* com o realizado diariamente para entregar as funcionalidades do incremento.

20.5 ABORDAGEM *LEAN* EM GP

O Sistema Toyota de Produção (*Toyota Production System* – TPS) teve uma forte influência na área de gestão de operações, trazendo uma lógica de gerir a manufatura puxada pelo cliente, com foco no valor. Taiichi Ohno usou como inspiração para esse sistema a lógica de um supermercado, em que só há o reabastecimento das prateleiras, se o cliente comprou o produto, ou seja, todo sistema é puxado pela ação de compra do cliente (OHNO, 1997). Assim, buscava-se uma produção *just in time* (JIT), ou seja: produzir os itens necessários, no momento necessário e na quantidade necessária.

Décadas depois da criação do TPS, o conceito de puxar a manufatura pelo cliente pode parecer óbvio, mas quando foi concebido a maioria das organizações adotava a lógica de empurrar a produção, ou seja, produzir de acordo com sua capacidade, empurrando os itens produzidos para o mercado.

O termo produção enxuta (*lean production*) foi cunhado em um projeto de pesquisa sobre a indústria automobilística mundial desenvolvido pelo Massachusetts Institute of Technology (MIT) (WOMACH; JONES, 1996), e bastante difundido com o livro a *Máquina que mudou* (WOMACH; JONES; ROOS, 1991). Nessa pesquisa, os pesquisadores ficaram impressionados com o modelo japonês e observaram que os aspectos centrais enfatizavam o cliente e aversão ao desperdício. Womach e Jones (1996) definem o pensamento *lean* (enxuto) como "uma forma de especificar valor, alinhar na melhor sequência as ações que criam valor, realizar estas atividades sem interrupção toda vez que alguém solicita e realizá-las de maneira cada vez mais eficaz [...] é uma forma de fazer cada vez mais com cada vez menos [...] e, ao mesmo tempo, tornar-se cada vez mais capaz de oferecer aos clientes exatamente o que eles desejam" (WOMACH; JONES, 1996).

Outro aspecto que marcou a abordagem *lean* foi a busca por simplicidade de modo a incorporar as práticas de mapeamento de valor e de fluxo no dia a dia. Ou seja, o uso de recursos de gerenciamento visual para expor desperdícios, desvios, problemas e não conformidades, estimulando a ação rápida para corrigir e adaptar o sistema assim que detectados desvios.

A pesquisa identificou cinco princípios-chave e sete tipos desperdícios a serem combatidos nas organizações, conforme apresenta o Quadro 20.2.

Meta Projeto (meses)	3
Timebox Sprint (semanas)	2
Total de Sprints	6
Total de Requisitos	60
Média de Entregas por Sprint	10

Nº Sprint	Data Prevista	Total de Requisitos	Planejado Acumulado	Entregas Acumulad	Entrega	Faltam
#1	14/jul	60	10	5	5	55
#2	29/jul	60	20	15	10	45
#3	13/ago	60	30	30	15	30
#4	28/ago	60	40	35	5	25
#5	13/set	60	50	45	10	15
#6	27/set	60	60	53	8	7

Item do Backlog do Sprint	Tamanho	Sprint de 2 semanas													
		14/jul	15/jul	16/jul	17/jul	18/jul	19/jul	20/jul	21/jul	22/jul	23/jul	24/jul	25/jul	26/jul	27/jul
1	20														
2	10		10												
3	15			1											
4	10	5			1			2			8				
5	8		2			8		2							
6	12						3	5	3						
7	15	8					5					1	3	3	1
8	8			3	3				1		1	1	1		
9	12	10									5	5	5	5	
10	10				5							30	20	10	
Restante	140	117	105	101	92	83	75	66	63	62	50	44	35	19	0
Estimado	140	130	120	110	100	90	80	70	60	50	40	30	20	10	0

Burnup: Eduardo e Mônica

Burndown: Eduardo e Mônica

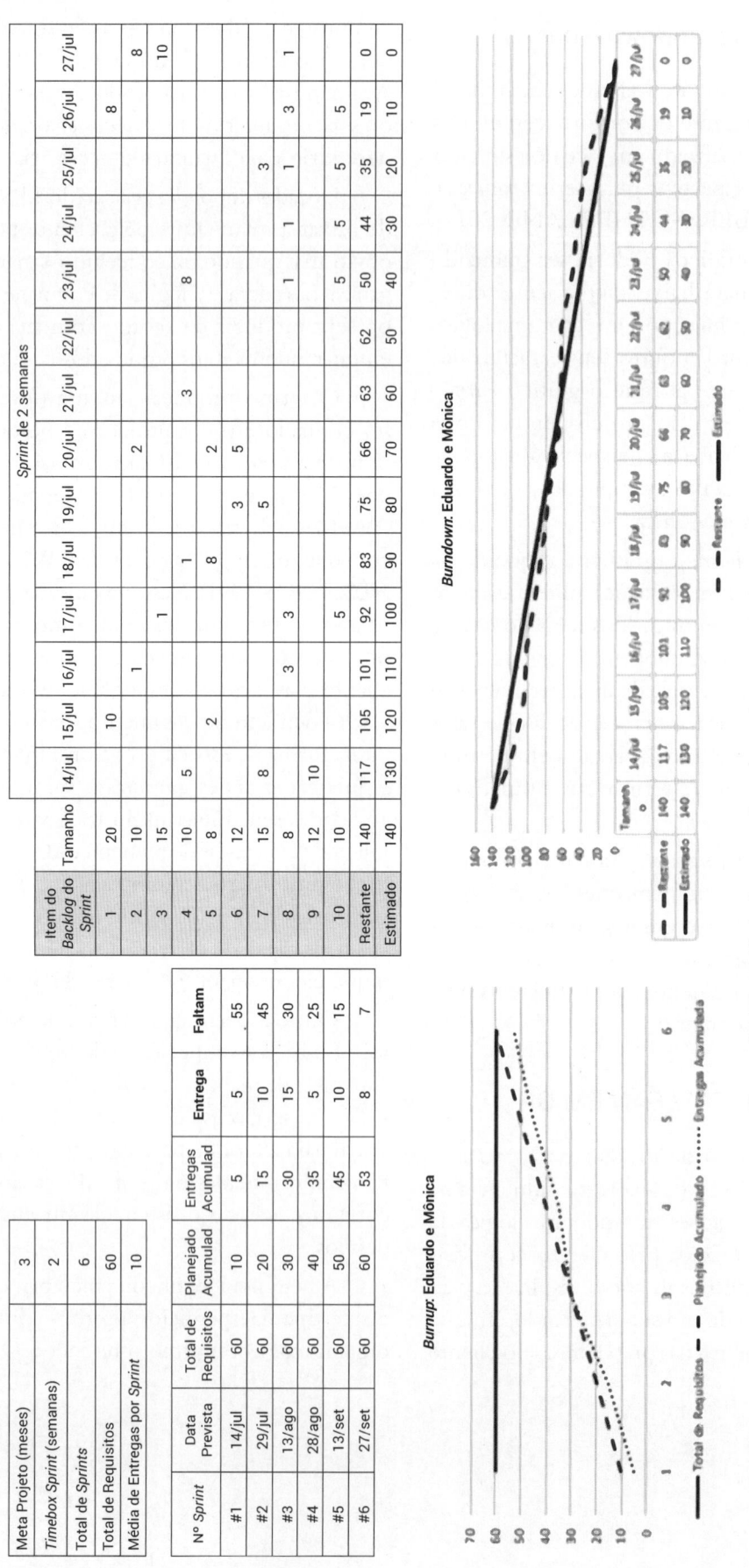

Figura 20.15 Gráficos *burnup* e *burndown* do caso Eduardo e Mônica.

Quadro 20.2 Pensamento *lean*: princípios e tipos de desperdício

Princípios	Tipos de desperdício
A. Especificar o valor B. Identificar a cadeia de valor dos produtos e remover as etapas que geram desperdícios C. Fazer com que as etapas que criam valor fluam D. Fazer com que a produção seja puxada pela demanda E. Gerenciar para se buscar a perfeição	1. Desperdício de estoques 2. Desperdício de superprodução 3. Desperdício de espera 4. Desperdício de transporte 5. Desperdício de processamento 6. Desperdício de movimento 7. Desperdício de produzir defeitos

Fonte: Adaptado de Womach e Jones (1996), Womach, Jones e Roos (1991).

É possível observar similaridades entre os princípios *lean* e ágil. Em ambos, observa-se o foco no valor e no cliente, além da ênfase na eficiência e na simplicidade.

Embora tenha sido mais difundido no ambiente de manufatura, na década de 1990, o pensamento *lean* começou a se difundir também na comunidade de Gestão de Projetos. Pelo alinhamento entre os princípios *lean* e ágil, essas abordagens, por vezes, são confundidas ou fundidas como no *leagile*, que adota técnicas de ambas as abordagens em projetos de desenvolvimento de *software*, basicamente agregando ao repertório do Scrum, as técnicas de gerenciamento visual e priorização de tarefas com o uso de *kanbans*, mapeamento de valor e melhoria contínua conjunta de com elementos de ciclo Deming ou PDCA (WANG et al., 2012).

Em particular, o uso do *kanban* tem sido incorporado cada vez mais em ambientes de projetos. *Kanban* é uma palavra japonesa que significado cartão e foi um elemento central no Sistema Toyota de Produção, para sinalizar que um item havia sido "comprado" pelo cliente (interno ou externo) e que, portanto, era necessário produzi-lo para repor a "prateleira do supermercado". Assim, as pessoas que estão produzindo sabem, a partir do *kanban*, o que é prioridade de execução em um dado momento.

No ambiente de projetos de desenvolvimento de *software*, o *kanban* sofreu adaptações, funcionando, por vezes, integrado a outros conceitos da gestão ágil, o que, ocasionalmente, gera confusão.

A diferença básica está no conceito de puxar a produção, que é central no pensamento enxuto. Enquanto no Scrum, alguns itens prioritários do *backlog* do produto são selecionados para serem trabalhados no *sprint* (portanto, empurrados para o *sprint*), no modelo *lean*, o *kanban* se relaciona diretamente com o *backlog* do produto. Desta forma, a principal diferença é o *sprint* em si, que, na abordagem *lean*, não existe, sendo que o time de desenvolvimento puxa os itens a serem desenvolvidos diretamente do *backlog* do produto, de acordo com o andamento do fluxo de trabalho (*workflow*).

Outra diferença relevante no *kanban* está não no fluxo de trabalho, que está bem claro no *backlog* do *sprint* (ver Figura 20.8), mas sim no fato de o quadro limitar a quantidade de trabalho em andamento (*work in process* – WIP), deixando claro o que está pronto, onde está o gargalo (ponto em que a capacidade é menor do que a demanda), melhorando a transparência, a comunicação e o diagnóstico da necessidade de adaptações (ANDERSON; CARMICHAEL, 2016).

A Figura 20.16 mostra as diferenças entre as abordagens ágil e *lean* para o caso Eduardo e Mônica.

Observa-se, na parte superior da Figura 20.16, que a abordagem Scrum empurra os itens do *backlog* do produto para o *sprint*, percebendo-se que o time de desenvolvimento foi muito produtivo e que concluíram antes do término do *sprint* todos os itens do *backlog* do *sprint*. Em geral, ele fica esperando o início do próximo *sprint*, enquanto na abordagem *lean* os membros do time de desenvolvimento vão pegar novos itens para desenvolver no topo da lista de *backlog* do produto. É claro que o *sprint* pode ser cancelado, como vimos na Seção 20.3.3, mas isso não é prática comum. Observa-se que, no quadro do *kanban*, não há coluna a ser feita, pois se assume que essa informação está no *backlog* do produto.

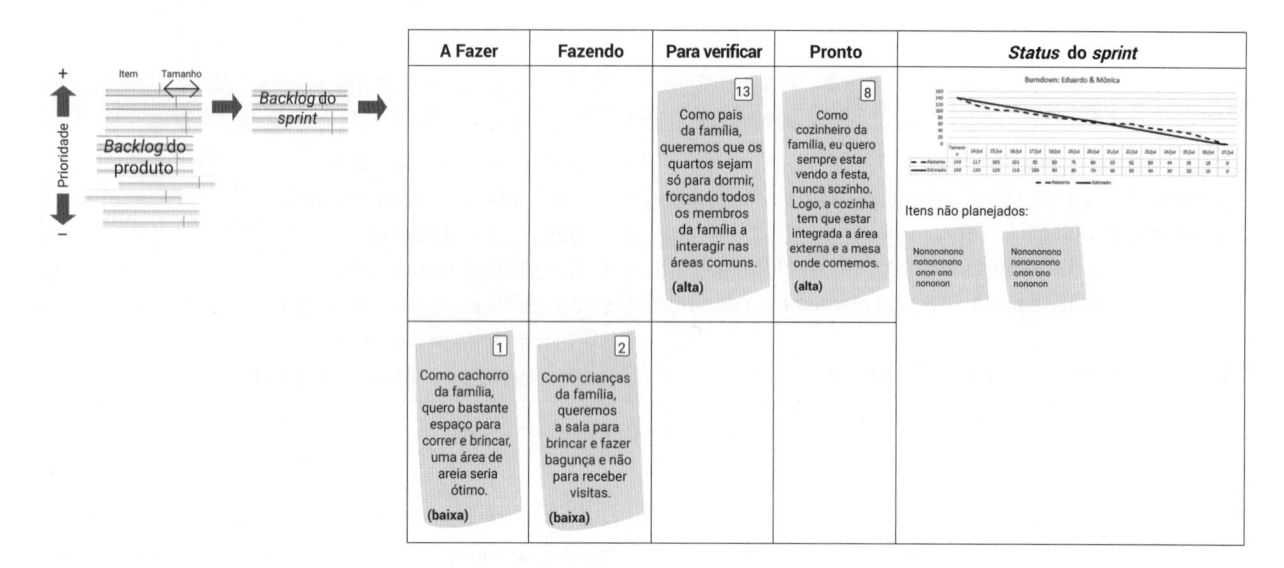

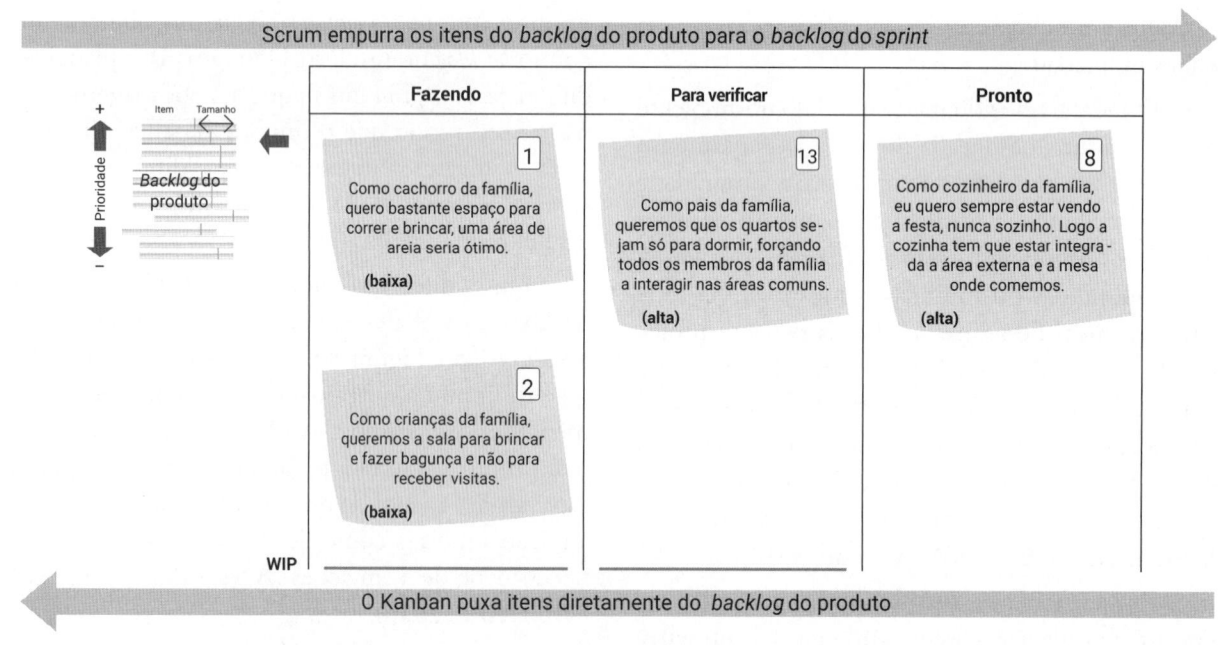

Figura 20.16 Exemplo de kanban no caso Eduardo e Mônica.

QUESTÕES PARA REFLEXÃO E DISCUSSÃO

1. Quando se deve preferir as abordagens ágeis em detrimento da abordagem tradicional de gestão de projetos?
2. Qual a diferença entre gestão ágil e gestão *lean* de projetos?
3. Quais são os papéis de cada membro da equipe do Scrum?
4. Quais são os artefatos do Scrum?
5. Em qual situação se usa o pôquer no Scrum?
6. O que é *kanban*?
7 Jogue um pouco de pôquer do planejamento. Copie as cartas do baralho segundo Fibonacci e use-as para estimar o tamanho das tarefas que correspondem ao seu tempo para responder as

Questões 1 a 6. Depois de concluí-las, retorne a suas estimativas. O pôquer reviu a proporção adequadamente?

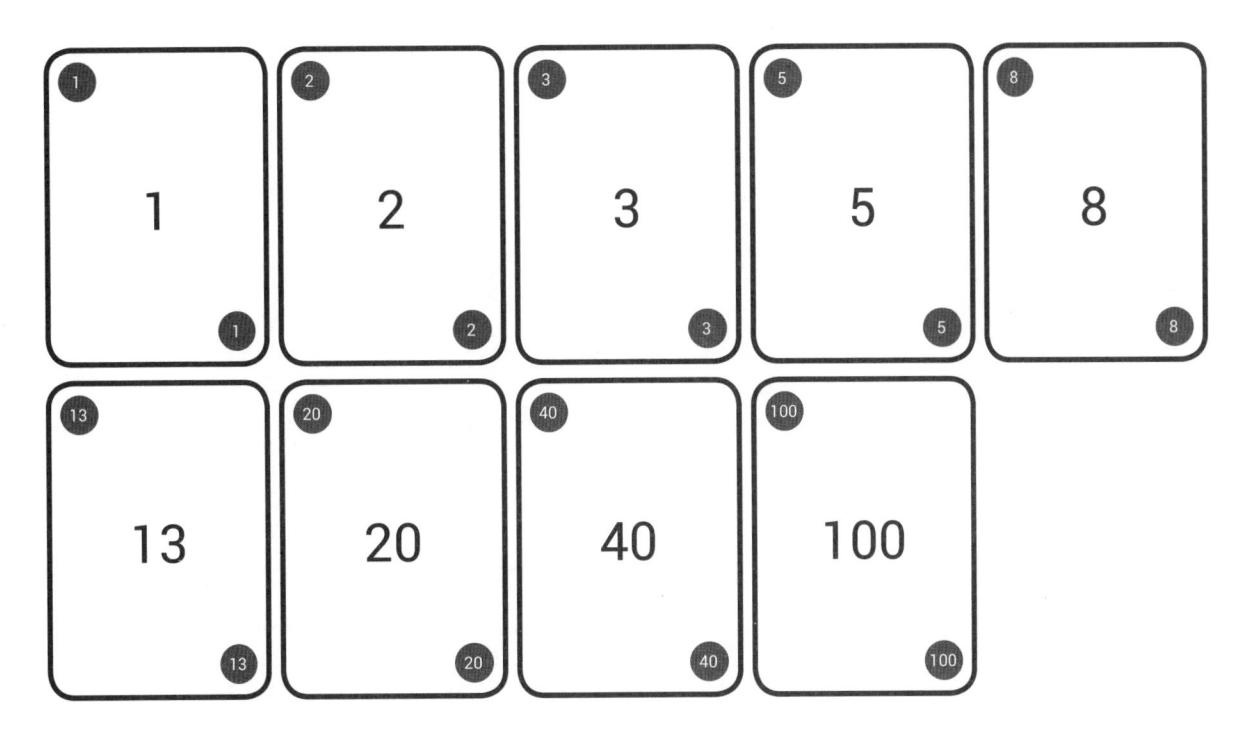

1	2	3	5	8
13	20	40	100	

ESTUDO COMPLEMENTAR

A) Assista na plataforma Veduca, disciplina de Gestão de Projetos (acesso gratuito), à videoaula 11, que trata de temas discutidos neste capítulo.

Fonte: <https://veduca.org/p/gestao-de-projetos>. Acesso em: 31 ago. 2018.

uqr.to/cpc0

B) Saiba mais sobre a certificação Scrum (Certified Scrum Master CSM) no site da Scrum Alliance e assista alguns dos vídeos no YouTube.

Fonte: <http://scrumalliance.org>. Acesso em: 31 ago. 2018.

uqr.to/cpiv

C) Leia mais sobre o framework em The Scrum Guide™ (SCHWABER; SUTHERLAND, 2017).

Fonte: <http://www.scrumguides.org/scrum-guide.html>. Acesso em: 31 ago. 2018.

uqr.to/cpiw

REFERÊNCIAS BIBLIOGRÁFICAS

ABIDIN, N. Z.; PASQUIRE, C. L. Revolutionize value management: a mode towards sustainability. *International Journal of Project Management*, v. 25, n. 3, p. 275-282, 2007.

ABNT – Associação Brasileira de Normas Técnicas. *NBR ISO 19011*. Diretrizes para auditorias de sistema de gestão da qualidade e/ou ambiental, 2002.

_____. *NBR ISO 9000*. Sistemas de gestão da qualidade – fundamentos e vocabulário, 2000.

AKAO, Y. *Quality function deployment*: integrating customer requirements into product design. Portland: Productivity Press, 1990. 369 p.

AL-SALEH, Y. M.; TALEB, H. M. The integration of sustainability within value management practices: a study of experienced value managers in the GCC countries. *Project Management Journal*, v. 41, n. 2, p. 50-59, 2010.

ALTING, L. Life cycle engineering and design. *CIRP Annals-Manufacturing Technology*, v. 44, n. 2, 569-580, 1995.

AMARAL, D. C. Material de apoio curso Veduca, 2013.

AMBARI, F. T. Earned value project management method and extensions. *Project Management Journal*, p. 12-23, dec. 2003.

ANDERSON, D. J.; CARMICHAEL, A. *Essential Kanban condensed*. Seattle, Washington: Lean Kanban University Press, 2016.

ARAMVAREEKUL, P.; SEIDER, D. Cost-time risk diagram: project planning and management. *Cost Engineering*, v. 48, n. 11, p. 12-18, 2006.

ARCHER, N. P.; GHASEMZADEH, F. An integrated framework for project. *International Journal of Project Management*, v. 17, n. 4, p. 207-216, 1999.

_____; _____. Project portfolio selection through decision support. *Decision Support Systems*, v. 29, n. 1, 2000.

ARCHIBALD, R. D. Organizing the project office and project team: duties of project participants. In: CLELAND, D. I.; KING, W. R. *Project management handbook*. New York: Van Nostrand Reinhold, 1983.

ASI – American Supplier Institute. *Quality function deployment*: implementation manual: 3-day workshop. ASI: Dearborn, 1993.

ASSOCIAÇÃO NACIONAL DOS FABRICANTES DE VEÍCULOS AUTOMOTORES – ANFAVEA. Estatísticas. Disponível em: <www.anfavea.com.br>. Acesso em: 29 set. 2014.

ATKINSON, R. Project management: cost, time and quality, two best guesses and a phenomenon, its time to accept other success criteria. *International Journal of Project Management*, v. 17, n. 6, p. 337-342, 1999.

_____; CRAWFORD, L.; WARD, S. Fundamental uncertainties in projects and the scope of project management. *International Journal of Project Management*, v. 24, n. 8, p. 687-698, 2006.

AUBRY, M.; HOBBS, B.; THUILLIER, D. A new framework for understanding organizational project management through the PMO. *International Journal of Project Management*, p. 1-9, 2007.

BACHY, G.; HAMERI, A. What to be implemented at the early stage of a large-scale project. *International Journal of Project Management*, v. 15, n. 4, p. 211-218, 1997.

BAKER, B. N.; MURPHY, D. C.; FISHER, D. Factors affecting project success. In: CLELAND, D. I.; KING, W. R. *Project management handbook*. New York: Van Nostrand Reinhold, p. 669-685, 1983.

BALACHANDRA, R.; FRIAR, J. H. Factors for success in R&D project and new product innovation: a contextual framework. *IEEE Trans. on Eng. Management*, v. 44, p. 276-287, 1997.

BARBER, E. Benchmarking the management of projects: a review of current thinking. *International Journal of Project Management*, v. 22, p. 301-307, 2004.

BARBIERI, J. C. *Gestão ambiental empresarial*: conceitos, modelos e instrumentos. São Paulo: Saraiva, 2004.

BARBOSA, G. E. C; CARVALHO, M. M. Gestão de risco em projetos: um estudo ex-post de projetos de material de emprego militar. *Revista de Gestão e Projetos*, v. 8, n. 1, 29-41, 2017.

BARCLAY, C.; OSEI-BRYSON, K. M. Project performance development framework: an approach for developing performance criteria & measures for information systems (IS) projects. *International Journal of Production Economics*, v. 124, n. 1, p. 272-292, 2010.

BECK, K. et al. *Manifesto for agile software development*. Disponível em: <http://www.agilemanifesto.org>. Acesso em: 31 ago. 2018.

BELASSI, W.; TUKEL, O. A new framework for determining critical success/failure factors in projects. *International Journal of Project Management*, v. 14, n. 3, p. 141-151, 1996.

BELOUT, A.; GAUVREAU, C. Factors influencing project success: the impact of human resource management. *International Journal of Project Management*, v. 22, p. 1-11, 2004.

BENASSI, J. L. G.; AMARAL, D. Capaldo. Método para a descrição da visão do produto no contexto do gerenciamento ágil de projetos. *Produção*, São Paulo, v. 21, n. 3, jul./set. 2011.

BENDAVID-VAL, A.; PERINE, C. Environmental competitiveness: completing the competitiveness paradigm. Washington: *Chemonics International Inc.*, Washington, jul. 8, 2003.

BERG, C.; COLENSO, K. Standard project: WBS vs. activities. *PM Network*, Project Management Institute, apr. 2000.

BERGAMINI, C. W. *Liderança*: administração do sentido. São Paulo: Atlas, 1994.

_____; CODA, R. *Psicodinâmica da vida organizacional*: motivação e liderança. São Paulo: Atlas, 1997.

BERNSTEIN, P. L. *Desafio dos deuses*: a fascinante história do risco. São Paulo: Campus, 1997.

BERSSANETI, F. T.; CARVALHO, M. M. Identification of variables that impact project success in Brazilian companies. *International Journal of Project Management*, v. 33, n. 3, p. 638-649, 2015. Disponível em: <http://dx.doi.org/10.1016/j.ijproman.2014.07.002>. Acesso em: 31 ago. 2018.

BHAMRA, R.; DANI, S.; BURNARD, K. Resilience: the concept, a literature review and future directions. *International Journal of Production Research*, v. 49, n. 18, p. 5375-5393, 2011.

BHP. Annual Health Safety Environment and Community Report 2004. Disponível em: <https://www.bhp.com/media-and-insights/reports-and-presentations/2004/09/2004-annual-health-safety-environment-and-community-report-documents>. Acesso em: 31 ago. 2009.

BLAKE, S. B. *Managing for responsive research and development*. San Francisco, CA: Freeman, 1978.

BLOCK, T.; FRAME, J. D. Today's project office: gauging attitudes. *PM Network*, aug. 2001.

BLOMQUIST. T. Program and portfolio managers: analysis of roles and responsibilities. In: SLEVIN. D. P.; CLELAND, D. I; PINTO, J. K. *Innovations project management research*. Newton Square, Pennsylvania, 2004.

BOCHE, J.; RICKER, A. Learning the lessons. *Risk Magazine*, nov. 1999.

BOEHM, B.; TURNER. R. Management challenges to implementing agile process in traditional development organizations. *IEEE Software*, 2005.

BOIN, A.; LAGADEC, P. Preparing for the future: critical challenges in crisis management. *Journal of Contingencies and Crisis Management*, v. 8, n. 4, p. 185-191, 2000.

BOIRAL, O. Global warning: should companies adopt a proactive strategy? *Long Range Planning*, v. 39, p. 315-330, 2006.

BORGES, J. G.; CARVALHO, M. M. Sistemas de indicadores de desempenho em projetos. *Revista de Gestão e Projetos*, v. 2, n. 1, p. 174-207, 2011.

BOUER, R.; CARVALHO, M. M. Metodologia singular de gestão de projetos: condição suficiente para a maturidade em gestão de projetos? *Produção*, São Paulo, v. 15, n. 3, p. 347-361, 2005.

BOVESPA. Disponível em: <http://www.bovespa.com.br>. Acesso em: 02 set. 2018.

BOYATZIS, R. E. *The competent manager.* New York: John Wiley & Sons, 1982.

BRANCONI, C.; LOCH, C. H. Contracting for major projects: eight business levers for top management. *International Journal of Project Management*, 22, p. 119-130, 2004.

BRITISH STANDARDS INSTITUTION. *Sistemas de gestão da segurança e saúde no trabalho* – Diretrizes para implementação da OHSAS 18001. 2007. 29 p.

BRONES, F.; CARVALHO, M. M.; ZANCUL, E. S. Reviews, action and learning on change management for ecodesign transition. *Journal of Cleaner Production*, v. 142, p. 8-22, 2017.

_____; _____. From 50 to 1: Integrating literature toward a systemic ecodesign model. *Journal of Cleaner Production*, v. 96, p. 44-57, 2015. Disponível em: <http://dx.doi.org/10.1016/j.jclepro.2014.07.036>. Acesso em: 31 ago. 2018.

_____; _____; ZANCUL, E. S. Ecodesign in project management: A missing link for the integration of sustainability in product development? *Journal of Cleaner Production*, v. 80, p. 106-118, 2014. Disponível em: <http://dx.doi.org/10.1016/j.jclepro.2014.05.088>. Acesso em: 31 ago. 2018.

BRYDE, David James; BROWN, Dominic. The influence of a project performance measurement system on the success of a contract for maintaining motorways and trunk roads. *Project Management Journal*, 35, 4, p. 57-65, dec. 2004.

BSI, 2007. OHSAS 18000:2007. *Occupational Health and Safety Management Systems* – requirements. British Standards Institution, London.

BUARQUE DE HOLANDA, Aurélio. *Dicionário Aurélio Online* – Português. Disponível em: <https://dicionariodoaurelio.com>. Acesso em: 31 ago. 2018.

BUSON, M. A. *et al*. Uma proposta de avaliação da sustentabilidade de projetos na fase de planejamento com base nos princípios lean: um estudo de caso no segmento de eletrônicos. *Congresso Brasileiro de Gestão de Desenvolvimento de Produto*, São José dos Campos, 2009.

CAMBRIDGE DICTIONARY. Disponível em: <http://dictionary.cambridge.org/pt/dicionario/ingles/>. Acesso em: 31 ago. 2018.

CAMPOS, A. V. *Avaliação de desempenho em projetos complexos*: uma abordagem multidimensional. Dissertação (Mestrado) – Programa de Pós-Graduação em Engenharia Naval e Oceânica da Escola Politécnica da Universidade de São Paulo, São Paulo, 2009.

_____; CARVALHO, M. M. Avaliação de desempenho em projetos complexos: uma abordagem tridimensional. In: RABECHINI JR., R; CARVALHO, M. M. (org.). *Gerenciamento de projetos na prática 2*: casos brasileiros. São Paulo: Atlas, 2009. p. 95-115.

_____; _____. Avaliação de desempenho em projetos: uma abordagem multidimensional de custo, prazo e qualidade. In: *XV Simpósio de Engenharia de Produção* (Simpep), 2008, Bauru.

CARVALHO, M. M. *Gestão de comunicações em projetos*. Disponível em: <http://www.pro.poli.usp.br>. Acesso em: 31 ago. 2018.

_____. *Gestão de qualidade em projetos*. Apostila. Disponível em: <http://www.pro.poli.usp.br>. Acesso em: 31 ago. 2018.

_____. An investigation of the role of communication in IT projects. *International Journal of Operations & Production Management*, v. 34, n. 1, p. 36-64, 2014. Disponível em: <http://dx.doi.org/10.1108/IJOPM-11-2011-0439>. Acesso em: 31 ago. 2018.

_____. Indicadores de sucesso em projetos. *Mundo PM*, v. 7, n. 41, p. 9-17, 2011.

_____. *Inovação*: estratégias e comunidades de conhecimento. São Paulo: Atlas, 2009.

_____. Selecionando projetos seis sigma. In: ROTONDARO, R. G. (org.). *Seis sigma*: estratégia gerencial para melhoria de processos, produtos e serviços. São Paulo: Atlas, 2002. p. 49-70.

_____. Qualidade em projeto. In: AMATO NETO, João (org.). *Manufatura classe mundial*. São Paulo: Atlas, 2001. p. 114-130.

_____. *QFD*: uma ferramenta de tomada de decisão em projeto. 1997. Tese (Doutorado) – Departamento de Engenharia, Produção e Sistema, Universidade Federal de Santa Catarina, Florianópolis. Disponível em: <http://www.eps.ufsc.br/teses97/marly/index.html>. Acesso em: 31 ago. 2018.

_____ *et al*. Equivalência e completeza: análise de dois modelos de maturidade em gestão de projetos. *RAUSP – Revista de Administração*, São Paulo, v. 40, n. 3, p. 289-299, 2005.

_____; FLEURY, A. L.; LOPES, A. P. An overview of the literature on technology roadmapping (TRM): Contributions and trends. *Technological Forecasting & Social Change*, v. 80, n. 7, p. 1418-1437, 2013. Disponível em: <http://dx.doi.org/10.1016/j.techfore.2012.11.008>. Acesso em: 31 ago. 2018.

_____; _____. *Valor em projetos*: uma abordagem contingencial. No prelo, 2010.

_____; _____. *Construindo competências para gerenciar projetos*: teoria & casos. 2. ed. São Paulo: Atlas, 2009.

_____; LAURINDO, F. J. B. Enhancing competencies in high technology companies: a brazilian knowledge-based cluster. *International Journal of Management and Decision Making*, v. 7, p. 617-627, 2006.

_____; _____. *Estratégias para competitividade*. São Paulo: Futura, 2003. 254 p.

_____; LOPES, A. P.; FERRARESE, A. Inovação aberta no processo de pesquisa e desenvolvimento: uma análise da cooperação entre empresas automotivas e universidades. *Gestão & Produção*, v. 24, n. 4, p. 653-666, out./dez. 2017.

_____; MIRANDOLA, D. A comunicação em projetos de TI: uma análise comparativa das equipes de sistemas e de negócios. *Produção*, São Paulo, v. 17, p. 330-342, maio/ago. 2007.

_____; _____. *Construindo competências para gerenciar projetos*. 2. ed. São Paulo: Atlas, 2007. 317 p.

_____; _____. *Estratégia competitiva*: dos conceitos a implementação. 2. ed. São Paulo: Atlas, 2007. 227 p.

_____; PATAH, L. A.; BIDO, D. S. Project management and its effects on project success: Cross-country and cross-industry comparisons. *International Journal of Project Management*, v. 33, n. 7, p. 1509-1522, 2015. Disponível em: <http://dx.doi.org/10.1016/j.ijproman.2015.04.004>. Acesso em: 31 ago. 2018.

_____; _____; LAURINDO, F. J. B. *O PMO como tradutor das estratégias corporativas*: um estudo de caso no setor de telecomunicações. Working Paper, PRO-POLI-USP, 2003.

_____; _____; PESSÔA, M. S. P. Information technology project management to achieve efficiency in brazilian companies. In: KAMEL, Sherif (org.). *Managing globally with information technology*. Hershey, p. 260-271, 2003.

_____; PRIETO, V. C.; BOUER, R. *Maximização da estratégia*: provendo resultados por meio do alinhamento, execução e medição. Rio de Janeiro: Elsevier, 2013. v. 1. p. 207.

_____; RABECHINI JR., R. Can project sustainability management impact project success? An empirical study applying a contingent approach. *International Journal of Project Management*, v. 35, n. 6, p. 1120-1132, 2017. Disponível em: <http://dx.doi.org/10.1016/j.ijproman.2017.02.018>. Acesso em: 31 ago. 2018.

_____; _____. Impact of risk management on project performance: the importance of soft skills. *International Journal of Production Research*, v. 53, n. 2, p. 321-340, 2015. Disponível em: <http://dx.doi.org/10.1080/00207543.2014.919423>. Acesso em: 31 ago. 2018.

_____; _____. Modelo I^4 de Gestão Contingencial de Projetos. *Mundo PM*, v. 6, n. 32, p. 67-73, 2010.

_____; _____. *Fundamentos em gestão de projetos*. São Paulo: Atlas, 2005.

_____; _____. *Fundamentos em gestão de projetos*. 2. ed. São Paulo: Atlas, 2007.

_____; _____. *Fundamentos em gestão de projetos*. 3. ed. São Paulo: Atlas, 2011.

_____; _____. *Construindo competências para gerenciar projetos*. São Paulo: Atlas, 2005. 317 p.

_____; SERRA, N. Competitividade na indústria têxtil. In: MONTOYA, M. A.; ROSSETTO, C. R. (org.). *Abertura econômica e competitividade no agronegócio brasileiro*: impactos regionais e gestão estratégica. Passo Fundo: UPF, v. 1, p. 227-244, 2002.

_____; _____; PESSOA, M. P. S. Project management models in IT. In: KHOSROW-POUR, Medhi (ed.). *Encyclopedia of information science and technology*. Hershey: Idea Group, 2005. p. 2353-2358.

_____; TALAMO, J. R. Seleção dos objetivos fundamentais de uma rede de cooperação empresarial. *Gestão e Produção*, São Carlos, v. 11, n. 2, p. 239-250, 2004.

CASEY, W.; PECK, W. Choosing the right PMO setup. *PM Network*, p. 40-47, feb. 2001.

CASTRO, H.; CARVALHO, M. M. Project management best practices implementation: critical issues in telecommunication companies. *Product*, v. 5, p. 41-50, 2007.

CAUPIN, G. et al. O. *ICB – IPMA Competence Baseline. Version 2.0*. International Project Management Association. Bremen: Eigenverlag, 1999.

CHAN, J. W. K. Enhancing organisational resilience: application of viable system model and MCDA in a small Hong Kong company. *International Journal of Production Research*, v. 49, n. 18, p. 5545-5563, 2011.

CHIEN, C. F. A portfolio-evaluation framework for selecting R&D projects. *R&D Management*, v. 32, p. 359-368, 2002.

CHIN, G. *Agile project management*: how to succeed in the face of changing project requirements. New York: Amacon, 2004.

CICMIL, S. et al. Rethinking project management: researching the actuality of projects. *International Journal of Project Management*, v. 24, n. 8, p. 675-686, nov. 2006.

CLARK, K. B.; FUJIMOTO, T. *Product development performance*. Boston, MA: Harvard Business School Press, 1991.

CLAUSING, D.; PUGH, S. Enhanced quality function deployment. In: Design and Productivity International

Conference, Honolulu, 1991. *Proceedings*. Honolulu: DPIC, p. 15-25, 1991.

CLELAND, D. I. *Project management*: strategic design and implementation. 3. ed. New York: McGraw-Hill, 1999.

_____; KING, W. R. *Project management handbook*. New York: Van Nostrand Reinhold, 1983.

_____; _____. *Systems analysis and project management*. New York: McGraw-Hill, 1967.

_____; IRELAND, L. R. *Gerência de projetos*. Rio de Janeiro: Reichmann & Affonso, 2002.

COBB, C. G. *The project manager's guide to mastering agile*: Principles and practices for an adaptative approach. Hoboken, NJ: Wiley, 2015.

COHN, M. *Agile estimating and planning*. New York: Prentice Hall, 2005.

CONFORTO, E. C.; REBENTISCH, E; AMARAL, D. Learning the art of business improvisation. *MIT Sloan Management Review*, v. 57, n. 3, p. 8, 2016.

CONTADOR, J. C. Gerenciamento de projetos com PERT e CPM. In: CONTADOR, J. C. (org.). *Gestão de operações*. 2. ed. São Paulo: Edgard Blücher, 1998.

COOKE-DAVIES, T. The "real" success factors on projects. *International Journal of Project Management*, n. 20, p. 185-190, 2002.

COOPER, R.; SCOTT, E.; KLEINSCHMIDT, E. Portfolio management for new product development: results of an industry practices study. *R&D Management*, UK, v. 31, n. 4, 2001.

_____; _____; _____. *Portfolio management for new products*. MA: Perseus Books, 2001.

_____; _____; _____. Portfolio management in new product development: lessons from the leaders-I. *Research-Technology Management*, v. 40, n. 5, p. 16-28, 1997.

_____; _____; _____. New product management: practices and performance. *Journal of Product Innovation Management*, v. 16, n. 4, p. 333, 1999.

_____; _____; _____. *Portfolio management for new products*. MA: Perseus Books, 1998.

CRAWFORD, L.; POLLACK, J. Hard and soft projects: a framework for analysis. *International Journal of Project Management*, v. 22, n. 8, p. 645-653, 2004.

CRAWFORD, J. Kent. *The strategic project office*: a guide to improving organizational performance. New York: Marcel Dekker, 2002.

_____. Developing organizational project management capability: theory and practice. *Project Management Journal*, v. 37, n. 3, aug. 2006.

_____. Exploring the role of formal bodies of knowledge in defining a profession: the case of project management. *International Journal of Project Management*, 24, 710-721, 2006.

_____. Senior management perceptions of project management competence. *International Journal of Project Management*, 23, 7-16, 2005.

_____; HOBBS, J. B.; TURNER, J. R. Project categorization systems and their use in organizations: an empirical study. PMI Res. Conference, *Proceedings*. London, UK, jul. 2004.

CRUZ JÚNIOR, A. T.; CARVALHO, M. M.; LAURINDO, F. J. B. Estratégia e estrutura: em busca do alinhamento organizacional em um clube social esportivo. *Gestão e Produção*, v. 12, n. 3, p. 429-441, 2005.

_____; CARVALHO, M. M. Obtenção da voz do consumidor: estudo de caso em um hotel ecológico. *Produção*, São Paulo, v. 13, n. 3, p. 88-100, 2003.

_____ et al. Criação, disseminação e gestão do conhecimento nas comunidades estratégicas. *Produto & Produção*, Porto Alegre, v. 8, n. 3, p. 21-34, 2005.

DAI, C. X.; WELLS, W. G. An exploration of project management office features and their relationship to project performance. *International Journal of Project Management*, v. 22, p. 523-532, 2004.

DE MASI, Domenico. *O ócio criativo*. Rio de Janeiro: Sextante, 2000. 328 p.

DE WIT, A. Measurement of project success. *International Journal of Project Management*, v. 6, n. 3, p. 164-170, 1988.

DESOUZA K.; EVARISTO, J. Project management offices: a case of knowledge-based archetypes. *International Journal of Information Management*, v. 26, p. 414-423, 2006.

DINSMORE, P. C. *Winning business with enterprise project management*. New York: Amacom, 1998.

_____. *Poder e influência gerencial*: além da autoridade formal. Rio de Janeiro: COP, 1989.

_____. *Transformando estratégias empresariais em resultados através da gerência de projetos*. Rio de Janeiro: Qualitymark, 1999.

_____; NETO, F. H. S. *Gerenciamento de projetos*. São Paulo: Qualitymark, 2004, p. 150.

DONAIRE, D. *Gestão ambiental na empresa*. São Paulo: Atlas, 1999.

DOW JONES SUSTAINABILITY INDEXES (DJSI). Disponível em: <http://www.sustainability-indices.com/>. Acesso em: 31 ago. 2018.

DRUCKER, P. Manging for business effectiveness. *Harvard Business Review*, p. 53-60, may/jun. 1963.

_____. *Fator humano e desempenho*: o melhor de Peter Drucker sobre administração. São Paulo: Pioneira, 1981.

DUTRA, C. C; RIBEIRO, J. L. D.; CARVALHO, M. M. An economic-probabilistic model for project selection and prioritization. *International Journal of Project Management*, v. 32, n. 6, p. 1042-1055, 2014. Disponível em: <http://dx.doi.org/10.1016/j.ijproman.2013.12.004>. Acesso em: 31 ago. 2018.

DVIR, D. et al. In search of project classification: a non--universal approach to project success factors. *Research Policy*, v. 27, p. 915-935, 1998.

_____; SADEH, A; MALACH-PINES, A. Projects and project managers: the relationship between project managers' persolity, project types and project success. *Project Management Journal*, v. 37, n. 5, p. 36-48, 2006.

DYE, L. D.; PENNYPACKER, J. S. Project portfolio management and managing multiple projects: two sides of the same coin? *Proceedings of the Project Management Institute Annual Seminars & Symposium*, Houston, Texas, 7-16 sept. 2000.

EDUM-FOTWE, F. T.; PRICE, A. D. F. A social ontology for appraising sustainability of construction projects and developments. *International Journal of Project Management*, v. 27, n. 4, p. 313-322, 2009.

EISENHARDT, K. M. Building theories from case study research. *Academy of Management Review*, v. 14, n. 14, p. 532-550, 1989.

_____; BROWN, S. L. Patching restitching business portfolios in dynamic markets. *Harvard Business Review*, p. 72-82, may/jun. 2000.

ELKINGTON, J. *Cannibals with forks*: the triple bottom line of 21st century business. Canada: New Society Publishers, 1998.

ENGWALL, M. No project is an island: linking projects to history and context. *Research Policy*, v. 32, p. 789-808, 2003.

EVARISTO, R.; VAN FENEMA, P. C. A typology of project management: emergence and evolution of new forms. *International Journal of Project Management*, v. 17, n. 5, p. 275-281, 1999.

FERREIRA, A. B. H. *Dicionário Aurélio Básico da Língua Portuguesa*. Rio de Janeiro: Nova Fronteira, 1988.

FINOCCHIO JÚNIOR, J. *Project Model Canvas*: gerenciamento de projetos sem burocracia. Rio de Janeiro: Elsevier, 2013.

FISHER, R.; URY, W. *Como chegar ao sim*: a negociação de acordos e concessões. 3. ed. Rio de Janeiro: Imago, 1985.

FLEURY, A. L.; STABILE, H.; CARVALHO, M. M. An Overview of the Literature on Design Thinking: Trends and Contributions. *International Journal of Engineering Education*, v. 32, n. 4, p. 1704-1718, 2016. Disponível em: <http://www.ijee.ie/latestissues/Vol32-4/16_ijee3278ns.pdf>. Acesso em: 31 ago. 2018.

FLEURY, A.; FLEURY, M. T. L. Competitive strategies and core competencies: perspectives for the internationalisation of industry in Brazil. *Integrated Manufacturing Systems*, v. 14, n. 1, p. 16-25, 2003.

FLEURY, A. C. C.; FLEURY, M. T. L. *Estratégias empresariais e formação de competências*: um quebra-cabeça caleidoscópico da indústria brasileira. 2. ed. São Paulo: Atlas, 2000.

FORSBERG, K.; MOOZ, H.; COTTERMAN. *Visualizing project management*. 2. ed. New York: John Wiley, p. 354, 2000.

FORTUNE, J.; WHITE, D. Framing of project critical success factors by a systems model. *International Journal of Project Management*, v. 24, p. 53-65, 2006.

FORZA, C. Survey research in operations management: a process-based perspective. *International Journal of Operations & Production Management*, v. 22, n. 2, p. 152-194, 2002.

FOX, S. Effective communication: stone age to e-commerce. *Proceedings of the Project Management Institute Annual Seminars & Symposium*. Nashville: Project Management Institute Inc., 2001.

FRAME, J. D. *Project management competence*: building key skills for individuals, teams and organizations. San Francisco: Jossey-Bass, 1999.

FRANCO, E.; HIRAMA, K.; CARVALHO, M. Applying system dynamics approach in software and information system projects: A mapping study. *Information and Software Technology*, v. 93, p. 58-73, jan. 2018. Disponível em: <https://www.sciencedirect.com/science/article/pii/S0950584916302166>. Acesso em: 31 ago. 2018.

FURTADO, J. S. *Sustentabilidade empresarial*: guia de práticas econômicas, ambientais e sociais. Salvador: Neama/CRA, 2005.

GAREIS, R. Program management and project portfolio management: new competencies of project-oriented organizations. *Proceedings of the Project Management Institute Annual Seminars & Symposium*, Houston, Texas, 7-16, sept. 2000.

GARVIN, David A. *Managing quality*: the strategic and competitive edge. New York: Harvard Business School, 1988.

GERALDI, J. G.; LEE-KELLEY, L.; KUTSCH, E. The Titanic sunk, so what? Project manager response to unexpected events. *International Journal of Project Management*, v. 28, n. 6, p. 547-558, 2010.

GIL, A. C. *Como elaborar projetos de pesquisa*. São Paulo: Atlas, 1991.

GILLARD, S. Managing IT projects: communication pitfalls and bridges. *Journal of Information Science*, v. 31, n. 1, p. 37-43, 2005.

GLOBERSON, S. Impact or various work-breakdown structures on project conceptualization. *International Journal of Project Management*, v. 12, n. 3, p. 165-171, 2002.

GRABHER, G. The project ecology of advertising: tasks, talents and teams. *Regional Studies*, v. 36, n. 3, p. 245-262, 2002.

GRANOT, Mickey. A practical approach to project control. *Proceedings of the 28th Annual Project Management Institute Seminars & Symposium*, p. 1012-1015, 1997.

GRANT, Kevin P.; PENNYPACKER, James S. Project management maturity: an assessment of project management capabilities among and between selected industries. *IEEE Transactions on Engineering Management*, v. 53, n. 1, p. 59-68, feb. 2006.

GRAY, N. S. Behavior competencies: a model for professional development: are they really important to good project management? In: Project Management Institute Annual Seminars and Symposium, Nashville, 2001. *Proceedings*. Nashville: PMI, 2001.

GRIFFIN, Abbie; PAGE, Albert L. PDMA success measurement project: recommended measures for development success and failure. *Journal Production Innovation Management*, v. 13, p. 478-496, 1996.

GROTTI, M. V. F.; ZANCUL, E. S.; FLEURY, A. L.; CARVALHO, M. M. Gestão de *Stakeholders & Design Thinking*: um estudo de caso em projeto de mudança organizacional. *GEPROS*. Gestão da Produção, Operações e Sistemas (Online), Aprovado para publicação, 2017.

GUEDES, R. et al. Contratos de aliança em projetos industriais. *Mundo PM*, abr./maio 2008.

HALL, J. K.; MARTIN, M. J. C. Disruptive technologies, stakeholders and the innovation value-added chain: a framework for evaluating radical technology development. *R and D Management*, v. 35, n. 3, p. 273-284, 2005.

HANDY, C. *A era do paradoxo*. Rio de Janeiro: Makron Books, 1995. p. 229.

HATUSH, Z.; SKITMORE, M. Evaluating contractor prequalification data: selection criteria and project success factors. *Construction Management and Economics*, v. 15, n. 2, p. 129-147, 1997.

HAUSER, J. R.; CLAUSING, D. The house of quality. *Harvard Business Review*, v. 66, n. 3, p. 63-73, may/jun. 1988.

_____; KATZ, G. Metrics: you are what you measure! *European Management Journal*, v. 16, n. 5, p. 517-528, 1998.

HAYTHORNTHWAITE, C. Crowds and communities: light and heavyweight models of peer production. In: *HICSS'09 Proceedings of the 42nd Hawaii International Conference on System Sciences*. Washington, DC: IEEE Computer Society, 2009. p. 1-10.

HEIZER, J.; RENDER, B. *Operation management*. New York: John Wiley, 1999.

_____; _____. *Operations management*. Englewood Cliffs: Prentice Hall, 1999.

HENDERSON, Linda S. Encoding and decoding communication competencies in project management: an exploratory study. *International Journal of Project Management*, v. 22, p. 469-476, 2004.

HERSEY, P.; BLANCHARD, K. H. *Psicologia para administradores*: a teoria e as técnicas da liderança situacional. São Paulo: Pedagógica e Universitária, 1986.

HIGHSMITH, J. *Agile project management*: creating innovative products. Boston: Adison-Wesley, 2004.

_____. *Agile software development ecosystems*. Boston, MA: Addison-Wesley, 2002.

HILL G. Evolving the project management office: a competency continuum. *Information Systems Management*, p. 45-51, 2004.

HILLSON, D. Extending the risk process to manage opportunities. *PMI Europe*, 2001.

_____. *Apud* TORRES, Oswaldo F. F. *Engenharia econômica e análise de risco aplicada a projeto*. PMNetwork, set. 2000. (Apostila de gestão de risco.)

HOMMELS, A.; PETERS, P.; BIJKER, W. E. Techno therapy or nurtured niches? Technology studies and the evaluation of radical innovations. *Research Policy*, v. 36, n. 7, p. 1088-1099, 2007.

HOMRICH, A. S.; GALVÃO, G.; ABADIA, L. G.; CARVALHO, M. M. The Circular Economy Umbrella: Trends and Gaps on Integrating Pathways. *Journal of Cleaner Production*, v. 175, p. 525-543, 20 feb. 2018. Disponível em: <https://www.sciencedirect.com/science/article/pii/S0959652617327221>. Acesso em: 31 ago. 2018.

HUMPHREY, W. S. *Managing the software process*. Reading: Addison-Wesley, 1989. (SEI series in software engineering.)

HURT, M.; THOMAS, J. L. Building value through sustainable project management offices. *Project Management Journal*, v. 40, n. 1, p. 55-72, 2009.

HYVÄRI, I. Success of projects in different organizational conditions. *Project Management Journal*, v. 37, n. 4, p. 31-41, 2006.

_____. Project management effectiveness in project-oriented business organizations. *International Journal of Project Management*, v. 24, p. 216-225, 2006.

IBERT, O. Projects and Firms as discordant complements: organisational learning in the Munich software ecology. *Research Policy*, v. 33, p. 1529-1546, 2004.

IPMA – International Project Management Association. *ICB – IPMA competency baseline*. Nijkerk: IPMA, 2006.

ISO – International Organization for Standardization. *ISO 10006*: Quality management – guidelines to quality in project management, 1997.

_____. *ISO 21500*: Guidance on project management. ISO: Geneva, Switzerland, 2012.

_____. *ISO 26000*: Guidance on social responsibility: draft international standard. ISO/DIS 26000, 2010.

_____. *ISO 9001*: Quality management systems: requirements with guidance for use. ISO: Geneva, Switzerland, 2008.

_____. *ISO 38500*: Corporate governance of information technology. ISO: Geneva, Switzerland, 2008.

_____. *ISO 14001*: Environmental management systems – requirements with guidance for use. ISO: Geneva, Switzerland, 2004.

ISO/TC 176 – *Boas práticas de auditoria*: tópicos de auditoria do sistema de gestão da qualidade (Tradução Furnas). Disponível em: <https://docplayer.com.br/5829952-Boas-praticas-de-auditoria-topicos-de-auditoria-do-sistema-de-gestao-da-qualidade.html>. Acesso em: 02 set. 2018.

JIANG, James J. *et al.* An exploration of the relationship between software development process maturity and project performance. *Information & Management*, v. 41, p. 279-288, 2004.

JOHNSON, M.; JOYNER, T.; MARTIN JR., R. Process-driven project management office implementation. *AACE International Transactions*, 2002.

JOHNSON, A. M.; LEDERER, A. L. The impact of communication between CEOs and CIOs on their shared views of the current and future role of IT. *Information Systems Management*, v. 24, p. 85-90, 2007.

JOURNAL OF PROJECT MANAGEMENT, v. 17, n. 6, p. 337-342.

JUDGEV, K.; MÜLLER, R. A retrospective look at our evolving understanding of project success. *Project Management Journal*, v. 36, n. 4, p. 19-31, 2005.

JURAN, J. M.; GRYNA, Frank M. *Controle da qualidade-handbook*. 4. ed. São Paulo: Makron Books: McGraw-Hill, 1992. v. 3.

KANO, N. *et al.* Attractive quality and must-be quality. *Hinshitsu: The Journal of the Japanese Society for Quality Control*, v. 14. p. 39-48, apr. 1984.

KAPLAN, R. S.; NORTON, D. P. The Balanced Scorecard – Measures that Drive Performance. *Harvard Business Review*, v. 70, n. 1, p. 71-79, 1992.

_____; _____. Using the balanced scorecard as a strategic management system. *Harvard Business Review*, jan.-feb. 1996, p. 75-85.

KEELLING, R. *Gestão de projetos*: uma abordagem global. Tradução de Cid Knipel Moreira. São Paulo: Saraiva, 2002.

KENNERLY, M.; NEELY, A. Performance measurement framework - a review. In: Performance measurement – past, present and future. UK: Andy Neely, Centre for Business Performance, Cranfield School of Management, Cranfield University, Cranfield, Bedfordshire, 2000.

KERZNER, H. Strategic planning for a project office. *Project Management Journal*, v. 34, n. 2, p. 13-25, 2003.

_____. *Applied project management*: best practices on implementation. New York: John Wiley, 2000.

_____. *Project management*: a systems approach to planning, scheduling, and controlling. New York: John Wiley, 2001.

_____. *Project management*: a systems approach to planning, scheduling and controlling. New York: Van Nostrand Reinhold, 1992.

_____. *Strategic planning for project management using a project management maturity model*. New York: John Wiley, 2001.

KHURANA, A.; ROSENTHAL, S. R. Integrating the fuzzy front end of new product development. *Sloan Management Review*, v. 38, n. 2, p. 103-120, 1997.

_____; _____. Towards holistic "front-ends" in new product developments. *Journal of Product Innovation Management*, v. 15, n. 1, p. 57-74, 1998.

KING, B. *Better designs in half the time*: implementing quality function deployment in America. Methuen: GOAL/QPC, 1989.

KLEIN, L.; BIESENTHAL, C.; DEHLIN, E. Improvisation in project management: a praxeology. *International Journal of Project Management*, v. 33, n. 2, p. 267-277, 2015.

KUEHR, R. Environmental technologies: from a misleading interpretations to an operational categorization and definition. *Journal of Cleaner Production*, 2007.

LABUSCHAGNE, C.; BRENT A. C. Sustainable project life cycle management: the need to integrate life cycles in the manufacturing sector. *International Journal of Project Management*, v. 23, n. 2, p. 159-168, 2005.

LAMERS, M. Do you manage a project, or what? A reply to "Do you manage work, deliverables or resources". *International Journal of Project Management*, v. 20, n. 4, p. 325-329, 2002.

LARKEY, L. K. Toward a theory of communicative interactions in culturally diverse workgroups. *The Academy of Review*, v. 21, n. 2, p. 463-492, apr. 1996.

LAURINDO, F. J. B.; CARVALHO, M. M. Changing product development process through information technology: a Brazilian case. *Journal of Manufacturing Technology Management*, England, v. 16, n. 3, p. 312-327, 2005.

_____; CARVALHO, M. M.; SHIMIZU, T. Information technology strategy alignment: Brazilian cases. In: KANGAS, Kalle (org.). *Business strategies for information technology management*. Hershey, p. 186-199, 2003.

LE BOTERF, G. *De la compétence*. Paris: Les Éditions d'Organization, 1994.

LEWIS, J. P. *The project manager's desk reference*. 2. ed. New York: McGraw-Hill, 2000.

LINSMEIER, T. J.; PEARSON, N. D. Risk measurement: an introduction to value at risk (undated). *Working Paper*, 96-04, 1996.

LOOTS, P.; HENCHIE, N. Worlds apart: EPC and EPCM contracts: risk issues and allocation. *International Law Review*, v. 27, p. 252-270, 2007.

MADUREIRA, G. B.; CARVALHO, M. M. Alianças em projetos complexos: um estudo de projetos do tipo EPC. *Production*, v. 25, n. 4, p. 935-955, 2015.

MANIFESTO FOR AGILE SOFTWARE DEVELOPMENT. Disponível em: <http://agilemanifesto.org/>. Acesso em: 31 ago. 2018.

MARKOWITZ, H. M. Portfolio selection. *The Journal of Finance*, v. 7, n. 1, p. 77-91, 1952.

MARTENS, M. L.; CARVALHO, M. M. The challenge of introducing sustainability into project management function: multiple-case studies. *Journal of Cleaner Production*, v. 117, p. 29-40, 2016. Disponível em: <http://dx.doi.org/10.1016/j.jclepro.2015.12.039>. Acesso em: 31 ago. 2018.

_____. Key factors of sustainability in project management context: A survey exploring the project managers' perspective. *International Journal of Project Management*, v. 35, n. 6, p. 1084-1102, 2017. Disponível em: <http://dx.doi.org/10.1016/j.ijproman.2016.04.004>. Acesso em: 31 ago. 2018.

_____. Sustainability and Success Variables in the Project Management Context: An Expert Panel. *Project Management Journal*, v. 47, n. 6, p. 24-43, 2016. Disponível em: <https://www.researchgate.net/publication/311206311_Sustainability_and_Success_Variables_in_the_Project_Management_Context_An_Expert_Panel>. Acesso em: 31 ago. 2018.

MARTIN, A. C. M.; CARVALHO, M. M. Applying virtual simulation in automotive new product development process. *Product*, v. 4, p. 79-85, 2006.

MARTIN, Paula; TATE, Karen. Fencing in project scope. *PM Network*, Philadelphia: Project Management Institute, apr. 1998.

MARTINS, A. et al. Implantação e consolidação de escritório de gerenciamento de projetos: um estudo de caso. *Revista Produção*, v. 15, n. 3, p. 404-415, 2005.

MARZAGÃO, D. S. L; CARVALHO, M. M. The influence of project leaders' behavioral competencies on the performance of Six Sigma projects. *Revista Brasileira de Gestão de Negócios* (on-line), v. 18, n. 62, p. 609-632, 2016. Disponível em: <http://dx.doi.org/10.7819/rbgn.v18i62.2450>. Acesso em: 31 ago. 2018.

_____. Critical success factors for Six Sigma projects. *International Journal of Project Management*, v. 34, n. 8, p. 1505-1518, 2016. Disponível em: <http://dx.doi.org/10.1016/j.ijproman.2016.08.005>. Acesso em: 31 ago. 2018.

MAXIMIANO, A. C. A. *Administração de projetos*. São Paulo: Atlas, 1997.

_____. O gerente de projetos: um ator com vários personagens. *Revista de Administração*, v. 23, n. 2, p. 93-98, abr./jun. 1988.

McCHESNEYA, I. R.; GALLAGHER, S. Communication and co-ordination practices in software engineering projects. *Information and Software Technology*, v. 46, p. 473-489, 2004.

McCREERY, J. K. Assessing the value of a project management simulation training exercise. *International Journal of Project Management*, v. 21, p. 233-242, 2003.

McFARLAN, F. W. Information technology changes the way you compete. *Harvard Business Review*, n. 84308, may/jun. 1984.

_____. Portfolio approach to information. *Harvard Business Review*, p. 142 -150, set./oct. 1981.

MEASEY, P.; RADTAC. *Agile foundations*: principles, practices and frameworks. UK: BCS, 2015.

MEREDITH, J. R.; MANTEL JR., S. J. *Project management*: a managerial approach New York: John Wiley, 1995.

_____; _____. Project management: a managerial approach. New York: John Wiley, 2000. MEYER, A; LOCH, C. H.; PICH, M. T. Managing project uncertainty: from variation to chaos. *MIT Sloan Management Review*, v. 43, n. 2, p. 59-68, winter 2002.

MIKKOLA, J. H., Portfolio management of R&D projects: implications for innovation management. *Technovation*, v. 21, p. 423, 2001.

MILIAN, E. Z.; SPINOLA, M. M.; CARVALHO, M. M. Riscos e Incertezas na Computação em Nuvem: Revisão da Literatura, Tendências e Lacunas (Risks and Uncertainties in Cloud Computing: Literature Review, Trends and Gaps). *IEEE Latin America Transactions*, v. 15, n. 2, 2017. Disponível em: <http://dx.doi.org/10.1109/TLA.2017.7854632>. Acesso em: 31 ago. 2018.

MINTZBERG, H.; VAN DER HEYDEN, Ludo. Organigraphs: drawing how companies really work. *Harvard Business Review*, p. 87-94, sept./oct. 1999.

MIRANDA, A. D.; CARVALHO, M. M. Gerenciamento de risco financeiro. Uma metodologia prática para corporações não financeiras. In: *Enegep*, 22, 2002, Curitiba. Porto Alegre: Abepro.

MITCHELL, R.; AGLE, B.; WOOD, D. Towards a theory of stakeholders identification and salience: defining the principle of who and what really counts. *The Academy of Management Review*, v. 22, n. 4, p. 853-886, 1997.

MONTGOMERY, D. C. *Introduction to statistical quality control*. 3. ed. New York: John Wiley, 2001.

MORGAN, G. *Creative organizational theory*: a resource book. New York: Sage, 1989.

MORGAN, M. G.; HENRION, M. *Uncertainty*: a guide to dealing with uncertainty in qualitative risk and policy analysis. Cambridge: Cambridge University Press, 1990.

MORIOKA, S. N.; BOLIS, I.; CARVALHO, M. M. From an ideal dream towards reality analysis: Proposing Sustainable Value Exchange Matrix (SVEM) from systematic literature review on sustainable business models and face validation. *Journal of Cleaner Production*, v. 178, p. 76-88, 20 mar. 2018. Disponível em: <https://www.sciencedirect.com/science/article/pii/S0959652617330135>. Acesso em: 31 ago. 2018.

_____; _____; EVANS, S.; CARVALHO, M. M. Transforming sustainability challenges into competitive advantage: Multiple case studies kaleidoscope converging into sustainable business models. *Journal of Cleaner Production*, v. 167, p. 723-738, 2017.

_____; CARVALHO, M. M. A systematic literature review towards a conceptual framework for integrating sustainability performance into business. *Journal of Cleaner Production*, v. 136, p. 134-146, 2016. Disponível em: <http://dx.doi.org/10.1016/j.jclepro.2016.01.104>. Acesso em: 31 ago. 2018.

_____; _____. Measuring sustainability in practice: Exploring the inclusion of sustainability into corporate performance systems in Brazilian case studies. *Journal of Cleaner Production*, v. 136, p. 123-133, 2016. Disponível em: <http://dx.doi.org/10.1016/j.jclepro.2016.01.103>. Acesso em: 31 ago. 2018.

_____; _____. Sustentabilidade e gestão de projetos: um estudo bibliométrico. *Production*, v. 26, n. 3, p. 656-674, 2016.

_____; _____. Análise de fatores críticos de sucesso de projetos: um estudo de caso no setor varejista. *Produção*, v. 24, n. 1, p. 132-143, 2014.

MORRIS, P. W.; HOUGH, G. H. *The anatomy of major projects*. New York: John Wiley, 1987.

MOTTA, F. C. P. *Teoria geral da administração*: uma introdução. São Paulo: Pioneira, 1986.

MÜLLER, R. Project governance. In: *The Oxford Handbook of Project Management*. Farnham, Surrey, England: Gower, 2009.

NAVARRE, C.; SCHAAN, J. Design of project management systems from top management's perspective. *Project Management Journal*, v. 21, n. 2, p. 19-27, 1990.

NEELY, A.; ADAMS, C.; CROWE, P. The performance prism in practice. *Measuring Business Excelence*, v. 5, n. 2, p. 6-12, 2001.

NONAKA I.; TAKEUCHI, H. *Criação de conhecimento na empresa*: como as empresas japonesas geram a dinâmica da inovação. Rio de Janeiro: Campus, 1997. 358 p.

OBIKUNLE, O. F. Project management communication: a multicultural dimension. *Proceedings of the Project Management Institute Annual Seminars & Symposium*, USA, nov. 2001.

OGC – Office of Government Commerce. *PRINCE2 – Projects in controlled environments*. London: OGC, 1996.

OHNO, T. *O Sistema Toyota de Produção*. Além da Produção em Larga Escala. Porto Alegre: Bookman, 1997.

OLIN T.; SHANI, A. B. NPD as a sustainable work process in a dynamic business environment. *R and D Management*, v. 33, n. 1, p. 1-13, 2003.

OPELT, A.; GLOGER, B.; PFARL, W.; MITTERMAYR, R. *Agile Contracts*: Creating and Managing Successful Project with Scrum. New York: John Wiley, 2013. Disponível em: <https://doi.org/10.1109/ICSECOMPANION.2007.17>. Acesso em: 31 ago. 2018.

OSTERWALDER, A.; PIGNEUR, Y. *Business model generation*. Strategyzer, 2009.

PADOVANI, M.; CARVALHO, M. M. Integrated PPM Process: Scale Development and Validation. *International Journal of Project Management*, v. 34, n. 4, p. 627-642, 2016. Disponível em: <http://dx.doi.org/10.1016/j.ijproman.2016.01.006>. Acesso em: 31 ago. 2018.

PAQUIN, J. P.; COUILLARD, J.; FERRAND, D. J. Assessing and controlling the quality of a project end product: the famed quality method. *IEEE Transactions on Engineering Management*, v. 471, n. 1, p. 88-97, feb. 2000.

PATAH, L. A. *Alinhamento estratégico de estrutura organizacional de projetos*: uma análise de múltiplos casos. 2004. Dissertação (Mestrado) – Escola Politécnica da USP, São Paulo.

_____; CARVALHO, M. M. Estruturas de gerenciamento de projetos e competências em equipes de projetos. In: *Enegep*, 22, 2002, Curitiba. Porto Alegre: Abepro, p. 1-8.

_____; _____. O processo de escolha de estruturas de gerenciamento de projetos em empresas. In: Simpósio de Engenharia de Produção, 9, 2002, Bauru. *Anais...* Bauru: Unesp, p. 1-11.

_____; _____. O processo de implementação de um project management office. In: Seminário Gestão de Projetos, São Paulo. *Anais...* São Paulo: Sucesu, 2003, p. 1-10.

_____; _____. Strategic performance measurement in project management In: EUROMA2004 – European Operations Management Association International Conference, 2004, Fontainebleau. *Proceedings of EUROMA2004*, 2004, v. 1, p. 771-780.

_____; _____. Sucesso em projetos a partir de uma perspectiva contingencial. In: RABECHINI JR., R.; CARVALHO, M. M. (org.). *Gerenciamento de projetos na prática 2*: casos brasileiros. São Paulo: Atlas, 2009.

_____; _____; LAURINDO, F. J. B. O PMO como tradutor das estratégias corporativas: um estudo de caso no setor de telecomunicações. *Working Paper*, PROPOLI-USP, 2003.

PAULK, M. C. et al. *The capability maturity model*: guidelines for improving the software process/CMU/SEI. Reading: Addison-Wesley, 1995.

PEARSON, A. W.; BALL, D. F. A framework for managing communication at the R&D/marketing interface. *Technovation*, v. 13, n. 7, p. 439-447, 1993.

PELLEGRINELLI, S.; PARTINGTON, D. Attributes and levels of programme management competence: an interpretive study. *Malcolm Young International Journal of Project Management*, 23, 87-95, 2005.

PERMINOVA, O.; GUSTAFSSON, M.; WIKSTRÖM, K. Defining uncertainty in projects: a new perspective. *International Journal of Project Management*, n. 26, p. 73-79, 2008.

PESSOA, M. S. P.; SPINOLA, M. M. Qualidade de processo de software: um novo paradigma. In: IV INFTEL – Congresso Petrobras de Informática e Telecomunicações, 4, São Paulo, 1º a 5 dez.1997. *Anais...* São Paulo, 1997.

PINTO J. K.; PRESCOTT, J. E. Critical factors in successful project implementation. In: FINCH, P. Applying the project implementation profile to an information systems project. *Project Management Journal*, v. 34, n. 3, p. 32, 1987.

_____; _____. Variations in critical success factors over the stages in the project life cycle. *Journal of Management*, v. 14, n. 1, p. 5-18, 1988.

_____; SLEVIN, D. P. Project success: definitions and measurement techniques. *Project Management Journal*, v. 19, n. 3, p. 67-73, 1983.

_____; _____. Critical factors in successful project implementation. In: FINCH, P. Applying the project implementation profile to an information systems project. *Project Management Journal*, v. 34, n. 3, p. 32, 1987.

_____; _____. Critical success factors in effective project implementation. In: CLELAND, D. I.; KING, W. R. *Project management handbook*. New York: Van Nostrand Reinhold, 1983.

_____; MANTEL, S. J. The causes of project failure. *IEEE Transactions on Engineering Management*, v. 37, n. 4, p. 269-276, 1990.

PMI – Project Management Institute. *A guide to the project management body of knowledge (PMBoK)*. Project Management Institute, First Edition, 1996.

_____. *A guide to the project management body of knowledge (PMBoK)*. 2. ed. Project Management Institute, 2000.

_____. *A guide to the project management body of knowledge (PMBoK)*. 3. ed. Project Management Institute, 2004.

_____. *A guide to the project management body of knowledge (PMBoK)*. 4. ed. Project Management Institute, 2008.

_____. *A guide to the project management body of knowledge (PMBoK)*. 5. ed. Project Management Institute, 2013.

_____. *A guide to the project management body of knowledge (PMBoK)*. 6. ed. Project Management Institute, 2017.

_____. *Organizational project management maturity model (OPM3)*. Newtown Square: Project Management Institute, 2003a.

_____. *Organizational project management maturity model (OPM3)*. Newtown Square: Project Management Institute, Four Campus Boulevard, Third Edition, 2013.

_____. *Project management institute*: making project management indispensable for business results. 2004 Annual Report, 2005.

_____. *Project manager competence development (PMCD) framework*. Pennsylvania, 2002.

_____. *The standard for portfolio management*. Newtown Square: Project Management Institute, Four Campus Boulevard, 2008b.

_____. *The standard for program. management*. 3. Ed. Newtown Square: Project Management Institute, Four Campus Boulevard, 2013.

POCOCK, J. et al. Relationship between project interaction and performance indicators. *Journal of Construction Engineering and Management*, v. 122, n. 2, p. 165-176, 1996.

POLLACK, J. The changing paradigms of project management. *International Journal of Project Management*, v. 25, n. 3, p. 266-274, 2007.

POPPENDIECK, M. POPPENDIECK, T. *Lean software development*: an agile toolkit. Publisher: Addison Wesley. Pub Date: May 08, 2003.

PORTER, M. E. Clusters and the new economics of competition. *Harvard Business Review*, p. 77-90, nov./dec. 1998.

_____; MILLAR, V. How information gives you competitive advantage. *Harvard Business Review*, p. 149-160, jul./aug. 1985.

PRABHAKAR, G. P. An empirical study reflecting the importance of transformational leadership on project success across twenty-eight nations. *Project Management Journal*, v. 36, n. 4, p. 53-60, 2005.

PRESSMAN, R. S. *Software engineering*: a practitioner's approach 2. ed. New York: McGraw-Hill, 1987.

PRICEWATERHOUSECOOPERS. *2002 Sustainability Survey Report*. Pricewaterhouse Coopers, aug. 2002.

PRIETO, V. C.; LAURINDO, F. J. B.; CARVALHO, M. M. Método da análise hierárquica aplicado à seleção de ambientes de aprendizagem: estudo de caso na área do ensino superior a distância. v. 26, n. 2, p. 1-5, 2005.

_____ et al. Fatores críticos a implementação do balanced scorecard. *Gestão e Produção*, v. 13, n. 1, p. 81-92, 2006.

_____; CARVALHO, M. M. Strategic alignment and performance: Brazilian companies in the medical diagnostics sector. *Service Industries Journal*, v. 31, n. 9, p. 1405-1427, 2011. Disponível em: <http://dx.doi.org/10.1080/02642060903576050>. Acesso em: 31 ago. 2018.

PROJECT MANAGEMENT INSTITUTE – PMI. *Navigating Complexity*: PMI's Pulse of the Profession™. In-Depth Report. Newtown Square, PA: PMI, 2013.

PUTHAMONT, S.; CHAROENNGAM, C. Strategic project selection in public sector: construction projects of the Ministry of Defense in Thailand. *International Journal of Project Management*, v. 25, n. 2, p. 178-188, 2007.

RABECHINI JR., R. A importância das habilidades do gerente de projeto. *Revista de Administração*, v. 36, n. 1, p. 92-100, jan./mar. 2001.

_____. *Competências e maturidade em gestão de projetos*. 2003. Tese (Doutorado) – Departamento de Engenharia de Produção, Escola Politécnica da Universidade de São Paulo, São Paulo.

_____. *O gerente de projetos na empresa*. São Paulo: Atlas, 2005.

_____; CARVALHO, M. M. Competências em equipes de projetos. In: *IX Seminário Latino Ibero-Americano de Gestión Tecnológica*, 9, Altec 2001 – Memórias em CD, p. 0-16, San José, Costa Rica, out. 2001.

_____; _____. Gestão contingencial de projetos. *Revista Mundo PM*, ano 6, n. 32, abr./maio 2010.

_____; _____. *Gestão de projetos na prática*: casos brasileiros. São Paulo: Atlas, 2006, 212 p.

_____; _____. Perfil das competências em equipes de projetos. *RAE Eletrônica*, São Paulo: FGV, v. 2, n. 1, p. 1-18, 2003.

_____; _____; LAURINDO, F. J. B. Fatores críticos para implementação de gerenciamento por projetos: o caso de uma organização de pesquisa. *Produção*, São Paulo, v. 2 e v. 12, n. 2, p. 28-41, 2002.

_____; _____; RODRIGUES, Ivete; SBRAGIA, Roberto. A organização da atividade de gerenciamento de projetos: os nexos com competências e estrutura. *Gestão & Produção*, v. 18, n. 2, p. 409-424, 2011.

_____; _____. Concepção de um programa de gerência de projetos em instituição de pesquisa. *Revista Valenciana d'Estudis Autonòmics*, v. 1, n. 20, p. 1, 1999.

_____; _____. Gestão de projetos inovadores em uma perspectiva contingencial: análise técnico-conceitual e proposição de um modelo. *Revista de Administração e Inovação*, v. 6, n. 3, 2009.

_____; YU, A. S. O; CORREA, E. S. O monitoramento tecnológico e as decisões nas empresas. In: *Simpósio da Gestão da Inovação Tecnológica*, São Paulo, out. 1996.

RAZ, T.; SHENHAR, A. J.; DVIR, D. Risk management, project success, and technological uncertainty. *R&D Management*, v. 32, n. 2, p. 101, 2002.

REIVICH, K.; SHATTÉ, A. *The resilience factor*. 7 essential skills for overcoming life's inevitable obstacles. New York: Broadway Books - Random House, 2002.

REYCK, B. et al. SloperThe impact of project portfolio management on information technology projects. *International Journal of Project Management*, v. 23, n. 7, p. 524-537, 2005.

ROCKART, J. F. Chief executives define their own data needs. *Harvard Business Review*, v. 57, n. 2, p. 81-92, mar./apr. 1979.

RODRIGUES, I. et al. Estratégias de gestão ambiental nas empresas: análise de um projeto interinstitucional. IN: RABECHINI JR., R.; CARVALHO, M. M. *Gerenciamento de projetos na prática*: casos brasileiros. São Paulo: Atlas, 2005.

ROOLINS, S. *The value of a PMO*. 2003. Disponível em: <http://www.pmousa.com/cfm/ligs_hm_pg_content_page.cfm?var=411>. Acesso em: 02 ago. 2018.

ROTHENBERG, S.; SCHENCK, B.; MAXWELL, J. Lessons from benchmarking environmental performance at automobile assembly plants. *Benchmarking: an International Journal*, v. 12, n. 1, p. 5-15, 2005.

ROTONDARO, R. G. (org.). *Seis sigma*: estratégia gerencial para melhoria de processos, produtos e serviços. São Paulo: Atlas, 2002.

ROUSSEL, P.; SAAD, K. N.; ERICKSON, T. J. *Third generation R&D managing the link to corporate strategy*. Cambridge, MA: Harvard Business School Press, 1991.

RUAS, R. Desenvolvimento de competências gerenciais e contribuição da aprendizagem organizacional. In: FLEURY, M. T. L.; OLIVEIRA JR., M. M. *Gestão estratégica do conhecimento*: integrando aprendizagem, conhecimento e competências. São Paulo: Atlas, 2001.

RUUSKA, I., VARTIAINEN, I. Critical project competence: a case study. *Journal of Workplace Learning*, v. 15, n. 7/8, p. 307-312, 2003.

SAATY, T. L. *The analytic hierarchy process*: planning, priority, resource allocation. New York: McGraw-Hill, 1980.

SABBAG, P. Y. The nature of projects: a tool for improving management. In: Project Management Institute Annual Seminars and Symposium, 20, Philadelphia, 1999. *Proceedings*. Philadelphia, PMI, 1999.

SANVIDO, V. et al. Critical success factors for construction projects. *Journal of Construction Engineering and Management*, v. 118, n. 1, p. 94-111, 1992.

SBRAGIA, R. A interface entre gerentes de projeto e gerentes funcionais em estruturas matriciais. *Revista de Administração*, v. 20, n. 2, p. 48-55, abr./jun. 1985.

SCHLICHTER, J. PMI's Organizational project management maturity model: emerging standards. In: Project Management Institute Annual Seminars & Symposium, *Proceedings*. Nashville, USA, 1-10, nov. 2001.

_____; FRIEDRICH, R.; HAECK, B. The history of OPM3. In: *PMI's Global Congress Europe*. 2003. Haia, Holanda, 2003. Disponível em: <http://www.pmforum.org/library/papers/TheHistoryofOPM3.htm>. Acesso em: 02 ago. 2018.

SCHUMPETER, J. A. *The theory of economic development*. Cambridge, MA: Harvard University Press, 1934.

SCHWABER, K.; NEEDLE, M.; MARTIN, R. C. *Agile software development with SCRUM*. Upper Saddle River, NJ: Prentice Hall, 2001.

_____. *Agile Project Management with Scrum*. Microsoft Press: Washington, 2004.

_____; BEEDLE, M. *Agile Software Development with Scrum*. Upper Saddle River, NJ: Prentice Hall, 2001. Disponível em: <https://doi.org/10.1109/2.947100>. Acesso em: 31 ago. 2018.

_____; SUTHERLAND, J. *The Scrum guide*: The definitive guide to Scrum: The rules of the game. 2017. Disponível em: <https://www.scrumguides.org/docs/scrumguide/v2017/2017-Scrum-Guide-US.pdf>. Acesso em: 31 ago. 2018.

SEIFFERT, M. E. B. *ISO 14001*: sistemas de gestão ambiental. São Paulo: Atlas, 2005.

SERRADOR, P.; PINTO, J. K. Does Agile work? A quantitative analysis of agile project success. *International Journal of Project Management*, v. 33, n. 5, p. 1040-1051, 2015. Disponível em: <https://doi.org/10.1016/j.ijproman.2015.01.006>. Acesso em: 30 ago. 2018.

SHENHAR, A. J. One size does not fit all projects: exploring classical contingency domains. *Management Science*, v. 47, n. 3. p. 394-414, 2001.

_____; DVIR, D. *Reinventing project management*: the diamond approach to successful growth and innovation. Harvard Business School Press, 2007.

_____; _____. Toward a typological theory of project management. *Research Policy*, v. 25, p. 607-632, 1996.

_____; _____. How projects differ, and what to do about it. In: MORRIS, P. W. G.; PINTO, J. K. (ed.). *The Wiley guide to managing projects*. New York: John Wiley, p. 1265-1286, 2004.

SHIBA, S.; GRAHAM, A.; WALDEN, D. *TQM*: quatro revoluções na gestão da qualidade. Porto Alegre: Bookman, 1997.

SHIMIZU, T.; CARVALHO, M. M.; LAURINDO, F. J. B. *Strategic alignment process and decision support systems*:

theory and case studies. Hershey: Idea Group, 2006. 376 p.

SILVA, J. A. P.; MENEGON, N. L.; CARVALHO, M. M. Human reliability and ergonomics: a literature review from 1963 to 2011. Work (Reading, MA), v. 41, p. 3252-3259, 2012. DOI: 10.3233/WOR-2012-0591-3252. Disponível em: <http://content.iospress.com/download/work/wor0591?id=work%2Fwor0591>. Acesso em: 31 ago. 2018.

SILVA, V. G. *Avaliação da sustentabilidade de edifícios de escritórios brasileiros*: diretrizes e base metodológica. 2003. 210 f. Tese (Doutorado em Engenharia Civil) – Departamento de Engenharia de Construção Civil, Escola Politécnica da Universidade de São Paulo, São Paulo, 2003.

SKINNER, W. Manufacturing: missing link in corporate strategy. *Harvard Business Review*, may 1969.

SLACK, N. *Vantagem competitiva em manufatura*: atingindo competitividade nas operações industriais. São Paulo: Atlas, 1993.

SLIGER, M.; BRODERICK, S. *The Software Project Manager's Bridge to Agility*. Boston, MA: Addison-Wesley, 2008. (The Agile Software Development Series.)

SOFTWARE ENGINEERING INSTITUTE. Disponível em: <https://www.sei.cmu.edu>. Acesso em: 02 ago. 2018.

SOLOMON, P. J.; YOUNG, R. R. *Performance-based earned value®*. IEEE Computer Society. New York: John Wiley, 2007.

SOUDER, W. E.; SONG, X. M. Contingent product design and marketing strategies influencing new product success and failure in U.S. and Japanese electronics firms. *J. Product Innovation Management*, v. 14, p. 21-34, 1997.

STANDISH GROUP. Chaos. Disponível em: <http://www.standishgroup.com>. Acesso em: 02 ago. 2018.

STHUB, A.; BARD, J. F.; GLOBERSON, S. *Project management engineering, technology and implementation*. Englewood Cliffs: Prentice Hall, 1994.

STUCKENBRUCK. In: CLELAND, D. I.; KING, W. R. *Project management handbook*. New York: Van Nostrand Reinhold, 1983.

SUIKKIA, R.; TROMSTEDTA, R.; HAAPASALOB, H. Project management competence development framework in turbulent business environment. *Technovation*, v. 26, p. 723-738, 2006.

SUTHERLAND, J. *Scrum handbook*. Florida, USA: Scrum Training Institute, 2010. <https://doi.org/10.1053/j.jrn.2009.08.012>. Acesso em: 31 ago. 2018.

TAKEUCHI, H.; NONAKA, I. The New New Product Development Game. Watertown, Massachusetts: *Harvard Business Review*, 1-19, 1986.

TAKEY, S. M.; CARVALHO, M. M. Competency mapping in project management: An action research study in an engineering company. *International Journal of Project Management*, v. 33, n. 4, p. 784-796, 2015. Disponível em: <http://dx.doi.org/10.1016/j.ijproman.2014.10.013>. Acesso em: 31 ago. 2018.

_____; _____. Fuzzy front end of systemic innovations: A conceptual framework based on a systematic literature review. *Technological Forecasting & Social Change*, v. 111, p. 97-109, 2016. Disponível em: <http://dx.doi.org/10.1016/j.techfore.2016.06.011>. Acesso em: 31 ago. 2018.

TAM, C. M.; TAM, V. W. Y.; TSUI, W. S. Green construction assessment for environmental management in the construction industry of Hong Kong. *International Journal of Project Management*, v. 22, n. 7, p. 563- 571, 2004.

THAMHAIN, H. J. Team building in project management. In: CLELAND, D. I.; KING, W. R. *Project management handbook*. New York: Van Nostrand Reinhold, 1983.

THOMASB, J.; BUCK, P. Deconstructing project management: a gender analysis of project management guidelines. *International Journal of Project Management*, v. 21, p. 433-441, 2003.

THORN, M. Bridge over troubled water: implementation of a program management office. *SAM Advanced Management Journal*, p. 48-59, 2003.

TRITLE, G. L., SCRIVEN, F. V.; FUSFELD, A. R. Resolving uncertainty in R and D portfolios. *Research Technology Management*, v. 43, n. 6, p. 47-55, 2000.

TUMAN, G. J. Development and implementation of effective project management information and control system. In: CLELAND, D. I.; KING, W. R. *Project management handbook*. New York: Var Norstrand Reinhold, 1983.

TURNER, J. R.; MÜLLER, R. The project manager's leadership style as a success factor on projects: a literature review. *Project Management Journal*, v. 36, n. 2, p. 49-61, 2005.

UMBLE, E. J.; HAFT, R. R.; UMBLE, M. M. Enterprise resource planning: implementation procedures and critical success factors. *European Journal of Operational Research*, v. 14, n. 2, p. 241-257.

VALE, J. W. S. P.; CARVALHO, M. M. Risk and uncertainty in projects management: literature review and conceptual framework. *GEPROS. Gestão da Produção, Operações e Sistemas (Online)*, v. 12, n. 2, p. 93-120, 2017.

VASCONCELLOS, E.; HEMSLEY, J. R. *Estrutura das organizações*: estruturas tradicionais, estruturas para inovação, estrutura matricial. São Paulo: Pioneira Thomson Learning, 2002.

_____; _____. *Estruturas organizacionais*: estruturas tradicionais, estruturas para inovação, estrutura matricial. 4. ed. São Paulo: Thomson Pioneira, 2002.

VERMA, Vijay K. *The human aspects of project management*: managing the project team. Drexel Hill: PMI, 1995. v. 1, v. 2, v. 3.

VERZUH, E. *MBA compacto*: gestão de projetos. Tradução de André L. Cardoso. Rio de Janeiro: Campus, 1999.

_____. *MBA compacto*: gestão de projetos. 2. ed. Tradução de André L. Cardoso. Rio de Janeiro: Campus, 2000.

_____. *The fast forward MBA in project management*. New York: John Wiley, 1999.

VIDAL, L. A.; MARLE, F. Understanding project complexity: implications on project management. *Kybernetes*, v. 37, n. 8, p. 1094-1110, 2008.

VOSS, C. et al. Case research in operations management. *International Journal of Operations & Production Management*, v. 22, n. 2, p. 195-219, 2002.

WANG, Y.; HUANG, Z.; HENG, L. Cost-effectiveness assessment of insulated exterior walls of residential buildings in cold climate. *International Journal of Project Management*, v. 25, n. 2, p. 143-149, 2007.

WARD, J.; GRIFFITHS, P. *Strategic planning for information systems*. 2. ed. Chichester: John Wiley, 1996.

WARD, S.; CHAPMAN, C. Transforming project risk management into project uncertainty management. *International Journal of Project Management*, n. 21, p. 97-105, 2003.

WCED – World Commission on Environmental and Development. *Our common future*. Oxford/New York: Oxford University Press, 1987.

WEICK, K. E.; ROBERTS, K. H. Collective mind in organisations: heedful interrelating on flight decks. *Administrative Science Quarterly*, v. 38, p. 357-381, 1993.

WEINBERG, G. M. *Software com qualidade*: pensando e idealizando sistemas. Tradução de F. D. Steffen. São Paulo: Makron Books, 1993. v. 1.

WESTERVELD, E. The project excellence model: linking success criteria and critical success factors. *International Journal of Project Management*, n. 21, p. 411-418, 2003.

WHEELWRIGHT, S. C.; CLARK, K. B. *Revolutionizing product development*. New York: The Free Press, 1992.

WIDEMAN, R. M. *Project and program risk management*: a guide to managing project risks and opportunities. Newtown Square: Project Management Institute, 1992.

WILLIAMS, T. Assessing and moving on from the dominant project management discourse in the light of project overruns. *IEEE Transactions on Engineering Management*, v. 52, n. 4, p. 497-508, nov. 2005.

WINTER, M. et al. Directions for future research in project management: the main findings of a UK government-funded research network. *International Journal of Project Management*, v. 24, n. 8, p. 638-649, nov. 2006.

WYSOCKI, R. K. *Effective project management*: Traditional, agile, extreme. 7. ed. Indianapolis: Wiley, 2014.

WOMACK, J. P.; JONES, D. T.; ROOS, D. *The machine that changed the world*. New York: Harper Perennial, 1991.

_____; _____. *Lean Thinking*: banish waste and create wealth in your corporation. New York: Simon & Schuster, sept. 1996.

YATES. J.; ORLIKOWSKI. W. J. Genres of organizational communication: a structurational approach to studying communication and media. *The Academy of Management Review*, v. 17, n. 2, p. 299-326, apr. 1992.

ZIMMERER, T. W.; YASIN, M. M. A leadership profile of American projects managers. *Project Management Journal*, v. 29, n. 1, mar. 1998.

ZOU, P. X. W.; ZHANG, G.; WANG, J. Understanding the key risks in construction projects in China. *International Journal of Project Management*, v. 25, n. 6, p. 601-614, 2007.

ZUTSHI, A.; SOHAL A. A study of the environmental management system (EMS) adoption process within Australasian organisations – 2. Role of stakeholders. *Technovation*, v. 24, n. 5, p. 371-386, 2004.

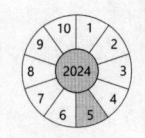